COMENTÁRIO BÍBLICO SWINDOLL

MATEUS

Publicado em associação com Yates & Yates, LLP (www.yates2.com)

Publicado sob licença da Tyndale House Publisher, Inc.

1ª edição: setembro de 2022

Tradução
Wilson Almeida

Revisão
Elizeu Correa Lira (copidesque)
Luiz Werneck Maia (provas)

Capa
Rafael Brum (adaptação)

Diagramação
Letras Reformadas

Editor
Aldo Menezes

Coordenador de produção
Mauro Terrengui

Impressão e acabamento
Imprensa da Fé

Editora Hagnos Ltda.
Av. Jacinto Júlio, 27
04815-160 — São Paulo, SP
Tel.: (11) 5668-5668

E-mail: hagnos@hagnos.com.br
Home page: www.hagnos.com.br

Editora associada à

abdr
Associação Brasileira de Direitos Reprográficos

Dados Internacionais de Catalogação na Publicação (CIP)
Angélica Ilacqua CRB-8/7057

Swindoll, Charles R.

Comentário bíblico Swindoll: Mateus / Charles R. Swindoll; tradução de Wilson Almeida. — São Paulo: Hagnos, 2022 — 656 p.

ISBN 978-85-7742-369-9

Título original: Swindoll's Living Insights New Testament Commentary # 15: Mattew, volume 1A and 1B

1. Bíblia NT Mateus – Comentários I. Título II. Almeida, Wilson

22-4175 CDD-226.2067

Índice para catálogo sistemático:

1. Bíblia NT Mateus – Comentários

SUMÁRIO

PREFÁCIO DO AUTOR

Faz mais de sessenta anos que eu amo a Bíblia. Esse amor pelas Escrituras, junto com um chamado inequívoco ao ministério do evangelho durante meu serviço militar nos Fuzileiros Navais, resultou em minha ida para o Seminário Teológico de Dallas com o objetivo de me preparar para o pastorado. Durante aqueles quatro anos maravilhosos tive o privilégio de estudar sob a orientação de homens de Deus admiráveis que também amavam a Palavra. Eles não apenas respeitavam profundamente a Palavra inerrante de Deus, mas também a ensinavam com cuidado, pregavam-na com fervor e a imitavam de forma sistemática. Não se passa uma semana sem que eu agradeça a Deus por essa grande herança que recebi! Sempre terei uma dívida de gratidão com aqueles grandes teólogos e mentores que cultivaram em minha vida um profundo compromisso com a interpretação, exposição e aplicação da verdade de Deus.

É exatamente isso que faço há mais de cinquenta anos — e adoro fazer isso! Confesso sem medo de errar que sou viciado em estudar e proclamar as Escrituras. Por isso, os livros têm desempenhado um importante papel em minha vida desde que entrei para o ministério — principalmente aqueles que explicam as verdades e aperfeiçoam minha compreensão do que Deus escreveu. Ao longo de todos esses anos, formei uma grande biblioteca para uso pessoal, e ela tem se mostrado de valor inestimável à medida que procuro me manter fiel como estudioso da Bíblia. Até o fim de meus dias, meu principal objetivo de vida será comunicar a Palavra com exatidão, discernimento, clareza e praticidade. Se eu não tivesse acesso a livros confiáveis e ricos de informação, eu teria "secado" décadas atrás.

Entre meus livros prediletos e mais usados encontram-se os que me dão capacidade para entender melhor o texto bíblico. A exemplo da maioria dos expositores, estou sempre procurando recursos literários para aperfeiçoar meus dons e aprimorar minhas competências. Para mim, isso significa encontrar ferramentas que simplifiquem e facilitem o que é complicado, ofereçam bons comentários e ilustrações que me ajudem a entender a importância das verdades sagradas sob a perspectiva da realidade no século XXI e as façam falar ao meu coração de um modo que as torne praticamente inesquecíveis. Quando esses livros cruzam o meu caminho, eu os saboreio e depois os coloco de volta em minha biblioteca para consultas futuras. E, podem acreditar, eu sempre volto a eles. É um alívio contar com esses recursos quando estou sem ideias novas, quando preciso de uma história ou ilustração ou quando me perco no meio de um texto e não consigo achar saída. Uma biblioteca é indispensável para qualquer expositor que leve seu trabalho a sério. Certa vez, um dos meus mentores me disse: "Onde mais você teria acesso direto e instantâneo a milhares de professores?".

Nos últimos anos, percebi que não existem recursos suficientes como os que descrevi anteriormente, e isso me motivou a pensar que eu poderia fazer parte da solução em vez de ficar me lamentando diante do problema. Mas a solução resultaria em uma empreitada gigantesca. Um projeto editorial que abrangesse todos os livros e todas as cartas do Novo Testamento me parecia árduo e assustador. Fiquei aliviado quando me dei conta de que, nos últimos cinquenta anos ou mais, eu havia ensinado e pregado sobre a maioria das passagens do Novo Testamento. Em meus arquivos havia pastas cheias de anotações que eu havia feito para aquelas mensagens. Eu precisava resgatá-las, fazer alguns retoques importantes por causa das necessidades dos dias atuais e aplicá-las à vida de homens e mulheres que ansiavam por uma nova mensagem do Senhor. E foi assim que aconteceu! Comecei a trabalhar para transformar todas aquelas anotações neste comentário do Novo Testamento.

Gostaria de expressar minha gratidão a Mark Gaither e Mike Svigel por terem participado ativa e diariamente como editores, executando um trabalho incansável e dedicado. Eles prestaram um serviço de primeira qualidade na viagem que fizemos pelos capítulos e versículos dos 27 livros do Novo Testamento. Foi com prazer que os vi pegarem meus originais e me ajudarem a chegar a um estilo que mantinha fidelidade ao texto das Escrituras sem deixar de ser interessante e criativo, ao mesmo tempo que meus pensamentos eram expressos com naturalidade e facilidade para leitura.

Desejo também estender minha palavra de gratidão às igrejas dos Estados Unidos nas quais trabalhei por mais de cinco décadas. Tive a felicidade de sempre receber dessas igrejas amor, apoio, ânimo, paciência e palavras de incentivo à medida que, anos após ano, eu exercia meu ministério de pregação da mensagem de Deus. As ovelhas daqueles rebanhos se afeiçoaram a este pastor de uma forma que não consigo expressar com palavras, e isso se aplica especialmente àquelas a quem tenho o prazer de pastorear na igreja Stonebriar Community Church em Frisco, no estado do Texas.

Por fim, quero agradecer à minha esposa Cynthia, por compreender meu vício de estudar, pregar e escrever. Ela nunca deixou de me incentivar a fazer o que faço, e também nunca deixou de recomendar que eu procurasse dar o máximo de mim. Pelo contrário, seu apoio pessoal e carinhoso e seu compromisso com a excelência nesta série de comentários, por mais de três décadas e meia, fizeram que eu me mantivesse fiel ao meu chamado "a tempo e fora de tempo". Sem sua dedicação e sem nossa parceria ao longo de toda uma vida de ministério, esta série jamais se concretizaria.

Alegra-me saber que este livro chegou às suas mãos e ocupará um lugar nas prateleiras de sua biblioteca. Oro sempre com a esperança de que você veja a utilidade desses livros para seus estudos pessoais e para aplicar a Bíblia em sua vida. Que eles possam ajudá-lo a perceber, assim como me ajudaram ao longo de tantos anos, que a Palavra de Deus não é só verdadeira, mas também eterna.

> Seca-se a relva e cai a sua flor,
> mas a palavra de nosso Deus
> permanece para sempre (Is 40.8).

Chuck Swindoll
Frisco, Texas

O SISTEMA NUMÉRICO DE STRONG

O *Comentário Bíblico Swindoll* do Novo Testamento emprega o sistema numérico de Strong para disponibilizar aos que estudam a Bíblia, tanto principiantes quanto mais experientes, um acesso mais rápido e direto aos recursos das línguas originais (por exemplo, concordâncias, léxicos e dicionários teológicos). O sistema de numeração de Strong, popularizado pela *Strong's Exhaustive Concordance of the Bible*, é empregado pela maioria das obras de referência de grego e hebraico bíblicos. Os que não têm muito conhecimento dos alfabetos hebraico, aramaico e grego conseguem facilmente encontrar as informações de determinada palavra, consultando o número do índice. Os estudantes de nível mais avançado reconhecerão a utilidade do sistema, pois ele lhes permitirá achar rapidamente as formas lexicais de conjugações e flexões menos conhecidas.

Toda vez que uma palavra em grego é mencionada no texto, o número de Strong aparece logo em seguida dentro de colchetes. Assim, no exemplo do vocábulo grego *agapē* [26], "amor", o número remete aos recursos da língua grega indexados ao sistema de Strong.

Algumas vezes cito uma palavra em hebraico. Os números do hebraico na concordância de Strong estão separados dos números do grego e são precedidos pela letra "H". Assim, por exemplo, a palavra hebraica *kapporet* [H3727], "propiciatório", é derivada de *kopher* [H3722], "resgatar", "garantir um favor por meio de um presente".

PARTE 1

MATEUS 1—15

PERCEPÇÕES SOBRE MATEUS 1—15

Embora Deus possa não se mostrar exatamente da maneira como esperamos ou pelos meios que achamos que Ele deveria, Deus se mostra. O Evangelho de Mateus não apenas revela que Jesus é o Rei, o tão esperado Messias de Israel, mas também nos lembra de que Jesus é nosso Emanuel — "Deus conosco", agora ressuscitado e ascendido ao céu, mas ainda conosco, até o fim dos tempos.

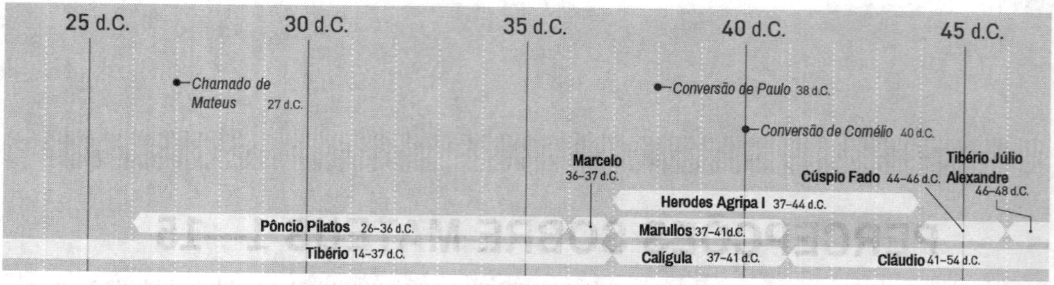

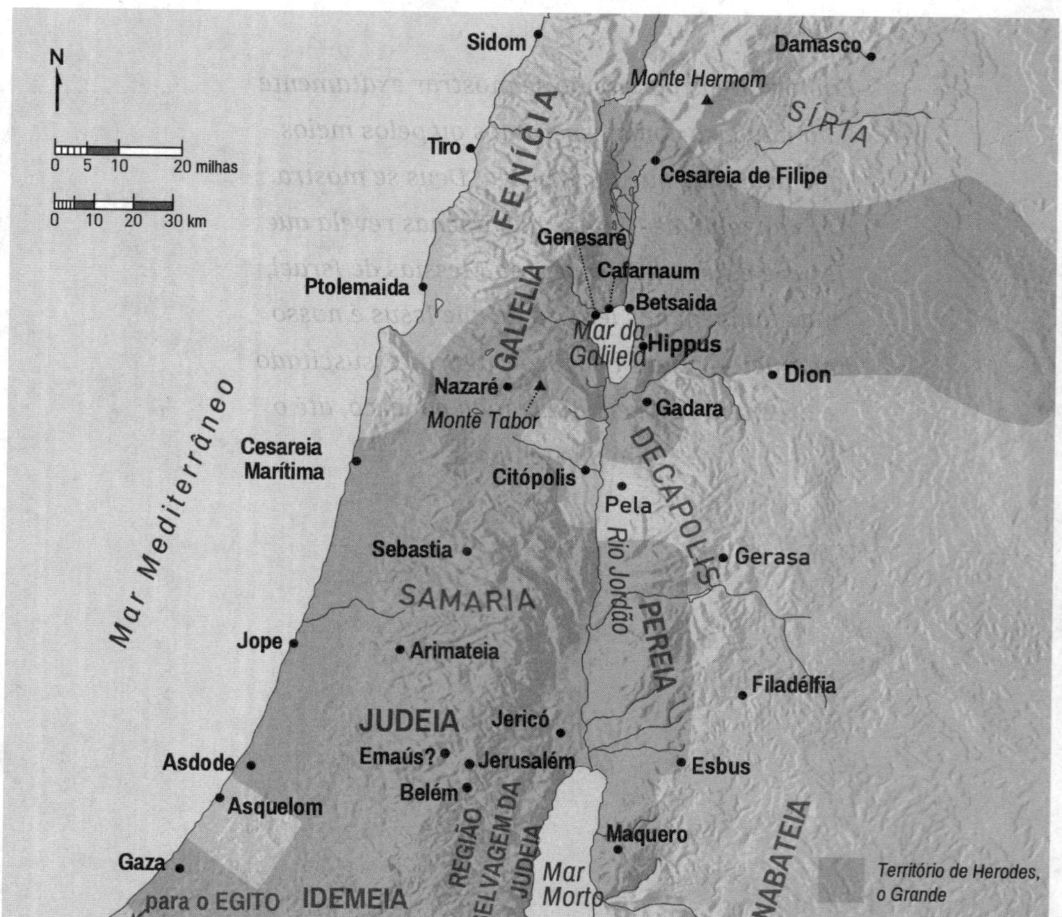

Mapa da vida e ministério de Jesus. A história de Mateus começa com o nascimento de Jesus em Belém. Em seguida, traça o seu ministério em toda a Galileia. Depois que Jesus continuou seu ministério na rota da Galileia para a Judeia, Ele foi rejeitado em Jerusalém, o que resultou em sua morte.

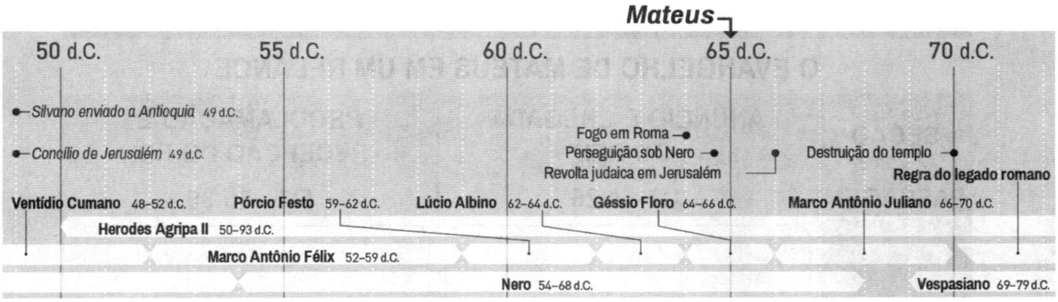

MATEUS

INTRODUÇÃO DA PARTE 1 E INFORMAÇÕES GERAIS

Os antecedentes dos quatro escritores dos Evangelhos apresentam um estudo fascinante de contrastes. João Marcos provavelmente era um auxiliar adolescente que acompanhava os discípulos. Ele pode ter sido o jovem que fugiu do local da prisão de Jesus de forma embaraçosa (Mc 14:51-52).[1] Posteriormente, depois de um começo instável no ministério com Paulo e com seu primo, Barnabé (At 12:25—13:13; 15:36-41; veja Cl 4:10), Marcos veio a se tornar um fiel assistente do apóstolo Pedro (1Pe 5:13). Por fim, tornou-se o autor daquele que foi provavelmente o mais antigo evangelho escrito, baseado no testemunho recebido pessoalmente de Pedro.

Lucas, por outro lado, era médico (Cl 4:14). Como um gentio instruído e habilidoso no grego, aplicou sua mente meticulosa e crítica para coletar, verificar e organizar informações com o objetivo de escrever um relato cuidadoso e ordenado da vida de Cristo (Lc 1:1-4). A seguir, escreveu uma continuação do Evangelho, fazendo um relato das primeiras décadas da Igreja, baseado parcialmente em sua própria participação no ministério (At 1:1-2).

João, o "discípulo a quem Jesus amava" (Jo 20:2), começou como um jovem pescador disposto a se desvencilhar das emaranhadas redes de pesca e se tornar pescador de homens (Mt 4:18-22). Quando João escreveu seu Evangelho, por volta de 97 d.C., provavelmente não só tinha acesso aos outros três Evangelhos, mas, também, havia tido uma vida inteira para refletir sobre as profundas verdades teológicas sobre quem era Jesus e o que isso realmente significava.

O EVANGELHO DE MATEUS EM UM RELANCE

SEÇÃO	ANÚNCIO E CHEGADA DO REI	PROCLAMAÇÃO E RECEPÇÃO DO REI
PASSAGEM	1:1—4:25	5:1—15:39
TEMAS	**CREDENCIAIS DE JESUS** Nascimento —Batismo — Tentação	**MENSAGEM DE JESUS** Milagres — Discursos — Parábolas
TERMOS-CHAVE	Batismo — Cristo — Proclamação	Justiça —Autoridade — Bênção — Parábolas

Isso nos leva a Mateus. Ele não era um trabalhador braçal, como João, que era pescador. Não era um profissional liberal, como Lucas, que era um médico sofisticado. E não era um jovem assistente, como Marcos. Mateus havia sido um cobrador de impostos.

COBRADOR DE IMPOSTOS! Para nós, é difícil imaginar o que isso significava para um público judeu do primeiro século. Afaste de sua mente a imagem de um auditor da Receita Federal bem-vestido que apenas está fazendo seu trabalho de manter a honestidade dos contribuintes, ou de um oficial da alfândega que está revisando mercadorias para garantir que ninguém exceda os limites de isenção de impostos. Mateus não era um arrecadador de impostos que coletava moedas para os

O EVANGELHO DE MATEUS EM UM RELANCE

SEÇÃO	OPOSIÇÃO E REJEIÇÃO AO REI	PAIXÃO E TRIUNFO DO REI
PASSAGEM	16:1—25:46	26:1—28:20
TEMAS	**SOFRIMENTOS DE JESUS** Oposição — Rejeição — Segunda vinda	**VITÓRIA DE JESUS** Páscoa e prisão Sofrimento e morte Ressurreição Ascensão
TERMOS-CHAVE	Tribulação — Angústia — Tropeço	Entrega — Sofrimento

funcionários locais do governo. O termo grego *telōnēs* [5057], traduzido como "cobrador de impostos", é usado de forma bastante negativa no Novo Testamento — muitas vezes associado a termos como "pecadores" e "prostitutas".[2] Os cobradores eram considerados antipatriotas... e eles eram conhecidos por se envolverem em extorsão para ganho pessoal.[3] Se imaginarmos um criminoso de baixo escalão roubando cidadãos honestos e trabalhadores em benefício do crime organizado, provavelmente não estaríamos longe da verdade. Michael Green observa que os cobradores de impostos, conhecidos em latim como *publicani*, "eram muito odiados como párias sociais, e os judeus os classificavam como assassinos. Eles nem eram tolerados nas sinagogas".[4]

Quem mais, a não ser Deus, escolheria um cobrador de impostos odiado e ganancioso não apenas para se tornar um dos doze discípulos de Jesus, mas também para escrever aquele que se tornaria o primeiro livro do cânon do Novo Testamento? Que exemplo surpreendente da misericórdia e graça de Deus! Quando o cobrador de impostos presumivelmente desonesto, chamado Levi (Mateus), conheceu o Senhor Jesus e o reconheceu como o tão esperado Rei de Israel, tudo mudou. Toda a sua vida seria agora proclamar o Messias a seus concidadãos judeus — tanto por meio de seu testemunho vivo como por meio de suas palavras escritas. Eu gosto muito do que um comentarista escreve sobre Mateus. "Quando Jesus chamou Mateus, sentado à mesa em que cobrava os impostos, Mateus levantou-se e o seguiu e deixou tudo para trás, exceto uma coisa: a pena com que escrevia."[5]

FATOS CONCISOS SOBRE MATEUS

QUANDO FOI ESCRITO?
Por volta de 65 d.C.

ONDE FOI ESCRITO?
Possivelmente na Antioquia

POR QUE FOI ESCRITO?
Para demonstrar aos leitores judeus que Jesus é o Rei, o Messias tão longamente aguardado.

MATEUS ENTRE OS QUATRO EVANGELHOS

Deus escolheu revelar a vida, obras, ensinamentos, morte e ressurreição de Jesus Cristo por meio de quatro relatos escritos — os relatos de Mateus, Marcos, Lucas e João. Por que quatro Evangelhos? Por que não apenas um? Ou sete? Porque Deus achou por bem se revelar dessa maneira. Seu Espírito nos contou a história central de Jesus, o Deus-homem, por meio dos olhos de quatro escritores únicos com quatro perspectivas distintas, mas complementares. O quadro a seguir resume esses quatro Evangelhos, demonstrando as várias contribuições de seus escritores.

COMPARAÇÃO ENTRE OS QUATRO EVANGELHOS

	MATEUS	MARCOS	LUCAS	JOÃO
PERFIL DE JESUS	O Rei prometido	O Servo Sofredor	O Homem perfeito	O Deus Filho
PÚBLICO ORIGINAL	Judeus	Romanos	Gregos	O mundo
AUTOR	Cobrador de impostos, um dos doze discípulos	Colaborador próximo e assistente dos discípulos	Gentio, médico e um dos primeiros conversos	Pescador e um dos doze discípulos
TEMA	O Rei messiânico chegou, cumprindo as promessas do Antigo Testamento	O Filho de Deus veio para buscar, servir e salvar	O Filho do Homem veio para redimir toda a humanidade	O eterno Filho de Deus se encarnou
RESPOSTA ESPERADA	Adore-o!	Siga-o!	Imite-o!	Creia nele!

Embora todos os quatro relatos dos Evangelhos juntos apresentem harmoniosamente as boas-novas da pessoa e obra de Jesus Cristo em sua primeira vinda, Mateus, Marcos e Lucas se relacionam de uma maneira única. Esses três são chamados de Evangelhos "sinóticos", a partir de um termo grego que significa "vistos juntos". Em muitas passagens, esses três primeiros Evangelhos podem ser lidos lado a lado, oferecendo relatos distintos, mas complementares, de eventos que, quando "vistos juntos", fornecem uma imagem mais completa do que Jesus disse e fez. Em contraste, o relato do apóstolo João, escrito várias décadas após a composição dos Evangelhos sinóticos, abrange elementos do próprio testemunho ocular de João dos quais os Evangelhos anteriores não tratam.

Embora os Evangelhos sinóticos apresentem a vida de Cristo de maneira semelhante, o Evangelho segundo Mateus se destaca como o mais judaico. Isso fica evidente nas palavras iniciais da narrativa, nas quais o autor traça a genealogia de Jesus de maneira tipicamente judaica. Essa característica única do relato de Mateus explica por que vemos tantas referências de significado judaico em todo o livro

— referências à Lei, aos costumes judaicos, às festas, às profecias do Antigo Testamento cumpridas por Jesus. Mateus contém muitas citações diretas, alusões e paráfrases de passagens do Antigo Testamento — muito mais do que Marcos, Lucas ou João. Segundo algumas estimativas, Mateus faz mais de 65 referências ao Antigo Testamento, em comparação com cerca de 30 para Marcos e Lucas e apenas 15 para João. Claramente, Mateus queria convencer seus leitores judeus de que Jesus era o Messias tão esperado, que não veio para abolir a Lei ou os Profetas, mas para cumpri-los (5:17).

MATEUS ESCREVEU O EVANGELHO ORIGINAL EM ARAMAICO?

Segundo Papias de Hierápolis, um pastor do segundo século que havia sido discípulo do apóstolo João e conhecido muitos discípulos da primeira geração dos apóstolos originais, "Mateus escreveu os oráculos na língua hebraica, e cada um os interpretava como podia".[6] Irineu afirmou: "Mateus também produziu um Evangelho escrito entre os hebreus em seu próprio dialeto".[7] A maioria dos primeiros pais da igreja acreditava nessa tradição inicial de que Mateus havia originalmente escrito um relato do Evangelho na língua dos judeus — o aramaico —, que mais tarde foi traduzido para o grego.[8]

Muitos estudiosos modernos duvidam, no entanto, desse testemunho inicial. Diversos dentre eles consideram ser mais provável que Mateus tenha escrito seu Evangelho baseado no Evangelho anterior e mais curto de Marcos, expandindo o relato a fim de torná-lo mais atrativo ao público judeu. Até hoje, nenhuma versão aramaica ou hebraica de Mateus foi encontrada, portanto, mesmo que tal texto já tenha existido, a versão grega de Mateus é aquela que o Espírito Santo preservou como parte do cânon do Novo Testamento.

VISÃO GERAL DO EVANGELHO DE MATEUS

Mateus escreveu seu relato do nascimento, vida, ensinos, morte, ressurreição e ascensão de Jesus para demonstrar aos leitores judeus que Ele é o Rei, o tão esperado Messias de Israel. A linha de abertura do livro deixa isso claro: "Registro da genealogia de Jesus Cristo, filho de Davi, filho de Abraão" (1:1). Cada capítulo contribui, de alguma forma, para este tema abrangente.

No entanto, Mateus também se aprofunda em uma questão que teria incomodado especialmente seus leitores judeus do primeiro século que já estavam convencidos da messianidade de Jesus. "Se Jesus é nosso Rei, onde está o reino prometido?" Parte do enredo do Evangelho de Mateus mostra que Jesus, de fato, ofereceu o reino a Israel, mas a oferta foi rejeitada por quase todos os líderes políticos e religiosos da nação, bem como pela maioria do povo (4:17; 16:13-28; 21:42-43). Mateus, assim, cria uma inesperada reviravolta no enredo, apresentando o fato de que a rejeição de Jesus por Israel levaria ao estabelecimento da Igreja, constituída por discípulos batizados de todas as nações (8:10-12; 28:19-20). No entanto, as promessas do reino originalmente feitas a Israel ainda seriam um dia cumpridas por Cristo, em sua segunda vinda (19:28; cf. 25:31).

Mateus desenvolve seu enredo em duas partes distintas. Os capítulos 1 a 15 tratam da *identidade do Rei*; os capítulos 16 a 28 abordam o *destino e a vitória do Rei*. O escopo do público também muda entre os capítulos 15 e 16, passando de episódios em que Jesus ensina vastas multidões para episódios em que Ele estreita seu foco com o objetivo de ensinar principalmente os Doze. Na primeira metade do Evangelho, a popularidade de Jesus entre o povo aumenta; na segunda metade, cresce a hostilidade contra Ele. Geograficamente, os primeiros 15 capítulos dão ênfase ao ministério de Jesus na Galileia; a segunda metade se concentra em seu ministério na Judeia e, especialmente, em Jerusalém.

A primeira metade do Evangelho de Mateus, que será o assunto da metade inicial deste volume, pode ser dividida em duas partes.

Anúncio e chegada do Rei (1:1–4:25). Esses capítulos preliminares desenvolvem as credenciais e qualificações de Jesus como o tão esperado Messias. Sua identidade é demonstrada por meio de sua genealogia messiânica (1:1-17), do cumprimento das profecias e tipos do Antigo Testamento relacionados ao seu nascimento e infância (1:18—2:23), de sua consagração batismal e comissionamento (3:1-17), de sua vitória sobre as tentações do Diabo (4:1-11), do chamado que fez aos discípulos (4:12-22) e do início de seu ministério público (4:23-25).

Proclamação e recepção do Rei (5:1—15:39). Esses 11 capítulos relatam o ensino, a pregação e os milagres de Jesus na inauguração e prenúncio de seu reino. Essa seção inclui o conhecido "Sermão da Montanha" (5:1—7:29), relatos de vários milagres (8:1—9:38), discursos sobre diversos temas práticos, morais e espirituais em meio a uma crescente controvérsia (10:1—12:50), a exposição do reino por meio de parábolas (13:1-58), e milagres adicionais acompanhados por maior resistência aos ensinamentos de Jesus (14:1—15:39).

A segunda metade do Evangelho de Mateus, englobando os capítulos 16 a 28, que narra a *Oposição e rejeição ao Rei* (16:1-25,46), bem como a *Paixão e triunfo do Rei* (26:1—28:20), será discutida na segunda parte deste comentário. Basta dizer que temos muito material a cobrir na primeira metade deste Evangelho antes de examinarmos, na segunda metade, a crescente oposição e rejeição a Jesus, bem como sua crucificação e ressurreição.

Que mensagem profunda e poderosa para iniciar as primeiras páginas do Novo Testamento! Após 400 anos de silêncio profético, durante os quais o povo de Deus se debruçou sobre os escritos do Antigo Testamento em busca de pistas que apontassem para a vinda do Messias, muitos podem ter perguntado a si mesmos se Deus havia esquecido suas promessas e os havia abandonado. O aparente silêncio de Deus pode, às vezes, dar essa impressão. No entanto, João Batista quebrou o silêncio com um chamado ao arrependimento, em preparação para a vinda do Messias... e então o próprio Jesus surgiu oferecendo o reino, com base em uma única condição — *a fé*. Fé em um Messias que atendia às expectativas de bem poucas pessoas. Fé em um reino que avançava por meio da paz e não da guerra. Fé em um Deus que cuidava não apenas de seu povo, Israel, mas de todo o mundo.

Para quem sente que Deus esqueceu seu povo, Mateus quebra o silêncio. Ele nunca abandonará seu povo e nunca quebrará suas promessas. Embora Deus talvez não se manifeste exatamente da maneira que esperamos ou pelos meios que achamos que Ele deveria fazê-lo, *Deus se manifesta*. O Evangelho de Mateus não revela apenas que Jesus é o Rei, o tão esperado Messias de Israel, mas também nos lembra que Jesus é nosso Emanuel — "Deus conosco" — agora ressuscitado e assunto aos céus, mas ainda conosco, até o fim dos tempos (veja 28:20).

Prepare-se para encontrar o seu Rei!

ANÚNCIO E CHEGADA DO REI (MATEUS 1:1—4:25)

Os quatro Evangelhos começam de forma diferente. O Evangelho segundo Marcos, provavelmente o relato escrito mais antigo, nos coloca bem no meio da ação, com a proclamação de João Batista sobre a chegada do reino, seguida pelo batismo de Jesus, sua tentação e o início de sua pregação na Galileia (Mc 1:1-15). O cuidadoso e estudioso médico Lucas abre seu relato com uma espécie de prefácio, dirigindo-se a uma pessoa específica, Teófilo, e começando de maneira formal para garantir que seu relato será bem organizado. O relato inicia, então, descrevendo o nascimento de João Batista e narrando eventos relacionados ao nascimento e infância de Jesus, fornecendo detalhes históricos (Lc 1:1—2:52). Enquanto isso, o Evangelho de João começa com um elevado hino teológico sobre o Verbo eterno que se fez carne, exaltando o Deus-homem e o milagre da Encarnação (Jo 1:1-18).

O Evangelho de Mateus não começa logo com uma narrativa cheia de ação, como no relato de Marcos, nem com o contexto histórico de Lucas ou o glorioso hino de João, mas com uma genealogia que traça a ascendência legal de Jesus até o patriarca Abraão, passando pelo rei Davi (Mt 1:1-17). Antes de descrever o início do ministério público de Jesus, Mateus fornece detalhes abrangendo dois capítulos sobre seu nascimento e infância, muitos dos quais não estão incluídos em nenhum outro relato — a visita angélica a José (1:18-25); a chegada dos magos, ou "sábios", e seus presentes de ouro, incenso e mirra (2:1-12); e a fuga para o Egito, bem como o assassinato dos filhos de Belém (2:13-23).

O propósito desses detalhes únicos é nos apontar para o anúncio e chegada do Rei (1:1—4:25). Ao final desses capítulos iniciais, nenhum leitor ficará confuso sobre quem realmente é esse Jesus de Nazaré. Ele é o Rei, o tão esperado Messias de Israel.

TEMAS-CHAVE EM MATEUS 1:1—4:25

■ ***baptizō*** (βαπτίζω) [907] "banhar", "lavar", "imergir"

A palavra *batismo* não é tanto uma tradução, mas uma transliteração do verbo grego *baptizō*, que se refere ao ato de mergulhar algo em água com o propósito de lavá-lo. No mundo antigo, o ato de imersão em água era usado por grupos religiosos judeus e pagãos para a limpeza ritual — iniciação em uma comunidade sagrada, consagração para uma vocação específica ou a purificação simbólica do pecado ou da culpa antes da adoração. Ser "batizado" em uma comunidade era identificar-se com o grupo coletivo, compartilhar os benefícios de ser membro desse grupo e ajudar a arcar com suas responsabilidades.

■ ***christos*** (χριστός) [5547] "messias", "o ungido"

A tradução grega da Bíblia hebraica, a Septuaginta, usou o termo *christos* para traduzir a palavra hebraica *mashiach* [H4899] (da qual obtemos a palavra portuguesa *messias*), que significa "o ungido". No Antigo Testamento, uma verdadeira cerimônia de unção com azeite era usada para consagrar profetas (1Rs 19:16), sacerdotes (Êx 28:41) e reis (1Sm 10:1). Embora Israel tivesse muitos profetas, sacerdotes e reis ungidos ao longo de sua história, todos eles passaram a ser vistos como um prenúncio do Profeta, Sacerdote e Rei supremo — *o* Messias, ou "Cristo".

■ ***kēryssō*** (κηρύσσω) [2784] "pregar", "proclamar", "anunciar"

No primeiro século, esse verbo geralmente se referia à realização de proclamações públicas oficiais, como no caso de um arauto proclamar o anúncio de um rei.[9] No Novo Testamento, ele carrega esse sentido, enfatizando a proclamação do reino de Deus com um chamado ao arrependimento e à fé (p. ex., 3:1; 4:17). Após a morte e a ressurreição de Cristo, essa proclamação das boas-novas se concentraria especificamente em Cristo como não apenas o Rei do reino vindouro, mas também o Filho de Deus que morreu e ressuscitou (At 9:20; 28:30-31; 1Co 1:22- 24; 15:12).

A genealogia de Jesus

MATEUS 1:1-17

Você sabe os nomes dos seus bisavôs? E de seus tataravôs? As chances são boas de que mesmo os entusiastas mais ávidos de genealogia só conseguirão traçar seus ancestrais por umas poucas gerações antes que as coisas fiquem confusas. Com incontáveis horas de pesquisa, usando recursos da internet e um cotonete na bochecha para um teste de DNA, você poderá descobrir a história de sua família por mais uma ou duas gerações. Mas não tenho certeza se conheço alguém que possa traçar uma linha de 40 gerações passadas. Na verdade, não tenho certeza se alguém iria querer fazer isso!

A menos que você seja membro da realeza.

A atual família real da Inglaterra pode traçar sua linhagem por mais de 35 cinco gerações, passando por numerosos Georges, Edwards, Williams, Fredericks, Charles (esse é o meu favorito), James, Henrys, Johns e outros. Para as famílias reais, a genealogia é tudo, porque nas monarquias o poder político não é conferido pelo voto nem conquistado pela vitória... é herdado por nascimento.

Assim acontece nos versículos iniciais do Evangelho de Mateus. Lembre-se de que o objetivo principal desse relato da vida de Cristo é demonstrar que Jesus é o Rei, o tão esperado Messias de Israel. Faz todo o sentido, então, que Mateus comece com uma prova documentada de que Ele não só era o herdeiro legal da linhagem real de Davi mas, também, o herdeiro da bênção da aliança abraâmica.

Qualquer um que decide ler o Novo Testamento em ordem pela primeira vez imediatamente encontra um desafio assustador. Logo de início, o leitor tem de percorrer uma enorme lista de nomes. Para piorar a situação, a maioria dos nomes não é familiar e alguns são até difíceis de pronunciar! A primeira reação de alguém que não tem ideia do valor e propósito das genealogias nas Escrituras é pensar algo como: *Por que razão o primeiro livro do Novo Testamento começa assim?*

No entanto, o que nos parece ser de pouco interesse e, francamente, uma informação bastante monótona é, de fato, o ponto de partida mais fundamental para um leitor judeu. Para um público judeu, se um homem afirmasse ser o Messias, mas não tivesse a linhagem real, tudo estaria acabado. Um comentarista assim escreve: "É importante não pensar que isso é uma perda de tempo. Para muitas culturas antigas e modernas, e certamente no mundo judaico dos dias de Mateus, essa genealogia era o equivalente a um rufar de tambores, uma fanfarra de trombetas e um pregoeiro pedindo atenção. Qualquer judeu do primeiro século acharia essa árvore genealógica impressionante e atraente."[10]

Para esses versículos iniciais, coloque-se no lugar de um cético judeu do primeiro século — braços cruzados, olhos semicerrados em suspeita, uma dúvida estampada em seu rosto. Você quer ver por si mesmo se vale a pena considerar esse Jesus de Nazaré como candidato a Messias. Você quer ver a prova documentada.

1:1

O primeiro versículo do Evangelho de Mateus começa, deste modo: "Registro da genealogia de Jesus Cristo, filho de Davi, filho de Abraão". Para qualificar-se como o Messias tão esperado, ou o rei ungido, alguém teria de ser herdeiro da promessa de Abraão e descendente legal do rei Davi. Se Jesus de Nazaré fosse de alguma outra linhagem — por exemplo, um romano — ou se Ele fosse de uma tribo e família diferente da tribo de Judá e da família de Davi, Ele teria sido automaticamente desqualificado.

Em Gênesis 12:7, Deus disse a Abrão: "À tua descendência [ou *herdeiros* ou *semente*] darei esta terra". Assim, ninguém menos que um descendente de Abraão poderia ser o destinatário final do reino de Israel. Então, séculos depois, Deus fez uma aliança com Davi e jurou: "Quanto a você, sua dinastia e seu reino permanecerão para sempre diante de mim; o seu trono será estabelecido para sempre'". (2Sm 7:16). Desse modo, somente um herdeiro da casa (família) de Davi teria as credenciais para reinar como o Rei messiânico.

É por isso que Mateus começa seu relato do Evangelho com uma tese direta e simples — mas de vital importância — para seus leitores judeus. "Esta é a lista dos antepassados de Jesus Cristo, descendente de Davi, que era descendente de Abraão" (Mt 1:1, NTLH). A lista de nomes que se segue torna-se uma espécie de Anexo A, que prova de que Jesus realmente tem a linhagem que o faz apto para ser o tão esperado Messias.

Observando o valor do registro genealógico de Mateus, podemos agora observar a maneira única como ele organizou as informações. Ele não apresentou apenas um rol de nomes em ordem cronológica, como se pudesse desenterrar essa lista no porão de um prédio de arquivos públicos. Em vez disso, ele dividiu a história de Abraão a Jesus em três grupos — de Abraão a Davi (1:2-6a), de Davi ao cativeiro babilônico (1:6b-11), e do cativeiro babilônico a Jesus (1:12-16). Dentro de cada um desses três grupos, Mateus selecionou 14 nomes, intencionalmente deixando alguns indivíduos menos conhecidos fora do registro e, inesperadamente, incluindo algumas mulheres específicas na lista.

É claro que essa genealogia não pretende mostrar uma apresentação exaustiva, precisa, mas "apenas os fatos" da linhagem de Jesus. Ao mesmo tempo que fornece um resumo da ascendência de Jesus que seja suficiente para satisfazer aqueles que duvidam de seu direito legal ao trono davídico, Mateus parece ter ficado ainda mais interessado em ensinar a seus leitores judeus algumas coisas sobre Jesus — usando um método de apresentação de material que, particularmente, era atrativo para eles como judeus.

Em vez de examinar cada nome na genealogia de Mateus, vamos nos concentrar em algumas das características únicas de cada agrupamento.

1:2-6a

O primeiro grupo de 14 gerações nos leva de Abraão a Davi. Esse período, abrangendo aproximadamente de 2000 a.C. a 1000 a.C. incluía os patriarcas Abraão, Isaque, Jacó e Judá, de quem surgiria a linhagem dos reis israelitas (veja Gn 49:10). Esse período também abrangeu o tempo da escravidão no Egito, o Êxodo sob Moisés, a entrega da aliança da Lei e o estabelecimento do tabernáculo e de sacrifícios, assim como a conquista da Terra Prometida.

Contudo, Mateus não se concentra nesses eventos. Ele nem mesmo menciona Moisés ou a Lei. Tampouco ele simplesmente transcreve de suas fontes uma genealogia direta de pai para filho. Em vez disso, ele menciona intencionalmente que Judá gerou Perez e Zerá por intermédio de Tamar (Mt 1:3), que Salmom gerou Boaz por meio de Raabe (1:5), que Boaz gerou Obede através de Rute (1:5) e — na primeira entrada do segundo grupo de nomes — que Davi gerou Salomão por meio de Bate-Seba (1:6).

As quatro mulheres que Mateus menciona na genealogia de Jesus em 1:3-6 não são apenas esposas inseridas aleatoriamente nessa lista para provar que Mateus respeitava as mulheres. Mateus destacou mulheres que provavelmente eram todas de origem gentia — isto é, não judias.[11] Todas elas entraram na linhagem messiânica por circunstâncias não muito ideais. Tamar fingiu ser prostituta para dormir com o sogro. Raabe era uma prostituta antes de ser incorporada à comunidade de Israel. Rute veio de Moabe, uma nação que muitas vezes estava em desacordo com Israel. E Bate-Seba tornou-se esposa de Davi somente depois que ele cometeu adultério com ela e providenciou para que seu marido fosse morto. Pense nisso. Cada uma dessas mulheres teria sido vista por leitores judeus piedosos como "contaminada" ou "manchada" de alguma forma. Por que essa observação é importante? O que Mateus estava tentando demonstrar? Um comentarista coloca isso muito bem: "A presença dessas quatro pessoas na linhagem do Rei enfatiza uma genealogia com ênfase na graça".[12] Por causa de seus ascendentes não muito recomendados, pois não eram pessoas nobres, nenhuma das mulheres se encaixava confortavelmente na família do Messias. Mas, na verdade, nenhum de nós também se encaixa.

1:6b-11

O segundo grupo de 14 gerações selecionado por Mateus inclui figuras importantes como Salomão, que construiu o templo em Jerusalém; Roboão, sob quem o reino se dividiu entre o norte (Israel) e o sul (Judá); Uzias; e Ezequias. No primeiro grupo (1:2-6a), Mateus acrescentou os nomes de quatro mulheres que haviam sido "enxertadas" na árvore genealógica de Jesus, apesar de sua origem gentia. Neste segundo conjunto de 14, Mateus omitiu intencionalmente os nomes de quatro homens que aparecem nas genealogias mais precisas e detalhadas do Antigo Testamento — os reis Acazias, Joás, Amazias e Jeoaquim. A razão pela qual Mateus descartou esses quatro nomes pode estar relacionada à insignificância ou ao caráter infame destes.[13] Em qualquer dos casos, uma genealogia não precisava incluir todos os ancestrais para demonstrar sua linhagem legal; era uma prática aceitável nessa época que as genealogias poderiam saltar gerações.[14] Parece que a importância de manter as "14 gerações" em cada agrupamento levou Mateus a tomar decisões sobre omissões intencionais da lista.

No primeiro movimento da sinfonia rítmica de gerações de Mateus (1:2-6a), podemos ter a impressão de que a longa história começa com Abraão e segue num grande crescendo até a pessoa de Davi. No entanto, no segundo movimento, de Davi ao cativeiro babilônico (1:6b-11), a melodia empolgante parece ter se deteriorado em uma cacofonia de sons aleatórios desagradáveis, instrumentos desafinados e maus membros de orquestra que tocam suas próprias músicas ou abandonam totalmente a sinfonia. A história que levou ao exílio na Babilônia inclui declínio, degeneração, apostasia e idolatria, terminando em derrota, destruição e deportação.

Mas Deus não desistiu de seu povo nem quebrou suas promessas.

1:12-16

Depois que as coisas se deterioraram nas gerações que antecederam a deportação de Israel para a Babilônia, a história do povo de Deus declina na obscuridade. Mal conhecemos as pessoas mencionadas na terceira seção da genealogia. Podemos ler sobre Zorobabel, que assumiu a liderança no retorno a Jerusalém para reconstruir o templo (veja Ed 5:1-2; Ne 12:1). Todavia, os demais são apenas nomes.

Ao pensarmos nos quatro séculos de silêncio profético que antecederam a pregação de João Batista no deserto no primeiro século, podemos imaginar judeus quietos e piedosos vivendo na terra de Israel, desejando ansiosamente por seu Messias. À medida que a linhagem real passava de geração em geração sob o radar de sucessivas nações opressoras — Babilônia, Pérsia, Grécia e Roma — a vela da esperança messiânica continuaria a brilhar até que seu fogo persistente acendesse a tocha do Messias.

Mateus registra a geração final de uma maneira peculiar que demonstra a identidade de Jesus tanto como herdeiro legal da linhagem real de Davi quanto como filho nascido da Virgem Maria sem ter descendido fisicamente de José. Literalmente, Mateus 1:16 diz: "E Jacó gerou José, marido de Maria, da qual nasceu Jesus, que se chama o Cristo". Algumas coisas são dignas de nota sobre a maneira como Mateus expressa esse relacionamento. As anotações anteriores, na ascendência, ligavam nomes como Abraão e Isaque, ou Jessé e Davi, por meio do verbo grego *gennaō* [1080], para indicar que a primeira pessoa literalmente "deu à luz" a segunda — isto é, tornou-se seu ancestral. Mesmo quando as mulheres são nomeadas na genealogia, fica claro que o homem é que era considerado a fonte ancestral por meio da procriação normal — por exemplo, "Boaz deu à luz Obede por meio de Rute" (1:5, minha tradução). No entanto, Mateus descreve a origem de Jesus de uma forma que desconecta sua geração física de José e, em vez disso, liga seu nascimento a Maria. Em 1:16, Mateus diz que José era o marido de Maria, de quem (Maria) Jesus foi gerado (ainda usando o termo *gennaō*). A minúscula frase grega *ek hēs* [1537 + 3739], "de quem", usa o pronome relativo feminino singular, tornando Maria a única fonte da origem física de Jesus. No entanto, José é chamado de *anēr* [435] ("marido") de Maria, tornando Jesus o filho legal (embora não físico) de José... e, portanto, o herdeiro do trono davídico!

1:17

Mateus termina sua versão estilizada da genealogia do Messias a partir de Abraão com uma declaração que a resume, observando que ele intencionalmente limitou cada um dos três movimentos a 14 gerações. Em seu sentido mais técnico, o termo grego traduzido como "geração" (*genea* [1074]) pode significar uma descendência física real de uma pessoa para outra — o ato de um pai gerar um filho. No entanto, também pode se referir a "um período de tempo",[15] assim como poderíamos dizer: "Na geração de meus pais, as coisas eram mais simples". Essa parece ser a maneira como Mateus está usando o termo em 1:17 quando diz que 14 gerações passaram de Abraão até Davi, de Davi até a deportação para Babilônia e da deportação para Babilônia até o Messias. Para chegar ao número 14 para cada período, Mateus parece ter contado o próprio reinado crucial de Davi como o fim do primeiro período e o início do segundo.[16]

A divisão desses três grupos em 14 "períodos" ou "eras" foi inteiramente obra de Mateus. Esse relato não é encontrado no Antigo Testamento, nem as listas genealógicas se prestam imediatamente a tal divisão. Então, por que Mateus se esforçaria para apresentar a ascendência legal de Jesus em três grupos de 14? Isso tem tudo a ver com a sua apresentação da genealogia em um estilo que atrairia seu público judeu original. Stan Toussaint explica uma possibilidade interessante: "Esse era um dispositivo rabínico comum. Mateus pode ter derivado o número 14 da grafia hebraica do nome de Davi. Na língua hebraica as letras do alfabeto têm valor numérico... Essas três letras [compondo o nome de Davi em hebraico] têm o valor numérico de quatro, seis, quatro, respectivamente, sendo o total 14".[17]

NOME HEBRAICO DE DAVI — דוד

TRANSLITERAÇÃO — DVD

VALOR NUMÉRICO 4+6+4=14

Qual é a mensagem por trás do artifício inteligente usado por Mateus? Jesus é o "segundo Davi" — o tão esperado Messias que iria restaurar o poder, a glória e o reino prometidos ao primeiro Davi.

Ao organizar sua genealogia, Mateus não estava apenas apresentando fatos históricos comuns; ele também incorporou importantes verdades teológicas usando artifícios retóricos que seus companheiros judeus teriam percebido. É como se Mateus estivesse escondendo "ovos de páscoa" em seu texto para os judeus encontrarem... se eles tirassem tempo para olhar com cuidado e examinar profundamente. Ao longo deste livro, veremos que Mateus repetidamente convida seus leitores a irem além do nível superficial da narrativa para pensar sobre quem é Jesus, examinando os padrões e profecias do Antigo Testamento e, finalmente, enxergarem a verdade de que Jesus é o Rei, o Messias aguardado por muito tempo.

TRÊS DRAMÁTICOS MOVIMENTOS DA GENEALOGIA DE MATEUS

PRIMEIRO MOVIMENTO Crescendo "De Abraão a Davi"	SEGUNDO MOVIMENTO Cacofonia "De Davi até o cativeiro babilônico"	TERCEIRO MOVIMENTO Clímax "Do cativeiro babilônico até o Messias"
Abraão a Isaque	Davi a Salomão por meio de Bate-Seba	Jeconias a Salatiel
Isaque a Jacó	Salomão a Roboão	Salatiel a Zorobabel
Jacó a Judá e seus irmãos	Roboão a Abias	Zorobabel a Abiúbe
Judá a Perez por meio de Tamar	Abias a Asa	Abiúbe a Eliaquim
Perez a Esrom	Asa a Josafá	Eliaquim a Azor
Esrom a Arão	Josafá a Jorão	Azor a Zadoque
Arão a Aminadabe	Jorão a Uzias	Zadoque a Aquim
Aminadabe a Naasson	Uzias a Jotão (saltando Acazias, Joás e Amazias)	Aquim a Eliúde
Naassom a Salmom	Jotão a Acaz	Eliúde a Eleazar
Salmom a Boaz por meio de Raabe	Acaz a Ezequias	Eleazar a Matã
Boaz a Obede por meio de Rute	Ezequias a Manassés	Matã a Jacó
Obede a Jessé	Manassés a Amom	Jacó a José
Jessé a Davi, o rei	Amom a Josias	José a Jesus, o Messias, nascido de Maria
Reinado de Davi como rei	Josias a Jeconias e seus irmãos no tempo do exílio na Babilônia	

APLICAÇÃO

Mateus 1:1-17

UMA GENEALOGIA DA GRAÇA

À primeira vista, a genealogia de Mateus parece uma lista monótona de nomes de difícil pronúncia — versículos a serem omitidos em um programa de leitura diária da Bíblia, e definitivamente, uma passagem sobre a qual não se deve pregar em uma manhã de domingo! No entanto, ao fazer um exame mais detalhado, reconhecemos uma importante verdade prática desenhada no tecido dessa lista dos ancestrais do Messias.

Com exceção do próprio Jesus, todas as pessoas dessa lista eram pecadoras — frágeis e tolas. Cada um — desde os mais conhecidos aos virtualmente desconhecidos — teve uma vida marcada pelo pecado e pela culpa. Não podemos mencionar o pecado de cada um. Mas sabemos dos enganos de Abraão. E da conspiração de Judá com seus irmãos contra José. E da sedução de Tamar. E da prostituição de Raabe. E do adultério de Davi. E da maldade de Manassés. E da fé e obediência inconstantes e sem entusiasmo da linhagem dos reis de Judá.

Então, o que essa lista nos diz? Que a graça de Deus não exclui ninguém. Se esses homens e mulheres puderam ser incluídos na história de Deus no passado, pecadores como você e eu podem ser incluídos em sua história presente. Humanamente falando, ninguém merecia um lugar na família legal e física de Cristo. Da mesma forma, nenhum de nós merece fazer parte de um ramo em sua árvore genealógica espiritual! A genealogia de Mateus lembra a todos nós a maravilhosa graça de Deus.

Calçando as sandálias de José

MATEUS 1:18-25

A Bíblia registra várias concepções e nascimentos que poderíamos descrever como surpreendentes, inesperados ou mesmo miraculosos. A promessa da "semente" de Abraão, que se estendeu por tanto tempo, foi finalmente cumprida quando Isaque nasceu de uma mãe com 90 anos, Sara (Gn 21:2). A esposa de Elcana, Ana, antes incapaz de gerar, foi finalmente abençoada com um filho que se tornou o grande profeta Samuel (1Sm 1:19-20). E Isabel, esposa do sacerdote Zacarias, deu à luz a João Batista em idade muito avançada (Lc 1:36).

No entanto, nenhuma dessas histórias pode se comparar ao nascimento de Jesus no ventre de Maria. Todos os anos, na época do Natal, pessoas de todo o mundo ensaiam aquela história bem conhecida, mas sempre incrível, do nascimento do Salvador. Embora conheçamos praticamente todos os detalhes, muitas vezes podemos ignorar uma pessoa muito importante na história — o homem chamado José, "marido de Maria" (Mt 1:16). Maria havia sido visitada por um anjo que a informou sobre a concepção miraculosa (veja Lc 1:26-38), mas José não estava preparado para a notícia, difícil de acreditar, sobre a gravidez de Maria.

Tudo o que José sabia era que o bebê não era dele, biologicamente falando. Ele não havia tocado Maria intimamente. Isso só poderia significar que alguém tinha feito isso. Essa era a única explicação lógica e natural, *a menos que...* a menos que algo sobrenatural tivesse acontecido. (Mas José assumiu que essas coisas só aconteciam na Bíblia — que hoje chamamos de Antigo Testamento.)

Coloque-se nas sandálias de José. Em que seria mais fácil de acreditar: no natural ou no sobrenatural?

1:18-19

Mateus faz uma transição brusca após a genealogia de Jesus em 1:1-17 com a frase "O nascimento de Jesus Cristo foi assim" (1:18). Esse verso remonta a 1:16, em que José foi descrito como "marido de Maria, da qual nasceu Jesus". Quando Mateus escreveu o Evangelho nos anos 60 d.C., a doutrina da concepção virginal de Jesus já estava firmemente estabelecida nas igrejas cristãs. Ela fazia parte dos primeiros credos e confissões batismais. Ao mesmo tempo, no entanto, rumores sussurrados, concebidos na incredulidade e nascidos em calúnias, começaram a circular a respeito da concepção de Jesus, ou por imoralidade ou por violência sexual.[18] Mateus inclui um relato verdadeiro e detalhado da concepção miraculosa de Jesus para desbancar tais rumores maliciosos.

Em seu relato sobre o nascimento de Jesus, Mateus nos coloca diretamente dentro do ponto de vista de José. Lembre-se, era José quem estava na linha de sucessão da realeza davídica de acordo com a genealogia, de modo que os judeus teriam se interessado particularmente pela história do nascimento de Jesus do ponto de vista de José. Mas quando nós, os leitores, nos colocamos em seu lugar, sentimos imediatamente a sua situação desconfortável. Em algum momento durante o período de aproximadamente um ano de noivado entre José e Maria, ela "achou-se grávida" (1:18). Mateus esclarece para o leitor que essa gravidez inesperada foi originada "pelo Espírito Santo", mas o relato deixa claro que José não sabia disso.

Nesse ponto — isto é, após o arranjo inicial do noivado — os eventos registrados em Lucas 1:26-56 já tinham ocorrido. O anjo Gabriel havia anunciado a Maria: "Você ficará grávida e dará à luz um filho, a quem chamará pelo nome de Jesus... O Espírito Santo virá sobre você, e o poder do Altíssimo a envolverá com a sua sombra; por isso, também o ente santo que há de nascer será chamado Filho de Deus" (Lc 1:31,35). Depois disso, Maria viajou de Nazaré para visitar sua parente Isabel — a mãe de João Batista — na Judeia, e permaneceu com ela por três meses, até aproximadamente o momento em que Isabel deu à luz João. Foi provavelmente durante esta ausência que José lutou com a forma de lidar com a situação potencialmente escandalosa sobre sua noiva grávida.

Tenho a impressão de que Maria havia contado a José sobre a visita do anjo Gabriel, conforme registrado em Lucas. Isso explicaria por que o evangelho de Mateus menciona que ela "achou-se grávida pelo Espírito Santo" (Mt 1:18). Mas é claro que tal explicação para sua gravidez teria parecido, no mínimo, um tanto estranha para José!

As alternativas, apesar de dolorosas e humilhantes, teriam sido mais razoáveis. Ou Maria havia sido infiel ou havia sido violada. Se essa última alternativa fosse verdadeira, por que ela não diria a verdade a José, não nomearia seu agressor e apelaria para Deuteronômio 22:25-27? A lei proporcionava proteção legal às mulheres que haviam sido abusadas em circunstâncias nas quais ninguém poderia intervir. Entretanto, se ela tivesse se envolvido voluntariamente na imoralidade sexual, que tipo de mulher acrescentaria ao pecado do adultério a blasfêmia de que seu filho, fruto de uma fornicação, era de fato o Filho de Deus?

Nada disso parecia fazer sentido. José provavelmente conhecia Maria e sua família havia muitos anos, e ele teria sabido que nem a imoralidade nem o engano eram parte de seu caráter. Talvez ela tivesse enlouquecido!

Você pode imaginar a agonia pela qual José estava passando.

Do ponto de vista de José, ele tinha três opções para lidar com esse dilema. Primeiro, ele poderia aceitá-la como uma mentirosa dissoluta e se casar com ela mesmo assim. Mas fazer isso seria ignorar pecados que Deus condena. Segundo, José poderia condenar Maria publicamente como adúltera, e ela seria apedrejada até à morte sob a pena da Lei (veja Dt 22:23-24). Ou, terceiro, José poderia divorciar-se de Maria em particular e em silêncio, encontrando uma maneira de desviar a atenção da embaraçosa situação. Talvez José pensasse que sua estada prolongada com sua parente Isabel na Judeia seria uma oportunidade perfeita para "anular o casamento secretamente" (Mt 1:19). Ele poderia apenas enviar a notícia de que Maria deveria ficar na Judeia e não voltar para Nazaré. Talvez José pudesse sair da cidade e se mudar para a terra natal de sua família em Belém. Em pouco tempo, ninguém se lembraria de que ele havia sido noivo de Maria. Ou, quando percebessem que ela havia dado à luz fora do casamento, ninguém se importaria... talvez. Mas mesmo essa estratégia para manter sua própria justiça e salvá-la da desgraça pública tinha seus riscos. Seria uma possibilidade realista pensar que a verdade não viria à tona em uma cidade pequena como Nazaré?

O NOIVADO NO PRIMEIRO SÉCULO

MATEUS 1:18

Embora possamos ter conhecimento de casamentos arranjados em algumas culturas tradicionais, especialmente no Oriente, a maioria de nós no mundo ocidental está muito mais familiarizada com a prática do noivado — um homem e uma mulher se encontram, namoram, levam o compromisso a sério e depois anunciam que escolheram se casar. Eles marcam uma data, fazem planos e se casam. Todo esse processo geralmente pode durar de alguns meses a vários anos. E, dependendo das convicções religiosas e morais do casal, podem viver juntos ou separados durante esse período; no mundo de hoje, de padrões morais frouxos e compromissos intermitentes, se um casal estiver vivendo junto não significa necessariamente que estão casados, nem o fato de estarem noivos significa necessariamente que haverá um casamento.

Independentemente disso, nossa abordagem ocidental moderna de namoro e casamento teria parecido bizarra para o modo de pensar judaico do primeiro século. Em vez de passar por um processo no qual um período de namoro era seguido por um noivado e, depois, um casamento, homens e mulheres no primeiro século abordavam o casamento através do conceito de noivado.

O processo de casamento judaico pode ser dividido em três etapas.[19] Primeiro, um homem e uma mulher se casavam, geralmente por decisão de seus pais. O casal e suas famílias demoravam a se conhecer e aprovar o casamento, após o que firmavam um acordo formal contratual que incluía algum tipo de dote ou troca de bens passados da família da mulher para a família do homem. Uma vez que o contrato era assinado e selado, o homem e a mulher entravam na segunda etapa, o noivado. O noivado equivalia essencialmente a um período de espera, um pouco semelhante ao que poderíamos chamar de noivado de hoje, mas com a importante distinção de que um contrato já havia sido assinado, tornando o noivado final em um sentido semelhante ao que pensamos sobre o casamento em si.

Terminado o período de espera e preparados os novos aposentos do noivo para receber a noiva, ocorria a terceira etapa, a cerimônia de casamento. Isso incluía uma apresentação pública da noiva e do noivo diante da família e amigos, o selamento de sua união e uma celebração com uma grande festa.[20]

O rompimento de um acordo de noivado teria sido um grande problema na cultura judaica — essencialmente uma quebra de contrato!

1:20-21

José enfrentou um dilema preocupante. Não devemos dar apenas uma olhada rápida e superficial nas palavras iniciais de 1:20, que afirmam, literalmente: "depois de ter *pensado* nisso..." A palavra grega usada aqui para "pensar" (*enthymeomai* [1760]) significa "processar a informação pensando nela cuidadosamente".[21] Poderíamos dizer que José "ruminou" ou "ponderou" acerca de sua decisão. Isso o mantinha acordado à noite e o distraía durante o dia. Mesmo depois que planejou se divorciar de Maria discretamente, algo não caiu bem em sua decisão. Ele a *conhecia*. Essa era *Maria*! Ela não faria algo assim... e depois, inventar uma história sobre um anjo!? Mas de que outra forma ele poderia explicar o que estava acontecendo? *E por que isso estava acontecendo com ele?*

Além dos fatos irreconciliáveis que ele não conseguia tirar da cabeça, José teve que lidar com as emoções agonizantes que o faziam se sentir mal. Ele amava Maria e estava com o coração partido pensando na perspectiva de sua infidelidade. Ou talvez tenha ficado arrasado com a loucura dela, se estivesse achando que ela havia enlouquecido. Mas ele também amava o Senhor e não podia, simplesmente, varrer os fatos para debaixo do tapete como ele devia fazer com pó proveniente da madeira de sua oficina! Tentar lidar com essas emoções vívidas, provavelmente levou José à exaustão.

E em uma certa noite em que ele dormiu, tudo aconteceu.

Um anjo do Senhor apareceu a José em sonho. O que José não conseguiu descobrir por meio de cálculos ponderados e estratégias cuidadosas, Deus esclareceu por meio de um mensageiro do céu. A palavra do Senhor foi simples e direta. Acalmou o turbilhão da mente de José e sossegou as batidas de seu coração. "Não tema receber Maria como sua esposa" — essas palavras abordaram suas emoções; — "pois o que nela foi gerado procede do Espírito Santo" — isso respondeu às suas perguntas (1:20). Então José foi presenteado com o que seria, em forma embrionária, o evangelho da salvação. "Ela dará à luz um filho, e você deverá dar-lhe o nome de Jesus, porque Ele salvará o seu povo dos seus pecados" (1:21). A resposta de obediência imediata de José (1:24) demonstra não apenas que ele acreditou na mensagem do anjo, mas também que enfrentou seus medos e agiu de acordo com sua fé na mensagem marcante sobre a criança.

1:22-23

Nesse ponto da narrativa dramática, Mateus aperta o botão de pausa e faz um comentário editorial para o benefício do público judeu, que ele pretendia alcançar — especialmente para aqueles que provavelmente revirariam os olhos e diriam: "Ei, espere um pouco! Concebido pelo Espírito Santo? Nasceu de uma virgem? Quem já ouviu falar de tal coisa?" Mateus conhecia bem seu público cético. Por prever suas objeções, ele afirmou que a concepção virginal do Messias estava, de fato, de acordo com uma profecia no livro de Isaías do Antigo Testamento.

Quando se trata de textos do Antigo Testamento relacionados ao Messias, algumas passagens podem ser o que chamaríamos de profecias *diretas e claras*. Nessa categoria, o referente único e direto da profecia é o futuro Messias. Isso incluiria passagens como Isaías 9:6-7, na qual o filho que iria nascer e reinaria no trono de Davi não é outro senão Jesus, e Isaías 52:13—53:12, que se refere a um Servo justo que sofre, morre e ressuscita, uma profecia claramente cumprida na morte e ressurreição de Jesus.

Outras passagens do Antigo Testamento podem ser chamadas de profecias *diretas, mas veladas*, que se aplicam ao Messias, mas o público original pode não ter visto isso claramente sem a ajuda de revelação adicional. A referência à semente da mulher em Gênesis 3:15 se enquadra nessa categoria, assim como a referência à semente ("descendentes") em Gênesis 12:7, que Paulo nos diz ser uma referência velada, mas direta, a Jesus (Gl 3:16).

Outra categoria de passagens messiânicas do Antigo Testamento pode ser chamada de *profecias indiretas e veladas*. Isso inclui tipos no Antigo Testamento que encontram seus paralelos em Cristo, como o cordeiro pascal, o sistema sacrificial e certas figuras (como Moisés e Davi) que prefiguram o Messias por comparação ou contraste. Além disso, pode incluir também profecias que tiveram um cumprimento próximo ou parcial na época da profecia original, mas que também apontam para um cumprimento maior no futuro, na vinda do Messias.

A referência de Mateus a Isaías 7:14 e sua aplicação à concepção virginal de Jesus cai mais confortavelmente na terceira categoria.[22] Para descobrir como Mateus entendeu essa passagem, precisamos explorar seu significado para o público original nos dias do rei Acaz de Judá. Naquela época, Acaz temia que seu reino — e, de fato, toda a linhagem de Davi — fosse exterminado por uma aliança de seus inimigos, o reino do norte de Israel e sua vizinha Síria (Is 7:1-9). Para fortalecer a confiança de Acaz, Deus ofereceu ao rei o pedido de um sinal, o que ele se recusou a fazer. Em resposta, Deus forneceu seu próprio sinal de sua fidelidade duradoura contra a ameaça. Ele disse a Acaz que uma mulher virgem na época conceberia e daria à luz um filho que seria chamado de "Emanuel", que significa "Deus está conosco" (Is 7:14). Antes que aquela criança tivesse idade suficiente para distinguir o certo do errado, os inimigos que ameaçavam a linhagem de Davi teriam sido derrotados (Is 7:15-25).

Depois de anunciar este sinal da quase destruição dos inimigos de Judá, Isaías alude ao seu cumprimento. "Então deitei-me com a profetisa, e ela engravidou e deu à luz um filho. E o Senhor me disse: 'Dê-lhe o nome de Maher-Shalal-Hash-Baz. Pois, antes que o menino saiba dizer 'papai' ou 'mamãe', a riqueza de Damasco e os bens de Samaria serão levados pelo rei da Assíria" (Is 8:3-4). Essa criança, nascida de Isaías e de sua esposa, também é tratada em Isaías 8:8 como "Emanuel", um sinal que lembrou o povo de Deus de sua presença e proteção contra quaisquer inimigos que tentassem destruir a linhagem de Davi. Finalmente, em Isaías 8:10, o profeta zomba dos inimigos de Judá dizendo: "Mesmo que vocês criem estratégias, elas serão frustradas; mesmo que façam planos, não terão sucesso, pois Deus está conosco!"

Assim, depois que o sinal é anunciado em Isaías 7 ("uma virgem conceberá e dará à luz um filho"), o sinal chega em Isaías 8. A profetiza dá à luz "Emanuel", e os inimigos de Israel são frustrados antes que ele chegue à idade adulta. No entanto, Isaías também desenvolve os temas cruciais do nascimento de uma criança, "Deus conosco", e a preservação do trono davídico. No capítulo seguinte, Isaías incorpora esses temas em uma mensagem que encontraria seu cumprimento final no futuro Messias.

> Porque um menino nos nasceu,
> um filho nos foi dado,
> e o governo está sobre os seus ombros.
> E ele será chamado
> Maravilhoso Conselheiro, Deus Poderoso,
> Pai Eterno, Príncipe da Paz.
> Ele estenderá o seu domínio,
> e haverá paz sem fim sobre o trono de Davi
> e sobre o seu reino,
> estabelecido e mantido
> com justiça e retidão
> desde agora e para sempre.
> O zelo do Senhor dos Exércitos fará isso (Is 9:6-7).

Stan Toussaint resume o modo como Mateus, sob a inspiração do Espírito, compreende o duplo cumprimento da profecia do "nascimento virginal" de Isaías. Ele escreve:

> A virgem de Isaías 7:14 era primeiro uma virgem do tempo de Isaías, que se casaria, conceberia e teria um filho... Quando os eventos previstos aconteceram dentro de poucos anos, o sinal se provou verdadeiro. No entanto, o cumprimento final da profecia de Emanuel é visto no Messias. Em outras palavras, a profecia de Isaías 7:14 tem um duplo cumprimento — um cumprimento próximo e um distante da predição, sendo o último o cumprimento final no caso da Virgem Maria e o nascimento virginal de Jesus Cristo.[23]

No cumprimento original (próximo) da profecia nos dias de Isaías, a mulher deu à luz o filho por meios naturais (Is 8:3-4); o filho foi então simbolicamente chamado de "Emanuel" para lembrar ao povo que Deus estava com eles (Is 8:8, 10). No entanto, quando Mateus leu Isaías 7 e 8 através das lentes messiânicas de Isaías 9, pela iluminação do Espírito, ele entendeu que no cumprimento final (distante), Isaías 7:14 aponta para um nascimento *literal* por meio de uma virgem — Maria — e se refere à expressão *literal* "Deus conosco" — a encarnação de Deus Filho, Jesus Cristo, o Deus-homem.

Os leitores judeus originais de Mateus teriam entendido esse tipo de explicação da profecia do Antigo Testamento, e isso teria feito sentido para eles. Eles teriam sido capazes de compreender prontamente as implicações próximas/distantes da profecia de Isaías 7 conforme elas foram desdobradas em Isaías 8 (próximo) e Isaías 9 (distante). E eles teriam esperado uma intensificação de seu cumprimento em sua aplicação ao Messias. Ao longo do restante do evangelho de Mateus, veremos desdobramentos igualmente profundos sobre as maneiras pelas quais Jesus cumpriu as profecias do Antigo Testamento — direta e indiretamente, de forma clara e velada.

Cumprimento de Isaías 7:14

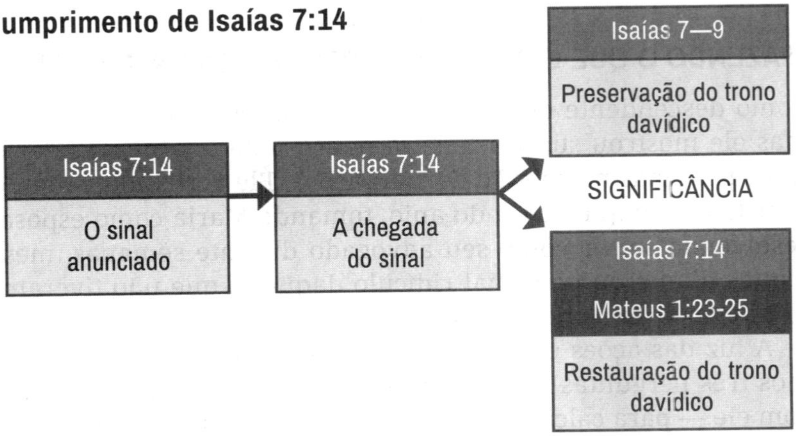

1:24-25

Quando José acordou de seu sonho, por meio do qual o encontro com um anjo mudou sua vida, ele sabia exatamente o que tinha que fazer. Sua mente estava decidida, seu medo, controlado, sua vontade, submetida à de Deus. No entanto, isso não facilitou os dias e anos que estavam à sua frente. Podemos ter certeza de que alguns dos vizinhos e parentes mais observadores teriam "feito as contas" relacionadas ao casamento de Maria e José e ao nascimento de Jesus. Rumores sussurrados teriam se espalhado sobre a infidelidade pré-nupcial de Maria ou sobre a incapacidade de José de se manter puro antes da consumação do casamento. De fato, Mateus se esforça para mencionar que José não teve relações sexuais com Maria, como seu marido, "enquanto ela não deu à luz um filho" (1:25). Tão honrado e justo era José que manteve Maria sexualmente pura até o nascimento do Messias.

José não apenas se comportou como o fiel protetor de Maria, mas presumivelmente também assumiu o papel de seu advogado. Ele ajustou sua vida em uma direção totalmente nova, uma vez que percebeu o que Deus estava fazendo em suas vidas e que papel ele deveria desempenhar. Juntos, Maria e José provavelmente suportariam o peso dos rumores sussurrados, fofocas caluniosas e condenações maldosas — vindas de amigos, familiares e, especialmente, de inimigos. Mas José sabia a verdade e, com base nessa verdade, tomou uma decisão difícil e que mudou sua vida. Sendo um homem justo, ele fez o que era certo, independentemente do custo pessoal.

APLICAÇÃO

Mateus 1:18-25

FAZENDO O QUE É CERTO, INDEPENDENTEMENTE DE TUDO

Como descendente de Davi, nas veias de José fluía sangue real; mas ele mostrou sua verdadeira nobreza não na pureza de sua linhagem, mas na retidão de suas ações. Ele acreditou e agiu de acordo com o que ouviu do anjo, tomando Maria como esposa e resolvendo servir como seu advogado durante semanas, meses e anos diante do potencial ridículo daqueles que não tiveram o privilégio de ter uma revelação celestial.

À luz das ações corajosas de José, gostaria que considerássemos três perguntas que podem nos ajudar a nos identificarmos com ele — para calçarmos suas sandálias, por assim dizer. Pense em cada uma dessas perguntas cuidadosamente, e não precipitadamente, em relação à sua própria tomada de decisão. Em seguida, saia do circuito da indecisão e determine-se a fazer o que é certo, não apenas o que é confortável.

Primeiro, *você está sendo forçado a tomar uma decisão difícil, que pode alterar sua vida?* Uma decisão que exija sacrifício para obedecer ao Senhor? Eu sei que alguns de vocês que estão lendo este texto se encontram diante de decisões incrivelmente difíceis, que podem literalmente mudar sua vida. Elas podem exigir grande sacrifício. Meu conselho para você é este: quando se trata de obedecer a Deus, *obedeça*! Você pode avaliar os custos e buscar conselhos divinos, mas depois de determinar o que Deus quer que você faça, siga o modelo de José. Faça o que pode ser difícil. Aprendi em meus anos de ministério que fazer a coisa certa raramente é algo fácil. Ao olhar para trás, em minha vida, algumas das melhores decisões tomadas foram também algumas das decisões mais difíceis que já tomei. Você pode estar enfrentando um desses tipos de decisões. (Estou deliberadamente deixando as circunstâncias vagas para que esse princípio possa ser aplicado em qualquer situação de mudança de vida que você possa estar enfrentando.) Não tenha medo.

Em segundo lugar, *você está sofrendo, agora, o peso das críticas e atitudes condenatórias dos outros por causa de uma decisão de fazer o que é certo?* Você pode ter tomado uma decisão difícil e, agora, está sofrendo com a língua afiada das pessoas e seus gestos de cabeça indicando reprovação. Talvez você tenha escolhido um caminho impopular, como desistir de uma carreira promissora e lucrativa para seguir o que muitos pensam ser uma busca tola. Talvez você tenha permanecido fiel ao seu cônjuge, quando poderia ter fugido. Talvez você tenha admitido sua incapacidade de se libertar de um vício e tenha dado passos corajosos em direção à recuperação... e seus velhos "amigos" não gostam disso. Seja o que for, meu conselho para você é que *continue nessa direção*! Você fez o que é certo. Sim, provavelmente haverá aqueles que não vão deixar você escapar ileso ou elogiá-lo por fazer o que é difícil. Mas permaneça nesse rumo. Não fuja disso. Continue assim.

Terceiro, *você conhece alguém que precisa de um defensor que o apoie em um momento difícil?* Talvez seu filho pródigo esteja sofrendo com uma experiência excruciante. Talvez seu cônjuge precise de você ao lado dele para passar por uma provação. Talvez os líderes de sua igreja precisem de mais alguns aliados e encorajadores. Meu conselho para você é estar lá para apoiar! Não é fácil. Requer sacrifício e desconforto, e os problemas dos outros certamente se tornarão seus. Talvez seus inimigos comecem a atacá-lo. Mas ser um defensor é a coisa certa a fazer. Vá em frente.

Homens sábios e homens ímpios

MATEUS 2:1-12

Estou convencido de que a maioria das pessoas — incluindo muitos cristãos que creem na Bíblia — obtém muitos de seus "fatos" sobre o nascimento de Jesus não da Bíblia em si, mas de cartões de Natal baratos, concursos de Natal bonitinhos, canções de Natal tradicionais e conjuntos de presépios sentimentais. Todos os modelos típicos de presépios — desde os feitos com madeira de oliveira cara até os feitos com plástico barato — têm certos elementos em comum. No meio de jumentos, ovelhas e outros animais domésticos, Maria e José se curvam sobre uma criança recém-nascida em uma manjedoura de madeira. Atrás deles, uns poucos pastores se apoiam em seus cajados em admiração. Anjos são colocados em cima do telhado de colmo ou estão pendurados em um cordel. E, é claro, três sábios vestidos com túnicas e coroas opulentas ajoelham-se diante do menino Jesus, oferecendo-lhe presentes raros e preciosos.

Também sabemos que esses sábios eram três reis do Oriente... exatamente como diz a canção. Eles cavalgavam três camelos à noite... como todos aqueles cartões de felicitações retratam. Quando chegaram ao estábulo bem construído, os sábios tiveram um vislumbre da auréola divina do bebê brilhando da manjedoura. Eu vi isso em um quadro. Oh, e seus nomes eram Baltazar, Melquior, e Gaspar, da Arábia, Pérsia e Índia, respectivamente. Isso nos chega através da tradição da Igreja. E, como diz a história, seus ossos estão enterrados em Colônia, Alemanha. (Não me pergunte o porquê).

Ou, pelo menos, é dessa forma que somos levados a acreditar.

No entanto, quando lemos o relato bíblico inspirado de Mateus (2:1-12), percebemos que nenhuma dessas coisas é realmente ensinada nas Escrituras. Na verdade, esses detalhes nos distraem do ponto real do relato dos magos do Oriente. A verdade do assunto é muito mais sugestiva e relevante do que as camadas de lendas que quase sufocaram a dramática narrativa sobre os sábios.

2:1-3

Se formos nos ater ao que a Bíblia revela claramente, precisaremos fazer alguns ajustes significativos em nossos presépios. Não teremos que mudar o local — Belém da Judeia (2:1). E não vamos precisar alterar a data — o tempo de Herodes, o Grande, que reinou como rei de 37 a.C. até sua morte em 4 a.C. (Sim, por mais estranho que possa parecer, Jesus nasceu vários anos *antes de Cristo [a.C.]*. A maioria define seu nascimento por volta do ano 6 a.C., cerca de dois anos antes do fim do reinado de Herodes.)

Mas é aí que fatos familiares começam a dar lugar a inúmeras lendas. Embora tenhamos sido programados para acreditar que "três reis do Oriente" vieram, trazendo três presentes, a Bíblia não faz tal declaração. Em vez disso, Mateus não nos diz quantos homens vieram do Oriente. O escritor se refere a eles no plural, o que significa que devem ter sido pelo menos dois. Mas poderia haver quatro ou cinco — ou mais — viajando juntos. Esse certamente não é um detalhe para nos fazer perder o sono. Mas se você acidentalmente deixar cair uma das três estatuetas de reis magos do seu presépio e ela quebrar, você não precisa correr para uma loja a fim de substituí-la.

Mais significativo é o fato de que Mateus nunca identifica os visitantes do Oriente como reis. Essa ideia é pura especulação e não resiste ao raciocínio histórico. Pense a esse respeito. Que três reinos orientais no primeiro século a.C. poderiam tão facilmente funcionar sem seus monarcas, enquanto viajavam para Jerusalém? E se foram reis de fato, da Armênia, Pártia, Arábia, Cítia ou mesmo da Índia que viajassem para a Judeia, eles teriam sido acompanhados por uma horda de guardas, servos, oficiais e outros atendentes que poderia parecer um exército invasor caminhando para a Terra Prometida!

Os viajantes do Oriente são identificados não como reis, mas como "magos". A palavra grega *magos* [3097] refere-se a um "homem sábio e sacerdote, que era especialista em astrologia, interpretação de sonhos e várias outras artes ocultas".[24] Mas seria errado identificá-los como mágicos ou feiticeiros. Em vez disso, provavelmente deveríamos pensar neles como sábios filósofos ou astrólogos que se dedicavam à interpretação de sonhos, que buscavam sinais nos céus e praticavam outras formas de ciência primitiva misturadas com folclore.[25] É possível que eles também tenham se tornado familiarizados com as profecias messiânicas do Antigo Testamento por meio da leitura das Escrituras judaicas como os livros de Isaías e Daniel, os quais teriam sido conhecidos entre as comunidades judaicas espalhadas pela Arábia, Pérsia e Babilônia (veja as regiões orientais representadas em At 2:9-11).[26]

Esses astrônomos não eram reis, mas provavelmente pertenciam aos altos escalões da sociedade, talvez servindo em uma corte real. De que outra forma eles poderiam ter custeado uma viagem tão longa e trazido presentes tão caros? E, se fossem abastados, também teriam sido acompanhados pelo menos por uma comitiva modesta que tornaria perceptível sua chegada repentina à Judeia.

Quando apareceram em Jerusalém, os magos imediatamente começaram a buscar seu objetivo. Eles provavelmente esperavam encontrar uma criança recém-nascida, adicionada à família real – "Onde está o recém-nascido rei dos judeus?" (Mt 2:2). Em sua investigação, eles revelaram que haviam sido guiados desde o Oriente por uma luz celestial que eles identificaram como "sua estrela", e eles estavam ansiosos para "adorá-lo". É compreensível que o rei Herodes tenha ficado "perturbado" quando ouviu tais coisas (2:3). Na mente de Herodes, o Grande, apenas uma pessoa na Judeia era o "Rei dos judeus" e era digna de adoração — *Herodes, o Grande!* E, como Mateus deixa claro, quando Herodes não estava feliz, ninguém estaria feliz.

HERODES, O GRANDE

MATEUS 2:1

Herodes, o Grande, governava a Judeia na época do nascimento de Jesus, mas ele não tinha direito legítimo ao título de "Rei dos Judeus". Longe de ter um lugar na linhagem da dinastia davídica, os ancestrais de Herodes eram idumeus convertidos ao judaísmo. Seu pai, Antípatro, era um idumeu rico e politicamente ativo que havia sido nomeado por Roma para uma alta posição na Judeia.[27] Os idumeus era descendentes de Esaú, que havia perdido seu direito de primogenitura para seu irmão, Jacó, também chamado de "Israel" (Gn 25:33-34; 32:28). Assim, ironicamente, ao tornar-se "rei dos judeus", Herodes parecia inverter a antiga sina de Jacó e Esaú, dando vantagem ao primogênito natural. O apoio político de Roma e um casamento estratégico com alguém da linhagem real judaica deram a Herodes a coroa por volta de 40 a.C., e ele a manteve por meio do uso de intrigas sangrentas por mais de 30 anos.[28]

Herodes estava tão desesperado para manter seu questionável título de "rei dos judeus" que ele se tornou conhecido por executar até mesmo os membros de sua própria família. A loucura implacável de Herodes era lendária. Um historiador do século 5, Macróbio, escreveu: "Quando [César Augusto] soube que Herodes, rei dos judeus, ordenou que meninos na Síria com menos de dois anos fossem mortos e que o filho do rei estava entre os mortos, ele disse: 'Prefiro ser um porco de Herodes do que o filho desse rei!'"[29]

Além da infâmia de sua brutalidade, Herodes era bem conhecido como construtor. Seus magníficos projetos de construção impressionaram as massas em sua época, e ruínas explícitas de muitas dessas estruturas ainda são visíveis em Israel hoje. Entre elas está o muro de contenção do grande monte do templo em Jerusalém, sobre o qual Herodes reconstruiu e embelezou completamente o templo e suas estruturas circundantes. Ele também construiu fortalezas como a de Antônia em Jerusalém, Massada, perto do mar Morto, e o Heródio, perto de Belém.[30] Apesar dessas arrojadas tentativas de impressionar o povo e conquistar seu favor, a carnificina e o caos que Herodes infligiu aos moradores da Judeia lhe dariam a reputação de um dos reis mais brutais de sua história.

Dr. Avishai Teicher/PikiWiki Israel

Reconstrução, pelos arqueólogos, do túmulo de Herodes no Heródio, perto de Belém.

2:4-8

A reação de Herodes à chegada dos magos parecia estar ligada a um frenético controle de danos. Ele convocou seu próprio grupo de sábios — "os chefes dos sacerdotes do povo e os mestres da lei" (2:4) — para que lhe dessem um curso intensivo relativo à Profecia Messiânica. Ele começou com a pergunta mais básica. Onde deveria nascer o Messias? Numa observação superficial, as ações de Herodes poderiam ser interpretadas como sinceras, como se ele estivesse simplesmente tentando fornecer uma resposta à pergunta dos magos ou descobrir a verdade do assunto. Na realidade, porém, Herodes só queria evitar qualquer ameaça potencial ao seu próprio poder, mesmo que isso significasse matar crianças pequenas inocentes.

Um comentarista o caracteriza como "incrivelmente ciumento, desconfiado e temeroso por sua posição e poder. Temendo sua ameaça potencial, ele mandou afogar o sumo sacerdote Aristóbulo, que era irmão de sua esposa Mariane... Ele então mandou matar a própria Mariane, e, depois, sua mãe e dois de seus próprios filhos. Cinco dias antes de sua morte... ele mandou executar um terceiro filho".[31] Claramente, Herodes não estava tentando localizar o lugar de nascimento do Messias para que ele pudesse fazer um chá de bebê para o rei. Ele estava atrás de sangue!

Os sacerdotes e escribas obedeceram ao rei Herodes e apontaram para Miqueias 5:2, que apresentou uma profecia clara na qual Deus havia dito que o nascimento ocorreria na aparentemente insignificante cidade de Belém, na Judeia: "de ti virá para mim aquele que será o governante sobre Israel". Curiosamente, além de apresentar ao rei Herodes uma paráfrase da passagem de Miqueias, que parecia simplificar as palavras do texto para o rei, eles também deixaram de lado uma linha importante do texto original que teria exaltado o Messias vindouro à posição de divindade. A profecia messiânica de Miqueias 5:2 conclui: "Suas origens estão no passado distante, em tempos antigos".

Tendo descoberto o *local* do nascimento do Messias, Herodes desejou, a seguir, estreitar o *tempo*. Em uma reunião secreta, ele entrevistou os próprios magos, que ingenuamente lhe informaram acerca do momento em que pela primeira vez no céu apareceu a estrela milagrosa anunciando o nascimento do Messias (Mt 2:7). Tendo então o conhecimento tanto do lugar quanto da época, Herodes envolveu os sábios bem-intencionados em uma missão de apuração de fatos a serviço de sua maldade: "Encontrem a criança e me tragam o relato". Escondendo suas intenções verdadeiras e malévolas, o rei Herodes fingiu piedade.

"Vão informar-se com exatidão sobre o menino. Logo que o encontrarem, avisem-me, para que eu também vá adorá-lo" (2:8).

2:9-12

Os magos não precisariam dispender nenhum esforço procurando por Jesus. A miraculosa luz-guia na forma de uma estrela errante imediatamente "passou adiante deles" até pairar sobre a localização exata da casa onde estava Jesus (2:9-10). A essa altura, Jesus teria pouco mais de um ano de idade — já não era um bebê envolto em faixas, deitado em uma manjedoura. Herodes deduziu que a criança teria menos de dois anos "de acordo com a informação que havia obtido dos magos" (2:16). A essa altura, então, Maria, José e Jesus teriam se estabelecido em um lar mais permanente em Belém, possivelmente uma casa que pertenceria a parentes — descendentes da linhagem de Davi. Afinal, Belém era a antiga cidade natal da família. Tenho certeza de que José e Maria não esperavam uma batida na porta da casa nem os visitantes que receberiam naquele dia — estrangeiros ricos vestidos com roupas opulentas, não apenas trazendo saudações e presentes, mas também fazendo algo ainda mais surpreendente. "Ao entrarem na casa, viram o menino com Maria, sua mãe, e, prostrando-se, o adoraram" (2:11)! O termo traduzido como "adoraram" é *proskyneō* [4352], que se refere a um ato com um significado muito maior do que simplesmente demonstrar honra ou respeito a um governante humano. Um léxico observa que "os persas faziam isso na presença de seu rei deificado" e "por esse ato [o objeto de adoração deve] ser reconhecido como pertencente a um reino sobre-humano".[32]

Com sua adoração, os magos entregaram suas ofertas, não apenas adequadas para um rei, mas também apropriadas para a adoração de Deus. O ouro teria sido um tesouro padrão oferecido a um rei como tributo ou sinal de honra. Era, na época, considerado o metal mais precioso. Mas, além do ouro, eles deram a Ele as especiarias orientais de incenso e mirra. John Peter Lange oferece uma descrição dessas especiarias. "O olíbano [incenso], uma resina de sabor amargo, mas com um odor perfumado, era usado principalmente em sacrifícios e nos serviços do templo... Mirra, um aromático de tipo semelhante... era empregado para fumigação e para melhorar o sabor do vinho, mas especialmente como ingrediente de uma pomada muito preciosa."[33] Muitos comentaristas já sugeriram que o incenso apontava para a divindade de Cristo ou para sua função como sacerdote e que a mirra — associada (Jo 19:38-42) — servia de prenúncio do sofrimento e da morte de Cristo (veja Mc 15:23).

Sputnikcccp/English language Wikipedia

Ouro, incenso e mirra, as oferendas trazidas a Jesus pelos magos.

A resposta dos sábios do Oriente contrasta fortemente com a reação do rei perverso em Jerusalém. Herodes procurou matar a criança; os magos procuraram adorá-la.

Quando os magos estavam prontos para deixar Belém, o Senhor os advertiu em sonho sobre as verdadeiras intenções de Herodes, o Grande. Então, em vez de retornar a Jerusalém e se reportar ao rei, os magos escaparam despercebidos e voltaram para seu próprio país.

APLICAÇÃO

Mateus 2:1-12

RESPONDENDO AO MESSIAS

Repetidas vezes fomos levados a acreditar que três reis visitaram o menino Jesus, na manjedoura. Depois de ler alguns versículos curtos do Evangelho de Mateus, podemos encerrar esse conto de fadas. Na verdade, apenas dois reis aparecem nesses doze versículos — um aspirante a malvado que não tinha nenhum direito legítimo ao trono, Herodes, o Grande; o outro, o verdadeiro Messias, o Filho de Davi e Filho de Deus, o Rei Jesus. O monstruoso Herodes manipulou, mentiu e planejou “procurar e matar” qualquer ameaça ao seu poder (2:13). No entanto, o verdadeiro centro das atenções nessa passagem — seja por indiferença, hostilidade ou adoração — era o infante Messias. Vamos considerar brevemente cada uma das respostas a Jesus no texto. Acho que descobriremos que são semelhantes às respostas que as pessoas têm hoje para Ele.

Primeiro, encontramos a *indiferença*. Quando Herodes convocou os sacerdotes e escribas, aqueles mestres religiosos e estudiosos da Bíblia, sem hesitação, tinham conhecimento acerca dos fatos que cercavam a vinda do Messias. Eles poderiam ter ganhado o primeiro lugar em um concurso de curiosidades bíblicas. Talvez eles tenham dado um tapinha nas costas um do outro por serem capazes de responder à pergunta bíblica do rei com tanta facilidade. Mas, supondo que eles tenham descoberto o motivo pelo qual Herodes estava perguntando aquilo, aqueles líderes religiosos não pareciam interessados em verificar por si mesmos. Eles tinham o conhecimento do livro, mas não tinham paixão por ele. A verdade das Escrituras não passou da cabeça deles para seu coração, e, certamente, não chegou às suas mãos e pés.

Em segundo lugar, encontramos *hostilidade*. Herodes, embora ocultasse seus verdadeiros motivos em uma falsa piedade e curiosidade, procurou destruir a criança antes que ela se tornasse uma ameaça ao seu governo. As pessoas hoje também acham ameaçadoras as reivindicações do senhorio de Cristo. Ninguém é ameaçado por um bebezinho numa manjedoura, ou por um professor de moral ou por um sábio cínico ou ainda por um filósofo religioso. Tais descrições referem-se a um mero homem, que pode ser respeitado ou ignorado. Mas, e o Deus-homem, o Rei com autoridade sobre o céu e a terra que merece total obediência e submissão? Os incrédulos, que têm tudo a perder no reino de seu poder pessoal, lutarão contra o tal Messias com veneno e veemência. Assim como ocorreu no caso de Herodes, o Grande.

Finalmente, encontramos a *adoração*. Homens e mulheres sábios de hoje escolheram seguir a luz guiadora do Espírito de Deus e prostrar-se para adorar Jesus Cristo como Deus e Rei. Semelhantemente aos magos da Antiguidade, eles o reconhecem como digno de adoração, honra, confiança, obediência e total fidelidade. E eles jamais trairão seu verdadeiro Rei por meros ganhos de curto prazo encontrados no favor de um rei temporal.

Cada um de nós hoje deve escolher como responderemos ao Messias — como os sábios ou como os ímpios?

Sonhos direcionados para o destino

MATEUS 2:13-23

Quando as pessoas tentam discernir a direção do Senhor, muitas vezes fazem coisas estranhas. Li sobre um homem em Washington, capital dos Estados Unidos, que buscava a vontade do Senhor para sua vida. Seu carro parou em frente à embaixada filipina, e ele considerou aquilo um sinal seguro de que Deus o estava chamando para ser um missionário nas Filipinas.

Uma mulher, sem saber se deveria ou não fazer uma viagem a Israel, leu um folheto certa noite antes de ir para a cama. Ela notou que o voo de Nova York para Tel Aviv seria em um 747. Ela dobrou o folheto e orou: *Senhor, deixe claro se eu deveria fazer isso, ou não*. Na manhã seguinte, ela acordou e seu relógio digital marcava "7h47min". Ela entendeu aquilo como um indicativo de que ela deveria ir para Israel naquele avião.

Eu poderia contar mais uma dúzia de histórias como essas — todas verdadeiras, mas muitas delas difíceis de acreditar. É incrível quantos cristãos pensam que Deus os conduz através de meios que são supersticiosos ou não passam de práticas ocultas limítrofes. Deus não conduz seus filhos através de estrelas à noite ou formações de nuvens passando no céu durante o dia. Ele também não revela sua vontade por meio de horóscopos, do zodíaco ou de versículos aleatórios encontrados ao se abrir uma Bíblia e apontar o texto com o dedo.

Dawson Trotman, fundador do ministério *The Navigators*, costumava dizer: "O Senhor deu a você muita liderança quando lhe concedeu um cérebro". Deus não nos deu cérebros para que pudéssemos desligá-los, quando tivéssemos que tomar decisões. Não colocamos nossa razão em ponto morto para buscar a sua vontade. Deus dirige por meio de um pensamento claro baseado nas informações e recursos que Ele nos apresenta em nossa jornada.

No entanto, quando abrimos as páginas de nossas Bíblias em Mateus 2:13-23, encontramos um momento em que Deus guiou seu povo através de meios claros, diretos e surpreendentes. Lemos sobre sonhos, vozes e anjos — experiências sobrenaturais que comunicaram a vontade específica de Deus em alto e bom som. Antes de Deus inspirar todos os sessenta e seis livros da Bíblia e enviar seu Espírito no Pentecostes para habitar os crentes (At 2), Ele frequentemente revelava sua vontade de maneiras únicas e sobrenaturais. Uma dessas maneiras — sonhos — nós vemos repetidamente em conexão com o nascimento e início da vida do Messias. Embora não esperemos que Deus use sonhos e visões como uma maneira normal de se revelar a nós, podemos aprender muito com a maneira como José e Maria responderam à clara revelação da vontade de Deus. Esperamos que nossas próprias respostas à vontade revelada de Deus sejam tão imediatas e completas quanto as deles.

2:13-15

A próxima cena no relato de Mateus, sobre os eventos dramáticos que cercam o nascimento de Jesus, ocorreu imediatamente depois que os magos partiram secretamente para seu país em resposta ao aviso de

Deus por meio de um sonho (2:12). E essa não foi a primeira vez no Evangelho de Mateus que o Senhor revelou sua vontade específica através de um sonho. Lembra? José já havia recebido em sonho uma revelação sobre a concepção miraculosa de Maria (1:19-21). Mais três vezes Deus usaria esse mesmo meio para guiar os passos de José e de sua família (2:13, 19, 22).

O Senhor estava claramente orquestrando eventos durante os anos cruciais da infância do Messias, guiando José e Maria na proteção de seu filho. O que eu acho particularmente interessante é o momento e a ordem dos eventos. O texto grego em 2:13 indica uma conexão muito próxima entre a partida dos magos e o aparecimento do anjo. De fato, podemos assim traduzir o texto: "logo após a partida dos magos, apareceu um anjo do Senhor". Imagine isso. José e Maria tinham acabado de embalar os presentes caros dos magos e se deitaram para dormir quando um anjo os incitou a acordar, ordenando que fugissem para o Egito com toda a família e ficassem lá até que o território estivesse livre da loucura de Herodes.

A perspectiva de fugir assim repentinamente para o Egito no meio da noite teria sido totalmente assustadora para uma jovem família com recursos limitados... se os magos não tivessem oferecido à família ouro, incenso e mirra! Como diz um ditado: "Para onde o Senhor guia, Ele provê!" Desse modo, juntando seus poucos pertences e empacotando os tesouros com segurança, José obedeceu instantaneamente à instrução do anjo. Mateus indica em 2:14 que eles partiram "enquanto ainda era noite". José não convocou uma reunião familiar para avaliar as palavras do anjo, não começou uma semana de planejamento e arrumação e não foi procurar um alojamento adequado no Egito para sua família. Ele fugiu imediatamente, porque o anjo o havia avisado que Herodes logo estaria procurando o menino para destruí-lo (2:13). Por causa da perigosa perspectiva de uma perseguição, José e sua família, sem dúvida, deixaram Belém de uma forma semelhante à dos magos — em silêncio e secretamente, sem dizer uma palavra a ninguém. Eles saíram sem deixar rastro.

O tesouro provido pelos magos provavelmente permitiu que a família permanecesse no Egito até que a poeira baixasse em casa após a morte de Herodes, talvez dois ou três anos depois. Não sabemos nada acerca de sua permanência no Egito, nem mesmo a cidade onde moraram, embora muitos acreditem que tenha sido a grande cidade de Alexandria. O lugar específico não é importante. O importante é que José provavelmente nunca havia estado antes no Egito e, portanto, estava enfrentando uma série de incógnitas, confiando que Deus continuaria guiando e provendo enquanto ele simplesmente obedecia.

Do meu diário

Cinco princípios para discernir a direção de Deus

MATEUS 2:13

Ao longo da minha vida, tive momentos em que inúmeras decisões e oportunidades me levaram a buscar a vontade de Deus. Nunca o Senhor enviou um anjo nem falou comigo em sonho ou me guiou por meio de uma estrela, como fez no segundo capítulo de Mateus. No entanto, aprendi um punhado de princípios para discernir a vontade de Deus por meio de meu estudo das Escrituras e de minha reflexão sobre como Deus tem me guiado — bem como outros — ao longo dos anos.

Primeiro, Deus conduz aqueles que escolheram segui-lo. Você precisa ser um cristão se espera ser guiado por Deus. Romanos 8:14 diz: "porque todos os que são guiados pelo Espírito de Deus são filhos de Deus". Os cristãos desfrutam de um relacionamento pessoal com Cristo por meio do Espírito que habita neles. Um dos grandes benefícios que os cristãos têm e os não cristãos não possuem é o privilégio de serem guiados pelo Espírito.

Segundo, Deus conduz por meio de sua Palavra escrita. Um cuidadoso, inteligente, e diligente estudo da Bíblia nos ajuda a aprender por meio da mente de Deus sobre a moral e assuntos práticos, nos mostra uma visão cristã do mundo, além de nos transmitir sabedoria e virtude de acordo com o coração de Deus. Salmos 119:105 diz: "A tua palavra é lâmpada que ilumina os meus passos e luz que clareia o meu caminho". A Bíblia pode não abordar diretamente sua pergunta específica, como: "Devo aceitar esta ou aquela oferta de emprego?", todavia, considerando que os valores e prioridades de Deus tornam-se seus por meio da meditação cuidadosa em sua Palavra, você será capaz de pensar mais criticamente sobre os valores e prioridades envolvidos mesmo em decisões aparentemente neutras como essas.

Terceiro, Deus conduz através dos sussurros internos do Espírito Santo. Não me refiro a um tipo de formigamento, um frio na barriga ou sensações de calor. Quero dizer algo inexprimível e, sim, até misterioso. O Espírito de Deus verdadeiramente — não metaforicamente — vive em nós. Ele vai trabalhar para o condenar quando você está fazendo algo errado e para lhe dar uma sensação de confiança e alívio quando você faz o que é certo. Ele iluminará a verdade das Escrituras e abrirá os olhos para ver coisas que você não viu antes. Quando você orar por sabedoria e discernimento, Ele lhe dará (Tg 1:5). Por meio da inspirada Palavra de Deus, o Espírito trabalha em, com e através de você à medida que você busca genuína e humildemente as Escrituras.

Quarto, Deus conduz através do conselho de cristãos sábios, qualificados, maduros e confiáveis que o amam e cuidam de você (veja Pv 11:14). Todos esses adjetivos são importantes. Não peça a qualquer um que você conhece que lhe dê sua perspectiva e opinião; procure aqueles que exibem um caráter cristão, têm anos de experiência andando com Deus, conhecem você intimamente e têm seus melhores interesses em mente. Você deve procurar conselheiros que sejam objetivos, que não tenham interesse no resultado de sua decisão, e aqueles que vão lhe fazer perguntas duras e não vão deixar você se evadir com respostas fracas.

Quinto, Deus conduz substituindo a inquietação e o medo por confiança e tranquilidade. Ele nos dá paz interior. Colossenses 3:15 diz: "Que a paz de Cristo seja o juiz em seu coração". Naturalmente, o sentimento de paz sobre uma decisão não pode ser separado dos outros quatro princípios. Conheci pessoas em total rebelião contra a vontade claramente revelada por Deus nas Escrituras, que afirmavam ter tido paz sobre suas decisões pecaminosas. Mas se o seu processo para discernir a vontade de Deus torna várias alternativas igualmente boas e viáveis, não há nada de errado em humildemente dar passos em direção àquilo que traz paz e alivia a inquietação.

Mateus conclui essa breve cena da fuga para o Egito traçando um paralelo fascinante entre a peregrinação de Jesus no Egito e a peregrinação da nação de Israel antes do Êxodo. Em 2:15, Mateus cita Oseias 11:1, que em seu contexto original não se referia ao Filho de Deus encarnado como uma profecia direta, nem a uma família deixando o Egito depois de se esconder de um rei perverso. Em vez disso, referia-se à nação de Israel, de modo figurativo e corporativamente chamada de "filho" de Deus porque a nação havia sido adotada como seu povo especial, vigiada em sua escravidão no Egito e chamada para sair de lá durante o Êxodo. Oseias 11:1 diz: "Quando Israel era menino, eu o amei, e do Egito chamei o meu filho". A passagem continua descrevendo tanto a apostasia de Israel em procurar ídolos e sacrificar a deuses estrangeiros como o castigo que caiu sobre eles como consequência (Os 11:2-11). A figura de linguagem em Oseias 11:1 é claramente uma personificação. Envolve também um conceito chamado *solidariedade corporativa*, em que o coletivo é representado pelo individual (aqui, a nação é representada pela expressão "Meu filho").

De que maneira, então, a fuga de Jesus para o Egito e seu retorno cumpre esta passagem?

De uma forma criativa, Mateus está comunicando que o Messias é o verdadeiro Israel no sentido mais grandioso — o epítome, ou clímax, de tudo que Israel deveria ter sido. Nesse contexto, Jesus é o cumprimento do "filho" figurativo. Embora Israel possa ter sido um filho adotivo de Deus, sua desobediência contínua fez com que a nação caísse sob disciplina, incluindo o exílio da terra. O Filho literal, Jesus, representa a nação de uma forma espiritual, desfazendo sua desobediência por meio da própria obediência. Ao citar Oseias 11:1, Mateus está se baseando no tema de Êxodo, bem como apontando o nítido contraste entre o "filho" do Antigo Testamento e o Filho do Novo.

2:16-18

Não demorou muito para Herodes, o megalomaníaco paranoico, perceber que havia sido "enganado pelos magos" (2:16). Em resposta, ele enviou soldados para matar todos os meninos com menos de dois anos em Belém e arredores. Ele esperava, assim, destruir a criança que os magos saudaram como "Rei dos Judeus" (2:2). Mal sabia ele, é claro, que José, Maria e Jesus já haviam fugido, talvez apenas algumas horas antes.

Por mais hediondo que nos pareça hoje, o ato de ira de Herodes contra as crianças inocentes de Belém provavelmente teria feito com que muitos, dentre aqueles que conheciam Herodes, apenas encarassem isso com indiferença. Tal brutalidade era normal para aquele monstro. Michael Green observa que Herodes "matou os últimos remanescentes da dinastia asmoniana de reis-sacerdotes judeus que governaram antes dele. Ele executou mais da metade do Sinédrio. Mandou matar 300 oficiais de justiça que estavam fora de seu controle. Ele matou Mariane, sua própria esposa asmoniana, sua mãe Alexandra e seus filhos Aristóbulo, Alexandre e Antípatro. Finalmente, pouco antes da ocasião de sua morte, ele providenciou para que todos os homens notáveis de Jerusalém fossem reunidos no hipódromo e mortos, assim que sua própria morte fosse anunciada".[34]

Embora a morte dos inocentes — talvez até duas ou três dúzias — não tenha sido grave o suficiente para que um único historiador secular usasse sua tinta, o Espírito Santo levou Mateus a explorar a dor e a angústia dos pais que perderam aqueles que eram seu orgulho e alegria nas mãos de um louco. Citando Jeremias 31:15, Mateus ilustra o tipo de choro e lamento que foi ouvido e sentido em Belém, comparando-o ao lamento das mães em Ramá que perderam seus filhos quando foram arrastados para o exílio (Mt 2:18).

Esse é o terceiro exemplo do uso que Mateus faz da expressão "cumprimento" para uma passagem do Antigo Testamento que estava sendo completada em algum sentido por um evento do Novo Testamento. Entre as semelhanças dessas duas passagens está o choro e o luto que ocorreram durante as duas tragédias por causa da perda de filhos. Entre as diferenças está o fato de os locais dos eventos não serem os mesmos. Ramá, mencionada na passagem de Jeremias, não está situada sequer perto de Belém. Além disso, na menção do Antigo Testamento, uma figurativa "Raquel" chorou por seus filhos; no Novo Testamento, muitas mães choraram por eles. No relato do Novo Testamento, a causa do luto era a morte dos filhos; na história do Antigo Testamento, eram as crianças perdidas para o exílio.

Mas, se tentarmos imaginar como um leitor judeu do primeiro século teria lido Mateus, somos convidados a fazer uma reflexão mais profunda sobre os dois eventos colocados lado a lado em 2:18. No contexto original de Jeremias 31:15, Deus estava confortando seu povo com palavras de promessa; o reagrupamento, reconstrução, retorno do remanescente e regozijo (Jr 31:1-12). Deus afirma que um dia "transformar[á] o lamento deles em júbilo" (Jr 31:13), e que seu povo ficará satisfeito com sua bondade (Jr 31:14). O Senhor Deus contrastou essa alegria vindoura com o estado anterior de desespero, declarando as palavras que Mateus um dia citaria, que assim começam: "Ouve-se uma voz em Ramá" (Jr 31:15). Imediatamente após esse versículo vêm as palavras: "'contenha o seu choro e as suas lágrimas, pois o seu sofrimento será recompensado', declara o SENHOR. 'Por isso há esperança para o seu futuro', declara o SENHOR. 'Seus filhos voltarão para a sua pátria" (Jr 31:16-17). Deus então apresentou essa promessa (Jr 31:18-25) e acrescentou a seguir a promessa da nova aliança, que, como conhecemos pelo Novo Testamento, é cumprida de maneira direta por meio de Cristo (Jr 31:27-34; veja Mt 26:26-28). É com uma compreensão desse contexto amplo, messiânico e da nova aliança que Mateus cita esta passagem.

Certamente, Mateus não estava sugerindo que Jeremias 31:15 seria uma profecia clara e direta sobre crianças do sexo masculino que morreram em Belém. Em vez disso, ele usa esse paralelo como um trampolim para o amplo quadro de conforto, redenção e alegria futuros sob a nova aliança. O tipo na história foi preenchido pelo antítipo messiânico. Os leitores judeus de Mateus teriam entendido e apreciado seu uso de paralelos literários e teológicos que apontam para verdades mais profundas.

EXCURSO: O SIGNIFICADO DE "CUMPRIR" EM MATEUS

MATEUS 2:15, 17, 23

Em Mateus, a palavra *plēroō* [4137] e sua forma prefixada, *anaplēroō* [378] — ambas traduzidas como "cumprir" — são usadas 11 vezes com vários tipos de fórmula de cumprimento: "[Esse evento] cumpre o que foi escrito [naquela Escritura do Antigo Testamento]."[35] Um léxico grego padrão oferece seis nuances para *plēroō*: (1) tornar pleno; (2) completar um período de tempo; (3) terminar algo já iniciado; (4) cumprir uma profecia, obrigação, promessa, lei ou pedido; (5) completar ou encerrar; e (6) ter um número completado.[36] O sentido geral do termo, então, é preencher o que falta.

O próprio Mateus entendeu a flexibilidade da palavra *plēroō*. Ele a usa em 3:15, quando Jesus se submete ao batismo de João porque era necessário "cumprir toda a justiça". A "coisa que faltava" era o batismo de Jesus. Em 5:17, Jesus declara que Ele não veio para abolir a Lei, mas para "cumpri-la", significando que Ele veio para satisfazer os requisitos dos mandamentos. A "coisa que faltava" era a resposta obediente aos mandamentos da Lei. Um uso muito interessante da palavra surge em 23:32, onde Jesus diz que os israelitas "encheriam" a medida da maldade de seus pais; isto é, eles atingiram o mesmo grau de maldade que seus ancestrais. A "coisa que ainda faltava" era mais maldade! Mateus evidentemente entendeu o significado primário e as várias nuances do termo.

À luz das várias maneiras como *plēroō* pode ser usado, o que Mateus quer dizer quando afirma que um evento ou circunstância na vida de Cristo "cumpriu" uma Escritura do Antigo Testamento? Em sentido amplo, a "coisa que está faltando" no texto do Antigo Testamento que é "cumprida" pelo evento do Novo Testamento é, antes de tudo, uma revelação mais completa em Jesus Cristo. Um tipo de Cristo pode carecer de seu antítipo na vida de Cristo; uma ilustração pode não ter seu referencial; uma profecia pode carecer de seu cumprimento; uma promessa pode não ser cumprida; uma série de eventos pode não ter seu clímax final. Os autores do Novo Testamento viram na pessoa e obra de Jesus Cristo a revelação final de Deus (veja, p. ex., Lc 24:27; Jo 5:39; Hb 1:1-2). Em outras palavras, faltava ao corpo de revelação contido nas Escrituras do Antigo Testamento a revelação adicional que vem por meio de Cristo, semelhante à maneira como uma pergunta pode ter uma resposta incompleta.

Esse tipo de noção do Antigo Testamento — por meio de seu uso de padrão, tipo, ilustração ou vaticínio — sendo "cumprido" no Novo Testamento seria familiar aos leitores judeus de Mateus. Essa abordagem convida os leitores a meditar sobre as passagens das Escrituras, pensando com mais cuidado sobre o que Mateus está fazendo em cada passagem individual de "cumprimento".

2:19-23

Assim como Deus tirou a nação de Israel do Egito, Ele também chamou seu Filho, Jesus, do Egito, na hora certa. Em outro sonho, um anjo informou a José que Herodes havia morrido e lhe ordenou que voltasse com Maria e Jesus para a terra de Israel (2:19-20). Imediatamente José obedeceu (2:21). Parece que a princípio José esperava voltar para a casa que havia deixado em Belém da Judeia. No entanto, ao se aproximar, ele tomou conhecimento do novo governante em Jerusalém — o filho de Herodes, chamado Arquelau. F. F. Bruce observa: "Arquelau tinha todos os defeitos de caráter de seu pai, além de pouco de sua capacidade administrativa e diplomática".[37] Não é de se admirar que José "teve medo de ir para lá" (2:22).

No entanto, José havia aprendido a não questionar a orientação clara de Deus. Ele foi para as colinas da Judeia, confiante em que Deus protegeria a ele e a sua família como sempre o fizera. Mas, então, o Senhor interveio novamente através de outro sonho e guiou José em um rumo diferente — na direção da Galileia, a uma pequena vila chamada Nazaré (2:22-23). Essa foi a cidade onde Maria e José originalmente haviam morado antes de viajar para Belém durante a gravidez (Lc 1:26-27; 2:4). Naquela época, a região da Galileia estava sendo governada por outro dos filhos de Herodes, Antipas, que era "o mais preparado dentre os filhos de Herodes", capaz de manter relativa paz e ordem em seus territórios por mais de 40 anos.[38]

Mateus conclui essa seção, que fala sobre as jornadas feitas por José, Maria e Jesus sob a direção de Deus, com um último paralelo traçado entre as Escrituras do Antigo Testamento e as circunstâncias da vida de Cristo. Ele diz que Jesus passou a maior parte de sua infância como morador de Nazaré em cumprimento da profecia — "Ele será chamado Nazareno" (Mt 2:23).

Superficialmente, essa afirmação parece problemática, porque não há nenhum versículo no Antigo Testamento que contenha essa profecia. No entanto, devemos notar que Mateus não cita nenhum profeta em particular, nem mesmo *um* profeta. Em vez disso, ele afirma que essa descrição do Messias como "Nazareno" foi afirmada através dos *profetas* — plural. Os profetas falaram muitas coisas que não estão registradas no Antigo Testamento, então é possível que essa tenha sido uma dessas coisas. No entanto, alguns comentaristas sugerem que talvez Mateus estivesse apontando o fato de que o Antigo Testamento indicava que o Messias viria de origens humildes e desprezadas — uma descrição perfeita de alguém vindo de Nazaré. Por exemplo, R. T. France sugere que "Mateus viu na obscuridade de Nazaré o cumprimento das indicações do Antigo Testamento de um Messias humilde e rejeitado", como o salmo 22; Isaías 53; e Zacarias 11:4-14.[39]

Ao longo dessa série de reviravoltas no início da vida de Jesus, vemos claramente a mão providencial e protetora de Deus, que guiou a família do Messias de maneiras surpreendentes. Deus deu orientação sobrenatural exatamente quando isso era mais necessário. Porém, mais importante, Mateus repetidamente aponta como os movimentos de reação aparentemente desconexos de José e sua família eram tudo menos uma tentativa desesperada de Deus de ficar apenas um passo à frente das forças do mal. Em vez disso, Mateus mostra como os eventos da vida de Cristo cumpriram maravilhosamente os tipos, paralelos e profecias do Antigo Testamento.

De Belém ao Egito, e depois a Nazaré, José ouviu a direção de Deus, confiou em sua orientação e obedeceu à sua palavra.

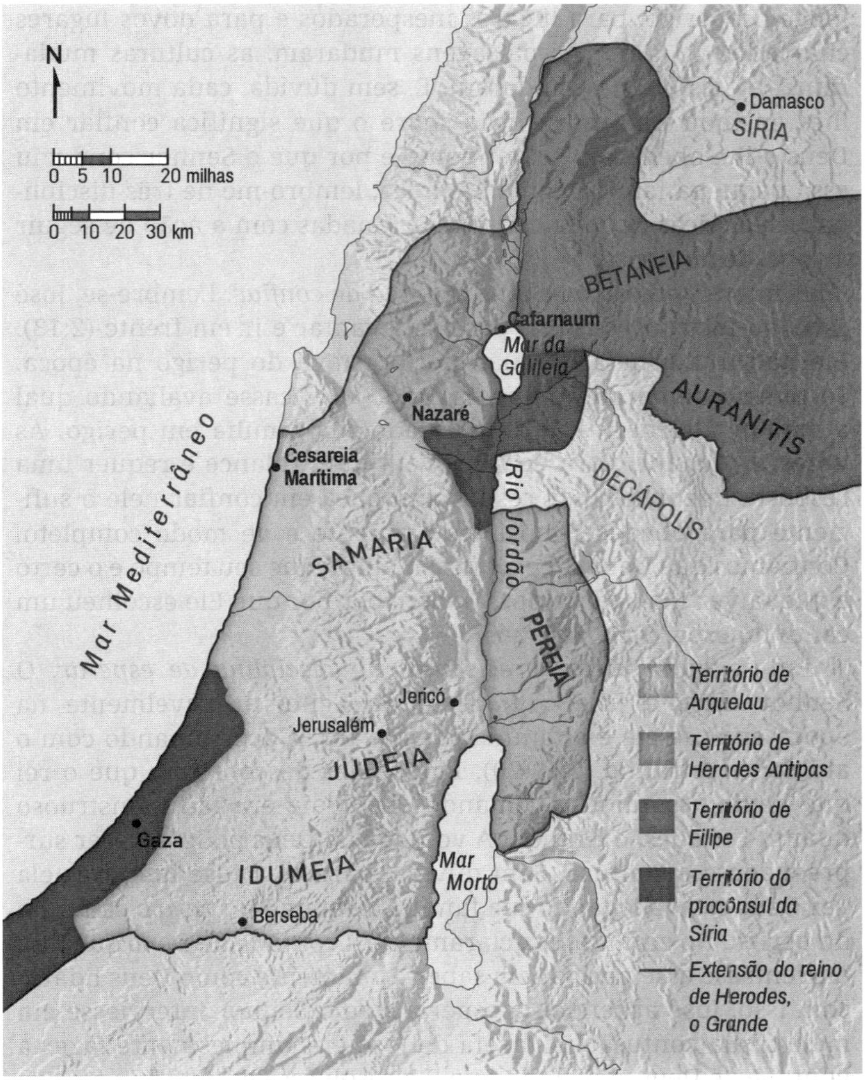

As regiões comandadas por Herodes, o Grande, foram divididas entre os filhos quando ele morreu em 4 a.C.

APLICAÇÃO

Mateus 2:13-23

TRÊS DISCIPLINAS SOBRE A VONTADE DE DEUS

Acompanhamos as jornadas de José, Maria e Jesus por muitos quilômetros e por várias situações. Vimos Deus guiá-los para longe do perigo, para lugares inesperados e para novos lugares chamados de “lar”. As paisagens mudaram, as culturas mudaram... até as línguas mudaram. E, sem dúvida, cada movimento lhes ensinou uma nova lição sobre o que significa confiar em Deus e lhe obedecer. Ao ver como e por que o Senhor conduziu essa pequena família como Ele o fez, lembro-me de três disciplinas específicas da vida cristã relacionadas com a ação de seguir a vontade de Deus.

Primeiro, *precisamos da disciplina de confiar*. Lembre-se, José recebeu instruções claras para se levantar e ir em frente (2:13). Ele não tinha ideia de quão perto estava do perigo na época. Se tivesse demorado ou se atrasado ou ficasse avaliando qual a melhor alternativa, teria colocado sua família em perigo. Às vezes, a vontade clara de Deus vem num relance e requer uma resposta imediata. Essa resposta implica em confiar nele o suficiente para obedecer-lhe imediatamente e de modo completo. Confiamos que Deus sabe o que é melhor, que seu tempo é o certo e que talvez mais tarde possamos saber por que Ele escolheu um caminho específico para nós.

Em segundo lugar, *precisamos da disciplina de esperar*. O Senhor disse a José que saísse do Egito, provavelmente na época em que ele e a família já estavam se acostumando com o ambiente estranho (2:19-20). Então, eles descobriram que o rei que havia assumido o comando da Judeia era tão monstruoso quanto Herodes, o Grande! A vontade de Deus pode parecer surpreendente e confusa. Sem dúvida, parecia a José que daquela vez Deus estava levando sua família diretamente *para* o caminho do perigo. No entanto, era claramente a vontade de Deus que José enfrentasse esse perigo sem saber exatamente como Deus lidaria com isso. José aprendeu a esperar que o Senhor interviesse em meio à sua confusão. A tarefa de José era simplesmente fazer a vontade de Deus, deixando que Ele resolvesse os detalhes em seu próprio tempo.

Terceiro, *precisamos da disciplina da humildade*. Lembre-se de que, quando Deus conduziu essa pequena família de volta à Terra Prometida, não foi para a Cidade de Davi, Belém — distante de Jerusalém poucos quilômetros. Em vez disso, Deus os enviou a Nazaré, uma vila obscura e pouco conhecida da Galileia, que ficava a mais de 100 quilômetros de distância de Jerusalém. Ocasionalmente, a vontade de Deus exige que aceitemos a obscuridade, a insignificância e o trivial enquanto Ele está trabalhando em nós — possivelmente ao longo de muitos anos — com a finalidade de nos preparar para o próximo passo na jornada que Ele tem para nós.

Confiança, espera e humildade —as jornadas de José, Maria e Jesus nos dão um vislumbre dessas qualidades, que são necessárias para que consigamos confiar em Deus e lhe obedecer quando discernimos sua vontade.

Pregador incomum, forte proclamação

MATEUS 3:1-17

Ao longo dos anos, houve alguns pregadores incomuns que transmitiram mensagens poderosas. Considere alguns que viveram nos dias bíblicos. Noé construiu um barco gigante enquanto proclamava uma mensagem de julgamento vindouro por mais de um século. Seus ouvintes estavam desinteressados, para dizer o mínimo. De fato, toda intenção dos pensamentos de seu coração estava inclinada "sempre e somente para o mal" (Gn 6:5). Tenho certeza de que, do ponto de vista daqueles incrédulos perversos, a pregação de Noé parecia estranha... até que veio o dilúvio.

Moisés não começou seu ministério como profeta senão aos 80 anos de idade. Então, nos 40 anos seguintes, ele compensou o tempo perdido. Desafiou o poder dos falsos deuses dos egípcios, libertou os hebreus da escravidão do faraó e surpreendeu as nações com sinais poderosos. No entanto, na maioria das vezes, ele transmitia suas mensagens através de seu irmão, Aarão, ao invés de diretamente ao povo (veja Êx 4:28-30).

Elias surgiu do nada, mas se tornou um dos profetas mais admirados da história de Israel, em grande parte por causa de sua ousadia. No entanto, ele recuou em um momento de fraqueza e até pediu a Deus que tirasse sua vida quando Jezabel ameaçou matá-lo (1Rs 19:1-4). Mesmo os pregadores mais poderosos podem se encontrar no poço do desespero!

No Antigo Testamento, Deus parecia ter prazer em usar pessoas imperfeitas, fracas, improváveis e, sim, até estranhas para fazer fortes proclamações. Nada havia mudado no final da era do Antigo Testamento e no início do Novo Testamento. O último grande pregador da antiga aliança que falou de arrependimento — João Batista — certamente se encaixava no papel de um pregador incomum com uma forte proclamação.

3:1-4

Com João Batista, era "preto no branco". Ele era rude, autêntico, real. Ele não se enfeitava, não vestia um manto branco esvoaçante nem criava sermões adaptados à sensibilidade dos que o buscavam. Ele não evitou palavras como *pecado, arrependimento* ou até mesmo *julgamento e fogo*! Ele não se importava com o que as pessoas pensavam dele, da roupa que ele vestia ou daquilo que ele comia (3:4). E ele certamente não ajustou sua mensagem para acomodar membros influentes ou ricos de seu público. Ele tinha uma missão — pregar a mensagem que Deus lhe deu para pregar.

Qual foi essa mensagem? Mateus resume: "Arrependam-se, pois o Reino dos céus está próximo" (3:2). A palavra traduzida como "arrepender-se" é o termo grego *metanoeō* [3340], que significa "mudar a mente", resultando em uma mudança de lealdade, estilo de vida ou trajetória.[40] Não significa "mudar seus caminhos". O verdadeiro arrependimento não começa com ações ou meras modificações de comportamento. Todos nós já vimos crianças aparentemente complacentes fazerem o que é certo ao mesmo tempo em que abrigam rebelião no seu coração. O tipo de arrependimento que João pregou foi uma mudança de mente que deveria ser seguida por uma mudança no estilo de vida.

A urgência do chamado de João ao arrependimento era a iminente vinda do reino dos céus. A audiência judaica original de João — assim como os leitores judeus de Mateus — provavelmente teriam entendido o reino vindouro de Deus como o reino messiânico descrito em passagens como Daniel 2:44: "o Deus dos céus estabelecerá um reino que jamais será destruído e que nunca será dominado por nenhum outro povo. Destruirá todos os reinos daqueles reis e os exterminará, mas esse reino durará para sempre". A própria visão dramática de Daniel remete a outras profecias messiânicas, como Isaías 9:7: "Ele estenderá o seu domínio, e haverá paz sem fim sobre o trono de Davi e sobre o seu reino, estabelecido e mantido com justiça e retidão desde agora e para sempre. O zelo do Senhor dos Exércitos fará isso".

Assim, o "reino dos céus", expressão de Mateus para o "reino de Deus" (veja Mc 1:15), é o reino tão esperado que haveria de vir com a chegada do Messias. Com o reino surgiriam justiça, paz, libertação e bênção para o povo de Deus. A vinda do reino também traria julgamento e ira para os incrédulos, os ímpios e aqueles que rejeitaram Deus e seu Messias. É por isso que o arrependimento era necessário. "A mensagem de João... era que uma mudança de mente e coração (*metanoeite*, 'arrepender-se') seria necessária antes que eles pudessem se qualificar para o reino. Eles não perceberam o quanto se afastaram da Lei de Deus e dos requisitos estabelecidos pelos profetas (p. ex., Ml 3:7-12)."[41]

Mateus não fornece nenhum contexto histórico sobre as origens de João. O Evangelho de Lucas, porém, diz que João era filho de um sacerdote, Zacarias, cuja esposa era parente de Maria, mãe de Jesus (Lc 1:5-25, 39-45, 57-80). É provável que João e Jesus tivessem se conhecido durante a infância — embora talvez não muito bem. De qualquer forma, Mateus não se concentra na família e no passado de João. Em vez disso, ele apresenta João por meio de seu ministério de pregação, que preparou a vinda do Messias. Mateus apresenta a mensagem de João como um cumprimento de Isaías 40:3, em que uma voz clama: "No deserto preparem o caminho para o SENHOR; façam no deserto um caminho reto para o nosso Deus". Da perspectiva de Mateus, se a pregação de João foi para preparar o caminho para o Messias, Jesus, e se esse ministério cumpriu a referência de Isaías a uma voz preparando o caminho para o Senhor, então, de alguma forma, a vinda de Jesus foi a vinda do próprio Deus! R. T. France observa: "É um dos vários lugares em Mateus (e em todo o Novo Testamento) em que as passagens do Antigo Testamento sobre a vinda de Deus são vistas como cumpridas em Jesus".[42]

3:5-12

Como os judeus reagiram à pregação de João sobre o arrependimento e o reino vindouro? Mateus nos diz que a palavra desse estranho pregador e sua forte proclamação chegaram a Jerusalém, à Judeia e a toda a vizinhança do rio Jordão. Pessoas de todas as classes queriam ver e ouvir por si mesmas o que esse famoso profeta tinha a dizer. E, em resposta, elas estavam sendo batizadas no Jordão "confessando os seus pecados" (3:6).

Esse ato de ser imerso na água tinha um significado particular para os judeus do primeiro século. Diante do pano de fundo dos ritos de purificação do Antigo Testamento (p. ex., Êx 29:4; 2Rs 5:14), o judaísmo provavelmente havia incorporado um único ato de limpeza cerimonial como parte do processo de iniciação para um gentio se converter ao judaísmo. Depois de passar por um exame, os homens eram circuncidados e todos os convertidos eram imersos em água. O batismo tornou-se o símbolo de uma limpeza do pecado de uma vez por todas, realizada antes de alguém entrar na comunidade judaica da aliança. Ser "batizado no" judaísmo era se tornar um "filho da aliança" junto com os judeus natos.[43]

Quando João Batista assumiu o rito de imersão, ele "infundiu ao ato ritual de iniciação e purificação uma qualidade ética que o batismo não tinha antes. Era uma comunidade moral de almas penitentes que buscavam a justiça pessoal, e ele associava ao ato do batismo a necessidade imperiosa de uma mudança completa na condição da alma".[44] Ou, como um comentarista afirma: "o batismo, para João, era um símbolo de arrependimento, um símbolo de purificação do pecado e afastamento da velha vida para uma nova vida".[45] Assim, como o batismo de um prosélito, o batismo de João era um símbolo exterior da devoção interior a Deus, submissão à sua vontade e identificação com o verdadeiro povo de Deus. E era mais do que apenas um marco de arrependimento do pecado; era também a consagração a uma vida de serviço amoroso a Deus e à santidade. Observe, no entanto, que os ouvintes da pregação de João não eram moral e espiritualmente semelhantes aos "imundos" gentios, mas eram compostos por judeus! Ele estava dizendo, na verdade: "por causa do seu pecado, você está fora da aliança de Abraão com Deus — *impuro*! Você deve se arrepender como um gentio e vir a Deus como se fosse a primeira vez".

OS FARISEUS E OS SADUCEUS

MATEUS 3:7

A. T. Robertson observou: "Não se pode entender adequadamente a atmosfera teológica da Palestina naquele momento sem um conhecimento adequado tanto dos fariseus como dos saduceus". Da mesma forma que o cristianismo do século 21, o judaísmo do primeiro século tinha seu ramo conservador (fariseus) e o liberal (saduceus).[46] Os fariseus eram mais tradicionais e ortodoxos em sua doutrina e prática. Eles eram o partido muito maior, tendo o respeito e a admiração da população em geral, que principalmente concordava com eles em questões teológicas. Os saduceus, por outro lado, tendiam a ser muito mais seculares em sua doutrina, porém de modo geral tinham o controle do sacerdócio e trabalhavam em estreita associação com os poderes políticos predominantes.

Muito provavelmente, o termo "fariseu" significa "alguém separado".[47] Muitos historiadores creem que esse ramo estrito do judaísmo se originou com o remanescente de judeus ortodoxos e observadores da lei que viveram durante o exílio babilônico, representados por figuras como Daniel e seus três amigos (veja Dn 1:8-20). Enquanto estavam no exílio, esses judeus tiveram que preservar sua cultura, religião, língua e identidade, separando-se do mundo que os cercava e mantendo estrita atenção às tradições detalhadas.[48] No entanto, após vários séculos, os métodos usados para preservar a pureza na fé e na prática foram se transformando em uma abordagem legalista, condenatória e hipócrita da religião. Esse grupo também passou a acreditar que os ensinamentos e práticas tradicionais que foram desenvolvidos ao longo de seu estudo da Lei tinham tanta autoridade quanto a própria Lei de Moisés, levando muitos a argumentar que essa "lei oral" na verdade havia sido transmitida para os rabinos por Moisés através da tradição oral.[49]

Enquanto isso, os saduceus se posicionavam em um extremo diferente do espectro teológico. Eles não aceitavam nenhum ensinamento ou tradição oral além daquilo que poderia ser encontrado nos cinco livros de Moisés (o Pentateuco). Dessa forma, eles representavam uma espécie de forma inicial de crítica bíblica que encontrava um "cânon dentro do cânon" e tentava reformar o judaísmo com base nessa abordagem racionalista. Além disso, enquanto os fariseus acreditavam na soberania de Deus e na predestinação em muitas questões, os saduceus rejeitavam completamente a noção de predestinação e tinham uma visão forte do livre-arbítrio humano.[50] Os saduceus também negavam a realidade de anjos, espíritos e vida após a morte, enfatizando, em vez disso, as bênçãos recebidas nesta vida pela fidelidade à aliança — especialmente com relação ao sistema sacrificial. Eles se assemelhavam, em alguns aspectos, aos deístas progressistas do século 18 — céticos até o âmago de qualquer coisa sobrenatural ou fatalista.[51]

Nem todos reagiram ao chamado de João para o arrependimento e o batismo com um coração quebrantado e espírito humilde. Quando alguns fariseus e saduceus vieram para ser batizados, João percebeu a hipocrisia deles. Chamando-os de "raça de víboras", ele os repreendeu por alegarem arrependimento, mas não terem realmente vivido de acordo com essa afirmação (Mt 3:7-8). Ele destacou o orgulho que demonstravam em sua condição privilegiada como filhos de Abraão, insistindo que o julgamento e a ira cairiam sobre qualquer um — mesmo judeus exteriormente piedosos — que deixasse de responder com verdadeiro arrependimento (3:9-10). A pregação de João estava repleta de linguagem e imagens do julgamento vindouro. Ele advertiu os ouvintes a respeito de "fugir da ira que se aproxima" (3:7). Ele ameaçou os impenitentes filhos de Abraão, indicando que estavam em perigo de serem cortados como árvores e "lançados no fogo" (3:10). E ele apontou para a vinda do Messias, que batizaria "com o Espírito Santo e com fogo" (3:11). Com toda a probabilidade, essa imagem de fogo está relacionada com o julgamento vindouro, como visto em Malaquias 3:1-3.

> "Vejam, eu enviarei o meu mensageiro, que preparará o caminho diante de mim. E então, de repente, o Senhor que vocês buscam virá para o seu templo; o mensageiro da aliança, aquele que vocês desejam, virá", diz o SENHOR dos Exércitos.
>
> Mas quem suportará o dia da sua vinda? Quem ficará em pé quando ele aparecer? Porque ele será como o fogo do ourives e como o sabão do lavandeiro.
>
> Ele se assentará como um refinador e purificador de prata; purificará os levitas e os refinará como ouro e prata. Assim trarão ao Senhor ofertas com justiça.

Pelo poder do Espírito Santo, o Messias vindouro usaria o fogo refinador para testar e separar os justos dos ímpios. O fogo não apenas purifica metais preciosos como ouro e prata, mas também queima a escória — as impurezas que não pertencem à matéria essencial. Não é sem razão que o evangelho de Marcos aponta para essa mesma passagem em Malaquias com referência ao ministério de preparação de João Batista para o Messias (Mc 1:2).[52] João foi aquele mensageiro enviado para abrir o caminho diante do Senhor.

João pregou que quando o Messias vier como Juiz, Ele separará os justos salvos e os ímpios não salvos como um joeirador na eira (Mt 3:12). Essa imagem é uma referência aos trabalhadores durante a colheita de grãos que usariam uma ferramenta chamada garfo de joeira — como um ancinho ou forcado — para separar os grãos de suas cascas. Os trabalhadores jogavam os talos de grãos no ar, e as sementes pesadas caíam no chão enquanto o joio voava com o vento.

Peneirar para separar o grão do joio.

3:13-17

É difícil, para mim, imaginar o que João Batista sentiu quando, no auge de seu ministério de pregação, olhou para cima e viu o próprio Salvador Jesus na fila para ser batizado (3:13). Jesus tinha descido de Nazaré, na Galileia, havia caminhado pelo vale do Jordão na Judeia e ficou próximo da água, na fila, esperando sua vez. Aqueles de nós que leram os Evangelhos, que já viram filmes que incluem essa história, ou ouviram sermões sobre o batismo de Jesus no Jordão, provavelmente podem ter perdido o sentido da maravilha desse momento. Mas, e João? *Ele não podia acreditar em seus olhos.*

Lembre-se: João havia pregado que, com a vinda do Messias, o reino dos céus estava chegando. O julgamento se aproximava. O batismo de João na água era apenas um sinal de arrependimento para preparar o caminho do tão esperado reino, que chegaria com fogo refinador para separar os ímpios dos justos. João não parecia ter espaço em suas expectativas sobre o fim dos tempos para um Messias na fila para o batismo!

As ações e palavras de João revelam sua confusão e constrangimento. Por que o Juiz e Rei, o Filho de Deus e Filho de Davi, cujas sandálias João não era sequer digno de remover (3:11), se permitiria ser imerso por João em um ato que representava consagração para os pecadores arrependidos? Mateus diz que João "tentou impedi-lo" (3:14). Não tenho certeza se João estendeu sua mão enquanto Jesus entrava na água ou se afastou para comunicar que não teria parte nisso. Suas palavras revelam a postura humilde que assumiu: "Tu vens a mim? Eu é que preciso ser batizado por ti." Em outras palavras, mesmo como o maior dos profetas, João Batista precisava do batismo do Espírito Santo que somente o Messias poderia transmitir. E, sendo o grande Deus-homem, Jesus não tinha necessidade de participar de um batismo de arrependimento!

Nesse ponto, Jesus abriu sua boca e proferiu suas primeiras palavras registradas no Evangelho de Mateus. "Deixe assim por enquanto; convém que assim façamos, para cumprir toda a justiça" (3:15). Ao submeter-se ao batismo como todo mundo, o Filho de Deus, vindo do céu, estava se identificando plenamente com a humanidade. Ao descrever suas ações como o cumprimento de "toda a justiça", Jesus estava acrescentando um significado ainda maior ao rito do batismo. A submissão de Jesus ao batismo de João também comunicou sua aprovação do rito e sua adoção por seus próprios discípulos, que continuariam a prática com aqueles que respondessem aos ensinamentos de Jesus (Jo 4:1-3).

Além disso, Jesus se apresentou para o batismo a fim de dar ao símbolo um significado teológico ainda mais profundo. Com essa simples cerimônia de purificação e consagração, o próprio céu revelou a obra do Deus triúno — o Pai, o Filho e o Espírito Santo. Assim que Jesus subiu da água após o batismo, o céu se abriu e o Espírito de Deus desceu sobre Ele como uma pomba pousa sobre um galho (Mt 3:16). Ao mesmo tempo, uma voz do céu clamou, dizendo: "Este é o meu Filho amado, de quem me agrado" (3:17). Esses dois versículos e seus paralelos (Mc 1:10-11; Lc 3:22) apresentam as três Pessoas da Trindade no batismo de Jesus. Deus, o Pai, falou do céu; Deus, o Espírito Santo, desceu em forma de uma pomba; e Deus, o Filho, recebeu a aprovação do Pai e o sinal do Espírito Santo.

Mateus não desenvolve a doutrina da Trindade nesta passagem. Ao contrário, ele nos dá um vislumbre das três Pessoas — Pai, Filho e Espírito Santo — em associação com a prática do batismo. A doutrina da Trindade seria mais plenamente explorada, explicada e aclarada à medida que os crentes refletissem sobre a revelação que Deus faz de si mesmo, nas Escrituras. Os "dados" bíblicos para esta doutrina incluem oito afirmações simples:[53]

- Existe um só Deus (Dt 6:4).
- O Pai é Deus (Jo 6:27).
- O Filho é Deus (Jo 1:1).
- O Espírito é Deus (At 5:3-4).
- O Filho não é o Pai (Jo 20:17).
- O Filho não é o Espírito (Jo 14:16).
- O Espírito não é o Pai (Jo 14:26).
- Existe um só Deus, não três (1Co 8:6).

O batismo de Jesus, com os fenômenos da voz do Pai do céu e da descida do Espírito, indica claramente a distinção entre as três Pessoas divinas. Elas trabalham juntas no plano de salvação, mas não são três nomes diferentes para a mesma pessoa. O relacionamento de "três em um" entre o Pai, o Filho e o Espírito pode ser difícil de compreender com nossas mentes finitas, mas acreditamos nisso pela fé na revelação da Palavra de Deus. B. B. Warfield resumiu magistralmente o incrível mistério da Trindade desta forma, e a brevidade de sua declaração faz com que valha a pena memorizá-la: "Há um só e verdadeiro Deus, mas na unidade da Trindade há três Pessoas coeternas e iguais, as mesmas em substância, mas distintas em subsistência".[54]

APLICAÇÃO

Mateus 3:1-17

A RESPOSTA A UMA FORTE PROCLAMAÇÃO

A resposta esperada para a pregação de João Batista era simples: *Arrependam-se!* Isto é, *mudem de opinião sobre seu relacionamento com Deus!* Para aqueles que estavam apenas passando pelo movimento, dependendo de sua herança religiosa judaica para salvá-los, isto significava chegar a uma verdadeira convicção pessoal do pecado, confiar na misericórdia de Deus e viver com um padrão mais profundo e elevado de retidão. Para aqueles que haviam se desviado de sua fidelidade à aliança, isto significava voltar-se para Deus na fé e na obediência, deixando de lado seus estilos de vida de pecado e, em vez disso, servi-lo com atenção às prioridades de seu reino. Para Jesus, que não tinha abrigado incredulidade e rebelião nem tinha qualquer mancha de pecado original ou pessoal, o batismo era um sinal — uma representação de sua plena consagração ao serviço de Deus e uma associação com o Pai e com o Espírito Santo.

Cada um de nós que lê isto, hoje, precisa responder da mesma forma à proclamação. Podemos ter uma compreensão mais profunda do significado do batismo, mas a mensagem básica ainda é a mesma. É um convite a viver uma vida com Deus, a ter uma associação íntima com Ele e com sua comunidade de santos — isto é, os que são "separados ".

Então, em qual grupo você se encontra hoje?

Você é como os fariseus e saduceus, vivendo uma tradição religiosa herdada de seus pais ou avós, mas nunca tendo experimentado um relacionamento autêntico e pessoal com Deus por meio de Jesus Cristo pelo poder do Espírito? Você pratica atividades religiosas, fala coisas religiosas e frequenta lugares religiosos, mas não tem o relacionamento que faz todas essas coisas valerem a pena? Deus está chamando você para uma mudança de coração, para um relacionamento genuíno com Cristo. Tudo o que você precisa fazer é admitir para Ele a superficialidade e o vazio de sua religião, e pedir-lhe um relacionamento real.

Ou você é como os judeus errantes que se afastaram da fé e precisavam se purificar da incredulidade e da maldade? Você pode fazer isso hoje! Deus não precisa que você se lave de cada pecado cometido e de cada palavra blasfema proferida, antes de entrar em um relacionamento permanente com Ele. Deus perdoará você, o purificará pelo sangue de Cristo e o selará com seu Espírito. Seu chamado para uma vida de fé — e uma vida de retidão coerente com essa fé — será acompanhado pela ação interior do Espírito, que o capacitará para essa nova vida.

Ou, finalmente, você é um crente que experimentou a graça sem preço e o perdão de Deus, mas precisa tomar a decisão de segui-lo para onde Ele o conduz? Jesus entrou na água como o filho do carpinteiro de Nazaré, e saiu da água pronto para começar sua missão com a recomendação do Pai e o poder do Espírito. Você necessita mudar de direção em sua própria vida? Você precisa responder ao chamado dele para servir na igreja, no campo missionário, em sua família ou em seu trabalho — com uma decisão pessoal de consagração e compromisso de servir somente a Ele?

Qualquer que seja sua situação pessoal, dê um passo à frente agora. Responda à forte proclamação do evangelho.

Enfrentando as tentações do Diabo

MATEUS 4:11

A identidade de Jesus como o Messias foi confirmada em seu batismo. Deve ter sido um grande marco emocional em sua vida — especialmente quando Ele ouviu aquelas palavras fortes, proferidas pelo Pai que está nos céus: "Este é o meu Filho amado, de quem me agrado" (3:17). Mas, como veremos daqui a pouco, outro espião do ministério de João Batista ouviu a espantosa proclamação de que Jesus de Nazaré era o Filho de Deus... e quis colocar essa teologia à prova!

Imediatamente após aquele momento magnífico, Jesus encontrou-se sozinho no deserto. O Evangelho de Marcos apresenta o relato mais breve desse episódio. "Logo após, o Espírito o impeliu para o deserto. Ali esteve quarenta dias, sendo tentado por Satanás. Estava com os animais selvagens, e os anjos o serviam" (Mc 1:12-13). Marcos não oferece detalhes sobre os tipos de tentações que Jesus sofreu no deserto, mas tanto Mateus como Lucas preenchem as lacunas com algumas descrições que saltam aos olhos.

Durante esse tempo, Jesus jejuou por quarenta dias, sendo natural que tenha ficado extremamente faminto. Enquanto Ele estava naquele contexto de vulnerabilidade, sozinho e fisicamente esvaído, o arqui-inimigo do povo de Deus — o próprio Satanás — chegou ao local com planos sinistros de colocar três fortes tentações diante do Filho de Deus. Usando suas habilidades sobrenaturalmente sutis e persuasivas, o plano do Diabo era levar Jesus para fora dos seus propósitos antes mesmo de seu ministério começar.

Pense no que estava em jogo. Se Cristo cedesse às tentações, não somente Ele se desqualificaria para ser o sacrifício perfeito e inocente pelos pecados, mas também permitiria que o Diabo se declarasse vencedor, reivindicando de uma vez por todas, o domínio total sobre a humanidade e o mundo. No entanto, resistindo às provas, Jesus conservaria sua posição legítima como Governante vitorioso de toda a criação... e, também, nos deixaria um exemplo a seguir quando fôssemos tentados.

4:1-2

Os testes de nossa fé e obediência são parte do crescimento da vida cristã. Hebreus 11:17 diz: "Pela fé Abraão, quando Deus o pôs à prova, ofereceu Isaque como sacrifício". Sabemos o que Abraão não sabia — que Deus sempre teve a intenção de prover um substituto para Isaque. Mas Deus testou Abraão para demonstrar que seu servo obedeceria, mesmo quando ele não conseguia entender. Tiago 1:2-3 diz: "Meus irmãos, considerem motivo de grande alegria o fato de passarem por diversas provações, pois vocês sabem que a prova da sua fé produz perseverança". As provações que Deus permite em nossa vida não são para nossa ruína, mas para nosso benefício.

Quando Deus traz provas para fortalecer nossa fé e obediência, podemos estar certos de que estamos nas mãos de um Pai Amoroso. As provas são especialmente elaboradas somente para nós, preparadas de forma única para nos edificar, não para nos derrubar. Em cada teste, o desejo de Deus é o mesmo: Ele quer que passemos. Ele nunca nos dá um teste no qual espera secretamente que falhemos, e os testes nunca são projetados para nos derrotar ou nos destruir completamente. Jamais. Deus, também, nos prepara para passar nos testes. Mas, mesmo quando falhamos, Ele nos levanta, limpa a poeira de nós, e, por meio do fracasso, nos fortalece. Sendo um Deus de graça, Ele tem sempre em mente o melhor para nós.

Não é assim com o Diabo. Ele, também, lança testes em nosso caminho, juntamente com provas e tentações. Seus testes são sempre concebidos para nos levar ao fracasso, para enfraquecer nossa fé, para provocar desobediência e para nos encher de desespero. Sua grande esperança é ver-nos ceder às suas tentações uma e outra vez. E, se resistirmos às suas tentações e passarmos pelo teste, podemos ter certeza de que ele está pronto para lançar outro, específico para nós, sempre que tiver a oportunidade. Satanás nos odeia, e ele nunca tem em mente o melhor para nós.

Nesse contexto, Jesus foi conduzido pelo Espírito de Deus diretamente "ao deserto para ser tentado pelo Diabo" (Mt 4:1). Praticamente, Jesus estava sozinho em um lugar desolado. O deserto da Judeia é estéril, e quase indescritível. Frio à noite, quente pela manhã. Quase nada para comer ou beber. Nesse lugar sombrio, desprovido de pessoas e ocupado por animais selvagens, Jesus jejuou por quarenta dias e quarenta noites (4:2). Nesse lugar, mesmo que o jejum de Jesus incluísse comer quantidades muito pequenas, Ele teria tido acesso apenas a uma oferta escassa de plantas comestíveis e à pequena quantidade de água que raramente poderia cair do céu.

Ao final do período, Ele teria ficado extremamente faminto — quase ao ponto de morrer de fome.

Em muitos casos, esse tipo de silêncio, solidão e disciplina do próprio corpo pode levar a experiências profundas com Deus. Quando os cristãos jejuam, eles normalmente se concentram na oração e na meditação. No entanto, o jejum pode debilitar o corpo, enfraquecer a mente e minar a vontade. Esse foi, talvez, o estado em que Jesus se encontrava quando Satanás veio provocá-lo. Foi só *depois* dos quarenta dias de jejum e do início da fome extrema que o Diabo apareceu em cena.

Apesar de extremamente perverso, o Diabo não é estúpido. Ele sabe que a melhor chance de enredar as vítimas com a tentação e arrastá-las para o pecado é quando elas estão enfraquecidas em sua mente, emoção e vontade. Quando Satanás nos pega sozinhos, em um estado enfraquecido, ele pode mais facilmente nos fazer justificar os desejos malignos. E ele pode criar suas tentações de tal forma que o caminho para a destruição aparece como o caminho para a glória. Suas tentações podem parecer não apenas razoáveis, mas até mesmo boas e corretas.

Barry Beitzel

O deserto da Judeia

4:3-4

Mateus relata três tentações de Satanás dirigidas a Jesus, assim como as respostas dele. Cada tentação foi progressivamente dirigida a Jesus a partir de um ângulo diferente, tentando encontrar uma fraqueza em sua armadura espiritual. A primeira tentação relacionava-se com as necessidades físicas de Cristo como homem. Satanás tentou levar Jesus a desconfiar dos cuidados providenciais do Pai. Observe que Satanás apresentou a Jesus um desafio à sua identidade. "Se Tu és o Filho de Deus..." (4:3). Onde o Diabo foi buscar a ideia de que Jesus poderia ser "o Filho de Deus"? Apenas 41 dias antes, no batismo de Jesus realizado por João no Jordão, uma voz havia anunciado: "Este é o meu Filho amado, de quem me agrado" (3:17). Isso me faz pensar se Satanás passou dia após dia com as multidões de judeus que vinham a João para serem batizadas, esperando que esse Messias predito aparecesse. Eu me pergunto se Satanás teria ouvido a proclamação do céu e pensado em colocar à prova esse chamado "Filho de Deus".

A natureza da tentação nos diz que o Diabo pensou que os poderes potenciais do Filho de Deus seriam notáveis. Por mais faminto que eu tenha estado em minha vida, nunca fui tentado a transformar rochas em pão. Mas o Diabo sabia que se Jesus fosse realmente o Filho de Deus, como a voz do céu dizia, então tal proeza certamente lhe seria possível. Além disso, Deus Pai não aprovaria tal milagrosa demonstração de poder, considerando que Jesus estava faminto? A tentação *parece* buscar o melhor para Jesus. "Se Tu és o Filho de Deus, manda que estas pedras se tornem pão" (4:3). Mas, a sugestão sutil de Satanás foi projetada para fazer o Filho duvidar do amor do Pai e de sua preocupação com o bem-estar físico dele. O Filho não tinha todo o direito de usar seu poder e autoridade divina para satisfazer as necessidades básicas de sua vida?

Jesus respondeu imediatamente, citando uma passagem das Escrituras encontrada em Deuteronômio. "Assim, ele os humilhou [Israel] e os deixou passar fome. Mas depois os sustentou com maná, que nem vocês nem os seus antepassados conheciam, para mostrar a vocês que nem só de pão viverá o homem, mas de toda palavra que procede da boca do SENHOR" (Dt 8:3; cf. Mt 4:4). Como o Redentor de Israel, perfeito e sem pecado, Jesus teve êxito na área em que a nação de Israel havia falhado no deserto. Ele não abandonaria sua dependência de Deus para salvar a própria vida. Ao invés disso, Ele sabia que Deus proveria para Ele em seu tempo.

Tendo passado a primeira tentação, Jesus enfrentou mais duas.

4:5-7

A segunda tentação põe à prova o amor e o poder do Pai. Aqui, Satanás usou uma estratégia completamente diferente. Desta vez, não se tratava de satisfazer as necessidades físicas de Jesus, mas de atrair uma multidão, promover imediatamente sua fama e ganhar a atenção e a adoração que Ele justamente merecia como Filho de Deus. Para essa tentação, Satanás levou Jesus até a cidade de Jerusalém, onde Ele se misturou anonimamente entre as multidões de adoradores no templo. Satanás então fez com que Jesus se dirigisse ao "pináculo" do templo (4:5), provavelmente o canto sudoeste do muro de retenção que suportava o enorme complexo que ficava no monte do templo. Essa elevação ficava de frente para as estradas e entradas mais movimentadas que levavam até o templo, tanto no lado sul como no oeste.

De lá, Satanás desafiou Jesus: "Se és o Filho de Deus, joga-te daqui para baixo" (4:6). Se Jesus fosse realmente o Messias, certamente Deus o protegeria do mal diante das multidões que iriam vê-lo lá de baixo. Para reforçar sua tentação, Satanás até citou as Escrituras, assim como Jesus havia feito para resistir à primeira tentação. Satanás citou a primeira de duas linhas em Salmos 91:11 ("Porque a seus anjos ele dará ordens a seu respeito") e depois em Salmos 91:12 ("com as mãos eles o segurarão, para que você não tropece em alguma pedra"). O Diabo convenientemente deixou de fora uma parte importante no meio do texto: "para que o protejam em todos os seus caminhos". O texto assim indica que a promessa de proteção estava relacionada a acidentes que ocorreriam no curso das idas e vindas normais de uma pessoa — não a acrobacias intencionais, que chamam a atenção e que colocam a em perigo.

Se Jesus tivesse feito isso, teria sido um espetáculo, mas completamente contrário ao plano de Deus e à promessa de proteção que a Escritura oferece. Teria colocado o próprio Deus à prova. Então, Jesus respondeu novamente a Satanás com a Palavra de Deus. "Também está escrito: 'Não ponha à prova o Senhor, o seu Deus'" (Mt 4:7, citando Dt 6:16). Essa citação vem do discurso de despedida de Moisés à nação de Israel, advertindo-os contra seu hábito de tentar a paciência e o cuidado providencial do Senhor Deus. Pergunto-me, no entanto, se as palavras de Jesus poderiam ter tido uma espécie de duplo sentido. Talvez Jesus tenha citado Deuteronômio 6:16 como uma repreensão afiada ao próprio Satanás, indicando que, ao tentar Jesus, o Diabo estava colocando o Senhor Deus à prova!

EXCURSO: JESUS PODERIA PECAR?

MATEUS 4:1-11

O episódio da tentação de Jesus por Satanás em Mateus 4 leva a uma questão hipotética frequentemente usada por professores de seminário que estão tentando fazer com que seus alunos reflitam sobre suas convicções doutrinárias. "Poderia Jesus ter pecado no deserto?" As duas respostas são frequentemente colocadas desta maneira: "Sim, Jesus poderia ter pecado, sendo que era totalmente humano — a tentação não teria sido real se a vitória lhe tivesse sido garantida". Ou, "Não, Jesus não poderia ter pecado, sendo que era totalmente divino — é impossível para Deus pecar".

A resposta a essa pergunta revela tudo sobre a solidez da própria cristologia, ou seja, a doutrina relativa a Cristo. A Bíblia ensina que Jesus não é apenas um homem, mas é também Deus, o Filho. Por outro lado, Ele não é apenas Deus, mas é, também, plenamente humano. Ele é o Deus-homem, plenamente Deus e plenamente humano em uma só pessoa (Jo 1:1, 14; Fl 2:5-11). A igreja cristã, portanto, ensinou definitivamente que Jesus tem "duas naturezas — humana e divina — numa só pessoa, e que a unidade das duas naturezas é 'sem confusão, sem mudança, sem divisão, sem separação'".[55]

Assim, a questão de saber se Jesus poderia ter pecado é resolvida por uma compreensão da natureza de sua encarnação como o Deus-homem. Como Jesus era plenamente humano, Ele poderia ser tentado por Satanás e sentir toda a força daquela tentação. No entanto, como Jesus era Deus, simultânea e plenamente, Ele não poderia pecar, mas seria vitorioso sobre a tentação. Isto não torna a tentação menos real. Uma pessoa pode bater numa parede de aço de 12 polegadas de espessura com um martelo de forja vezes sem conta, com cada grama de força que tem, mas a natureza da parede de aço é tal que ela não sucumbirá às investidas. Da mesma forma, Satanás desencadeou um ataque genuíno ao Deus-homem, mas sua natureza é tal que Ele foi capaz de ser tentado, mas incapaz de pecar.

4:8

Em sua terceira tentação, o Diabo tentou convencer Jesus a adorá-lo por um ganho magnífico, mas de curto prazo. Realmente, era apenas um atalho para aquilo que, um dia, de qualquer forma, seria do Messias:

uma posição gloriosa sobre os reinos do mundo. Nesse ponto, Satanás não estava mais interessado em ser sutil ou usar tato ou, ainda, mascarar suas verdadeiras intenções: "Prostre-se e me adore!" Em troca disso, o Diabo lhe ofereceu "todos os reinos do mundo e a glória deles" (4:8-9).

Na verdade, por um lado, Satanás estava oferecendo algo que ele não tinha poder para dar. Sabemos que só Deus é soberano sobre todas as nações e que nenhum rei ou reino pode reinar independente de sua vontade (Sl 103:19; Dn 2:37). Além disso, o próprio Deus estabelecerá um dia um reino próprio sob o Messias para substituir os reinos malignos do mundo (Dn 2:44). Por outro lado, até a vinda do reino do Messias, os reinos deste mundo estarão sob o domínio do maligno (1Jo 5:19). A implicação é que os reinos que Satanás ofereceu a Jesus eram os impérios mundanos corruptos, impuros e rebeldes da época atual — e Jesus poderia ter esses reinos sem ter de suportar o sofrimento e a morte previstos para o Messias em Isaías 53!

Mas Jesus não é tolo. Com sua resposta rápida e afiada à "melhor oferta até então", Ele deixou claro para Satanás com quem ele estava lidando. Jesus não era um mero mortal influenciável. Ele não era um homem caído, depravado, que venderia sua alma se o preço fosse atrativo. Ele não era um ser angelical semelhante àqueles membros das hostes celestiais que tinham acompanhado o Diabo em sua queda. E Ele não era o tipo de "filho dos deuses" que encontramos nas mitologias grega e romana que pode ser manipulado, enganado, ou atraído para a maldade. Não, Jesus é o Deus-homem, totalmente humano e totalmente divino, capaz de ser tentado por causa de sua humanidade, mas sempre capacitado para vencer a tentação por causa de sua divindade.

Jesus ordenou: "Retire-se, Satanás!" (Mt 4:10). Assim como havia feito em resposta às tentações anteriores, Jesus parafraseou outra porção da Escritura: "Temam o Senhor, o seu Deus, e só a Ele prestem culto e jurem somente pelo seu nome" (Dt 6:13). Mateus observa que, em resposta ao terceiro apelo de Jesus à verdade da Escritura, "o Diabo o deixou" (Mt 4:11). O que mais ele poderia fazer? O Deus-homem passou nos testes, demonstrando não só sua verdadeira identidade como Messias, mas também seu poder como Deus em carne e osso.

Após a partida de Satanás, Deus concedeu a Jesus um alívio abençoado em sua fraqueza. Mateus simplesmente diz: "anjos vieram e o serviram" (4:11). Não nos é dito de que forma essa ministração aconteceu, mas podemos imaginar que eles lhe trouxeram comida e bebida, fortalecendo-o em seu corpo, alma e espírito. Ao passar nessas provas, Jesus não se tornou digno apenas da tarefa estabelecida diante dele, mas *provou* que Ele era digno como o Messias — o Deus-homem que estava qualificado para ser o Salvador do mundo.

APLICAÇÃO

Mateus 4:1-11

QUANDO O DIABO CONDUZ À TENTAÇÃO...

Quando refletimos sobre as estratégias e objetivos de Satanás ao nos conduzir a tentações que testam nossa fé e obediência, precisamos ter em mente alguns princípios importantes: algo sobre Satanás, algo sobre as Escrituras, algo sobre o Salvador e algo sobre o pecado. Esses lembretes e advertências não são complicados. São simples o suficiente para serem memorizados; na verdade, eu sugeriria que você o faça.

Primeiro, *em relação a Satanás, lembre-se de que ele é um inimigo derrotado — portanto, não tenha medo e não se intimide diante de suas tentações*. A Escritura diz: "aquele que está em vocês é maior do que aquele que está no mundo" (1Jo 4:4). Cristo derrotou Satanás, e o Espírito que habita em você é Deus todo-poderoso — não uma força igual a Satanás, que luta contra ele num conflito em que qualquer dos dois lados pode ganhar. A ruína de Satanás é certa. Cada movimento no tabuleiro de xadrez da história coloca Satanás mais perto do lago de fogo preparado para ele e seus demônios (Mt 25:41; Ap 20:10). Como discípulo de Jesus Cristo, você está no lado vencedor — não por sua própria força ou poder, mas pelo Espírito. Você pode obter a vitória porque Satanás é um inimigo derrotado.

Em segundo lugar, *em relação à Escritura, lembre-se de que ela é viva e poderosa — portanto, não hesite em estar fundamentado nela*. Hebreus 4:12 diz: "A palavra de Deus é viva e eficaz, e mais afiada do que qualquer espada de dois gumes". Você pode contar com ela. Leia-a. Estude-a. Memorize-a. Use-a em tempos de provação e tentação. Cole versículos na parede ao lado de sua mesa. Cole-os em seu espelho para ver quando estiver de frente para ele logo pela manhã. Mantenha Palavra na sua frente durante todo o dia. Agora, não faça isso de forma supersticiosa, tratando as Escrituras como se fossem uma espécie de amuleto de boa sorte que afastará os espíritos malignos apenas por causa de sua presença física. Ao invés disso, deixe a Palavra de Deus entrar em sua mente e coração durante todo o dia para que você possa ser lembrado de sua infalível verdade e poder. Quando a tentação vier, empunhe a Escritura.

Terceiro, *em relação ao Salvador, lembre-se de que Ele é nosso Escudo e Sustentador — portanto, não se apoie em suas próprias forças*. Salmos 18:2 diz: "O SENHOR é a minha rocha, a minha fortaleza e o meu libertador; o meu Deus é o meu rochedo, em quem me refugio. Ele é o meu escudo e o poder que me salva, a minha torre alta". Não se esqueça de que Jesus não é apenas um grande homem que passou no teste, e provou o que pode ser feito. Ele é o Deus-homem, que passou no teste por seu poder divino, que venceu em nosso favor, e que nos oferece o mesmo poder divino para que possamos compartilhar sua vitória! Assim como Ele compartilhou nossas enfermidades, também nós podemos compartilhar sua vitória. No meio de nossas tentações, Ele nos libertará sempre. Basta invocá-lo para que Ele o acompanhe mediante sua graça, misericórdia e poder. Ele nunca o deixará em situação de abandono. Ele é o seu Escudo e Sustentador.

Quarto, *em relação ao pecado, lembre-se de que você não precisa ceder à tentação — portanto, resista ao apelo dela*. A Escritura diz: "Portanto, submetam-se a Deus. Resistam ao Diabo, e ele fugirá de vocês" (Tg 4:7). Você tem a opção de se submeter a Deus — de se afastar e deixá-lo lutar a batalha espiritual contra a tentação e o pecado. Pode invocar seu nome, citar sua poderosa Palavra e reivindicar sua vitória. Infelizmente, como seres humanos caídos e frágeis, muitas vezes nos esquecemos de fazer isso. Em vez de resistir a ela, participamos dela. E, então, nos encontramos dando passos cada vez mais profundos no pecado e na tentação. Quando isto acontecer, lembre-se que você tem uma saída através do perdão e da purificação. "Se confessarmos os nossos pecados, ele é fiel e justo para perdoar os nossos pecados e nos purificar de toda injustiça" (1Jo 1:9). Você pode ser tornado limpo e revestido para continuar a batalha de toda uma vida contra o pecado, sabendo que, em última instância, a esperança do céu e a libertação da escravidão lhe trarão a vitória!

Onde e como tudo começou

MATEUS 4:12-25

Muitas coisas sobre os primeiros 30 anos de Jesus na terra continuam sujeitas à mera especulação. Nós simplesmente não sabemos como era a vida em sua casa. Não temos praticamente nenhum detalhe sobre seu relacionamento com sua mãe, Maria, ou com José. Não sabemos como Maria e José conseguiram criar todos os seus outros filhos, ao lado de um irmão mais velho que nunca desobedeceu. Como Jesus interagiu com outras crianças em Nazaré? Ou com os adultos? Como Ele soube quando deixar sua casa em Nazaré e começar seu ministério? Ele alguma vez teria se assentado com sua mãe e seus irmãos, para explicar o que estava prestes a acontecer?

Essas três décadas de crescimento de Jesus, até sua maturidade masculina, estão envoltas em obscuridade. Mas sabemos para onde Ele foi quando Deus lhe deu luz verde para iniciar seu ministério. Assim que Jesus se submeteu ao batismo no Jordão e venceu as provas do Diabo no deserto, Ele viajou de uma área, cidade, ou região para outra, tornando sua mensagem conhecida. Sem exceção, Ele atraiu grandes multidões através de suas surpreendentes palavras e ações. Muitos acreditaram nele e em sua mensagem; outros se mostravam suspensos ou com ar de quem parecia ansioso para permanecer entre as multidões, mas não estavam dispostos a se comprometer totalmente.

Entre aqueles que ouviram sua mensagem, Jesus destacou alguns para fazerem parte de um pequeno grupo com o qual Ele passaria grande parte do seu tempo pessoal. Esse chamado exigiria compromisso e sacrifício de cada um. O seleto grupo precisaria deixar suas ocupações e receber treinamento para realizar o ministério que Jesus tinha para cada um deles como discípulos. Jesus os chamou para algo mais profundo do que serem simplesmente ouvintes, crentes ou seguidores. Ele os chamou para serem discípulos completos com uma única paixão — servir seu Salvador.

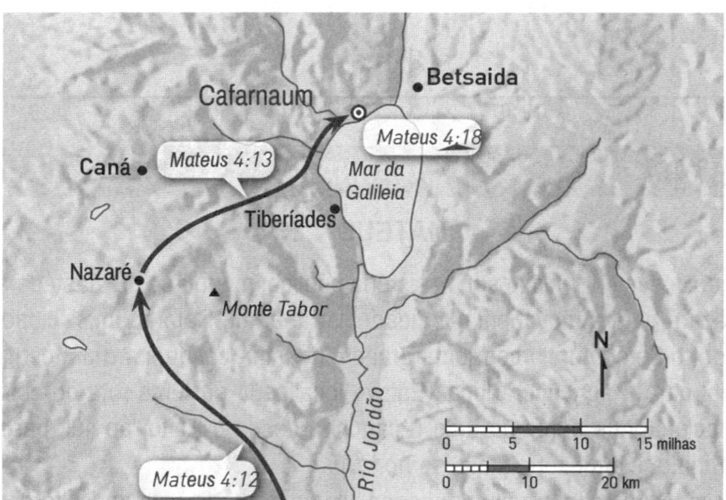

Depois de partir do vale do rio Jordão, nas proximidades de Jericó, Jesus retornou brevemente a Nazaré, depois ministrou ao redor do mar da Galileia, estabelecendo sua base na cidade de Cafarnaum. Ele chamaria seus primeiros discípulos ao longo do litoral.

4:12-17

Pouco depois dos quarenta dias de jejum de Jesus e de sua tentação no deserto, Ele emergiu do deserto da Judeia e retornou ao local do ministério de João Batista, em algum lugar perto do rio Jordão, nas proximidades de Jericó. Os eventos desse período são narrados entre Mateus 4:11 e 4:12, mas são registrados com algum detalhe em João 1:19—4:3. Durante esse espaço de tempo — por volta de um ano — João Batista continuou a apontar Jesus para as pessoas como "o Cordeiro de Deus, que tira o pecado do mundo!" (Jo 1:29), afirmando também: "É necessário que ele cresça e que eu diminua" (Jo 3:30).

O Evangelho de Lucas nos informa que a pregação de João Batista o colocou em apuros com Herodes Antipas, o governante da Galileia. "Todavia, quando João repreendeu Herodes, o tetrarca, por causa de Herodias, mulher do próprio irmão de Herodes, e por todas as outras coisas más que ele tinha feito, Herodes acrescentou a todas elas a de colocar João na prisão" (Lc 3:19-20). Embora Herodes Antipas tivesse se casado com uma princesa nabateia, com quem esteve casado por duas décadas, ele se apaixonou por Herodias, sua sobrinha e cunhada, filha de um meio-irmão e esposa de outro meio-irmão (seu tio)! Quando sua esposa nabateia voltou, em desespero, para sua casa e para o seu pai, Antipas aproveitou sua ausência e trouxe Herodias para sua casa para viver com ele como esposa.[56] Essa infidelidade e imoralidade flagrante levaram João a falar contra Herodes; por sua vez, ele mandou prender João (Mt 4:12).

CAFARNAUM

MATEUS 4:13

Quando Jesus quis iniciar seu ministério público, mudou-se da afastada aldeia de Nazaré para a movimentada cidade litorânea de Cafarnaum. A cidade era um centro de comércio com uma grande indústria pesqueira e um centro comercial para a agricultura local. Estava localizada em uma rota de comércio internacional que percorria todo o caminho desde o Egito, ao sul, passando pela Síria, até a Mesopotâmia, ao norte.[57]

Essa cidade não era uma pequena vila de pescadores e agricultores. Abrigava a residência de um alto funcionário do governo, um escritório de impostos e até mesmo uma grande sinagoga, cuja fundação existe ainda hoje.[58] Quando

Jesus fez de Cafarnaum a base para seu ministério, foi um movimento prático e estratégico. A partir daqui, Jesus

- chamou Pedro, André, Tiago e João;
- chamou Mateus, o cobrador de impostos;
- ensinou na sinagoga;
- curou a sogra de Pedro;
- curou o servo de um centurião;
- curou um paralítico que foi baixado pelo telhado;
- ressuscitou dos mortos a filha de Jairo;
- curou uma mulher que havia sofrido de uma hemorragia durante doze anos; e
- curou dois homens cegos e um endemoninhado mudo.

Embora Jesus tenha feito numerosos milagres em Cafarnaum, cujos habitantes testemunharam claramente seu poder e sua divindade, Ele condenou a cidade, junto com outras da região, por rejeitarem seu chamado ao arrependimento (11:23). Os efeitos dessa condenação podem ser vistos no fato de que Cafarnaum está em ruínas há um milênio e meio. Hoje, a cidade outrora agitada, e centro do ministério galileu de Jesus, é simplesmente um impressionante sítio arqueológico — o destino dos turistas que querem vislumbrar a presença persistente daquela cidade outrora admirável.

Barry Beitzel

Estas ruínas de uma sinagoga do quarto século em Cafarnaum repousam sobre a fundação da sinagoga de basalto negro na qual Jesus ensinou no primeiro século.

Após a prisão de João, Jesus mudou o centro de seu ministério para Cafarnaum. Embora Jesus já tivesse estado ativo na Galileia, no vale do Jordão, e até mesmo em Jerusalém até aquele momento (veja Jo 1-4), Mateus nos informa que a prisão de João Batista marcou o que pode ser considerado como o lançamento oficial de seu ministério público. Ele se estabeleceu na grande e movimentada cidade de Cafarnaum, na costa norte do mar da Galileia, que foi um cumprimento de Isaías 9:1-2 (Mt 4:14-16). Essa profecia previa um tempo em que uma grande luz brilharia nas trevas da "Galileia dos gentios". Essa luz não seria outra senão Jesus — o "Conselheiro Maravilhoso, Deus Poderoso, Pai Eterno, Príncipe da Paz", que estava destinado a reinar "no trono de Davi" (Is 9:6-7).

Nesse ponto, Jesus tomou a mensagem que tinha sido a base usada por João Batista e a tornou sua: "Arrependam-se, pois o Reino dos céus está próximo" (Mt 4:17). (Veja comentário em 3:2.) Aqueles que ouviram a pregação de Jesus nunca tinham ouvido nada parecido em sua vida. Tinham assistido a muitas palestras monótonas dos anciãos nas sinagogas, que tendiam a colocar opiniões contra opiniões e interpretações contra interpretações enquanto os homens discutiam, debatiam e dialogavam uns com os outros sobre o significado de uma Escritura ou sobre o que aquele rabino dizia. Mas quando Jesus entrou na sinagoga e abriu a boca, sua palavra veio com poder. Ele pregou "como quem tem autoridade, e não como os mestres da lei" (7:29). Essa diferença entre a pregação autoritativa e poderosa de Jesus e as discussões especulativas e enfadonhas dos anciãos me faz lembrar as palavras sábias de um pastor: "A pregação é a proclamação de certezas, não a sugestão de possibilidades".[59]

4:18-22

Em meio à pregação itinerante de Jesus sobre o reino vindouro de Deus e o chamado ao arrependimento, Ele caminhou pela costa rochosa e arejada do mar da Galileia para chamar oficialmente um punhado de companheiros permanentes. Ele encontrou primeiramente dois irmãos, Simão (Pedro) e André, lançando suas redes no lago (4:18). Às vezes temos a impressão, lendo apenas o relato de Mateus ou de Marcos, de que Jesus entrou na vida daqueles pescadores como um completo estranho, hipnotizou-os com sua personalidade magnética e os chamou para abandonarem seu meio de vida, com o resultado de que eles seguiram milagrosamente aquele estranho profeta itinerante.

Na realidade, essa cena não representa a primeira vez que esses homens encontraram Jesus. Algum tempo antes de João Batista ter sido preso, André, e provavelmente João, seguiam o profeta comedor de gafanhotos do vale do Jordão (Jo 1:35-40). Quando o Batista apontou Jesus como "o Cordeiro de Deus" (Jo 1:36), eles acompanharam a misteriosa figura até sua morada (Jo 1:39). Depois, André apresentou Jesus a seu irmão Simão, como "o Messias" e, nesse momento, Jesus deu a Simão o apelido de Pedro (Jo 1:41-42). No dia seguinte, Felipe e Natanael juntaram-se a João, André e Pedro, acompanhando Jesus até a Galileia.

Por volta desse tempo, Jesus e alguns de seus seguidores também participaram de um casamento em Caná, a uma curta distância de Nazaré. Lá Jesus transformou água em vinho, "e seus discípulos creram nele" (Jo 2:11). De lá, Jesus viajou para Cafarnaum com seus discípulos (Jo 2:12) e, depois, passou algum tempo em Jerusalém (Jo 2:13—3:21). Jesus e um punhado de discípulos até começaram a batizar na Judeia, enquanto João Batista ainda pregava e batizava (Jo 3:22-36), acabando por se retirar novamente para a Galileia para não chamar muito a atenção dos fariseus daquela região (Jo 4:1-3).

Então, João Batista foi preso, marcando uma ruptura clara e distinta entre o ministério de preparação de João e a própria proclamação pública, aberta e em tempo integral de Jesus. Foi nesse contexto, então, que Jesus encontrou quatro de seus antigos seguidores e lhes apresentou uma nova comissão. Embora já estivessem seguindo Jesus por alguns meses, antes desse evento, o fato de estarem trabalhando duro na pesca, no mar da Galileia, naquele dia, indica que eles ainda não tinham considerado o fato de estarem seguindo a Jesus como um chamado permanente e em tempo integral. As palavras de Jesus mudaram esse entendimento para sempre. "Sigam-me, e eu os farei pescadores de homens" (Mt 4:19).

Talvez, antecipando esse mesmo dia em que o Messias os chamaria para o serviço, André e Pedro literalmente abandonaram o que estavam fazendo e seguiram Jesus — sem questionamento, sem debate, sem hesitação (4:20). Um pouco mais adiante na costa, os três homens encontraram Tiago e João junto com seu pai, Zebedeu, e seus funcionários. Mateus menciona que eles estavam "no barco [...] preparando suas redes" (4:21). Normalmente, após um dia de lançamento das redes, os pescadores puxavam seus barcos, lavavam e penduravam as redes para secar, e as consertavam enquanto estavam em terra (veja Lc 5:2). O fato de que esses homens estavam consertando as redes *enquanto ainda permaneciam no barco*, pode sugerir que eles estavam pescando tantos peixes que as redes haviam se rompido. Assim, talvez estivessem consertando rapidamente as redes enquanto estavam no barco a fim de jogá-las novamente na água o mais rápido possível. Sendo esse o caso, podemos dizer que o negócio estava em alta!

Do meu diário

Meu chamado

MATEUS 4:18-22

Quando li sobre o chamado de André, Pedro, Tiago e João, eu não pude deixar de lembrar minha própria vocação para o ministério em tempo integral. Eu pertencia ao Corpo de Fuzileiros Navais, e estava à distância de cerca de 12 mil quilômetros de minha família. Graças ao ministério de um homem chamado Bob Newkirk, juntamente com o ministério The Navigators, eu consegui sentir alguns de meus primeiros desejos reais de trabalhar no ministério cristão, servindo sob sua mentoria.

Lembro-me de Bob me colocar na parte de trás na plataforma de um caminhão, de onde eu poderia dirigir canções enquanto ele pregava o evangelho. Na próxima reunião que tivemos, ele me mandou pregar enquanto ele conduzia o canto.

Olhando para o passado, tenho de admitir que a pregação poderia ter sido melhor na primeira vez. Bob era, de longe, um pregador melhor. Mas ele também era um professor e mentor, e ele sabia o tipo de experiências que seriam necessárias para me ensinar o que eu precisava aprender. Lembro-me de pensar, quando essas reuniões terminavam: "Eu amaria fazer isso." Eu contei a Bob acerca do meu desejo, e ele disse: "Chuck, você pode estar sendo chamado para pregar".

No entanto, a princípio resisti à ideia de ter um chamado para trabalhar em tempo integral no ministério. Uma tarefa ocasional e de curto prazo? Certamente. Mas e o compromisso de dedicar minha vida à pregação? "Chuck, quem você pensa que é?" Mas, com o passar do tempo, o Espírito foi trabalhando em mim por meio das experiências e do encorajamento de outros —

e por sua orientação interior e convicção. Realmente, eu sabia que Deus estava me chamando para pregar.

Lembro-me de ter escrito para Cynthia, que estava lá em casa, algo assim: "Você não vai acreditar nisso, mas, quando eu sair da Marinha, quero encontrar uma maneira de chegar ao Seminário de Dallas para conseguir o treinamento que preciso para ser um pregador". Para minha surpresa, ela nunca disse, nem uma única vez, coisas como: "de jeito nenhum" ou "qual será o salário?" ou "há benefícios?" ou ainda "para onde vamos?", "como é o plano de aposentadoria?". Ao contrário, ela confirmou: "Vamos fazer isso!"

Então, quando fui dispensado do grupo de fuzileiros navais, empacotamos o que tínhamos, pegamos os setenta e cinco dólares em nossa conta bancária e nos mudamos para o apartamento nº 9 do campus do Seminário Teológico de Dallas. Definitivamente o local não era tipo hotel Ritz-Carlton. Os estudantes costumavam brincar que aqueles apartamentos tinham ratos e baratas, grandes o bastante para se montar neles!

Quando, finalmente, destruíram aqueles apartamentos e construíram uma nova biblioteca no local, ninguém derramou sequer uma lágrima. Mas era o lugar onde nós vivemos por quatro anos, enquanto nos preparávamos para uma vida de ministério. Nunca, sequer uma única vez, nos preocupamos com o quão pequeno o ministério poderia ser. Por que não pensamos assim? Porque fui chamado. E, como Pedro, André, Tiago e João, eu não estava inicialmente qualificado para fazer nenhum trabalho. Mas Deus tinha planos para mim, que eu jamais poderia sequer imaginar.

No entanto, no meio da frenética reparação das redes, Tiago e João, "deixando imediatamente seu pai e o barco, o seguiram" (Mt 4:22). Não devemos caracterizar Tiago e João como péssimos filhos que abandonaram seu pai quando este mais precisava deles. Nem devemos imaginar Zebedeu sentado sozinho naquele barco com uma rede de pesca rasgada em suas mãos enquanto seus filhos zelosos estavam indo atrás de um rabino itinerante. O Evangelho de Marcos esclarece que Zebedeu estava "no barco com os empregados contratados" (Mc 1:20).

Os filhos de Zebedeu podem não ter abandonado o pai, mas deixaram um negócio familiar presumivelmente lucrativo, do qual sem dúvida estavam recebendo uma bela parte dos lucros. Jesus não ofereceu nenhum salário, nenhum benefício, nenhum plano de pensão. Seguir um rabino de trinta e poucos anos que nunca tinha frequentado algo equivalente a uma faculdade rabínica certamente não era uma boa adição ao currículo deles. Aqueles quatro homens — André, Pedro, Tiago e João — não foram contratados como estagiários do ministério; eles foram chamados para uma vida a serviço de Cristo. E eles responderam instantaneamente.

4:23-25

Mateus 4:23 serve como uma declaração sumária que dá uma visão geral do ministério de Jesus. Ao longo dos quatro Evangelhos, vemos exemplos específicos de cada uma dessas três dimensões do ministério público de Jesus: ensino, pregação e cura. Ele *ensinou* nas sinagogas, e *proclamou* o evangelho. Perceba que Mateus distingue o ensino e a pregação. O *ensino* transmite principalmente informações, sendo dirigido à mente dos ouvintes. Ele oferece fatos, revelações e verdades a partir da Palavra de Deus. *Pregar*, ou *proclamar*, toma a verdade da Palavra de Deus e a dirige à vontade das pessoas, pedindo uma decisão, uma resposta. Jesus fez as duas coisas.

Uma vez que as práticas de ensino e pregação foram capazes de transmitir a mensagem central de Jesus, por que Ele se engajou também na cura de doenças e enfermidades? Primeiro, os milagres que Jesus fez provaram que Ele tinha autoridade divina em seus ensinamentos e pregações. As pessoas não podiam rejeitar sua mensagem sem rejeitar o próprio Deus. Segundo, os milagres demonstraram que Deus é compassivo; Ele se preocupa não apenas com as necessidades espirituais, mas também com as necessidades físicas. Terceiro, os milagres comprovaram que Jesus era o Messias profetizado, cuja missão incluía a inauguração de um reino no qual a doença, a enfermidade, o sofrimento e a morte seriam vencidos. Finalmente, seus milagres provaram que a oferta do reino a Israel era legítima — Aquele que tinha autoridade sobre doenças, enfermidades e forças demoníacas poderia ser levado a sério quando Ele ofereceu o reino de Deus àqueles que se arrependessem e o aceitassem como o Messias.

Como resultado do ministério de Cristo de ensinar, pregar e curar, vieram multidões para vê-lo de toda a Síria, Galileia, Decápolis, Jerusalém, Judeia e região leste do Jordão (4:24-25). Sem dúvida, muitos foram cativados por seus ensinamentos enquanto outros foram condenados por suas pregações. Numerosos homens e mulheres que sofriam de enfermidades físicas e de opressão espiritual experimentaram uma libertação que mudou a vida deles e resultou em um discipulado para toda a vida. Mas tenho certeza de que as multidões também incluíam muitas pessoas não comprometidas e meramente curiosas — impressionadas, mas não convencidas.

No entanto, como as coisas haviam mudado, desde que Jesus saiu das águas do Jordão após seu batismo por João! Do anonimato à fama; da obscuridade à popularidade; do cidadão da pequena cidade de Nazaré a uma celebridade regional! Quando chegarmos ao final de Mateus 4, não há dúvida de que o ministério de Cristo já teria sido lançado e as coisas nunca mais seriam as mesmas para Ele — ou para o mundo.

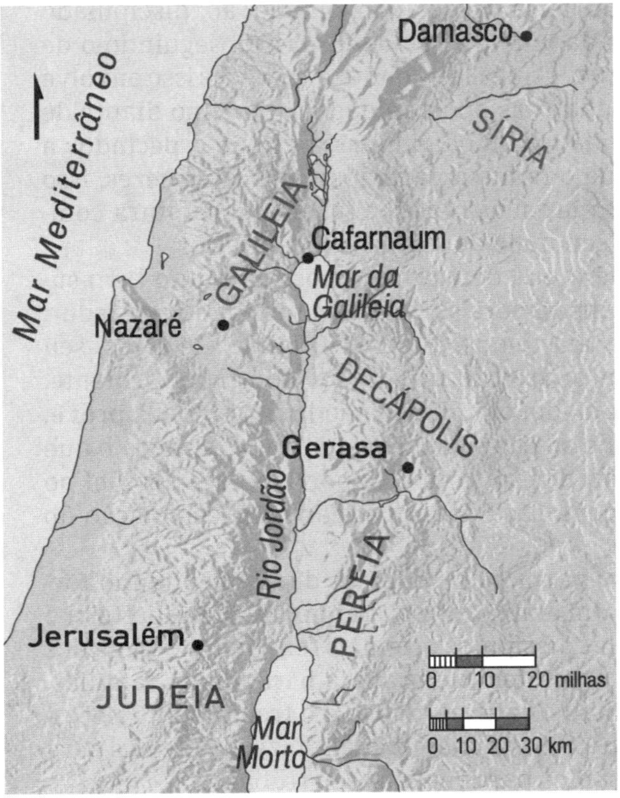

Ao mesmo tempo em que o ministério de Jesus estava baseado na Galileia, sua fama se espalhou pelas áreas adjacentes.

APLICAÇÃO

Mateus 4:12-25

RESPONDENDO AO SEU CHAMADO

O chamado de Jesus para segui-lo como discípulo não é algo que ocorreu apenas durante as semanas de abertura de seu ministério público. Jesus, ainda hoje, chama as pessoas a acreditar nele e a segui-lo. Alguns são chamados a servir mais profundamente em suas congregações locais. Outros são chamados para o ministério de tempo integral além das paredes de suas igrejas.

Todos que estão lendo este comentário são chamados a ser discípulos. O primeiro passo para responder ao chamado é confiar em Cristo, e somente em Cristo, como seu Salvador. A salvação vem somente pela graça, por meio da fé, unicamente na pessoa e na obra de Cristo. Sem responder a esse primeiro chamado à salvação, o chamado mais profundo para o serviço de sacrifício próprio em favor de Cristo não fará nenhum sentido.

Além do chamado à salvação, o chamado ao discipulado envolve a submissão da vida à vontade de Cristo, seguindo-o de bom grado para onde quer que Ele o conduza. Às vezes isso envolve simplesmente mergulhar nas oportunidades que estão diante de você — sair da multidão acomodada, passando de espectador a membro da equipe, de ouvinte a participante. Outras vezes, isso pode até envolver "largar suas redes" e fazer uma ruptura completa com sua vida e seu meio de subsistência anterior.

Conheço um homem que deixou uma posição muito bem-sucedida como engenheiro e, para surpresa de muitos ao seu redor, entrou no ministério em tempo integral. Quando ele o fez, seu salário caiu para um quarto do que havia sido anteriormente. Mas, quando se é chamado, o dinheiro não importa. Deus provê. Quando você responde ao chamado dele, não faz diferença o que as pessoas pensam ou dizem. O que importa é você ser fiel ao papel que Deus lhe pede para desempenhar na proclamação do evangelho.

Quando Deus nos chama, não podemos dizer "Não tenho formação" ou "Já tenho um emprego" ou "Tenho uma família". Foi o que a maioria daqueles discípulos originais fez. Quando Deus nos chama, precisamos responder. Ele proverá para nossas famílias. Ele fará com que tenhamos a experiência e o treinamento necessários para fazer o que Ele nos chamou para fazer. E Ele nos dará a graça de que precisamos para realizar seu trabalho.

PROCLAMAÇÃO E RECEPÇÃO DO REI
MATEUS 5:1—15:39

Em muitos aspectos, os primeiros quatro capítulos de Mateus podem ser considerados como prólogo, preâmbulo e preparação para o restante do livro. Mas isso não significa que não sejam importantes. Eles estabelecem o fundamento vital da genealogia de Jesus, demonstrando que Ele tem as qualificações messiânicas adequadas (1:1-17). Eles também lançaram as bases para provar que Jesus cumpriu as esperanças, previsões e anseios das Escrituras do Antigo Testamento, por meio de seu nascimento e infância (1:18—2:23). E esses capítulos foram concluídos com sua consagração ao ministério (3:1-17), sua prova para o ministério (4:1-11) e seu lançamento público ao ministério (4:12-25).

Sobre esse forte fundamento, Mateus continua a construir sua argumentação de que Jesus é o Rei, o tão esperado Messias de Israel. Nesta segunda grande seção, que chamei de *Proclamação e Recepção do Rei* (5:1—15:39), seguiremos Jesus enquanto Ele ensina, prega e realiza milagres — tudo isso convida seus ouvintes a colocar sua fé nele como seu Senhor. Ouviremos o famoso Sermão do Monte de Jesus (5:1—7:29), conclamando seus seguidores para uma profundidade de justiça que é inédita em outras religiões. Seremos testemunhas de milagres surpreendentes como nunca ninguém antes tinha visto (8:1—9:38). Seremos cativados pelo ensino das verdades teológicas e práticas dado por "alguém com autoridade" (10:1—12:50; veja 7:29). Com o crescimento da controvérsia e da oposição, veremos Jesus manter seu único foco — ensinar e pregar sobre o reino de Deus, confirmando seu ensino com sinais milagrosos (13:1—15:39).

Junto com o número crescente de discípulos, o Senhor Jesus também ganhará um número cada vez maior de detratores. À medida que Ele prega, eles se agitam. Ao mesmo tempo que Ele cura, eles criam armadilhas. E enquanto Ele demonstra publicamente sua messianidade, eles, privadamente, tramam sua morte. Esses inimigos do evangelho agirão principalmente nas sombras. Enquanto isso, à luz do dia, veremos homens, mulheres e crianças afluírem ao Salvador, recebendo-o alegremente como seu Rei, o Messias tão esperado de Israel.

TERMOS-CHAVE EM MATEUS 5:1—15:39

■ ***dikaiosynē*** **(δικαιοσύνη)** [1343] "retidão", "justiça"

O termo *dikaiosynē* tem numerosas nuances no Novo Testamento. Em sua raiz está o sentido de "retidão" ou "justiça". Em Mateus, o termo "justiça" é usado para enfatizar a manifestação visível de uma disposição correta ou justiça moral refletida nas atitudes e ações (5:6, 10; 6:1). Ao longo deste Evangelho de Mateus, a justiça superficial e humanamente impossível dos fariseus é contrastada com a justiça de Deus (6:33), pela qual devemos "ter fome e sede" (5:6). O apóstolo Paulo usa o termo num sentido mais judicial, uma posição correta diante de Deus como resultado de uma declaração de que a pessoa é justa (Rm 1:17; 3:22; veja também Rm 5:1-21). Essa justiça "procede de Deus e se baseia na fé" (Rm 3:8-11).

■ ***exousia*** **(ἐξουσία)** [1849] "autoridade", "domínio", "jurisdição", "controle"

Aqueles que ouviam o ensino de Jesus se maravilhavam porque ele ensinava "como quem tem autoridade [*exousia*], e não como os mestres da lei" (7:29). Aquele que tem *exousia* tem capacidade irrestrita de agir com base em seu discernimento. Essa autoridade quase sempre implica em poder para fazer valer a própria vontade, um poder delegado por uma autoridade superior ou adquirido por seu próprio direito. No Evangelho de Mateus, a questão sobre "quem tem autoridade?" é primordial, pois Jesus desafia as autoridades religiosas e políticas existentes e afirma — por meio de palavras e atos — que Ele tem autoridade sobre todos os aspectos da vida (veja 9:6), uma autoridade que Ele pode, também, delegar a outros (10:1).

■ ***makarios*** **(μακάριος)** [3107] "abençoado", "bem-aventurado", "privilegiado"

A primeira palavra na tradução grega do livro de Salmos é *makarios*. "Bem-aventurado [*makarios*] o homem que não anda no conselho dos ímpios" (Sl 1:1). O tema da bênção é mencionado ao longo de toda a coleção de canções, com o termo aparecendo vinte e cinco vezes nos Salmos. Ele expressa os benefícios positivos de uma vida de fidelidade. O termo grego originalmente transmitia o sentido de: "o estado feliz dos deuses acima dos sofrimentos e trabalhos terrenos". Mais tarde, passou a significar qualquer condição positiva que uma pessoa experimentasse".[60] Da palavra latina *beatus*, uma tradução de *makarios*, obtemos o termo "Bem-aventuranças" ou "beatitudes", usado para descrever o uso repetido do adjetivo no Sermão do Monte (Mt 5:1-12). Aqui o termo descreve a felicidade transcendente, do tipo que não depende das circunstâncias terrenas nem vacila diante das dificuldades temporais. Uma pessoa "abençoada" possui o que poderíamos chamar de verdadeira alegria.

■ ***parabolē* (παραβολή)** [3850] "parábola", "figura", "comparação ilustrativa"

A palavra *parabolē* tem o sentido básico de "colocar ao lado", demonstrando a ideia de que dois conceitos, histórias, ou ideias são colocados um ao lado do outro para estabelecer comparações.[61] No ensino, as parábolas frequentemente usam imagens cotidianas e cenários familiares aos ouvintes e se destinam a ilustrar grandes verdades espirituais ou morais. Assim, quaisquer detalhes incidentais destinam-se a tornar a história vívida, e não a comunicar verdades detalhadas e ocultas. Jesus usou parábolas tanto para revelar a verdade a seus seguidores como para ocultá-la daqueles que são espiritualmente cegos (13:10-17).

Ingredientes para uma alegria duradoura e contagiante

MATEUS 5:1-16

Dos milhões de sermões que têm sido pregados através dos séculos, nenhum é mais famoso, eficaz ou duradouro do que aquele que Jesus proferiu logo após o início de seu ministério. Nós o conhecemos como o Sermão do Monte. Embora Jesus tenha pregado esse sermão na primeira metade do primeiro século, ele permanece atemporal, relevante e prático mesmo no século 21.

Através de palavras, Jesus — com penetrante discernimento — expôs o frágil verniz de toda a justiça própria prevalecente em sua época, e em nossos dias. Ele explicou a essência da verdadeira justiça, que conduz a uma profunda alegria. Entretecendo fios do Antigo Testamento nesta roupagem da verdade, o herdeiro do trono de Davi estabeleceu princípios que jamais devem ser ignorados pelos súditos de seu reino. No entanto, quão poucos realmente abraçam as palavras de Jesus!

Podemos observar e esboçar essas palavras, analisá-las e interpretá-las, admirá-las e citá-las, até mesmo emoldurá-las e construir igrejas para comemorá-las! Mas raramente as aplicamos com seriedade e as obedecemos verdadeiramente. Por causa disso, não percebemos de modo completo o seu objetivo. Jesus pregou esse sermão para provocar uma mudança de vida permanente, e sua preocupação era (e ainda é) que vivamos em contraste com o sistema do mundo. Ele deseja que seus seguidores sejam como Ele na essência do coração — uma minoria divina que vive de maneira diferente do restante do mundo.

Talvez a parte mais conhecida dessa mensagem registrada em Mateus 5—7 seja o conjunto de declarações usadas em sua abertura, conhecidas como as Bem-aventuranças (5:1-12).

5:1-2

Os milagres de Jesus reuniram multidões procedentes das regiões da Galileia, Síria, Decápolis, Jerusalém, Judeia e até mesmo além do Jordão (4:23-25). Um grupo tão grande teria representado não apenas diversas origens e crenças, mas também diferentes experiências de vida, distintas lutas e variados níveis de compromisso com as coisas espirituais. Além das diferenças regionais, o público de Jesus era composto de jovens e idosos, homens e mulheres, abastados e pobres, religiosos e rebeldes. Com um grupo tão diverso de pessoas, o que Jesus haveria de pregar? Que lições Ele poderia ensinar que atendessem às necessidades de todos eles, juntos, e de cada um, individualmente? *Os fundamentos da vida.* Esses princípios essenciais transcenderiam a língua, a cultura, o gênero, a idade e a classe social.

Mateus nos diz que, em face de uma multidão tão grande que o seguia, Jesus levou o povo a subir um monte. A palavra grega para esse relevo, (*oros* [3735]), também poderia ser traduzida como "colina", de modo que pode não ter implicado uma escalada de subida considerável. O objetivo era proporcionar a Jesus um lugar elevado a partir do qual poderia pregar para que as centenas — talvez até milhares — de pessoas presentes pudessem ouvir melhor. Se você viajasse para Israel hoje, provavelmente visitaria o local tradicional indicado como o monte das Bem-aventuranças na costa norte do mar da Galileia, não muito longe de Cafarnaum. Você sentiria a brisa fresca subindo do lago, sentiria o cheiro das flores que estavam desabrochando e cogitaria em como poderia ter sido aquele dia em que Jesus se assentou na beirada daquele cume e encontrou aquela multidão reunida. O monte e a inclinação correspondente formavam um teatro natural que poderia levar a voz de Cristo até os ouvidos e o coração de seus ouvintes.

O grupo dos "discípulos" (5:1) que tinha vindo até Ele para ouvir a mensagem incluía muito mais do que apenas o círculo mais íntimo de Jesus, como Pedro, Tiago, João, André e outros selecionados. Isto fica evidenciado no final do sermão, onde Mateus relata: "Quando Jesus acabou de dizer essas coisas, as multidões estavam maravilhadas com o seu ensino" (7:28).

O conteúdo da primeira parte de seu ensino é tradicionalmente chamado de *Bem-aventuranças*, que deriva da palavra latina *beatus*, isto é, "abençoado". Poderíamos definir o termo como "um contentamento interior ou uma alegria permanente que não é afetada por circunstâncias exteriores". As Bem-aventuranças são pronunciamentos, não possibilidades. São declarações de celebração, como os salmos de adoração ou partes da Literatura da Sabedoria, não se tratando de mandamentos, como a lei de Moisés que foi pronunciada no monte Sinai.

Entretanto, um comentarista observa: "As Bem-aventuranças, longe de serem passivas ou suaves, são um desafio lançado aos padrões aceitos pelo mundo".[62] Os fundamentos éticos das Bem-aventuranças são essencialmente os que pertencem ao futuro reino de Cristo — porém, vividos no presente tempo da igreja por seu povo. Quando colocarmos em prática os valores e virtudes do reino vindouro antes do retorno de Cristo, o mundo ficará atônito com o contraste e se mostrará insaciavelmente curioso. Isso vai impressionar a mente de muitos! Quando os cristãos se empenharem em viver os princípios do reino num mundo depravado, o caráter de Cristo será revelado através dos pecadores crentes, transformados pelo Espírito Santo.

Vamos examinar brevemente cada uma das oito Bem-aventuranças (5:3-12) e ver como elas se aplicam a nós hoje. Uma vez feito isto, veremos o efeito que a vida cristã do reino terá sobre o mundo ao nosso redor quando a praticarmos (5:13-16).

Fallaner/Wikimedia

O local tradicional do Sermão do Monte provê muito espaço para milhares de pessoas ouvirem a mensagem pregada a partir do topo.

5:3-12

Bem-aventurados os pobres em espírito, pois deles é o Reino dos céus (Mt 5:3). A primeira bem-aventurança não se refere aos que são pobres do ponto de vista material, mas aos "pobres em espírito" — aqueles que se dão conta de sua total incapacidade e falta de mérito espiritual. A única resposta a esse entendimento é a total dependência do Senhor Deus para obtenção das riquezas espirituais. Orgulho, arrogância e altivez são banidos da vida de verdadeira felicidade, contentamento e alegria. Essa é a atitude expressa no grande hino de Augustus Toplady, "Rocha Eterna" [tradução livre do inglês]:

> Nada eu trago em minha mão,
> Simplesmente me apego à cruz;
> Despido eu venho a Ti para me vestir;
> Impotente, venho a Ti para receber graça;
> Sujo, eu corro para a fonte;
> Lava-me, Senhor, ou eu morrerei.[63]

Ao desistir da tola agenda de construir nossos próprios reinos sujos aqui na Terra, nós realmente participamos da agenda do reino de Cristo. Servimos sob seu governo soberano, permitindo que Ele dirija nossos passos enquanto Ele recebe a glória que merece.

Bem-aventurados os que choram, pois serão consolados (Mt 5:4). A palavra grega para "chorar" é *pentheō* [3996]. Refere-se a um lamento apaixonado ou à angústia sentida por causa de algum evento, condição ou circunstância dolorosa, como a morte (veja Mc 16:10).[64] Os crentes que estão em uma relação correta com Deus irão chorar pelos erros de nosso mundo e se entristecer pelo poder destrutivo do pecado (veja Rm 7:24). Isto não significa que Deus nos chama para viver numa permanente depressão ou num constante lamento. Como Eclesiastes sabiamente afirma: "Para tudo há uma ocasião certa [...] tempo de chorar e tempo de rir, tempo de prantear e tempo de dançar" (Ec 3:1, 4). O que Jesus está dizendo é que quando choramos pelos infortúnios e erros deste mundo, podemos ter o conforto aqui e agora de que um dia esses erros serão corrigidos, a própria morte será atingida com um golpe final, e Deus enxugará cada lágrima de nossos olhos (Ap 21:4).

Bem-aventurados os humildes, pois eles receberão a terra por herança (Mt 5:5). O mundo oferece algumas descrições pouco lisonjeiras para a pessoa gentil ou mansa, tais como: chorão, capacho, fraco, sem espinha dorsal, amarelão, molenga. Mas o termo bíblico empregado aqui, *praus* [4239], significa: "não se impressionar demais com a própria importância, *gentil, humilde, atencioso*".[65] A mesma palavra é usada na versão grega do Antigo Testamento para descrever uma característica de Moisés (Nm 12:3) — dificilmente alguém que imaginaríamos em constante estado de subserviência diante dos que o rodeavam. A mansidão não implica em fraqueza, porém força sob controle. Aqueles que mantêm sua raiva sob domínio, que não ostentam seu poder nem reivindicam constantemente seus direitos, que colocam os interesses dos outros à frente dos seus — esses são os que "receberão a terra por herança" (Mt 5:5). No futuro, eles serão coerdeiros de Cristo, governando com Ele no reino (Rm 8:16-17; 2Tm 2:12). Porém, mesmo no presente, Deus pode colocá-los em posições de influência, sabendo que pode confiar neles para manejar a autoridade com integridade e humildade.

Bem-aventurados os que têm fome e sede de justiça, pois serão satisfeitos (Mt 5:6). Os verdadeiros discípulos de Cristo têm um apetite insaciável pela verdade espiritual e por uma vida de santidade. A "justiça" aqui é tanto posicional — ter um relacionamento correto com Deus pela graça por meio da fé — como prática — viver esse relacionamento correto em nossos justos atos de amor para com Deus e para com os outros. Jesus está se referindo a um desejo apaixonado de conhecer o Senhor e andar intimamente com Ele. Quando temos esse desejo, sempre iremos querer mais de sua Palavra, devorando-a, digerindo-a e pondo-a em prática. Sempre vamos querer beber mais profundamente da fonte da verdade, deixando-a fluir para dentro de nós, por meio de nós e para fora de nós, oferecendo refrigério à vida dos outros. Tal desejo de justiça tem sua própria recompensa, e o fruto da justiça é uma consciência limpa, um amor mais profundo por Deus e pelos outros, e uma vida livre de medo, arrependimento e vergonha.

Bem-aventurados os misericordiosos, pois obterão misericórdia (Mt 5:7). Os "misericordiosos" são aqueles cujo coração é comovido pelos necessitados, tendo o desejo de intervir e ajudar no alívio de sua dor. Esse tipo de misericórdia vai além do sentimento de apenas sentir pena das pessoas, ter piedade ou compaixão. Pode começar com tais emoções, mas não termina aí. A pessoa misericordiosa tem empatia para com aqueles que sofrem e depois realmente *faz algo* para ajudar. Tiago 2:15-16 diz: "Se um irmão ou irmã estiver necessitando de roupas e do alimento de cada dia e um de vocês lhe disser: 'Vá em paz, aqueça-se e alimente-se até satisfazer-se', sem, porém, lhe dar nada, de que adianta isso?" Da mesma forma, 1João 3:17 adverte: "Se alguém tiver recursos materiais e, vendo seu irmão em necessidade, não se compadecer dele, como pode permanecer nele o amor de Deus?" Os efeitos de um estilo de vida de misericórdia são tanto futuros (celestiais) como presentes (terrestres). À luz do fato de que Deus teve misericórdia de nós e, no futuro, nos mostrará misericórdia através de Cristo (Jd 1:21), somos chamados a mostrar misericórdia para com os outros; e quando praticarmos atos de misericórdia, outros mostrarão misericórdia para conosco.

Bem-aventurados os puros de coração, pois verão Deus (Mt 5:8). Ser "puro de coração" provavelmente se refere a ter uma consciência limpa ou uma mente sincera (veja 2Tm 2:22; Tt 1:15; Hb 10:22). Tais pessoas são honestas, dignas de confiança, fiéis e leais. A mentira e o engano estão longe delas. Elas não precisam viver preocupadas com o risco de suas pequenas "mentiras brancas" serem descobertas, pois mantêm a integridade das ações mesmo quando ninguém está olhando. Os puros de coração verão a Deus. Mais uma vez, como as demais bem-aventuranças, isso é verdade tanto em relação ao futuro como ao presente. A verdadeira pureza de coração, que só está disponível através da salvação que é obtida por meio de Cristo, nos garante um lugar no céu diante da presença fantástica de Deus. Mas os puros de coração também testemunharão sobre Deus atuando aqui e agora, sentindo sua presença mesmo em meio às provações e tentações presentes.

Bem-aventurados os pacificadores, pois serão chamados filhos de Deus (Mt 5:9). Aqueles que promovem a paz aliviam as tensões e não alimentam o fogo da discórdia. Um pacificador busca soluções para argumentos e debates. Um pacificador trabalha duro para evitar que as ofensas se transformem em relacionamentos quebrados. As palavras de um pacificador geram luz, porém, não produzem calor. Provérbios 15:1 diz: "A resposta calma desvia a fúria, mas a palavra ríspida desperta a ira". É importante notar, todavia, que ser um pacificador não equivale a se tornar uma pessoa passiva que se deita como um capacho e deixa as pessoas pisarem nela. O tipo de pacificação aqui referida é *ativa* e não *passiva*. Os pacificadores estão empenhados em um ministério de reconciliação e restauração, entrando em águas turvas para ajudar a trazer calma. Dessa forma, eles modelam nesta vida o ministério de Jesus, o Filho de Deus, que veio pregar a paz e a reconciliação para aqueles que estão dispostos a ouvir.

Bem-aventurados os perseguidos por causa da justiça, pois deles é o Reino dos céus. Bem-aventurados serão vocês quando, por minha causa, os insultarem, os perseguirem e levantarem todo tipo de calúnia contra vocês. Alegrem-se e regozijem-se, porque grande é a sua recompensa nos céus, pois da mesma forma perseguiram os profetas que viveram antes de vocês (Mt 5:10-12). Alguns comentaristas consideram as declarações de 5:10-11 como a oitava e a nona bem-aventuranças, mas eu entendo 5:11-12 como uma expansão da bem-aventurança de 5:10, referente à perseguição. Essas declarações oferecem uma conclusão surpreendente para as sete bem-aventuranças anteriores, e a associação entre perseguição e alegria parece contraditória. É por isso que, nesse caso, Jesus usa mais algumas palavras de explicação, ao invés de apenas declarar o princípio.

Em 5:10 Jesus se refere àqueles que são perseguidos e hostilizados por viverem uma vida de acordo com os padrões éticos de Deus e por promoverem essas verdades morais em seus ensinos e pregações. Embora os reinos do mundo se cansem da justiça e procurem rotulá-la como estreita, ultrapassada, fanática e até mesmo odiosa, Cristo nos assegura que o reino dos céus pertence aos justos. Isto é, Deus está do lado *deles*, mesmo quando o mundo não está.

Então, em 5:11-12, Jesus se concentra na perseguição que ocorre contra os crentes simplesmente pelo fato de serem cristãos. Pessoas com diferentes crenças religiosas podem, às vezes, ser hostis ao cristianismo. Esse era o caso no primeiro século, e continua a ser ainda hoje. As pessoas podem insultar, caluniar e perseguir os cristãos, não por qualquer ato errado que tenham praticado, mas simplesmente porque são cristãos. Em algumas partes do mundo de hoje, ouvimos falar de perseguição oficial, patrocinada pelo governo, aos cristãos — especialmente àqueles que proclamam abertamente o evangelho de Cristo. Acrescente-se a isso a perseguição social e religiosa não oficial que ocorre em muitas culturas não cristãs e pós-cristãs, e a situação parece insuportável.

No entanto, Jesus encoraja aqueles que estão sofrendo tais perseguições: "Alegrem-se e regozijem-se" (5:12). Por quê? Porque, historicamente, os perseguidos pertencem a um grupo nobre — já que os próprios profetas de outrora foram perseguidos pelos ímpios. E, finalmente, uma grande recompensa celestial aguarda aqueles que sofrem perseguições nesta vida.

5:13-16

Quando os discípulos de Jesus Cristo viverem os surpreendentes princípios contraculturais das Bem-aventuranças, as pessoas no mundo irão notar. Os pobres de espírito demonstrarão aos outros a necessidade da graça que só Cristo pode oferecer. Aqueles que são consolados pelo Espírito, quando choram, irão captar a atenção daqueles que choram sem esperança (veja 1Ts 4:13). Por causa de seus atos de compaixão para com os necessitados, os misericordiosos atrairão as pessoas para si mesmos e as apontarão para o Deus da misericórdia. Os pacificadores serão procurados por aqueles que estão cansados de se envolverem em conflitos constantes. E de muitas outras maneiras, os cristãos engajados na vida do reino, como descrito nas Bem-aventuranças, influenciarão as opiniões dos outros, estimularão suas decisões e incentivarão suas ações em uma direção positiva. Esse tipo de influência ocorre sem coerção, força ou comando. Acontece através do exemplo. A influência que podemos exercer não acontece por estarmos conformados com o mundo ao nosso redor, mas por sermos diferentes do mundo que nos rodeia.

Em Mateus 5:13-16, Jesus usa duas metáforas para descrever como os cristãos atuam no mundo quando eles vivem os princípios das Bem-aventuranças. Essas metáforas são o sal (5:13) e a luz (5:14-16). Por que essas metáforas são mencionadas em particular? Primeiro, Jesus usa a metáfora do sal porque suas propriedades e sua utilidade proporcionam uma excelente analogia. O sal acrescenta sabor aos alimentos, ao mesmo tempo em que também serve como conservante, impedindo, por exemplo, que a carne se estrague. Além disso, quando as pessoas consomem sal, elas ficam com sede. Finalmente, o sal pode servir como uma espécie de detergente, tornando as coisas limpas. Penso que todas essas ideias estão por trás da descrição de Cristo acerca dos crentes que vivem no reino como "sal da terra" (5:13). Se nos permitirmos ser cristãos diluídos, insípidos, sem sabor, semelhantes ao mundo que nos cerca, perderemos nosso testemunho e, portanto, nossa capacidade de dar sentido à vida das pessoas. Nós nos tornaremos ineficazes em frear o declínio moral nas famílias e comunidades, em criar uma sede por coisas espirituais e em agir como um agente de limpeza para aqueles que buscam iniciar nova vida em Cristo.

Em segundo lugar, Jesus usa a metáfora da luz porque o mundo está cheio de trevas. Imoralidade, incredulidade, corrupção, violência, dor e morte nos engolem. Quando os crentes demonstram a vida do reino, conforme a descrição das Bem-aventuranças, sua luz dissipa as trevas. Eles são como a luz de uma cidade colocada sobre uma colina — pessoas que vivem a quilômetros de distância, que habitam na escuridão profunda, terão um farol de esperança para onde podem se dirigir (5:14). Quando a luz da vida cristã faz o que deve fazer, ela não pode ser escondida ou extinta; em lugar de se esconder, ela se eleva, brilha claramente e é compartilhada com os outros (5:15).

Jesus termina as analogias com uma admoestação: "Assim brilhe a luz de vocês" (5:16). Quando deixarmos que nossa vida reflita a glória de Deus e seu reino vindouro, mais pessoas na escuridão ao nosso redor verão nossas boas obras e glorificarão a Deus Pai — talvez até se convertendo e entregando sua própria vida a Cristo. Elas observarão como reagimos às pressões e provações e vão querer viver esse mesmo tipo de segurança. Elas verão como tratamos os outros com amor, dignidade e respeito e desejarão ter o poder de fazer o mesmo. Verão a misericórdia e a promoção da paz exemplificadas em nossa vida e se sentirão atraídas pelo Príncipe da Paz, que pode mostrar misericórdia até mesmo para os corações mais endurecidos.

APLICAÇÃO

Mateus 5:1-16

VIVENDO AS PRÓPRIAS BEM-AVENTURANÇAS

Não queremos ser aquelas pessoas cujo sal perdeu sua capacidade de salgar — e, portanto, a capacidade de influenciarmos positivamente todos os que estão ao nosso redor para o reino de Deus. E não queremos apagar nossa luz ou extinguir a chama do nosso testemunho, impedindo que as pessoas vejam a vida do reino. Ao contrário, queremos espalhar o sal e fazer brilhar a luz, mas evitando os extremos de excesso de sal, com atitudes do tipo "somos mais santos do que vocês", ou de excesso de brilho, de modo a ofuscar as pessoas e levá-las a se afastarem da verdade, em vez de convidá-las a participar da calorosa luz do evangelho.

Como, todavia, podemos tornar as Bem-aventuranças parte de nossa vida diária? De que forma poderíamos, como pecadores salvos pela graça, estar à altura do elevado chamado descrito nessas oito declarações desafiadoras? Deixe-me dar duas sugestões de como podemos "cumprir" as Bem-aventuranças.

Primeiro, *procure aplicar uma bem-aventurança a cada dia.* Basta dar passos curtos, fazer pequenos avanços. Não tente criar malabarismos aplicando todas as Bem-aventuranças de uma só vez. Medite numa delas a cada dia. Na segunda-feira, concentre-se no que significa ser "pobre em espírito" — ter total dependência de Deus. Na terça-feira, trabalhe no sentido de lamentar sua condição pecaminosa, e considere com gratidão o perdão de Cristo. Na quarta-feira, pense em como você pode manter a doçura e mansidão em todas as suas interações pessoais. Faça isso todos os dias da semana, buscando constantemente a prática das oito bem-aventuranças, dia após dia, ao longo de pelo menos um mês. Ao final dos 30 dias, veja como isso afetou sua caminhada diária com Cristo e seu testemunho para os outros; depois, comprometa-se a continuar.

Em segundo lugar, *preste mais atenção ao contraste entre o sistema do mundo e o ensino de Cristo*. Coloque para funcionar seu radar de discernimento quando assistir à TV, navegar na internet e nas mídias sociais, ou acompanhar o noticiário. Preste atenção às ações opostas às Bem-aventuranças que, de forma tão infiltrada, enchem este mundo. Imagine como seria se todos vivessem sua vida de maneira completamente oposta às Bem-aventuranças. Então decida, a cada dia, em que tipo de mundo você quer viver: o tipo de mundo que é uma antecipação do reino vindouro, no qual as pessoas vivem como sal e luz, de acordo com os ideais desse reino, ou o tipo de mundo onde a vida é pusilânime e cai em decadência rapidamente, em que as pessoas estão indo para a escuridão do crepúsculo, não tendo luz no seu horizonte?

Você pode fazer a diferença. Não negligencie nenhuma chance de fazer isso.

Verdadeira justiça

MATEUS 5:17-48

Ninguém falou mais claramente do que Jesus. Sem qualquer tentativa de exibir sua sabedoria ou de demonstrar seu papel, Ele andava calmamente por entre as fileiras da humanidade e explicava com confiança a verdade como ninguém mais fez, antes ou depois dele. Que coragem isso exigiu em uma cultura religiosa que anunciava as tradições humanas como a verdade de Deus!

Durante longos anos, a aristocracia religiosa havia ensinado conhecimentos errôneos. Com uma autoridade que ninguém questionava, esses líderes religiosos distorciam o significado da Sagrada Escritura, ofereciam interpretações simplesmente erradas e exigiam uma obediência que era francamente impossível. Não satisfeitos em apenas deixar a Palavra de Deus falar por si mesma, eles acrescentaram regras aos mandamentos de Deus e exigiram que todos obedecessem às suas adições sem hesitação. Quando Jesus se assentou e pregou seu famoso Sermão do Monte, os queixos devem ter caído enquanto o auditório ouvia uma interpretação totalmente diferente, apresentada numa forma de comunicação inteiramente distinta.

Com ousadia e clareza, Ele explicava verdades cruciais de tal forma que qualquer um poderia compreender o significado. Seus ensinos eram ao mesmo tempo perspicazes e convincentes. Eles se mostravam em nítido contraste com as instruções religiosas tradicionais que as pessoas haviam recebido ao longo de sua vida. E assim como essas verdades foram impactantes para o público original de Jesus, elas têm importância imensa para nós hoje.

5:17-20

No primeiro século, aqueles que liam, interpretavam e aplicavam a Palavra de Deus nas sinagogas eram os escribas e fariseus, ou seja, os líderes da elite religiosa. O povo judeu era criado nas sinagogas, participava do culto no templo e aprendia a Lei do Antigo Testamento com professores e estudiosos mergulhados na religião tradicional. O papel do leigo comum era simplesmente acreditar no que os professores oficiais ensinavam e lhes obedecer. Eles não tinham oportunidade ou autoridade para questionar esses conceitos, duvidar deles ou desafiá-los.

Mas quando Jesus entrou em cena, começou a esclarecer as coisas. Ele não veio para jogar fora a Lei e os Profetas em si! Afinal, as Escrituras do Antigo Testamento eram a própria Palavra de Deus na forma escrita — inspiradas e inerrantes, verdadeiras em tudo o que afirmavam. O problema não estava com a Lei e os Profetas, mas com a interpretação e aplicação errônea deles.

Os críticos se sentiram ameaçados pelo ensino ousado e autoritativo de Jesus. A própria posição elevada deles, na sociedade, estava sob ataque e por isso, é claro, eles olhavam para o Mestre com desprezo. A interpretação da Bíblia dada por Jesus diferia do ensino deles, e pelo fato de presumirem que a posição deles estava correta, colocaram as palavras de Jesus *contra* a Bíblia e tentaram acusá-lo de infidelidade às Escrituras. Eles queriam rotulá-lo como um herege!

Jesus deixou claro que Ele não veio para "abolir a Lei ou os Profetas" (5:17). De fato, caso alguém pudesse imaginar que Jesus teria sido permissivo em relação à Sagrada Escritura, Ele afirmou que nem mesmo a "menor letra ou traço" da Lei poderia ser abolido (5:18). Os termos usados em 5:18 destacam a precisão e a perfeição da Palavra inspirada. Literalmente, o texto diz: "nem um iota (traduzido na ARA como "i") ou um chifre" (traduzido na ARA como "til"). O *iota* (ι) era a menor vogal grega, às vezes até mesmo localizada abaixo de outra letra. O "chifre" provavelmente se referia a um pequeno marco como um gancho ou apêndice que distinguia uma letra da outra, como no caso das letras hebraicas *yod* (י) e *waw* (ו), ou *daleth* (ד) e *resh* (ר).[66] Além disso, usando um jogo de palavras, Jesus advertiu que qualquer professor que anulasse até mesmo um dos "menores" dos mandamentos seria "o menor" no reino de Deus. Ao contrário, "quem guardar e ensinar" os mandamentos será "grande" (5:19). Claramente, ninguém poderia acusar Jesus de ter pouca consideração pela inspiração, inerrância e exatidão das Escrituras!

Assim, em vez de colocar de lado, rejeitar ou substituir a Palavra de Deus, Jesus veio para "cumprir" e "confirmar" (5:17-18). O próprio

Jesus cumpriria a Palavra de Deus de forma doutrinária, ética, profética e pessoal. Ele haveria de viver suas leis e interpretaria suas palavras como Deus originalmente pretendia. Ele cumpriria suas profecias e promessas, como tinha sido predito.

Como o há muito esperado Rei de Israel, Jesus era, por definição, *o maior* no reino de Deus. Portanto, Ele guardaria e ensinaria os mandamentos com pureza e perfeição. No entanto, Ele *não* cumpriria as regras humanas criadas pelos fariseus nem apoiaria as falsas interpretações dos escribas. Sua justiça seria autêntica, não como a justiça falsa e exterior dos escribas e fariseus de sua época. Qual a diferença? John Stott coloca as coisas desta maneira: "A justiça cristã é maior do que a justiça farisaica porque é mais profunda, sendo uma justiça do coração"... Os fariseus estavam contentes com uma obediência externa e formal, uma conformidade rígida com a letra da lei... A justiça que lhe agrada é uma justiça interior da mente e da motivação".[67]

No restante do capítulo 5, Mateus relata seis exemplos da "justiça mais profunda" que Jesus espera daqueles que verdadeiramente o conhecem como Senhor, que o amam e lhe obedecem com verdadeiro coração. Esses exemplos refletem tópicos que muitas vezes provocaram discussões controversas na época de Jesus.

- Assassinato (5:21-26)
- Adultério (5:27-30)
- Divórcio (5:31-32)
- Juramentos (5:33-37)
- Retaliação (5:38-42)
- Amor (5:43-48)

Para cada um desses seis tópicos, Jesus usou um padrão repetido: "Vocês ouviram" (o ensino dos rabinos com o qual seus ouvintes estavam familiarizados) ..., "mas eu digo a vocês" (a correta interpretação ou aplicação da verdade bíblica). Com esse recurso retórico rítmico, Jesus atingiu o próprio cerne abaixo do verniz humano criado pelas autoridades religiosas de sua época. Ao mesmo tempo, Ele deslocou a ênfase da conformidade meramente externa, observável, para uma transformação interna.

5:21-26

Assassinato. O ato exterior é simples de entender — tirar injustamente a vida de outro. Esse ato é condenado em um dos Dez Mandamentos (Êx 20:13), que Jesus cita em Mateus 5:21, acrescentando uma alusão à justiça exigida pelos tribunais que foram estabelecidos em Israel para um "julgamento justo" (Dt 16:18). As chances são boas de que nem uma única alma entre os ouvintes de Jesus teria sido levada aos tribunais da aldeia para ser julgada por assassinato. Portanto, eles provavelmente estavam se sentindo muito bem consigo mesmos.

Mas naquele momento o Messias os pegou desprevenidos com esta declaração: "Mas eu digo a vocês" (Mt 5:22). Ele mudou o foco do ato exterior, que nenhum deles havia cometido, para a atitude interior que era algo mais profundo — a verdadeira *causa* da reação em cadeia de atitudes, pensamentos, emoções e ações que levam as pessoas a cometer um assassinato. Você já ficou zangado com seu irmão? Você pode ser considerado inocente diante do magistrado da cidade, mas é culpado diante do tribunal de Deus. Alguma vez chamou seu irmão de inútil ou tolo? Você é culpado diante da banca divina da justiça perfeita e está sujeito ao fogo eterno! Você já assassinou essa pessoa em seu coração ou matou alguém com sua língua. Embora nenhuma ferida física seja visível, as próprias palavras deixam uma marca na mente e nas emoções. Em contraste com a raiva e as palavras venenosas que prejudicam as relações e podem até levar ao rancor, à violência e, por fim, ao assassinato, Jesus oferece um antídoto: a *reconciliação*. Quando nos encontramos envolvidos no culto ao Senhor, devemos aproveitar essa oportunidade para refletir sobre as relações que temos com os outros. E se reconhecermos que estamos abrigando sentimentos amargos em relação a outra pessoa ou que tivemos uma desavença ou disputa com alguém, devemos buscar a reconciliação imediatamente (5:23-24).

Naquele momento, os ouvintes de Jesus já estavam possivelmente sentindo-se um pouco desconfortáveis. Quem já não teve algumas relações difíceis com seus irmãos ou irmãs de sangue, ou espirituais? No entanto, o que Jesus disse fazia sentido. Tenho certeza de que, em poucos minutos, Ele podia ver centenas de pessoas que acenavam com a cabeça, ponderando como fariam as pazes com seus companheiros mais próximos. Mas então Jesus levou a admoestação a um nível mais profundo — da reconciliação com um irmão à reconciliação com um adversário! Dessa vez, o contexto da ilustração não é o de dirigir-se para o culto, mas de encaminhar-se para o tribunal a fim de resolver uma dívida ou ação judicial (5:25). Jesus exortou seus ouvintes a manter uma atitude de reconciliação, mesmo em disputas legais. Eles deveriam ser pacificadores, estar ansiosos para chegar a um acordo. A verdade é que a decisão de um tribunal nem sempre é do jeito que você espera— você pode acabar perdendo a causa, e, se abrigar a amargura e desejo de vingança, acabará perdendo tudo (5:26)!

Aqui Jesus aplica a situações muito concretas os princípios das Bem-aventuranças — especialmente os que envolvem misericórdia e pacificação. A verdade básica da profunda mensagem de Jesus de que o assassinato inclui o ódio e a busca da vingança é simples. Não podemos estar em ordem com Deus se não estivermos em ordem com os outros; ou, para reverter a frase, nossos relacionamentos com os outros têm um impacto em nosso relacionamento com Deus.

5:27-30

Adultério. Novamente Jesus apresentou aos ouvintes um dos grandes mandamentos que começa com um “Não”. (veja 5:27). À semelhança de muitos dentre os nascidos e criados nos lares cristãos de hoje, os judeus do primeiro século tinham ouvido repetidas vezes: “Não cometerás adultério” (Êx 20:14). Embora cometer adultério seja mais comum do que cometer um assassinato, ainda é uma dessas grandes infrações que muitos leitores de Mateus 5 acreditam que podem riscar de suas listas de pecados [...] até que chega a expressão de Jesus: “mas eu digo” (5:28). Em sua leitura profunda da ordem, Jesus disse que olhar com lascívia para alguém que não é seu cônjuge é o mesmo que cometer adultério em seu coração. Para sublinhar a seriedade com que devemos encarar isto, Jesus empregou uma figura de linguagem chamada *hipérbole* — uma linguagem obviamente exagerada com o objetivo de causar um impacto emocional nos ouvintes e gravar profundamente o princípio em seu coração e mente. Jesus disse para você arrancar o olho se não consegue controlar o olhar lascivo, ou cortar a mão se não consegue dominá-la. Assim, ser mutilado nesta vida é melhor do que ser arrastado para a condenação na próxima (5:29-30).

PASSAGENS BÍBLICAS SOBRE CASAMENTO, DIVÓRCIO E NOVO CASAMENTO

Gênesis 2:18-25
Deuteronômio 24:1-4
Malaquias 2:13-16
Mateus 5:27-32
Mateus 19:3-12
1Coríntios 7:1-16
Efésios 5:22-33
1Pedro 3:1-7

Quero agora fazer algumas declarações esclarecedoras a respeito do ensino de Jesus aqui. Primeiro, Ele não deu a menor sugestão de que as relações sexuais naturais, dentro do casamento, entre um homem e uma mulher, não sejam dadas por Deus e adequadas. Jesus estava falando não sobre as relações sexuais entre marido e mulher, mas sobre intimidade ilícita entre duas pessoas que não são casadas.

Em segundo lugar, seu ensino tem a ver com todas as formas de imoralidade sexual, não apenas com o exemplo específico que Ele usou para ilustrar o princípio mais profundo. Sim, Ele se referia a um homem olhando com lascívia para uma mulher, mas Ele poderia ter usado um exemplo diferente.

Terceiro, Jesus não estava defendendo a automutilação literal como uma solução para a cobiça sexual. No entanto, a figura de linguagem aponta para um autocontrole moral severo e intransigente e a renúncia a si mesmo. A lascívia entra através dos olhos e envia uma mensagem para a mente, onde a imaginação toma conta. Portanto, não devemos olhar para coisas que sabemos serem traiçoeiras, como imagens pornográficas, e não devemos encarar as pessoas como se elas fossem meros objetos de atração física. Deveríamos, para interpretar a figura de linguagem de Jesus, ser "cegos" para elas! Da mesma forma, por meio do ato de tocar, a lascívia é estimulada. Se suas mãos vão aonde não devem, então você acendeu sua imaginação e derramou gasolina sobre o fogo. Guarde suas mãos para si mesmo!

5:31-32

Divórcio. Provavelmente não há dois versículos em Mateus 5 que tenham sido mais debatidos, comentados, interpretados, reinterpretados, colocados em evidência, lamentados e discutidos do que a breve declaração sobre o divórcio em 5:31-32. Deuteronômio 24:1-4 inclui os princípios e procedimentos adequados para lidar com um divórcio quando um marido encontra alguma "indecência" em sua esposa (Dt 24:1). Mas as opiniões a respeito do que a Lei queria dizer com "indecência" divergiram em duas direções opostas nos dias de Jesus. Uma escola conservadora de pensamento, seguindo o rabino Shamai, restringiu essa linguagem para incluir apenas a imoralidade sexual comprovada por testemunhas. No entanto, a escola mais liberal do rabino Hillel entendia o ato de "indecência" incluindo qualquer coisa que desagradasse o marido, até mesmo um jantar queimado.[68] Josefo, o historiador judeu do primeiro século, resumiu essa visão liberal de sua época. "Aquele que deseja se divorciar de sua esposa por qualquer motivo (e muitas dessas causas acontecem entre os homens), dê uma garantia por escrito de que nunca mais a usará como esposa".[69]

Jesus se afastou claramente dessa aplicação liberal, permissiva e injusta do divórcio. Aqueles que se divorciarem "exceto por imoralidade sexual" — infidelidade sexual — estariam se divorciando ilegalmente e, portanto, seriam culpados de adultério caso se casassem com outra pessoa. Jesus acreditava decididamente na fidelidade conjugal e se opunha a uma abordagem leviana e casual do divórcio, o qual Deus odeia (Ml 2:16). Entretanto, embora o divórcio nunca tivesse sido ordenado (Deus sempre prefere a reconciliação), era uma concessão divina na Lei, permitida sob certas circunstâncias. Nesta passagem, Jesus não se envolveu em todos os vários cenários e exceções. (Abordaremos esse tópico de forma muito mais direta e profunda em nossa discussão de Mateus 19:1-12.)[70]

5:33-37

Juramentos. Se os rabinos na época de Jesus eram frouxos e liberais quanto ao divórcio, imagine como eram permissivos quando se tratava de fazer votos para selar a importância de suas palavras. Um juramento era uma promessa pura e simples. Mas não era apenas um tipo de promessa como: "Vejo você no mercado daqui a pouco". Era específico, intencional, claro e solene, do tipo: "Prometo que estarei no mercado na sexta hora para entregar as três ovelhas que você comprou". Jesus enfatizou a importância de mantermos nossos votos. Ele primeiro parafraseou Levítico 19:12, depois excluiu a prática do primeiro século de fazer juramento de formas elaboradas.

Aparentemente, as pessoas tinham se tornado pouco confiáveis em suas promessas e despreocupadas em realmente cumprir os compromissos. Para que outros levassem a sério suas promessas, as pessoas tinham que jurar pelo céu, pela terra, por Jerusalém, ou por sua própria vida, de uma forma quase supersticiosa (veja Mateus 5:34-36). Mas mesmo nesse tipo de juramento, havia um porém — nenhum deles realmente usava o nome de Deus. Como tal, alguns estavam interpretando que esses juramentos permitiam um pouco de flexibilidade. Se um homem quebrasse um juramento "por Jerusalém", somente Jerusalém seria ofendida, e não Deus. Stan Toussaint coloca isso da seguinte forma: "O conceito judeu de fazer juramentos era baseado em uma interpretação falsa de Levítico 19:12: 'Não jurem falsamente pelo meu nome'. Eles pensavam que qualquer juramento, portanto, que não incluísse o nome de Deus, não era obrigatório. Algumas vezes, esses juramentos chegavam a ser usados como um meio de enganar".[71]

A resposta de Jesus a essa cultura de sutileza e engano foi simples: "Seja o seu 'sim', 'sim', e o seu 'não', 'não'; o que passar disso vem do Maligno" (Mt 5:37). Uma única palavra basta. Quando concordamos em pagar uma dívida, não devemos precisar assinar 30 páginas de contratos; devemos apenas pagá-la. Quando prometemos ser fiéis ao marido ou à esposa, nosso simples "sim" deve servir como um selo permanente de nossa fidelidade. Se dissermos que encontraremos alguém às cinco horas, devemos cumprir nosso compromisso, a menos que circunstâncias incontroláveis o impeçam. Um elaborado "juramento" não é necessário para reforçar a palavra de um cristão que valoriza a verdade e o compromisso. Basta dizer a verdade e cumprir suas promessas!

5:38-42

Retaliação. Todos os ouvintes de Jesus conheciam a lei de retaliação do Antigo Testamento.

Se alguém ferir uma pessoa a ponto de matá-la, será executado. Quem matar um animal fará restituição: vida por vida. Se alguém ferir o próximo, deixando-o defeituoso, assim como fez lhe será feito: fratura por fratura, olho por olho, dente por dente. Assim como feriu o outro, deixando-o defeituoso, assim também será ferido. Quem matar um animal fará restituição, mas quem matar um homem será morto (Lv 24:17-21).

As rodas da justiça giram sobre o princípio da vingança. Entretanto, Deus deu essas diretrizes para governar a justiça civil e penal. Elas impediam que juízes e tribunais impusessem punições excessivas. Elas também serviam como uma forma de dissuasão aos atos criminosos porque as pessoas podiam ter certeza de que, em tal sistema de justiça, o que elas faziam aos outros voltaria sobre elas em igual medida.

Essa lei de retribuição não se destinava a reger as relações pessoais e cotidianas entre membros da família, amigos e vizinhos. No entanto, muitos estavam aplicando tal princípio num estilo de "justiça" zelosa, do tipo "dente por dente". Tal interpretação não deixava espaço para graça e misericórdia, perdão e tolerância. Jesus conhecia a natureza humana. Ele sabia que se todos os indivíduos sentissem que era sua obrigação legal retaliar contra todo pequeno mal, isso levaria a uma escalada de agressão e a um colapso da sociedade.

Assim, Jesus exortou seus ouvintes a responder às ofensas pessoais com graça e misericórdia. Quando uma pessoa má o insulta, aceite o insulto. Se alguém levar sua agressão um passo adiante e lhe bater na face, recuse-se a retaliar (Mt 5:39). Se alguém tentar tirar algo de você injustamente ou forçá-lo a fazer alguma coisa, renuncie voluntariamente ao seu direito à dignidade e ao respeito pessoal, e coopere

(5:40-42). Jesus sabia que tais respostas surpreendentes e inesperadas ao comportamento perverso muitas vezes desarmam e desorientam as pessoas e não levam ao aumento da maldade e da violência, mas ao arrependimento e à reconciliação.

No entanto, as declarações de Jesus devem ser entendidas no seu contexto geral. Em nenhum lugar nas Escrituras somos instruídos a ser vítimas submissas de abuso físico, verbal ou sexual, estupro, terrorismo, assassinato, ou outros atos que nos prejudiquem. É um ato nobre morder a língua quando alguém insulta você na fila do supermercado, recusar-se a buzinar quando você leva uma fechada no trânsito, ou dar um passo atrás quando uma mãe chateada lhe dá uma bofetada por você ter repreendido seu filho descontrolado. Mas é deplorável sentar-se passivamente ao ver um valentão ferir uma vítima indefesa, ou recusar-se a defender seus filhos se um sequestrador tentar arrastá-los, ou ainda levantar a bandeira da rendição se um exército de terroristas tentar atravessar a fronteira de seu país. John Stott coloca as palavras de Jesus nesta perspectiva: "As ilustrações de Cristo não devem ser tomadas como um passe livre para a ação de qualquer tirano, arruaceiro, pedinte ou bandido inescrupuloso. Seu propósito era proibir a vingança, não encorajar a injustiça, a desonestidade ou o vício... O verdadeiro amor, cuidando tanto do indivíduo como da sociedade, toma medidas para deter o mal e para promover o bem".[72]

5:43-48

Amor. Jesus resume essa porção de sua mensagem com o princípio de amor aos inimigos. A mensagem que a audiência de Jesus costumava ouvir nas sinagogas era: "ame seu próximo e odeie seu inimigo" (5:43). A ordem de amar está mencionada em Levítico 19:18, mas a recomendação para odiar não se encontra em lugar algum das Escrituras. A razão humana, maculada pela depravação, raciocinava que, se você precisava amar o seu próximo, devia haver pessoas que não eram seu próximo — ou seja, seus inimigos, os quais deveriam ser odiados. Mas a resposta de Jesus derrubou tal raciocínio humano. "Amem os seus inimigos e orem por aqueles que os perseguem" (Mt 5:44). A palavra para "amor" usada aqui é *agapaō* [25], a forma verbal de *agapē* [26] — não um tipo de amor emotivo, mas uma forma de amor unidirecional, incondicional, que flui da graça e da misericórdia. Ninguém realmente merece o amor *agapē*; mas pelo poder de Deus e seguindo o exemplo de Cristo, podemos mostrar esse tipo de amor até mesmo a pessoas distantes de nós e a adversários.

O público original de Jesus teria entendido que isso se referia particularmente aos romanos, que eram seus opressores pagãos. Note que Jesus não disse que seus seguidores deveriam amar o estilo de vida dos seus inimigos, suas crenças, suas maneiras de tratá-los, ou seus planos e motivos. Deviam amá-los orando por eles (5:44), mostrando-lhes a mesma graça e misericórdia geral que Deus oferece (5:45), e saudando-os cordialmente e com gentileza (5:47).

Amar somente membros da própria família ou do grupo de relacionamento próximo é natural — qualquer incrédulo perverso pode fazer o mesmo (5:46-47). Jesus chamou sua audiência para um amor maior, um amor que é *sobrenatural*. Tal amor requer uma obra do Espírito em nosso coração para transcender nossa tendência humana normal de amar somente as pessoas às quais estamos ligados. Por causa da natureza transcendente desse *agapē*, Jesus disse que aqueles que amam dessa forma são filhos de seu Pai celestial (5:45) e devem ser, de fato, "perfeitos", como Ele é (5:48). Isso não se refere à perfeição sem pecado. Um comentarista explica o significado real da palavra traduzida como "perfeito" desta forma: "A palavra grega é *teleios*, um termo que carrega o significado de culminação, de maturidade, de realização em uma função... É uma palavra ativa e, no contexto, significa que nosso amor deve ser todo-inclusivo, assim como o de Deus".[73]

APLICAÇÃO

Mateus 5:17-48

APENAS SEJA PERFEITO, ISSO É TUDO!

A declaração sumária de Jesus em Mateus 5:48 teria soado tão chocante para seus ouvintes originais quanto para os leitores de hoje: "Portanto, sejam perfeitos como perfeito é o Pai celestial de vocês". Se você for como eu, isso o sacode de seu sono espiritual, não é verdade? Fazer o nosso melhor, esforçar-nos ao máximo, dar um passo de cada vez — nós podemos nos comprometer com isso. Mas "ser perfeito"? Como Deus, o Pai? É isso tudo?

O termo *teleios* [5046], traduzido aqui como "perfeito", não significa ser como Deus. Significa viver à altura do propósito para o qual fomos criados. Um homem que já tenha atingido a estatura adulta é *teleios*, não mais um garotinho. Um estudante que agora compreende o conhecimento maduro de determinado assunto é *teleios*, ao contrário de um aluno do jardim de infância. O substantivo correlato, *telos* [5056], refere-se ao fim, objetivo, meta ou propósito para o qual algo é criado. Você e eu somos *teleios* quando cumprimos o propósito para o qual fomos criados — transmitir a imagem de Deus e refletir seu amor, justiça, graça e misericórdia para o mundo. A declaração de Jesus não significa que devemos ser totalmente perfeitos como nosso Pai celestial, mas, sim, que precisamos ser perfeitos, completos e maduros em nossas ações, em harmonia com nosso propósito como seres humanos — assim como o Pai é perfeito, completo e maduro em suas ações, em harmonia com sua natureza divina.

Então, quais são as respostas humanas típicas ao desejo de Jesus de que sejamos "perfeitos"? Eu posso pensar em três.

Uma resposta imatura seria: "Isto é fácil"! Se Jesus disse que devemos viver o Sermão do Monte em nossa vida, deve implicar que qualquer pessoa pode fazer isso. Ele não nos diria para fazer algo que é impossível, não é mesmo? Responder dessa maneira excessivamente otimista é esquecer nossa própria depravação, fraqueza e pecaminosidade. O padrão de justiça que Jesus estabeleceu não está ajustado à nossa condição decaída. O padrão de vida correta estabelecido por Deus, mesmo em um mundo caído, não está em uma escala móvel... Ele não se classifica na forma de uma curva. Aqueles que pensam que os princípios do Sermão do Monte são fáceis e que deveríamos ser capazes de alcançar a perfeição sem pecado nesta vida ou terão que redefinir o conceito de pecado como os fariseus o fizeram, ou ficarão constantemente deprimidos e desapontados.

Uma segunda resposta poderia ser mais ou menos a seguinte: "Isso é extremamente difícil, então precisarei me esforçar muito, dar tudo de mim. Afinal de contas, a prática conduz à perfeição". Essa abordagem também vê os princípios do Sermão do Monte como alcançáveis, mas somente por meio de grande autodisciplina e esforço constante; por meio de passos sucessivos, podemos nos tornar cada vez mais santos, cada vez mais próximos do padrão de Deus e, portanto, merecermos elogios e recompensas. Nessa resposta, a ênfase ainda está em *nossos próprios esforços*. Como os fariseus de antigamente, nós nos esforçamos para ser perfeitos por meio de nossas próprias forças.

Uma terceira resposta, agora mais adequada, seria esta: "Isso é impossível". Sim, a profundidade de sinceridade, amor, retidão, discernimento e santidade que Jesus tem em mente no Sermão do Monte é impossível de ser alcançada... com o uso de nossas próprias forças. Mas a grande verdade é que quando nos tornamos cristãos, não somos deixados à nossa própria sorte. Agora temos o Espírito Santo vivendo dentro de nós, que trabalha em nós tanto para nos ajudar a desejar quanto para alcançar um nível de justiça impossível a um descrente (Fl 2:12-13). O Senhor Jesus libera seu poder através de você, capacitando-o a amar e não a odiar, a cumprir suas promessas, a manter sua fidelidade, a conter seu desejo de vingança, a renunciar a seus direitos em prol da reconciliação e a discernir sabiamente quando é apropriado tomar uma posição contra a maldade ou deixar as coisas correrem para um resultado maior. Não podemos fazer nada disso por nossa conta. E não temos que fazer! O autor de Hebreus resume esta verdade perfeitamente: "O Deus da paz, que pelo sangue da aliança eterna trouxe de volta dentre os mortos o nosso Senhor Jesus, o grande Pastor das ovelhas, *os aperfeiçoe em todo o bem para fazerem a vontade dele e opere em nós o que lhe é agradável,* mediante Jesus Cristo, a quem seja a glória para todo o sempre. Amém" (Hb 13:20-21; itálicos meus).

Piedade e oração com menos exibição

MATEUS 6:1-18

Poucas coisas eram mais desagradáveis para Jesus do que a exibição religiosa. Ele reservou suas críticas mais severas para os hipócritas religiosos que gostavam de ser vistos exibindo sua piedade a fim de impressionar os outros. Jesus era especialista em expor aquilo que estava por baixo do verniz de todo aquele absurdo. E, com muita frequência, Ele exortava seus seguidores a praticarem a honestidade, autenticidade e simplicidade totais.

Voltando novamente ao Sermão do Monte, encontramos Jesus abordando três das disciplinas que seus seguidores praticariam mais tarde: ser generosos (6:2-4), orar (6:5-15) e jejuar (6:16-18). No tratamento de cada uma delas, Jesus agiu mais como profeta do que como sacerdote ou mestre. Os professores transmitem informações; Jesus conclamou a uma transformação. Os sacerdotes confortam os aflitos; Jesus confrontou os acomodados. Os profetas não só dizem a verdade, mas também enfrentam ousadamente o erro. Como profeta, a pregação de Jesus provocou naturalmente as elites pseudorreligiosas de seu tempo com uma mensagem fundamentada em verdadeira fé, amor sincero e uma vida de justiça, a qual desafiou aqueles que queriam ostentar piedade por suas próprias obras. Suas palavras atemporais continuam a condenar a hipocrisia e a religiosidade de hoje tão poderosamente como no primeiro século.

6:1

No estilo profético clássico, Jesus começou com uma forte expressão de advertência: "Cuidado!" Podemos imaginar que qualquer ouvinte satisfeito consigo mesmo, de repente, começaria a prestar atenção. *Preste atenção! Fique ligado! Cuidado!* Jesus estava prestes a discutir um aspecto da vida, pelo qual é fácil que as pessoas bem-intencionadas caíssem no perigo de praticar a justiça com o propósito de serem notadas (6:1). Quando fazemos isso, disse Jesus, já temos nossa recompensa na estima e no aplauso dos outros. Mas, e quanto ao nosso Pai celestial? Ele não fica impressionado.

Em que áreas somos tentados a nos exibir? Elas são essencialmente, hoje, as mesmas que naquela época: doações (6:2), orações (6:5) e jejuns (6:16). Nessas atividades exteriores, que podem ser facilmente exibidas, exageradas e até falsificadas, Deus observa o coração. Hebreus 4:13 nos lembra: "Nada, em toda a criação, está oculto aos olhos de Deus. Tudo está descoberto e exposto diante dos olhos daquele a quem havemos de prestar contas". Portanto, devemos "caminhar humildemente" diante de nosso Deus (Miqueias 6:8). E enquanto devemos ser "sal" e "luz" (Mt 5:13-14), não precisamos exibir com alarde nossa piedade. Note que ambos, o sal e a luz, refletem manifestações silenciosas de justiça. Quando realizamos essas práticas corretamente, as pessoas perceberão e glorificarão a Deus. Mas quando fazemos essas coisas para sermos notados por outras pessoas, roubamos de Deus a sua glória.

6:2-4

A primeira área em que podemos ser tentados a exibir nossa piedade é a da doação. Jesus contrastou uma abordagem errada para doar (6:2) com a certa (6:3-4). Ele começa mostrando como *não* doar. Os fariseus davam suas esmolas de tal forma que eles pudessem ser vistos pelos outros. Eles também poderiam estar tocando trombetas para chamar a atenção para si mesmos. Esse jeito de chamar a atenção não se limita ao primeiro século. Quando criança, eu via pessoas batendo no fundo do prato das ofertas para garantir que outros soubessem que tinham colocado algo ali. Já vi pessoas balançarem notas grandes, alto o suficiente, para que outros as vissem, antes de colocá-las na salva de ofertas. Tais pessoas preferem "a aprovação dos homens do que a aprovação de Deus" (veja João 12:43).

De forma ideal, nossa doação não deve apenas ser feita com alegria e generosidade, mas também com motivos e atitudes corretos. O resultado será dar em segredo — não de maneiras que chamem a atenção para nós mesmos, mas de forma que mantenha nossa própria atenção voltada para Deus. Essa é a direção que Jesus tomou quando descreveu o modo como devemos doar. Quando se dá aos necessitados, não se deve deixar que a mão esquerda saiba o que sua mão direita está fazendo (Mt 6:3). Essa expressão provavelmente se refere a movimento da mão semelhante ao que um mágico usaria para fazer desaparecer uma moeda ou um lenço. Metaforicamente, significa simplesmente doar em segredo, sem chamar a atenção para si mesmo de nenhuma forma. Na verdade, faça de tudo para evitar chamar a atenção.

Essa maneira de doar resulta em um momento pessoal e particular de doação como um ato de adoração que é agradável a Deus, que sabe o que você está fazendo e o recompensará por sua generosidade (6:4). Como somos recompensados? Por um lado, o doador gracioso e sincero é recompensado pelo conhecimento de que uma necessidade foi atendida — o nu, vestido; o doente, curado; o fraco, encorajado; a moradia, construída; o perdido, salvo; o esquecido, encontrado; o desobediente, restaurado. Tais atos de amor generoso em ação trazem consigo suas próprias recompensas particulares e espirituais. Somente a alma generosa que dá como um ato de adoração pode desfrutar tal satisfação e receber esse tipo de recompensa.

6:5-15

A segunda área em que se tende a exibir piedade é a oração. A estrutura dessa advertência é semelhante à da advertência relacionada às doações, mas aqui Jesus oferece maior profundidade e mais detalhes. No primeiro século, as orações dos fariseus haviam se tornado formais, repetitivas, regulamentadas, feitas em locais públicos, longas, exageradas e com muita exposição. Jesus contrariou tudo isso com algumas declarações apresentadas para seus ouvintes sobre como *não* orar.

Primeiro, eles não deveriam orar "como os hipócritas" (6:5), que amavam fazer suas orações em lugares públicos onde não podiam deixar de ser vistos. Eles queriam mais do que ser observados; na verdade, desejavam ser aplaudidos. E eles não queriam simplesmente informar os espectadores; tinham a intenção de impressioná-los. Os hipócritas não amam a Deus nem gostam de orar; apreciam ser vistos. Ao conseguirem o que procuram — a aprovação do público — eles já terão recebido sua recompensa. Hoje, vemos pessoas orando no campo de futebol após marcar um gol, em uma esquina movimentada para que os pedestres vejam, ou em voz alta num restaurante para que todos os clientes "pagãos" ao seu redor possam ver que eles são piedosos. Nossas orações não devem estar em exposição.

Em segundo lugar, as pessoas não deveriam orar utilizando repetições constantes, nem empregar jargões ou produzir gemidos e murmúrios (6:7). Não posso deixar de pensar naqueles que oram repetitivamente usando um livro de orações ou alguma outra forma litúrgica, sem refletir no que as orações realmente dizem; ou naqueles que usam alguma forma de fala extática em que nem quem está falando e nem aqueles ao seu redor sabem o que está sendo dito; ou, ainda, nos hinos repetitivos usados nas igrejas em que a congregação canta os mesmos versos inúmeros vezes. Deus não se impressiona com muitas palavras. Na verdade, Ele já sabe do que precisamos antes que o peçamos (6:8). Eu diria que é uma boa regra manter nossas orações simples, originais, breves e sinceras.

Tendo dito como *não devemos* orar, Jesus também prescreveu como *devemos* fazer as nossas orações. Primeiro, precisamos orar especialmente em particular, em "[nosso] quarto", com as portas fechadas (6:6). Isso contrasta com o comportamento daqueles que oravam alto, publicamente, nas ruas e sinagogas, com o objetivo de serem vistos. Jesus não estava proibindo a oração pública nas igrejas, mas Ele estava ressaltando que aqueles que gostam de exibir suas orações em público provavelmente nunca oram em casa, onde só Deus os pode ver. Ou seja, eles têm uma piedade fingida, falsa, em lugar de uma relação pessoal e íntima com Deus. E, assim como Deus honra aqueles que oferecem suas dádivas em segredo (6:4), também Ele recompensará com uma rica comunhão aqueles que oram em particular (6:6).

Segundo, em contraste com as orações prolixas, extravagantes e sem sentido, dos hipócritas, Jesus instruiu seus discípulos sobre como fazer uma oração, oferecendo-lhes um modelo para que seguissem (6:9-13). Nós a conhecemos como "a Oração do Pai-nosso" ou ainda "a Oração do Senhor", o que indica que ela vem do próprio Senhor. Talvez mais precisamente poderíamos chamá-la de "Oração dos Discípulos", pois Jesus a usou para instruir seu público sobre como orar de maneira apropriada. Não há nada de errado em decorar essa oração. Afinal de contas, ela está na Sagrada Escritura, a Palavra inspirada e inerrante de Deus. Entretanto, como uma oração modelo, não era intenção de Jesus que seus seguidores simplesmente repetissem aquelas palavras literalmente, de uma forma automática. Fazer isso seria perder o aspecto que Jesus estava ressaltando. Ao contrário, essa é uma oração usada como *exemplo* — um esboço ou modelo geral a ser seguido enquanto aprendemos a orar a nosso Pai celestial usando nossas próprias palavras.

Observe algumas coisas importantes sobre esta oração: Primeiro, ela se concentra no Senhor. É *seu* nome, *seu* reino, *sua* vontade. Se nossas orações se concentram apenas em nós mesmos, em nossos problemas, nossas necessidades, nossos desejos, nossas esperanças e sonhos, algo está errado. Nossas orações devem centrar-se em Deus, o Pai, e em seu caráter, em seu reino e em seus propósitos.

Seguindo esse padrão, dirigimos nossas orações a Deus, o Pai (6:9). Não há nada doutrinariamente questionável em cantar louvores a Jesus ou ao Espírito Santo, mas a prática normal de oração no Novo Testamento é dirigir-se ao Pai, em nome do Filho, pelo poder do Espírito Santo. Falamos a Ele como nosso Pai celestial, que ouve nossas orações como um pai ouve as palavras de seu filho. Em nosso relacionamento com o Pai celestial, há liberdade, abertura, amor, aceitação, compaixão e compreensão. Entretanto, nós também o reconhecemos como santo, ou "santificado". Em nossas orações, nunca devemos esquecer que Deus é todo-poderoso e não deixa de ser santo quando Ele se curva para ouvir nossas preces sinceras.

Note também que oramos para que venha o reino de Deus, não o nosso próprio reino (6:10). Queremos que seu plano e propósito, não nossas próprias agendas e prioridades, sejam realizados no céu e na terra. De fato, na oração devemos procurar amoldar nossa vontade à dele, não a vontade dele à nossa. Ao fazer isso, implicitamente confessamos seu poder, sua sabedoria e sua bondade. Sua vontade e propósitos do reino são sempre superiores às nossas próprias noções tolas daquilo que é bom para nós. No contexto original da oração, esse desejo para que o reino de Deus viesse provavelmente teria sido entendido como sendo necessário incluir um apelo para que o Messias subjugasse seus inimigos e inaugurasse seu reino. E ainda ansiamos por isso. No entanto, ao mesmo tempo, podemos viver os princípios e prioridades do reino ainda hoje, ao convidarmos Cristo para reinar em nosso coração e em nossa vida, de modo que nossas próprias famílias e igrejas se tornem modelos do governo do reino de Deus.

Depois de falar sobre adoração e humildade, Jesus passou para o tópico de petição para as necessidades cotidianas: físicas, espirituais e sociais. Podemos pedir ao Pai para que nos conceda o alimento diário (6:11) — não para um banquete a cada dia, mas para suprir as necessidades básicas. Também podemos pedir a Deus que venha suprir nossas profundas necessidades espirituais, como o perdão (6:12). Não saberíamos nada sobre purificação interior se não fosse por nosso Pai, que nos liberta da culpa mediante um dom gratuito da graça. Quando experimentamos esse tipo de perdão em nosso relacionamento vertical com Deus, isso tem um poder de cura em nosso relacionamento horizontal com os outros.

Também podemos orar para que Deus nos dê a capacidade de escapar das tentações que enfrentamos (6:13), livrando-nos do maligno,

Satanás. Sabemos que, à parte da graça e misericórdia de Deus, sempre seremos vítimas das ciladas do Diabo, nunca capazes de subjugar nossa natureza pecaminosa. Mas pelo poder de seu Espírito Santo, podemos experimentar vitória e crescimento em santidade.

Antes de passar de um exemplo de oração genuína para a questão do jejum, Jesus acrescentou brevemente uma declaração entre parênteses a respeito do perdão mencionado em 6:12 ("Perdoa as nossas dívidas, assim como perdoamos aos nossos devedores"). Ele enfatizou a importância de uma atitude de perdão para com os outros, que é necessária para desfrutar de uma intimidade pessoal sem obstáculos para com o Deus todo-poderoso em oração (6:14-15). Se nós retivermos o perdão, a graça e a misericórdia das pessoas em nossos relacionamentos horizontais, Deus reterá o mesmo em nosso relacionamento vertical com Ele. Não se trata aqui de nossa salvação eterna e da nossa condição correta diante de Deus, no tribunal divino. Refere-se à nossa comunhão cotidiana com Deus. Stan Toussaint expressou bem essa ideia da seguinte forma: "O perdão judicial não está em vista nesse caso (At 10:43), mas a comunhão (Jo 1:5-9)". É impossível estar em comunhão com Deus enquanto houver má vontade em seu coração".[74]

6:16-18

A última área em que podemos ser tentados a exibir nossa piedade é o jejum. Jesus disse: "quando jejuarem" (6:16), dando a entender assim que essa prática seria uma parte normal da vida espiritual de alguém. E deveria ser! Eu sei que o jejum parece uma coisa do passado — ou como um ritual rígido de algumas denominações, prescrito para certas ocasiões. Mas o tipo de jejum legalista que Jesus condenou, aqui, não tira o valor do jejum adequado.

Aqueles que jejuam devem fazê-lo sem chamar atenção para si mesmos. Os hipócritas que gostavam de se exibir exageravam sua aparência de fraqueza e melancolia, negligenciavam a arrumação pessoal e faziam uma carranca super piedosa para mostrar o quanto estavam comprometidos. Se chamar a atenção era o objetivo deles, eles já teriam recebido a recompensa completa.

No entanto, Jesus disse que não há nada de espiritual em ficar andando por aí parecendo uma cama desarrumada! Para jejuar adequadamente, você deve se cuidar e manter uma boa higiene pessoal (6:17). Se você costuma se barbear, faça a barba. Se você costuma se maquiar, faça isso. Em outras palavras, certifique-se de não deixar nada em sua aparência que chame a atenção para você. Lembre-se, você está jejuando e orando não por causa dos que estão ao seu redor, mas por causa de seu Pai celestial, que recompensa as disciplinas espirituais discretas e sinceras (6:18). Um bom teste de nossos motivos é jejuar e não dizer nada a ninguém sobre isso. Tal disciplina espiritual pessoal deve ficar entre você e o Senhor.

SETE BENEFÍCIOS DO JEJUM

- O jejum nos ajuda a concentrar a atenção em questões que requerem oração.
- O jejum nos permite reorganizar nossas prioridades para focar nas coisas que realmente importam.
- O jejum nos encoraja a examinar nossa vida e a inspecionar nossos motivos.
- O jejum nos ajuda quando buscamos a vontade do Senhor.
- O jejum fortalece nosso autocontrole e nossa disciplina.
- O jejum nos traz de volta ao básico e simplifica a vida.
- O jejum nos capacita a superar a dor e ajuda a suportar a tristeza.

APLICAÇÃO

Mateus 6:1-18

CUIDADO COM DEMONSTRAÇÕES RELIGIOSAS

Seja no ato de doar, seja no de orar, seja no de jejuar, é fácil entrar no “modo de exibição”. Esquecemos que nosso Pai celestial deve ser nosso foco principal, não as pessoas ao nosso redor. E deixamos de considerar que nosso lugar secreto — não algum espaço público — é a nossa plataforma primária. Muito rapidamente nossos motivos podem ser dirigidos pelo plano horizontal — o que as pessoas ao nosso redor vão pensar de nossa piedade — ao invés do nosso desejo de ter comunhão com Deus e agradar somente a Ele. Tenho três advertências finais sobre a tentação acerca de desempenho religioso que nos ajudará a aplicar os princípios de Mateus 6:1-18:

Primeira, *quando a devoção se torna uma exibição, caímos na hipocrisia*. Isso pode acontecer com qualquer um de nós, especialmente aqueles que estão envolvidos no ministério ou na liderança. Podemos perder nossa reverência para com Deus. E com essa familiaridade casual vem o desprezo. Em vez de nutrir uma intimidade profunda e pessoal com o Todo-poderoso, caímos na prática formal. Nosso público se compões das pessoas ao nosso redor; nosso motivo se transforma em levá-las a pensar que somos mais santos e espirituais do que realmente ocorre conosco.

Em segundo lugar, *quando a doação não é anônima, perdemos a recompensa da satisfação*. Não doamos para nossas igrejas, ministérios ou indivíduos necessitados por causa de alguma bênção material ou uma joia celestial em uma coroa de ouro. Deus pode nos abençoar financeiramente para que possamos abençoar os outros, e há recompensas no céu, mas a doação apropriada e privada que agrada a Deus também tem sua própria recompensa — a paz e a alegria que advêm de saber que estamos investindo em objetivos eternos em vez de em coisas temporais. O tipo de contentamento espiritual que vem devido a tal doação anônima e silenciosa é inexprimível.

Terceira advertência, *quando a oração e o jejum são feitos para impressionar os outros, deixamos de fazer aquilo que agrada a Deus*. Ele conhece nosso coração. Está totalmente ciente de nossos verdadeiros motivos. Não podemos enganá-lo. De fato, quando exibimos um espetáculo com nossos extensos monólogos em oração ou nosso rosto deprimido em jejum, entristecemos o Espírito, que deseja simplicidade e sinceridade. Lembre-se, o Pai está procurando aqueles que o adorem em espírito e em verdade (Jo 4:23).

As tentações perturbadoras das riquezas do mundo

MATEUS 6:19-24

O caminho do cristianismo está repleto de lixo deixado pelos santos desgarrados. Esses homens e mulheres atraídos por uma lealdade menor nos surpreendem — talvez até nos choquem. Na maioria das vezes, não vemos isso acontecendo. A busca apaixonada por riquezas mundanas leva a uma erosão lenta e constante da busca apaixonada por Cristo.

As raízes desse tipo de erosão penetram profundamente no solo da humanidade. Ninguém está imune — nem os jovens, muito menos os adultos, ou mesmo os que caminham com o Senhor há décadas. Alguém que já foi um modelo de zelo espiritual e teve uma fé sólida pode ser atraído para longe de um relacionamento íntimo com Cristo e tornar-se maculado e torturado em seu interior pela ganância por dinheiro e desejo em ter cada vez mais. Quão rápido podemos passar a viver uma mentira descarada, enquanto parecemos genuinamente santos!

E, ironicamente, com o acúmulo de bens como dinheiro, propriedades, tesouros e outras coisas materiais, quase sempre nos afundamos cada vez mais na preocupação. Aqueles que possuem mais recursos tendem a se preocupar mais.

Jesus aborda esses problemas muito reais em seu Sermão do Monte ao destacar os efeitos corruptores da riqueza, alertando-nos sobre os tentáculos sutis, mas poderosos da ganância e a futilidade da preocupação.

6:19-21

Jesus começou esta seção com um contraste relacionado às posses — "Não acumulem para vocês tesouros na terra... Mas acumulem para vocês tesouros no céu" (6:19-20). Ele explicou o contraste ao demonstrar a loucura de escolher investir tempo, energia e recursos em excessos materiais terrenos e ao apontar para a sabedoria de investir em coisas eternas.

Um aspecto importante precisa ser mencionado aqui. Jesus não estava proibindo as posses em si mesmas. Em nenhum lugar a Bíblia proíbe a posse de propriedades ou de bens. Riquezas e honra procedem de Deus, a quem se deve agradecer as bênçãos materiais quando Ele graciosamente as concede (1Co 29:12-13). Jesus também não estava advertindo contra o planejamento para o futuro. Aqueles que têm usado essa passagem para ensinar que fazer seguro ou investir para a aposentadoria constitui falta de fé estão lendo o texto de uma forma diferente da intenção original do Senhor. As Escrituras nos exortam a planejar com sabedoria e especialmente a prover para nossas famílias (1Tm 5:8; Tg 4:13-15). O Senhor também não estava tentando nos convencer a deixar de desfrutar dos dons que Ele nos concede (veja 1Tm 6:17).

Em lugar disso, Jesus estava denunciando uma vida focada no acúmulo de riqueza cada vez maior, alertando contra o egoísmo e um estilo de vida extravagante. Ele usou o termo traduzido como "tesouros" propositalmente. O termo grego *thēsauros* [2344] é usado para se referir ao ouro, incenso e mirra dados a Jesus pelos magos (Mt 2:11) e aos "tesouros do Egito" que Moisés abandonou (Hb 11:26). O que está sendo condenado é um acúmulo de riquezas deste mundo, colocando o coração e a mente nessas coisas. A Bíblia deixa claro que "aqueles que confiam em seus bens e se gabam de suas muitas riquezas" são ímpios (Sl 49:5-6).

Por que é uma atitude tão tola concentrar-se em adquirir riqueza material na terra em vez de investir em uma recompensa espiritual no céu? Porque as coisas deste mundo estão sujeitas à corrupção, deterioração e perda trágica, enquanto todo investimento no depósito celestial está eternamente protegido (Mt 6:19-20). Por que alguém, a não ser um tolo, colocaria toda a sua fé, esperança e amor em algo tão pouco confiável e, em última análise, decepcionante quanto os bens materiais?

Jesus resumiu essa mensagem em 6:21: "Onde estiver o teu tesouro, aí estará também o seu coração". Essas palavras devem nos levar a fazer um exame de consciência. Faça a si mesmo algumas destas perguntas: *Estou vivendo de forma altruísta? Demonstro generosidade e cuidado para com os outros? Ou eu sou mesquinho e relutante em ajudar os necessitados? Eu sei quando já adquiri o suficiente? Ou estou preso em uma corrida sem fim querendo mais e mais? Permito que as coisas me atraiam para um estilo de vida materialista? Eu sou simplesmente ganancioso? Ou estou contente com o que Deus me deu e satisfeito com sua provisão para minhas necessidades simples?*

Quando fizermos das riquezas a nossa mentora, seremos atraídos cada vez mais para uma lealdade cega a ela. Isso vai nos mudar. Nós nos tornaremos gananciosos, competitivos e invejosos. Mas se jurarmos fidelidade ao Rei e deixarmos as prioridades do seu reino eterno nos guiarem, nossas posses terrenas serão empregadas para *seu* serviço.

6:22-24

Na segunda parte de seu ensino sobre esse assunto, Jesus falou acerca do lugar em que deve estar nosso foco. É certo que, fora de contexto, essa frase de Jesus é difícil de entender. No entanto, precisamos lembrar que Ele não havia mudado de assunto. Ele ainda estava falando sobre o fascínio enganoso das riquezas. Isso é evidenciado pela afirmação muito clara de 6:24: "Ninguém pode servir a dois senhores... vocês não podem servir a Deus e ao Dinheiro." O tema não mudou. Quando Jesus falou do olho como "a candeia do corpo" (6:22), Ele ainda estava falando sobre como lidamos com as riquezas deste mundo e onde estão nosso coração e nossas prioridades.

Nesta seção, Jesus está falando essencialmente sobre a necessidade de uma disposição mental de singularidade. Sabemos como a visão funciona — a luz refletida dos objetos entra em nossos olhos e as imagens são capturadas em nosso cérebro. O objetivo dos justos é que a luz que entra em seus olhos seja "boa" (olhos bons). A palavra traduzida por "olhos bons" é *haplous* (ἁπλοῦς) [573], que significa os olhos serem "motivados pela singeleza de propósito, de modo a ser uma visão aberta e honesta, *única, sem dolo, sincera, direta*".[75]

Em outras palavras, precisamos ter clareza de foco, não visão dupla ou duplicidade mental. Um comentarista coloca isso desta forma: "Jesus, usando essa linguagem metafórica, afirma que se o sentido espiritual de um homem for saudável e suas afeições direcionadas para o tesouro celestial, toda a sua personalidade será imaculada; mas se esse sentido espiritual estiver doente por um falso senso de valores, por cobiça, ou por um espírito mesquinho e relutante, ele rapidamente se tornará falso."[76] Visto sob essa luz, a necessidade de um foco único nas coisas do céu em lugar de uma visão dupla, embaralhada, subjugada pelas coisas da terra leva diretamente à conclusão clara externada por Jesus em 6:24: "Vocês não podem servir a Deus e ao Dinheiro". Muitos cristãos acreditam que podem equilibrar a busca apaixonada por Cristo com a busca deslumbrada pelas riquezas, ou dedicar tempo igual a ambas. Mas na vida cristã que entronizou somente Jesus como Senhor, não há espaço para lealdades concorrentes. Nossas posses e atividades devem ser submetidas aos planos e prioridades de Cristo, e não o contrário.

6:24-25

Jesus começou sua famosa explanação sobre a ansiedade com estas palavras: "Portanto eu digo..." Isto é, à luz do que Ele estava ensinando sobre a loucura de acumular tesouros na terra (6:19-21) e as advertências sobre tentar dividir nossa lealdade entre Deus e as riquezas (6:22-24), o Senhor desvendou alguns princípios muito práticos sobre os bens terrenos e a preocupação que os acompanha.

Preocupação. É um dos nossos pecados de estimação favoritos. Ansiedade, preocupação, aflição — esses vícios foram domesticados pelos cristãos modernos. Nós os adotamos na família, por assim dizer. Raramente ouvimos alguém repreender ou corrigir um irmão ou irmã em Cristo por causa de preocupação excessiva — provavelmente porque a maioria de nós também é culpada desse mesmo problema, em algum nível. No entanto, Cristo deixa claro em Mateus 6:25-34 que a preocupação pode ser extremamente prejudicial para nossa vida. Isso porque no centro da preocupação está a desconfiança nas promessas e na providência de Deus.

A ordem de Cristo é direta: "Não se preocupem com sua própria vida" (6:25). Isso não é uma sugestão. Nem tem nada a ver com um conselho que você pode aceitar ou não, ou que pode aplicar só se tiver vontade. É um imperativo. Pare com a ansiedade que é torturante e que corrói sua paz interior; pare de ser obcecado pelo medo!

Jesus então especificou algumas áreas da vida que causam ansiedade em particular: nossas provisões diárias de comida e bebida e nossa necessidade de roupas (6:25, 31). Aqui Jesus empregou uma maneira típica judaica de argumentar a partir do menor para o maior. Primeiro, Ele exortou seus ansiosos ouvintes a considerar o fato de que

Do meu diário

Pego em flagrante

MATEUS 6:6

Uma noite, muito tempo atrás, apanhei meu mentor, Bob Newkirk, em flagrante. Ele nunca soube disso, e eu nunca contei a ele. Mas naquele momento, acidentalmente eu o testemunhei fazendo algo que produziu um intenso impacto em mim pelo resto da minha vida.

Eu estava na Marinha, aquartelado na ilha de Okinawa, sentindo-me em um nível muito baixo do ponto de vista emocional e espiritual. Em uma noite chuvosa, fui ver Bob, o representante do ministério The Navigators na ilha. Quando bati à porta de sua casa, a esposa, Norma, atendeu.

— O Bob está? — Perguntei.

— Não, sinto muito por você não o ter encontrado. Acho que ele pode estar em seu escritório, mas...

— Bem, eu não... não quero incomodá-lo — respondi. (Seu escritório ficava a uma distância de uma pequena viagem de ônibus.)

— Você sabe, Bob disse que tinha uma porção de coisas em mente e precisava ir lá por um momento, então...

Eu disse adeus e pensei um pouco sobre isso. Decidi que realmente precisava ver o Bob, mesmo que apenas por alguns minutos. Então eu peguei o ônibus local e dei uma volta até aquela parte da cidade. Pulei algumas poças de lama e cheguei ao seu pequeno escritório. Era construído de bambu, com pequenos espaços entre os talos. Ao me aproximar, vi a luz das velas penetrando pelas frestas e ouvi Bob cantando lá dentro:

Fonte és tu de toda bênção
Vem o canto me inspirar
A misericórdia tua
Quero em alto som louvar.[191]

A chuva estava pingando sobre meu nariz e caindo em poças ao meu redor, mas ainda assim consegui escutar um pouco mais:

Devedor à tua graça,
Cada dia e hora sou.
Teu cuidado sempre faça
Com que eu ame a ti Senhor...

Então percebi que ele estava chorando em seu tempo de comunhão pessoal e particular com o Senhor. Foi um momento muito sagrado na vida daquele homem, e tive o privilégio de apanhá-lo no ato de louvor e oração. Isso mudou todo o meu conceito sobre aquele homem. Havia uma profundidade e intimidade que eu jamais tinha visto. Havia um coração que ele nunca exibiu, nunca demonstrou. E percebi então o tipo de homem que eu queria ser quando crescesse na fé.

Deus provê para as aves do céu tudo do que elas precisam para sobreviver e prosperar, mesmo que elas não se envolvam em nenhum intenso trabalho de semear, colher e acumular posses. O ponto é este: se Deus cuida dos pássaros, quanto mais cuidará de seus filhos, que são feitos à sua imagem (6:26)?

Ele então voltou a atenção do povo para as flores silvestres temporárias que cresciam nos campos, que brotam gloriosamente e depois desaparecem de cena. Deus as adorna com uma beleza que rivaliza com a dos reis, mesmo que elas não façam nada além de estarem sob seu cuidado providencial (6:28-30). Certamente, se Deus pode vestir as plantas do campo com tanto esplendor e beleza, Ele proverá para aqueles a quem ama.

Além disso, Jesus observou que nada pode ser realizado por meio da preocupação. Nem uma única hora pode ser acrescentada à nossa vida (6:27). De fato, sabemos que o estresse e a ansiedade podem levar a todos os tipos de doenças mentais, emocionais e físicas que, na verdade, encurtam nossa existência... ou, pelo menos, tornam mais miseráveis os poucos dias que temos neste mundo! Preocupar-se não é apenas um desperdício de energia, que drena nosso contentamento e amortece nossa gratidão, mas também significa falta de fé no caráter de Deus como nosso Provedor. É por isso que Jesus repreendeu as pessoas ansiosas com a exclamação pungente: "homens de pequena fé!" (6:30). Essa espécie de preocupação era típica dos gentios, cujos deuses inconstantes e mutáveis não eram dignos de confiança. Ao contrário, nosso Pai celestial sabe do que precisamos antes mesmo de pedirmos (6:8, 32).

É claro que toda a nossa cultura do mundo ocidental é alimentada pela ansiedade por comida e roupas e pelo descontentamento que advém da preocupação com o amanhã (6:34). Os profissionais de publicidade tentam nos convencer de que as coisas que *não temos* são as de que realmente precisamos... e que as que *temos* não são realmente tão boas. Abra qualquer revista ou observe uma série de comerciais, enquanto assiste a um programa, e você verá um desfile de anúncios de comida, bebida e roupas. Os meios de comunicação geralmente aumentam suas classificações nos assustando e fazendo-nos acreditar que o mundo está saindo do controle. E muitos políticos manipulam nossos medos para fazer-nos aceitar, sem pensar, suas tolas agendas.

A Bíblia, no entanto, nos fornece uma alternativa: "Não andem ansiosos por coisa alguma, mas em tudo, pela oração e súplicas, e com ação de graças, apresentem seus pedidos a Deus. E a paz de Deus, que excede todo o entendimento, guardará o coração e a mente de vocês em Cristo Jesus" (Fp 4:6-7). Quando oramos, podemos sentir um verdadeiro contentamento que vem da confiança na provisão de Deus em todas as circunstâncias. Paulo aprendeu isso: "Não estou dizendo isso porque esteja necessitado, pois aprendi a adaptar-me a toda e qualquer circunstância. Sei o que é passar necessidade e sei o que é ter fartura. Aprendi o segredo de viver contente em toda e qualquer situação, seja bem alimentado, seja com fome, tendo muito, ou passando necessidade. Tudo posso naquele que me fortalece" (Fp 4:11-13).

O próprio Cristo providenciou a cura para a doença da preocupação em Mateus 6:33: Todos faríamos bem em memorizar esse versículo e nos lembrar dele sempre que começarmos a nos preocupar se Deus suprirá nossas necessidades: "Busquem, pois, em primeiro lugar o Reino de Deus e a sua justiça, e todas essas coisas serão acrescentadas a vocês". Qual é a justiça que devemos buscar como o foco de nossa vida? A vida do reino, já descrita no Sermão do Monte (5:1—6:24). E quais são as coisas que Deus proverá para aqueles que buscam as prioridades do seu reino? *Tudo de que precisamos* — incluindo comida, bebida e roupas. Uma promessa feita aos filipenses ainda é válida para todos os que estão empenhados na obra de edificação da igreja: "O meu Deus suprirá todas as necessidades de vocês, de acordo com as suas gloriosas riquezas em Cristo Jesus" (Fp 4:19).

APLICAÇÃO

Mateus 6:19-34

EM PRIMEIRO LUGAR AS COISAS MAIS IMPORTANTES

Nosso mundo está cheio de preocupações. Pense nas coisas que mantêm as pessoas acordadas à noite, os temas em alta nas mídias sociais e as histórias anunciadas nos meios de comunicação. Se não é a ameaça de uma recessão econômica, é o medo do terrorismo global. Se não estamos ansiosos para entrar em guerra com o mais recente regime totalitário, estamos preocupados com relatos de mudanças climáticas e furacões. Preocupamo-nos com nossos filhos, nossos cônjuges, nossas igrejas, nossos amigos, nossa saúde, nossos investimentos, nossa segurança no emprego... *haverá sempre alguma coisa!*

Como podemos nos libertar desse ciclo de preocupação? Jesus deixou esse assunto claro no clímax de seu tratamento para mantermos o foco nas coisas do céu ao invés de pensarmos nas coisas deste mundo. Podemos resumir sua cura para a preocupação em duas palavras: *prioridades e simplicidade.*

Primeiro, *temos de começar a colocar as coisas mais importantes em primeiro lugar* (6:33). Isso está relacionado com o estabelecimento de prioridades certas. Colocamos o reino de Cristo em primeiro lugar, confiando nele porque Ele é o Rei soberano, e vivendo uma vida justa porque Ele é o digno Senhor. A preocupação é incompatível com o ato de colocar os negócios do reino e da eternidade em primeiro lugar. Como é essa priorização em termos práticos? Significa gastar tempo com a Palavra de Deus, lendo-a, entendendo-a e aplicando-a. Implica também fazer da oração uma prioridade, levando nossas preocupações, ansiedades e necessidades para Deus, em vez de nos preocuparmos com elas sozinhos ou reclamar delas para os outros (Fp 4:6-7). Devemos colocar em primeiro lugar as coisas mais importantes.

Segundo, *precisamos parar de viver mais de um dia de cada vez* (Mt 6:34). Cada dia tem suas lutas suficientes, diz Jesus. Temos responsabilidades e obrigações para cuidar e, se não tratarmos delas do modo adequado, adivinhem? Elas rolam para o dia seguinte e vamos apenas aumentar nosso estresse. As palavras de Jesus aqui não devem ser tomadas como uma advertência contra o planejamento sábio para o futuro. Na verdade, é exatamente o oposto. Se tivermos um grande projeto para dentro de algumas semanas, devemos planejar fazer um pouco de cada vez todos os dias — e permanecer fiéis a essas metas diárias. Que alívio é quando reduzimos aos poucos a quota de preocupações de cada dia, em vez de ficarmos obcecados com os problemas ameaçadores que podem ou não acontecer num futuro próximo. Quando você negligencia as atividades do dia a dia e se preocupa com o futuro, fica paralisado pelo medo e dá brecha para o surgimento da procrastinação.

Essas coisas podem parecer pequenas — colocar as coisas mais importantes em primeiro lugar e viver um dia de cada vez. Mas o Senhor promete honrar esse estilo de vida de prioridades adequadas e de simplicidade. Os benefícios podem não chegar ao conhecimento público, mas você colherá o que plantar — confiança na providência e provisão de Deus, bem como contentamento e paz que excedem todo o entendimento.

Princípios poderosos da Regra de Ouro

MATEUS 7:1-12

Sem perceber, frequentemente citamos o Sermão do Monte. Muitas das declarações contidas nele pontuam nosso discurso e são familiares a todos nós — tão familiares, de fato, que permanecem como lemas em nossa mente. A maioria delas é mais conhecida do que a sagacidade e a sabedoria de Benjamin Franklin, os aforismos inteligentes de Mark Twain ou as linhas mais memoráveis de Shakespeare. E, certamente, as palavras de Jesus são muito mais pessoais e penetrantes.

- "Brilhe a luz de vocês."
- "A menor letra ou o menor traço."
- "Ofereça-lhe também a outra [face]."
- "Onde estiver o seu tesouro, aí estará também o teu coração."
- "Vocês não podem servir a Deus e ao Dinheiro."
- "Homens de pequena fé!"
- "Não julguem, para que vocês não sejam julgados."
- "Não atirem suas pérolas aos porcos."
- "Busquem e encontrarão."

Mesmo os incrédulos que nunca abriram uma Bíblia estão familiarizados com muitos desses ditos. Sem dúvida, Jesus foi o maior de todos os artífices de palavras. Sua escolha de vocábulos, colocação de ênfase e metáforas memoráveis são sem igual.

A menção rápida de princípios poderosos de Jesus em Mateus 7:1-12 chega a um clímax profundo no que conhecemos hoje como a Regra Áurea — "Assim, em tudo, façam aos outros o que vocês querem que eles façam a vocês" (7:12). Essas palavras inesquecíveis e convincentes têm o mesmo impacto em nossa vida que tiveram na vida do público original naquele monte, junto ao mar da Galileia, há quase dois mil anos. E chegam a nós com a mesma autoridade, do mesmo Rei.

7:1-5

O primeiro princípio que Jesus apresentou diz respeito ao julgamento dos outros: *a exortação deve vir de uma posição de amor e humildade, e não de um orgulho hipócrita*. Muitos cristãos, no entanto, gostam de praticar um jogo que chamarei de "vamos rotular", também conhecido como "o jogo do julgamento". O modo de jogar é bem simples. Alguém encontra algo de que não gosta ou com o que não concorda em uma pessoa, geralmente depois de um exame rápido e superficial de suas qualidades externas; então, forma opiniões negativas e críticas acerca dela. Esses autoproclamados juízes nunca dedicam tempo para cavar fundo, esclarecer os fatos e tirar conclusões justas sobre uma determinada pessoa. Em vez disso, eles colocam na pessoa julgada um rótulo e depois interpretam todas as palavras e ações dessa pessoa por meio dessa ótica. Finalmente — e isso é fundamental — eles compartilham suas observações e conclusões imprecisas de forma aberta e livre com os outros.

Na vida cristã, se a preocupação é nosso pecado favorito, então julgar é nosso passatempo preferido. A preocupação representa falta de fé e confiança em Deus; o ato de julgar flui da falta de amor e aceitação para com os outros. Embora Jesus tenha falado firmemente contra julgar os outros, continuamos praticando esse jogo perverso e destrutivo. Quão mais claro Jesus poderia ter sido do que ter dito: "Não julguem" (7:1)?

Por que é errado julgar os outros? Em primeiro lugar, nunca podemos conhecer todas os fatos sobre uma pessoa ou ver dentro do coração delas para saber seus motivos. Só Deus pode fazer isso. 1Samuel 16:7 diz: "O Senhor não vê como o homem: o homem vê a aparência, mas o Senhor vê o coração". Em segundo lugar, em nossa condição decaída, frágil e finita, somos necessariamente pessoas preconceituosas, o que significa que nunca podemos ser completamente objetivos. Prejulgamos com base em nossa perspectiva limitada e em nossa pouca informação. Terceiro, quando julgamos os outros, nos colocamos em uma posição que não estamos qualificados para ocupar. Deus é o onisciente e justo Juiz; não estamos em posição de brincar de Deus.

Com esse contexto, precisamos esclarecer o que Jesus *não* quis dizer quando falou "Não julguem", em Mateus 7:1. Ele não quis dizer que devíamos ser ingênuos e sem discernimento. De fato, o Senhor logo advertiria seus ouvintes a ter "cuidado com os falsos profetas" (7:15), o que requer discernimento. Da mesma forma, 1João 4:1 diz aos crentes: "examinem os espíritos para ver se eles procedem de Deus". Isso requer observação, pesar os fatos e tirar conclusões. A advertência de Jesus no Sermão do Monte sobre julgar hipocritamente os outros não significa que devemos apoiar, de maneira cega, os falsos mestres ou negligenciar nossa responsabilidade de identificar o engano genuíno ou a maldade quando os vemos. Na verdade, as igrejas locais têm a responsabilidade de "julgar" um suposto irmão ou irmã que toma o nome de Cristo, mas está claramente envolvido em pecado impenitente e contínuo (1Co 5:11-13). Mas a calma e cuidadosa disciplina eclesiástica é muito diferente da rotulação e julgamento que ocorre entre indivíduos que são alimentados pelo orgulho hipócrita.

O que Jesus *está* condenando no Sermão do Monte é uma atitude crítica, negativa e altiva que avalia os outros com um espírito desconfiado. As pessoas que têm essa atitude estão sempre à procura de falhas, erros ou imperfeições nos outros. E elas os encontram! Há sempre pequenas falhas e defeitos a serem expostos. Elas fazem isso por uma atitude de superioridade, presunção, preconceito e orgulho. O resultado é uma atitude destrutiva e condenatória e uma cegueira para com as próprias falhas. Essa é a flagrante hipocrisia que Jesus enfatiza aqui.

Julgar os outros não é destrutivo apenas para a pessoa que está sendo, de forma injusta e prematura, rotulada e condenada. Jesus deixou claro que desempenhar o papel de juiz também tem efeitos prejudiciais sobre a pessoa que julga! Primeiro, a atitude que demonstramos resultará na mesma atitude dos outros em relação a nós (Mt 7:1-2). Iremos receber de volta o que nós distribuímos. Você provavelmente já ouviu o ditado: "o que vai também volta". Jesus afirmou a verdade proverbial básica disso, mas não no sentido de "carma". A realidade é que se demonstrarmos um espírito hipócrita e de julgamento, ele voltará para nos ferir. Quando deixamos de mostrar graça aos outros, será mais difícil para os outros nos mostrarem graça quando precisarmos. Quando apontamos o dedo para os outros, chamaremos a atenção daqueles que têm atitudes críticas. Quando aplicamos padrões injustos aos outros, não devemos nos surpreender quando os outros também aplicarem padrões injustos a nós.

Segundo, uma atitude hipócrita e julgadora pode resultar em nossa própria condenação diante de Deus. Ao agir como se estivéssemos qualificados para fazer um julgamento rápido e impiedoso, estamos nos colocando em uma posição de superioridade moral. O apóstolo Paulo diz: "Portanto, você, que julga os outros é indesculpável; pois está condenando você mesmo naquilo em que julga, visto que você, que julga, pratica as mesmas coisas" (Rm 2:1). Aqueles que praticam o jogo do "vamos rotular" são tão culpados diante de Deus quanto aqueles a quem eles criticam, porque "todos pecaram e estão destituídos da glória de Deus" (Rm 3:23).

Para ilustrar a loucura desse tipo de julgamento mesquinho, míope e autodestrutivo, Jesus usou uma ilustração brilhante — e até mesmo engraçada (Mt 7:3-5). O Mestre queria que seus ouvintes imaginassem um homem informando a outro que ele tinha uma pequena partícula em seu olho. A palavra traduzida como "cisco" refere-se a um pedacinho de madeira seca, como uma lasca, que causa irritação.[77] Mas enquanto o homem está apontando a culpa do irmão, ele não percebe a "viga" em seu próprio olho. Jesus usou um exagero intencional e fora da realidade, aqui, para que percebêssemos o ridículo da situação de um irmão que quer ser "prestativo" apontando o minúsculo cisco como o motivo de o outro não poder enxergar. A palavra traduzida como "viga" refere-se aos caibros ou vigas de madeira que sustentam as paredes e o telhado de um edifício![78]

Como alguém com uma viga de suporte do tamanho de um pilar no olho pode ver com clareza suficiente para ajudar outra pessoa a remover sua própria fonte de irritação e cegueira? Não pode ser feito! A solução é cuidar de nossos próprios problemas e falhas de caráter que nos cegam (as "vigas" em nossos olhos) para que possamos enxergar com mais objetividade e clareza para ajudar os outros a resolver seus problemas (os "ciscos" em seus olhos). Fazer menos do que isso é ser hipócrita, o que, na verdade, não vai ajudar ninguém.

Observe que Jesus não nos disse que deveríamos apenas cuidar da nossa vida, quando vemos o erro na vida de outra pessoa. Ele não disse: "Viva e deixe viver" ou "Quem sou eu para julgar?" Em vez disso, Ele reconheceu que é certo querer ajudar um irmão ou irmã a superar uma luta. Esse tipo de amor e responsabilidade mútuos é o que somos chamados a fazer como cristãos. No entanto, Jesus quer que estejamos mais bem equipados para ajudar os outros com amor, cuidado e sem hipocrisia.

7:6

O segundo princípio poderoso em 7:1-12 tem a ver com falar e se restringir. *O discernimento deve temperar nossas declarações.* O tipo de pessoa que julga, mencionada em 7:1-5, erra ao dar uma condenação dura e injusta quando não é merecida. Essas pessoas respondem rápido demais, quando deveriam ser mais pacientes. Eles cutucam e apontam com muita força quando deveriam demonstrar mais graça. Em 7:6, porém, Jesus considera aqueles que vão para o extremo oposto: desperdiçar coisas preciosas e inestimáveis sobre os que não estão desejosos de recebê-las, e nem prontos ou dispostos a isso. Aqui Jesus advertiu os crentes contra compartilhar coisas sagradas com outros, indiscriminadamente.

Para demonstrar seu ponto de vista, Jesus usou as ilustrações de uma pessoa que oferece uma coisa "santa" — provavelmente comida consagrada — aos cães e lança "pérolas" preciosas aos porcos. Da mesma forma que não oferecemos comida sagrada a esses animais selvagens e imundos, nem os adornamos com pérolas finas, devemos ser sábios e prudentes quanto às pessoas às quais oferecemos as coisas espirituais. R. T. France expressa o pensamento desta forma: "Coisas sagradas e valiosas (a referência é, provavelmente, ao ensino) devem ser dadas apenas para aqueles que são capazes de apreciá-las... As dádivas de Deus não devem ser expostas ao abuso, ou sua verdade à zombaria. Há uma discriminação correta que é diferente do julgamento de censura dos v. 1-2".[79]

7:7-11

O terceiro princípio de Mateus 7:1-12 relaciona-se com orar e ser atendido. *A persistência deve caracterizar nossas orações*. Aqui, Jesus começa com três mandamentos (7:7). Cada um deles é transmitido em grego por um verbo imperativo no presente, que pode ser interpretado como uma ordem de atividade contínua. Continuem pedindo.... continuem buscando... continuem batendo.[80] Nesse contexto, Jesus estava falando sobre ser consistente e persistente na oração. Se buscarmos genuinamente a vontade do Senhor e procurarmos sinceramente sua intervenção em nosso favor, receberemos o que pedimos, encontraremos o que procuramos e teremos acesso aos lugares aonde queremos ir. No entanto, devemos continuar assim, nos manter nesse objetivo, e persistir. Se a situação piorar, precisamos intensificar nossas orações. Se nossa necessidade persistir, precisamos voltar a nos ajoelhar e suplicar ainda mais a Deus.

Isso significa que Deus nos dará tudo o que pedirmos, que encontraremos o que estivermos procurando e que Ele abrirá todas as portas que desejarmos? Não exatamente. O apóstolo João escreveu: "Esta é a confiança que temos ao nos aproximarmos de Deus: se pedirmos alguma coisa *de acordo com a vontade de Deus*, ele nos ouvirá" (1Jo 5:14, ênfase minha). O encorajamento de Jesus para alguém ser fervoroso em oração não deve ser entendido como indicando que Deus é nossa máquina de venda celestial, nos dando as coisas que desejamos apenas porque as queremos. Antes, Cristo enfatizou que o relacionamento que temos com o perfeito Pai celestial, por meio da oração, é um privilégio (Mt 7:9-11). Jesus usou a prática judaica comum de argumentar partindo da ilustração menor para a maior com o objetivo de demonstrar seu ponto de vista. Embora nossos pais terrenos estejam na condição de caídos e depravados, eles ainda nos amam o suficiente para nos dar pão ou peixe quando pedimos; eles não nos darão coisas prejudiciais, como pedras ou cobras.

Note que Jesus se referiu a pedidos relacionados a um sustento diário razoável, coisas de que *precisamos* para viver, que claramente fazem parte da vontade de Deus para nós. Ao pedirmos essas coisas "de acordo com a vontade de Deus" (1Jo 5:14), Ele nos ouvirá. E porque Ele nos ama infinitamente mais do que nossos pais terrenos podem nos amar, Deus "dará coisas boas aos que lhe pedirem" (Mt 7:11). Isso é de vital importância. Deus, que é bom e só faz o bem, nunca nos negará aquilo de que realmente necessitamos... e Ele certamente não nos afligirá maliciosamente com o que será prejudicial. Tudo o que Ele faz por nós em resposta às nossas orações é para o nosso bem (veja Rm 8:28).

CÃES E PORCOS

MATEUS 7:6

Hoje, no Ocidente, os cães são animais de estimação mimados, e a carne de porco é "a outra carne branca". Mas nos períodos do Antigo e do Novo Testamento, os judeus geralmente consideravam cães e porcos como seres impuros e deploráveis.

No primeiro século, como em muitos países do terceiro mundo ainda hoje, os cães corriam soltos, geralmente em matilhas, e muitas vezes eram cruéis e perigosos.[81] Eles eram conhecidos como comedores de carniça que vagavam pelas ruas. Certamente eram impuros. O termo "cão" muitas vezes era usado como metáfora para pessoas ímpias (Is 56:10-11) — aquelas que não pertenciam à comunidade de fé (Ap 22:15).

Os suínos também eram considerados impuros e muitas vezes invasores; danificavam propriedades, e muitos deles eram agressivos e perigosos. Com relação aos suínos do primeiro século, devemos ter em mente o javali, não o porco doméstico moderno. Os judeus abominavam de tal modo o porco que muitos nem mencionavam o nome do animal, referindo-se a ele simplesmente como "a abominação".[82]

7:12

O quarto e último princípio de Mateus 7:1-12 resume tudo o que foi tratado antes. *O exemplo pessoal deve acompanhar nossa mensagem*. Aqui Jesus apresentou a seus ouvintes aquilo que ficou conhecido como a Regra Áurea. William Barclay diz, a respeito de Mateus 7:12: "Em nível universal, essa é, provavelmente, a coisa mais famosa que Jesus disse. Com esse mandamento, o Sermão do Monte atinge o seu ápice... Ele é o pico mais alto da ética social e o Everest de todos os ensinos éticos".[83] Esse princípio ético de Jesus não era novo. Algo semelhante havia sido ensinado por Confúcio, pelos filósofos gregos e pelos rabinos judeus.[84] Ele também aparece, de forma negativa, no livro apócrifo de Tobias. "Não faça aos outros o que você detestaria que fizessem a você" (Tobias 4:15).[85] No entanto, Jesus inverteu esse princípio e o expressou de forma positiva, dizendo, em essência: "Façam aos outros o que vocês querem que eles façam a vocês". No coração dessa ética elevada, então, está um espírito de amor incondicional, centrado no outro.

Essa pedra angular serve como um sumário adequado dos três princípios anteriores. Tratar as pessoas como gostaríamos de ser tratados significa não julgar os outros injustamente, pois na medida em que julgamos os outros, nós mesmos seremos julgados (Mt 7:1-5). Tratar as pessoas do modo como gostaríamos de ser tratados também significaria não despejar nossa pregação da mensagem sobre aqueles que Deus não preparou; fazer isso poderia azedá-los para a verdade e levá-los a tratar as coisas de Deus com um desprezo endurecido (7:6). Além disso, tratar os outros da maneira como queremos ser tratados significa sermos um modelo, para os outros, da rica e amorosa benevolência que Deus, o Pai, derramou sobre nós (7:7-11). Em outras palavras, por causa da graça inexprimível e incondicional que Deus nos concede, devemos mostrar o mesmo tipo de graça incondicional aos outros.

Viver dessa maneira altruísta e centrada no outro é cumprir "a Lei e os Profetas" (7:12) — isto é, cumprir o coração e a alma do Antigo Testamento. Quando vivemos assim, estamos transmitindo a semelhança de Cristo, exemplificando nossa mensagem de graça para que o mundo a veja.

APLICAÇÃO

Mateus 7:1-12

FAZENDO PARA OS OUTROS

Dos ensinos de Jesus em Mateus 7:1-12, aprendemos quatro princípios transformadores que nos ajudam em nossa jornada de discipulado a serviço do Rei. Vamos voltar a cada um deles e considerar como podemos integrá-los em nossa vida.

Primeiro, *a exortação deve vir de uma posição de amor e humildade, e não de um orgulho hipócrita* (7:1-5). Sempre que estamos prestes a falar sobre o comportamento de outra pessoa, precisamos examinar primeiro a nós mesmos. Então podemos reconhecer nossas próprias falhas, fraquezas e fracassos para ter certeza de que estamos numa posição espiritual e moral adequada para entender as lutas da pessoa e ser humildes e gentis, em vez de duros e apressados. E devemos sempre lembrar que o objetivo da disciplina é a restauração e a recuperação, não a condenação da pessoa e a colocação dela num período de prova.

Em segundo lugar, *o discernimento deve temperar nossa proclamação do evangelho* (7:6). A aplicação do segundo princípio de Jesus nessa passagem é permanecermos alertas, sensíveis e com discernimento ao compartilharmos o evangelho com outras pessoas. Se não houver interesse da parte delas — ou você detectar hostilidade ou desprezo —, recue. Esse princípio também se aplica ao compartilhamento de bênçãos materiais com outras pessoas. Pode parecer que a melhor coisa que fazemos para ajudar alguém com uma necessidade financeira é dar-lhe dinheiro. Isso pode ser verdade, mas não é algo inquestionável. Às vezes dar dinheiro para um tolo, uma pessoa perversa ou um dependente químico prejudicará a própria pessoa, em vez de ajudá-la. Ao compartilhar nossa vida, nossos recursos, nosso tempo e nossa mensagem, precisamos ser sábios e prudentes.

Terceiro, *a persistência deve caracterizar nossas orações* (7:7-11). Devemos ser incansáveis em nossas orações, apresentando nossas necessidades genuínas diante do Senhor e confiando em sua sabedoria, bondade e poder para nos dar o que pedimos. Mas também devemos buscar as coisas que *Ele* quer para nós, submetendo humildemente nossa própria vontade à dele. Quando oramos fervorosamente por algo durante vários dias, semanas, meses ou até mesmo anos — um filho pródigo, uma doença crônica, um membro da família de coração duro ou uma igreja moribunda —, às vezes Deus poderá usar o decorrer do tempo e a seriedade de nossas orações para *nos* mudar. Talvez vejamos nosso próprio coração se comovendo, nossa vontade se dobrando e toda a nossa vida se conformando à sua vontade. Nesse processo, aprendemos como Deus é bom, sábio e poderoso.

Quarto, *o exemplo pessoal deve acompanhar nossa mensagem* (7:12). Aplicamos o princípio da Regra Áurea quando adquirimos o hábito de avaliar constantemente nossas ações em relação aos outros com algumas perguntas importantes. Primeiro, *que ação posso praticar para refletir o tipo de graça, misericórdia e amor demonstrados a mim por meu amoroso Pai celestial — fazendo pelos outros o que Deus fez por mim?* Em segundo lugar, *que ação posso praticar para representar melhor a própria obra graciosa de Cristo no mundo — fazendo pelos outros o que Cristo quer fazer através de mim?* E terceiro, *que ações eu gostaria que fossem feitas em meu favor se eu estivesse na mesma situação — fazendo pelos outros o que eu gostaria que os outros fizessem por mim?* Pense em como sua vida pessoal, sua vida familiar, sua vida na comunidade e na igreja e até mesmo o mundo poderiam ser transformados se mais pessoas interagissem umas com as outras de acordo com essa ética! Todavia, sem uma experiência genuína do amor de Cristo e do poder do Espírito Santo, tal ética revolucionária é impossível. Felizmente, o que é impossível para as pessoas é possível para Deus (Lc 18:27).

Segredos de uma vida inabalável

MATEUS 7:13-29

Não consigo imaginar Jesus lambendo o dedo, levantando-o em direção ao vento e harmonizando sua mensagem com a direção em que o vento da opinião popular estivesse soprando. Ele simplesmente não ficava ouvindo o que os fariseus diziam nem lia os comentários dos escribas para que pudesse alinhar seus ensinos exatamente com os dos respeitados rabinos da época. Também não buscava a aprovação do governo, e muito menos o apoio da congregação. Ao contrário disso, Ele apresentava a verdade — de maneira franca, clara e direta. Suas mensagens eram perspicazes e cativantes, atemporais e oportunas, convincentes, corajosas e persuasivas — "Fora com a hipocrisia!" (5:1-48) ... "Abaixo a exibição!" (6:1-34) ... "Bem-vinda a aceitação às pessoas!" (7:1-5) ... "Avante com a dedicação!" (7:6-12).

Ao concluirmos nosso estudo do Sermão do Monte, percebemos que Jesus guardou suas palavras mais apaixonadas para o final. Mateus 7:13-27 expressa os sentimentos mais intensos do Senhor no sermão. Poderíamos chamar essa parte de a seção de aplicação do sermão. À luz de tudo o que Ele pregou até aquele momento, Jesus diz, essencialmente: "Agora que você ouviu tudo isso, o que vai fazer a respeito?" Enquanto conduzia seus ouvintes à aplicação, Jesus apresentou-lhes quatro alternativas em pares:

- *duas portas* — a estreita, que conduz à vida, ou a larga, que leva à destruição (7:13-14);
- *duas árvores* — a boa, que produz bons frutos, ou a má, que dá frutos ruins (7:15-20);
- *duas respostas* — o discípulo genuíno, que faz a vontade de Deus, ou o ouvinte hipócrita, que só fala da boca para fora (7:21-23);
- *dois fundamentos* — aquele que é construído sobre a rocha ou o que está edificado sobre a areia (7:24-27).

O convite de Jesus para uma decisão em resposta à sua mensagem é realmente um chamado à fé para os incrédulos e uma convocação ao discipulado para os crentes. É um chamado ao arrependimento e à confiança e obediência ao Rei, o tão esperado Messias e o único Senhor legítimo.

7:13-14

Duas portas. No primeiro conjunto de alternativas postas lado a lado, Jesus descartou o conceito — popular hoje — chamado pluralismo. O pluralismo pode ser definido como "a visão de que todas as religiões incluem alguma verdade e que existem muitos caminhos para Deus. Os cristãos são salvos seguindo o caminho cristão, os budistas, acompanhando o caminho budista, os muçulmanos, oferecendo sua fidelidade ao Islã etc."[86] Em oposição a esse ponto de vista, Jesus observou que a porta popular por onde muitos entram é um caminho largo e amplo que "leva à perdição" (7:13).

O grande pensador e autor cristão do século 20, C. S. Lewis, descreve sua peregrinação ao longo do caminho aberto e amplo em sua juventude: "Logo eu estava (nas famosas palavras) 'mudando' 'eu acredito' para 'aquilo que sinto'... E oh! que alívio isso trazia... Do meio-dia tirânico da revelação, passei para o crepúsculo fresco do Pensamento Superior, onde não havia nada a ser obedecido e nada em que acreditar, exceto aquilo que era reconfortante ou excitante".[87] Pense sobre isso. Quando alguém tem uma "mente liberal" e anda com sofistas igualmente "brilhantes", só ficará impressionado com as opiniões de estudiosos, realizações acadêmicas, credenciais eruditas, pensamentos profundos e pronunciamentos baseados em distinções sutis. Para essa pessoa, qualquer declaração sobre uma pequena porta que conduz a um caminho estreito, o qual somente alguns acharão, soará absolutamente ridículo e ingênuo.

Porém, o ensino de Jesus sobre o aperto do caminho que conduz à vida (7:14) está em perfeita harmonia com o restante da revelação de Deus. Provérbios 14:12 diz: "Há caminho que parece certo ao homem, mas no final conduz à morte". A única maneira certa que Deus providenciou para que as pessoas sejam salvas e entrem na vida eterna com Ele é através do Filho, como o próprio Jesus disse: "Eu sou o caminho, e a verdade, e a vida; ninguém vem ao Pai senão por mim" (Jo 14:6). Da mesma forma, anos depois, Paulo lembraria ao seu discípulo Timóteo que "há um só Deus e um só mediador entre Deus e os homens, o homem Jesus Cristo" (1Tm 2:5).

Duas árvores. Com o segundo conjunto de alternativas emparelhadas, Jesus abordou o problema dos falsos mestres. Pelo fato de que a maioria dos que passam pela porta larga e seguem o caminho amplo foram desviados do caminho verdadeiro por algum professor, autor, pregador ou líder que proferia mentiras enganosas, o falso ensino é objeto de um contraste que tem por fim ajudar os ouvintes a discernirem as diferenças entre aqueles a quem eles ouvem.

EXCURSO: OS "DOIS CAMINHOS"

MATEUS 7:13-14

Quando Jesus ensinou sobre as duas portas que levam a dois "caminhos" ou "estradas" diferentes, Ele estava tomando por base um padrão de ensino muito popular no primeiro século, conhecido como os "Dois Caminhos". Esse modelo de instrução contrastava o caminho da vida, luz, verdade, sabedoria e justiça com o caminho da morte, trevas, falsidade, loucura e maldade. Em vários textos judaicos e cristãos antigos que discutiam os Dois Caminhos, a seção "o caminho da vida" explicava o estilo de vida virtuoso esperado de um homem ou mulher de Deus. Em contraste, a seção "o caminho da morte" apresentava os estilos de vida pecaminosos e destrutivos dos incrédulos. O escrito do primeiro século chamada *Didaquê*, que pode ser o mais antigo escrito cristão fora do Novo Testamento inspirado, começa assim: "Existem dois caminhos: o caminho da vida e o caminho da morte, e há uma grande diferença entre esses dois caminhos" (*Didaquê* 1:1).

Embora o padrão de ensino dos Dois Caminhos tenha sido usado pela igreja primitiva, ele tem raízes no ensino bíblico e rabínico antes do surgimento do cristianismo. O modelo das Duas Portas pode ser visto nas Escrituras Hebraicas (veja Dt 30:15; Sl:6; 139:24; Pv 2:8-22; Jr 21:8), na literatura dos Manuscritos do Mar Morto,[88] e em outros textos da literatura primitiva judaica.

Jesus descreveu a si mesmo como "o caminho" (Jo 14:6), indicando que toda vida, luz, verdade, sabedoria e justiça são, em última análise, encontradas em um relacionamento com Ele. Para o crente, a jornada no caminho da vida começa com a fé em Cristo e continua até que ele chegue ao destino glorioso: o céu. Como João Bunyan retrata tão vividamente em sua querida obra *O Peregrino*, esse caminho é carregado de dificuldades, lutas e sofrimentos; mas também é percorrido na companhia de santos alegres, confiantes e vitoriosos. A estrada está repleta de perseguidores e de pessoas que armam tentações e desencorajam; mas seus viajantes são acompanhados pelo Senhor Jesus Cristo, que carrega nossos fardos e provê seu Espírito Santo para revigorar nossos passos vacilantes. No pensamento judaico-cristão, o caminho da vida, embora estreito e difícil, conduz a um destino que fará valer a pena passar por quaisquer perigos, armadilhas ou contratempos ao longo da jornada.

Jesus começou com uma advertência surpreendente: "Cuidado com os falsos profetas" (7:15). Embora eles se mostrem externamente como ovelhas suaves e gentis, sua verdadeira natureza é a de lobos vorazes. Eles aparecem com sorrisos suaves, palavras doces e atitudes carinhosas. Eles são acessíveis, atenciosos, interessantes, cativantes, afetuosos e inteligentes. Carismáticas, atraentes e donas de um currículo impressionante de educação e experiência, essas "ovelhas" têm qualidades que não vão mais fundo que sua lã! Retire a falsa capa de lã e encontrará um monstro cruel que pretende devorar você! O apóstolo Paulo também desenvolve esse tema em 2Coríntios 11:13-15, onde escreve: "Pois tais homens são falsos apóstolos, obreiros enganosos, fingindo-se apóstolos de Cristo. Isso não é de admirar, pois o próprio Satanás se disfarça de anjo de luz. Portanto, não é surpresa que os seus servos finjam ser servos da justiça. O fim deles será o que as suas ações merecem".

Quando se trata de falsos mestres, não podemos detectar imediatamente sua verdadeira natureza. No entanto, observando de perto seus "frutos", podemos distinguir o disfarce. "Pelos seus frutos vocês os reconhecerão" (Mt 7:16, 20). Os espinheiros não dão uvas, e os cardos não produzem figos. Jesus apelou para o fato evidente da natureza de que as plantas produzem frutos "segundo a sua espécie" (Gn 1:12). Sabemos que bons frutos somente virão de boas árvores e que más árvores produzirão maus frutos — os quais são inúteis e servem apenas para ser descartados e destruídos (Mt 7:17-19).

7:21-23

Duas respostas. No terceiro conjunto de alternativas postas lado a lado, Jesus descreveu duas respostas diferentes ao seu ensino. Assim, ele passou dos falsos mestres (7:15-20) para os ouvintes insensatos (7:21-23). Esses versículos podem ser facilmente mal interpretados, a menos que os leiamos com muita atenção e os consideremos com muito cuidado. Aqui vemos o perigo de uma profissão de fé meramente verbal que carece, na realidade, de substância. Algumas pessoas podem dizer coisas que os crentes dizem e fazer coisas que os crentes fazem — mas tudo pode ser falso.

Essas pessoas podem recitar credos e fazer orações que apelam para Jesus como "Senhor, Senhor" (7:21), mas só porque tomam o nome do Rei não significa que sejam membros do reino. Entretanto, nunca devemos esquecer que somos salvos pela graça somente, e só por meio da fé. Mas a fé que salva não permanece só. Por meio dessa mesma graça que nos salva, Deus produz em nós o fruto do novo nascimento. Não só conhecemos genuinamente o Senhor como um amigo íntimo, mas também praticamos a justiça ao invés da iniquidade (Tg 2:14-26).

No entanto, é aqui que precisamos ter cuidado. Os falsos profetas e os mestres de uma fé falsa podem encenar um desempenho convincente. Eles dizem as coisas certas e podem até realizar proezas de fazer cair o queixo. Podem recitar doutrinas ortodoxas, exibir paixão e fervor em seus atos e reivindicar experiências espetaculares que parecem claramente sobrenaturais, como profetizar, expulsar demônios e realizar muitos milagres (Mt 7:22). Observe que Jesus nunca disse que eles eram realmente capazes de fazer essas coisas de maneira autêntica. Os falsos seguidores apenas *afirmam* ter feito essas coisas. No entanto, todos esses atos podem ser falsificados; também podem ser alegações mentirosas. Em meus muitos anos de ministério, vi afirmações fraudulentas e exageradas de obras sobrenaturais operadas por pregadores iludidos.

Jesus pode ver o que está por trás dessa fachada. Ele vai responder às falsificações com estas palavras arrepiantes: "Nunca os conheci. Afastem-se de mim vocês que praticam o mal!" (7:23). Essas falsificações contrastam com os seguidores genuínos de Jesus, que o conhecem *verdadeiramente* e que fazem a vontade do Pai (7:21). Embora os falsos crentes possam enganar as pessoas — inclusive os membros da igreja —, Deus jamais pode ser enganado.

7:24-29

Dois fundamentos. No quarto conjunto de alternativas postas lado a lado, Jesus descreveu dois fundamentos muito diferentes entre si, sobre os quais as pessoas constroem suas vidas. Ele começou esse último segmento do Sermão do Monte com a palavra "portanto" (7:24), sinalizando que tudo o que Ele havia ensinado à multidão até aquele momento estava conduzindo a essa declaração final. E Ele os deixou com uma imagem dramática para concluir enfaticamente o assunto.

Jesus construiu lado a lado na mente de seus ouvintes duas habitações diferentes. A primeira casa que Jesus descreveu foi construída sobre uma rocha sólida e inabalável (7:24). Uma inevitável tempestade desencadeou sua fúria contra essa casa com chuvas, inundações e ventos, mas "ela não caiu, porque tinha seus alicerces na rocha" (7:25). Em contraste, a segunda casa foi edificada sobre areia movediça (7:26). Quando a mesma tempestade atingiu aquela casa, "foi grande a sua queda" (7:27). A imagem é bastante simples; o contraste, vívido. No entanto, Jesus não está primariamente focado em técnicas de construção. Ele está interessado na qualidade de nossa vida.

A casa construída sobre a rocha é uma metáfora, nas palavras de Jesus, para "quem ouve estas minhas palavras e as pratica" (7:24). Quais palavras? As palavras que Ele estivera ensinando a eles durante todo o Sermão do Monte. Em contraste, a casa que, de modo descuidado, foi construída na areia representa "quem ouve estas minhas palavras e não as pratica" (7:26). Quando os problemas inevitáveis da vida vierem, aqueles que mantiveram sua vida de acordo com os ensinos de Cristo serão capazes de sobreviver ao ataque. Aqueles que deixaram de seguir seus princípios e exemplo sofrerão uma grande queda.

As tempestades e a vida caminham lado a lado. Não há lugar na terra onde possamos estar completamente livres de traumas, tensões ou problemas. O que Jó disse foi direto ao ponto: "O homem nascido de mulher vive pouco tempo e passa por muitas dificuldades" (Jó 14:1). Ficar longe de todas as turbulências é apenas uma fantasia. Nossa necessidade, portanto, é aprender o segredo de resistir sem afundar, assim como permanecer forte sem desmoronar. Ao encerrar seu poderoso e prático Sermão do Monte, Jesus usou essa imagem vívida das duas casas e dois alicerces para estimular seus ouvintes à ação.

As palavras de Jesus causaram um grande impacto na multidão. Na verdade, o povo ficou sem palavras. As multidões se mostraram "maravilhadas com o seu ensino" (Mt 7:28). E com razão! Essas não eram as palavras de algum escriba lutando para entender as nuances de uma construção gramatical ou as especulações de algum fariseu trabalhando para convencer seus colegas estudiosos de que sua opinião sobre esta ou aquela lei estava correta. Não, Jesus ensinou a verdade como Aquele que é a Verdade encarnada. Ele ensinou a Lei como Aquele que originalmente a entregou no Sinai. Ou seja, Ele ensinou a partir de sua autoridade divina, não como os escribas o faziam (7:29).

APLICAÇÃO

Mateus 7:13-29

SAINDO DE CIMA DO MURO

A conclusão do Sermão do Monte proferido por Jesus pretendia motivar os ouvintes a saírem de cima do muro. A mensagem é a mesma para nós. E é tão urgente hoje como era no primeiro século. Só você pode determinar onde está em relação a essas questões.

Entre duas portas. Cada pessoa está diante de duas portas e dois caminhos. Uma porta é pequena, conduzindo a um caminho estreito e encontrado por poucos, mas essa porta leva à vida. A outra porta é larga, levando a um caminho amplo e seguido por muitos, mas que leva à perdição. Você já escolheu em qual porta entrar e qual caminho seguir? Lembre-se, Jesus é o Caminho, a Verdade e a Vida; ninguém vai ao Pai senão por Ele (Jo 14:6).

Entre duas árvores. O ensino de Jesus a respeito das duas árvores ressalta o fato de que devemos tomar cuidado com os ensinos que seguimos. Que tipo de fruto devemos procurar para nos ajudar a identificar as árvores ruins? Temos de prestar atenção em como os mestres e líderes lidam com a Palavra de Deus. Eles estão sob a autoridade dela em uma postura de total crença e obediência? Ou eles se colocam acima dela, e a julgam, a corrigem ou a negligenciam? Eles têm uma visão elevada da pessoa de Cristo como o Deus-homem? Uma devoção à sua obra consumada na cruz como substituto dos pecadores? Um compromisso inabalável com a miraculosa ressurreição corporal de Jesus dentre os mortos? Eles abraçam a doutrina da Trindade — um Deus em três pessoas (Pai, Filho e Espírito Santo)? Eles permanecem firmes nas doutrinas fundamentais da fé cristã?

Além dessas questões doutrinárias, observe o estilo de vida deles. Esses mestres exaltam a Cristo ou a si mesmos? Eles encorajam os seguidores a prestar sua devoção a Jesus ou a eles? Eles promovem um estilo de vida piedoso, juntamente com unidade, graça e misericórdia entre seus seguidores? Ou seus ensinos levam à maldade, cismas, legalismo ou mágoa?

Por fim, faça a si mesmo algumas perguntas pessoais: *minha caminhada com Cristo está se aprofundando como resultado da influência de um professor em particular? Estou desfrutando de uma harmonia mais íntima com outros membros da família de Deus? Continuo crescendo em fé, amor e esperança, e na graça e conhecimento do Senhor?* Essas coisas precisam ser consideradas sempre que você fizer uma inspeção cuidadosa do fruto desses pregadores e professores que podem parecer um pouco "desconectados".

Entre duas respostas. Qualquer um pode chamar Jesus de "Senhor, Senhor" (veja Mt 7:21). Qualquer um pode pronunciar as palavras de uma "oração do pecador" ou recitar as palavras de um credo. Mas um relacionamento genuíno com Deus é mais que uma fórmula. Aqueles que conhecem o Senhor e são conhecidos por Ele demonstrarão isso praticando a sua vontade e rejeitando um estilo de vida de iniquidade. Faça a si mesmo estas perguntas: *Estou apenas agindo de maneira formal? Eu simplesmente repito as palavras certas e tento imitar os outros por meio de minhas ações? Ou faço a vontade do Senhor — dentro e fora dos holofotes?*

Entre dois fundamentos. Todos os dias de nossa vida, estamos construindo nossa casa. Ao confiarmos em Cristo e obedecermos às suas palavras proferidas no Sermão do Monte, teremos os recursos espirituais necessários para resistir às tempestades da vida que surgirão. Essas tempestades são inevitáveis. Muitas vezes são graves. Mas se você edificou sua casa em Cristo e se esforçou para seguir seus ensinamentos, você não tem o que temer. Aqui estão mais algumas perguntas para fazer a si mesmo. *Eu ajo de acordo com o que Jesus ordena? Ou deixo de lado sua Palavra, sem ter aprendido nada? Enfrento as provações e tribulações da vida com confiança, ou com medo? Continuo, dia após dia, a edificar minha vida sobre o alicerce de Cristo e sua Palavra? Ou estou dependendo de outras coisas, como a sabedoria do mundo, os conselhos de professores tolos ou minhas próprias emoções instáveis?*

Temos escolhas a fazer todos os dias. Cristo está nos chamando para sair de cima do muro e entrar na liberdade que podemos ter em uma vida de fé e obediência.

Retratos do poder — de perto e de longe

MATEUS 8:1-17

Os relatos dos Evangelhos sobre a vida e ministério de Jesus não são uma história contínua, como muitos filmes apresentam. Ao contrário, trata-se de episódios pontuais colocados por escrito, como se fossem vídeos curtos, de dois ou três minutos, captados por pessoas que estão próximas do Salvador. De diferentes maneiras, de diversos ângulos e por distintas razões, essas imagens, juntas, contam a história de quem Jesus é e o que Ele fez.

Ao encerrar a mensagem do Sermão do Monte (Mt 5:1—7:29), Jesus já havia captado a atenção arrebatada das multidões por causa das palavras que havia falado. Elas "estavam maravilhadas com o seu ensino" porque sua mensagem apresentava uma autoridade ousada, diferente dos ensinos confusos e hesitantes dos chamados especialistas da Lei (7:28-29). Portanto, não devemos nos surpreender que aquelas grandes multidões seguiram Jesus colina abaixo para ouvir mais (8:1). No entanto, o que eles conseguiram não foi outro sermão, mas demonstrações notáveis do poder divino: a purificação de um leproso pelo toque de Jesus (8:2-4), a restauração de um paralítico a distância (8:5-13), a cura da sogra de Pedro (8:14-15) e o alívio de muitos que estavam possuídos por demônios, doentes ou sofrendo de outras enfermidades

— tudo em cumprimento das expectativas do Antigo Testamento acerca da vinda do Messias (8:16-17).

Naquele dia, as multidões não apenas ouviram a pregação da palavra de Deus, mas também experimentaram o poder da Palavra que havia se tornado carne — Deus, o Filho, que veio à terra como o tão esperado Messias, o Rei de Israel.

8:1-4

Imediatamente antes de proferir o Sermão do Monte (5:1—7:29), Jesus estivera viajando por toda a Galileia ensinando, pregando e "curando todas as enfermidades e doenças entre o povo" (4:23). A palavra de sua incrível autoridade para aliviar o sofrimento humano se espalhou por toda a Galileia e regiões vizinhas, atraindo grandes multidões, sem dúvida incluindo muitos que comporiam o grande número de ouvintes do Sermão (4:24-25). Na esteira dessa mensagem, assim como no período imediatamente anterior, Jesus não teve descanso, nem cochilo, nem tempo para encontrar um ambiente calmo ao lado de um riacho tranquilo para descansar um pouco.

Assim que Jesus encerrou seu sermão convincente e desceu a encosta, as multidões se aproximaram mais uma vez. Enquanto avançavam em sua direção, com seus apelos desesperados por cura, um homem se destacou entre a multidão — um leproso proscrito.

Posso imaginar a multidão se abrindo, como o mar Vermelho, enquanto o leproso deformado e cheio de cicatrizes caminhava em direção ao centro de onde estava o povo, arriscando potencialmente todos ao seu redor por causa de sua infecção e, certamente, expondo-os à impureza cerimonial. Mas aquele pobre, humilhado, deprimido e desesperado leproso acreditava corretamente que Jesus era sua única esperança. Ao chegar junto ao homem de Nazaré, o leproso sem nome se jogou no chão e adorou Jesus. As palavras que proferiu prostrado diziam tudo: "Senhor, se quiseres, podes purificar-me" (8:2).

Que pedido gracioso e humilde, cheio de fé e esperança, respeito e honra. O ato de total anulação de si mesmo, por parte do leproso, não revelou nenhum indício de exigência — apenas uma expectativa confiante. Ele acreditava que Jesus tinha o poder de purificá-lo, mas não tinha certeza de que era sua vontade fazê-lo. Sem dúvida, o leproso se sentia a pessoa mais indesejada e indigna da multidão. Ele não reivindicou nenhum direito, não tinha nenhum indício de presunção e entendeu que estava inteiramente à mercê de Jesus. A. B. Bruce fornece uma ótima legenda para esta imagem: "Os homens acreditam mais facilmente em um poder milagroso do que em um amor milagroso".[89]

Do meu diário

Somente Deus é extraordinário

MATEUS 8:2-3

Anos atrás, assumi o compromisso de usar a palavra "extraordinário" exclusivamente para o Deus triúno — o Pai, o Filho e o Espírito Santo. Os carros não são extraordinários. Os filmes não são extraordinários. As estrelas do esporte não são extraordinárias. Hambúrgueres não são extraordinários. Fogos de artifício não são extraordinários. E os pregadores não são extraordinários. Todas essas coisas podem ser poderosas, divertidas, impressionantes, deliciosas, excitantes ou inspiradoras... mas extraordinário é o que vemos quando lemos sobre a criação dos céus e da terra no Gênesis, ou a abertura do mar Vermelho no Êxodo, ainda as obras miraculosas de Jesus no Evangelho de Mateus. Sim, Deus é extraordinário.

Quando consideramos o poder de Jesus, estamos falando do extraordinário poder divino. Ele possui todos os atributos que são verdadeiros para Deus Pai e Deus Espírito Santo. Como totalmente divino, Jesus é onipotente — uma palavra que significa "todo-poderoso". Seu poder divino compreende a capacidade de fazer qualquer coisa que seja consistente com seu caráter e de acordo com sua vontade. Isso é extraordinário!

Esse poder extraordinário me concedeu um conforto incomensurável ao longo dos anos. Nenhum obstáculo é intransponível, nenhuma circunstância é impossível, nenhuma situação é inacessível, nenhuma pessoa é imutável e nenhum problema é insolúvel. Se for da sua vontade, Deus é capaz de curar qualquer mal ou enfermidade, acabar com qualquer vício e aliviar qualquer aflição física, mental ou emocional. Quando Ele não o faz, não significa que Ele não tenha poder, mas que não é sua vontade, o que aponta para o fato de que Ele também é onisciente, totalmente sábio e bondoso — não um ser ignorante, tolo ou caprichoso. Nenhuma força pode resistir ao que Ele quer realizar quando quer. Nenhum inimigo é uma ameaça, e nenhum ser, seja humano, seja demoníaco, pode resistir ao seu controle soberano ou alterar sua vontade. Isso é extraordinário!

O poder de Jesus é ilimitado, independente, absoluto e autoritativo. Embora muitas vezes seja invisível, Ele é sempre invencível. Às vezes Ele exerce sua vontade soberana por meio de sua providência imperceptível sobre eventos aparentemente naturais, enquanto outras vezes Ele age por meio de milagres sobrenaturais. Em ambos os casos, seu tempo não está ligado aos nossos relógios ou aos nossos calendários... e seu plano não é baseado em nossa lógica. Na maioria das vezes, suas razões para fazer as coisas desta ou daquela maneira são indecifráveis. Sua força é inesgotável, seus caminhos, insondáveis, e a amplitude de sua magnífica grandeza, incompreensível. Isso é extraordinário!

Além dessas características de sua divindade plena, Jesus é e sempre será a verdadeira e perfeita humanidade. Ele é sempre compassivo e continuamente preocupado conosco em nossas fraquezas. Ele está pronto para nos perdoar, pois nos mostra misericórdia e lida conosco em graça. Conhece nossa finitude, mas não é limitado por ela. Conhece nossa fragilidade, mas não é derrotado por ela. Conhece nossa condição caída, mas nos resgata dela. Identifica-se conosco completamente, tendo compartilhado de nossos sofrimentos, para que possamos nos identificar completamente com Ele, compartilhando de sua glória. Isso é extraordinário!

À luz dessa (paupérrima) tentativa de descrever seu poder, eu exorto cada um de nós a reservarmos pelo menos uma palavra em nosso vocabulário para Deus e apenas Deus — porque somente Deus é extraordinário!

A resposta de Jesus ao pedido de purificação do homem nos ensina algo vital sobre seu caráter. Nesse retrato, testemunhamos não apenas uma confirmação do poder e autoridade divinos de Jesus, mas também um exemplo claro de sua compaixão, graça, misericórdia e amor. Diferente de uma pessoa normal que temia a terrível doença da lepra, Jesus não deu um passo para trás a fim de evitar o contato acidental. Em vez disso, se compadeceu da condição deplorável do homem, estendeu a mão e o tocou. Jesus o tocou! Posso imaginar a perplexidade da multidão. Talvez, naquele momento, o Senhor até tenha perdido alguns seguidores, tomados de repugnância, que não conseguiam seguir alguém que se dispôs a descer tão baixo.

Com seu ato misericordioso, vieram palavras de poder divino: "Quero. Seja purificado! (8:3). Assim como a luz veio a existir em obediência à palavra de Deus (Gn 1:3), a lepra do homem obedeceu à palavra de Jesus e o deixou instantaneamente.

Entre as inevitáveis expressões de admiração da multidão, Jesus se inclinou e instruiu o ex leproso a que seguisse os protocolos sobre a lepra exigidos pela Lei, descritos em Levítico 14. Em vez de contar a todos sobre o milagre, o leproso purificado deveria cumprir os requisitos diante do sacerdote e oferecer o sacrifício exigido (Mt 8:4). Embora Mateus não conte o que aconteceu com o ex leproso, podemos imaginar o espanto do sacerdote que o examinou e ouviu que Jesus havia curado o homem instantaneamente, demonstrando não apenas seu poder divino, mas também sua bondade divina. Aquele homem de Nazaré era certamente o Messias há muito esperado, o Rei de Israel...mas, muito mais do que isso!

A LEPRA

MATEUS 8:2-4

A palavra traduzida como "lepra" no Antigo Testamento é *tsaraath* [H6883]. Esse termo descreve uma gama de infecções cutâneas crônicas ou malignas (veja Lv 13-14). Tanto a tradução grega da Bíblia hebraica quanto o Novo Testamento usam o termo *lepros* [3015], que significa "escama" ou "escaras".[90] Assim como *tsaraath*, a palavra *lepros* é empregada para descrever várias infecções de pele. Uma dessas doenças é provavelmente aquela que hoje chamamos de hanseníase, que se manifesta em manchas descoloridas, úlceras na pele e eventual perda de tecido e deformidade.[91]

Como muitas (embora não todas) das doenças de pele rotuladas como "lepra" se mostravam debilitantes e contagiosas, os leprosos eram considerados um perigo para a saúde e ficavam isolados da população em geral, a menos que fossem curados de sua forma particular de doença de pele. Alguns tipos eram incuráveis e só levavam ao agravamento das condições, incluindo cegueira, paralisia, surdez, sangramento e outras doenças.[92] Os leprosos eram considerados cerimonialmente impuros e, para todos os efeitos práticos, incuráveis (veja 2Rs 5:7).[93] Por causa da insidiosa natureza da doença, aqueles que haviam sido limpos da enfermidade, como se acreditava, tinham que receber a verificação oficial dos sacerdotes antes de serem autorizados a retornar ao convívio da população em geral (Lv 14).

8:5-13

Com a próxima mudança na história, também temos uma mudança de cenário. Jesus e seus discípulos — assim como a multidão de seguidores — foram para a cidade de Cafarnaum. A caminhada levaria menos de uma hora — era só descer a colina em direção ao lago. Quando Jesus entrou na aldeia, provavelmente perto da sinagoga, um centurião romano se aproximou. Se o leproso nas colinas era alguém que dispersava multidões, o comandante romano era alguém que parava multidões. Pela maneira como ele estava vestido com todas as glórias dos soldados, sua aproximação teria atraído olhares. William Barclay explica sucintamente a função dos centuriões do primeiro século:

> Os centuriões eram a espinha dorsal do exército romano. Em uma legião romana havia 6 mil homens; a legião era dividida em 60 centúrias, cada uma contendo 100 homens; e, no comando de cada centúria havia um centurião. Esses centuriões eram os soldados regulares, do exército romano, que serviam durante muito tempo. Eles eram responsáveis pela disciplina do regimento, e eram o elo que mantinha o exército unido... Os centuriões eram os melhores homens do exército romano.[94]

Sem dúvida, as notícias acerca das obras milagrosas e do poder surpreendente de Jesus haviam chegado às fileiras — aos ouvidos dos gentios e até mesmo aos oficiais do exército romano. Preocupado com a vida de seu servo sofredor paralítico, o centurião informou a Jesus sobre a sua condição (8:5-6). Curiosamente, o relato de Mateus não registra o centurião realmente pedindo ou exigindo que Jesus fizesse alguma coisa. Ele simplesmente compartilhou as más notícias da condição do servo. Isso reflete uma atitude de deferência e respeito. Para um homem acostumado a dar ordens, o pedido moderado e indireto de misericórdia é surpreendente. Aqui está um homem de caráter, que conhecia seu lugar na presença do Senhor.

Embora Jesus tenha se oferecido para ir à casa do centurião a fim de curar o servo (8:7), o soldado romano humildemente recusou, expressando sua indignidade de que Jesus entrasse em sua casa. Em uma surpreendente confissão de fé no poder de Jesus, o centurião disse: "Basta dizer uma palavra, e meu servo será curado" (8:8). Então, usando sua própria posição de autoridade como ilustração, o centurião expressou absoluta confiança de que Jesus tinha autoridade completa para fazer o que quisesse (8:9).

Não admira que o Senhor tenha elogiado o centurião por sua profunda fé: "Digo a vocês a verdade: Não encontrei em Israel ninguém com tamanha fé" (8:10). O centurião não duvidou nem um pouco de que Jesus pudesse curar com apenas uma palavra, à distância, sem nenhum truque, sem encantamentos, e sem aplicação de ervas, bálsamos ou antídotos, como os que eram usados por muitos dos operadores de prodígios ou pelos médicos daqueles dias. Em essência, o centurião estava implicitamente reconhecendo que Jesus tinha poder divino sobre o seu próprio reino criado.

Jesus então usou essa fé notável — nada menos do que a fé de um *gentio* — como evidência de que o divino plano da redenção incluiria, em última análise, os crentes não apenas de Israel, mas, também "do oriente e do ocidente — isto é, dentre os gentios. Eles encontrariam um lugar à mesa com Abraão, Isaque e Jacó no reino dos céus, enquanto os naturais "filhos do reino", isto é, os judeus, seriam lançados para longe caso permanecessem em sua incredulidade (8:11-12).

A grande fé do centurião prefigurava a fé salvadora que seria encontrada entre as nações, quando o evangelho da salvação se propagasse de Jerusalém para a Judeia e Samaria e até os confins da terra (At 1:8). Em resposta à fé do homem, Jesus simplesmente afirmou: "Vá! Como você creu, assim acontecerá!" (Mt 8:13). Naquele exato momento, o servo foi curado completamente.

8:14-17

Na próxima imagem do poder de Jesus, passamos de uma demonstração de sua autoridade divina entre aqueles que estavam religiosamente isolados e fisicamente distantes para um ato íntimo e pessoal de cura — um membro da própria família de Pedro, na casa de Pedro. Assim que Jesus entrou no lar do discípulo, Ele viu a sogra dele acamada, com febre (8:14). Sem hesitar e sem que lhe fosse pedido, Jesus tocou a mão da mulher. Imediatamente a febre a deixou e ela se recuperou instantaneamente (8:15). Na verdade, num mesmo instante ela teve energia suficiente para começar a atender seus convidados cansados!

Fallaner/Wikimedia

Ruínas de uma igreja bizantina construída sobre o provável local da casa de Pedro em Cafarnaum.

O relato de Mateus implica que Jesus e seus discípulos realmente tiveram a chance de jantar. No entanto, se algum deles estava ansioso por uma noite relaxante de descanso com uma refeição tranquila, aquele não era o momento. Quando se espalhou a notícia de que Jesus estava hospedado na casa de Pedro em Cafarnaum, as multidões começaram a afluir. Muitos com aflições espirituais e físicas foram libertos. Os que estavam possuídos por demônios tiveram os demônios expulsos com uma palavra de Jesus. Os que estavam doentes foram instantaneamente curados por Ele (8:16). O fato de Jesus poder dar ordens aos poderes demoníacos e obter obediência instantânea deles demonstrou algo sobre seu incrível poder divino. Se Jesus fosse um mero ser humano mortal — ou mesmo um ser no nível de um anjo — não teria tal autoridade sobre os espíritos maus que oprimiam o povo. Somente o Deus maravilhoso tinha esse tipo de autoridade.

Mateus termina essa série de imagens de poder para com os de perto e os de longe, apontando para uma profecia em Isaías 53:4: "E assim se cumpriu o que fora dito pelo profeta Isaías: 'Ele tomou sobre si as nossas enfermidades e sobre si levou as nossas doenças'" (Mt 8:17). A citação não apenas identifica a pessoa e a obra de Jesus com o Servo Sofredor de Isaías 53, mas também revela seu caráter como o Salvador todo-poderoso, todo-amoroso e todo-misericordioso. Ele não somente é *capaz* de suprir nossas necessidades espirituais e físicas, mas também *deseja* fazê-lo.

APLICAÇÃO

Mateus 8:1-17

SEJA QUAL FOR A SUA NECESSIDADE, JESUS É CAPAZ DE ATENDER VOCÊ

Todos nós já enfrentamos situações desesperadoras que não temos a capacidade de mudar. Você conhece essa sensação — de ser humanamente impossível conseguir a mudança que deseja. Você mudaria as coisas se pudesse, mas não tem poder sobrenatural. Talvez já tenha tentado de tudo para ajudar a si mesmo ou para ajudar alguém a quem ama profundamente. Já demonstrou que se importava, estendeu a mão e fez muito esforço, mas algumas situações simplesmente desafiam a intervenção humana. Não há passos para uma solução. Você não pode desvendar o problema. É muito complicado.

Talvez você se veja em uma destas imagens de necessidade desesperada como as registradas em Mateus 8:1-17. Um médico pode ter-lhe dito que você é um paciente terminal. Lembre-se, o poder de Jesus é ilimitado. Pode ser uma luta diária com profundas cicatrizes emocionais. Lembre-se, a autoridade de Jesus é insondável. Pode ser um problema que tenha surgido em momentos de vergonha quando você reflete sobre o passado e percebe que não pode mudá-lo. Lembre-se, a misericórdia de Jesus é imensurável.

As três imagens de necessidade desesperada que encontramos nessa passagem podem ajudá-lo a se voltar para o Senhor Jesus e apegar-se a Ele, quer Ele escolha livrá-lo imediatamente aqui na terra ou, finalmente, no céu, e quer Ele o faça por meio de um toque suave ou de uma palavra dita a distância. Talvez você seja como o leproso (8:1-4) ou como aqueles que estão afligidos por profunda opressão espiritual ou tormento físico (8:16). Você está mal, e parece que não há saída, não há esperança. Lembre-se: o poder de Jesus é extraordinário. Não pense que sua necessidade é grande demais para Ele — "Ele mesmo tomou sobre si nossas enfermidades e sobre si levou as nossas doenças" (8:17). Quer Ele escolha livrá-lo de sua aflição mais cedo ou mais tarde, nesta vida ou na gloriosa e milagrosa ressurreição, sua vontade é, em última análise, livrá-lo. Volte-se para Ele.

Ou talvez você seja como o centurião. Você está indo bem, mas está cuidando de alguém que está numa situação crítica. Você está desgastado; está desesperado; não consegue parar de pensar nele e orar por ele, esperando por uma solução, uma recuperação, uma resposta. Talvez seja um relacionamento que esteja rompido e você simplesmente não pode reconstruir uma ponte. Talvez haja um distanciamento espiritual; um amigo ou membro da família precisa do Senhor ou se desviou do caminho certo, e você não consegue dizer ou fazer nada para trazê-lo de volta. Leve essas necessidades ao Senhor, também. Entregue essa pessoa ou essa situação — qualquer que seja a distância — a Ele. Deixe com Ele, como o centurião o fez. Saiba que o Senhor pode dizer uma palavra e produzir uma mudança. Deixe assim. Deixe com Ele.

Finalmente, talvez você seja como a sogra de Pedro. Quem sabe quanto tempo ela teria ficado naquela cama com febre alta? Talvez você também esteja sofrendo em agonia, definhando no escuro — espiritual, emocional ou fisicamente. Solitário, deprimido, silencioso, isolado do mundo e fechado em si mesmo, você precisa do toque do Senhor, e Ele não veio. Não tenha medo de pedir ao Senhor que estenda sua mão por meio do corpo de Cristo na terra — por meio de seu povo comissionado para ser seus braços e pernas, para estender conforto, amor e bondade para seus irmãos e irmãs. E conte com Ele para cuidar de você, do jeito dele, no tempo dele, como Ele quiser. Não tenha medo de pedir.

Precisamos viver nossa vida à luz dessa promessa. O Senhor é por nós, jamais está contra nós. Ele é cheio de compaixão e compreensão. Ele não é uma divindade distante que simplesmente franze a testa e nos julga. O Senhor está intimamente interessado nos detalhes de nossa vida — leprosos desfigurados, servos anônimos de pagãos, familiares de crentes e todos aqueles que estão espiritual e fisicamente aflitos. Jesus cuida deles; cuida de você também. O Senhor é capaz de lidar com o que quer que estejamos enfrentando. O amor e o poder de Jesus são diferentes de tudo que você já ouviu ou viu antes. São inesgotáveis. E Ele está pronto para nos ouvir quando clamamos. Em vez de viver sua vida atrás das sombras da depressão, desânimo, dúvida e negação, abra as cortinas. Concentre-se no poder de Jesus Cristo e deixe que esse poder lhe conceda forças para se levantar todas as manhãs e enfrentar o dia, venha o que vier.

Como não seguir Jesus

MATEUS 8:18-27

Falar é fácil. Muitas pessoas têm a capacidade de usar muito palavreado, mas não dizem nada de substancial. Eles podem proferir muitas palavras, mas não são honestos no que dizem ou não admitem o que estão escondendo. Uma expressão popular que temos para isso é "falar muito e dizer pouco". Uma superabundância de palavras pode ser um disfarce para esconder uma verdade dolorosa demais para confessar ou deixar uma impressão de si mesmo que não é verdadeira.

Palavras que soam bem não representam necessariamente sentimentos honestos que vêm do coração. Chegar ao âmago daquilo que está sendo dito — ou não está sendo dito — exige muita percepção e discernimento. Referimo-nos a isso como "ver através" das pessoas ou "ver além" de suas palavras. Jesus era ótimo em fazer isso. Enquanto Ele ouvia as mesmas palavras que outros ouviam, tinha a capacidade divina de ouvir o que não era óbvio para os outros. Sendo capaz de ler nas entrelinhas, ele podia não apenas identificar um falso indivíduo num instante, mas também sabia detectar os motivos escondidos por trás das palavras de alguém.

Por causa de seu discernimento sobrenatural, Jesus muitas vezes respondeu às pessoas de formas que nos parecem estranhas à primeira vista. À medida que viajamos com Jesus por esta seção do relato de Mateus sobre seu ministério terreno, poderemos ver como Ele respondeu às pessoas em quatro cenários distintos. Se prestarmos muita atenção ao longo do caminho, aprenderemos qual é o modo errado de seguir Jesus.

8:18

Primeiro, vamos considerar a multidão reunida ao redor de Jesus. Vimos em Mateus 4:23 que as multidões estavam se reunindo ao redor dele por causa de sua reputação como alguém que fazia milagres. As pessoas também ficavam maravilhadas por causa de seu ensino novo, único e surpreendente (7:28-29). Era mais por curiosidade do que por convicção que as multidões seguiam a Jesus para ver o que Ele poderia fazer ou dizer em seguida. Essa multidão, aparentemente, permaneceu com Ele durante toda a noite, pela manhã e talvez por vários dias.

Em minha experiência, as multidões se retroalimentam. Quando crescem o suficiente e atingem uma massa crítica, desenvolvem sua própria atração gravitacional. As pessoas primeiro se reúnem em torno de alguma pessoa ou evento, mas depois outras se reúnem simplesmente porque as pessoas estão reunidas. Às vezes, as pessoas só querem fazer parte da ação e experimentar a emoção; elas não estão necessariamente convencidas da causa.

Jesus nunca se interessou em atrair uma multidão ou em ser uma celebridade. O fato de que Ele disse ao leproso purificado "Olhe, não conte isso a ninguém" (8:4) sugere que Ele não estava, primariamente, tentando construir uma plataforma pública. Não estava interessado nos seguidores apenas pelo número, mas seu propósito era *fazer discípulos para o reino de Deus*. Jesus discernia a mentalidade da multidão. Ele sabia que a maioria daquelas pessoas não era de seguidores comprometidos e dedicados, mas de fãs inflados por um emocionalismo superficial. Em vez de encontrar outro lugar elevado para pregar à multidão ou achar uma maneira de organizá-la para crescer ainda mais, Jesus fez o que parece impensável em nossa mentalidade ocidental moderna: Ele "deu ordens para que atravessassem para o outro lado do mar" (8:18). Ele os deixou!

Esse movimento foi engenhoso. O ato de abandonar as multidões reunidas ao redor dele e atravessar o mar da Galileia com seus discípulos escolhidos a dedo removeria aqueles que não estavam dispostos a sair de seu próprio caminho para segui-lo. Agora, para vê-lo e ouvi-lo, eles teriam que realmente *fazer* alguma coisa.

O princípio aqui é simples. Não siga Jesus por causa do tamanho da multidão. Proteja-se contra se tornar um tiete de uma igreja, um ministério ou um pregador ou mestre famoso. Evite se tornar um "fã".

8:19-20

Em segundo lugar, vamos olhar para o escriba que parecia espiritual. Naquela época, um escriba era essencialmente um erudito e professor da Bíblia. Podemos chamá-lo de "um homem das letras". F. F. Bruce observa: "Os 'escribas'... eram os professores e intérpretes aceitos da Torá, desde a época de Esdras".[95] Era preciso ter intelecto e habilidade — e provavelmente uma biblioteca robusta, além de um lugar tranquilo para estudar — a fim de realizar esse trabalho. Para um escriba, seguir um rabino significava colocar-se sob a tutela do mestre, sentar-se aos pés daquele estimado professor e, portanto, participar de sua fama. À medida que a reputação de um rabino avançava, o mesmo acontecia com as carreiras de seus alunos. Então, quando um escriba veio a Jesus e disse: "Mestre, eu te seguirei por onde quer que fores" (8:19), a ideia de discipulado do aluno não era o que Jesus tinha em mente.

Temos "duas primeiras vezes" contidas nesse texto. Era a primeira vez que alguém de tão alto nível social e influência — no caso, um escriba — expressou o desejo de seguir Jesus em tempo integral. É também a primeira vez no Evangelho de Mateus que Jesus se refere a si mesmo como "o Filho do Homem" (8::20). Imagine a cena. Um erudito profissional, altamente respeitado e religiosamente ortodoxo, estava disposto a se matricular como aluno na Escola de Jesus. Comparado ao grupo de pescadores de aparência desalinhada que estava com Jesus, o acréscimo de um verdadeiro erudito e pensador poderia dar ao Senhor a credibilidade de que Ele "precisava" aos olhos dos líderes judeus.

No entanto, Jesus discerniu o que estava acontecendo e respondeu, com um doloroso golpe, à disposição limitada do homem em segui-lo. Ao identificar-se como o Filho do Homem, Jesus pode ter feito uma referência levemente velada à exaltada figura messiânica de Daniel 7:13-14 — uma referência que o escriba erudito sem dúvida teria captado.

> Vi alguém semelhante a um filho de homem, vindo com as nuvens dos céus. Ele se aproximou do ancião e foi conduzido à sua presença. Ele recebeu autoridade, glória e o reino; todos os povos, nações e homens de todas as línguas o adoraram. Seu domínio é um domínio eterno que não acabará, e seu reino jamais será destruído.

Porém, ao mesmo tempo em que Ele reivindicou a glória e o poder celestiais supremos, Jesus apontou para sua pobreza terrena e sua real falta de moradia! Ele observou que até as raposas e os pássaros tinham lugares para descansar, enquanto Ele mesmo não tinha "onde reclinar a cabeça" (Mt 8:20). Certamente, da perspectiva do escriba, esse tipo de estilo de vida errante e sem raízes não conduziria a um estudo acadêmico profundo das Escrituras. Para o tipo de discipulado que Jesus tinha em vista, a mentalidade dos rudes pescadores era o caminho a seguir. Um autor descreve o encontro desta forma: "Para um pescador, trabalhando a noite toda em um barco aberto, a falta de moradia era em parte tolerável; mas para um escriba, acostumado a ter seus pergaminhos e sua casa, a falta de moradia era uma exigência severa. Jesus, sem dúvida, tinha em mente uma falta de moradia mais profunda. O escriba estava 'seguro' em suas tradições."[96]

Jesus considerou o escriba como um blefe. Ele era todo cheio de conversa, mas não levava adiante o que dizia. O princípio aqui é novamente simples. Não siga a Jesus cheio de si mesmo. Não seja uma pessoa de muitas palavras e pouca humildade. Há um ditado entre os fazendeiros experientes no oeste do Texas para quando encontram um jovem com uma boca grande e muita ambição, porém sem cicatrizes: "O rapaz tem um grande chapéu e nenhum cavalo". Assim era o escriba. Ele tinha muitos livros, mas nenhuma sabedoria; muito conhecimento, mas nenhuma coragem.

8:21-22

Terceiro, vamos refletir sobre o seguidor que tinha uma desculpa. Esse indivíduo é mencionado como "outro dos discípulos" — isto é, um seguidor de Jesus. O termo grego traduzido como "discípulo", *mathētēs* [3101], nem sempre se refere a um dos doze discípulos ou necessariamente aos discípulos verdadeiros e comprometidos. O termo, em seu sentido geral, significa simplesmente "aquele que se dedica a aprender por meio da instrução de outro".[97] Seu uso, aqui, implica que o homem mencionado em 8:21-22 vinha seguindo Jesus há algum tempo e já tinha visto e ouvido muitas coisas incríveis. Ele queria estar incluído no grupo — mas apenas dentro de suas próprias condições.

O homem tinha, em casa, uma situação relacionada ao pai idoso. Evidentemente, ele era o filho mais velho da família e, portanto, responsável pelo eventual enterro do pai. Ao contrário do que muitos leitores supõem, o pai ainda não estava morto. Se o pai do homem já tivesse morrido e somente aguardava o sepultamento, é altamente improvável que o filho estivesse entre a multidão de seguidores de Jesus, especialmente porque o enterro geralmente ocorria no mesmo dia da morte. A expressão "enterrar meu pai" (8::21) provavelmente se referia a ficar em casa pelo restante da vida de seu pai para que ele pudesse repartir o patrimônio da família. O homem esperava poder adiar indefinidamente seu alistamento nas fileiras dos discípulos próximos de Jesus até que seu pai morresse e ele recebesse a herança. Talvez, então, sendo totalmente financiado pelo patrimônio da família, ele pudesse se sustentar e servir a Jesus com estilo.

Cuidar da família era uma causa nobre, com certeza. Mas os olhos de Jesus atravessaram a cortina de fumaça e distinguiram o problema real: a necessidade que o homem sentia de conforto e de segurança. A resposta de Jesus foi clássica: "Siga-me, e deixe que os mortos sepultem os seus próprios mortos" (8:22). Eu tomo a expressão "os mortos" como uma referência aos que estão espiritualmente mortos, provavelmente indicando qualquer membro da família na casa que não tivesse o desejo de acreditar em Jesus e segui-lo. Um desses "mortos" poderia fazer o trabalho do sepultamento. A única razão pela qual o homem só queria um passaporte futuro para o discipulado devia-se ao fato de ele querer receber a sua porção da herança ao voltar para casa!

As palavras de Jesus foram diretas. Não há tempo para esperar meses ou anos para segui-lo. Se quiser entrar, você tem de estar completamente dentro, agora. O princípio é claro. Não siga a Jesus com reservas ou com uma agenda oculta. Se houver relutância porque o conforto e a segurança financeira são suas prioridades, você ainda não entendeu o que significa o discipulado. Um convite para seguir Jesus é um chamado à urgência.

8:23-27

Finalmente, vamos refletir sobre os discípulos pensando que iriam morrer. Aqui estamos falando sobre aqueles discípulos que estavam mais próximos de Jesus. Não sabemos o que aconteceu com a maioria da multidão (8:18) ou com o escriba (8:19-20), nem mesmo com o homem que queria ir para casa a fim de ficar com o pai (8:21-22). Talvez eles tenham avaliado o custo e se afastado, ou quem sabe tenham se livrado de sua duplicidade e se tornado discípulos permanentes, em tempo integral, possivelmente entre os setenta (Lc 10:1) ou os quinhentos (1Co 15:6). Nós simplesmente não sabemos. Mas estamos certos de que os discípulos que entraram no barco com Jesus (Mt 8:23) eram uma realidade. Eles eram os verdadeiros seguidores.

Essa cena é bastante familiar para aqueles de nós que conhecem o Senhor há algum tempo. Jesus e seu círculo íntimo — Pedro, Tiago, João, André e os demais — puderam entrar em um barco e navegar para longe da multidão. Eles zarparam através do mar da Galileia, seguindo na direção sudeste em direção ao “país dos gadarenos” do outro lado do lago (8:28). A viagem de Cafarnaum foi de cerca de 16 quilômetros de barco, e o lago poderia ser atravessado em algumas horas. Durante esse tempo, Jesus aproveitou para descansar um pouco (8:24). Compreensivelmente, Ele estava exausto com o ritmo esmagador dos últimos dias.

Porém, repentinamente uma enorme tempestade se formou. Isso é bastante típico no local ainda hoje. O que parece ser um dia claro, ensolarado e calmo no lago pode rapidamente se transformar em uma agitação escura e tempestuosa com ventos de alta velocidade e ondas se quebrando. Eu estive no mar da Galileia quando uma dessas tempestades surgiu aparentemente do nada. As colinas ao redor criam uma espécie de funil gigantesco, gerando ventos potencialmente catastróficos que podem facilmente derrubar um barco de pesca de porte médio como aquele que transportava Jesus e os discípulos pelo lago.

Em pânico total — compreensível do ponto de vista puramente humano — os discípulos acordaram Jesus de seu sono. O que mais me surpreende nesse evento não é que a tempestade tenha surgido tão repentina e violentamente a ponto de o barco encher-se de água, mas o fato de que Jesus estava dormindo profundamente durante tudo isso! O acontecimento revela duas coisas. Em primeiro lugar, um Jesus totalmente humano estava tão fisicamente exausto que aparentemente podia dormir durante qualquer situação. Em segundo lugar, um Jesus totalmente divino não se preocupou absolutamente com a violenta tempestade. Enquanto o Deus-homem estivesse a bordo, nada de catastrófico aconteceria àquela embarcação.

No entanto, todos os discípulos estavam no auge do pânico. Eles gritaram: "Senhor, salva-nos! Vamos morrer!" (8:25). A primeira expressão era uma confissão de grande fé — eles realmente acreditavam que Jesus poderia salvá-los porque Ele era o Senhor até mesmo daquela tempestade. Mas a segunda parte revela o medo e dúvida deles: "Nós nunca conseguiremos! Nós vamos nos afogar!" Em meio ao pânico, eles despertam Jesus. E o que o Senhor da glória faz? Ele imediatamente se levanta e repreende a tempestade? Não. Ele balança o dedo para os discípulos e os repreende por sua "pequena fé" (8:26), manifestada em seu medo real. Só então Ele cuida do problema deles com uma ordem: "Então ele se levantou e repreendeu os ventos e o mar, e fez-se completa bonança."

No texto grego, há um grande contraste entre as condições da tempestade e o que se seguiu imediatamente à repreensão de Jesus. Em 8:24, Mateus descreve a tempestade como "violenta" (*seismos megas* [4578 + 3173]); em 8:26, ele descreve a calma como "bonança completa" (*galēnē megalē* [1055 + 3173]). Não é de se admirar que os discípulos encharcados ficaram surpresos, e seu temor finalmente foi direcionado para a coisa certa — o incrível poder divino do homem-Deus. Eles proferiram: "Quem é este que até os ventos e o mar lhe obedecem?" (8:27). Finalmente, eles estavam começando a entender.

O princípio aqui é convincente: não siga a Jesus se você teme as tempestades da vida mais do que teme o Senhor da vida. Se as circunstâncias difíceis nos fazem ceder e desmoronar em vez de nos levar a invocar o Senhor, precisamos endireitar nossa teologia. Só Ele é o divino Filho do Homem que tem poder soberano sobre todas as coisas que podem nos destruir. Se os ventos e o mar lhe obedecem, não há situação — natural ou sobrenatural — com a qual Ele não possa lidar.

APLICAÇÃO

Mateus 8:18-27

ENCONTRANDO-SE A SI MESMO ENTRE OS SEGUIDORES

Nesta seção, observamos quatro respostas diferentes para alguém seguir a Jesus. Primeiro, notamos, de longe, quando Jesus viu uma multidão reunida ao seu redor (8:18). Ele percebeu que a maioria das pessoas era formada apenas de curiosos, não de seguidores dedicados. Em segundo lugar, ouvimos o escriba que apresentava palavras que soavam espirituais, mas careciam de verdadeira humildade (8:19-20). Jesus discerniu que o homem tinha "um grande chapéu e nenhum cavalo". Terceiro, percebemos o homem que veio com relutância, incapaz de priorizar o reino de Deus sobre seus deveres em casa (8:21-22). Jesus discerniu que o homem precisava de conforto e segurança antes de poder se comprometer totalmente. Finalmente, estivemos em um barco quando uma tempestade transformou um mar calmo em uma situação perigosa (8:23-27). Jesus discerniu o pânico de seus discípulos, que os estava levando à incredulidade e à dúvida.

Onde você se encontra entre os seguidores de Jesus? Você — e somente você — é quem pode responder isso. Seja honesto consigo mesmo. Você é apenas um "fã"? Alguém no meio da multidão? Você apenas segue os movimentos das massas, praticando o que a multidão pratica, e falando o mesmo que a multidão diz, enquanto Jesus está realmente ao longe? Os parafusos estão apertando os cristãos em nosso mundo cada vez mais secular, que é antagônico às crenças e aos valores cristãos. Apenas aqueles que são verdadeiros seguidores, em vez de fãs, permanecerão.

Ou você é como o escriba, que tem muito palavreado, mas pouca convicção? Você está cheio de si mesmo — com suas realizações, suas curiosidades bíblicas, seus versículos memorizados, os livros que leu, as conferências de que participou, os diplomas que obteve? Você é convidado a amar Jesus e segui-lo como Ele é, não da forma como você gostaria que Ele fosse. O verdadeiro Jesus irá surpreendê-lo. Ele pode até decepcioná-lo quando as expectativas que você tem não forem atendidas. Ele vai pedir a você que vá aonde você não quer ir e fazer o que você não quer fazer. Mas segui-lo com humildade e sinceridade valerá a pena.

Ou você é como o homem que decidiu primeiro enterrar seus mortos — isto é, queria resolver seus assuntos domésticos, incluindo sua herança? Você está seguindo a Jesus com ressalvas? Você precisa ter certeza de que está sendo bem cuidado antes de se comprometer com uma vida de discipulado e serviço? Você tem falta de urgência? Você está esperando por um chamado elegante, confortável e de baixo risco, ou está disposto a fazer o que for preciso, a qualquer hora e em qualquer lugar?

Ou, finalmente, você é como os discípulos no barco, dispostos a ficar perto de Jesus com bom tempo, mas entrando em pânico quando as tempestades chegam? As situações perigosas fazem com que você duvide de sua soberania? As catástrofes o levam a desafiar sua bondade e sabedoria? Sua preocupação com o futuro consome você? Ou você coloca tudo nas mãos todo-poderosas, completamente bondosas e totalmente amorosas de Jesus?

O Senhor Jesus quer discípulos genuínos, comprometidos e ousados para continuar o trabalho que nos foi deixado neste mundo. Você é um deles?

Lidando com demônios

MATEUS 8:28-24

A Bíblia está repleta de cenas e histórias incríveis que quase nos tiram o fôlego. Quando nos imaginamos lá, vendo com nossos próprios olhos os incríveis eventos que acontecem e imaginando como tudo vai acontecer, ficamos presos à nossa imaginação. Os discípulos de Jesus ocupavam assentos na primeira fila durante todo o seu ministério terreno. Quantas vezes eles devem ter encarado com espanto o que viram e ouviram — bocas escancaradas, chocados muito além das palavras!

Esse é o lugar onde eles estavam no final da história anterior, tendo visto Jesus parar as ondas, acalmar os ventos violentos e calar a tempestade com apenas uma palavra. Cercados por um silêncio assombroso, um brilho intenso espalhado pela superfície das profundezas, eles se perguntaram em voz alta: "Quem é este que até os ventos e o mar lhe obedecem?" (8:27). De forma lenta, porém segura, passo a passo, episódio a episódio, a verdadeira identidade desse homem como nenhum outro estava começando a ser revelada a eles. Ainda outro choque os aguardava enquanto o barco deslizava silenciosamente pela superfície do mar calmo. Aconteceu assim que o barco deles chegou à terra. Eles não tinham ideia de que encontrariam o mal cruel em carne humana — uma força maligna que sabia muito bem a resposta a pergunta que fizeram.

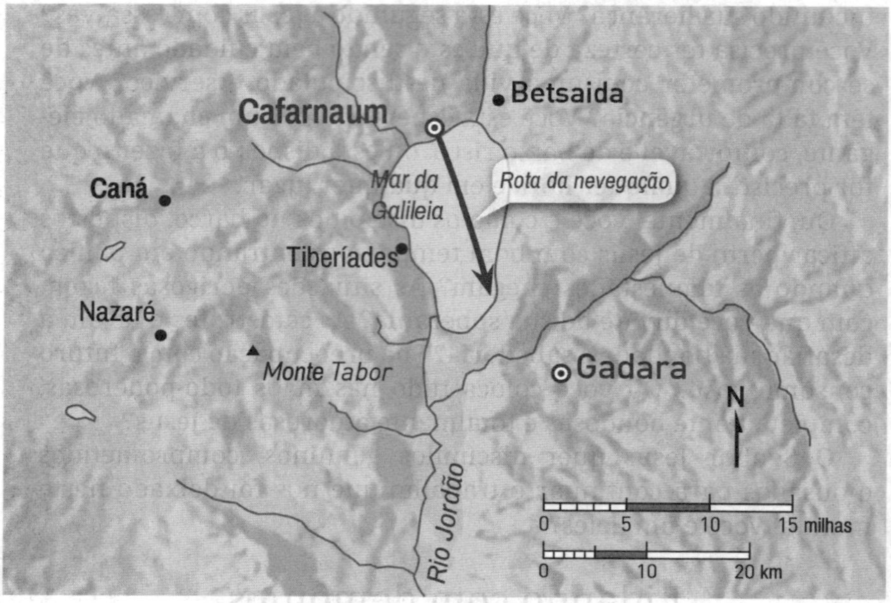

Depois de terem partido de Cafarnaum, Jesus e seus discípulos navegaram ao longo do lago — tendo encontrado uma terrível tempestade no seu caminho — e aportaram na costa sudeste. A cidade de Gadara ficava a cerca de 10 quilômetros do litoral do lago.

8:28

Quando os discípulos desembarcaram de seu barco na margem do mar da Galileia, em frente a Cafarnaum (8:28), chegaram à orla da região dos gadarenos, também chamada de gerasenos (Mc 5:1; Lucas 8:26). Essa região, associada a Gadara, cidade de Decápolis ("Dez Cidades"), cobria uma área no sudeste do mar da Galileia. Não podemos ter certeza de onde os discípulos desembarcaram, mas alguns lugares com margens íngremes na parte sudeste do lago correspondem à descrição do evento em Mateus 8:32.[98]

Assim que Jesus e os discípulos saíram do barco, dois homens possuídos por demônios os confrontaram. O termo grego para sua condição é *daimonizomai* [1139], traduzido literalmente "endemoninhados". A palavra descreve aqueles que estão tão completamente sob o controle dos demônios que não conseguem se controlar. Eles se envolvem em comportamento autodestrutivo e exibem força e habilidades sobrenaturais. Robert Lightner apresenta esta definição: "Uma pessoa está possuída por demônios quando um demônio (ou demônios) passa a residir no corpo dessa pessoa, resultando em diversos graus de perturbação e na incapacidade do possuído de se libertar do controle demoníaco... A possessão ocorre quando os demônios vão além de exercer influência e realmente habitam suas vítimas".[99]

Os relatos paralelos de Marcos e Lucas acrescentam mais alguns detalhes. Todos os três relatos apontam que os homens endemoninhados viviam nas tumbas. Marcos e Lucas se concentram em apenas um dos endemoninhados, que provavelmente era o mais proeminente dos dois mencionados em Mateus. Ele tinha uma força incrível, de tal forma que aqueles que tentavam prendê-lo em cadeias não conseguiam subjugá-lo (Mc 5:3-4). Marcos também menciona que o endemoninhado gritava de angústia dia e noite e se cortava com pedras afiadas (Mc 5:5). Lucas apresenta o detalhe que ele estava despido havia muito tempo, habitando nos túmulos como um animal selvagem (Lc 8:27). Tão violento era esse endemoninhado e seu companheiro que impediam as pessoas de passarem por aquele caminho em direção à cidade. Todos o evitavam do mesmo modo como evitavam cães vadios e ameaçadores.

Que visão triste e assustadora! Claramente os demônios que possuíam aquele homem e seu companheiro estavam tentando destruir sua característica humana básica. Ao longo dos anos, os homens refletiam cada vez menos a imagem de Deus, para o deleite dos espíritos malignos cujo objetivo sempre é roubar homens e mulheres de sua dignidade como portadores da imagem divina.

Mas agora eles estavam frente a frente com Aquele cuja missão é erguer os filhos caídos de Adão ao seu devido lugar de glória como seres criados à imagem de Deus.

8:29-32

Embora Mateus indique que dois endemoninhados encontraram Jesus e os discípulos na margem do lago, Marcos e Lucas sugerem que um deles — provavelmente o maior e mais forte dos dois — confrontou Jesus. Mateus registra o que foi dito: "Que queres conosco, Filho de Deus? Vieste aqui para nos atormentar antes do devido tempo?" (8:29). Marcos e Lucas acrescentam outro detalhe sobre a conversa. A certa altura, Jesus perguntou: "Qual é o seu nome" O endemoninhado respondeu: "Meu nome é Legião [...] porque somos muitos" (Mc 5:9).

Podemos observar alguns pontos importantes desse breve, porém, dramático encontro entre Jesus e os demônios. Primeiro, os demônios estavam plenamente conscientes da identidade de Jesus e de seu poder. Não havia nenhuma dúvida quanto a isso. Diante deles estava "Jesus, Filho do Deus Altíssimo", Aquele que tinha, e tem, autoridade completa sobre eles (Mc 5:7; Lc 8:28). Embora os líderes religiosos hipócritas duvidassem de que Jesus fosse o Messias, os espíritos malignos sabiam com quem estavam lidando, o Homem-Deus. Segundo, os demônios conheciam seu destino final. Eles perguntavam se Jesus havia vindo para atormentá-los "antes do tempo" (Mt 8:29). Mais tarde, Jesus ensinaria a seus discípulos que haverá um "fogo eterno, preparado para o Diabo e os seus anjos" (25:41). Os demônios estavam cientes de que terminaria, em algum momento, sua capacidade de vagar pela terra e tentar os seres humanos, afligir, oprimir e possuir as pessoas. O julgamento estava chegando, e Jesus seria o Juiz. Já estava começando o juízo para eles?

EXCURSO: DEMONOLOGIA

MATEUS 8:28

Os retratos populares sobre Satanás e seus demônios variam do rechonchudo e cômico ao medonho e horripilante. Você pode comprar pequenos demônios vermelhos como brinquedos de pelúcia ou homenageá-los em religiões pagãs. Você pode rejeitar a existência deles ou correr com medo de sua influência. Porém, preste atenção às minhas palavras: demônios não são engraçados nem fictícios. Eles são reais, e entendem exatamente o que são e o que não são — assim como o que podem e não podem fazer — é importante saber disso para lidar com eles de uma maneira bíblica.

Quando se trata de demônios, as pessoas costumam ir a extremos. Alguns negam totalmente sua existência. Mesmo aqueles que acreditam em um Deus pessoal e em seres angélicos muitas vezes rejeitam outras dimensões do mundo sobrenatural — especialmente Satanás e os demônios. Outros tratam o endemoninhado de uma forma alegre, fazendo piadas sobre espíritos malignos ou criando jogos com o ocultismo, magia ou feitiçaria como se fossem divertimentos inofensivos. Outros ainda nutrem uma preocupação desordenada com o assunto dos demônios, vendo Satanás e seus asseclas por trás de cada infortúnio, cada tentação e cada pecado ou doença. Cada uma dessas perspectivas distorcidas pode ser prejudicial à vida cristã. A negação leva à falta de preparação contra ataques demoníacos. A falta de seriedade leva a um flerte descuidado com coisas da maldade espiritual. E a obsessão leva a culpar os demônios até mesmo por nossas próprias fraquezas e pecados.

A Bíblia apresenta uma imagem clara dos demônios e o que eles podem e não podem fazer. Eles são seres angélicos invisíveis a serviço de Satanás (Mt 25:41; Ap 12:9), e estão ativamente engajados em objetivos malignos por meio do engano implacável (Mt 4:1-11; 1Co 10:20; 2Co 11:13-15; 2Ts 2:8-10; Ap 16:13-14). Demônios claramente têm poderes sobrenaturais, mas como seres finitos e criados, eles não são todo-poderosos, oniscientes ou onipresentes. Eles são limitados pelo poder soberano de Deus e estão sujeitos ao seu plano e propósito (Jó 1:12; Dn 10:12-13; Ap 12:7-9). Pelo fato de que eles anseiam por adoração e culto, habitam nos templos e se associam com ídolos; o envolvimento com culto pagão pode resultar em comunhão com forças demoníacas (1Co 10:14, 19-21). Sabemos também que os demônios às vezes podem habitar os seres vivos, tanto animais como humanos, assumindo o controle do corpo de suas vítimas e causando grandes estragos em seu bem-estar físico, mental, emocional e, principalmente, espiritual (Gn 3:1; Mateus 8:16, 28).

Um resumo em introdução à demonologia ajudará a colocar as coisas em perspectiva: "Enquanto os bons seres angélicos de Deus são espíritos ministradores em favor de seu povo" (Hb 1:14), os espíritos malignos tentam minar o reino de Deus e a salvação de seu povo. E embora, para seus próprios propósitos e de acordo com seu próprio plano, Deus permita que espíritos malignos continuem a operar neste mundo, um dia Ele os vencerá para sempre, e nunca mais infligirão mal à sua criação (Ap 20:10)".[100]

Terceiro, o número de demônios que possuíam os homens era grande. O indivíduo que falava alegou ter uma "legião" de demônios. O termo "legião" se referia a uma unidade militar romana composta por aproximadamente seis mil soldados.[101] Os demônios podiam estar exagerando seu número, é claro, mas o ponto é explícito. Esses homens não eram apenas habitados por demônios — eles estavam infestados por eles! Tantos estavam lá que pediram que fossem lançados em uma manda próxima, de cerca de dois mil porcos (8:30-31; veja Mc 5:13).

Quarto, Jesus transferiu os demônios dos endemoninhados com uma única palavra: "Ele lhes disse: 'Vão!' Eles saíram e entraram nos porcos" (Mt 8:32). Não houve briga, nem discussão, nem aspersão com água benta, nem magia, nem leitura de um rito de exorcismo. A autoridade de Jesus era absoluta. Se Jesus fosse simplesmente um ser angélico criado, que habitasse em um corpo humano, como alguns falsos mestres acreditariam mais tarde, Ele não teria sido páreo para milhares de espíritos malignos de igual força espiritual. Mas o Filho do Altíssimo não é uma criatura. Ele tem poder e autoridade divinos sobre todas as coisas criadas — animadas e inanimadas — porque Ele é o próprio Criador divino.

Esse episódio me lembra as letras do grande hino da Reforma, "Castelo Forte é nosso Deus:

Se nos quisessem devorar
Demônios não contados
Não nos iriam derrotar
Nem nos ver assustados
O príncipe do mal
Com seu pano infernal
Já condenado está
Vencido cairá
Por uma só palavra.[102]

Com uma pequena palavra, Jesus derrubou os milhares de demônios, lançando-os nos porcos. Parece que os demônios preferem habitar outras coisas vivas na terra a permanecer desencarnados no reino espiritual invisível. No entanto, o prazer dos novos corpos durou pouco. Os animais impuros vagando pela área em busca de comida enlouqueceram instantaneamente pela invasão dos demônios. Eles correram precipitadamente por um barranco íngreme no mar da Galileia e se afogaram. No final, não apenas os demônios foram derrotados, mas alguns milhares de animais não *kosher*, isto é, proibidos pela Lei Mosaica de serem comidos, também foram perdidos no processo!

8:33-34

Os criadores de porcos das redondezas, claramente, não ficaram felizes com a perda. Em vez de se maravilhar com a autoridade de Jesus e com a restauração dos endemoninhados, o povo da aldeia vizinha implorou a Jesus que deixasse a região (8:33-34). Em vez de se alegrarem com o alívio e a recuperação das vítimas dos demônios, as pessoas da cidade expulsaram Jesus daquela localidade! O que Ele havia feito não era bom para os negócios. Este comentário de Paul Levertoff resume bem a situação: "Através de todas as eras, o mundo tem recusado Jesus porque prefere seus porcos".[103]

Embora Mateus conclua a narrativa após a clara demonstração da autoridade de Jesus sobre os demônios e a hostil resposta humana, o Evangelho de Marcos relata o desfecho para pelo menos um dos endemoninhados. Quando o povo da aldeia veio ver o que havia acontecido, viram o endemoninhado "vestido e em perfeito juízo" (Mc 5:15). Quando Jesus e os discípulos estavam entrando no barco com a finalidade de voltar para casa, o homem compreensivelmente quis juntar-se a eles (Mc 5:18). No entanto, Jesus o exortou: "Vá para casa, para a sua família e anuncie-lhes quanto o Senhor fez por você e como teve misericórdia de você" (Mc 5:19). O homem, outrora preso às trevas espirituais, mas agora cheio de luz, começou a proclamar por toda a região de Decápolis "as grandes coisas que Jesus havia feito por ele" (Mc 5:20).

APLICAÇÃO

Mateus 8:28-34

Embora seja importante conhecer o básico sobre os demônios, sua natureza e seu poder, de uma perspectiva prática, é melhor focar em Deus, seu caráter e seu poder em nossa vida. Afinal, por meio dele temos vitória sobre as forças da maldade. Para entender a proteção divina que temos por meio de Cristo, pelo poder do Espírito, deixe-me compartilhar quatro princípios vitais da passagem principal da Bíblia sobre guerra espiritual em Efésios 6:10-18:

Primeiro, *espere lutas contra as forças invisíveis*. Efésios 6:10-12 diz: "Finalmente, fortaleçam-se no Senhor e no seu forte poder. Vistam toda a armadura de Deus, para poderem ficar firmes contra as ciladas do Diabo, pois a nossa luta não é contra seres humanos, mas contra os poderes e autoridades, contra os dominadores deste mundo de trevas, contra as forças espirituais do mal nas regiões celestiais". Além do mundo dos nossos cinco sentidos, existe um mundo invisível, no qual os espíritos malignos estão criando estratégias sob a direção de Satanás. Como filhos de Deus e servos de Cristo, estamos engajados em batalhas contra o mal, quer saibamos, quer não. É importante que percebamos que nossos principais inimigos não estão no reino daquilo que podemos tocar, ver e ouvir. Ao contrário, nossos principais inimigos são aqueles que estão por trás das forças da tentação, engano, perseguição, imoralidade e injustiça.

Segundo, *permaneça firme com a armadura completa de Deus*. Efésios 6:11-13 diz: "Vistam toda a armadura de Deus, para poderem ficar firmes contra as ciladas do Diabo [...] vistam toda a armadura de Deus, para que possam resistir no dia mau e permanecer inabaláveis". Use com confiança o equipamento que Deus lhe oferece. Reconheça que o poder e os recursos que você tem em sua própria força não podem permitir que você lute contra os demônios e seus esquemas. Sem a provisão de Deus, você falhará.

Sua armadura inclui a verdade, a justiça, as boas novas de paz, fé, o dom da salvação e a Palavra de Deus (Ef 6:14-17).

Terceiro, *levante o escudo da fé e ore no Espírito*. Efésios 6:16-18 diz: "Além disso, usem o escudo da fé, com o qual vocês poderão apagar todas as setas inflamadas do Maligno [...] com toda oração e súplica; tendo isso em mente, estejam atentos e perseverem na oração por todos os santos". Quando você se sentir atacado e estiver diante de uma grande tentação, engano ou aflição que Satanás está usando para atormentá-lo, mantenha-se firme na fé e ore. Peça ao Senhor Deus que assuma o controle da situação e mande as forças malignas fugirem, com uma única palavra.

Quarto, *nunca se esqueça de que você está do lado vencedor*. No final, Deus vencerá. Vale a pena memorizar Apocalipse 20:10: "O Diabo, que as enganava, foi lançado no lago de fogo que arde com enxofre, onde já haviam sido lançados a besta e o falso profeta. Eles serão atormentados dia e noite, para todo o sempre". Enquanto isso não acontece, lembre-se que nós podemos obter vitória sobre os espíritos malignos e as ciladas do Diabo por causa do poder do Espírito Santo, dentro de nós, como diz 1João 4:4: "Filhinhos, vocês são de Deus e os venceram, porque aquele que está em vocês é maior do que aquele que está no mundo".

Críticos em ação

MATEUS 9:1-17

Mesmo uma leitura casual do Evangelho de Mateus me dá a sensação de estar andando bem ao lado de Jesus. Enquanto Ele sobe em um barco para navegar de volta pelo mar da Galileia (9:1), quase posso enxergar o brilho da luz do sol refletindo no lago e sentir gotas de água fria espirrando no meu rosto. Ao desembarcar, sinto a sensação de encontrar minhas pernas, em terra, depois de balançar por horas para frente e para trás em um barco. Enquanto sigo os discípulos pela multidão reunida em Cafarnaum, sinto os murmúrios e sussurros, o cheiro de peixe fresco e os odores do trabalho pesado; vejo os rostos expectantes se perguntando o que Jesus vai fazer ou dizer a seguir.

Enquanto trabalhamos nesta próxima seção, testemunhamos um fenômeno estranho, já prenunciado do outro lado do lago na resposta dos criadores de porcos gadarenos. A reação de algumas pessoas ao poder milagroso de Jesus foi negativa. Elas não queriam Jesus por perto, atrapalhando seu "normal" cotidiano, por mais mundano que fosse. Elas preferiram permanecer na condição em que estavam a se curvar ao poder intrusivo do Senhor Deus. Quando viajamos com Jesus de volta para o outro lado do lago, podemos ver o mesmo tipo de ressentimento latente por parte dos "poderosos". À medida que Jesus continuava realizando curas milagrosas, trazendo restauração espiritual e livrando-os de uma vida iníqua, alguns se regozijavam no Salvador, mas outros nutriam sentimentos de inveja e crítica. Como aqueles que presumiam ter o monopólio da justiça e um mercado cativo da espiritualidade, os escribas e fariseus lentamente começaram a se voltar contra Jesus, vendo-o como uma ameaça à sua reivindicação ilegítima sobre o coração e mente das pessoas. Ao mesmo tempo, um grupo de discípulos de João Batista continuava a se apegar às tradições farisaicas de piedade religiosa com firmeza, criticando os discípulos de Jesus por não seguirem o exemplo de João.

Ao analisarmos três episódios — a cura de um paralítico, o chamado de um cobrador de impostos e a discussão sobre o jejum —, olhe para o seu próprio coração e faça a si mesmo estas perguntas: *a qual categoria eu pertenço? Estou entre aqueles que pensam que são justos e realmente não precisam de Jesus? Ou eu me encaixo entre aqueles que sabem que são pecadores e precisam desesperadamente do Senhor?*

9:1-8

Pela segunda vez naquele dia, Jesus e os discípulos tomaram um barco. Talvez os discípulos tivessem originalmente pensado que iriam continuar na cidade de Gadara a sudeste do lago, depois iriam para outras cidades na região de Decápolis mais para o interior. Todavia, a rejeição dos habitantes locais os colocou de volta no barco e os fez seguirem em uma viagem de volta pelo mar da Galileia. Eles desembarcaram na "própria cidade" de Jesus, Cafarnaum (9:1).

Muito provavelmente os eventos descritos após 9:1 ocorreram em algum momento nos dias seguintes ao seu retorno. Embora Mateus não nos ofereça detalhes suficientes para delimitar *quando* esses eventos ocorreram, sabemos *onde* se deram, graças à versão registrada em Marcos 2:1-12. Ali nos é dito que Jesus estava dentro de casa, talvez na casa de Pedro, ensinando uma grande multidão que ali se reunira (Mc 2:2). Quatro homens carregando um paralítico em uma maca tentaram chegar até Jesus, mas a casa estava muito cheia. Num ato desesperado e de fé, no meio das instruções de Jesus, retiraram parte do telhado e baixaram o homem para que Jesus pudesse curá-lo (Mc 2:3-4).

Mateus retoma o relato com Jesus "vendo a fé que eles tinham" (Mt 9:2), manifestada por meio do esforço que fizeram para levar o homem ao Mestre. Se eles tivessem acreditado em Jesus de forma desanimada e dúbia, certamente não teriam passado por todo o trabalho que tiveram ao arrastar o homem até a casa, subir ao telhado plano e descê-lo cuidadosamente pelo buraco. Foi um movimento ousado e arriscado que exigia absoluta confiança de que Jesus poderia, de fato, fazer algo em relação à condição do homem.

Quando Jesus viu o enfermo, Ele fez um pronunciamento ousado: "Tenha bom ânimo, filho; os seus pecados estão perdoados". Não era exatamente a razão para a qual eles fizeram todo aquele esforço, não é mesmo? Alguns têm tomado essa afirmação para sugerir que todas as doenças e enfermidades são punições para pecados específicos. De fato, muitas pessoas nos dias de Jesus acreditavam numa espécie de carma, em que boas ações seriam recompensadas com saúde e riqueza nesta vida, enquanto os pecados seriam punidos com doença e pobreza. Mas essa interpretação é, claramente, falsa. Jesus rejeitou esse tipo de pensamento (Jo 9:1-3). Sim, às vezes a dor e o sofrimento vêm como consequência natural do pecado ou como um ato de disciplina de Deus para seus filhos (veja Hb 12:4-11; Tg 5:14-15; 1Jo 5:16-17). Certamente nem todas as doenças podem ser vistas sob esse ponto de vista.

No entanto, as palavras de perdão de Jesus teriam sido uma grande garantia para o paralítico de que sua condição não era necessariamente o resultado de algum tipo de maldição, e mesmo que fosse, ele havia sido levado ao lugar certo! Jesus não só tem autoridade sobre a doença física, mas, também, sobre a doença espiritual da alma. Observe o foco de Cristo aqui. Ele não estava preocupado apenas com a condição externa e temporal do corpo do enfermo; Ele tinha em mente a condição eterna e espiritual da alma do homem.

Nem todos na sala estavam convencidos. Já vimos um escriba — um erudito intelectual da Lei — que se aproximou de Jesus, mas buscou se inscrever como discípulo apenas sob certas condições (veja o comentário sobre Mateus 8:19-20). Agora, um pequeno grupo desses acadêmicos ouviu o pronunciamento de perdão de Jesus e rejeitou sua afirmação, dizendo: "Este homem está blasfemando!" (9:3). Se Jesus fosse um simples homem, como eles acreditavam, eles teriam razão; teria sido uma blasfêmia reivindicar para si a autoridade de perdoar pecados. O Evangelho de Marcos acrescenta o raciocínio dos escribas: "Quem pode perdoar pecados, a não ser somente Deus?" (Mc 2:7). Embora eles não estivessem errados em seu entendimento teológico, estavam errados em sua pressuposição. Jesus não era um mero homem. Como Deus-homem, Ele tem autoridade para perdoar pecados. Mas como alguém na sala saberia que o pronunciamento de perdão era algo mais do que apenas algumas palavras?

Jesus não permitiu que a murmuração dos escribas saísse de seu pequeno círculo e corrompesse a mente de seus seguidores, espalhando assim, naquele dia, a acusação infundada de blasfêmia. Em vez disso, com seu conhecimento divino do que eles estavam pensando, Ele disse: "Por que vocês pensam maldosamente em seu coração? Que é mais fácil dizer: 'Os seus pecados estão perdoados', ou: 'Levante-se e ande'?" (Mt 9:4-5). Talvez Ele tenha feito uma pausa para permitir que eles captassem bem o sentido da pergunta. No que diz respeito a fazer afirmações vazias, seria mais fácil declarar o perdão dos pecados do que ordenar que uma pessoa fosse curada instantaneamente. A primeira situação não é comprovável, porque a condição espiritual da alma de uma pessoa é invisível para todos, menos para Deus. Mas se alguém dissesse a uma pessoa paralisada para se levantar e andar, e essa pessoa não o fizesse, aquele que alegasse poder seria exposto como um falso profeta ou charlatão.

O que aconteceu a seguir certamente deve ter causado um choque na multidão. Em voz alta e clara, para que todos pudessem ouvir, Jesus disse: "Mas para que vocês saibam que o Filho do homem tem na terra autoridade para perdoar pecados" — uma breve pausa se seguiu enquanto Ele se voltava para o paralítico — "Levante-se, pegue a sua maca e vá para casa" (9:6). Esse momento de grande tensão poderia ter terminado mal para Jesus e de forma gloriosa para os escribas escarnecedores. Tivesse o homem na maca simplesmente gemido e se contorcido, Jesus teria sido exposto como uma farsa. Mas isso não aconteceu. Em vez disso, o homem "se levantou e foi [para casa]" (9:7), não apenas se sentindo curado fisicamente, mas também com a segurança de que seus pecados haviam sido perdoados.

A reação das pessoas foi compreensível. A multidão ficou "cheia de temor" e "glorificou a Deus" (9:8). Posso imaginar o povo aplaudindo, rindo, cantando e dançando. No meio deles estava um homem como nenhum outro, com autoridade concedida para curar corpo e alma. Sem dúvida, os críticos céticos que estavam à espreita saíram pela porta dos fundos, cada vez mais nervosos porque suas tentativas de desacreditar Jesus para proteger seu próprio poder estavam sendo minadas a cada passo.

9:9-10

Naquele dia, Jesus irritaria ainda mais as autoridades religiosas. Ao sair da casa onde estava ensinando, Ele encontrou um homem chamado Mateus. Sim, *aquele* Mateus — o autor desse mesmo relato evangélico, que também era chamado de "Levi, filho de Alfeu" (Mc 2:14; veja também Lc 5:27). Posso imaginar o restante da comitiva de Jesus zombando de Mateus ou se afastando dele, porque ele era um dos homens mais odiados da cidade. Mateus, nos é dito, estava "sentado na coletoria" (Mt 9:9) — não porque estivesse, com sua benevolência, ajudando alguém a pagar seus impostos, mas porque ele era um temido coletor de impostos. Em outras palavras, ele era um traidor de seu povo — um judeu que trabalhava como agente do governo romano. Ele provavelmente fora banido da sinagoga, era evitado por seus compatriotas, alguém não confiável como amigo e contado entre os ladrões e assassinos. Ninguém queria nada com Mateus. Exceto Jesus.

Quando Jesus *se virou em direção à* cabine do cobrador de impostos, posso imaginar que muitos de seus discípulos recuaram. "Hummm, Senhor, para onde está indo?" Você pode imaginar isso? Talvez quando Jesus se aproximou do homem que estava atrás da mesa, alguns de seus seguidores avançaram alguns passos, esperando ouvir a repreensão que Jesus, o pregador da justiça, faria. Ninguém a merecia mais do que Mateus, aquele canalha! Mas quando eles se inclinaram em direção à coletoria, as palavras que ouviram os teriam feito arregalar os olhos e ficar de queixos caídos: "Siga-me!" Provavelmente, se poderia até mesmo ouvir uma pequena moeda de cobre cair no chão, enquanto a multidão esperava pela resposta de Mateus. Mas, aparentemente a espera não foi longa. O próprio Mateus relata: "levantou-se e o seguiu" (9:9). Sem hesitar, o odiado cobrador de impostos largou tudo e acompanhou Jesus. Sem dúvida, Mateus tinha ouvido as histórias sobre as palavras e ações de Jesus. Certamente, o Espírito já estava trabalhando em sua consciência. No entanto, ele precisava ser chamado pelo Senhor. No momento em que ele recebeu o convite, ele se afastou daquela mesa e seguiu a Jesus.

A resposta de Mateus ao chamado de Jesus teve repercussões surpreendentes naquela que muitas pessoas piedosas e hipócritas de Cafarnaum teriam considerado como "a comunidade dos desprezíveis". Mateus destaca que "muitos cobradores de impostos e pecadores" se reuniram em sua casa naquela noite para jantar com Jesus e os discípulos (9:10). O relato de Marcos acrescenta o detalhe de que "muitos o seguiam" também (Mc 2:15). Lucas menciona que o jantar foi uma "grande recepção" para Jesus (Lc 5:29). Claramente, a conversão repentina de Mateus, passando de vigarista a discípulo, havia estabelecido um marco no coração das pessoas em seu círculo imediato de influência. Esse conglomerado de párias, indesejáveis e desajustados sociais estava à mesa jantando com Jesus!

COLETORES DE IMPOSTOS

MATEUS 9:9

Dentre todas as ocupações do tempo do Novo Testamento, a profissão de coletor de impostos estava perto do final da lista de trabalhos respeitáveis. Na burocracia imperial romana, havia, na verdade, duas classes de coletores de impostos: o "chefe dos cobradores de impostos", como o baixinho Zaqueu (Lc 19:2), e o "publicano", ou cobrador de rua que trabalhava diretamente com os contribuintes comuns.[104] Mateus estava entre esses últimos. Como tal, ele provavelmente teria uma péssima reputação conquistada por extorsão — cobrando além da quantia exigida por seu supervisor e embolsando o dinheiro extra. Embora isso fosse ilegal, era uma prática bem conhecida e costumava gerar grande insatisfação entre as províncias remotas, como a Judeia, onde as regras do império eram aplicadas menos rigorosamente.[105]

Os romanos exigiam dois tipos de impostos das populações sob seu controle: o primeiro era semelhante aos nossos impostos de renda ou sobre vendas — taxas fixas ligadas à quantidade de dinheiro ganho ou ao preço das mercadorias compradas. Era difícil, para os fiscais, encontrar espaço de manobra com essas porcentagens fixas. Todo mundo saberia se eles estivessem inflando as taxas ou falsificando os números.

No entanto, o segundo tipo de imposto estava relacionado com as alfândegas, importações e exportações, o que dava aos funcionários corruptos muitas oportunidades de ganhar um dinheiro extra considerável. Michael Green explica como Mateus teria ganho muito dinheiro coletando impostos: "Havia oportunidades ilimitadas para o suborno e a extorsão que tornavam os *publicani* tão odiados. Mateus tinha seu escritório fiscal em Cafarnaum, na estrada principal que ligava Damasco ao Egito, passando por Samaria e Galileia. Ele estava trabalhando em um emprego ligado diretamente a Herodes Antipas, que, por sua vez, tinha que fazer desembolsos maciços de impostos em bloco para Roma. Era um lugar muito lucrativo para se trabalhar.[106]

9:11-13

Então *eles* apareceram. Assim como os escribas que haviam resmungado algumas horas antes quando Jesus declarou o perdão ao paralítico, os líderes religiosos também tiveram um problema com o comportamento de Jesus naquela noite. Marcos identifica esse grupo como “mestres da lei que eram fariseus” (Mc 2:16), indicando que esses estudiosos, em particular, pertenciam ao partido farisaico dos hiper-religiosos. Talvez eles estivessem espiando por uma janela lateral ou realizando uma pesquisa de boca de urna, enquanto os convidados saíam. De qualquer forma, esses hipócritas meticulosos estavam em busca de qualquer coisa que cheirasse a uma infração da Lei — isto é, suas interpretações e aplicações humanas da Lei de Moisés.

Esses elitistas cheios de justiça própria, julgadores e assassinos da graça, não podiam ver a redenção de vidas que estava ocorrendo diante de seus olhos. Ao contrário, eles reclamaram com os discípulos de Jesus: “Por que o mestre de vocês come com publicanos e pecadores?” (Mt 9:11). Impulsionados pelo ciúme da popularidade repentina de Jesus e sua perda de influência entre as massas, eles provavelmente estavam tentando plantar pequenas sementes de dúvida e discórdia entre os discípulos. Provavelmente esperavam que os seguidores de Jesus se envergonhassem de suas novas associações com a “escória de Cafarnaum” e virassem as costas para Ele.

Porém, Jesus estava novamente um passo à frente deles. Ele fez três colocações irônicas, direcionadas diretamente aos críticos fariseus. Primeiro, ressaltou que os médicos lidam com pessoas doentes, não com pessoas saudáveis (9:12). Como os cobradores de impostos e pecadores poderiam obter a terapia espiritual de que precisavam se aquele que tinha a cura os evitasse? Não era preciso ser um perito na Lei para ler nas entrelinhas. Jesus estava chamando a si mesmo de o verdadeiro Médico, que se importava o suficiente para alcançar os enfermos com cura — enquanto os fariseus egoístas e hipócritas evitavam aqueles que mais precisavam de ajuda espiritual!

Em segundo lugar, Jesus argumentou que, em termos de prioridades espirituais, Deus exigia muito mais a compaixão demonstrada por meio de graça, misericórdia e amor do que sacrifícios — especialmente “sacrifícios” inventados pelo homem como a pureza pública ostentada pelos fariseus. Jesus virou a mesa contra os fariseus, que eram os renomados mestres da Lei, citando Oseias 6:6 e mandando-os embora para fazer o dever de casa — “Vão e aprendam o que isso significa. ‘Quero compaixão, e não sacrifício’” (Mt 9:13). Ali, na frente de todos, Jesus lhes deu uma lição sobre interpretação da Bíblia! Quão humilhante e ofensivo teria sido para os fariseus receber tarefas de casa dadas por Jesus — que parecia ser não mais do que um simples carpinteiro.

Finalmente, Jesus mostrou que Sua missão contrasta com as ações dos fariseus. Em vez de procurar agradar aos chamados justos como membros do "Clube Santo ", a missão de Jesus era alcançar os pecadores e chamá-los para o arrependimento. O coração de Jesus compadeceu-se dos párias — aqueles que viviam na lama e na sujeira da vergonha e da desgraça. Ele entrou na vida deles para estender o perdão e a graça a fim de que pudessem recomeçar em um novo caminho de fé e justiça.

9:14-17

Estou convencido de que os discípulos de Jesus não condescendiam com a ridícula hipocrisia dos fariseus, nem por um segundo. Pelo menos, não os verdadeiros discípulos. Eles ouviram e viram o suficiente para convencê-los de que o estilo de graça e misericórdia de Jesus, seu amor e compaixão, verdade e bondade, era o padrão a ser seguido. Mesmo que eles não estivessem entendendo tudo o que Jesus dizia e fazia, eles o conheciam — e sabiam que tudo o que Ele dizia era verdade e que tudo o que o Mestre fazia estava certo.

No entanto, nesse momento, outro grupo marcou sua presença no dia em que Jesus estava ocupado em afirmar sua missão divina — desta vez, não escribas e fariseus, mas um grupo de discípulos de João Batista. Muitas vezes, temos a impressão de que quando Jesus começou seu ministério e João foi aprisionado por Herodes, todos os discípulos de João simplesmente teriam transferido sua fidelidade para Aquele a quem João estava apontando — o Cordeiro de Deus. Não foi bem assim. Por alguma razão, alguns discípulos ainda eram leais a João, estando relutantes ou despreparados para seguir a Jesus. De fato, tal grupo parece ter perdurado até mesmo ao tempo da igreja apostólica (At 18:24—19:7).

Apesar de esses discípulos do Batista não terem sido associados muito próximos dos fariseus, eles compartilhavam o mesmo regime semanal de jejuns que os fariseus haviam desenvolvido por meio de tradição oral, ao longo dos séculos. Eles, aparentemente, vinham acompanhando o ministério de Jesus a distância, nos dias anteriores, e perceberam que Ele e seus discípulos não seguiam essas regras estabelecidas pelo homem. Tenho de elogiar os discípulos de João por terem ido diretamente a Jesus para descobrir a razão disso, diferentemente dos fariseus, que murmuravam uns para os outros ou tentavam espalhar rumores venenosos entre os seguidores de Jesus. Pelo menos eles tiveram a integridade de ir à fonte e perguntar: "Por que nós e os fariseus jejuamos, mas os teus discípulos não?" (Mt 9:14).

A resposta de Jesus foi impregnada de imagens profundas, bem como de mistérios proféticos. O jejum era incompatível com a alegria que seus discípulos tinham ao estar com Ele. Assim como o tempo que os convidados para um casamento passam na presença do noivo, esse tempo aos pés do Messias exigia celebração, não luto sombrio ou comemoração solene. Somente quando o noivo fosse levado (uma referência velada à sua morte), os convidados do casamento lamentariam (9:15).

Então, Jesus foi mais longe apresentando outras duas analogias: o remendo de uma roupa velha com um tecido novo, fazendo com que a roupa se rasgue novamente, e a colocação de vinho novo em odres velhos, fazendo com que os odres se rompam (9:16-17).

As peles dos animais eram costuradas, uma na outra, a fim de formar uma espécie de garrafa flexível para guardar o vinho. O vinho novo que não tivesse fermentado totalmente só poderia ser colocado em odres novos e resistentes, que tivessem uma elasticidade natural suficiente para lidar com a expansão causada pelo acúmulo de gás no processo de fermentação. Odres velhos estourariam com essa pressão.[107]

Como essas analogias responderam à pergunta dos discípulos de João Batista? R. T. France explica: "Jesus trouxe algo novo; os rituais e tradições do judaísmo oficial não poderiam contê-lo. A exuberância explosiva da nova era [...] deveria romper os limites do legalismo e ascetismo."[108] Em outras palavras, não só era inapropriado que os discípulos jejuassem — um sinal sombrio e solene de arrependimento e luto — na presença do Rei, mas os rituais farisaicos, associados ao jejum, que eram de feitura humana, nunca teriam um lugar fixo na nova e dinâmica obra do Espírito, na era por vir.

Stan Toussaint resume o poder retórico das palavras de Jesus aos discípulos de João Batista: "João pertencia à era antiga; Jesus era aquele que estava trazendo uma nova dispensação. Deveriam, portanto, deixar o precursor e unir-se ao Rei. A menos que o fizessem, eles não teriam condições de participar de nenhuma nova dispensação que Jesus pudesse trazer."[109]

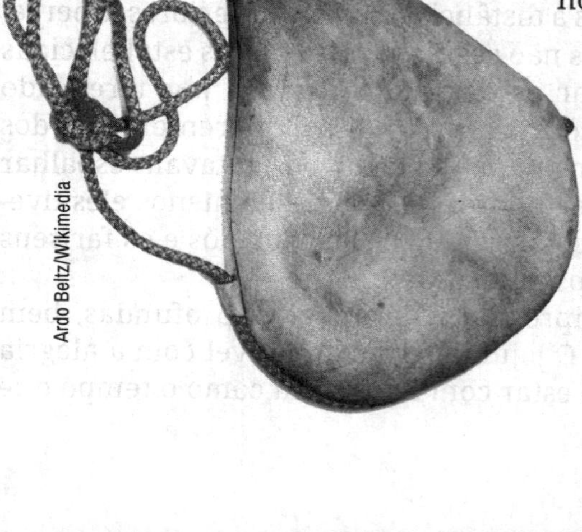

Ardo Beltz/Wikimedia

Vasilha natural de vinho

APLICAÇÃO

Mateus 9:1-17

PERMANECENDO JUNTO A JESUS

Como o paralítico desesperado que precisava de perdão e cura (9:1-8) e o desonesto cobrador de impostos que precisava de redenção e restauração (9:9-13), os verdadeiros seguidores de Jesus sabem que estão em estado terminal, infectados pelo pecado e pela culpa, e que só podem ser curados pelo Grande Médico. Os fariseus e escribas, no entanto, operavam sob o equívoco grosseiro de que estavam bem. E os discípulos de João Batista, apegados à sua abordagem religiosa de tradições de homens, eram pouco melhores.

Imagine que você esteja sentado à mesa em uma dessas duas casas — a casa em que Jesus supostamente transgrediu um código teológico, ao perdoar pecados por sua própria autoridade, ou na de Mateus, o cobrador de impostos, cercado por uma multidão de antigos praticantes de extorsão que desejavam aprender o que significa seguir a Jesus. Você aceitaria o desconforto da graça e da misericórdia radicais personificados por Jesus, ou procuraria sair dessa posição embaraçosa e optaria por um conjunto de doutrinas e práticas mais frias e confortáveis, como jejuns programados e outras tradições familiares?

O que dizer de hoje? Quando os cristãos querem sair da bolha de sua demografia étnica, cultural, racial ou geracional, você se retira para um canto e fica criticando, ou você arregaça as mangas e abraça o desconforto ao mostrar compaixão mesmo quando isso lhe causa dor? Quando pessoas com necessidades especiais, debilitadas ou com problemas físicos, mentais ou emocionais aparecem ao seu redor, você as julga ou dá um passo à frente para ajudar, mesmo que isso lhe custe seu próprio conforto? Se abordarmos a vida e o ministério com o reconhecimento de que somos todos pecadores sujos e imundos que precisam de um Salvador, podemos nos vacinar contra a doença do farisaísmo cheio de justiça própria e cair nas mãos curadoras do Grande Médico.

Incessante agitação por causa dos milagres

MATEUS 9:18-38

Pense no seu dia mais agitado. Talvez isso tenha incluído um casamento, o nascimento de um filho, uma formatura, um feriado, suas férias ou mesmo um funeral. Talvez tenha sido um dia particularmente estressante no trabalho, uma crise familiar ou uma emergência que tenha esgotado seu corpo e sua mente. É uma agitação contínua, num ritmo frenético, quase sem nenhum tipo de descanso. Você conhece essa sensação? É o tipo de dia que faz você tropeçar e ir para a cama tropeçando, meio atordoado, e dormir como uma pedra.

As chances são muito reais de você já ter vivido vários dias assim. Fala-se que é um dia em que ficamos "apagando incêndios". Surgiu um evento importante, que talvez até mude sua vida, ou um problema sério, e você teve que se dedicar inteiramente a extinguir esse fogo. E enquanto você ainda estava apagando esse incêndio, surgiu outro. Você mal teve a chance de extinguir a primeira chama, e já irrompeu outra — e, depois, mais outra. Às vezes, as chamas de um dia se prolongam durante o dia seguinte e a crise acaba durando quase uma semana.

Jesus enfrentou esse tipo de agitação no meio de seu ministério na Galileia. Parecia não haver fim para as filas de pessoas necessitadas, nenhuma pausa em seus lamentosos pedidos de ajuda, nenhuma interrupção nos ataques demoníacos ou nos clamores por misericórdia. Ele sabia o que era estar constantemente "ligado", vivendo inteiramente em prol dos outros. Há uma diferença, no entanto, entre nossos dias mais atarefados e aqueles que Jesus enfrentou. As situações com as quais Ele teve de lidar sempre continham o elemento do *impossível*. Ninguém jamais pediu que eu fizesse as coisas que pediam para Jesus. A libertação instantânea desses problemas estava nas mãos de somente um homem, em toda a história.

Além do trabalho que Jesus fez para divulgar sua mensagem e atrair as pessoas para si, Ele também enfrentou as zombarias e críticas da elite religiosa que, sempre, estava por perto, discordando de tudo o que Ele dizia e realizava. Aqueles não eram simplesmente homens equivocados que não conseguiam entender as coisas. Eles se posicionavam cada vez mais como seus inimigos, que estavam lá para propósitos totalmente malignos — encontrar falhas, lançar culpa sobre Ele e questionar seus motivos. Enquanto Jesus acumulava evidências esmagadoras de que era, de fato, o Rei, o tão esperado Messias de Israel, muitos daqueles que desejavam ansiosamente pelo Messias estavam procurando provar que Jesus estava servindo ao próprio Diabo!

9:18-22

Em 9:18 somos introduzidos bem no meio da ação. Sem nenhuma chance de recuperar o fôlego, Jesus foi abordado por um líder da sinagoga de Cafarnaum. O homem curvou-se diante dele e com profunda emoção implorou a Jesus que fosse à sua casa, colocasse a mão sobre sua filha, que acabara de morrer, e a trouxesse de volta à vida. Imagine o que alguns dos críticos de Jesus podem ter pensado sobre o fato de seu colega ter-se tornado um traidor deles e apelado para Jesus em sua hora de desespero. Ele pagaria um preço alto apenas por falar com Jesus. Mas naquele momento, nada disso importava, e ele se curvou em absoluta humildade e reverência. Jesus respondeu como seria de esperar. Começou a seguir o líder da sinagoga até à casa dele (9:19).

Enquanto atravessava a multidão em direção à casa do oficial, Jesus foi interrompido por uma mulher que sofria de hemorragia havia doze anos (9:20). O Evangelho de Marcos acrescenta o detalhe de que ela "padecera muito sob o cuidado de vários médicos e gastara tudo o que tinha, mas, em vez de melhorar, piorava" (Mc 5:26). Tendo ouvido a notícia do poder de Jesus, a mulher raciocinou que se pudesse apenas tocar em suas vestes, ela seria curada (Mt 9:21).

O que a mulher fez teria sido considerado por muitos como uma grave violação do decoro. De acordo com as leis judaicas de pureza, sua condição a tornava perpetuamente impura. A passagem de Levítico 15:25-27 diz que qualquer mulher com fluxo de sangue estaria num estado de impureza ritual, e "quem tocar [qualquer coisa em que tal mulher tenha sentado ou usado] ficará impuro: lavará as suas roupas, se banhará com água e ficará impuro até a tarde". Assim, sem dúvida, a mulher pensou que não poderia pedir a Jesus que a curasse pelo toque, como o líder da sinagoga havia pedido para sua filha.

O relato de Mateus especifica que a mulher, na verdade, tocou na "borda de seu manto" (Mt 9:20). Naqueles dias, os judeus devotos usavam uma túnica externa que tinha quatro bordas (pendentes de franjas), chamadas *tsitsiyōt* (singular *tsitsit* [H6734]), que pendiam da bainha. Isso era feito em obediência aos mandamentos do Senhor em Números 15:37-40 e Deuteronômio 22:12. Ao estender a mão e tocar apenas a borda, na bainha do manto externo, que pendia frouxamente no corpo de Jesus — sem seu conhecimento — ela seria capaz de impedir que Ele se tornasse ritualmente impuro.

Sem dúvida, muitos dos fariseus hipersensíveis e legalistas não teriam visto nenhuma diferença entre Jesus estendendo a mão e tocando a mulher impura e a mulher estendendo a mão e tocando a borda da roupa exterior de Jesus — especialmente porque eles já estavam procurando algum tipo de base para acusá-lo de violar a lei. Mas uma leitura e aplicação literal da Lei teriam mostrado que Jesus permaneceu ritualmente puro. O ato de a mulher estender a mão para tocar a borda de suas vestes não apenas demonstrou fé sincera em Jesus, mas também revelou um profundo nível de respeito por Ele e pela Lei de Deus.

Os *tsitsiyōt* ainda hoje são usados nas peças de vestuário mais externas dos judeus ortodoxos.

Marcos inclui o detalhe: Jesus percebeu que "dele havia saído poder" quando ela tocou em seu manto (Mc 5:30). A ironia desse toque milagroso não deve ser perdida. Enquanto os escribas teriam acreditado que o toque discreto da mulher nas vestes de Jesus lhe estaria conferindo impureza ritual, o oposto é que era verdade; o toque deu à mulher o poder purificador de Jesus! Não devemos enxergar esse episódio como um caso de mágica. Deus não se rendeu à superstição da mulher. De fato, Jesus voltou-se para a mulher e disse: "Ânimo, filha, a sua fé a curou!" (Mt 9:22).

Observe que Jesus se dirigiu à mulher gentilmente como "filha", de forma semelhante à que Ele se referiu ao paralítico como "filho" (9:2). E assim como com o paralítico, Ele encorajou aquela mulher a "ter coragem" (grego *tharseō* [2293]). Observe que Jesus não tinha apenas o objetivo de conceder curas físicas; Ele também estava interessado em relacionar-se pessoalmente com os que o procuravam, ministrando-lhes emocionalmente e restaurando-os espiritualmente. Ele estava preocupado com *todo o seu ser*.

9:23-26

Depois de continuar percorrendo as ruas lotadas de Cafarnaum, Jesus finalmente chegou à casa do oficial, onde encontrou uma situação de caos. Você pode imaginar o choro e o lamento pela morte de uma menina de doze anos (veja Lc 8:42, 52). Quando Jesus entrou na casa com Pedro, Tiago, João e os pais da menina (veja Lc 8:51), Ele disse aos lamentadores: "Saiam! A menina não está morta, mas dorme" (Mt 9:24). O fato de os profissionais do choro, com sua música fúnebre, já estarem presentes indica que todos sabiam que a menina estava realmente morta. Quando lemos sobre aqueles que riram de Jesus, não devemos imaginar os verdadeiros membros da família da menina zombando dele, mas os lamentadores que haviam sido contratados e não pertenciam à família (veja Jr 9:17).[110]

Jesus sabia que a menina estava morta, mas ao dizer que ela estava apenas dormindo, Ele corajosamente afirmou que sua condição era temporária. Em um momento, Ele a despertaria da morte. Na quietude que se seguiu à partida da multidão em tumulto, Jesus pegou a menina pela mão e a levantou da cama, inteiramente viva (Mt 9:25). E, embora a sala tivesse sido esvaziada de pessoas, as notícias desse milagre se espalharam por toda parte (9:26).

9:27-31

Ao relembrarmos o itinerário intenso até então, em Mateus 9, posso imaginar que Jesus e seus discípulos estavam exaustos:

- o paralítico deitado na cama — curado (9:2-8);
- Mateus, o cobrador de impostos — redimido (9:9-13);
- a mulher com hemorragia incurável — restaurada (9:20-22);
- a filha que havia morrido — ressuscitada (9:23-26).

Se alguém ganhou algum fôlego, foi Jesus. Mas quando Ele voltou para onde estava hospedado — talvez a casa de Pedro —, dois cegos o seguiram, clamando: "Filho de Davi, tem misericórdia de nós!" (9:27).

Por alguma razão, Jesus queria manter as testemunhas oculares de seus milagres em pequeno número. Ele não reunia multidões, nem ficava sobre uma plataforma alta procurando chamar a atenção para si mesmo, antes da cura. Em vez disso, Ele tendia a curar a portas fechadas, com apenas poucos presentes. Isso explica por que Ele esperou até entrar na casa em que estava hospedado, antes de dar atenção aos gritos dos cegos. Quando Jesus entrou, os homens não se preocuparam em bater — eles entraram logo atrás dele. O diálogo que Mateus relata foi breve. Apenas uma simples afirmação da fé daqueles homens em sua capacidade de curá-los foi o suficiente para Ele dar-lhes o que tão desesperadamente ansiavam — Ele tocou os olhos deles, e os cegos foram instantaneamente curados (9:28-30). E a primeira coisa que viram quando a luz atravessou seus olhos escurecidos, foi o rosto de Jesus!

Mais uma vez, embora Jesus tentasse manter em segredo suas curas milagrosas, os cegos curados não conseguiram se conter — eles espalharam as notícias sobre Jesus por toda a região (9:31). O Mestre poderia muito bem ter pendurado uma placa do lado de fora da porta da casa, dizendo: "O operador de curas está atendendo" ou colocado uma recepcionista na rua gritando: "Próximo!".

OS MILAGRES AO LONGO DA HISTÓRIA... E HOJE

MATEUS 9:35

É óbvio que milagres não acontecem todos os dias. Um colega meu, certa vez, observou: "Se ocorressem, nós os chamaríamos de 'regulares.'" Embora pareçam ser comuns na Bíblia, ao olhar mais de perto veremos que, na verdade, eles são bastante raros. De fato, na maneira como interagia com seu povo, Deus parecia agrupar milagres na introdução de novas revelações ou durante transições de época. Podemos discernir três períodos relativamente curtos e extremamente notáveis, durante as quais os milagres foram particularmente concentrados e surpreendentes.

1. O êxodo do Egito, as peregrinações no deserto e a conquista de Israel. Após quatrocentos anos de silêncio, Deus surpreendeu os egípcios — e os hebreus — com uma série de eventos miraculosos ao libertar o povo da aliança da escravidão no Egito, guiá-los pelo deserto e depois os estabelecer na Terra Prometida.

2. *Os ministérios proféticos de Elias e Eliseu*. Nos dias dos reis israelitas, depois de muitas décadas de repetidos avisos, Deus enviou esses dois profetas para desviar seu povo da idolatria. Ele usou milagres para demonstrar que as mensagens deles eram de origem divina.

3. *Os ministérios fundamentais de Jesus Cristo e dos apóstolos*. Depois de outros quatrocentos anos de silêncio, Deus enviou seu Filho com a capacidade de realizar proezas miraculosas que superaram os milagres do Antigo Testamento. Deus então produziu milagres por meio dos apóstolos para validar sua mensagem sobre Jesus Cristo, o Filho de Deus.

As obras verdadeiramente miraculosas de Deus são raras, tendo ocorrido com pouca frequência ao longo da história. Quando ocorrem, o propósito dos milagres geralmente é chamar a atenção para a obra de Deus no mundo ou autenticar a atividade ou as palavras de Seus profetas ou apóstolos especiais.

9:32-38

O próximo da fila foi um homem afligido por um demônio que o havia tornado incapaz de falar (9:32). Percebendo que o problema era espiritual e não físico, Jesus expulsou o demônio, restaurando ao enfermo a capacidade de falar (9:33). Ali estava mais uma demonstração da autoridade divina de Jesus demonstrando que Ele era o tão esperado Messias. E, claro, ali estava mais uma boca ansiosa para espalhar a notícia de que um curandeiro milagroso havia se estabelecido em Cafarnaum!

À luz da constante agitação por causa dos milagres, onda após onda de relatórios fluía do epicentro. Assim que uma história chegava ao mercado ou à sala de estar, outra história se dirigia às estradas e sinagogas. A cidade e a região rapidamente fervilhavam de espanto. "Nunca se viu nada parecido em Israel!" (9:33).

Por causa da grande compaixão de Jesus pelas pessoas que estavam "aflitas e desamparadas, como ovelhas sem pastor" (9:36), e por causa da magnitude esmagadora da missão e em face de tão poucos trabalhadores (9:37-38), Jesus lançou aquela que poderia ser chamada de a primeira cruzada evangelística. Mateus diz que Ele "ia passando por todas cidades e povoados ensinando nas sinagogas, pregando as boas-novas do Reino e curando todas as enfermidades e doenças" (9:35).

Mas nem todos estavam no mesmo espírito. Alguns receberam o ministério e a mensagem de Jesus negativamente. O riso sarcástico dos lamentadores contratados e dos tocadores de flauta pagos pode ser desculpado; afinal, a menina estava morta, e dizer que estava apenas dormindo parecia ridículo (veja 9:24). Mas a conclusão cáustica e a reação radical dos cruéis fariseus eram indesculpáveis. Diante do óbvio poder milagroso — exercido em amor e compaixão — que só Deus poderia realizar, os fariseus afirmavam: "É pelo príncipe dos demônios que ele expulsa demônios" (9:34). Como eles não podiam mais duvidar da existência de seu poder sobrenatural, tudo o que podiam fazer para evitar se curvar à sua autoridade e aceitá-lo como seu Rei e Messias tão esperado era questionar a *fonte* de seu poder. Em um movimento impressionante e trágico, eles atribuíram o poder do homem-Deus ao próprio Satanás!

APLICAÇÃO

Mateus 9:18-38

SENHOR, MENTIROSO OU LUNÁTICO?

Se você estivesse no meio da multidão de espectadores em Cafarnaum durante aquele dia de milagres ininterruptos, teria se deparado com um dilema intelectual que exigiria uma decisão de sua vontade. Qualquer escolha que você tivesse feito naquele dia teria um impacto duradouro em sua vida. A escolha que as testemunhas oculares do primeiro século enfrentaram em relação às palavras e obras do Senhor foi classicamente resumida pelo "trilema" de C. S. Lewis. Eric Metaxas coloca desta forma:

> C. S. Lewis afirmou, de uma forma bastante célebre, que quando se trata de decidir quem era Jesus Cristo, nós realmente só tínhamos três escolhas. Primeiro, poderíamos dizer que Ele era um mentiroso, que todas as coisas que Ele disse eram simplesmente mentiras. Segundo, poderíamos dizer que Ele não era um mentiroso, mas um lunático, então não poderia ser responsabilizado por dizer as coisas que disse. E, terceiro, poderíamos dizer que Ele era realmente quem dizia ser, o Senhor do Céu e da Terra.[111]

Se eles fossem pessoas razoáveis, cada Jacó, Rubem, Miriam ou Sara que estivesse perto de Jesus naquele dia poderia ter chegado à conclusão racional. Jesus não podia ser louco ou enganador — como um louco ou um hipnotizador poderia realizar esses milagres? Não eram simples prestidigitações ou divertidos truques de salão. Jesus não estava tirando moedas das orelhas das crianças ou fazendo os lenços desaparecerem. Ele estava curando paralíticos, restaurando a vista aos cegos, curando doenças que os médicos só haviam tornado piores, expulsando demônios e ressuscitando os mortos! O tempo todo, Ele estava afirmando ter autoridade para perdoar pecados, estava demonstrando a capacidade de ler o coração e a mente das pessoas, e estava respondendo aos títulos messiânicos "Filho de Davi" e "Filho de Deus".

Mas esses fatos não impediram os fariseus teimosos e de coração duro de afirmar que a capacidade de Jesus de fazer milagres vinha diretamente do próprio Satanás. Esse era um problema espiritual, não intelectual. E é um problema que as pessoas ainda têm hoje. Apesar das evidências, as pessoas negam a existência de Deus. E, a despeito das reivindicações convincentes de Cristo, elas voluntariamente o rejeitam como seu Salvador e Senhor. Então, a solução para essa cegueira espiritual não é publicar mais um livro que apresente a evidência ou alguma outra coação verbal que tente convencer, por argumentos, as pessoas a entrar no reino. O único que pode abrandar corações e quebrantar a vontade é o Espírito Santo.

Você já encontrou escarnecedores perdidos que riem da fé? Ore para que o Espírito penetre em sua loucura e abra seus olhos tanto para a gravidade de sua condição como para a solução que pode ser encontrada na pessoa e obra de Cristo. Você tem se deparado com fariseus que chamam Jesus de mentiroso, lunático ou simplesmente uma lenda, que apresentam qualquer explicação para os fatos, exceto a verdade de que Jesus é o Senhor? Leve os nomes deles a Deus, o único que pode fazer brilhar sua luz através das trevas da incredulidade e dissipar a névoa do engano.

Ouvindo bem, pensando certo, falando diretamente, cumprindo a missão

MATEUS 10:1-15

Ao observarmos o ministério de milagres poderosos e mensagens profundas de Jesus se desenrolando diante de nossos olhos, é fácil nos esquecermos de uma prioridade muito importante que ele estabeleceu enquanto esteve na terra: o treinamento dos Doze. Afinal, Ele logo partiria e deixaria nas mãos deles a obra que havia começado.

Também é fácil não observar que os Doze estavam quase sempre por perto, em parte porque sua presença nem sempre parece tão óbvia na narrativa de Mateus. Eles estiveram sempre ao lado de Jesus durante todo o seu ministério terrestre, constantemente observando, sempre aprendendo e ocasionalmente reagindo. O treinamento deles permanecia no topo de sua agenda, embora Ele não chamasse a atenção com frequência para esse aspecto. Às vezes, porém, Jesus fazia uma pausa para falar com eles e lhes oferecer instruções específicas das quais eles deveriam não apenas se lembrar, mas também colocar em prática depois que Ele os deixasse.

Chegou o momento em que os discípulos deveriam se mover para o mundo real, com o objetivo de experimentar situações semelhantes às que Jesus estava enfrentando e se engajar em um ministério semelhante ao de seu Mestre. Como passarinhos que são tirados do ninho, era tempo de os Doze abrirem suas asas e enfrentar suas próprias lutas no ministério. Em seguida, veremos Jesus delegar autoridade e capacitar sua equipe ministerial que Ele havia escolhido cuidadosamente (10:1-4). Ele os preparou com informações vitais antes de enviá-los e lhes deu instruções específicas sobre o que eles poderiam esperar e de como deveriam cumprir sua missão (10:5-15). Embora a autoridade e a missão específica dos Doze fossem singulares e, portanto, diferentes da nossa no século 21, ainda podemos extrair delas alguns princípios e ideias importantes sobre nosso próprio chamado e missão nos dias de hoje.

10:1-4

No contexto imediato do envio dos Doze, Mateus registra que "Jesus ia passando por todas as cidades e povoados, ensinando nas sinagogas, pregando as boas-novas do Reino e curando todas as enfermidades" (9:35). Vimos a rapidez com que o ministério estava se expandindo e podemos imaginar como a atividade ininterrupta deve ter sido exaustiva, pois Jesus sentia compaixão pelas pessoas e agia para aliviar a angústia delas (9:36). Enquanto Jesus cuidava das pessoas, que eram consideradas por Ele "como ovelhas sem pastor" (9:36), o Mestre se voltou para seus discípulos e disse: "A colheita é grande, mas os trabalhadores são poucos. Peçam, pois, ao Senhor da colheita que envie trabalhadores para a sua colheita" (9:37-38). E, como pode acontecer muitas vezes, aqueles que oram tornam-se a própria resposta da oração! Até então, os Doze haviam sido observadores do ministério de Jesus. Mas, agora, estavam preparados para se envolver nesse ministério.

Jesus reuniu sua equipe e lhe conferiu autoridade divina, dando-lhe a capacidade de expulsar espíritos impuros, bem como de curar doenças e enfermidades — em suma, teriam a capacidade de exercer o tipo de poder milagroso que pensavam só pertencer a Jesus (10:1). Precisamos lembrar, porém, que a única razão pela qual os discípulos tinham essa capacitação era porque lhes havia sido concedida pelo Senhor. Pertencia a Ele por direito, mas quando o Mestre enviou seus discípulos para o ministério, Ele também os equipou de modo sobrenatural.

OS DOZE

MATEUS 10:2-4	MARCOS 3:16-19	LUCAS 6:14-16	ATOS 1:13
Simão (Pedro)	Simão (Pedro)	Simão (Pedro)	Pedro
André	Tiago (filho de Zebedeu)	André	João
Tiago (filho de Zebedeu)	João	Tiago (filho de Zebedeu)	Tiago (filho de Zebedeu)
João	André	João	André
Filipe	Filipe	Filipe	Filipe
Bartolomeu	Bartolomeu	Bartolomeu	Tomé
Tomé	Mateus	Mateus	Bartolomeu
Mateus	Tomé	Tomé	Mateus
Tiago (filho de Alfeu)	Tiago (filho de Alfeu)	Tiago (filho de Alfeu)	Tiago (filho de Alfeu)
Tadeu	Tadeu	Simão (o zelote)	Simão (o zelote)
Simão (o zelote)	Simão (o zelote)	Judas (filho de Tiago)	Judas (filho de Tiago)
Judas Iscariotes	Judas Iscariotes	Judas Iscariotes	

MATEUS E TIAGO ERAM IRMÃOS?

MATEUS 10:3

Acredita-se que Mateus e Tiago (não o irmão de João) seriam "filhos de Alfeu" (10:3; Mc 2:14). Por isso, alguns comentaristas têm sugerido que Mateus e Tiago eram irmãos. , Michael Green escreve:

> É possível que Tiago, filho de Alfeu, compartilhasse do patriotismo feroz e nacionalista dos zelotes. Isso acontecia com a maioria das pessoas comuns de Israel naqueles dias. Todavia, seu irmão, Mateus ou Levi, era inteiramente diferente. Ele recolhia impostos para Herodes Antipas. Mateus cooperava com a potência estrangeira de ocupação que seu irmão parecia estar determinado a derrubar com uma revolução sangrenta. O que colaborava com o governo inimigo e o que lutava pela liberdade eram irmãos na mesma família![112]

No entanto, é difícil ter certeza sobre essa relação. Talvez se trate apenas de uma coincidência que esses dois homens, que agiam em extremos opostos do espectro político, tivessem pais com o mesmo nome. No entanto, também é possível que Jesus tenha escolhido dois irmãos anteriormente alienados um do outro — Levi e Tiago — para demonstrar que o fato de segui-lo pode restaurar relacionamentos rompidos. Vamos imaginar essa situação em termos modernos. Um irmão é direitista radical do tipo conservador... o outro é esquerdista radical do tipo liberal! Então, um dia, ambos experimentam a graça de Jesus Cristo, abandonam suas prioridades mundanas e se encontram servindo ao Senhor lado a lado.

Somente Deus sabe se Mateus e Tiago eram verdadeiramente irmãos de sangue ou se tornaram irmãos puramente espirituais em Cristo. Uma coisa, porém, é certa: somente Cristo poderia mudar o coração de pessoas como Mateus e Tiago e chamá-los para trabalhar lado a lado no ministério.

Para enfatizar o fato de que aqueles eram homens normais e comuns que receberam autoridade sobrenatural para cumprir sua missão, Mateus alista os nomes dos Doze em 10:2-4. Não há nenhum Hércules ou Apolo, nem Jasão ou Aquiles, muito menos um Odisseu ou Perseu. Não há nenhum semideus, celebridade ou herói grego mítico no grupo. Ao contrário, são listados alguns trabalhadores braçais, chamados Simão e André, Tiago e João, Filipe e Bartolomeu. Há, também, o cético Tomé e o desprezível Mateus — sendo este último, surpreendentemente, um cobrador de impostos. Acrescente-se a eles Tiago, filho de Alfeu, e Tadeu, a respeito dos quais não sabemos praticamente nada. Finalmente, há outro Simão, com tendências radicais, e, por fim, o infame traidor Judas Iscariotes.

O que me impressiona é o caráter completamente comum dessa seleção de estagiários convidados para servir como futuros líderes. Gosto da maneira como Robert Coleman coloca essa questão:

> Nenhum deles ocupava posição de destaque na sinagoga, nem pertencia ao sacerdócio levítico. Em sua maioria, eram trabalhadores comuns, que provavelmente não tinham qualquer formação profissional além dos conhecimentos rudimentares imprescindíveis à sua vocação. [...] Nenhum deles poderia ser considerado rico. Eles não tinham diplomas acadêmicos dos mestrados e doutorados de sua época [...] Por qualquer padrão de cultura sofisticada daquele tempo ou de agora, eles certamente seriam considerados um grupo bastante imperfeito de pessoas.[113]

Nunca poderemos esquecer que essa dúzia de pecadores eram homens comuns — com as falhas e defeitos humanos que caracterizam a vida de todos nós. Eles foram escolhidos não por causa do que eram, mas em razão do que haveriam de se tornar pela graça capacitadora de Deus. Precisamos ser realistas, não românticos, quando observamos os discípulos de Jesus. Eles não eram diferentes de você ou de mim. Portanto, qualquer um de nós, e todos nós, podemos arregaçar as mangas e nos envolver como trabalhadores na colheita para Jesus.

10:5-10

Do versículo 5 até o final do capítulo (10:42), Mateus relata as instruções que Jesus forneceu aos discípulos antes de enviá-los para a missão. Essas incluem tanto as instruções positivas ("façam assim!"), quanto as negativas ("não façam isso!").

Primeiramente, Ele lhes disse aonde ir e para onde não ir (10:5-6). Eles deveriam se dirigir apenas para os judeus — "as ovelhas perdidas de Israel" — e não seguir em direção aos gentios ou samaritanos. Essa primeira campanha missionária deveria estar centrada no povo que eles conheciam melhor — os seus próprios irmãos segundo a carne. Eles conheciam o idioma deles, sua religião e sua cultura. Jesus estava tornando mais simples essa primeira tarefa missionária.

Segundo, Jesus lhes ensinou sobre o que deveriam dizer (10:7). Não devemos nos surpreender com o fato de que a essência da mensagem deles tenha sido a mesma pregada pelo próprio Jesus — "O Reino dos céus está próximo". Essa foi provavelmente a síntese de uma mensagem mais completa, semelhante àquela que Jesus havia apresentado com mais detalhes, talvez incluindo o chamado para que as pessoas se arrependessem, tendo em vista a era messiânica vindoura, e respondessem se batizando nas águas (veja Jo 3:22; 4:1). Os discípulos deveriam apresentar uma verdadeira extensão do próprio ministério de pregação de Jesus, repetindo a mensagem dele e não a sua própria.

Em terceiro lugar, Jesus os capacitou para ministrar aos mais necessitados (Mt 10:8). Em razão de sua própria autoridade divina, Ele lhes concedeu o poder de realizar os mesmos tipos de milagres que Ele operava em seu ministério. Eles deviam curar os doentes, ressuscitar os mortos, purificar os leprosos e expulsar os demônios — gratuitamente, sem pensar em receber alguma recompensa por seus milagrosos atos de misericórdia. Esses sinais e maravilhas seriam a prova de que sua mensagem era verdadeira — o reino do Messias estava próximo!

Em quarto lugar, Jesus os instrui a viajar com pouco suprimento, ficando na dependência da provisão de Deus para sua viagem (10:9-10). Eles poderiam ter passado dias — até mesmo semanas — fazendo planos, criando estratégias, se equipando e arrecadando fundos para sua missão. Mas isso teria tirado a urgência da missão e atrasado os discípulos. Em vez de levar dinheiro consigo ou munir-se de suprimentos extras, suas necessidades seriam supridas por Deus por meio da generosidade de outros.

Bem, antes de ir mais longe no relato, preciso fazer alguns esclarecimentos. A partir das instruções de Jesus em Mateus 10, aprendemos alguns princípios importantes que podemos aplicar a nossos próprios chamados e ministérios, hoje. No entanto, nem tudo que Jesus disse a seus discípulos se aplica a nós na atualidade. Precisamos salientar duas diferenças expressivas, entre o contexto dos discípulos originais, no primeiro século, e o nosso contexto, no século 21.

Primeiro, esses discípulos originais tinham uma autoridade apostólica única (10:1). Jesus lhes deu poder especial sobre os espíritos imundos e a capacidade de curar doenças, de ressuscitar os mortos e de purificar os leprosos (10:8). O Evangelho de Lucas nos relata que, ao mesmo tempo, Jesus também estendeu esse mesmo tipo de autoridade a outros setenta (Lc 10:1-20). O apóstolo Paulo afirmou que ele foi o "último" e o "menor" dos apóstolos (1Co 15:8-9), tendo recebido autoridade especial para demonstrar "as marcas de um apóstolo — sinais, maravilhas e milagres" (2Co 12:12).

Em segundo lugar, a missão desses discípulos originais confirmava um significado único. Eles foram envolvidos em um ministério itinerante temporário, específico, que era dirigido exclusivamente para judeus, e não para samaritanos ou gentios (Mt 10:5-6). A natureza itinerante e o escopo limitado da missão deles abarcavam, dessa forma, elementos que hoje nos parecem muito radicais. Eles saíram sem planejamento, sem qualquer preparação especial, sem suprimentos, sem dinheiro (10:9-10). Porém, após a morte e ressurreição de Jesus, o escopo da missão mudou para os discípulos. Imediatamente antes de sua ascensão, Jesus disse: vocês "serão minhas testemunhas em Jerusalém, em toda a Judeia e Samaria, e até os confins da terra" (At 1:8).

Portanto, embora possamos obter alguns princípios das instruções de Jesus para aqueles discípulos originais do primeiro século, precisamos reconhecer que Ele não estava se dirigindo diretamente a nós. Devemos refletir cuidadosamente sobre as implicações e aplicações dessa passagem para nosso contexto do século 21.

10:11-15

Depois de escolher os Doze (10:2-4), Jesus entregou-lhes uma mensagem urgente (10:7), deu-lhes autoridade especial para operar sinais, maravilhas e milagres (10:1, 8), e os enviou praticamente desprovidos de recursos para a jornada (10:9-10). Ao olharmos para o próximo conjunto de instruções para seu ministério de pregação itinerante, percebemos que Jesus estava lhes ensinando não os métodos para um ministério permanente, mas lições importantes sobre como confiar na provisão de Deus.

Assim como Ele lhes ofereceria provisão com o apoio daqueles entre os quais haveriam de ministrar (10:10), Deus forneceria, providencialmente, algum lugar para eles se hospedarem enquanto estivessem em cada cidade ou vila. No entanto, em se tratando de sua hospedagem, eles ainda precisariam ser criteriosos. Era seu dever perguntar na localidade a respeito de "quem é digno" (10:11). R. T. France observa: "Eles [deveriam] procurar alguém que tivesse capacidade e estivesse disposto a acomodá-los, e isso normalmente envolveria alguém aberto à sua mensagem, embora não necessariamente já comprometido com sua causa".[114] Para os discípulos empenhados naquela missão, encontrar acomodações "dignas" em cidades e vilarejos remotos seria uma indicação de que Deus estaria à frente deles e prepararia o coração e a mente das pessoas em seu favor. Eles apenas tinham que confiar no Senhor e acreditar em sua palavra.

Às vezes, os discípulos seriam testados. Nem todas as pessoas demonstrariam ser o que aparentavam a princípio. Algumas se revelariam dignas da sua presença e receberiam sua bênção (10:12-13), no entanto, outras se revelariam indignas da mensagem, talvez se voltando contra os discípulos ou fingindo fidelidade à causa. Aqueles que rejeitassem os discípulos estariam, na verdade, recusando a própria mensagem que lhes havia sido confiada. Em tais casos, os discípulos deveriam "sacudir a poeira" de seus pés como sinal de sua rejeição daquela casa, vila ou cidade (10:14). Um comentarista explica o significado desse ato: "Sacudir a poeira de seus pés ao deixar um lugar hostil simbolizava, por parte deles, a rejeição da cidade judaica, considerando-a como se fosse uma desprezada cidade gentia, cuja própria poeira era indesejada".[115]

Pelo fato de a mensagem pregada pelos discípulos estar relacionada com a vinda do reino dos céus, Jesus advertiu sobre as graves consequências decorrentes de rejeitá-la e sobre a necessidade de preparo e arrependimento. Ele disse: "No dia do juízo haverá menor rigor para Sodoma e Gomorra do que para aquela cidade" (10:15).

APLICAÇÃO

Mateus 10:1-15

FORAM ENVIADOS, MESMO NÃO SENDO AINDA APÓSTOLOS

A palavra grega *apostolos* [652] significa, literalmente, "enviado". Embora nenhum de nós hoje possa afirmar que é comissionado diretamente como "apóstolo", como o foram os discípulos originais de Jesus — com sua missão específica e miraculosas habilidades especiais — cada um de nós é enviado para alcançar o mundo com a mensagem do evangelho de Jesus Cristo. Como aplicamos o envio bem específico de Mateus 10 ao nosso próprio contexto do século 21?

Em primeiro lugar, *é preciso nos lembrarmos que temos motivos e métodos semelhantes*. Assim como Jesus e os discípulos, devemos ser movidos pela compaixão para com os perdidos e orar ao Senhor da colheita (9:36-38). Ao mesmo tempo, necessitamos reconhecer que, como os discípulos, podemos nos tornar as próprias respostas a essas orações. Quando entendemos esse objetivo, ficamos motivados a sair e alcançar outros.

Em segundo lugar, *devemos nos lembrar que a colheita é feita por todos os crentes*. Há aqueles que são chamados para serem "missionários" e os que são convocados para serem "doadores". Os missionários precisam dos "doadores". Se você não for convidado para ser um dos trabalhadores do campo, em forma de serviço cristão vocacionado, então você pode doar seus recursos, assim como aqueles apoiadores anônimos do ministério dos discípulos que contribuíram para a causa (10:9-12).

Terceiro, *precisamos nos lembrar de que devemos espelhar — o caráter e o comprometimento de Cristo.* Temos de refletir sua autenticidade, simplicidade e integridade. Devemos ser verdadeiros, livres de hipocrisia, ter a capacidade de enfrentar dificuldades sem reclamar e servir com motivos puros. Isso é autenticidade. Ademais, é preciso viver uma vida simples. Não devemos nos envolver no ministério por causa de dinheiro, fama, e muito menos por orgulho. Não é nosso objetivo buscar uma agenda de militância política. Por fim, precisamos ser homens e mulheres íntegros, enquanto seguimos em frente e servimos. Fidedignidade, altruísmo, moralidade e ética — esses são os componentes da integridade.

Que a compaixão nos mova a orar para que o Senhor envie mais pessoas para a colheita. Que busquemos constantemente sua vontade para saber como Ele quer que nos envolvamos no seu projeto — seja como missionários ou como doadores. E que sempre imitemos Jesus na autenticidade, simplicidade e integridade em tudo o que fazemos para o avanço de seu reino.

Ovelhas entre lobos: o que esperar

MATEUS 10:16-31

Até o tempo desse pequeno comissionamento e "envio" dos discípulos, conforme registrado em Mateus 10, os Doze mencionados em 10:2-4 permaneciam, em sua maioria, nos bastidores. Eles observavam seu Mestre, enquanto ficavam seguros na retaguarda. Eles ficavam protegidos do mal espiritual e do desastre físico, por seu amoroso cuidado e preocupação. Enquanto o Mestre ensinava, eles ouviam em segurança; enquanto Jesus lidava com as críticas, eles nunca se sentiam ameaçados. Enquanto Ele curava os doentes, expulsava os demônios e ressuscitava os mortos, a confiança dos discípulos em sua autoridade inquestionável sobre todas as coisas lhes dava conforto e segurança.

Agora não mais.

Estava na hora de eles darem um passo à frente e saírem para o mundo real, enfrentando situações semelhantes àquelas que Jesus já havia enfrentado. Embora sua tarefa inicial não fosse muito longa, eles teriam ao menos sua primeira amostra do ministério no mundo real, não mais como observadores ou seguidores, porém, como missionários e líderes. Para dar-lhes uma compreensão realista do que logo aconteceria — assim como daquilo que sobreviria depois que Ele partisse e deixasse a missão em suas mãos — Jesus os preparou, descrevendo os obstáculos que eles encontrariam.

Ele não hesitou em explicar o que os esperava. Jesus disse claramente e de forma direta a seus discípulos que os estava enviando "como ovelhas no meio de lobos" (10:16). Em seguida, Ele explicou em termos bem claros e específicos como seria o futuro deles. Embora essa informação fosse especificamente para os doze apóstolos — bem como para os outros setenta enviados aproximadamente na mesma época —, também apresenta verdades práticas importantes para todos nós que somos "enviados" hoje.

10:16

Jesus se importava profundamente com seus discípulos. Assim como um pai amoroso ou uma mãe amorosa que prepara um filho ou uma filha para enfrentar o mundo, Jesus foi bem claro com os Doze. Ele sabia de tudo o que eles não tinham conhecimento. Ele viu seu desejo, zelo e empolgação, mas também seu potencial, ingenuidade, imprudência e precipitação. Aos olhos do Pastor, os discípulos eram como pequenas ovelhas dançando na segurança do curral, inconscientes dos perigos que estavam à espreita do lado de fora da cerca, sem ter o treinamento para como lidar com eles.

Eu gosto da forma como Jesus começou sua severa advertência: "Eis" (10:16, ARA). É o equivalente a "Ouçam!" ou "Escutem aqui!" Ele precisava de toda a atenção deles para lhes dar um aviso sério e solene: "Eu vos envio como ovelhas no meio de lobos". Normalmente, os pastores ficavam preocupados com os lobos que podiam invadir seus apriscos e atacar suas ovelhas. A abordagem de Jesus em relação à missão foi completamente em sentido oposto. Ele os enviou para as ovelhas que estavam fora do curral e para o mundo, onde os lobos estavam à solta. Ele sabia que as ovelhas são, na maior parte do tempo, vulneráveis, indefesas, podendo ser facilmente assustadas e sem a menor noção do perigo. Ao mesmo tempo, os lobos são agressivos, depravados, astutos, destemidos e esfomeados. Era uma missão perigosa! Mas enquanto os discípulos podem ter ido como ovelhas entre os lobos, Jesus seria sua defesa. Sozinhos, eles nunca poderiam ter enfrentado um único lobo — muito menos uma matilha. Porém, Cristo era seu socorro sempre presente, estendendo a eles seu poder e autoridade para cumprirem a missão.

Jesus, então, lhes falou sobre como deveriam se comportar e agir, enquanto estivessem cumprindo sua missão. Eles deveriam ser "astutos como as serpentes e sem malícia como pombas". A palavra grega traduzida por "astuto" é *phronimos* [5429]. Significa ser "sensível, criterioso, prudente, sábio".[116] Embora na Bíblia a figura da serpente esteja frequentemente associada ao mal, suas habilidades de passar por entre os predadores, esconder-se da vista deles e deslizar sem ser detectada são apresentadas, nesse contexto, como aspectos positivos de sua natureza. Entretanto, Jesus equilibrou essa imagem com a figura da pomba gentil e inocente, muitas vezes um símbolo de paz e pureza. A. T. Robertson explica: "A serpente era o emblema da sabedoria ou astúcia, da perspicácia intelectual (Gn 3:1; Sl 58:5), enquanto a pomba era considerada símbolo da simplicidade (Os 7:11)". Essa combinação fazia parte de um conhecido provérbio, porém, difícil de ser compreendido. Um lado sem o outro produz comportamento impróprio (malícia ou ingenuidade)".[117]

Somente um equilíbrio entre as duas qualidades serviria como proteção no campo missionário infestado de inimigos, para onde os discípulos estavam sendo enviados. Não é uma qualidade de coragem nem de sabedoria agir de forma áspera, grosseira, retaliadora, irrefletida, beligerante ou contundente. O abuso verbal ainda continua sendo abuso. Os crentes devem permanecer gentis em seu tom de voz, graciosos em suas respostas e desarmar preconceitos com sua simpatia — até no meio de lobos vorazes. No âmago das palavras de Jesus encontra-se o grande valor do caráter, que deve manifestar-se mesmo no meio dos lobos, para que as ovelhas não sejam destruídas em um piscar de olhos.

Astutos como as serpentes	Sem malícia como as pombas
Alertas	Gentis
Ter mente afiada	Puros
Relevantes	Honestos
Precavidos	Cativantes
Perspicazes	Pacificadores

Como teria sido fácil para os Doze pensar que as pessoas do mundo estariam esperando por eles de braços abertos! Jesus desfez aquele conceito idealista em Mateus 10:17-31, entrando em detalhes sobre o tipo de "lobos" com que eles se deparariam em seu ministério — tanto durante a missão de curto prazo para a qual estavam sendo enviados, como ao longo de toda a sua vida. De fato, as três categorias de oposição que Jesus retratou são as mesmas que enfrentamos hoje: perseguição religiosa (10:17), perseguição governamental (10:18-20) e perseguição cultural e doméstica (10:21-31).

10:17

Inicialmente, Jesus descreveu a perseguição religiosa que seus discípulos enfrentariam. O primeiro lugar onde eles sofreriam uma reação negativa seria seu próprio local de adoração e instrução religiosa — a sinagoga. Quando Jesus falou sobre os "tribunais", Ele quis se referir aos tribunais judaicos locais, ligados às sinagogas, e não às cortes do governo secular da época. John Peter Lange observa: "Os concílios, ou Sinédrio, eram os tribunais de justiça para questões de ordem espiritual, ligados às sinagogas do país, onde a sentença de açoitamento pronunciada sobre os hereges era executada".[118] Mesmo sob a jurisdição do Império Romano, os judeus tinham algum controle limitado sobre seus próprios assuntos — especialmente os casos religiosos.

Enquanto os Doze pregavam e ministravam em nome de Jesus entre os judeus (veja 10:6), eles teriam todos os motivos para esperar que seus compatriotas aceitassem os sinais milagrosos e a mensagem do vindouro reino messiânico. Mas Jesus advertiu que, na maioria dos casos, ocorreria a atitude oposta. Os responsáveis pelos julgamentos mandariam prendê-los, iriam arrastá-los aos tribunais religiosos, julgá-los por heresia e blasfêmia e puni-los severamente.

Os Doze enfrentaram esse tipo de perseguição religiosa durante todo o período do Novo Testamento, e os cristãos ao longo da história encararam essa mesma forma de perseguição — frequentemente nas mãos de pseudocristãos. Paulo advertiu os anciãos de Éfeso: "Sei que, depois da minha partida, lobos ferozes penetrarão no meio de vocês e não pouparão o rebanho. E dentre vocês mesmos se levantarão homens que torcerão a verdade, a fim de atrair os discípulos" (At 20:29-30). A "igreja" muitas vezes tem sido a instigadora de perseguições contra reformadores que, com base na Palavra de Deus, apontaram a maldade, a hipocrisia e o falso ensino. Muitos foram até mortos por causa de sua mensagem. William Barclay apropriadamente observa: "Muitas vezes é verdade que o homem com uma mensagem de Deus tem que sofrer o ódio e a inimizade de uma ortodoxia fossilizada".[119]

10:18-20

Em segundo lugar, Jesus descreveu a perseguição governamental que seus discípulos sofreriam. Não apenas seriam maltratados nas mãos de seus irmãos judeus, mas também seriam perseguidos por "governadores e reis" (10:18). O termo "governadores" refere-se aqui aos procuradores romanos do primeiro século, como Pilatos, Félix e Festo (27:2; At 23:24; 24:27). Nas gerações posteriores e em nossos dias, essa referência à liderança governamental pode ser aplicada a qualquer funcionário do governo, um juiz de paz, um membro do conselho municipal, até o magistrado local — qualquer pessoa que exerça o poder e faça cumprir a política em nome do governo laico.

O termo "reis" poderia ser uma referência a altos funcionários como Agripa, Herodes Antipas ou o próprio imperador. O equivalente moderno compara-se a um presidente ou ditador, uma corte suprema, um congresso ou um parlamento. Essas instituições exercem grande controle sobre o estabelecimento e aplicação das leis, o que pode ser uma bênção ou um fardo para os crentes.

Observe o motivo da perseguição: "por minha causa" (Mt 10:18) — isto é, "por serem meus seguidores" (NTLH). Os cristãos jamais deveriam ser perseguidos porque são mesquinhos, subversivos ou perversos. De fato, os cristãos precisam ser inocentes como pombas (10:16). O mundo odiará os cristãos porque o mundo odeia o Senhor Jesus Cristo, a quem os cristãos amam, adoram e obedecem (Jo 15:18-21).

Bem quando seus discípulos começaram a ficar amedrontados por causa daquilo que tinham ouvido, Jesus lhes ofereceu palavras oportunas de encorajamento. Ele destacou a promessa de que Ele não os estava *abandonando à própria sorte nesta missão,* mas, sim, enviando-os em seu poder. Ele estaria sempre com eles. O Mestre assegurou aos discípulos que, mesmo quando fossem entregues para testemunhar diante de poderes políticos hostis, Deus lhes daria as palavras certas para dizer. De fato, o Espírito de Deus usaria suas próprias palavras por meio deles (Mt 10:19-20). Essa promessa se aplicava de maneira particular aos discípulos, que pregavam com autoridade profética e apostólica única — uma autoridade que não foi replicada em nenhuma outra época. Quando eles abrissem sua boca, as palavras infalíveis de Deus seriam ditas e ousadamente testificariam a respeito de Cristo. Assim, essa promessa ainda tem aplicação para nós hoje. O Espírito continua a nos conceder ousadia, confiança e eficácia ao pregarmos a mensagem salvadora de Jesus Cristo registrada nas Escrituras inspiradas.

10:21-31

Em terceiro lugar, Jesus descreveu a perseguição doméstica e cultural pela qual seus discípulos passariam. Esse aviso talvez tenha revelado a notícia mais desanimadora de todas. Já era para eles uma decepção saber que os líderes da própria comunidade religiosa a que pertenciam os discípulos — as sinagogas — se voltariam contra eles e sua mensagem. Agora, a advertência se tornou familiar — literalmente. Em 10:21, Jesus disse aos discípulos que membros de suas próprias famílias se voltariam contra eles! Aqueles parentes próximos não apenas os ridicularizariam e os repreenderiam, deserdando-os ou rejeitando-os; eles sentiriam tanta raiva que trairiam seus irmãos, filhos ou pais crentes, entregando-os *até para a morte*!

Jesus novamente reafirmou a razão pela qual toda essa perseguição surgiria no caminho deles. A comunidade religiosa dos discípulos — e a própria sociedade — se voltaria contra eles e os odiaria porque reivindicavam o nome de Jesus. Em meio a essas sombrias advertências, Jesus encorajou seus seguidores a perseverar quando enfrentassem até mesmo os ataques mais duros e mortais, dizendo: "Mas quem ficar firme até o fim será salvo" (10:22). Do outro lado da vida, eles receberiam uma recompensa por sua fidelidade. Alguns poderiam interpretar erroneamente essa afirmação como significando que aqueles que não suportarem a perseguição perderão sua salvação eterna. No entanto, essas palavras foram ditas como encorajamento, não uma advertência. Jesus não estava dizendo: "Se você conseguir resistir até o fim, eu o salvarei". Em vez disso, o sentido correto é: "Continuem perseverando, mesmo quando parecer insuportável, sabendo que mesmo que eles matem o corpo, a alma de vocês será eternamente salva!" Como tal, essa afirmação prefigura as palavras de Jesus em Apocalipse 2:10: "Seja fiel até a morte, e eu lhe darei a coroa da vida". É uma declaração real para trazer esperança, e não uma oferta de salvação em troca de boas obras.

Todavia, os discípulos não devem intencionalmente se colocar diante da perseguição ou buscá-la de forma ativa. Não há nada de louvável em se ter um "complexo de mártir". Jesus aconselhou os Doze que, se fossem perseguidos em uma cidade e fosse possível fugir para outra, deveriam fazê-lo (Mt 10:23). Essa ideia reforça as instruções dadas alguns momentos antes, quando Jesus disse aos discípulos para saírem dos lugares que os rejeitassem, sacudindo a poeira de seus pés (10:13-15).

A última frase em 10:23 revela a expectativa da vinda futura do Filho do Homem. Os comentaristas têm se debruçado sobre o que Jesus quis dizer com a declaração "vocês não terão percorrido todas as cidades de Israel antes que venha o Filho do homem". No escopo limitado da missão dos discípulos aqui, eles não fizeram um itinerário completo pelas cidades da Judeia. E mesmo depois do Pentecostes, quando os primeiros cristãos começaram a pregar por toda a Judeia, a perseguição com que se depararam os levou à dispersão (At 8:1-4).

Em qualquer hipótese, o ponto básico apresentado por Jesus era que haveria um endurecimento contínuo e prolongado dos judeus contra o evangelho — em todo o tempo até a Segunda Vinda. Isso se enquadra no ensino de Paulo: "Irmãos, não quero que ignorem este mistério, para que não se tornem presunçosos: Israel experimentou um endurecimento em parte, até que chegue a plenitude dos gentios" (Rm 11:25). Parece, então, que o retorno de Jesus estaria ligado à conversão final de Israel, quando os corações duros seriam quebrantados e a missão em favor do povo judeu teria êxito (veja Rm 11:15, 26-27). Porém, mesmo que as cidades de Israel continuem a se opor à pregação do evangelho até o final, isso não significa que a missão deva ser abandonada. Implica que a missão estará sempre em vigor, inclusive em meio à perseguição.

Em seguida, Jesus usou um típico artifício retórico judaico, argumentando do maior para a menor (Mt 10:24-25). Como os servos ou alunos não são "maiores" (considerando uma posição mais privilegiada) do que seu mestre ou professor, os discípulos de Jesus deveriam esperar receber o mesmo tipo de tratamento que Jesus estava recebendo. Os discípulos já haviam testemunhado as críticas dos detratores do Mestre, que afirmavam: "É pelo príncipe dos demônios que ele expulsa demônios" (9:34). Jesus voltou a essa acusação blasfema e raciocinou: "Se o dono da casa foi chamado Belzebu, quanto mais os membros da sua família!" (10:25). Em essência, Jesus estava dizendo: "Quando se trata de perseguição por causa das boas-novas, *bem-vindos ao meu mundo*!"

Quão mais fácil teria sido para os discípulos simplesmente optarem pelo abandono do ministério naquele momento! Perseguição? Sofrimento? Rejeição? Açoites? Morte? De jeito nenhum! Conhecendo a tendência humana de ter medo em lugar de exercer fé, Jesus ministrou a seus discípulos palavras encorajadoras. Três vezes Ele lhes disse: "Não tenham medo" (10:26, 28, 31). Por que não precisavam temer ao prosseguir nessa missão de ser ovelhas entre lobos? Jesus deu três razões principais: primeira, Deus quer que sua mensagem seja revelada, não escondida (10:26-27). Portanto, Ele cuidaria para que eles fossem protegidos e para que sua palavra fosse proclamada. Segunda, mesmo que os inimigos do evangelho conseguissem matar suas testemunhas, eles continuariam eleitos para a vida eterna (10:28). São os perseguidores que devem ter medo — do julgamento eterno de Deus! Terceira, Deus nunca deixa de amar seus discípulos e de cuidar deles, mesmo no meio de grandes provações e tribulações. Deus é soberano e cuida providencialmente até dos pardais (10:29). Deus é onisciente e sabe até o número de cabelos na cabeça de uma pessoa (10:30). Por causa da onipotência, onisciência e benevolência de Deus, os discípulos podiam ter confiança de que Ele jamais abandonaria ou desampararia os seus (10:31).

APLICAÇÃO

Mateus 10:16-31

ENVIADOS, MAS NÃO ABANDONADOS

Às vezes, quando Jesus nos envia para um território estrangeiro — ou mesmo hostil — podemos sentir que estamos sendo enviados para nos arranjarmos por conta própria. Nada poderia estar mais longe da verdade. Sim, todos nós estamos sendo *enviados*, mas nenhum de nós será *abandonado*. Tendo essa verdade como pano de fundo, que princípios práticos podemos extrair dessa passagem? Eu posso pensar em dois lembretes importantes.

No primeiro deles, *podemos esperar um tratamento similar ao que receberam os discípulos iniciais*. Em 2Timóteo 3:11-12, Paulo diz: "as perseguições e os sofrimentos que enfrentei... Quanta perseguição suportei! Mas, de todas essas coisas o Senhor me livrou!" Não se surpreenda quando isso acontecer. Talvez seja algo suave — rejeição por parte da família e amigos, ou insultos de vizinhos e colegas de trabalho. Talvez seja algo mais grave, repressão ou perseguição oficial por parte de um governo local ou nacional. Em qualquer dos casos, saiba que você está em boa companhia. Jesus foi perseguido de todas as formas, assim como seus seguidores no princípio. Não temos motivos para esperar um tratamento diferente. Seja grato durante os momentos em que você estiver sendo poupado de maus tratos, mas quando a perseguição chegar, não se surpreenda.

Em segundo lugar, *não precisamos temer*. Lembre-se de que não estamos sendo mandados *para agir por conta própria*, mas *enviados*. Quando recebemos ordens para nos lançarmos em qualquer campo missionário que Cristo tenha determinado para nós, não somos mandados para lá de mãos abanando. Na verdade, nos é concedido tudo de que precisamos; a promessa de Jesus ainda permanece válida: "Foi-me dada toda a autoridade nos céus e na terra. Portanto, vão e façam discípulos de todas as nações, batizando-os em nome do Pai e do Filho e do Espírito Santo, ensinando-os a obedecer a tudo o que eu ordenei a vocês. E eu estarei sempre com vocês, até o fim dos tempos!" (Mt 28:18-20). Em Hebreus 13:5 Deus diz: "Nunca o deixarei, nunca o abandonarei". Podemos contar com o fato de que, embora sejamos enviados como "ovelhas no meio de lobos" (Mt 10:16), Cristo está ao nosso lado para nos fortalecer, nos encorajar e curar nossas feridas quando o mundo nos trata mal.

Uma significativa lista de checagem para discípulos

MATEUS 10:32-42

Ao longo da vida, enfrentamos diferentes níveis de problemas, desde coisas simples como trocar um pneu do carro até encarar desafios difíceis, como completar um curso superior até lidar com desafios extremamente complexos como educar filhos. Em todos esses casos, porém, as listas de checagem podem ajudar. Estas podem dividir os problemas e tarefas em passos específicos a serem tomados para a solução ou conclusão. Elas eliminam a necessidade de confiar em nossa memória ou intuição. Também nos obrigam a ter o foco no essencial e a manter nossos olhos no objetivo. Ainda aumentam nossas probabilidades de alcançar o sucesso. É claro que uma lista de checagem não garante o resultado desejado, mas pode nos manter definitivamente na direção certa.

Quando Jesus se preparou para enviar os Doze em sua primeira missão para evangelizar, sem a presença dele, o Mestre sabia que eles enfrentariam desafios. Cada um dos discípulos era singular. Nenhum deles jamais havia feito algo parecido antes. E o público em geral não os conhecia nem sequer confiava neles. Como eram inexperientes e desconhecidos, os obstáculos que enfrentariam e a perseguição que sofreriam seriam provavelmente situações desmotivadoras. Assim, para amenizar o golpe do "choque ministerial" que eles estavam prestes a experimentar, Jesus lhes deu uma espécie de lista de checagem.

Duas palavras descrevem a lista de checagem que Jesus apresentou a seus discípulos. *Dolorosamente honesta.* Qualquer pessoa que ouvisse essa lista de checagem teria todas as dúvidas removidas quanto à seriedade de representar o Mestre diante de um mundo atento. Não seria algo fácil. Na verdade, o trabalho seria muito exigente. Enquanto tomamos nosso próprio caminho através da lista de checagem, seria um bom momento para refletir um pouco e fazer a nós mesmos as perguntas que Isaac Watts fez em um de seus hinos:

> Sou eu um soldado da cruz?
> Um seguidor do Cordeiro?
> E devo temer tornar minha a sua causa?
> Ou me envergonharei em falar seu nome?[120]

Jesus era como um comandante preparando seu pelotão para o combate espiritual. Não havia espaço para "fazer com que se sentissem confortáveis" acerca de sua situação. Eles precisavam pensar de forma realista sobre o assunto. Ao ajudá-los a fazer isso, Jesus apontou quatro qualidades vitais para um discípulo leal, alistado no serviço do Mestre. Os quatro princípios aqui apresentados são essenciais para reivindicar a vitória no campo de batalha.

10:32-33

O primeiro item da lista de checagem: *Os discípulos leais devem reconhecer abertamente Cristo diante do mundo.* O soldado fiel não tem vergonha de se identificar com Cristo nem hesita em confessá-lo como Salvador e Senhor. O termo grego para "confessar" em Mateus 10:32 é *homologeō* [3670], e significa "reconhecer" ou "concordar".[121] Alguns definem erroneamente o termo "confessar" como simplesmente concordar verbalmente com algo. Mas a linguagem usada nesse caso para comunicar a ideia de um reconhecimento à pessoa de Cristo é mais forte do que essa definição. Tiago 2:19 se dirige àqueles que fazem uma confissão falsa, sem nenhuma firmeza: "Você crê que existe um só Deus? Muito bem! Até mesmo os demônios creem — e tremem!". Os demônios acreditam na existência de Deus, sem dúvida. Mas ao invés de amá-lo e reconhecer seu senhorio, eles simplesmente tremem de medo.

No Novo Testamento, o ato de confessar a Cristo está intimamente associado a crer nele para a salvação. Romanos 10:9-10 diz: "Se você confessar com a sua boca que Jesus é Senhor e crer em seu coração que Deus o ressuscitou dentre os mortos, será salvo. Pois com o coração se crê para justiça, e com a boca se confessa para salvação". Assim, o ato de confessar Cristo em Mateus 10:32-33 significa mais do que apenas dar um aceno de assentimento ao fato de sua existência. A verdadeira confissão de Cristo significa identificar-se plenamente com Ele em palavras e ações — o fruto da verdadeira salvação somente pela graça vem através da fé genuína somente em Cristo.

Assim, no primeiro item da lista de checagem de Jesus, Ele exortou os discípulos, que eram seus representantes, a reconhecê-lo diante dos outros e a persuadi-los a reconhecê-lo como Salvador e Senhor. Eles não deveriam deixar dúvidas nas pessoas sobre a sua posição. Ninguém deveria se perguntar: *Seria Mateus (ou Pedro, ou João) realmente um seguidor de Jesus?* Para enfatizar a importância de manter a coerência entre a fé e a confissão dessa fé, Jesus transformou seu conselho em exortação: "aquele que me negar diante dos homens, eu também o negarei diante do meu Pai que está nos céus" (10:33). As pessoas negam Cristo por suas palavras (ignorando-o diante dos outros), por suas ações (vivendo como se Ele não fosse o Senhor de sua vida), ou por meio de seu silêncio (recusando-se a falar quando poderiam compartilhar o evangelho).

Sempre que tornamos a fé conhecida, estamos entrando em uma batalha. Isso era verdade nos dias de Jesus, e ainda é hoje. Muitas vezes as pessoas não querem ver e nem ouvir nada a respeito de nossa fé. O ato de pregar o evangelho não é considerado politicamente correto nem culturalmente apropriado. Na realidade, podemos desencadear uma grande controvérsia apenas ao pronunciar a frase: "em nome de Jesus" em uma oração pública. A perspectiva muito real de oposição pode ser a razão pela qual Jesus imediatamente se voltou para uma discussão sobre o conflito social e familiar, que acontece quando confessamos Cristo de forma consistente e corajosa por meio de nossas palavras e ações.

10:34-36

A seguir passamos para o segundo item da lista de checagem de Jesus. *Os discípulos leais aceitam de bom grado a rejeição, mesmo da parte de suas próprias famílias*. Quando reconhecemos abertamente nossa identidade como seguidores de Cristo, por meio de palavras e atos (10:32-33), não devemos ficar surpresos nos momentos em que surgirem os conflitos sociais. Quando Cristo retornar e acertar tudo, a paz reinará em todo o mundo. Todas as nações reconhecerão a realeza de Jesus. Mas, até lá, nosso compromisso expresso com Cristo não resultará em aumento da paz e harmonia. Ao invés disso, trará divisão, desarmonia, mal-entendidos e os tipos mais duros de rejeição e perseguição. Em sua primeira vinda, Cristo não veio para inaugurar imediatamente a era messiânica de paz e prosperidade (10:34). Ao contrário, durante seu tempo na Terra — e durante a era subsequente da Igreja — a guerra espiritual prosseguiu, sendo demonstrada em culturas sem Deus e nos conflitos entre aqueles que têm relações mais próximas.

Os cristãos não deveriam procurar deliberadamente conflitos com membros da família. Na verdade, Paulo diz: "Façam todo o possível para viver em paz com todos" (Rm 12:18). Porém, até mesmo essas palavras sugerem que essa paz nem sempre será possível. Devemos aceitar de modo resignado o conflito com amigos e familiares, se ele ocorrer. E ocorre. Já ouvi falar muitas vezes de pais que se voltam contra seus filhos ou filhas, por causa de seu forte compromisso com Cristo. Às vezes, a oposição é leve, do tipo: "Acredite no que quiser, apenas não se torne um fanático". O problema é que "fanático", na mente deles, muitas vezes significa ir à igreja com frequência, ler a Bíblia, orar e compartilhar Cristo com os outros — as coisas que um cristão normal deve fazer. Em outras ocasiões, a família de um crente comprometido pode se mostrar totalmente hostil: "Você morreu para nós"! Já ouvi falar de pais deserdarem os filhos, romperem o contato com eles ou constantemente fazerem comentários maliciosos e indecorosos sobre sua fé. Em algumas partes do mundo, a conversão ao cristianismo equivale à traição contra o próprio país e é considerada o pior tipo de traição ao próprio povo. Nesses casos, é possível que ocorram danos físicos ou até mesmo a morte.

Jesus não estava adocicando a vida de discipulado. Ele tinha o objetivo de preparar seus seguidores para o que estava para acontecer no futuro. A fidelidade a Jesus Cristo pode colocar os membros da família em desacordo. Isso não acontece porque o evangelho tem um caráter perverso, intrusivo, odioso ou intolerante. Na verdade, ocorre exatamente pelo contrário! Em Mateus 10:35-36, Jesus parafraseou Miqueias 7:6, uma passagem que apresenta um quadro geral da maldade do mundo, que virou as costas para Deus e rejeitou seus profetas (veja Mq 7:1-6). O conflito surge devido ao fato de a verdade e a justiça penetrarem em um mundo de falsidade e maldade. Somos chamados a buscar a paz com a família, com os amigos e com nossas comunidades sempre que possível (veja, p. ex., Êx 20:12; Ef 6:1-3; Hb 12:14). Mas a divisão, inevitavelmente, ocorrerá entre aqueles que abraçam o senhorio de Cristo e aqueles que não o fazem.

Esse lamentável estado de relacionamentos tensos e rompidos, em razão de nossa confissão de Cristo como Salvador e Senhor, conduz à próxima exortação de Jesus.

10:37-39

O terceiro item da lista de checagem de Cristo é este: *os discípulos leais escolhem de modo sacrificial suas prioridades essenciais*. Demonstrar fidelidade a Cristo nunca será fácil nem popular. Em Mateus 10:37-39, vemos que essa fidelidade exige uma completa inversão das prioridades, paixões e das atividades do mundo. O mundo nos diz para nos preocuparmos com nós mesmos, com nossa vida, nossos próprios interesses, nossa identidade, nossa família, nossa paz e segurança, e nossos bens. O mundo alimenta a fera insaciável do *eu*. Porém, o chamado de Cristo coloca unicamente Jesus no trono de nossa vida.

Isto não significa que devemos odiar as outras coisas da vida. Jesus não está sugerindo que não amemos nossos pais e filhos. Todavia, não devemos amá-los mais do que amamos a Cristo. No contexto atual, isso se aplica a situações nas quais nossos pais não cristãos ou nossos filhos descrentes sejam hostis à nossa fé em Cristo e exijam que a ponhamos de lado por causa da família. Por mais trágica que seja essa situação, a resposta do discípulo leal é clara. A fidelidade a Cristo exige um compromisso com Ele que se sobreponha a todos os outros compromissos.

CARREGANDO SUA CRUZ

MATEUS 10:38

Embora a crucificação fosse comum no antigo Oriente Próximo, algum tempo antes do primeiro século os romanos aproveitaram essa forma horrível de execução e tortura a fim de proporcionar forte dissuasão contra os crimes, especialmente a insurreição. Para esse fim, transformaram a crucificação num espetáculo, ao fazerem desfilar os condenados através das regiões densamente povoadas da cidade, carregando o próprio instrumento de tortura — a viga transversal (*patibulum*, em latim) que seria afixada na estaca permanente (*sedile*, em latim) no local da execução pública (veja 27:32; Jo 19:17).[122]

Ao dizer aos discípulos que um digno seguidor tinha que "tomar sua cruz e segui-lo" (Mt 10:38), Jesus deixou claro que o reino dos céus e a justiça que Ele estava trazendo não seriam compreendidos pelas autoridades como um benefício para os reinos deste mundo. Um comentarista observa: "Caso Jesus e seus seguidores fossem considerados incitadores de revoluções e presos pelos romanos, esse tipo de morte seria previsível".[123] No entanto, mesmo com a possibilidade de serem confundidos com zelotes violentos — e sofrendo o castigo habitual — eles não deveriam mudar sua mensagem contracultural.

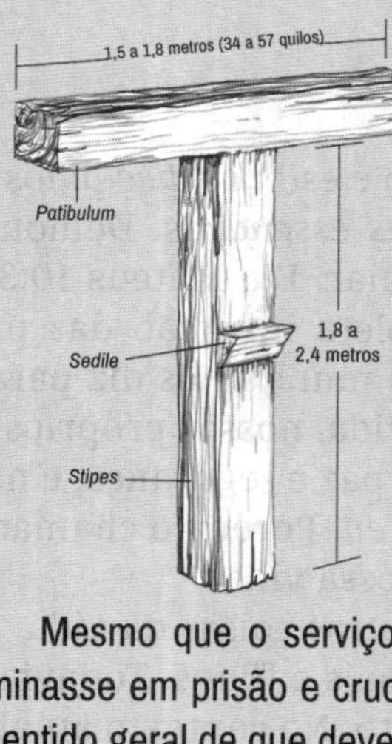

Robert Gaither

Ilustração de uma cruz. O *patibulum* (travessa), que seria carregado pela vítima, era preso aos *stipes* (poste vertical) no local da crucificação com uma junta de encaixe e um espigão, o que permitia aos romanos desmontar a cruz para a próxima vítima com mais facilidade. Às vezes, para retardar a morte e prolongar a agonia da vítima, o carrasco prendia um *sedile* (assento) entre suas pernas.

Mesmo que o serviço abnegado dos discípulos naquela época não terminasse em prisão e crucificação reais, as palavras de Jesus ainda teriam o sentido geral de que deveriam estar dispostos a suportar o fardo de sofrer "os cuidados e problemas da vida" — incluindo até a cruz.[124] Em outras palavras, isso pode ser visto como um exemplo de argumento, partindo do maior para o menor. Se você está disposto a sofrer a crucificação por Cristo, deve estar disposto a passar por qualquer dificuldade ou desconforto menor.

Jesus se baseou em uma imagem vívida que teria sido muito familiar na mente de seus ouvintes do primeiro século: carregar uma cruz (10:38). Lembre-se que quando Jesus pronunciou essas palavras provavelmente ainda faltavam uns dois anos para sua crucificação. Como seus discípulos originais teriam entendido esse comentário? R. T. France explica: "A crucifixão em si não era uma visão incomum na Palestina romana; a linguagem de 'carregar a cruz' teria um significado bastante claro, mesmo antes que eles percebessem quão literalmente ele próprio iria exemplificá-lo".[125]

Ainda que não soubessem nada sobre a futura crucificação e morte que Cristo haveria de suportar pelos pecados do mundo, os discípulos sabiam que Ele estava lhes pedindo que estivessem dispostos a *tudo*. Mesmo renunciar à própria vida. *Mesmo passar pelo sofrimento mais excruciante e humilhante de seus dias.* John Peter Lange elabora o assunto desta forma: "A crucifixão era o pior tipo de punição até então conhecido; por isso a frase, *tomar sua cruz*, significa a prontidão voluntária de sofrer o máximo neste mundo por Cristo".[126]

No entanto, Jesus não os deixou apenas com a perspectiva de carregar uma cruz para sua própria crucificação. Ao contrário, Ele os lembrou de que se eles perdessem sua vida por causa do reino, ganhariam recompensas eternas (10:39). A. B. Bruce coloca assim: "Crucificação, morte ignominiosa, como criminoso — horrível; mas por mais horrível que seja, pode significar salvação. Esse paradoxo é uma das grandes, profundas, mas sempre verdadeiras, declarações de Cristo".[127]

A abnegação é uma disciplina que nunca é atingida facilmente e nunca é totalmente compreendida pelos outros. Se você a praticar, embora pareça aos outros estar caminhando pela vida como um perdedor constante, no final, *você vence!* Eu aprecio a forma como Douglas O'Donnell faz esta colocação:

Se você está fazendo tudo o que está ao seu alcance "para alcançar" — a fim de conseguir o cônjuge perfeito, o trabalho lucrativo, a casa espaçosa e todas as conexões certas, adivinhe? —, você já perdeu. Os maiores ganhadores são os maiores perdedores. Mas se você estiver disposto a vir a Jesus como Rei e dar a Ele sua vida... então (e essa é a bela ironia da vida do reino) você encontrará vida, verdadeira vida, nesta existência, e vida verdadeira (e recompensa) na existência futura.[128]

10:40-42

Há um item final na lista de checagem de Cristo nesse texto. *Os discípulos leais experimentam a bênção da união com Cristo.* Quão valioso é lembrar que Cristo habita no meio de seu povo! Ele não os abandona quando os envia em uma missão. Ele está com eles, entre eles, dentro deles. De fato, sempre que alguém recebe um discípulo e/ou sua mensagem, é como se estivesse recebendo o próprio Cristo — e, por associação, recebendo a Deus, o Pai (10:40).

À medida que os discípulos abriam caminho para chegar às aldeias remotas, aqueles que os recebiam, que demonstravam hospitalidade e benevolência para com os mensageiros proféticos de justiça enviados por Jesus, obteriam bênçãos semelhantes às que os próprios mensageiros receberiam (10:41-42). Hebreus 6:10 ecoa este ensinamento: "Deus não é injusto; ele não se esquecerá do trabalho de vocês e do amor que demonstraram por ele, pois ajudaram os santos e continuam a ajudá-los".

Essas declarações finais remetem às observações de Jesus sobre as boas-vindas que os discípulos receberiam (ou não) ao entrar em várias cidades e vilas (Mt 10:11-15). Enquanto na passagem anterior Jesus comentou especificamente sobre o julgamento que aguarda os que não fossem hospitaleiros, aqui Ele refletiu sobre as recompensas para aqueles que recebessem seus mensageiros.

APLICAÇÃO

Mateus 10:32-42

UMA RECOMPENSA ESPERA POR VOCÊ

Embora Jesus tenha incluído alguns assuntos bastante difíceis em sua rigorosa lista de checagem para os discípulos, Ele também aludiu algumas vezes à gloriosa promessa de uma recompensa irrevogável (10:32, 40-42). Que grande notícia para os que estão envolvidos na terrível batalha espiritual!

Sua coragem de reconhecer Jesus publicamente (10:32-33) será recompensada. Sua disposição de aceitar a rejeição até mesmo dos membros da família (10:34-36) terá galardão. Sua vida abnegada e de renúncia, mesmo quando isso pode significar sofrimento e morte (10:37-39), será recompensada. E sua generosidade, hospitalidade e benevolência para com outros mensageiros de Cristo (10:40-42) também receberão sua recompensa. Pela graça de Deus, os galardões nos aguardam por nossa lealdade em servir como discípulos voluntários de Cristo.

A implicação e sua aplicação são claras. *Siga em frente!* Supere a rejeição, seja de estranhos, seja de amigos, seja de familiares.

Você receberá uma recompensa! Sacrifique suas próprias paixões, prioridades e atividades. Você receberá uma recompensa! Reserve um tempo para os "menores" entre vocês que são negligenciados, sofredores, oprimidos e injustiçados. Você receberá uma recompensa! Pode não lhe ser revelada exatamente como será a recompensa eterna, mas podemos estar certos de uma coisa: ela fará com que tudo que suportamos nesta vida tenha valido a pena. Como disse Paulo em Romanos 8:18: "Considero que os nossos sofrimentos atuais não podem ser comparados com a glória que em nós será revelada".

A sobreposição dos ministérios de Jesus e João

MATEUS 11:1-19

Há uma síndrome muito familiar que envenena nossas expectativas, levando ao desapontamento e à dúvida. Acontece assim: nós colocamos o coração em algo que desejamos e pensamos que vai acontecer. Talvez confiemos que alguém vai fazer, ser ou dizer alguma coisa. Ao colocarmos essa expectativa em nossa mente, mentalmente vemos as coisas se desenrolando exatamente como esperamos. Nossa antecipação se transforma em expectativa confiante. Na verdade, ficamos tão certos de que isso vai acontecer, que nada pode nos dissuadir. É, para nós, apenas uma questão de tempo até que o cenário imaginado se concretize.

Mas esse é um lugar vulnerável para se estar. Em vez de mentalmente pisarmos no freio e recalcularmos nossa percepção, damos rédeas soltas às emoções, o que alimenta ainda mais as expectativas. Finalmente, a imaginação dá lugar à realidade. E as coisas quase *nunca* acontecem do jeito que esperamos, depois de as termos construído em nossa mente. Aquelas elevadas expectativas muitas vezes caem, como um avião, e se incendeiam, deixando-nos sob uma nuvem de desapontamento. E se essa nuvem paira sobre nós um tempo suficiente, a desilusão se instala, o que nos abre a porta para a dúvida. Todos nós já passamos por isso, não é verdade?

Enquanto os discípulos de Jesus eram enviados para pregar, operar milagres e proclamar o reino por vir, a fama do Rei vindouro se espalhava por toda parte. No entanto, a maneira como o reino estava avançando — com uma rejeição proporcional à aceitação — levou alguns dos mais obstinados apoiadores iniciais a começar a duvidar se Jesus era realmente o Messias que havia sido tão ansiosamente esperado. Tal decepção e dúvida teria sido compreensível entre a elite governante, que tinha todos os motivos para desprezar alguém cuja existência era uma ameaça ao seu próprio poder. Mas quando a desilusão afetou até mesmo João Batista e seus discípulos, isso seria um pouco mais difícil de entender. Veremos como Jesus respondeu às dúvidas de João, o que nos dará uma ideia de como Ele responde às nossas dúvidas hoje.

11:1-3

A Bíblia relata a verdade sobre seus heróis e líderes espirituais — incluindo alguns aspectos não tão gloriosos. Isso faz sentido, porque ninguém se move da terra para o céu sem lutar contra a carne. E ninguém abraça a vida de fé sem carregar dúvidas ocasionais.

As dúvidas jamais aparecem do nada. Ao contrário, um conjunto de circunstâncias nos leva a questionar algumas coisas que pensávamos saber e as razões pelas quais achávamos que as conhecíamos. Isso aconteceu com João Batista e seus discípulos, no mesmo período em que o ministério de Jesus estava realmente decolando.

Vale relembrar o contexto. Jesus acabara de dar instruções sérias a seus discípulos antes de enviá-los para pregar ao povo de Israel que "o reino dos céus está próximo" (10:7). Ele lhes dera autoridade sobre os espíritos maus, a capacidade de curar doenças e até mesmo o poder de ressuscitar os mortos — tudo em seu nome (10:1, 8). Então, como Mateus 11:1 diz: "Quando acabou de instruir seus doze discípulos, Jesus saiu para ensinar e pregar nas cidades da Galileia". Jesus e seus discípulos se separaram temporariamente. Marcos 6:30 registra que eles se reuniram mais tarde e os discípulos relataram "tudo o que eles tinham feito e ensinado". Porém, durante a missão dos discípulos, Jesus viajou para "as cidades da Galileia" — provavelmente numa referência às cidades na área de Cafarnaum onde a maioria dos discípulos havia crescido.

Enquanto tudo isso acontecia, João Batista ainda estava encerrado na prisão. A carreira de João, como o precursor do Messias, havia terminado repentinamente. Você pode se lembrar dos eventos que levaram João à sua injusta prisão. Herodes Antipas havia seduzido a esposa de seu próprio irmão e se casado com ela depois de se divorciar de sua esposa original. Por causa dessa ação imoral, justificadamente, João Batista tinha repreendido Herodes — publicamente. Em resposta, Herodes mandou prender João e o lançou num calabouço (Mt 4:12; veja

14:1-5). Lá ele definhou, possivelmente esperando, a cada dia, acordar com a notícia de que o Messias tinha finalmente derrubado não só o malvado Herodes, mas também todos os reinos deste mundo ímpio. Com certeza, João sabia de uma coisa: quando o tão esperado reino do Messias chegasse, as portas da prisão seriam abertas e os oprimidos sairiam dali livres!

Naquele buraco úmido de uma prisão, os próprios discípulos de João relataram algumas das coisas que tinham visto e ouvido sobre Jesus (11:2). Como a informação era de segunda mão, a imagem que João tinha naquele momento estava um pouco resumida. Sim, ele ouvira falar dos milagres, curas, exorcismos, pregações e ensinamentos, mas provavelmente ele também ouviu falar da controvérsia, conflito e rejeição que já havia assolado o ministério de Jesus. Portanto, os relatos que João ouviu eram provavelmente uma miscelânea de acontecimentos.

O ministério de João havia sido o de preparar a vinda do Messias. Se Jesus era de fato o Messias há muito esperado, o Rei de Israel, por que parecia que seu reinado não havia começado ainda? Por que o ministério de Jesus e dos discípulos se parecia tanto com o ministério de preparação de João Batista? R. V. G. Tasker caracteriza bem a visão de João:

> Ele estava ficando impaciente e começava a se perguntar por que Jesus não estava confirmando suas reivindicações messiânicas de forma mais reforçada e mais aberta. Talvez Ele também estivesse esperando que, se Jesus fosse de fato o Messias, Ele asseguraria sua libertação da prisão.[129]

João ficou sozinho com seus pensamentos e lembrou-se de tudo o que ele mesmo havia pregado sobre o Messias — o batismo com fogo, a correção dos erros, direcionamento do mundo para o lado correto. Mas sua situação, que nunca melhorava, contava uma história diferente. E ele começou a se perguntar: *Jesus é apenas mais um precursor como eu? Seria o ministério de Jesus apenas uma extensão da "voz do que clama no deserto"?* Com pensamentos como esses se multiplicando em sua cabeça, João enviou seus próprios discípulos a Jesus com esta pergunta: "És tu aquele que haveria de vir ou devemos esperar algum outro?" (11:3).

Quando as expectativas que tinham se acumulado em sua imaginação estavam falhando, João escorregou na desilusão e dúvida.

11:4-11

A luta de João Batista com a dúvida não nasceu de um desdém por Jesus e por seu ministério, nem de uma rejeição, por dureza de coração, de suas reivindicações messiânicas. Suas dúvidas surgiram quando sua fé genuína em Jesus enfrentou circunstâncias que estavam em desacordo com suas expectativas quanto ao fato de Ele ser o Messias. Como a dúvida de João surgiu no contexto da fé, Jesus respondeu gentilmente. Sua resposta tinha dois componentes: um direcionado aos discípulos de João e outro direcionado à multidão.

Primeiro, o Mestre respondeu às perguntas de João com evidências (11:4-6). O Evangelho de Lucas deixa claro que Jesus realizou milagres espantosos "naquele momento" em que os seguidores do Batista vieram a Ele com sua pergunta (Lc 7:21). Jesus estava provando uma questão. Qualquer um poderia reivindicar ser alguma coisa. Seria bem fácil para um charlatão ou um lunático dizer: "Eu sou o Messias". De fato, no primeiro e segundo séculos, várias pessoas afirmaram ser o Messias. No entanto, Jesus apoiou sua afirmação com as obras do Messias. Ele instruiu os discípulos de João a retornar ao calabouço e relatar o que viram e ouviram com seus próprios olhos e ouvidos: "os cegos veem, os aleijados andam, os leprosos são purificados, os surdos ouvem, os mortos são ressuscitados, e as boas-novas são pregadas aos pobres" (Mt 11:5).

Jesus não estava atendendo às expectativas de João em relação ao *tempo* do pleno advento do reino messiânico. Porém, Ele tinha conhecimento de coisas que João não compreendia. Ele sabia de sua morte expiatória iminente e de sua ressurreição miraculosa. Ele sabia de seu comissionamento dos apóstolos e de sua ascensão à destra do Pai. Ele sabia da vinda do Espírito Santo no Pentecostes, do estabelecimento da Igreja e da pregação do evangelho por toda a era cristã. Ele sabia sobre a missão aos gentios e a conversão dos crentes nos séculos vindouros — incluindo você e eu. Ele sabia de sua segunda vinda, quando finalmente traria o reino perfeito que João Batista e os judeus do primeiro século esperavam. João não estava errado em sua imagem de como seria a era messiânica; ele estava apenas equivocado sobre o tempo dos eventos.

Observe o que Jesus não fez em resposta às dúvidas de João. Ele não culpou nem envergonhou João por causa de suas dúvidas. Ele não o repreendeu por expressar suas preocupações e fazer seus questionamentos. Ele não o censurou em tom indignado, não usou uma atitude do tipo "você não sabe do que está falando" nem o lembrou acerca de quem é que estava no comando do tempo e quem não estava. Em vez disso, Ele simplesmente enviou os mensageiros de volta para relatar o que tinham visto e ouvido.

EXCURSO: O TELESCÓPIO PROFÉTICO

MATEUS 11:4-11

João Batista não estava sozinho na expectativa do advento imediato do reino messiânico terrestre. Sua perspectiva era semelhante à dos profetas do Antigo Testamento, os quais não tinham uma imagem clara do plano completo de Deus. Os profetas viram, por assim dizer, dois picos de montanhas que, em retrospectiva, poderíamos chamar de monte Gólgota e monte das Oliveiras. No Gólgota, o Messias morreria em humilhação e desgraça (veja Mc 15:22-25); no monte das Oliveiras, Ele voltaria em glória e poder (Zc 14:4). Eles viam os picos, mas de seu ponto de vista não podiam ver o grande vale que se estendia entre as duas montanhas. Esse vale representa a era atual da Igreja.

Os crentes do Antigo Testamento também estavam em desvantagem por não terem em si a habitação permanente do Espírito Santo, como temos hoje. O Espírito de Deus falava por meio dos profetas, apresentando a sua mensagem, mas eles não haviam experimentado o batismo espiritual no corpo de Cristo (1Co 12:12-13; Ef 3:4-6). Hoje, o Espírito trabalha para nos capacitar com fé e esperança como em nenhuma outra época. Com a cruz atrás de nós e a coroa de glória diante de nós, somos encorajados a prosseguir.

Perspectivas do Antigo Testamento

Perspectivas do Novo Testamento

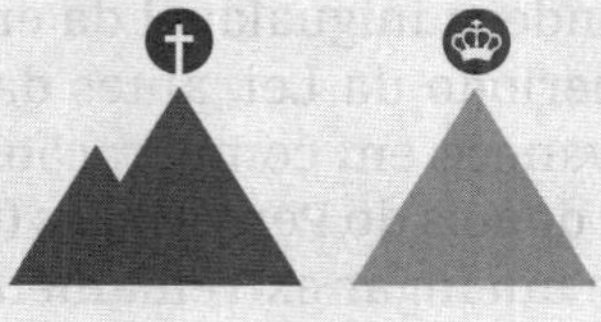

Jesus também estendeu a João uma "bem-aventurança extra". Eu a chamo de "bem-aventurados aqueles que não se escandalizam" (veja 11:6). Isso inclui todos os que aceitam o sofrimento injusto, que podem seguir em frente apesar das perguntas não respondidas, ou que conseguem exercitar a perseverança quando Deus não age de acordo com um cronograma estabelecido pelo homem. Aqueles que não se ofendem com essas coisas são, na avaliação de Jesus, bem-aventurados. Jesus não vive de acordo com nossas expectativas irrealistas. Ele vive de acordo com o plano eterno do Pai. Se João continuasse firme e confiando em Cristo, mesmo que isso significasse sofrimento e morte, seria bem-aventurado!

O segundo aspecto da resposta de Jesus, dirigida à multidão, foi uma afirmação do caráter nobre de João (11:7-11). Sem dúvida, alguns dentre o povo tinham ouvido os discípulos de João Batista fazer sua pergunta preocupante sobre a identidade de Jesus. Talvez o conceito deles a respeito de João tivesse começado a diminuir em sua mente. Em vez ficar impaciente com a falta de firmeza de João ou menosprezá-lo por ter vacilado na fé, Jesus apresentou elogios sobre seu precursor com palavras eloquentes e elevadas. Apesar de João ter lutado, duvidado e questionado, Jesus o elevou, o exaltou e o honrou. E Jesus não estava simplesmente lisonjeando João na frente dos seus discípulos. Estes já haviam ido embora quando Ele apresentou os elogios acerca de João. Assim, Jesus confirmou a pessoa de João diante da multidão de espectadores.

Jesus se referiu a João como alguém de convicções fortes, sabia em que acreditava e não tinha medo de tornar públicas essas crenças. Cada geração poderia contar com homens e mulheres de igual convicção. João também era genuinamente abnegado. Ele não se importava em causar uma boa impressão ou em ser bem avaliado (11:8). Ele se preocupava apenas em permanecer fiel à sua vocação. Era o precursor com a missão de dirigir a atenção das pessoas para o Messias (11:9-10). Pense sobre isso. A questão da dúvida de João sobre a identidade de Jesus mostrou que, mesmo na prisão, ele ainda estava concentrado em sua missão. Se Jesus não fosse o Messias, João procuraria "algum outro" (11:3)!

Claramente, as dúvidas passageiras não tiram a grandeza de uma pessoa. Como precursor do Messias, João ocupava um lugar maior do que qualquer outra pessoa que até então havia nascido (11:11). No entanto, Jesus ressaltou que mesmo o ministério de João, por maior que fosse, era inferior à grandeza inigualável da era vindoura. A grandeza do Batista situa-se no período da Lei, antes da cruz e da ressurreição de Jesus, a qual se desvanece em comparação com a alta posição que todo crente passou a ter depois do Pentecostes (veja At 2). Nossa posição em Cristo nos coloca em um lugar extremamente glorioso. Paulo expõe essa posição em Efésios 2:4-7:

> Todavia, Deus, que é rico em misericórdia, pelo grande amor com que nos amou, deu-nos vida com Cristo quando ainda estávamos mortos em transgressões — pela graça vocês são salvos. Deus nos ressuscitou com Cristo e com ele nos fez assentar nas regiões celestiais em Cristo Jesus, para mostrar, nas eras que hão de vir, a incomparável riqueza de sua graça, demonstrada em sua bondade para conosco em Cristo Jesus.

11:12-19

Jesus lidou com as dúvidas de João Batista com suavidade. No entanto, Ele lançou um desafio a outros por meio de um confronto direto. A diferença era que João *queria* acreditar, mas vacilou por causa de circunstâncias externas que não faziam sentido. Os inimigos e críticos de Jesus, entretanto, queriam permanecer em sua descrença, e construíram inúmeros argumentos vazios contra ele.

Jesus tratou da descrença, da rejeição e do conflito espiritual encontrados em seu próprio ministério e no das pessoas que Ele enviou para pregar. Cristo esclareceu que embora Ele, de fato, tivesse todas as marcas da chegada do Messias, demonstradas por meio de suas obras milagrosas, eles ainda estavam vivendo no período de tempo que antecedia e antecipava a plena efetivação do reino messiânico. Com a vinda de Jesus à Terra, essa nova era estava sendo anunciada e inaugurada, mas só seria consumada num tempo futuro. Enquanto Ele e seus discípulos viajavam de cidade em cidade, a oferta do Reino dos Céus tinha como objetivo gerar a resposta de arrependimento e fé, não um golpe político violento. Essa mensagem de arrependimento e fé foi a mesma pregada originalmente por João Batista. Porém, os líderes perversos entre os judeus não queriam ter nada a ver com ela. Na verdade, eles a atacavam violentamente e desejavam um reino que pudessem tomar pela força, de maneira mundana (11:12).[130]

Para aqueles que duvidavam, motivados por prioridades mundanas, orgulho e descrença obstinada, Jesus tinha algumas palavras certeiras. Na ocasião, Ele expôs as respostas daqueles que o haviam rejeitado como Messias e que olhavam com ceticismo para as obras dele (11:12-19). Primeiro, Ele olhou para o tempo em que João havia começado a proclamar a mensagem de arrependimento e salvação. Os antagonistas haviam respondido com violência e ataques viciosos (11:12). Isso não era novidade — os profetas anteriores a João, que também tinham profetizado sobre o reino vindouro (11:13), do mesmo modo haviam sido tratados com violência (veja 23:37). Essa agressão do passado também serve como um aviso da inevitável violência que ainda virá contra aqueles que pregam e vivem a verdade.

Jesus também disse que se os incrédulos e escarnecedores tivessem aceitado a verdade de que Ele era o Messias há muito esperado, o futuro Rei de Israel — "se vocês quiserem aceitar" (11:14) —, então a vinda de João Batista teria cumprido a expectativa deles de um profeta que viria no espírito e poder de Elias.[131] Stan Toussaint explica: "Praticamente não há uma passagem nas Escrituras que mostre mais claramente que o reino estava sendo oferecido a Israel naquele momento. Sua vinda estava condicionada a uma questão: Israel o estaria recebendo por meio de um arrependimento genuíno... João era o precursor do Rei. Ele poderia ser o Elias se Israel apenas respondesse corretamente".[132] Esse ensino sobre a natureza contingente da oferta genuína do reino a Israel, bem como sua rejeição vaticinada do plano e do propósito de Deus, são conceitos difíceis de entender em nossa mente. Talvez tenha sido por isso que Jesus disse: "Aquele que tem ouvidos, ouça!" (11:15).

Jesus então repreendeu "esta geração" (11:16) — a geração de judeus que rejeitou a pregação de João e estava começando a rejeitar a pregação de Jesus e a de seus discípulos. Ele os comparou a crianças petulantes e carrancudas que sempre querem que sua vontade prevaleça na condução das brincadeiras — "Vamos brincar de casamento! Vamos brincar de funeral!" (veja 11:17). Em outras palavras, os líderes judeus queriam que João e Jesus atendessem às *suas* expectativas, dançassem segundo a *sua* música e marchassem ao ritmo de *seus* tambores. Mas isso é uma inversão — da mesma forma que o é crianças darem ordens para seus pais. João era o grande profeta; Jesus é o Rei! Se alguém deveria estar coreografando a dança ou conduzindo a música, esse seria o precursor do Messias!

Se você já observou crianças brincando em um jogo no qual alguém está inventando as regras à medida que o jogo avança, você entenderá Mateus 11:18-19: Quando você participa de um jogo de acordo com as regras que estão em constante mudança por outra pessoa, você não consegue vencer! Se você faz algo certo, essa pessoa inventa uma regra para tornar aquilo errado. Jesus salientou que quando João veio com um estilo de vida ascético, comendo gafanhotos e mel, vestindo roupas esfarrapadas, seus oponentes zombadores disseram: "Ele tem um demônio!" (11:18). Mas quando Jesus veio comendo e bebendo, participando de reuniões sociais e jantares com convidados — coisas que as pessoas normais fazem todos os dias —, seus inimigos o chamaram de "um comilão e um beberrão" que andava com cobradores de impostos e pecadores (11:19).

Os sinais e maravilhas que Jesus e seus discípulos estavam operando não teriam efeito sobre aqueles que demonstravam dúvidas tão irracionais. Eles simplesmente não queriam acreditar. Nem os milagres, muito menos a sua mensagem, podiam penetrar na dureza de seu coração. Somente uma obra interior do Espírito poderia persuadi-los.

A declaração proverbial que fecha esta seção — "Mas a sabedoria é comprovada pelas obras que a acompanham" (11:19) — indica que, embora João e Jesus fossem rejeitados por muitos, suas ações seriam, por fim, justificadas. Esses dois sábios mensageiros de Deus não tinham que responder aos críticos e cínicos do mundo; sua missão tinha sido dirigida por Deus. Da mesma forma, a sabedoria de aceitar a mensagem de João Batista e Jesus será finalmente vindicada. Quando baixar a poeira do conflito de visões de mundo e religiões antigas e modernas, o tempo revelará quem creu e viveu corretamente.

APLICAÇÃO

MATEUS 11:1-19

DÚVIDA RACIONAL (E NÃO RACIONAL)

Se, no primeiro século, a fé resistente de João Batista podia ser sacudida de um lado para outro por ondas de dúvida, nós, crentes do século 21, certamente podemos perder o rumo e igualmente ficar à deriva, entregues à dúvida. E se as testemunhas oculares dos milagres de Jesus no primeiro século puderam ancorar sua resistência nas profundezas de uma dúvida insensível, não deveríamos nos surpreender quando encontrarmos inimigos de Cristo que naufragam nos recifes irregulares do erro, em vez de encontrar abrigo nos portos da verdade. Enquanto vivemos nessa era entre a primeira e a segunda vinda de Jesus, sendo chamados a andar pela fé e não pelo que vemos, o que precisamos saber sobre as dúvidas que inevitavelmente surgem em *nosso* caminho?

Em primeiro lugar, *a dúvida surgirá simplesmente porque somos humanos*. Por causa de nossa finitude, somos naturalmente voltados para as coisas ao redor, tendo uma compreensão limitada do todo. E porque nós e o mundo ao nosso redor somos caídos e frágeis, é fácil sucumbirmos ao efeito dominó da dúvida, em que a antecipação idealista e a expectativa irrealista levam à desilusão, ao desapontamento e, por fim, à dúvida. Muitas vezes, ao longo de nossa vida, nós nos veremos seguindo por esse caminho.

Em segundo lugar, *as dúvidas podem perturbar temporariamente o relacionamento de uma pessoa com o Senhor, mas não a destroem permanentemente*. Jesus não criticou nem repreendeu

João quando expressou suas dúvidas. Ele não concluiu que João tinha ido ao fundo do poço e abandonado completamente a fé. Em vez disso, Jesus respondeu de uma maneira gentil e clara de modo a oferecer segurança a João. Ao suportarmos períodos de dúvida, podemos esperar encontrar um tipo semelhante de segurança, que nos conduz ao fortalecimento de nossa fé.

Terceiro, *podemos superar dúvidas periódicas expondo-as à luz*. Em meio às nossas dúvidas, podemos nos encontrar cercados por aqueles que transformaram a dúvida em ciência, os quais ridicularizam constantemente a fé em Cristo. Porém, tais dúvidas — nossas e as de outros — não precisam nos desviar do caminho. Em vez de alimentar suas dúvidas em meio à escuridão, exponha-as à luz da Palavra de Deus, apresente-as ao Senhor em oração e converse sobre elas com outros crentes. Quando proceder dessa forma, você experimentará uma nova profundidade de bênção que expulsará o cinismo e restaurará a paz e a alegria de seu relacionamento com Deus.

Ruim para os ímpios; bom para os cansados

MATEUS 11:20-30

Quando as pessoas ouvem a mensagem de Jesus, elas têm uma escolha — podem aceitá-la e continuar tendo sua vida transformada ou seguir a maioria e rejeitá-la completamente. Tal rejeição é expressa de duas formas: resistência ativa ou indiferença passiva. Aqueles que são ativos em sua resistência, agindo de modo agressivo — às vezes em voz alta e violenta —, se opõem a ela. Os demais expressam sua indiferença ignorando completamente a mensagem de Jesus. Essas duas formas de resposta foram evidenciadas no primeiro século, quando Jesus pregou o reino vindouro, e continuam operando ainda hoje.

As pessoas ouviram as palavras de Jesus e testemunharam suas obras, pessoalmente. Seu método habitual durante seu ministério era falar a verdade e, depois, enfatizá-la com atos que autenticavam sua mensagem como divina. Isso incluía milagres destinados a convencer os outros de que Ele era, de fato, o Messias prometido, o Rei de Israel. Todavia, mesmo assim, entre a maioria dos que o ouviram falar e o viram realizar sinais e maravilhas, havia resistência ativa ou indiferença passiva.

De vez em quando Jesus fazia uma pausa e se dirigia àqueles que o rejeitavam. Às vezes, Ele fazia uma declaração suave e gentil de reprovação. No entanto, à medida que a rejeição e a ridicularização se intensificaram, Jesus aumentou a pressão sobre seus críticos insensatos e os chamou de hipócritas. Nesses casos, Ele adotou imagens apocalípticas sobre o julgamento vindouro ao advertir aqueles que o rejeitaram. Afinal, Jesus veio para batizar com fogo (3:11) — para testar a autenticidade da fé das pessoas e livrar o mundo da maldade e rebelião. Em Mateus 11:20-30, veremos como Jesus se dirigiu àqueles que fecharam os olhos para o Messias, ao mesmo tempo em que consolou o remanescente fiel que havia abandonado tudo para segui-lo.

11:20-24

Depois de mencionar a zombaria irreverente e irracional dos críticos que tinham rejeitado suas pregações e milagres (11:16-19), Jesus decidiu que era o momento de denunciar a passividade daqueles lugares que haviam recebido a máxima exposição das palavras e obras do Messias. Eles não tinham qualquer desculpa. As três cidades que Ele mencionou explicitamente foram Corazim, Betsaida e Cafarnaum — sua própria base ministerial. Embora não nos sejam oferecidos detalhes específicos do ministério de Jesus nas duas primeiras cidades mencionadas, podemos supor que elas foram incluídas entre as cidades onde Jesus pregou depois que partiu de Cafarnaum (11:1). Enquanto os discípulos faziam viagens cada vez mais longas em sua missão de pregar, é possível que Ele tenha ficado mais perto de sua base. Evidentemente, a recepção de sua mensagem foi de morna a fria naquelas cidades (11:20).

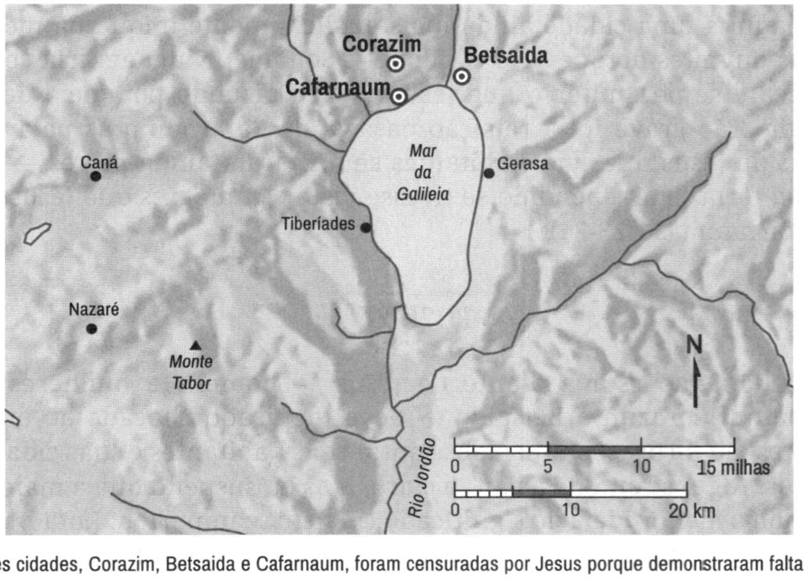

As três cidades, Corazim, Betsaida e Cafarnaum, foram censuradas por Jesus porque demonstraram falta de fé em sua pessoa, apesar de terem testemunhado muitos de seus milagres.

Jesus primeiramente apontou Corazim e Betsaida, pronunciando lamentos sobre essas cidades. No primeiro século, a expressão "ai de vocês!" Era uma frase muito poderosa de angústia sofrida. Jesus não se deleitou em condenar essas cidades por causa de sua teimosa incredulidade. Ele não sentiu o menor traço de alegria em profetizar um julgamento contra elas. Ao contrário, doía-lhe o coração ter de fazê-lo. Ele havia privilegiado essas cidades com muitos milagres surpreendentes, mas elas ainda se recusavam a se arrepender. Então, em sua condenação, Ele as comparou a Tiro e Sidom (11:21). Aquelas antigas cidades portuárias perto da fronteira norte de Israel simbolizavam a corrupção pagã e gentia, sendo conhecidas por sua imoralidade e atos ímpios.[133] Em outras palavras, Ele estava envergonhando seus ouvintes ao compará-los com aquelas cidades gentias perversas. Se Jesus tivesse feito o mesmo tipo de sinais e maravilhas em Tiro e Sidom, as pessoas dali teriam se arrependido com pano de saco e cinza [...] mesmo sendo gentios, isto é, não judeus! Em razão do que Corazim e Betsaida viram com seus próprios olhos e ouviram pessoalmente, essas cidades seriam submetidas a um padrão mais severo no dia do julgamento (11:22).

Então, Jesus condenou similarmente a cidade privilegiada que foi sua residência temporária, Cafarnaum. Grande número de seus feitos milagrosos são registrados como tendo ocorrido em Cafarnaum, mais do que em qualquer outra cidade. Porém, as pessoas dali rejeitaram a Cristo também. Em vez de ser exaltada ao céu, aquela cidade seria levada ao Hades no dia do julgamento (11:23). Jesus comparou Cafarnaum a uma cidade ainda mais explicitamente iníqua na mente de seus ouvintes do que Tiro e Sidom — Sodoma. Ninguém iria coçar a cabeça e se perguntar o que Jesus estaria dizendo por meio dessa analogia. Tão grave foi a rejeição passiva de Cafarnaum às palavras e obras de Jesus que seus habitantes se tornaram ainda piores — até Sodoma teria se arrependido se tivesse visto os milagres que Jesus fez em Cafarnaum (11:23-24).

11:25-27

A multidão que estava diante de Jesus — homens e mulheres de Cafarnaum, Corazim e Betsaida — deve ter ficado chocada ao ouvir lamentos tão fortes pronunciados contra seus habitantes e suas cidades vizinhas. Alguns "entenderam", é claro, mas eu suspeito que a maioria não tinha a menor ideia do significado... e nem se importou. Então, sem aviso, Jesus levantou a cabeça para o céu, ergueu as palmas das mãos e o peito e começou a orar alto o suficiente para que todos ouvissem.

O conteúdo de sua oração é ao mesmo tempo teologicamente profundo e praticamente desconcertante. Jesus louvou a Deus Pai por esconder as verdades do reino de Deus das pessoas sábias e inteligentes e, em vez disso, revelá-las às "crianças". De fato, tal plano era "bem agradável" aos olhos de Deus (11:25-26). Que tipo de oração inesperada! Em lugar dessas palavras, poderíamos esperar que Jesus pedisse ao Pai que abrisse os olhos de todos os que eram espiritualmente cegos para que eles acreditassem. É difícil fixar nossa mente em torno da ideia de que Deus pode ter planos maiores que abrangem deixar as pessoas em sua incredulidade e sua rebelião autocondenatórias. No entanto, Jesus estava ecoando uma profecia encontrada em Isaías 29:13-14, que afirma:

> Esse povo se aproxima de mim com a boca
> e me honra com os lábios,
> mas o seu coração está longe de mim.
> A adoração que me prestam
> é feita só de regras ensinadas por homens.
> Por isso uma vez mais deixarei atônito esse povo
> com maravilha e mais maravilha;
> a sabedoria dos sábios perecerá,
> a inteligência dos inteligentes se desvanecerá

Paulo também usou essa profecia: "Pois a mensagem da cruz é loucura para os que estão perecendo, mas para nós, que estamos sendo salvos, é o poder de Deus. Pois está escrito: 'Destruirei a sabedoria dos sábios e rejeitarei a inteligência dos inteligentes'" (1Co 1:18-19).

R. T. France coloca em perspectiva a importante doutrina da graça soberana de Deus ensinada nesta passagem: "A compreensão espiritual não depende da capacidade ou da condição humana. É o dom de Deus, e assim é oferecido àqueles em quem Ele se compraz... Depende do propósito soberano *do Senhor do céu e da terra*, e sua escolha recai sobre aqueles que o mundo nunca esperaria".[134] O apóstolo Paulo ressaltou esse ponto quando exortou os coríntios:

> Irmãos, pensem no que vocês eram quando foram chamados. Poucos eram sábios segundo os padrões humanos; poucos eram poderosos; poucos eram de nobre nascimento. Mas Deus escolheu o que para o mundo é loucura para envergonhar os sábios e escolheu o que para o mundo é fraqueza para envergonhar o que é forte. Ele escolheu o que para o mundo é insignificante, desprezado e o que nada é, para reduzir a nada o que é, a fim de que ninguém se vanglorie diante dele (1Co 1:26-29).

No final, a salvação é inteiramente uma obra do Senhor, não de nós mesmos (Ef 2:8-9). E não há caminho alternativo para Deus, a não ser através do Filho. O próprio Jesus deixa essa questão clara em Mateus 11:27. Deus Pai entregou toda a autoridade ao Filho. O Filho e o Pai estão intimamente relacionados — ninguém conhece verdadeiramente o Pai ou o Filho como Eles se conhecem um ao outro. (Aqui vemos vislumbres velados da relação eterna do Pai e do Filho brilhando através desse relacionamento.) Para que qualquer pessoa conheça verdadeiramente a Deus em um relacionamento de salvação, essa ela deve ser convidada para ter esse relacionamento por meio do Filho.

Essa vida interior do Pai e do Filho é descrita com mais frequência no Evangelho de João:

- O Pai a ninguém julga, mas confiou todo julgamento ao Filho (Jo 5:22).
- Aquele que não honra o Filho, também não honra o Pai que o enviou (Jo 5:23).
- Pois, da mesma forma como o Pai tem vida em si mesmo, ele concedeu ao Filho ter vida em si mesmo (Jo 5:26).
- O Pai me conhece e eu conheço o Pai (Jo 10:15).

Tem sido ressaltado algumas vezes que o Evangelho de João — escrito cerca de trinta anos após o Evangelho de Mateus — contém uma visão muito "superior" de Jesus como o Filho eterno de Deus, em uma relação especial com o Pai, do que aquela apresentada pelo Evangelho de Mateus. De fato, alguns estudiosos mal orientados alegam que os evangelhos sinóticos (Mateus, Marcos e Lucas) apresentam Jesus simplesmente como um ser humano exaltado. As palavras de Jesus em Mateus 11:27 são como um torpedo disparado contra essa visão defeituosa. Jesus sabia que Ele era o Messias, o Filho de Davi e Filho de Deus. Ele tinha pleno conhecimento de seu relacionamento especial, eterno e divino com Deus, o Pai. Embora não o ostentasse, Ele deu pistas suficientes em suas palavras e obras para que qualquer pessoa cujo coração estivesse aberto à atuação do Espírito fosse capaz de ver quem Jesus realmente era.

11:28-30

De todas as palavras que Jesus pronunciou durante seu ministério terrestre, estas estão entre as mais amadas. Muitos cristãos provavelmente podem citar os três últimos versículos de Mateus 11, de memória. Quantas vezes aprendemos versículos bíblicos como esses e até os citamos para outras pessoas sem estarmos cientes do contexto das palavras quando elas foram originalmente pronunciadas. A maioria de nós adivinharia que essa oferta de Jesus, familiar e muito amada, foi dita a seus seguidores comprometidos com Ele, aqueles que já haviam confiado nele e aceitado sua oferta de salvação. Na verdade, essas palavras concluem seu grande chamado a todos aqueles que se desgastaram como consequência de passar a vida sob o pesado fardo do pecado e de suas consequências.

O JUGO

MATEUS 11:29

Literalmente, um jugo era constituído de "uma barra de madeira com o objetivo de unir dois animais, geralmente bois, permitindo-lhes trabalhar juntos nos campos".[135] Não podemos ter certeza de que Jesus tenha fabricado jugos, enquanto era carpinteiro, mas podemos ter certeza de que Ele estava bastante familiarizado com a forma como os jugos eram feitos. E seus ouvintes teriam entendido a referência imediatamente. Assim como um par de bois é unido por um jugo, o próprio Jesus estaria unido com a pessoa que tomasse o seu jugo.

Além do sentido literal, os rabinos dessa época se referiam positivamente à Lei e aos mandamentos como um "jugo".[136] No entanto, além dos simples mandamentos da Lei de Moisés, os fariseus haviam acrescentado inúmeras exigências e tradições legalistas, tendo tornado a observância de todas essas regras e regulamentos, o que fazer e o que não fazer, além de ritos e rituais, virtualmente impossíveis de serem obedecidos por pessoas comuns. Em lugar de ser uma alegria e uma proteção, a Lei, da forma como essa obediência era ensinada pelos fariseus, tornara-se um jugo pesado e até mesmo uma forma desmoralizadora de matar.

Sirácida, um texto judaico apócrifo, também conhecido como Eclesiástico, bem conhecido durante o tempo de Jesus, fornece informações adicionais sobre a noção de jugo. Sirácida convida os incultos a adquirir sabedoria através da instrução. "Aproximem-se de mim, vocês que são incultos, e hospedem-se na casa de instrução [...] adquiram sabedoria para vocês mesmos sem dinheiro. Coloquem seu pescoço sob o jugo [da sabedoria], e que suas almas recebam instrução" (Sirácida 51:23-26).[137] Reverberando os ensinamentos do livro de Provérbios, Sirácida sugere que as pessoas que se colocam sob a tutela da sabedoria terão paz e alegria.

À luz desses usos históricos da imagem do jugo, vemos que Jesus estava intencionalmente colocando suas próprias palavras de sabedoria em oposição às instruções cada vez mais complexas e difíceis dos rabinos, com suas inúmeras tradições e regulamentos sufocantes. Estar sob o jugo da instrução de Jesus era ser liberto da escravidão do legalismo dos fariseus e ser capacitado, por uma união com o Senhor, a cumprir o verdadeiro espírito da Lei.

Anna from Eagle, WI, USA/Wikimedia

Um par de bois unidos por jugo.

Como Salomão escreveu certa vez: “o caminho do infiel é áspero” (Pv 13:15). Olhando para aqueles ao seu redor que estavam sobrecarregados de culpa e vergonha — até mesmo os incrédulos de coração duro das cidades de Corazim, Betsaida e Cafarnaum —, Jesus os exortou a virem a Ele, a trocar sua rebelião por submissão, seus fardos por fé, seu pesado jugo de pecado e culpa por seu leve jugo de paz e alegria. Jesus terminou sua dura condenação dos judeus incrédulos com um convite aberto para que *viessem* a Ele!

Essa foi a mensagem de Jesus para uma multidão de pessoas que não sabia nada sobre a graça e que não tinha nenhum conhecimento sobre o que significa descansar na provisão da salvação de Deus em vez de agir para ganhar sua própria salvação. Eu encontro cinco categorias de palavras usadas por Jesus aqui: palavras que convidam, palavras que expõem, palavras que descrevem, palavras que prometem e que aliviam.

O primeiro conjunto de palavras sobre o *convite* são: "venham", "tomem" e "aprendam" (Mt 11:28-29). Não vamos complicar o primeiro convite de Jesus para *venham*. Quase consigo imaginar Jesus de braços abertos, dando as boas-vindas a qualquer pessoa que simplesmente estivesse disposta a dar um passo à frente e aceitar seu abraço eterno. Não viemos a um credo, a uma igreja, a um sacerdote ou a um pastor. *Viemos ao próprio Jesus*. E vimos crendo, confiando e recebendo-o somente pela graça, simplesmente pela fé.

O segundo convite é para *tomarmos* sobre nós o "jugo" de Jesus e assim aprender com Ele. Barclay observa: "Os judeus usavam a frase *tomar o jugo para se submeter a algo*".[138] A palavra "jugo" também havia entrado nas descrições do mundo da educação nos tempos antigos. Muitas vezes se falava acerca de um aluno como estando "sob o jugo" de seu professor. Assim, Jesus conectou "tome sobre você o meu jugo" com a frase "aprenda de mim". Ao contrário do jugo excessivamente pesado e incrivelmente complexo do legalismo dos fariseus, o ensino de Jesus era libertador. Aceitar o convite de Jesus para ir a Ele e receber seu jugo, feito sob medida, significaria começar uma vida toda, aprendendo e crescendo com Ele, em um relacionamento de discipulado ao seu lado.

O segundo conjunto de palavras *explica*: "cansados e sobrecarregados" (11:28). Um dos grandes benefícios de aprender com Jesus é encarar a verdade sobre nós mesmos. Muitas vezes estamos "cansados e sobrecarregados". Essa era uma descrição perfeita daqueles que estavam sobrecarregados ao ponto de não suportarem mais as exigências legalistas da Lei, conforme eram ensinadas pelos escribas e fariseus. Quão grande era esse fardo! Pessoas constantemente tentando agradar a Deus. Pessoas buscando impressionar os outros. Procurando seguir um código de mandamentos cada vez mais extenso e satisfazer um conjunto cada vez mais amplo de tradições. As pessoas nos dias de Jesus estavam sobrecarregadas por causa de obrigações, culpa, vergonha e exigências que as deixavam exaustas!

O terceiro conjunto de palavras faz uma *descrição*: Jesus é "manso e humilde de coração" (11:29). Antes de entrar em um relacionamento permanente, como em um casamento, você precisa saber com quem está se comprometendo. Se você vai se unir "em jugo" e compartilhar com essa pessoa a direção e o ritmo da vida, antes precisa conhecer o caráter, as convicções, a personalidade e as paixões dela. Por isso, Jesus oferece uma descrição de si mesmo — "manso e humilde de coração". O termo grego *praus* [4239], traduzido como "manso", é o mesmo usado na bem-aventurança de Mateus 5:5 — "Bem-aventurados os mansos, porque herdarão a terra" (ARA). O termo carrega o sentido de "humilde" ou "atencioso".[139]

Assim, não devemos imaginar alguém covarde e fraco, incapaz de resistir às pressões e fácil de ser assediado. Devemos, antes, imaginar alguém justo, cuidadoso, ponderado, atencioso e despretensioso. Quando as pessoas vinham a Jesus, Ele se mostrava terno e amoroso, paciente e bondoso, jamais ríspido, melindroso ou facilmente irritado.

Esse termo que transmite humildade implica que Jesus colocou as necessidades dos outros antes de suas próprias. Embora como Senhor do céu e da terra Ele tivesse todo o direito de exigir obediência absoluta e instantânea de todas as criaturas do universo, Ele preferiu governar por meio de convite, instrução, treinamento e transformação. Quando você vai a Cristo, entra sob seu jugo e caminha com Ele por toda a vida, você aprende a verdadeira mansidão e humildade ao longo do caminho.

O quarto conjunto de palavras inclui uma *promessa*: "Eu darei descanso a vocês" e "encontrarão descanso para as suas almas" (11:28-29). O verbo na primeira declaração, *anapauō* [373], significa "fazer com que alguém obtenha alívio de suas lutas".[140] É o mesmo termo usado para aqueles que "descansam" dos seus trabalhos terrenos quando morrem "no Senhor" (Ap 14:13). Quando alguém experimenta esse descanso na vida atual de discipulado, o resultado é refrigério e renovação. A forma substantiva usada em Mateus 11:29, *anapausis* [372], refere-se à "cessação de uma atividade cansativa".[141]

Aqui Jesus citou Jeremias 6:16: "Assim diz o SENHOR: 'Ponham-se nas encruzilhadas e olhem; perguntem pelos caminhos antigos, perguntem pelo bom caminho. Sigam-no e acharão descanso'". Ao irem a Cristo, os discípulos eliminariam o lixo acumulado da tradição humana que havia obscurecido a beleza e a liberdade de um relacionamento com Deus. A pregação e o ensino de Cristo foram, em um sentido real, uma recuperação e uma reforma desse relacionamento.

O conjunto final de palavras se refere a um *alívio:* "o meu jugo é suave e o meu fardo é leve" (Mt 11:30). A princípio, isso pode soar como um paradoxo. Como poderia ser "fácil" e "leve" um jugo que unia um par de bois para o árduo trabalho de carregar uma carga pesada ou arar um campo? Mas em contraste com a justiça das obras dos fariseus, em que o relacionamento de uma pessoa com Deus e com a comunidade da aliança de Israel supostamente dependia inteiramente de seus próprios esforços, o jugo de Cristo oferecia algo revolucionário: *graça!* A obra consumada de Cristo na cruz e sua miraculosa ressurreição e ascensão significariam não mais uma dívida para com o pecado e culpa, não mais ameaça de condenação eterna, não mais uma preocupação sobre alguém ter feito o suficiente para agradar a Deus. A restauração de nosso relacionamento vertical com Deus é um fato consumado por causa da salvação somente pela graça por meio da fé unicamente em Cristo. E nossos relacionamentos horizontais para com os outros também são transformados pelo vínculo unificador do Espírito e pela graça contínua de seu poder capacitador. Nem por um momento somos deixados sozinhos para carregar o fardo. Na verdade, Cristo realiza tudo, e estamos simplesmente unidos a Ele e à sua impressionante força. É como um pai que permite que seu filho ou filha o "ajude" a carregar um fardo pesado. Todo o trabalho é feito pelo pai, mas a criança participa da tarefa e cresce em seu relacionamento pessoal com o pai por meio desse processo.

APLICAÇÃO

Mateus 11:20-30

DESCANSO PARA O CANSADO

Embora Jesus oferecesse o verdadeiro descanso de suas lutas e libertação de sua culpa e vergonha, o povo de Corazim, Betsaida e Cafarnaum preferiu suportar seu próprio pecado e trabalho sob o legalismo dos fariseus. Por quê? Em razão do seu orgulho. Mesmo à luz de sinais óbvios e milagrosos que confirmavam a veracidade da identidade e do poder de Jesus e a validade de seu oferecimento de salvação e descanso, eles preferiram não entregar *nada* ao senhorio do Mestre. Fazer isso significaria que alguém, além deles mesmos, estaria no comando de suas vidas.

Mas para aqueles cujos olhos foram abertos para a verdade, o convite ainda permanece. Troque sua atividade infrutífera e constante por tudo aquilo que Cristo quer fazer em sua vida. Venha até Ele, tome o seu jugo, aprenda com Ele, receba suas promessas e aproveite a paz que Ele oferece. Para os quebrantados, machucados, explorados, oprimidos, fracassados, caídos, envergonhados, rejeitados, brutalizados e intimidados, o convite de Jesus vem como um suspiro de ar para uma pessoa que se afoga.

Ao renunciarmos ao nosso próprio controle, não perdemos nada e ganhamos tudo. E ao nos lembrarmos diariamente de que estamos sob seu jugo, podemos descansar em sua proteção, sua provisão, seu tempo perfeito e sua orientação constante. Unidos a ele, podemos ter confiança de que não correremos à frente nem ficaremos para trás, em situação de perigo. Podemos estar certos de que estamos cumprindo a tarefa que Ele quer que seja realizada através de nós. E não temos que nos preocupar de onde nossa capacidade e suficiência podem vir. Ele provê ambas as coisas.

Do meu diário

Tire um tempo

MATEUS 11:28

Anos atrás, meu filho mais velho e eu estávamos em uma loja de presentes. Nossos olhos pousaram sobre uma fileira de grandes cartazes emoldurados e empilhados. Rimos ao ver alguns que eram bem malucos, observamos alguns dentre os mais comportados e, depois, colocamos nossa atenção em um deles. Quando meu filho Curt o encontrou, ele não disse nada a princípio. Então, momentos depois, ele sussurrou calmamente: "Uau, pai, isso é bom!" Era a figura de uma manhã enevoada em um lago calmo. Em um pequeno barco estavam um pai e seu filho olhando para as duas rolhas flutuando nas extremidades de suas linhas de pesca. O sol estava se pondo sobre as montanhas ao longe. Estendendo-se por toda a cena podiam ser notadas a paz, refrigério, e até conversa fiada fácil. Duas palavras melancólicas sob a fronteira da imagem resumiam apropriadamente uma mensagem que todos precisam ouvir hoje:

TIRE UM TEMPO.

Na minha juventude, eu teria ficado irritado com essa mensagem. Igual a muitos jovens que estão se preparando para deixar sua marca no mundo, eu teria preferido a imagem de uma lancha cortando as ondas a 120 quilômetros por hora. E minha legenda preferida teria sido, então:

NÃO DESPERDICE SEU TEMPO!

Ao mesmo tempo, eu teria sido incomodado pelas palavras aparentemente incompreensíveis daquele antigo hino de William Longstaff:

Tome tempo para ser santo,
Fale sobre isso com o seu Senhor...
Tome tempo para ser santo,
O mundo vive apressado.[192]

Agora, décadas depois, com filhos, netos, bisnetos, e muitos quilômetros e erros que ficaram atrás de mim, essas palavras de Longstaff fazem muito sentido. Ao longo de anos de esforço para correr pela vida no meu próprio ritmo acelerado, comecei a entender o sussurro desafiador do Senhor em Salmos 46:10: "Parem de lutar! Saibam que sou Deus". Da mesma forma, o conselho de Jesus em Mateus 11:28 faz tanto sentido depois de eu ter tentado andar mais rápido do que Aquele com quem estou ligado num jugo: "Venham a mim... e eu darei descanso a vocês".

Como fazemos tudo isso? Entregando-nos a Ele em oração. Aprendendo com Ele por meio de sua Palavra. Tomando conhecimento de suas obras e seus caminhos através de uma comunidade de discípulos na igreja. Participando ativamente do trabalho que Ele nos deu para fazer, sem depender de nada além de sua força para cumpri-lo. E tudo isso requer fé, que chega até nós pela *graça*. À luz da graça capacitadora de Jesus Cristo, descansar em seu jugo suave e submeter-se a seu fardo leve faz todo o sentido.

Legalistas em confronto com o Senhor do Sábado

MATEUS 12:1-14

Sem descartar o princípio apresentado por Jesus de que os pacificadores são abençoados e serão chamados "filhos de Deus" (5:9) ou a exortação de Paulo para estar em paz com todos os homens naquilo que depender de nós (Rm 12:18), há momentos em que é correto lutar. Embora Jesus nunca tenha procurado começar uma discussão, Ele jamais fugiu de uma se houvesse um princípio significativo em jogo. Sempre que um pensamento errado estava tentando sufocar a verdade, Jesus se recusava a mostrar indiferença e virar para o outro lado. Bem ao contrário, Ele se mantinha atento e procurava esclarecer tudo.

Mateus 12 inclui uma série de tais momentos na vida e no ministério de Jesus. Essa série de conflitos ocorreu entre Jesus e os fariseus, os líderes religiosos ultraortodoxos de sua época. Esses momentos decisivos também representam uma guinada na reação dos líderes religiosos em relação a Ele. Não mais satisfeitos simplesmente em discutir com Jesus, eles chegaram a uma decisão oficial de que a solução seria nada menos que sua completa eliminação. Essa hostilidade é claramente transmitida em 12:14, onde lemos: "Então os fariseus que estavam ali saíram e começaram a fazer planos para matar Jesus" (NTLH). Não se engane com relação aos argumentos em questão. Essa não foi apenas uma série de divergências. Dali em diante, uma trama assassina estava sendo forjada.

12:1-8

Jesus, de forma consistente, intencional e repetida, provocou frustração em um ponto específico: o de Ele estar à altura das expectativas legalistas dos escribas e fariseus. O legalismo não significa observar fielmente as leis de Deus ou evitar fazer aquilo que Deus proíbe explicitamente. Quando obedecemos a Deus com coração sincero e espírito humilde, querendo agradá-lo por amor, isso é uma observância libertadora de sua Palavra, o que é bom para nós e para os outros. Então, o que é o legalismo? Charles Ryrie o define como "uma atitude carnal que se adapta a um código com o propósito de exaltar a si mesmo".[142] O código é humano, e muitas vezes parte de um sistema de práticas tradicionais que remonta a várias gerações.

Quando se tratava de manter todas essas tradições feitas pelo homem e cumprir as expectativas dos fariseus, Jesus foi uma completa decepção para os fanfarrões religiosos de sua época. Ele quebrou o molde daquilo que parecia ser a figura de um judeu justo. Os fariseus achavam Jesus chocante e até mesmo revoltante. O que começou como mera suspeita acabou levando à investigação, depois à hostilidade aberta e, finalmente, à determinação de eliminar Jesus completamente! O que realmente empurrou os fariseus para esse extremo foi a aparente falta de respeito de Jesus por suas regras e regulamentos em relação ao sábado.

Devemos entender que a Lei Mosaica, como originalmente dada no monte Sinai (Êx 19—24) e repetida na véspera da entrada na Terra Prometida (veja o livro de Deuteronômio), simplesmente exigia que nenhum trabalho fosse feito no sábado. Um dos Dez Mandamentos diz: "Lembra-te do dia de sábado, para santificá-lo. Trabalharás seis dias e neles farás todos os teus trabalhos, mas o sétimo dia é o sábado dedicado ao SENHOR, o teu Deus. Nesse dia não farás trabalho algum, nem tu, nem teus filhos ou filhas, nem teus servos ou servas, nem teus animais, nem os estrangeiros que morarem em tuas cidades" (Êx 20:8-10). Entretanto, com o desenrolar da história judaica, as leis e tradições que regiam o sábado cresceram em complexidade. Um estudioso explica:

> Durante o período entre Esdras e a era cristã, os escribas formularam inúmeras restrições legais para a conduta da vida sob a lei. Dois tratados inteiros no Talmude são dedicados aos detalhes da observância do sábado. Um deles, o *Shabbath*, enumera as trinta e nove principais classes de ações proibidas a seguir: semear, arar, colher, juntar em feixes, debulhar, peneirar, limpar, moer, joeirar, amassar, assar; tosquiar lã, lavar, bater, tingir, girar, fazer uma urdidura; juntar dois cordões, tecer dois fios, separar dois fios, fazer um nó, desatar um nó, costurar dois pontos, separar para costurar dois pontos; caçar um cervo, matar, esfolar, salgar, preparar sua pele, rapar seus pelos, cortá-los; escrever duas letras, apagar uma escrita para escrever duas letras, construir, puxar para baixo, apagar, acender um fogo, bater com um martelo, e carregar algo de uma propriedade para outra. Cada uma dessas principais regras foi discutida e elaborada, de modo que na verdade havia várias centenas de coisas que um judeu consciencioso e cumpridor da lei não poderia fazer no sábado.[143]

Todas essas regras feitas pelo homem serviam como uma espécie de "lei oral" ou "jurisprudência" acrescentada à Palavra inspirada de Deus. Como resultado, o sábado tornou-se tudo, menos um tempo de descanso. Ao contrário, conduziu à frustração e à ansiedade, pois os judeus fiéis se preocupavam se tinham caminhado demais, carregado muito peso ou empregado energia suficiente para contar como "trabalho" e colocá-los sob a maldição da Lei. Para piorar a situação, as pessoas viviam não apenas sob as tradições criadas pelo homem, mas também sob os olhares atentos dos religiosos "críticos", prontos para atacar quando viam uma infração de suas regras exageradas e antibíblicas do sábado.

Jesus e seus discípulos se encontraram nessa situação durante um sábado. Enquanto vagueavam pelos campos de trigo, os discípulos ficaram com fome e espontaneamente colocaram a mão fechada ao redor dos caules, enquanto passavam. Eles deixavam os longos caules de grãos passarem por entre seus dedos fechados e, quando puxavam as cabeças dos caules por dentro da mão, alguns grãos de cereal se reuniam nas palmas das mãos — apenas o suficiente para um lanche. Em seguida, esfregavam as mãos para retirar as cascas e colocavam os grãos macios na boca (Mt 12:1; Lc 6:1).

À primeira vista, isso poderia fazer parecer que os discípulos eram culpados de roubar grãos de outra pessoa. Mas Deuteronômio 23:25 diz: "Se entrarem na plantação de trigo do seu próximo, poderão apanhar espigas com as mãos, mas nunca usem foice para ceifar o trigo do seu próximo". Em outras palavras, uma pessoa poderia pegar um lanche modesto ao caminhar através de um campo sem ser culpada de roubo, mas não poderia fazer nenhuma colheita de fato.

O problema não estava em arrancar e comer o grão. Na mente dos fariseus, a questão era fazer isso no sábado. Vale lembrar que a tradição oral dos rabinos determinava que era uma violação do sábado "colher" o grão. Se os discípulos tivessem pegado algumas foices e começado a colher, juntando os caules dos grãos em feixes, e arrancando-os do campo para processar o cereal, eles não só teriam sido culpados de quebrar o sábado, mas também seriam acusados como ladrões. No entanto, a Lei fazia uma clara distinção entre colher e pegar um lanche — um era trabalho, o outro era lazer!

O mais estranho nesse relato, porém, é que os fariseus estavam observando. Pense em quão perto eles tinham que estar para ver aqueles minúsculos grãos indo das mãos dos discípulos até a boca. Eles estavam espionando Jesus, desejando apenas pegar um indício da mínima infração de suas leis feitas pelo homem! Assim que viram os discípulos fazendo um lanchinho, eles se encheram de razão: "Olha, os teus discípulos estão fazendo o que não é permitido no sábado" (Mt 12:2). A forma como a declaração é redigida em grego dá a impressão de que eles estavam ali, apontando para algo que os discípulos estavam fazendo naquele exato instante. Que bizarro! Mas, quão típico de legalistas!

É interessante notar que os discípulos nem sequer pensaram duas vezes no que estavam fazendo. Eles não pediram permissão a Jesus, ao mesmo tempo em que Jesus não deu nenhuma indicação de que os discípulos teriam de se abster de fazer um lanche para não ofender os fariseus sensíveis. Os discípulos já estavam perto de Jesus tempo suficiente e tinham ouvido o bastante de seus ensinos para saber a diferença entre a Lei Mosaica e as tradições humanas. Eles sabiam que não estavam quebrando a guarda do sábado. Porém, na exaustiva explicação dos fariseus sobre a Lei, apanhar o grão era o mesmo que colher, e esfregar o grão entre as mãos era o mesmo que debulhar.[144] Que absurdo! Mas, quão típico de legalistas!

Simplificando, se entendermos o sábado de acordo com os princípios gerais e amplos da Palavra inspirada de Deus, não havia nada de errado com o que os discípulos estavam fazendo. Mas se entendermos o sábado de acordo com as meticulosas regras e regulamentos humanos, dos fariseus legalistas, os discípulos haviam quebrado um dos Dez Mandamentos, e Jesus não fez nada para detê-los!

Na verdade, em vez de dissuadir os discípulos, Jesus os defendeu com a Escritura. Mergulhando de novo na história judaica, Ele lembrou aos fariseus o que Davi e seus homens haviam feito quando estavam com fome, enquanto fugiam da ira do rei Saul. Para se alimentarem, Davi e seus soldados comeram o pão consagrado do tabernáculo, que, segundo a Lei, só deveria ser comido pelos sacerdotes (12:3-4). É claro que Davi não foi considerado um violador da Lei, porque a fome de seus homens e a falta de qualquer outro alimento criou uma circunstância especial que estava acima das leis cerimoniais.

Jesus também salientou o fato de que o sábado, em si, não era tão inviolavelmente sacrossanto quanto os fariseus o haviam tornado. Enquanto eles se preocupavam em colher um punhado de grãos e afirmavam que isso constituía uma colheita, os sacerdotes do templo não deixavam de cumprir seus deveres de oferecer sacrifícios só porque era o sábado (12:5). Claramente, o próprio Deus tinha estabelecido o sábado com as exceções nele contidas.

Jesus então argumentou do menor para o maior: sua presença na Terra era maior do que o templo e do que o ministério que ali se desenvolvia (12:6). O ministério que Jesus praticou no sábado, portanto, tinha precedência sobre qualquer coisa que ocorresse no templo. Stan Toussaint observa: "Se o ministério do templo superava as regras do sábado, quanto mais a obra do Messias prevalece sobre o sábado".[145]

No final, Jesus não concordou com a premissa dos fariseus legalistas de que seus discípulos estavam trabalhando no sábado. Ao contrário, Jesus disse que os fariseus haviam "condenado os inocentes" porque nunca haviam compreendido o princípio vital de Oseias 6:6 — "Desejo misericórdia, não sacrifícios" (Mt 12:7). Quando regras legalistas, que não têm fundamento nas Escrituras, levam à condenação moralista de pessoas inocentes, que não estão à altura dessas tradições criadas pelo homem, alguma coisa está gravemente errada. *Os pecadores eram os fariseus, e não os discípulos.*

É claro que os fariseus poderiam ter se sentido altivos, insistindo: "*Nós* somos os especialistas na Lei. *Nós* decidimos o que é considerado colheita e debulha. E se houver exceções à observância do sábado em certas circunstâncias, somos nós que determinamos quais são elas". Como se estivesse prevendo os pensamentos deles, Jesus reafirmou sua autoridade superior sobre a correta interpretação e aplicação das leis do sábado: "Pois o Filho do Homem é o Senhor do Sábado" (12:8). As palavras de Jesus em 12:6 e 12:8, juntas, teriam sido como dois socos na mente dos fariseus. O ministério de Jesus era superior ao ministério do templo. Ai (primeiro soco)! E o próprio Jesus — não os fariseus ou a longa tradição dos rabinos — era o Senhor do Sábado. Ai (segundo soco)!

12:9-13

No episódio seguinte, logo após o confronto na plantação parece que os fariseus estavam intencionalmente tentando provocar Jesus com o objetivo de encontrar uma base para condená-lo na frente de todos — seus colegas fariseus, anciãos da sinagoga e outros presentes. No entanto, quando o episódio terminasse, Jesus já teria forçado todos a considerar o absurdo de sua abordagem legalista sobre o dia de descanso.

Jesus e os discípulos saíram da plantação e entraram na sinagoga (12:9). Agora, eles estavam no território dos fariseus. Naquele dia, estava ali presente um homem com a mão atrofiada, que de repente se viu no centro das atenções. Os fariseus carrancudos foram até o homem e perguntaram a Jesus: "É permitido curar no sábado?" (12:10). Essa não era uma pergunta sincera para a qual eles buscavam uma resposta. Eles a fizeram apenas para tentar flagrar Jesus ensinando algo contrário à sua interpretação das leis do sábado. Tudo o que eles precisavam era que Jesus respondesse sim, e Ele seria culpado, de acordo com o entendimento insensato que eles tinham da Lei. Apenas uma pequena palavra em aramaico — *heh* — teria feito com que alcançassem o seu intento.

Mas Jesus não caiu na armadilha deles. Em vez de dar uma resposta, Ele devolveu a questão para eles. O Mestre respondeu à pergunta deles, que exigia uma resposta de sim ou não, com outra pergunta, como uma espécie de pesquisa para ver como a multidão responderia a um cenário da vida real: "Qual de vocês, se tiver uma ovelha e ela cair num buraco no sábado, não irá pegá-la e tirá-la de lá?" (12:11). Duvido que alguma mão tenha se levantado. Eles sabiam que se tratava de uma pergunta retórica. E não haveria ninguém, entre eles, que estivesse disposto a deixar a pobre ovelha gemer a noite toda e o dia seguinte, esperando para ser resgatada. A compaixão para com as ovelhas e a valorização de sua vida os levariam à ação. O resgate de uma ovelha em perigo não teria sido considerado *trabalho* em função de lucro, mas uma *ação* em favor da vida. Certamente isso não seria uma violação do sábado, não é mesmo?

Do meu diário

Defesa contra o legalismo

MATEUS 12:1-7

Em 1976, Cynthia e eu viajamos para Washington, capital dos Estados Unidos, para um tour durante os 200 anos de aniversário do país. Junto com outras pessoas do nosso grupo, passeamos pelo centro do majestoso Memorial Thomas Jefferson. Foi uma visita de tirar o fôlego! Ainda mais comoventes do que seu memorial são as palavras que Jefferson escreveu em uma carta a William S. Smith em 1787: "A árvore da liberdade deve ser renovada, de tempos em tempos, com o sangue de patriotas e tiranos".[193] Em outras palavras, conservar as liberdades que desfrutamos em nosso país requer, às vezes, que tomemos uma posição e estejamos dispostos a sacrificar nosso próprio conforto e felicidade.

O mesmo pode ser dito a respeito de manter nossa liberdade espiritual da tirania dos legalistas. A árvore da liberdade cristã deve ser sustentada e defendida — não com violência literal e derramamento de sangue, mas tomando posição com armas espirituais de guerra. "A nossa luta não é contra seres humanos, mas contra os poderes e autoridades, contra os dominadores deste mundo de trevas, contra as forças espirituais do mal nas regiões celestiais" (Ef 6:12). Não se engane: a luta contra o legalismo é uma batalha espiritual.

Muitos cristãos nas igrejas que acreditam na Bíblia perderam o contato com as coisas pelas quais vale a pena lutar. Isso não quer dizer que perdemos nosso talento para lutar. Sim, ainda temos muito espírito de luta dentro de nós! O problema é que nós reclamamos, criticamos e discutimos acerca de coisas que não valem o esforço, enquanto ao mesmo tempo sucumbimos em relação a coisas contra as quais devemos lutar firmemente. Uma dessas coisas contra a qual devemos nos posicionar é a mesma que Jesus frequentemente enfrentou em seu ministério terreno: uma religião de regras legalistas que não têm base nas Escrituras.

Talvez os indecisos na multidão, tendo sido intimidados durante anos pelos fariseus cheios de regrinhas, tenham se voltado em direção aos seus especialistas religiosos para ver como eles reagiriam. É claro que seus mestres não responderam. Assim, Jesus continuou, com seu argumento, partindo do elemento menor para o maior: "Quanto mais vale um homem do que uma ovelha! Portanto, é permitido fazer o bem no sábado" (12:12). A lógica era irrepreensível. Se fosse permitido salvar uma ovelha de uma situação ruim no sábado, então certamente seria permitido, se possível, salvar uma pessoa de uma situação ruim que a estava impedindo de viver verdadeiramente. Se alguém realmente tivesse o poder de curar um homem com a mão atrofiada, e encontrasse tal homem num sábado, então não seria permitido fazer o bem a esse homem naquele dia, mesmo que fosse durante o sábado?

Os fariseus tinham sua própria opinião sobre a correta interpretação da Lei. Jesus também tinha a opinião dele. Os fariseus reivindicavam para si uma autoridade superior, como especialistas treinados na Lei. Jesus afirmou ser o Senhor do sábado. Os dois lados não poderiam estar certos. Mas ali estavam eles naquela sinagoga, face a face, de frente uns para os outros num certo tipo de impasse... até que Jesus transformou a questão teórica em prática. Ele se virou para o homem que tinha a mão mirrada e disse: "Estenda a mão!" Instantaneamente a mão do homem foi restaurada (12:13).

Pense nisso. Com essas palavras, Jesus venceu o debate. A lamúria legalista sobre o sábado que existia há gerações foi jogada no lixo quando o Senhor do sábado provou que Ele, e somente Ele, tinha a autoridade final em todas as questões de doutrina e prática. Os rabinos podiam arrazoar para condenar qualquer um que discordasse deles e alegar que estavam aplicando as leis de Deus, mas quando o próprio Autor das Escrituras entrou em cena e corrigiu a interpretação falha daqueles estudiosos, todos os argumentos acabaram.

12:14

Quando Jesus provou sua autoridade divina curando o homem, os fariseus deveriam ter levantado a bandeira branca da rendição ali mesmo. Poderiam ter levado não mais do que dois segundos para raciocinar: *se Ele pode curar instantaneamente, então Ele tem autoridade divina; se Ele tem autoridade divina, então seu ensino é portador da autoridade divina; se seu ensino é portador da autoridade divina, então Ele sabe melhor do que nós como interpretar as leis do sábado.*

Porém, eles não tomaram essa atitude. Em vez de se renderem, eles se irritaram ainda mais. Já era péssimo o suficiente que Ele tivesse exposto a estupidez de suas regras humanas e os humilhado em público. Mas Ele havia deixado isso bem claro ao curar um homem com a mão atrofiada — certamente um homem bem conhecido dos membros da sinagoga. Não havia como esconder o fato de que Jesus tinha um poder milagroso, um poder sem paralelo que nenhum dos fariseus possuía.

Em resposta à situação embaraçosa, os fariseus escaparam da sinagoga, juntaram suas propostas e encontraram uma solução: "condená-lo à morte" (12:14). Foi assim que teve início a conspiração contra Jesus para tirar-lhe a vida. Que dureza de coração! Aqui testemunhamos a triste verdade do legalismo impenitente. Os fariseus eram tão orgulhosos que, em vez de admitir que estavam errados diante de provas tão óbvias, procuraram destruir aquele que corrigiu seu erro absurdo. Que horror! Mas quão típico de legalistas!

E qual foi a reação de Jesus? Ele os deixou ali tramando e planejando, e saiu da sinagoga; não surpreendentemente, ganhou ainda mais seguidores do que tinha antes (veja 12:15). Jesus sabia que não era chegada a hora de ser preso. Ele tinha muito mais a ensinar e a fazer entre seus discípulos para prepará-los para a vida de ministério que estava à frente deles.

APLICAÇÃO

Mateus 12:1-14

MUDANDO DO LEGALISMO PARA O SENHORIO DE JESUS

Como uma aplicação dessa parte fundamental das Escrituras, quero fazer quatro perguntas para que você pense a respeito. Talvez elas façam você se contorcer ao ponderar profundamente a respeito delas. Responda-as honestamente. Use-as para sondar suas próprias atitudes em relação ao senhorio de Cristo e ao legalismo humano.

Primeira pergunta: *você permite que os legalistas o controlem?* Muitas pessoas se sentem tão desesperadas para evitar conflitos que simplesmente deixam os legalistas obterem o que desejam. Mas isso nunca será uma boa política. Não é bom para você, para a igreja, ou até mesmo para o próprio legalista. Na verdade, nunca se consegue agradar plenamente os legalistas. Como diz um antigo provérbio, se você lhes der um centímetro, eles tomarão um quilômetro. E se os legalistas se acostumarem a fazer o que querem, eles criarão toda uma cultura em torno de sua lista de regras e regulamentos humanos.

Em segundo lugar, *sua maturidade espiritual foi atrofiada pelo legalismo... e você está sufocando o crescimento de outros da mesma maneira?* Meu coração entende seu sentimento, caso você tenha sido criado em um lar legalista ou crescido em uma igreja legalista. Muitas pessoas de minha geração, com quem conversei, foram criadas em lares cheios de regras e exigências que nada tinham a ver com a Bíblia ou com a verdadeira moral cristã. Essas regras criadas eram impostas por pais ou igrejas como se tivessem vindo do próprio monte Sinai. Pais e líderes cristãos muitas vezes pensavam que, criando regras para cada situação, eles protegeriam da perdição seus filhos e demais membros da igreja. No entanto, essa abordagem falha deixando de ensinar o verdadeiro autocontrole, como ter sabedoria e como andar no Espírito. O legalismo realmente atrapalha o verdadeiro crescimento espiritual. Uma das marcas da maturidade espiritual é saber trabalhar com questões "cinzentas". E é importante saber quando você está levando algo longe demais. À medida que você cresce no Senhor, desenvolve esse senso de reconhecer o que é melhor sem precisar ser informado por alguma figura de autoridade ou consultar algum conjunto não inspirado de regras.

Terceira pergunta, *você consegue discernir entre as instruções de Deus e as expectativas dos outros?* A fé cristã não é isenta de seus imperativos e obrigações. Jesus deu ordens a seus discípulos, e a Bíblia está cheia de listas de coisas a serem aceitas e outras a serem evitadas. Essas são regras que precisamos seguir porque são *inspiradas por Deus!* Contudo, há outras instruções que são originadas nas preferências, opiniões e experiências individuais das pessoas, e têm apenas uma relação forçada com os princípios da Palavra de Deus. À medida que cresce no Senhor, você precisa ser capaz de estabelecer a diferença. Quando você fizer isso, estará livre das restrições carnais do legalismo e livre para viver de acordo com os princípios espirituais do Senhor. "Se vocês permanecerem firmes na minha palavra, verdadeiramente serão meus discípulos. E conhecerão a verdade, e a verdade os libertará" (Jo 8:31-32).

Finalmente, *você está se tornando um agente da graça?* Como um verdadeiro discípulo, liberto pela graça de Deus para viver de acordo com a sabedoria e a justiça divinas, você deve transmitir mensagens de graça com a maior frequência possível — tanto por suas palavras como por suas ações. Aqui está uma forma de saber se você é um agente da graça: você está resistindo à tendência de controlar os outros? Comece com seus próprios filhos mais velhos, caso os tenha. Você ainda está tentando controlá-los, ou você os libera? Eles estão por conta própria agora. Você está liberando os outros da necessidade de passarem por um período de experiência ou continua exercendo controle até que provem ser capazes de tocar a vida por si mesmos? Você procura oportunidades para mostrar que acredita nos outros? Você oferece incentivo a pelo menos uma pessoa todos os dias? Você está quebrando os hábitos de envergonhar as pessoas e culpá-las? Se sim, você é um agente da graça.

Muitos crentes que foram intimidados por legalistas ou que se tornaram legalistas precisam fazer mudanças. Eles estiveram sob o jugo do legalismo por muito tempo. Em vez de passar essa tradição profana para a próxima geração, eles precisam se libertar do legalismo e se submeter ao senhorio de Cristo.

Servo de Deus ou peão de Satanás?

MATEUS 12:15-30

Como você reage quando sabe que outros estão trabalhando contra você? Se você é como a maioria, procura maneiras de impedir que continuem, de atingi-los antes que eles atinjam você! Ou você se vinga, atingindo-os de maneira mais dura para que eles pensem duas vezes antes de atacar você novamente. Ataque preventivo, retaliação e vingança — não consigo pensar em nenhuma reação mais comum à natureza humana do que essas.

Se alguém tinha motivos para revidar com força esmagadora, era Jesus. Pense em como os fariseus dificultavam sua vida — dia a dia, minuto a minuto. Em sua profunda suspeição, eles começaram a segui-lo e passaram a inventar acusações falsas. Quando não conseguiram detê-lo e não quiseram acreditar nele, começaram a conspirar para matá-lo (12:14)!

No entanto, Jesus não se perturbou com a cruel conspiração dos fariseus. Em vez disso, Ele expôs as mentiras deles e demonstrou publicamente que estavam profundamente errados (12:9-13). Jesus não se intimidou com suas tentativas cada vez mais desesperadas de silenciá-lo, mesmo quando começaram a planejar sua morte física. Em vez se preocupar, Jesus continuou exercendo suas atividades como de costume, pregando e ensinando, curando e libertando — o tempo todo ciente de que os fariseus continuavam tramando e aprontando armadilhas para Ele.

Observar como Jesus respondeu a seus inimigos nos dará uma visão de como podemos responder aos críticos de Cristo e aos inimigos da cruz em nossos dias.

12:15-21

Plenamente ciente da conspiração e trama dos fariseus, Jesus fez duas coisas notáveis. Primeira, Ele se retirou dali sem dizer uma palavra — nem mesmo um sussurro, uma demonstração de raiva, um sorriso maroto ou um sinal de preocupação (12:15). Quando partiu, Ele não foi para as colinas nem procurou abrigo em uma caverna. Ao contrário, permaneceu focado em sua missão, reunindo seguidores e curando as multidões — as mesmas coisas que haviam provocado ciúme e raiva nos fariseus.

Ele também continuou a não colocar em evidência sua identidade como o Messias (12:16). Por que Ele faria isso? Pense bem. Havia muito mais seguidores de Jesus do que escribas credenciados e fariseus dedicados. Consciente de que muitos na multidão tinham em sua mente a imagem falsa de um Messias pronto para a batalha, Jesus sabia que falar demais sobre seu legítimo reinado, de maneira errada ou na hora inapropriada, poderia ter incitado a multidão a se unir contra o governo estabelecido e se revoltar.

O que teria acontecido se Jesus algum dia tivesse se levantado entre o povo e gritado: "Aqueles fariseus estão planejando me matar! Algo precisa ser feito!"? Seria como jogar uma granada em um armazém de munições. O resultado teria sido uma catástrofe. Sua obra de chamar um povo para si teria chegado ao fim. A verdadeira natureza do reino de Deus, distinta do mundo, teria sido distorcida pelos métodos mundanos de ganhar e manter o poder pela força. Seus ensinos sobre o amor, paz, graça e misericórdia teriam sido desfeitos. E o treinamento que Ele estava dando aos discípulos teria chegado a um abrupto fim. Jesus queria exemplificar para seus seguidores como lidar com situações como essa, deixando Deus trabalhar.

Mateus cita a profecia messiânica de Isaías 42:1-4, escrita aproximadamente sete séculos antes, para explicar novamente a missão de Jesus e esclarecer seus métodos. Essa é a citação mais longa do Antigo Testamento no Evangelho de Mateus. Como o profetizado servo escolhido, dotado do Espírito de Deus, agradável ao Pai (Mt 12:18), Jesus, em sua missão messiânica, estava envolvido não apenas na proclamação de sua realeza para Israel, mas também na proclamação de justiça aos gentios, que esperariam em seu nome (12:18,21).

A profecia de Isaías, e a sua citação por Mateus, declaravam claramente que o próprio Messias seria um pregador da justiça para outras nações além de Israel. No entanto, até esse ponto, a maioria daqueles a quem Jesus estava pregando e ensinando eram judeus. De fato, quando Jesus enviou os doze (assim como os setenta) discípulos para pregar e fazer milagres em seu nome, Ele os enviou apenas ao povo de Israel, não aos gentios e nem mesmo aos samaritanos (10:5-6). Ao citar essa profecia, Mateus deixou claro que a missão messiânica de Jesus estava apenas começando. Ter pressa em estabelecer o reino de Israel de forma imediata seria abandonar a missão para os gentios.

A citação de Mateus também explica os métodos do ministério de Jesus. Em vez de atacar seus adversários com espadas, Ele os combateu com palavras. E suas palavras eram bem escolhidas, concisas e em pequeno número. Isso também estava de acordo com a profecia messiânica de Isaías. A missão do Servo escolhido deveria ser:

- agradável a Deus (12:18);
- realizada por meio de proclamação (18:12);
- livre de intrigas ou clamores (12:19);
- sem tumulto ou desordem (12:19);
- atenciosa para com os fracos e vulneráveis (12:20);
- focada no objetivo da justiça (12:20).[146]

Uma última implicação da citação por Mateus de Isaías 42 precisa ser mencionada. É um tema que já se materializa no pano de fundo do Evangelho de Mateus e que está prestes a ser deslocado para o centro das atenções. A rejeição, por parte de Israel, ao seu Messias. Observe a dupla referência à missão do Messias para os gentios. Não apenas Jesus "proclamaria justiça [ou retidão] às nações" (Mt 12:18), mas os gentios realmente esperariam em seu nome (12:21). Quando Mateus escreveu seu Evangelho, em algum momento da década de 60 d.C., já era um fato bem conhecido que os líderes de Israel haviam rejeitado Jesus como o Messias. A maioria dos líderes religiosos também continuava rejeitando a proclamação subsequente dos apóstolos, enquanto muitos gentios, por outro lado, seguiam confiando em Jesus como seu Salvador. Nas próximas cenas, Mateus salienta como esses desenvolvimentos começaram no ministério de Jesus, quando os líderes judeus, que se recusaram a se curvar ao rei Jesus, estavam realmente tornando possível que o evangelho fosse divulgado aos gentios. Ironicamente, ao tentar destruir a missão do Messias, os fariseus estavam, de fato, promovendo-a!

12:22-24

Mateus apresenta um exemplo específico de como os fariseus continuavam a aumentar a campanha pública de calúnia e difamação contra Jesus. Começou com a libertação de um homem endemoninhado, que havia sido afligido com a incapacidade de ver e falar (12:22). Embora esse feito tivesse sido surpreendente e milagroso, a essa altura do ministério de Jesus, tais curas haviam se tornado comuns. Mateus simplesmente apresenta esse evento como um fato. A história se mostra bizarra, no entanto, depois da resposta dos fariseus.

As multidões se maravilhavam e discutiam se Jesus poderia ser o tão esperado Filho de Davi, o Rei de Israel (12:23). Essa era a conclusão mais óbvia. No entanto, a maneira como Mateus descreve a pergunta do povo sugere que, embora as multidões realmente quisessem que fosse verdade, por algum motivo elas tinham dúvidas e permaneciam relutantes em abraçar completamente Jesus como o Messias.[147] Talvez isto se devesse, em parte, à própria hesitação de Jesus em declarar abertamente sua verdadeira identidade.

No entanto, havia outra razão pela qual as pessoas da multidão não conseguiam aceitar completamente Jesus como seu Messias: a pressão dos fariseus. Esses líderes religiosos estavam sempre presentes, atuando sobre a multidão, plantando sementes de dúvida e procurando envenenar a mente das pessoas. Aquela ocasião não foi diferente. Na presença do poder óbvio de curar instantaneamente um homem endemoninhado, os fariseus intervieram com sua própria explicação ridícula: "É somente por Belzebu, o príncipe dos demônios, que ele expulsa demônios" (12:24). O nome Belzebu é provavelmente outro nome para o deus filisteu Baal-Zebube, que pode ser traduzido como "Senhor das moscas".[148] O termo *baal* simplesmente significa "senhor", mas, na antiga religião cananita, *Baal* havia se tornado o nome próprio da divindade que chefiava os muitos deuses deles. Para os judeus, o termo havia se tornado uma espécie de gíria para designar Satanás, o príncipe dos demônios.

Os fariseus não podiam negar o poder sobrenatural que Jesus tinha à sua disposição. Mas eles poderiam usar a estratégia advocatícia de "pleitear uma alternativa". Tendo falhado em argumentar que Jesus era algum charlatão ou enganador que alegava fazer coisas que, na verdade, não poderia fazer, eles reconheceram que Ele estava realizando coisas miraculosas. Todavia, em vez de admitir que Deus estava trabalhando por meio dele (o que equivaleria a aceitá-lo como o Messias), os fariseus argumentaram que o poder sobrenatural para expulsar demônios vinha do chefe dos demônios — o próprio Satanás!

Que tentativa desesperada de evitar o óbvio! Porém, o que mais eles poderiam dizer? Para manter sua postura contra Jesus, os fariseus tiveram que recorrer a atribuir a obra do Deus todo-poderoso ao Diabo. Tal blasfêmia era inconcebível... e imperdoável.

12:25-30

Jesus não perdeu tempo em responder a acusação murmurada pelos fariseus de que seu poder divino procedia de Satanás. Ele não ouviu a acusação diretamente dos próprios fariseus, mas Jesus conhecia seus pensamentos e respondeu de modo adequado (12:25). Ele não precisava de alguns dias para formular um argumento ou reunir evidências. Ele abordou frontalmente a séria acusação que fizeram. Sua blasfêmia foi um ataque à autoridade divina de Jesus, um ataque às obras milagrosas do Espírito de Deus e, portanto, um ataque à própria natureza divina! Ele apresentou três argumentos esmagadores para explicar que não poderia estar operando sob a influência do poder de Satanás.

Primeiro, se Jesus estivesse expulsando demônios pelo poder de Satanás, então Satanás estaria trabalhando contra si mesmo (12:26). Por que Satanás permitiria que Jesus libertasse as pessoas de seu próprio controle demoníaco? Por que o resultado desses casos seria tão positivo? O cego viu. O surdo pôde ouvir. O mudo conseguiu falar. O coxo foi capaz de andar. Os possessos foram restaurados à normalidade. Os que se autodestruíam receberam a paz. Os ímpios foram tornados justos. Se o objetivo final de Satanás era a morte e a destruição, por que ele traria vida e restauração dia após dia? Nenhum reino pode durar muito tempo se seu exército lutar contra si mesmo.

Em segundo lugar, se Jesus estivesse expulsando demônios por Belzebu, o que dizer dos próprios exorcistas dentre os fariseus (12:27)? Com que poder ou autoridade eles expulsavam os espíritos imundos? Para apreciar plenamente a força do argumento de Jesus nesse caso, precisamos observar que a *qualidade* da autoridade de Jesus sobre as forças demoníacas era notavelmente maior do que a de outros exorcistas judeus conhecidos (veja At 19:13-16). O historiador judeu Josefo menciona uma lenda de que o próprio Salomão deixou como herança a habilidade de expulsar demônios, a qual era “útil e curativa para os homens”.[149] E, num dos livros apócrifos bem conhecido pelos judeus do primeiro século, podemos ler a história de um homem, chamado Tobias, que expulsou um demônio pelo fedor pungente de um fígado fumegante de um peixe (Tobias 8:2-3). Fontes históricas sugerem que o remédio judaico do primeiro século para a possessão demoníaca “estava mais próximo de uma arte mágica do que da atuação do poder divino”.[150]

Se os fariseus respondessem que seus próprios exorcismos eram realizados pelo poder divino, não pelo poder humano ou demoníaco, então a próxima pergunta seria: "Por que, então, eles seriam *menos* eficazes sobre os demônios do que o poder de Jesus?" Se os fariseus continuassem a sugerir que Jesus expulsava os demônios pelo príncipe dos demônios, então o assunto seguiria em outra direção. Os exorcistas judeus deviam estar trabalhando com a utilização de um poder ainda menor do que Belzebu — ou algum poder demoníaco inferior ou magia humana natural. É claro que a melhor explicação, que exigia menos manipulação dos fatos, seria a mais simples. Jesus expulsava demônios, não por obra de outro espírito maligno, mas pelo Espírito de Deus. Mas isso implicava que Jesus era, de fato, o representante pessoal do reino de Deus — o Messias (Mt 12:28).

Terceiro, ao expulsar demônios, Jesus provou ser mais poderoso do que as forças demoníacas (12:29). Ele foi capaz de entrar na "casa do homem forte" (um domínio infestado de demônios) e "levar dali seus bens" (os indivíduos possuídos pelos demônios). Para fazer isso, o próprio homem forte tinha que primeiramente ser amarrado. Pensar que o homem forte (Satanás) saquearia seu próprio domínio não seria algo admissível. E, para algum demônio menor do que Satanás, saquear o domínio de seu chefe seria impossível. Somente Deus tem o poder de saquear o reino de Satanás e libertar suas vítimas escravizadas.

Posso imaginar a multidão, que antes ouvira os murmúrios ultrajantes dos fariseus, voltando-se de Jesus para seus astutos rabinos a fim de ouvir sua réplica. Porém, em vez de oferecer uma refutação ousada, uma objeção bem fundamentada, ou mesmo uma pergunta de sondagem, eles não tiveram nada a dizer. Literalmente nada. O silêncio dos fariseus falou muito alto. Você provavelmente poderia ter ouvido o coração deles batendo forte, enquanto gotas de suor se formavam em seus rostos vermelhos. Então, a multidão pode ter se voltado novamente para Jesus, que proclamou: "Aquele que não está comigo está contra mim; e aquele que comigo não ajunta espalha" (12:30).

Essas foram palavras poderosas de reprovação para seus oponentes farisaicos. Mas Jesus ainda não havia terminado com eles.

APLICAÇÃO

Mateus 12:15-30

A FAVOR OU CONTRA

Não poderia haver dúvida sobre o que Jesus estava afirmando, quando disse: "Aquele que não está comigo está contra mim"

(12:30). Naquele dia, Jesus traçou uma linha na areia e disse, essencialmente, à multidão vacilante: "Agora é hora de escolher. Vocês viram os milagres. Já ouviram as desculpas dos fariseus. Escutaram meus ensinos. Observaram suas explicações sem sentido. Não há lugar neutro. Vocês estão comigo, ou contra mim".

Enfrentamos a mesma pergunta — primeiro e, finalmente, em nossa conversão inicial para seguir a Cristo e nossa aceitação dele como Salvador e Senhor. Você está com Ele ou contra Ele? Precisamos abraçar a verdade de quem Ele é e o que Ele fez. Ele é o homem-Deus que morreu por nossos pecados e ressuscitou dos mortos. Ele é o Messias, o Rei de Israel. Ele é o Salvador e Senhor tão esperado.

No entanto, também temos de responder a essa pergunta todos os dias após a decisão inicial. Não podemos vacilar na indecisão sobre se vamos nos "ajuntar" com Ele ou "espalhar" com seus inimigos.

Aquela multidão tinha visto e ouvido coisas espantosas. No entanto, eles vacilaram. Pense no que deve ter passado pela cabeça deles. *Hum. Com certeza parece que Ele é realmente o Messias, mas, bem, de fato é estranho porque aqueles fariseus, com seus lábios curvados e sobrancelhas franzidas, certamente dificultam o pensamento correto. Aceitarei o óbvio e serei agredido pelos piedosos puritanos... ou simplesmente ignoro todas as evidências e evito conflitos? Uma decisão tão difícil!*

Não, não é uma decisão difícil! Os argumentos e evidências nunca mudaram. As afirmações de Cristo resistiram a dois milênios de céticos, escarnecedores, descrentes, enganadores, oponentes, apóstatas, críticos, hereges, desmistificadores, destruidores de mitos e deturpadores da verdade. Por tudo isso, a verdade de Jesus Cristo nunca foi derrotada. *Não* é uma decisão difícil. Mas *é* uma decisão. Esse é um combate espiritual entre o reino de Deus e o reino de Satanás. É questão de uma coisa ou outra. Não há meio-termo. Ou você está com Ele ou contra Ele.

EXCURSO: DEUS *VERSUS* SATANÁS?

MATEUS 12:29

As pessoas muitas vezes pensam que Satanás é o oposto de Deus — que ele é o eterno inimigo de Deus e que as forças do bem e do mal lutaram entre si por muitas eras. No entanto, essa imagem não é verdadeira, de acordo com a visão bíblica de Deus e de Satanás.

O zoroastrismo, a principal religião da antiga Pérsia, tem um conceito dualista de Deus — que dois deuses igualmente poderosos, um bom e um mau, se opõem um ao outro. Semelhante ao conceito oriental de *yin* e *yang*, luz e escuridão, positivo e negativo, esses dois deuses estão envolvidos em um combate imortal entre si pela obediência dos humanos.[151]

Essa noção antiga e dualista do reino espiritual influenciou muitas religiões pagãs e inúmeras vezes passou a fazer parte da arte e da cultura popular. Várias heresias antigas promoveram uma visão dualista do mundo que dividia a divindade em forças de equilíbrio do bem e do mal. Numerosos cristãos supersticiosos do período medieval viam Deus e Satanás como tendo influência igual no mundo — para o bem e para o mal, respectivamente. Hoje, alguns filmes popularizaram a ideia de uma "força" equilibrada com um lado claro e um lado escuro.[152]

Mas a Bíblia ensina que Satanás é uma criatura angélica criada por Deus (veja Ez 28:12-16) que não pode fazer nada sem o controle ou permissão divina (veja Jó 1:6-12; Lc 22:31). Ele não é uma contraparte "igual, ao mesmo tempo oposta" de Deus, mas é mais o oposto do arcanjo Miguel (Jd 1:9; Ap 12:7). No entanto, ele também é o inimigo e acusador dos humanos (Zc 3:1-2; 1Pe 5:8). Embora não devamos negar que Satanás tem poder para nos atacar e nos enlaçar (Ef 4:27; 6:11; 1Tm 3:7), também devemos nos precaver de atribuir a Satanás mais poder do que ele realmente tem.

Severas advertências às quais devemos atentar

MATEUS 12:31-37

Duas palavras descrevem a situação nesta fase do ministério terreno de Jesus: *hostilidade crescente*. Quando as notícias chegaram pela primeira vez às autoridades religiosas oficiais — os fariseus e escribas — a respeito do crescente número dos seguidores de Cristo, eles começaram a observar mais atentamente Jesus, provavelmente motivados, de início, por mera curiosidade. Sempre que estavam em sua presença, porém, ouviam sua ousada exposição da hipocrisia deles e testemunhavam seus milagres surpreendentes e inegáveis. Como resultado, a curiosidade deles se transformou em suspeição.

A partir daquele momento, começaram a persegui-lo, procurando oportunidades para criticá-lo, questionar seus motivos e refutar tanto suas palavras como suas obras. Nessa época, já haviam se tornado seus inimigos implacáveis, determinados a mostrar que Ele não era confiável e, então, a condená-lo como um impostor indigno de respeito — de fato, como um agente de Satanás. Quando se viram incapazes de silenciá-lo ou de provar que Ele era um líder perigoso, sua animosidade se transformou em ira. Isso os levou a se encontrarem em segredo e a traçarem um plano para matá-lo. Jesus, plenamente consciente da trama desses líderes, intensificou suas instruções e advertências — com advertências para os fariseus, sim, mas também para qualquer outra pessoa que endurecesse o coração para o Messias.

12:31-32

Ao reentrarmos na cena que se desdobra em Mateus 12, descobrimos que os fariseus começaram a enxergar outro lado de Jesus que eles não esperavam encontrar e para o qual estavam despreparados. A. T. Robertson descreve a atmosfera que se seguiu: "Eles agora descobrem que poderoso oponente Jesus é. Por parábolas, por sarcasmo, por perguntas retóricas, por uma lógica impiedosa, Ele põe a descoberto sua insinceridade vazia e a futilidade de seus argumentos".[153] Tal situação havia começado a partir da resposta que Jesus dera à sua acusação, sem fundamento e sem sentido, de que Ele expulsava demônios pelo poder do príncipe dos demônios (12:25-29).

Jesus também havia lançado um ultimato para um discipulado decisivo: "Aquele que não está comigo está contra mim; e aquele que comigo não ajunta espalha" (12:30). Com tais palavras, Jesus lançou um desafio. Ele não estava sendo indelicado, apenas estava se mantendo firme aos princípios. Robertson, novamente, retrata a situação de forma vívida: "Cristo é o ímã de todos os tempos. Ele atrai ou afasta".[154] Aqueles que estavam na multidão tinham que decidir aceitá-lo ou rejeitá-lo. Não havia alternativa para uma neutralidade, nenhuma moção para engavetar o processo, nem qualquer obstrução para atrasar a decisão.

Nesse ponto do ministério de Jesus, os lados estavam se formando, as multidões estavam se dividindo e o verdadeiro caráter de seus detratores estava vindo à luz. Aqueles que se afastavam cada vez mais da fé em Cristo começaram a agir de forma chocante. Passaram a atribuir as obras do Espírito de Deus ao poder de Satanás ("Belzebu"; 12:24). Estavam essencialmente qualificando o eterno e divino Filho de Deus como um instrumento do Diabo!

Do meu diário

Cobras de terno

MATEUS 12:34

Um dos livros mais fascinantes da minha biblioteca tem como título *Snakes in Suits* (Cobras de terno, em uma tradução livre). A capa é de arrepiar: um homem vestido com um terno feito sob medida para negócios. Camisa branca, bem passada, aparência fina, mas em vez de uma gravata em torno de seu colarinho, há uma cobra enrolada em volta de seu pescoço. O subtítulo diz tudo: quando psicopatas vão para o trabalho. Escrito por dois doutores em psicologia, o livro explora o mundo dos psicopatas no local de trabalho.

Os autores descrevem os psicopatas desta forma: "Este grupo [...] apresenta um distúrbio de personalidade arraigado na mentira, manipulação, engano, egocentrismo, insensibilidade e outros traços potencialmente destrutivos".[194] Psicopatas são encontrados em todos os domínios da vida humana, incluindo a política, o local de trabalho, o lar, e, sim, até mesmo igrejas e ministérios. Não sou psicólogo, mas, depois de ler este livro, tenho certeza de que encontrei algumas pessoas no ministério que se encaixariam confortavelmente nessa categoria.

Tais indivíduos não demonstram qualquer sinal de uma consciência ativa. Eles não demonstram lealdade, a não ser para consigo mesmos. Eles adoram ser o centro das atenções em público e, nos bastidores, são exímios manipuladores. Eles são incorrigíveis e sempre acreditam que estão certos; respondem a confrontos ou correções com assédio moral, explosões ou com intimidação. Não apenas causam ruína para si mesmos, mas também, quase sempre, destroem as igrejas ou ministérios dos quais são membros.

Jesus lidou com tais indivíduos durante seu ministério terreno, exceto pelo fato de que, em vez de usar ternos, eram como víboras em mantos religiosos

— os escribas e fariseus. Embora as vestes tenham mudado sua aparência ao longo dos séculos, os mesmos psicopatas semelhantes a serpentes têm entrado sorrateiramente na igreja, ao longo da história. Ao fechar os olhos, posso imaginar um longo desfile desses homens e mulheres que encontrei durante minha própria vida e ministério. No começo, eles parecem inofensivos. Podem aparentar, em um contato inicial, ser o presente mais esperado que o ministério poderia receber. Mas então eles começam a se envolver em torno da organização, sufocando a criatividade, abafando a expressão, e esmagando quem os contraria. Simplesmente estar ciente dessas ameaças ao ministério do reino me capacitou a ser adequadamente cauteloso para recrutar e treinar parceiros de ministério; mesmo assim, eles podem penetrar em nosso meio através de engano e manipulações. Então, cuidado! E, quando você vir pessoas assim tentando dar o bote, trate da questão imediatamente, antes que sua igreja ou organização seja sufocada.

Eu gosto de imaginar Jesus olhando diretamente para o rosto de seus acusadores no momento em que Ele declarou: “Todo pecado e blasfêmia serão perdoados aos homens, mas a blasfêmia contra o Espírito não será perdoada” (12:31). Ele prosseguiu no esclarecimento desse pronunciamento geral em 12:32. Se uma pessoa disser uma palavra contra o Filho do Homem, ela poderá ser perdoada. Rejeitar as reivindicações de Cristo não é suficiente para cometer esse pecado imperdoável. Pense sobre isso. Alguns dos testemunhos mais surpreendentes vêm daqueles que, antes, eram céticos e descrentes, escarnecedores e críticos, perseguidores e blasfemadores. Basta pensar no apóstolo Paulo, que descreveu sua vida anterior, no tempo em que era um devoto rabino: “anteriormente fui blasfemo, perseguidor e insolente; mas alcancei misericórdia, porque o fiz por ignorância e na minha incredulidade”

(1Tm 1:13). Se Paulo pôde ser perdoado por blasfêmia contra Cristo, qualquer um pode ser.

Entretanto, Jesus descreveu uma categoria diferente de blasfêmia — um pecado que seus adversários fariseus estavam perigosamente próximos de cometer, se é que já não teriam ultrapassado os limites. "Quem falar contra o Espírito Santo não será perdoado, nem nesta era nem na que há de vir" (Mt 12:32). O que é exatamente essa blasfêmia contra o Espírito Santo? E quem a comete? É possível alguém estar lendo esse texto agora e já ter cruzado essa linha?

No contexto imediato dessa declaração, vemos o tipo de ato profundo, indesculpável, praticado com coração duro e maldoso, que Jesus descreve como um pecado imperdoável. Os fariseus estavam atribuindo a Satanás aquilo que só pode ser realizado pelo poder do Espírito de Deus. Note-se que esta é uma combinação de *prova irrefutável* da identidade de Cristo e do poder do Espírito — e *uma rejeição intencional*. Os fariseus reconheciam a existência de Deus, mas diante de uma prova clara e convincente da obra miraculosa do Espírito Santo, através de Cristo, eles estavam atribuindo essa obra a Satanás e classificaram Jesus, o Messias de Deus, como o mensageiro de Satanás.

Em contraste, a incredulidade de Paulo teria ocorrido como resultado de ele ter agido "ignorantemente" (1Tm 1:13). Ele não tinha presenciado os milagres, não ouvira as mensagens, não havia se confrontado pessoalmente com a obra do Espírito Santo na vida e ministério de Jesus. Mas, quando o próprio Jesus o encontrou no caminho de Damasco, a resposta imediata de Paulo não foi algo como: "Afaste-se de mim, demônio!", mas: "Quem és tu, Senhor? (At 9:5). E quando lhe foi apresentada a verdadeira identidade de Jesus naquele encontro milagroso e através das palavras de Ananias em Damasco (At 9:17), Paulo, "levantando-se, foi batizado" (At 9:18). Quão diferente foi a resposta dos fariseus, que testemunharam milagres assombrosos dia após dia e, no entanto, responderam com ira, ódio e rejeição violenta a Jesus!

Assim, a perspectiva desse pecado imperdoável, para o qual não havia oportunidade de arrependimento, seria única para as testemunhas oculares dos milagres e da mensagem de Jesus — aqueles que os rejeitaram de forma consciente, voluntária e persistente. Nesse sentido restrito, uma blasfêmia contra o Espírito Santo não é mais possível hoje, considerando que o ministério terrestre de Jesus terminou. Entretanto, em um sentido mais geral, o pecado para o qual não há esperança, nos tempos de hoje, seria persistir na rejeição de Cristo ao longo da vida e, depois, morrer nesse estado de rejeição. Não há apoio bíblico para a ideia de haver uma segunda chance após a morte. *Mas, até esse momento,* qualquer pessoa pode crer e ser salva.

Isso significa, é claro, que o pecado imperdoável não pode ser cometido por um crente em cujo coração habita o Espírito. Um crente está "em Cristo" (veja 1Co 1:30). Uma vez que alguém tenha entregado seu coração ao Senhor Jesus, esse relacionamento está seguro por toda a eternidade. No entanto, uma pessoa que opta por rejeitar Cristo e que permanece nessa atitude de rejeição e continua com sua dureza e insensibilidade, torna-se como o Faraó, que ficou sujeito à ira de Deus. As pessoas às vezes me perguntam: "É possível que eu tenha cometido o pecado imperdoável?" Minha resposta tem sido esta: "você não cometeu, enquanto estiver preocupado com isso". Em outras palavras, o próprio fato de você se importar é uma prova de que você ainda não cometeu esse pecado. Os fariseus, que eram culpados de blasfêmia contra o Espírito Santo, se alegravam em sua rejeição de Jesus.

Assim, em acréscimo à sua declaração contra a neutralidade com respeito à sua identidade (Mt 12:30), Cristo acrescentou esta severa advertência de que é incorreto pensar que não se pode ir longe demais na rejeição a Ele e ao Espírito que opera nele (12:31-32). Os fariseus o haviam feito. E qualquer pessoa que rejeita Cristo de maneira repetida, crescente e intencional, até o fim da vida, encontra-se, igualmente, numa condição sem esperança.

12:33-37

Até aquele ponto, Jesus havia abordado a manifestação visível da profunda depravação, e não sua fonte invisível. Ele confrontou os resultados, não as causas; as ações, não as razões. No entanto, como continuação de sua forte advertência sobre a blasfêmia contra o Espírito Santo, Ele escavou mais fundo para atingir o cerne do problema. Quando entendermos a raiz de um problema, entenderemos melhor a natureza de sua solução.

Jesus ainda estava se dirigindo diretamente aos fariseus, agora com foco na fonte de sua impiedade. Não era apenas uma gafe superficial que eles teriam cometido, que poderia ser facilmente consertada. Eles não haviam se expressado mal ou cometido um deslize por meio de suas palavras. Eles não perderam momentaneamente a calma, tendo um acesso de raiva temporário. O problema deles era bem mais profundo. Como o fruto é para uma árvore, suas ações eram para a condição de sua alma. Se o fruto de uma árvore é ruim, significa que a própria árvore está doente. Porém, se o fruto de uma árvore é bom, então a árvore é saudável. "Uma árvore é conhecida por seu fruto" (12:33).

Então, por suas palavras e ações exteriores, os fariseus revelaram sua verdadeira natureza interior. Eles eram semelhantes a uma "raça de víboras" que, sendo maus, só podiam falar aquilo que vinha de seu coração — o mal (12:34-35). Os resultados vistos em sua vida eram indicadores confiáveis da condição interior de sua alma. Em contraste, o "homem bom" produz coisas boas extraídas do tesouro do seu coração. O contraste no contexto imediato era entre o próprio Jesus e os fariseus. As palavras e obras do Mestre promoviam e produziam somente o bem — cura, libertação da maldade, arrependimento, boas obras e justiça. Mas se as pessoas seguissem os conselhos dos fariseus, os resultados seriam maldade, opressão, divisão, dissensão e, sim, até mesmo planos assassinos contra um homem inocente!

A verdade é que o coração é como um poço de valores, prioridades, pensamentos e atitudes profundos dentro de nós. A língua é como um balde que tira o conteúdo desse poço. Até que outros realmente bebam desse poço invisível, eles não saberão se a água é boa ou ruim, saudável ou tóxica. O poço oculto de maldade dos fariseus havia sido revelado por suas palavras de blasfêmia. A advertência de Jesus dirigida a eles foi severa: "no dia do juízo, os homens haverão de dar conta de toda palavra inútil que tiverem falado" (12:36).

Há consequências para nossas palavras e ações. E enquanto algumas pessoas são justificadas por suas palavras corretas, as quais manifestam um coração verdadeiro e crente, também alguns serão condenados por suas palavras perversas, que revelam um coração pecaminoso e impenitente (12:37). Como disse Paulo: "Se você confessar com a sua boca que Jesus é Senhor e crer em seu coração que Deus o ressuscitou dentre os mortos, será salvo. Pois com o coração se crê para justiça, e com a boca se confessa para salvação" (Rm 10:9-10).

Claramente, os fariseus nem haviam crido com o coração em Jesus como Senhor, nem o haviam confessado com sua boca. Ao contrário, creram com o coração e confessaram com a boca que Ele era pior que um mentiroso ou lunático; diziam que Ele era o próprio Diabo! E agora eles tinham que enfrentar uma terrível verdade. Ninguém atribui as obras de Deus ao poder do Diabo e permanece impune. Tendo deixado de prestar atenção à primeira advertência severa — de não tomar a decisão errada "a favor" de Jesus ou "contra" Ele (Mt 12:30) — eles então falharam em atender a segunda advertência severa: rejeitá-lo de modo consciente, intencional, insensível e malicioso (12:31-32). Finalmente, eles falharam em atender ao último aviso severo: não selar seu destino com palavras que um dia voltariam e os julgariam por toda a eternidade (12:33-37).

APLICAÇÃO

Mateus 12:31-37

AVALIAÇÃO HONESTA OU HIPOCRISIA PESSOAL

Nenhum de nós é fariseu. Nenhum de nós viveu no primeiro século. Nenhum de nós foi testemunha ocular dos milagres do próprio Jesus, obviamente operados pelo inquestionável poder do Espírito Santo. Mas qualquer um de nós pode ser um hipócrita de coração duro, em nosso próprio contexto no século 21. Podemos não blasfemar contra o Espírito Santo, mas podemos entristecê-lo (Ef 4:30) e extingui-lo o Espírito (1Ts 5:19). Portanto, precisamos ocasionalmente fazer avaliações realistas de onde nós nos encontramos espiritualmente.

Em primeiro lugar, *você se vê retratado entre aqueles que estão oscilando na neutralidade, acreditando que está seguro em manter sua indecisão no que se refere a Cristo?* Você está sentado em cima do muro da indecisão? Está buscando o impossível — procurando permanecer neutro quando o próprio Jesus disse que você está *com Ele* ou *contra Ele* (Mt 12:30)? Muitas pessoas, criadas na igreja, têm tentado ficar no meio termo entre o sim e o não de uma decisão sobre Cristo. Elas sabem quem Ele é e o que Ele faz. Ouviram o evangelho por toda a vida, mas continuam dizendo a si mesmas: "Vou pensar em Jesus numa outra ocasião". Hoje é o dia. O meio-termo não existe. Se você não está inteiramente dentro, está totalmente fora.

Em segundo lugar, *você admitiria que se tornou insensível em relação às coisas espirituais?* A superexposição lhe tirou a sensibilidade quanto aos sussurros do Espírito? Você se afasta quando o pregador o está exortando pela Palavra? Você fica desconectado quando lê as Escrituras ou ora? Espero que você não tenha ido tão longe a ponto de entristecer ou extinguir o Espírito ou se afastar intencionalmente da verdade. Hoje, seria o momento perfeito para você dar um passo atrás para se lembrar da sua necessidade de Cristo e submissão ao Espírito. Acabe com o cinismo, e caminhe para os seus braços.

Por último, *você está começando a perceber que suas palavras não são apenas descuidadas, mas também refletem um coração tóxico e impenitente?* Você deixou coisas lá no fundo do seu coração, que não deveriam estar lá, e agora estão aflorando no uso destrutivo de sua língua? Peça a Cristo que limpe seu coração hoje, a fim de capacitá-lo a romper com esse hábito. Remova de sua vida as coisas que estão poluindo sua mente, sujando seu coração e envenenando sua alma. Volte-se somente para Cristo e peça-lhe que o limpe dessas impurezas, por meio de seu Espírito.

Sinais miraculosos, espíritos maus, declarações surpreendentes

MATEUS 12:38-50

Ao lermos as narrativas dos Evangelhos, é fácil esquecer que se tratam de relatos de pessoas, lugares e eventos que de fato aconteceram. Não se trata simplesmente de histórias de ninar com personagens fictícios, contadas para transmitir uma boa moral para crianças sonolentas. E, também, não são mitos ou lendas extraídas das memórias nebulosas de parentes distantes que podem ou não ter estado lá. Essas são narrativas baseadas em relatos de testemunhas oculares — escritas pelas próprias testemunhas que os presenciaram (Mateus e João) ou por aqueles que tinham acesso a várias testemunhas oculares (Marcos e Lucas).

Quando acompanhamos o relato de Mateus sobre as palavras e ações de Jesus, devemos tentar visualizar uma realidade prática, porque essas coisas ocorreram no mundo real. É fato que é difícil fazer isso, mesmo para historiadores imersos na linguagem, cultura e geografia do primeiro século. À medida que a narrativa bíblica segue seu curso, ela flui por lugares desconhecidos entre pessoas que nunca conhecemos e que viveram no primeiro século, numa cultura do Oriente Médio totalmente diferente do nosso mundo do século 21:

À medida que lemos breves trechos de conversas que necessitam de mais detalhes do que aquilo que está preservado nos relatos resumidos, muitas vezes temos de preencher as lacunas com algum conhecimento do contexto e do mundo em torno dos eventos. As interações registradas em Mateus 12:38-50 de Jesus com os fariseus e com sua família são ótimos exemplos de diálogos que exigem uma reflexão cuidadosa para determinar como eles se encaixam na trama abrangente do Evangelho. Se tivéssemos uma gravação de áudio desses diálogos, e pudéssemos entender o aramaico — que provavelmente era a língua corrente da época —, certamente ouviríamos o real tom de voz dos interlocutores de Jesus, o que nos ajudaria a entender melhor as conversas. Então, vamos aplicar um pouco de "imaginação santificada" ao nos colocarmos entre a multidão de espectadores para ouvir as declarações surpreendentes e maravilhosas de Jesus.

12:38-42

O primeiro trecho de conversa nesta seção envolve um estranho pedido dos escribas e fariseus: "Mestre, queremos ver um sinal milagroso feito por ti" (12:38). O que me parece estranho nisso é a fonte: os escribas e fariseus, os quais tinham acabado de condenar Jesus, acusando-o de ser um emissário de Satanás (12:24). Em sua hipocrisia, os líderes religiosos fingiam honrar Jesus diante da multidão. Eles reforçaram esse estratagema dirigindo-se a Jesus com um título aparentemente respeitoso: "Mestre", que em aramaico seria *Rabi*. Porém, como observa A. B. Bruce, nós, leitores, devemos perceber o que realmente estava acontecendo. A demanda por um sinal "foi insolente, hipócrita, insultante".[155]

Por que, então, eles pediriam um sinal? Talvez os fariseus pensassem que se conseguissem que Jesus fizesse um número suficiente de seus "sinais", os quais eles considerariam falsos, seriam capazes de descobrir como Ele *realmente* os fazia. Seria como dizer a um mágico: "Faça de novo [...] faça isso novamente [...] mais uma vez", tudo para expor os seus truques. De qualquer forma, sabemos que os oponentes de Jesus não o estavam persuadindo a fazer novos sinais para que mais pessoas na multidão acreditassem, embora isso, inevitavelmente, fosse acontecer. Nem estavam interessados nos benefícios curativos dos milagres; afinal, eles não se importavam o suficiente com as pessoas para permitir que um homem fosse curado no sábado. Claro que não; os escribas e fariseus queriam apresentar Jesus como um falso mestre. Eles já haviam decidido que Jesus era um instrumento do Diabo; agora eles só queriam ver exatamente o que havia em seus "sinais" que poderia desacreditá-lo.

Jesus, conhecendo a hipocrisia deles, não caiu na armadilha. Em lugar de atendê-los, Ele chamou aqueles que procuravam sinais de "uma geração perversa e adúltera" (12:39). Paulo, mais tarde, repreenderia os judeus em geral por seu desejo insaciável de "sinais" para crer na Palavra de Deus (1Co 1:22). O irônico sobre a repreensão de Jesus é que Ele havia realizado grandes sinais, maravilhas e milagres desde que iniciara seu ministério. Ele havia até feito muitos desses sinais surpreendentes diante dos olhos desses escribas e fariseus. Por que não fazer mais um para atender a exigência deles? Porque Ele conhecia seus motivos, a dureza de seu coração e o aumento da maldade que resultaria, caso Ele atendesse a todos os seus caprichos. Jesus sabia ainda melhor do que seus oponentes que os milagres não lhes trariam nenhum bem. Na verdade, visto que os milagres só aumentariam a quantidade de provas claras e convincentes sobre sua identidade, a rejeição de evidências adicionais só tornaria os fariseus ainda mais culpados diante de Deus.

Jesus disse que eles só teriam acesso a mais um sinal: "o sinal do profeta Jonas" (Mt 12:39). Assim como Jonas esteve três dias e três noites no ventre do peixe e sobreviveu, o Filho do homem ficaria três dias e três noites no coração da terra e depois ressuscitaria (12:40). É claro que os fariseus não tinham ideia de que Jesus estava falando sobre sua própria morte, sepultamento e ressurreição.

No entanto, conhecendo o futuro, Jesus estava bem consciente do fato de que, na maioria das vezes, a liderança judaica e a nação de Israel não responderiam positivamente nem mesmo ao milagre da Ressurreição. É aqui que param as semelhanças entre a libertação miraculosa de Jonas, da barriga do peixe, e a futura e milagrosa ressurreição de Jesus dentre os mortos. Quando Jonas apareceu, três dias após estar imerso no mar, como se estivesse morto, para pregar em Nínive, enquanto cheirava a peixe e tinha a pele embranquecida pelo ácido, o povo de Nínive se arrependeu (12:41). Aquelas pessoas, que atenderam ao apelo da palavra e das obras de Deus, estariam mais tarde na posição de condenar a "geração má e adúltera" (12:39) que havia rejeitado o Messias. Jesus era, obviamente, "maior do que Jonas" (12:41).

EXCURSO

MATEUS 12:40

Mais tarde, de acordo com o relato de Mateus sobre a morte, sepultamento e ressurreição de Jesus em seu Evangelho, Jesus morreu em uma tarde de sexta-feira por volta das três horas (27:45), e Ele foi sepultado pouco antes do pôr do sol e do início do sábado, provavelmente por volta das seis horas (27:57-61; veja também Mc 15:42-47). O corpo de Jesus ficou sepultado durante todo o sábado, e então Ele ressuscitou ao amanhecer do domingo, provavelmente antes das seis horas (Mt 28:1). Ao todo, o corpo de Jesus ficou no túmulo por cerca de trinta e seis horas. Assim, pelo nosso cálculo habitual de tempo, Jesus esteve sepultado apenas por um dia e meio. No entanto, Mateus registra a afirmação de Jesus que Ele estaria "três dias e três noites no coração da terra" (12:40). Como resolvemos essa aparente contradição?

Podemos começar com a suposição de que Mateus não estava relatando uma inverdade de forma proposital ou acidental. A linha do tempo da morte, sepultamento e ressurreição de Jesus era do conhecimento de muitos. Então, é claro que as palavras de Jesus devem ser entendidas à luz dos fatos bem conhecidos de que Ele foi sepultado na sexta-feira, antes do pôr do sol, ficou em um túmulo durante todo o sábado e ressuscitou no domingo, de manhã, antes do nascer do sol. Como, então, entendemos as palavras de Jesus?

A chave para interpretar as palavras de Cristo está no reconhecimento da forma como os judeus do primeiro século entendiam a expressão que Ele usou. A frase "três dias e três noites" era uma linguagem figurativa naquela época, não uma designação literal de períodos de vinte e quatro horas.[156] A mesma frase é usada em 1Samuel 30:12, ao descrever um servo egípcio que "tinha ficado três dias e três noites sem comer e sem beber". No versículo seguinte, o servo observa que tinha adoecido "há três dias" (1Sm 30:13). A expressão hebraica ali, *hayōm shelōshah* [H311+ H7969] refere-se exatamente ao mesmo tempo em que Jesus esteve no túmulo, envolvendo duas noites, um dia inteiro, e partes de dois dias no início e no fim. Assim, Mateus não se contradiz, nem ficamos imaginando se Jesus foi sepultado por três dias (pelo menos parciais) e duas noites (como o relato em Mateus 27 apresenta) ou três dias e três noites (como o paralelo de Jesus com Jonas sugere em Mateus 12). Na linguagem judaica do primeiro século, "três dias e três noites" era uma figura de linguagem que descrevia um período conhecido.

Jesus não foi apenas o maior profeta; Ele também foi o maior rei. Como tal, Ele também foi maior que Salomão, que havia sido considerado o rei mais sábio de Israel. Salomão era tão famoso por sua sabedoria que até mesmo a "Rainha do Sul" viajou uma grande distância para buscar uma audiência com ele, "para pô-lo à prova com perguntas difíceis" (1Rs 10:1). Quando ela percebeu sua sabedoria e grandeza, bem como a grandeza de seu reino, disse: "Na realidade, não me contaram nem a metade; tu ultrapassas em muito o que ouvi, tanto em sabedoria como em riqueza" (1Rs 10:7). Em contraste, quando os fariseus estiveram na presença de alguém "maior do que Salomão" (Mt 12:42), ao invés de reconhecer sua sabedoria e grandeza, eles o rejeitaram como um tolo e uma fraude. Nisso, a rainha de Sabá, por assim dizer, os condenaria no dia do juízo.

A interação de Jesus com os fariseus de coração duro prova que é possível ser exposto à verdade, e ainda assim não permitir que ela entre em nossa vida e a transforme.

12:46-45

À primeira vista, a história de Jesus sobre o "espírito imundo" parece estar fora de lugar. Aqui está a parábola: um demônio se afasta de um homem e tenta encontrar um local diferente para morar. A implicação é que, enquanto estava no corpo de seu hospedeiro, o espírito maligno havia sido atormentado, talvez por um exorcismo, e precisava de "descanso" (12:43). No entanto, sua busca por um lugar melhor para morar não tem sucesso. O demônio então decide retornar ao homem original que estivera possuído, talvez pensando que a fonte de seu desconforto anterior havia acabado. Quando o espírito retorna, ele encontra o corpo do homem "desocupado, varrido e em ordem" (12:44). Isso implica que o homem "teria virado uma nova página" e limpado sua vida. No entanto, ele fez isso apenas como uma reforma exterior. Finalmente, encontrando um corpo tão espaçoso e limpo, o demônio encontra outros sete espíritos ainda piores do que ele, e todos possuem o homem, resultando em uma condição ainda pior do que antes (12:45).

O que essa parábola tem a ver com os escribas e fariseus de coração endurecido? A comparação é sutil, todavia, bem clara. Os fariseus tentavam uma reforma superficial por meio de estritas observâncias religiosas, por legislação e imposição externa, e talvez até expulsando demônios por meio de ritos e cerimoniais comuns em seus dias. Eles eram cumpridores da lei, mas não convertidos. A condição resultante era pior do que antes, porque com sua abordagem de autoajuda para alcançar a justiça, eles se enganaram pensando que estavam realmente limpos e santos. Essa falsa justiça resultou no autoengano e abriu a porta para um estado ainda mais perverso. Isso os levou a cometer o pecado imperdoável: a rejeição do Messias e blasfêmia contra o Espírito Santo.

Na verdade, é muito mais fácil lidar com uma pessoa que é um pecador declarado, e sabe disso, do que tratar com um moralista hipócrita que não reconhece sua própria necessidade de salvação. Este último estado marcou os líderes judeus nos dias de Jesus. Como o homem da parábola caiu em uma condição pior depois de suas tentativas de autorreforma sem ter o Espírito habitando nele, "assim acontecerá a esta geração perversa" (12:45).

12:46-50

Finalmente, enquanto as coisas estavam esquentando entre Jesus e os fariseus, um grupo inesperado surgiu: "sua mãe e irmãos estavam do lado de fora, procurando falar com ele" (12:46). Não nos é relatado o que eles queriam. O fato de a mãe *e os* irmãos de Jesus aparecerem sugere que eles não estavam apenas passando por ali para dizer *shalom*. Eles teriam ido intencionalmente de Nazaré para Cafarnaum. A situação mais se parecia com uma intervenção.

É possível que o pai terreno de Jesus, José, já tivesse morrido nessa época. Depois que Jesus nasceu, Maria e José tiveram outros quatro filhos, bem como algumas filhas (13:55-56). João nos relata que durante o ministério terreno de Jesus "nem os seus irmãos criam nele" (Jo 7:5). De fato, alguns de seu próprio povo, em sua cidade natal, — talvez até sua família — estivessem dizendo: "Ele perdeu o juízo" (Mc 3:20-21).

Um mensageiro entrou na casa onde Jesus estava ensinando e lhe informou que sua mãe e seus irmãos tinham vindo falar com Ele (Mt 12:47). Talvez a intenção deles fosse "salvar" Jesus de si mesmo. A explicação de A. T. Robertson parece razoável: "Era natural que Maria quisesse levá-lo para casa a fim de ter um descanso e refrigério".[157]

A resposta de Jesus soou bem dura: "Quem é minha mãe, e quem são meus irmãos?" (12:48). Que resposta surpreendente! Teria Ele se esquecido de sua própria família? Ele realmente perdera o são juízo? Então, com um gesto dramático de mão, apontando para seus queridos discípulos que haviam permanecido ao lado dele, mesmo em meio a acusações de blasfêmia e oposição perigosa, Ele disse: "Aqui estão minha mãe e meus irmãos! Pois quem faz a vontade de meu Pai que está nos céus, este é meu irmão, minha irmã e minha mãe" (12:49-50).

Precisamos entender algumas coisas. Jesus não estava rejeitando inteiramente sua família terrena. Ele não estava sendo desrespeitoso nem agindo com desdém. Ao contrário, Ele estava pondo em prática aquilo que pregava. Assim como havia ensinado a seus discípulos que o reino dos céus tinha precedência sobre as relações familiares terrenas (10:37), Jesus olhava para as coisas com olhos espirituais e queria que seus ouvintes entendessem que não há relacionamento mais profundo do que aquele que se encontra baseado na fé em Cristo. Até mesmo sua própria mãe e irmãos precisavam ter esse tipo de relacionamento com Ele, como seu Salvador e Senhor. Como John Peter Lange observa: "Jesus aqui coloca o relacionamento espiritual acima dos laços carnais. Seus parentes foram colocados de lado, uma vez que, no momento, eles haviam se desviado da obediência do discipulado".[158]

É reconfortante saber o que os leitores originais do Evangelho de Mateus já sabiam quando leram esse relato na década de 60 d.C. Por fim, Maria e os irmãos de Jesus se juntaram aos cristãos. Em algum momento entre a ressurreição de Jesus e a vinda do Espírito no Pentecostes, a família natural de Jesus se juntou à sua família mais ampla, ou seja, sua família espiritual — o que é mais significativo do ponto de vista eterno. Atos 1:14 diz: "Todos eles [contando com os discípulos] se reuniam sempre em oração, com as mulheres, inclusive Maria, a mãe de Jesus, e com os irmãos dele". Como é maravilhoso ver que a família de Jesus esteve entre os "membros fundadores" da igreja em Jerusalém.

APLICAÇÃO

MATEUS 12:38-50

TRÊS QUESTÕES CRUCIAIS

Esses trechos sobre a crescente controvérsia em torno dos ensinos de Jesus cobrem um amplo espectro. Um pedido insincero de um sinal, proveniente de uma profunda incredulidade, uma parábola sobre espíritos maus e os perigos de uma reforma superficial, um contraste surpreendente entre a família terrena de Jesus e sua família espiritual. Esses episódios do ministério de Jesus me levam a três questões cruciais que devemos considerar.

A primeira está relacionada com o pedido hipócrita dos fariseus por um sinal: *Estou me tornando um cínico?* Esse é a principal marca do farisaísmo. Deixe-me dizer por que eu quero que você faça a si mesmo essa pergunta. Domingo após domingo, semana após semana, mês após mês, aula após aula, sermão após sermão, estudo bíblico após estudo bíblico, você pode estar sendo constantemente exposto à Palavra de Deus. Para muitas pessoas, esses momentos são continuamente transformadores. No entanto, muitos ouvintes começam a se tornar insensíveis a tudo isso. Eles são como uma rocha dentro de um riacho; a água pode fluir ao seu redor por muito tempo, mas nunca penetrar em sua superfície. Pergunte a si mesmo: *eu mudei no último ano porque estive sob o ministério da Palavra? Estou me tornando mais paciente? Mais amável? Mais gentil ou mais amoroso? Sou mais perdoador? Ou desenvolvi um coração tão endurecido que desejo, de fato, que Deus se torne real para mim através de algo que não seja sua Palavra ministrada pelo Espírito?* Só você pode responder a essas perguntas.

A segunda questão se relaciona com o moralismo e a autorreforma, aspectos profundamente arraigados entre os fariseus, ilustrados pela história do homem que fez, por si próprio, uma limpeza na vida e, depois, voltou a ficar endemoninhado. *Estou confiando na obra do Espírito em minha vida, para mudar minha mente e coração por dentro, ou estou me envolvendo em simples modificação de comportamento, para estar em conformidade com padrões externos*? Se você acha que é uma pessoa razoavelmente boa, está com tudo em ordem, não comete tantos pecados e evita a tentação, então você está com problemas. Há boas chances de que você tenha caído no antigo moralismo. Em lugar disso, você precisa se reconhecer como um pecador que precisa de um Salvador. Você necessita dele não apenas no início da vida cristã, para salvá-lo da perdição, mas, também, ao longo de toda a vida, para salvá-lo de um estilo de vida pecaminoso e lhe conceder perdão, quando você se desviar. Possa Deus nos livrar da religiosidade e autoajuda, e nos tornar profundamente conscientes de que somos falhos e precisamos de sua verdade e graça.

Em terceiro lugar, está a necessidade de priorizar nosso relacionamento com Cristo: *Eu estou colocando Cristo em primeiro lugar em minha vida, até mesmo acima de minha família terrena?* Se Cristo o chamasse de seu trabalho atual para algo mais importante e estratégico para o reino dele, você iria, mesmo que isso significasse criar algum tipo de dificuldade para sua família? Você ou sua família se mudariam para outra parte do país — ou do mundo — que fosse longe de sua família estendida, como pais, avós, irmãos e irmãs? Ou você toma todas as decisões de vida e ministério considerando as relações familiares como prioridade número um? Certo, não me entenda mal. Não estou falando sobre negligenciar, abusar de sua família ou deixar de prover o sustento para ela. Nós, que temos cônjuge ou filhos, temos um ministério muito sério e fundamental em casa. Mas, como pode ser fácil permitir que a família assuma o trono de nossa vida e determine cada decisão e cada ação!

À luz dos ensinos de Cristo e de seu exemplo, podemos responder de forma mais positiva a essas três perguntas cruciais, evitando o cinismo, o moralismo e a perda de foco em Jesus Cristo. Mas só podemos fazer isso por meio de um relacionamento correto com Ele e na total dependência do poder do Espírito Santo.

Uma história para quem tem dificuldade de ouvir

MATEUS 13:1-23

Qualquer pessoa que leia o Evangelho de Mateus percebe que algo mudou, quando cruza o limite do capítulo 12 para o capítulo 13. Até então, Jesus falava aberta e livremente. Ele ofereceu a si mesmo sem restrições, demonstrando por suas palavras e obras que Ele era, de fato, o tão esperado Messias, o Rei de Israel. Um milagre após outro chamou a atenção de todos que o seguiram, o que o levou a comunicar com clareza e ousadia os ensinos do reino de Deus e da verdadeira justiça. Ele ofereceu provas impressionantes de que era um profeta e rei como ninguém jamais tinha visto; na verdade, Ele era o "Filho do Homem" com autoridade divina sobre o pecado, a doença e Satanás.

Mas nem todos estavam respondendo positivamente às mensagens de Jesus. A fria curiosidade caracterizava a reação inicial dos líderes religiosos. *O que um pregador itinerante, vindo de Nazaré, e até então desconhecido, poderia dizer que valesse a pena ouvir?* E, quanto mais Ele ensinava, mais expunha a hipocrisia deles, o que os tornava cada vez mais ressentidos e, finalmente, isso os levou a tramar a morte dele!

A partir desse ponto, Jesus foi "para o subterrâneo". Ele mudou sua tática de uma comunicação aberta para uma forma oblíqua de comunicação. Ele começou a velar intencionalmente sua mensagem para que apenas os que estivessem espiritualmente alertas e comprometidos pudessem "entender". Ele começou a empregar parábolas enigmáticas que exigiam interpretação adequada.

E nem todos que ouviram as mensagens iriam estar atentos a elas.

13:1-2

Jesus devia estar exausto!

De volta ao que havia ocorrido no sábado anterior, Ele teve que defender seus discípulos dos fariseus atrevidos que os haviam acusado de colher grãos, quando não estavam fazendo tal coisa (12:1-7). No mesmo dia, aqueles legalistas criticaram Jesus por curar a mão atrofiada de um homem (12:10). O mesmo grupo reagiu à defesa bíblica que Jesus apresentou para justificar suas ações com um plano para matá-lo (12:14). Ciente desse esquema, Jesus escapou, mas as multidões continuaram crescendo, e Ele prosseguiu curando os doentes (12:15). Então Ele encontrou um homem endemoninhado que era cego e mudo, e o libertou (12:22). Em resposta a isso, os fariseus acusaram Jesus de operar pelo poder de Satanás (12:24). Seus oponentes o pressionaram com mais força, tentando colocá-lo em uma armadilha para encontrar algum tipo de falha em seus milagres (12:38-45). Em meio a toda essa comoção, tipo gato e rato, a família de Jesus apareceu, vinda de Nazaré, provavelmente querendo levá-lo para casa, e talvez estivessem pensando que Ele havia perdido o juízo (12:46-50).

Do meu diário

Um pouco de descanso e refrigério

MATEUS 13:1

Quando leio sobre a agitada agenda do ministério de Jesus em Mateus 12 e seu desejo de sair de casa e sentar-se à beira-mar, em Mateus 13:1, não posso deixar de sorrir. Isso me lembra uma ocasião, na minha própria vida, há muitos anos, quando todos os meus filhos eram pequenos. Eu tinha me envolvido muito, durante um daqueles períodos frenéticos de ministério em que estava "sempre ligado" — não apenas por um dia ou dois, mas por meses. Depois que minha família trabalhou bastante para manter todos nós unidos, percebi que todos precisávamos de um descanso. Cynthia e eu fizemos planos para fugir para nossa ilha favorita no Havaí, a ilha de Kauai. Não era possível nos distanciarmos muito mais de nossas obrigações do ministério do que isso. Seria o retiro perfeito para um pouco de descanso e refrigério. Lá não éramos conhecidos.

Uma manhã bem cedo, os meninos e eu fomos pescar. Fomos para a costa norte, muito antes do amanhecer. Entramos em um barco e acabamos pegando um monte de peixes. Foi um dia maravilhoso. Nós os colocamos em uma caixa refrigerada e voltamos. Enquanto eu desembarcava, tendo meus dois filhos à minha direita e à esquerda, olhamos para cima e vimos um grupo de pessoas caminhando em nossa direção. Um dos garotos disse, depois de segurar a respiração:

— Eles estão vindo atrás de você, pai. Nós vamos dar o fora daqui.

— Não, não, não — eu repliquei. — Ninguém sabe que estamos aqui.

Mas os meninos resolveram ir embora. Eles foram para o carro, deixando-me com aquela caixa de peixes e uma multidão de havaianos. Para minha surpresa, as pessoas naquela multidão prepararam suas Bíblias, e disseram: "Irmão Swindoll, ouvimos falar que você estava em nossa ilha, e viemos para que você nos apresente a palavra". Parte de mim queria encenar um milagre: "Fechem os olhos, contem até 45, e eu vou desaparecer". Mas eu não o fiz. Teria sido uma falta de consideração para com eles. Só que eu também não ministrei para eles.

Isso teria sido falta de consideração para com minha família. Eu fui capaz de dispensar aquelas pessoas, explicando para elas que eu tinha planos com minha família para ter alguns momentos de paz e tranquilidade muito necessários.

Não conheço ninguém que tenha a capacidade de estar tão ocupado quanto Jesus. Certamente, eu não tenho esse tipo de energia ilimitada. Porém, o Mestre não espera que estejamos "sempre ligados". Não é bom para nossa saúde, para a saúde de nossas famílias, ou para as pessoas a quem ministramos. À luz disso, posso fazer uma sugestão para aqueles de nós que fazem parte da multidão de ouvintes? Precisamos ser sensíveis à necessidade de descanso que pastores, professores e outras pessoas proeminentes no ministério têm. Se você os encontrar descansando, deixe-os descansar. Se você os vê desfrutando um pouco de tempo relaxante com a família, deixe-os em paz. Se você encontrar uma figura pública sentada à mesa em um jantar com seus amigos ou familiares, dê-lhe seu espaço. Eles precisam disso, assim como todos nós, às vezes, precisamos.

Já tive dias muito atarefados, mas os dias problemáticos e estressantes de Mateus 12 extrapolam os limites. Não admira que o capítulo 13 comece assim: "Naquele mesmo dia, Jesus saiu de casa e assentou-se à beira-mar" (13:1). Ele teve que fugir para recuperar o fôlego e tomar um pouco de ar fresco. Se Ele fechasse os olhos, poderia assim absorver o doce aroma das flores silvestres, o som dos pássaros chilreando, as ondas batendo contra a margem, e... a multidão se reunindo ao seu redor para ver e ouvir o que Ele faria ou diria a seguir (13:2)! Não sabemos quanto tempo Jesus conseguiu descansar, antes de voltar às atividades. Seu recreio tinha acabado!

Podemos supor o local mais provável de seu ensino aqui. A cerca de quase dois quilômetros a sudoeste de Cafarnaum, no mar da Galileia, uma enseada semicircular forma um teatro natural. Sua paisagem em forma de tigela proporciona uma acústica ideal, permitindo que um orador seja ouvido por uma grande multidão reunida naquela margem gradualmente inclinada.[159] Porém, há um pequeno problema — não impossível de ser superado, mas, um pouco inconveniente. O instrutor ou pregador tem que estar na água, de frente para a praia! Quando o som de uma voz é desviado da superfície da água, pode ser levado até os ouvidos de milhares de ouvintes em terra. Por isso, Jesus entrou em um barco, posicionando-se no centro do semicírculo. Partindo de uma posição sentada, Ele começou a ensinar "por parábolas" (13:3).

Todd Bolen/BiblePlaces.com

A "Enseada do Semeador", ou "Baía das Parábolas", considerada pelos estudiosos como o local provável do ensino de Jesus do barco.

13:3-9

Muitas vezes ouvi dizer que Jesus ensinava por parábolas para tornar seus ensinos compreensíveis para as pessoas comuns. Ao usar histórias e ilustrações extraídas da vida cotidiana, Ele podia tornar simples os conceitos complicados, bem como fazer com que as verdades difíceis fossem mais facilmente aceitas. Por mais interessante que isso possa parecer, na verdade é um conceito grosseiramente impreciso. Como veremos, quando a oposição ao seu ministério começou a aumentar, Jesus começou a ensinar por parábolas para *ocultar* a verdade daqueles que o negavam, ao mesmo tempo em que tinha a intenção de *revelar* a verdade aos que o aceitavam. Como tal, a verdade principal de cada parábola não era fácil, óbvia ou acessível a todos como o fruto dos galhos mais baixos de uma árvore. Exigia que o espectador *ouvisse* — abrisse o coração e a mente com a chave interpretativa, que era o próprio Jesus.

A primeira história dessa série de parábolas à beira-mar apresenta uma imagem, agora icônica, que seria muito familiar nos dias de Jesus. No capítulo anterior, vimos Jesus caminhando com seus discípulos por um campo de grãos cultivados (12:1). Todo mundo sabia como aquele grão foi parar ali. Um agricultor — o proprietário ou administrador do campo — teria jogado as sementes no solo. Naquela época, os agricultores não plantavam grãos em fileiras perfeitas para acomodar as máquinas de colheita. Primeiro, eles quebravam e amoleciam o solo do campo com um arado ou outro instrumento portátil; depois, com sacos de sementes amarrados à cintura, os semeadores lançavam a semente com as mãos.

PARÁBOLAS

MATEUS 13:3

De todas as ferramentas de ensino ao alcance de Jesus, nenhuma tinha maior poder para transmitir verdades espirituais profundas que uma parábola. No entanto, ela poderia ser como uma faca de dois gumes. Poderia tanto revelar como esconder. É por isso que Jesus preferiu usar parábolas ao ensinar uma audiência mista, composta por discípulos e detratores. Na verdade, as parábolas compreendem mais de um terço dos discursos registrados de Jesus.[160] Essa forma única de narração ilustrativa atingia dois objetivos importantes. Ela repelia céticos hostis e instruía discípulos comprometidos.

O termo "parábola" é essencialmente uma transliteração da palavra grega *parabolé* [3850]. Essa palavra representa a ideia de algo ser "colocado ao lado de" — isto é, traçar um paralelo instrutivo entre a história e a lição ou princípio que o professor está tentando comunicar.[161] Poderíamos chamá-la de uma ilustração, mas uma parábola é sempre contada sob a forma de uma narrativa, seja breve, seja longa. Ao contrário de uma alegoria, em que os elementos figurativos têm correspondentes diretos e literais, uma parábola é intencionalmente menos precisa, concentrando-se em uma única grande ideia. Portanto, ao interpretar parábolas, precisamos nos precaver contra dois erros: deixar de lado o que é de importância central na verdade ilustrada, e analisar exageradamente cada detalhe. O primeiro erro ocorreria se alguém tomasse a história como se fosse uma narrativa histórica, um registro de eventos reais. A segunda poderia acontecer se alguém tratasse a história como uma alegoria, na qual cada detalhe teria uma conexão direta com algo literal.

Em parábolas, um professor usa circunstâncias comuns e cotidianas para comunicar coisas que são desconhecidas ou mesmo sobrenaturais. As parábolas parecem comunicar algo simples e óbvio, mas convidam o ouvinte a pensar mais profundamente a fim de ouvir de fato as verdades que estão sendo transmitidas. Dois fatores tornam a interpretação correta possível para o ouvinte.

Primeiro, *a disposição para compreender*. Um espírito impossível de ser ensinado achará fácil transformar uma parábola em algo sem sentido e, depois, rejeitar o professor como um tolo. Assim, aqueles que queriam rejeitar Jesus encontraram justificativa mais do que suficiente — na mente deles — para fazê-lo ao ouvir suas parábolas. Eles ficavam confusos ou ofendidos com o que parecia ser uma tolice inútil ou uma historieta folclórica e superficial.

Em segundo lugar, *o discernimento espiritual*. As parábolas de Jesus revelam verdades que existem além do âmbito presente e natural. Podem ser verdades celestiais ou verdades proféticas, futuras. Suas lições não podem ser acessadas por meio de uma pesquisa científica. Elas devem ser reveladas por alguém capaz de transcender o mundo natural para compreender o sobrenatural. Portanto, o ouvinte deve buscar a ajuda do Espírito Santo e uma chave interpretativa para compreender as parábolas de Jesus. Felizmente, o Senhor prometeu ensinar a qualquer pessoa disposta a aprender — aqueles que o aceitaram pelo que Ele realmente é e, assim, receberam o Espírito Santo como seu Guia.

Geralmente, um campo era delimitado por algum tipo de obstáculo, como um muro ou um caminho pavimentado formado por pedras retiradas do solo. Permitia-se que crescessem arbustos espinhosos, para marcar os limites do terreno de um fazendeiro. A qualidade do próprio solo pode variar em um determinado campo. Algumas camadas de solo podem ser profundas e ricas; outras, rasas e inférteis. Inevitavelmente, muitas sementes acabariam em lugares onde não poderiam realmente crescer.

Essa cena familiar foi o pano de fundo da Parábola de Jesus sobre o Semeador, o Solo e a Semente. Nessa parábola, Jesus mencionou quatro tipos diferentes de terreno sobre os quais a semente poderia cair: a estrada, ou uma trilha (13:4); solo raso e rochoso (13,5-6); espinheiros (13,7); solo bom e fértil (13,8). Vejamos cada um deles a seguir.

O caminho (13:4). Um caminho ou trilho é uma das "veredas que delimitam o campo arado ou até o atravessam, onde uma semente cai em uma trilha batida".[162] Essas áreas geralmente eram duras, compactadas, pelo fato de os fazendeiros andarem por elas, e às vezes eram sólidas como um pavimento. Imagine um caminho bem utilizado, no meio de um gramado, onde nem mesmo a grama crescerá por causa do tráfego de pedestres. Quando as sementes de grãos caem nessas áreas, os pássaros inevitavelmente as arrebatam.

Solo raso (13:5-6). Jesus se referiu a essas áreas como "terreno pedregoso", em que a profundidade do solo superficial pode ser de apenas alguns centímetros. Exteriormente, pode parecer um solo bom e fértil, onde vale a pena semear, mas assim que um agricultor o raspar com uma enxada, ele atingirá uma rocha impenetrável. O resultado é que a semente plantada germina e seu talo brota, mas, como não tem raiz para nutri-la, o sol rapidamente queimará o grão até ficar torrado.

Solo com espinhos (13:7). Isso pode se referir ao terreno próximo de grandes espinheiros, como aqueles que podem ser encontrados nas bordas dos campos. Outra maneira de interpretar essa imagem é retratar o solo como contendo sementes de espinheiros, como uma terra cheia de ervas daninhas, mas imperceptíveis para o agricultor. À medida que o grão germina, o mesmo acontece com as plantas de espinheiros, que crescem muito mais rapidamente.[163] De qualquer forma, o resultado final é o mesmo. À medida que as ervas daninhas espinhosas crescem, elas roubam a luz solar das plantas vizinhas e sugam nutrientes do solo, sufocando os grãos.

Solo bom (13:8). O solo bom, é claro, refere-se ao terreno profundo e rico, não contaminado por ervas daninhas, nem sufocado por espinhos ou pisoteado por pés, invadido por pássaros, queimado pelo calor ou carregado de pedras. A partir desse solo ideal, uma safra de grãos florescerá — às vezes produzindo até trinta, sessenta ou cem vezes o que foi plantado. A ideia é uma multiplicação abundante.

Nesse ponto, a parábola termina. A história foi contada. Tudo o que era preciso, a partir de então, era que aquelas pessoas dispostas a "ouvir" a verdade ponderassem a respeito da parábola (13:9). É claro que toda aquela gente, reunida ao redor da pequena enseada no mar da Galileia naquele dia, podia ouvir o que Jesus estava dizendo. No entanto, ter ouvidos para ouvir não significava necessariamente que o público, na verdade, estivesse ouvindo atentamente. A audiência não iria entender a moral da história, se todos eles concordassem e acenassem com a cabeça, mas pensassem: *Uma bela lição agrícola. Vou ter que me lembrar de ter cuidado com o lugar onde vou plantar sementes na próxima primavera.* Aqueles que estavam, de fato, ouvindo atentamente teriam percebido que Jesus tinha em vista um significado espiritual mais profundo através da parábola.

13:10-17

Esse estilo de ensino era tão marcadamente diferente daquele que existia antes, que os discípulos de Jesus vieram até Ele em particular e perguntaram: "Por que falas ao povo por parábolas? (13:10). A resposta de Jesus revelou mais detalhadamente por que Ele estava empregando esse novo método. Não era com o objetivo de colocar conceitos grandiosos em um nível inferior. Não era para prender a atenção de uma multidão. E não era com a finalidade de, simplesmente, acrescentar variedade ao seu estilo de ensino (já ouvi professores bíblicos sugerirem todas essas coisas). Em vez desses objetivos, Jesus usou as parábolas para separar os meros *ouvintes* dos que verdadeiramente *estavam atentos*.

Em 13:11-13, Jesus descreveu dois tipos de pessoas — aquelas, como os seus discípulos, a quem Deus havia concedido "o conhecimento dos mistérios do Reino dos céus" e as demais, como os fariseus e outros descrentes, a quem tal conhecimento "não foi concedido" (13:11). O termo traduzido como "mistérios" (*mystērion* [3466]) refere-se ao "ensino secreto", "conselho particular de Deus", ou algo que "transcende a compreensão normal".[164] Neste caso, Jesus estava se referindo às coisas divinas que só podem ser conhecidas por revelação especial, sendo que, por sua vez, essa revelação só pode ser compreendida pela obra iluminadora do Espírito.

Jesus declarou, então, que algumas pessoas que têm essa compreensão e que reagem de forma positiva a esse conhecimento receberão uma compreensão ainda mais profunda (13:12). Essa foi uma referência velada aos próprios discípulos, que podem não ter compreendido tudo sobre quem Jesus era e o que Ele veio realizar neste mundo, mas que entenderam o suficiente para aceitá-lo, confiar nele e continuar a aprender verdades cada vez mais profundas sobre os mistérios de Deus. Ao aceitarem Jesus, eles tinham a chave interpretativa para compreender as parábolas.

Em contraste, porém, aqueles que são obstinados e descrentes, se não responderem ao pouco que têm, perderão até mesmo isso (13:12). Os fariseus de coração duro, que haviam sido expostos a tantas verdades, mas as haviam rejeitado (veja Mt 12), estavam agora em uma condição de crescente negação e, consequentemente, de agravamento de sua culpa. Eles haviam tido a oportunidade de reagir com fé, mas, em vez disso, se rebelaram.

Desta forma, Jesus explicou os dois tipos diferentes de respostas às suas parábolas. Ele começou a usar esse método de ensino precisamente porque nem todos tinham olhos para realmente enxergar o significado de suas obras milagrosas, nem ouvidos para ouvir o significado mais profundo de seu ensino. Ou seja, eles não entendiam realmente quem Jesus era, e se não entendessem essa verdade básica, nada mais faria sentido para eles (13:13).

Nesse estado de rebelião e de coração endurecido, no qual mesmo as verdades espirituais mais simples eram inacessíveis para eles, os líderes judeus estavam respondendo à palavra de Deus exatamente da mesma forma que seus ancestrais, sete séculos antes, durante o tempo do profeta Isaías. Infelizmente, ao longo do tempo, nada havia mudado na natureza humana. Jesus citou algumas linhas de Isaías 6:9-10 que nos dão uma visão da profunda condição do coração de seus oponentes. Embora eles estivessem constantemente "ouvindo" e "vendo", não "entenderiam" nem "perceberiam" a realidade do que estava diante deles (Mt 13:14). Por quê? Porque "o coração deste povo tornou-se insensível", o que resultou em sua obstinada atitude de fechar os olhos e tapar os ouvidos. Desse modo, estava longe deles o verdadeiro arrependimento e, assim, a verdadeira cura (13:15).

Os líderes religiosos na época de Jesus eram como o povo rebelde da época de Isaías. Tão séria havia sido a rebelião de Israel que resultou na destruição da nação e no exílio do povo. Em última análise, o problema não estava em seus ouvidos, em seus olhos, ou mesmo em sua mente. A questão tinha a ver com o coração — era um problema *espiritual*.

Jesus terminou seu discurso contra os que se mostravam espiritualmente surdos e cegos, elogiando os discípulos, que *haviam* aceitado sua identidade como o Messias e, assim, possuíam a chave para desvendar as verdades espirituais mais profundas (13:16). Eles possuíam esse conhecimento, não por meio de seu próprio poder, mas pela bênção de Deus. O que os discípulos de Jesus foram capazes de compreender e perceber com o coração era nada menos do que a esperança dos profetas do Antigo Testamento e dos justos do passado — a vinda do Rei, o tão esperado Messias de Israel (13:17).

13:18-23

Por causa da relação especial que os discípulos tinham com Ele, que era o centro e fonte de toda a verdade, Jesus compartilhou com eles a interpretação da Parábola do Semeador, do Solo e da Semente (13:18). A ideia principal da parábola se aplicava diretamente à dureza de coração de seus oponentes. Na parábola, a condição do solo representa a condição do coração, que determina a receptividade da pessoa à verdade. Todos na multidão puderam ouvir a mensagem a respeito do reino, mas muitos não a entenderam (13:19). Sabemos que essas pessoas careciam de entendimento por causa da dureza de seu coração e por causa de sua subsequente cegueira para as verdades espirituais (13:13-15). Elas não tiveram seu entendimento iluminado nem seus olhos e ouvidos abertos para receber a verdade.

Assim, na explicação da parábola, o caminho batido representa o coração duro (13:19). Tal tipo de coração faz com que a mente da pessoa seja fechada e seus olhos se tornem cegos para a verdade. Era completamente impossível ensinar essas pessoas, porque elas se recusavam a ouvir e aceitar qualquer coisa que o Mestre dizia ou fazia. Sua cegueira era voluntária, e fluía de um coração duro e rebelde. Portanto, o pouco entendimento que tinham foi arrebatado por Satanás, o "maligno". A semente — isto é, a mensagem — não lhes trouxe qualquer bem.

Os lugares rochosos representam o coração superficial, que acabou se endurecendo para a verdade, mas de uma forma diferente (13:20-21). Essas pessoas tiveram um arroubo de emoção depois de ouvir a mensagem, mas não pensaram profundamente no que ouviram. Seguindo a empolgação da multidão, elas são rápidas para abraçar cada nova moda, aderi-la e se envolver com ela. Mas seu início apressado não tem continuidade nem perseverança. Impulsionados por um arroubo de sentimentos, esses indivíduos não têm um compromisso firme com o coração e com a mente. Sua "fé" sem raízes não consegue resistir a aflições, muito menos à perseguição, e, então, eles se dobram ao primeiro sinal de dificuldade ou conflito.

Os espinhos representam o coração repleto de outras coisas (13:22). Interesses, atividades, desejos e objetivos mundanos tornaram tais corações insensíveis às coisas celestiais. O solo desses corações está envenenado pelas preocupações do mundo e pelo engano das riquezas, que acabam por resultar em uma vida infrutífera. Tudo isso sufoca as sementes da verdade e nunca lhes dá a chance de germinar.

Finalmente, a terra boa representa o coração aberto à verdade (13:23). Esse coração é abrandado e tornado ensinável, tendo sido preparado em humildade pelo Espírito Santo. Quando a mensagem chega às pessoas com esse tipo de coração, elas a recebem com entendimento. Tal homem ou mulher ouve a palavra, vê a verdade, dá ouvidos a ela e a entende. Isso se traduz em fé e obediência, o que resulta em uma vida que produz muitos frutos.

Nesse ponto, muitas vezes surge uma dúvida. Na parábola de Jesus, quais são os verdadeiramente salvos? Claramente, o último exemplo — a boa terra — representa discípulos genuínos que são salvos de seus pecados por meio da fé. E, com a mesma clareza, o primeiro exemplo — o caminho batido — retrata pessoas que não são salvas por causa de sua resistência rebelde à palavra de Deus. Em relação aos dois exemplos intermediários, porém, os teólogos têm debatido por gerações o destino eterno das pessoas representadas pelo "solo rochoso" e pelo "solo cheio de espinhos".

Será que a fé inicial, representada nesses dois exemplos, indicaria uma salvação genuína e eterna, e o tropeço espiritual (o sufocamento das plantas) se referiria simplesmente a uma vida infrutífera? Se assim for, então a advertência de 1Coríntios 3:12-15 se aplicaria ao caso — isto é, essas pessoas ainda teriam a vida eterna no céu, mas porque não teriam nada para mostrar por meio de sua vida na terra, perderiam sua recompensa ("esse sofrerá prejuízo; contudo, será salvo como alguém que escapa através do fogo").

Outros entendem que o segundo e terceiro tipos de solo representam aqueles que creem genuinamente, mas que perdem a salvação porque sua fé acaba sendo apenas temporária. Esse ponto de vista rejeita o conceito de segurança eterna, que vejo como claramente ensinado em muitas passagens das Escrituras (p. ex., Rm 8:37-39; Jd 1:24). Jesus prometeu: "As minhas ovelhas ouvem a minha voz; eu as conheço, e elas me seguem. Eu lhes dou a vida eterna, e elas jamais perecerão; ninguém as poderá arrancar da minha mão" (Jo 10:27-28).

Outros ainda veriam o tipo de "fé" das pessoas representadas pelos solos rochoso e espinhoso como uma "fé fingida" ou "falsa". Exteriormente, esses falsos crentes parecem ser genuínos, mas, por fim, acabam mostrando quem realmente são. Se esse for o caso, então a descrição dos apóstatas em 1João 2:19 se aplica bem a eles: "Eles saíram do nosso meio, mas na realidade não eram dos nossos, pois, se fossem dos nossos, teriam permanecido conosco; o fato de terem saído mostra que nenhum deles era dos nossos".

A questão gerou debate porque Jesus não deixou tudo completamente claro. O objetivo da parábola, porém, não era resolver todos os mistérios da salvação eterna. Sua intenção era ilustrar diferentes respostas que podem ser observadas em relação à mensagem do reino. Jesus elogiou apenas o "bom solo", então devemos fazê-lo também. Não devemos perguntar: "qual é a resposta mínima necessária para se entrar no céu?", mas, "que tipo de resposta à pregação da Palavra Jesus está procurando receber em minha vida?"

APLICAÇÃO

Mateus 13:1-23

TESTANDO QUAL É O SEU SOLO

Parece bastante claro que os três primeiros tipos de "solo" não são aquilo que Jesus procurava como resposta à palavra de Deus. Somente a última espécie — a "terra boa" suave e receptiva — recebeu o elogio do Mestre. Somente aquelas plantas podem produzir a trinta, sessenta ou cem vezes mais. Nós, que somos crentes em Cristo, que recebemos a palavra de Deus do evangelho da salvação somente pela graça, unicamente por meio da fé em Cristo, é que ainda estamos diante da decisão diária de ouvir, receber e viver a palavra de Deus. A Parábola de Jesus a respeito do Semeador, do Solo e da Semente tem, portanto, aplicação para nós hoje. Recomendo que você tire um momento para testar seu próprio solo, fazendo as quatro perguntas seguintes.

Primeiro, *você é fiel e frutífero?* Você mantém seu coração bem regado pela oração, pela leitura e estudo das Escrituras, e pela comunhão com um corpo de crentes? Você mantém seu solo arado e receptivo, nutrindo constantes contatos com Deus, buscando o perdão de suas falhas e reconciliando-se com irmãos e irmãs em Cristo quando os relacionamentos se tornam tensos? Continue nutrindo um coração saudável, alimente a intimidade com Deus por meio da dependência de Cristo e de uma vida entregue ao Espírito Santo.

Em segundo lugar, *você se sente preocupado com as coisas mundanas?* Seu coração está constantemente distraído com as preocupações deste mundo — a busca de riqueza e coisas materiais ou a preservação de confortos, luxos e posições privilegiadas? Em que ponto de sua lista está a busca por Cristo, seu reino e sua justiça? Você abandona facilmente as reuniões da igreja por causa do trabalho, recreação ou pelo descanso e relaxamento pessoal? Esse tipo de condição não é saudável para um crente, e impedirá que os incrédulos abracem verdadeiramente a palavra de Deus.

Em terceiro lugar, *você é superficial e instável?* As igrejas estão cheias de crentes que têm uma fé apenas superficial — com muita emoção e sentimentalismo, mas escassa em substância real, e frágil em compromisso e perseverança. Essa religião sem raízes não será capaz de suportar as provações normais da vida, muito menos de resistir aos ataques diretos à fé cristã por parte dos críticos. Ao contrário da crença popular, não basta apenas "seguir seu coração" e "fazer o que você acha que é certo". Se você é um crente, precisa aprofundar seu conhecimento sobre Deus através da meditação e aplicação de sua Palavra, por meio da comunhão com seu povo, e pela rejeição da superficialidade.

Em quarto lugar, *você é infiel e teimoso?* Essa categoria descrita na parábola é a única que ilustra uma pessoa que rejeita de forma clara e inquestionável a verdade e não tem uma relação de salvação com Cristo. Se isso o descreve, não é tarde demais para arar "o solo duro do coração de vocês" (Jr 4:3, *New Language Translation,* tradução livre) e receber evangelho salvador da pessoa e da obra de Cristo. Ele morreu e ressuscitou por você, e apenas pela fé você pode receber a vida eterna e a iluminação do Espírito Santo.

Um mundo cheio de trigo, ervas daninhas e sementes de mostarda

MATEUS 13:24-43

Você já se perguntou onde Deus está quando você realmente precisa dele? Quando você está cercado de malfeitores e a justiça parece estar longe, por que Deus não intervém e cuida das coisas? Será que Ele não se importa com seu povo? Se você ainda não considerou perguntas como essas, acredite em mim, você ainda o fará. É natural que, neste mundo caído, vivenciemos épocas de decepção e dissonância durante as quais nos perguntamos: *onde está Deus?*

Em momentos como esses, precisamos ser lembrados sobre quem é Deus. Sabemos que Deus é santo, amoroso e sábio. Portanto, quando Deus parece se conter diante de tanta maldade no mundo — e em face das dificuldades em nossa própria vida — não é porque Ele seja mau, injusto ou indiferente. É claro que desejamos que nosso justo Senhor intervenha e lide com o mal o mais cedo possível. *Agora*, e não *depois*. Mas Ele não faz isso — pelo menos não habitualmente. Não é incomum que esperemos muito tempo para que Deus julgue a maldade e elimine os malfeitores. Na maioria das vezes, é preciso esperar, esperar — e ainda esperar um pouco mais.

Isso nos leva a perguntar repetidas vezes: *Por que Deus não FAZ alguma coisa?* Líderes cristãos, professores da Bíblia e pastores são frequentemente questionados sobre esse tema, talvez mais do que sobre qualquer outro. Tragédias acontecem. Acidentes horríveis devastam vidas e fragmentam famílias. Tiranos assumem o controle. Valentões executam seus planos malignos sobre as pessoas e, em vez de serem detidos, parecem quase sempre se sair bem! Esses cenários injustos parecem se repetir, dia após dia.

Tais questões ocupam um lugar de destaque nas parábolas de Mateus 13:24-43. Jesus aborda outros assuntos importantes também aqui, mas o problema dos perversos, sempre presentes entre os justos, é uma questão tão incômoda que domina o panorama dessas lições. Trata-se de um obstáculo que não pode ser superado, a não ser pelo poder divino.

13:24-30

Tanto quanto sabemos, Jesus ainda estava sentado no barco na "Baía das Parábolas" quando Ele apresentou a história comumente chamada Parábola do Trigo e do Joio. Ele parecia estar utilizando a mesma imagem da história anterior, a Parábola do Semeador, do Solo e da Semente (13:3-23). Poderíamos até considerar esta parábola como uma espécie de continuação daquela. Desta vez, em lugar de se concentrar nos diferentes tipos de solo nos quais as sementes podem cair, Jesus mudou o foco de sua atenção para as plantas que crescem no campo de cultivo.

Na parábola, um agricultor semeou boas sementes em seu campo (13:24). Mas à noite, quando ninguém estava cuidando da lavoura, veio um inimigo do agricultor e semeou joio entre as sementes de trigo (13:25). O que é o joio? Um autor o descreve como uma planta chamada "erva daninha barbuda" e observa: "É difícil distinguir entre os grãos domesticados de trigo e o joio selvagem até que suas espigas amadureçam. Na época da colheita, o grão é abanado e passado por uma peneira. As sementes menores de joio, que restam após o cereal ser abanado, passam pela peneira, deixando para trás o fruto desejado".[165] O maior problema com a mistura de joio com o trigo não é o trabalho extra necessário para separá-los na época da colheita. A questão maior está no fato de que o joio hospeda uma espécie de fungo — venenoso para os humanos — que pode contaminar o bom trigo e arruinar completamente a colheita de um agricultor. É por isso que "semear joio entre o trigo, como um ato de vingança, era punível na lei romana".[166] A ação do inimigo do fazendeiro, na parábola, foi perversa e cruel.

Bluemoose/Wikimedia

Uma planta de trigo

Como seria esperado, o trigo e o joio cresceram juntos e começaram a produzir seus grãos característicos (13:26). Rapidamente, o agricultor percebeu o que havia acontecido — um inimigo havia contaminado sua plantação de trigo (13:27-28). Embora os servos do fazendeiro se oferecessem para percorrer o campo e arrancar o joio do meio do trigo, o fazendeiro, sabiamente, os advertiu: "Não, porque, ao tirar o joio, vocês poderiam arrancar com ele o trigo" (13:28-29). Em lugar dessa ação, o fazendeiro instruiu os trabalhadores a deixar ambos crescerem juntos até a colheita, quando seria mais fácil separar o joio do trigo. Eles poderiam colher os grãos ruins para queimar, enquanto armazenariam o trigo bom no celeiro (13:30).

Nessa parábola, podemos ver três períodos. Durante o *tempo de plantio,* o agricultor semeia boas sementes, mas seu inimigo se infiltra desonestamente no campo e planta sementes daninhas, venenosas e muito semelhantes às boas. Durante o *tempo de espera,* o agricultor aconselha os trabalhadores a permitir que o grão imprestável cresça lado a lado com o bom grão, esperando pacientemente, abstendo-se de agir. Durante todo esse tempo intermediário, os trabalhadores são responsáveis por cuidar do campo de trigo e protegê-lo. Então, no *tempo da colheita*, os encarregados da colheita do fazendeiro — não os trabalhadores que cuidaram da plantação — executarão a tarefa de separar o trigo saudável das ervas daninhas nocivas e enganosas.

13:31-35

Por mais intrigante que essa história tenha se mostrado, Jesus deixou muitos elementos sem definição. Quem era o semeador? Quem eram os seus ajudantes? Por que os três períodos — plantar, esperar, colher? E, mais importante, por que permitir que o joio crescesse no meio do trigo? Por que não o arrancar enquanto os grãos estavam crescendo? Por que esperar?

Enquanto a multidão conjeturava sobre a parábola do trigo e do joio, Jesus contou duas parábolas menores para ilustrar o reino de Deus. Na primeira, Ele comparou o reino dos céus a "um grão de mostarda" (13:31). Eu posso imaginar que a analogia inicialmente tenha rendido algumas risadas do público. *Com tantas sementes para escolher, escolheu justamente a minúscula semente de mostarda!* Quando Jesus disse que a semente de mostarda era a "menor entre todas as sementes" (13:32), não estava apresentando uma lição científica de botânica ou comparando essa semente com todas as demais sementes do planeta. Ele se referia às sementes cultivadas na região da Galileia, com as quais seu auditório estava familiarizado. Ele, também, usou claramente a figura de linguagem chamada hipérbole, como fica evidenciado quando ele disse que a planta de mostarda que cresce a partir de uma semente tão pequena "torna-se uma árvore". Essa linguagem foi, sem dúvida, corroborada pelas alusões de Jesus a Ezequiel 31:6 e Daniel 4:12, 20-22. A lição da história é que, em comparação com o tamanho minúsculo da semente, a planta de mostarda cresce bastante — muitas vezes fica mais alta do que a estatura de uma pessoa. Stan Toussaint explica que o incrível crescimento representado pelo grão de mostarda "é uma referência à extraordinária disseminação e crescimento da mensagem do reino na era anterior ao seu estabelecimento" e "o crescimento aparentemente próspero do número daqueles que deveriam ser herdeiros do reino".[167] Embora o número de pessoas capazes de ouvir a voz de Jesus, que vinha do barco de pesca, fosse relativamente pequeno, os seguidores de Jesus, um dia, haveriam de se tornar um grande movimento mundial que incluiria até mesmo as nações gentias!

Shirjeel Imran Malik/Wikimedia

Quando plantada, a pequena semente de mostarda [à esquerda] se transforma numa planta grande e vibrante [à direita].

Enquanto a parábola da semente de mostarda abordava o rápido e surpreendente crescimento positivo do reino, a partir de um começo tão pequeno, a próxima parábola traçou paralelos entre a expansão do reino e a propagação do "fermento" por toda a medida de farinha (Mt 13:33, NTLH). A expressão grega traduzida "três medidas de farinha" indica farinha suficiente para fazer pão para cem pessoas.[168] Como a parábola anterior se referia positivamente à rápida expansão do reino por toda a terra, muitos comentaristas entendem a Parábola do Fermento como uma referência ao mesmo assunto: "Ambas as parábolas mostram quão profundamente Jesus estava ciente de que grandes coisas crescem a partir de pequenos começos".[169]

Essa é uma interpretação viável. No entanto, como o fermento é frequentemente associado ao mal (16:6, 11; 1Co 5:6-8), outros comentaristas (inclusive eu) entendem que a propagação do fermento corresponde à divulgação de falsos ensinos e da maldade entre aqueles que afirmam ser filhos do reino.[170] Nesse caso, a imagem seria semelhante à presença do joio, entre o trigo, na antepenúltima parábola — a presença penetrante e inseparável dos ímpios lado a lado com os justos.

Em 13:34-35, Mateus faz uma breve pausa na narrativa para fazer um editorial à parte. Ele informa a seus leitores — entre os quais você e eu estamos incluídos — que Jesus estava falando às multidões em parábolas para cumprir as palavras de Salmos 78:2, onde se revela o seguinte: "Pois falarei com vocês por meio de provérbios e explicarei os segredos do passado" (NTLH). A tradução que Mateus faz dessa passagem ("Abrirei minha boca em parábolas, proclamarei coisas ocultas desde a criação do mundo") pretende traçar um paralelo entre o que o salmista estava fazendo em seus dias e o que Jesus fazia no primeiro século. Stan Toussaint explica o significado do uso dessa passagem por Mateus: "O salmo 78 é uma recapitulação das obras de Deus em conexão com a história passada de Israel. Ao introduzir seu tema, Asafe, o autor do salmo, escreve o versículo que Mateus cita: Cristo "estabelece" o significado desse versículo por seu uso de parábolas, pois Ele está indicando as obras de Deus em conexão com o reino à luz da rejeição de Israel ao seu Rei".[171]

13:36-43

Se a ação do fermento na massa representa a permissão para a maldade se espalhar por toda a Igreja, e se o joio que cresce ao lado do trigo representa a mesma coisa, por que Deus permitiria que isso acontecesse no reino entre a primeira e a segunda vinda de Cristo? Por que Deus permite que o "mistério da iniquidade" atue através da Igreja (2Ts 2:7)? Assim como os trabalhadores obedientes no campo do Mestre (Mt 13:28), estamos compreensivelmente ansiosos para expulsar cada um dos malfeitores, confrontar todo ato desonesto e colocar um fim a toda tentativa de frustrar e atrapalhar a obra de Deus. No entanto, as parábolas parecem sugerir que a disseminação de maldade e do engano é inevitável entre o povo de Deus.

Quando Jesus finalmente desceu do barco, Ele abriu caminho por entre a multidão e voltou para a casa em Cafarnaum, onde estava hospedado; seus discípulos aproximaram-se dele e pediram: "Explica-nos a parábola do joio no campo" (13:36). Observe que eles não perguntaram sobre a semente de mostarda nem acerca do fermento. Eles estavam preocupados com o fato de que Deus toleraria a imperfeição e a impureza do joio venenoso que crescia entre o trigo.

Em 13:37-43, então, Jesus explica a parábola, mas apenas para os discípulos mais próximos. Quase instantaneamente, Jesus resolve o enigma:

- Aquele que semeia = o Filho do homem, Jesus (13:37).
- O campo = o mundo (13:38).
- A boa semente = os filhos do reino (os justos salvos) (13:38).

- O joio = os filhos do maligno (os ímpios não salvos) (13:38).
- O inimigo = o Diabo (13:39).
- A colheita = o fim desta era (13:39).
- Os ceifeiros = os anjos (13:39).

No final dos tempos, quando Cristo voltar para purificar o mundo da maldade e estabelecer plenamente o seu reino na terra, Ele enviará seus anjos para colher essas plantas perversas do Diabo e lançá-las no fogo eterno (13:40-42). Isso porá fim à mistura de justos e injustos, uma situação que tem sido vista na Igreja ao longo de sua história. Daquele momento em diante, o reino de Deus será caracterizado pela pureza e retidão, então os justos brilharão como o sol (13:43).

No final, é responsabilidade de Jesus Cristo, como Juiz, separar o joio do trigo — isto é, os ímpios dos justos. Enquanto isso, precisamos desenvolver enorme paciência e sabedoria para saber quando dar um passo à frente e travar uma luta agressiva contra o mal — e quando dar um passo atrás e cumprir outro trabalho que Deus nos chamou para fazer, sabendo que o próprio Deus lidará com os ímpios. Se nos apressarmos e tentarmos eliminar todo pecador e confrontar todo pecado, inevitavelmente desarraigaremos os verdadeiros crentes que não conseguem viver de acordo com nossos padrões excessivamente altos. Porém, se mantivermos nossos olhos em Jesus e em seus ensinamentos, obteremos o discernimento para buscar a pureza sem invadir a prerrogativa de Deus de semear e colher.

APLICAÇÃO

Mateus 13:24-43

POR QUE, QUANDO E O QUE *NÃO* ARRANCAR

As potências hostis estão sempre em ação neste mundo. Elas tentam nos fazer tropeçar, por meio do assédio, criando barreiras, causando conflitos e promovendo a confusão. Aqueles que se envolvem em comportamentos ilícitos, trabalham aberta e deliberadamente contra o bem. Sem dúvida, os inimigos da verdade estão em ação no mundo, inspirados pelo "poder do maligno" (1Jo 5:19). Em vista dessa realidade, podemos recorrer às parábolas de Jesus para nos prover alguns pontos importantes e práticos a serem considerados em relação ao mal existente no mundo.

Em primeiro lugar, *é difícil distinguir o bem do mal — o trigo do joio*. O ensino falso não é apenas algo que podemos encontrar "lá fora", além das paredes da igreja ou das barreiras de nossa zona de segurança cristã. Às vezes, ele surge em nosso meio, dentro da própria igreja. O apóstolo Paulo advertiu os anciãos da igreja de Éfeso: "Sei que após minha partida os lobos selvagens entrarão entre vós, não poupando o rebanho" (At 20:29). E suas palavras em 2Coríntios 11:13-15 devem nos manter alerta: "Pois tais homens são falsos apóstolos, obreiros enganosos, fingindo-se apóstolos de Cristo. Isso não é de admirar, pois o próprio Satanás se disfarça de anjo de luz. Portanto, não é surpresa que os seus servos finjam ser servos da justiça. O fim deles será o que as suas ações merecem". Que descrição chocante! Devemos estar constantemente vigilantes, atentos e ficar em alerta, porque nem sempre podemos distinguir entre o que é bom e o que é mau.

Em segundo lugar, *nossa tendência será ir para os extremos ao lidar com o mal*. Na Parábola do Trigo e do Joio, apresentada por Jesus, o fazendeiro impede que seus trabalhadores se apressem a julgar e a arrancar as ervas daninhas cedo demais. Precisamos ter paciência e perseverança para viver neste mundo perverso e confuso. Às vezes, é necessário um confronto direto, porém, devemos ter certeza de não chegar a conclusões erradas com base em informações limitadas ou falsas. Tal ação precipitada trará problemas piores do que aqueles que estamos procurando resolver. Quando pensamos que estamos enxergando as atitudes e ações das ervas daninhas entre o trigo, devemos proceder com cuidado e pisar levemente no solo. Em se tratando de um caso claro e inquestionável, não há dúvidas quanto à ação. Todavia, em minha experiência de ministério, esses casos são poucos e espaçados. Na maior parte do tempo, estamos lidando com questões para as quais é necessário ter grande sabedoria a fim de decidir quando e como agir.

Em terceiro lugar, *Deus é justo*. Ele sabe que o mal está em ascensão, que os enganadores estão trabalhando nos bastidores para prejudicar nossas igrejas, e que Satanás tem seus lacaios causando marcas debilitantes no corpo de Cristo. Os trabalhadores do mal tendem a ganhar seguidores, e o número de ervas daninhas se multiplica. Isso é uma condição inevitável durante a atual era do mal. No entanto, esta era não é a última. O Rei virá, e, com Ele, o juízo. Ele separará o trigo do joio — de forma perfeita, precisa e rápida. Precisamos confiar nele, para sustentar e proteger seu povo até o dia do aparecimento de Cristo.

Entendeu? Muito bem!

MATEUS 13:44-58

Qualquer pessoa que gosta de histórias com algum significado oculto, adoraria o décimo terceiro capítulo de Mateus. Aqui, Jesus contou uma parábola após a outra. Ele partiu de um barco, dirigindo-se a um grande ajuntamento de pessoas com várias intenções — alguns que acreditavam nele, outros que o odiavam. Desde o litoral do mar da Galileia eles ouviram suas parábolas, tentando descobrir o significado das histórias.

Então, Ele deixou aquela multidão e entrou numa casa em Cafarnaum (13:36), talvez a casa de Pedro. Lá Ele se encontrou com um grupo bem menor — seus discípulos. Embora seu público tivesse mudado, sua narrativa continuou. Ele também compartilhou interpretações de parábolas com seus seguidores mais próximos, dando-lhes as chaves necessárias para destravar o significado. Enquanto estava sozinho com seus discípulos, ele contou mais parábolas curtas (13:44, 45-46, 47-50). Ao contrário de antes, Ele não explicou o significado dessas breves histórias. E, curiosamente, quando Ele terminou de contar essas parábolas, as quais Ele não havia explicado, Ele perguntou a seus discípulos: "Vocês entenderam?" Com sua mente aberta pelo Espírito, para ouvir e perceber a mensagem de Jesus, eles haviam compreendido. Mas nem todos entenderam. Veremos, daqui a pouco, um contraste surpreendente entre a aceitação e compreensão dos discípulos que tinham a mente aberta, e a rejeição, por causa da mente fechada, dos próprios amigos e parentes de Jesus em casa, que simplesmente não entenderam nada.

13:44-46

As parábolas que Jesus contou em Mateus 13 podem ser divididas em duas categorias: aquelas que Ele ensinou publicamente às multidões mistas de discípulos, oponentes e indecisos, e outras que Ele ensinou em particular, a portas fechadas, aos discípulos comprometidos. O primeiro lote incluía a Parábola do Semeador, o Solo e a Semente (13:3-9); o Trigo e Joio (13:24-30); o Grão de Mostarda (13:31-32); e o Fermento (13:33). Mas, depois, enquanto Jesus fazia a transição para dentro de casa, Ele ensinava apenas a seus discípulos, dando-lhes a explicação sobre o Trigo e o Joio (13:36-43) e sobre várias parábolas adicionais: o Tesouro Escondido (13:44), a Pérola de Grande Valor (13:45-46), a Parábola da Rede (13:47-50) e o Dono da Casa (13:52).

Em cada parábola desse capítulo, com exceção da parábola do Semeador, do Solo e da Semente, Jesus começou com uma expressão do tipo: "O reino dos céus é como..." (veja 13:24, 31, 33, 44, 45, 47, 52). Embora o ensino de Jesus sobre o reino dos céus apontasse para o reino há muito esperado, que virá com o retorno do Messias, as parábolas de Jesus começaram a explicar, de maneira velada, a ideia de uma forma provisória do reino entre a primeira e a segunda vinda do Messias. Durante esse tempo intermediário, aqueles que aceitaram a Jesus como seu Messias e experimentaram o novo nascimento, pela graça através da fé, devem viver por um código diferente em antecipação ao reino vindouro a ser implantado totalmente na Terra. Nesse sentido, as parábolas referem-se a um aspecto do reino como um relacionamento salvador e transformador com Deus, por meio de Jesus Cristo, no tempo presente. As boas-novas (ou evangelho) do reino, então, têm a ver com a pessoa e obra de Jesus Cristo em sua primeira *e* segunda vindas.

As duas primeiras parábolas que Jesus ensinou a seus discípulos, depois de explicar a parábola do trigo e do joio, estão relacionadas com o valor inigualável do reino de Deus em comparação com qualquer outra coisa que este mundo tenha a oferecer. Para muitos, entrar na "vida do reino" é como tropeçar casualmente em um tesouro no campo (13:44). Observe que o homem nessa história não estava procurando por esse tesouro. Ele era provavelmente um simples diarista ou um homem percorrendo um campo que seu dono havia negligenciado e, portanto, não estava familiarizado com aquelas terras. De qualquer forma, o homem acabou descobrindo um tesouro. Era tão valioso, que ele o enterrou novamente até que pudesse ter certeza de que estava seguro. Embora ele não tivesse realmente reivindicado aquele tesouro nem contado sobre ele, poderia dizer com um olhar que valia qualquer coisa que ele pudesse deixar para trás a fim de possuí-lo. Percebendo seu valor, ele vendeu tudo o que tinha para comprar o próprio terreno onde o tesouro havia sido enterrado.

É uma observação interessante que quem possuía o campo e o vendeu para aquele comprador não percebeu o vasto tesouro sobre o qual estava sentado, algo que sugere negligência daquela terra por esse titular e/ou herdeiro. Nesse ponto, os discípulos podem ter se perguntado se a indiferença do proprietário original do campo, na história, pretendia simbolizar o tipo de negligência cada vez mais demonstrado pelos escribas, fariseus e outros líderes de Israel. Esses guias religiosos foram "incumbidos dos oráculos de Deus" (veja Rm 3:2), mas não reconheceram o tesouro oculto do evangelho da pessoa e obra de Cristo e o entregaram àqueles que o reconheceram.

A segunda parábola contada, nesse momento, apresenta uma imagem semelhante do valor inigualável do reino dos céus. Desta vez, Jesus falou de um mercador que buscava pérolas de grande valor (Mt

13:45-46). Os detalhes são diferentes daqueles da Parábola do Tesouro no Campo, particularmente porque nesta história o homem estava buscando ativamente algo de valor; ele simplesmente não esperou acontecer. Quando o homem encontra uma pérola de qualidade particularmente notável, vende tudo o que tem para comprá-la. A esse respeito, a Parábola do Tesouro no Campo e a Parábola da Pérola de Grande Valor são idênticas.

Durante a vida e o ministério de Jesus, muitas pessoas buscaram sua ajuda — seu toque de cura ou seu ensino transformador — como o mercador que procura uma pérola de alto valor. Eles estavam à espera da vinda do Messias, e a presença de Jesus satisfez seus anseios de maneira imensurável. Filipe é um bom exemplo desse tipo de pessoa, como revela o que ele disse ao seu primeiro convertido, Natanael: "Achamos aquele sobre quem Moisés escreveu na Lei e a respeito de quem os profetas também escreveram: Jesus de Nazaré, filho de José" (Jo 1:45). Essas pessoas abraçaram apaixonadamente o evangelho e estavam dispostas a fazer tudo pelo reino dos céus. Outros, no entanto, como o homem que encontrou o tesouro em um campo negligenciado, apenas "se depararam" com Jesus. Natanael se encaixa nesse grupo. Quando Filipe lhe contou sobre Jesus, sua resposta foi fria: "Nazaré? Pode vir alguma coisa boa de lá?" (Jo 1:46). Mas rapidamente ele reconheceu o tesouro inestimável que estava diante dele (Jo 1:49).

Ambas as parábolas teriam sido de grande encorajamento para os discípulos de Jesus. Eles viram os líderes religiosos o rejeitando e o calor da perseguição aumentando contra Ele e seus seguidores. Essas duas parábolas os teriam lembrado da emoção que experimentaram quando reconheceram quem realmente era. E as histórias teriam enfatizado a afirmação de Jesus de que qualquer coisa a que os discípulos tivessem renunciado pelo reino dos céus valeria a pena. Os benefícios do evangelho do reino são de valor inestimável.

Thomas Guthrie, pregador escocês do século 19, escreveu: "O evangelho altera nosso caráter e nossa condição — tornando gentil quem era rude, refinado quem era grosseiro, santo quem era impuro, generoso quem era egoísta —, operando uma transformação maior do que se um criminoso da prisão se transformasse em um cortesão do palácio, ou o menino outrora esfarrapado que fora educado para o crime nas ruas passasse a usar uma estrela em seu peito, depois de homem, e fosse colocado no círculo brilhante que cerca um trono".[172] Sem dúvida, a bênção de ser filho de Deus, pela fé em Cristo, é total e absolutamente inestimável. Apenas o evangelho garante uma herança imperecível e imaculada (1Pe 1:4) — "descoberta" gratuitamente, mas convincente o suficiente para seus possuidores desistirem de tudo para experimentá-la.

13:47-50

A próxima parábola apresenta o reino de Deus a partir de um ângulo diferente e ilumina outra faceta dele que se manifesta na era presente, entre a primeira e a segunda vinda de Cristo. Jesus comparou o reino de Deus a uma gigantesca rede de pesca, ou rede de arrasto. À medida que a rede se arrasta pela água, todos os tipos de peixes acabam presos nela — alguns "são juntados", outros "lançados fora" (13:47-48). Essa teria sido uma imagem familiar para os discípulos de Jesus, mesmo para aqueles que não eram pescadores profissionais. Redes e peixes, o ato de separar e lançar de volta na água — até mesmo um cobrador de impostos como Mateus teria visto essas atividades com frequência, especialmente devido à indústria pesqueira em Cafarnaum e nas aldeias vizinhas.

O tema desta parábola é semelhante ao que Jesus havia apresentado na parábola anterior do trigo e do joio. O bom trigo e o mau joio cresceriam juntos até o "fim dos tempos", quando os anjos reuniriam os ímpios não salvos e os entregariam ao fogo eterno, enquanto os justos "brilhariam como o sol" no reino (13:40-43). Nesse caso, a ênfase está no processo de coleta. Jesus havia chamado seus discípulos para se tornarem "pescadores de homens" (4:19). Agora Ele os estava encorajando a lançar a rede aberta e não se preocupar em separar os que seriam guardados no final. "No fim desta era", disse Jesus, "os anjos virão, separarão os perversos dos justos" (13:49). Em última análise, Deus julgará entre o verdadeiro e o falso, o bom e o mau. Aqueles peixinhos que não têm a real fé salvadora acabarão sendo lançados fora. Os pregadores do evangelho não são responsáveis por determinar a genuinidade da fé de uma pessoa em resposta ao evangelho; eles simplesmente lançam a rede.

13:51-52

No fim dessa série de parábolas, Jesus não apenas largou o microfone e saiu do palco, por assim dizer. Ele queria que os discípulos entendessem o que Ele pretendia ensinar. Mateus 13:51-52 poderia ser parafraseado assim:

— Entenderam?

— Entendemos!

— Muito bem!

É importante lembrar que Jesus ainda estava em casa com seus discípulos. Foram eles que ouviram as parábolas sobre o tesouro escondido no campo, a pérola de grande valor e a rede de arrasto. Ele queria ter certeza de que eles "compreendiam todas essas coisas" (13:51). Um ótimo professor sempre recebe a resposta de seus alunos para ter certeza de que eles "haviam entendido". Eles tinham compreendido sim.

Do meu diário

Rede para camarões

MATEUS 13:47-48

A maioria de nós provavelmente já experimentou pescar com uma vara, carretel, anzol e isca. Podemos lembrar — ou pelo menos poderíamos imaginar — como é puxar um único peixe depois de uma longa espera, medi-lo quando o tiramos da água, e, depois, jogá-lo de volta à água ou guardá-lo. No entanto, poucos de nós já pescaram com redes como os pescadores no mar da Galileia — recolhendo uma grande quantidade de peixes, depois separando dezenas ou até centenas de cada vez.

Quando eu era pequeno, nossa família ia para a cabana do meu avô na costa do golfo do México. Costumávamos pescar numa baía perto da cabana. Mas precisávamos de isca viva para pegar qualquer peixe. Camarões pequenos eram as melhores iscas. Poderíamos ter ido a uma loja de iscas e comprar algumas, mas papai nos fazia trabalhar para conseguir nossas próprias iscas. E isso significava que precisávamos pescar camarões com uma rede.

Tínhamos uma rede longa, talvez com um pouco menos de 20 metros. Em cada extremidade havia uma vara, parecida com um cabo de vassoura. Imagine um pergaminho gigante, mas em vez de papel entre as barras havia uma tela para pegar peixes pequenos. Ao longo da parte inferior da rede eram colocados pequenos pesos de chumbo para segurá-la contra o fundo, para que nada pudesse escapar por baixo. Com um de nós segurando a extremidade de uma vara, arrastávamos a rede ao redor das águas rasas, reuníamos o que estivesse preso nela, e, depois, nós a levávamos para a praia. Era o momento quando a triagem começava.

Mas, quando criança, eu estava interessado em tudo, menos na isca. Esperava encontrar um bebê tubarão ou um caranguejo. Mas você não pesca *com tubarões e caranguejos. Você pesca com camarão. Então, enquanto eu brincava com todo o restante das coisas, meu pai sempre me lembrava: "Pegue o camarão. Estamos procurando isca. Procure os camarões. Livre-se de todo o resto. Tudo do que precisamos é a isca."*

Penso nessa experiência quando leio a Parábola de Jesus sobre a rede de pesca e a triagem de peixes. Enquanto Deus chama pessoas de todos os tipos para aceitar o evangelho, as pessoas respondem de várias maneiras. A rede arrasta de forma ampla, por meio do evangelismo pessoal, rádio, televisão, literatura, pregação e proclamação. Mas, é claro, nem todos os que são atingidos pela mensagem se tornam crentes. Há tubarões e caranguejos entre nós. Eu conheço alguns deles pessoalmente! Mas Deus conhece os que lhe pertencem, e Ele vai separá-los em seu próprio tempo.

Em 13:52, então, Jesus visualiza seus discípulos como "escribas" que se tornaram discípulos, verdadeiros aprendizes, ao contrário das pessoas consideradas como verdadeiras fraudes que estavam em conluio com os fariseus. Esses fiéis seguidores do reino dos céus foram comparados a um "dono de uma casa" responsável pela nutrição, proteção e saúde daqueles que estão sob seu teto. Como o dono da casa administra isso? Fornecendo "coisas novas e velhas" a partir de seu tesouro. O que isto significa? Tasker explica muito bem, desta forma:

> A referência parece ser em função do discípulo de Jesus que aprendeu as verdades acerca do reino dos céus... sobre o qual Ele havia dado instruções. Tal "escriba" como professor da "lei de Cristo" tem um rico estoque de conhecimento do qual pode extrair verdades descritas como *novas* e *velhas*. São *novas* no sentido de que somente com a vinda do Messias haviam sido claramente reveladas; são *velhas* porque se ocupam de mistérios que estiveram presentes na mente de Deus, mas *foram mantidas em segredo desde a fundação do mundo*.[175]

NAZARÉ

MATEUS 13:54

O nome Nazaré provavelmente deriva de um dos dois termos hebraicos. *Netser* [H5342] é a palavra hebraica para "ramo" ou "broto", e forma um jogo de palavras em Mateus (2:23) em relação com Isaías 11:1. Mas é igualmente provável, como pano de fundo para esse termo, ter o verbo hebraico *natsar* [H5341], que significa "vigiar". Embora a moderna Nazaré fique em uma depressão em forma de tigela, a antiga Nazaré estava situada mais acima na colina. Isso a tornava um lugar perfeito para vigiar o vasto vale de Jezreel (que incluía a Planície de Esdraelom [Esdrelão], ou o vale de Megido, também conhecido como Armagedom), cerca de 300 metros abaixo.

O fato de os habitantes da cidade só terem acesso a uma fonte de água doce[173] teria mantido a população antiga bastante reduzida — talvez algumas centenas, não milhares. Como Nazaré estava "fora das rotas mais utilizadas", sem acesso direto às principais estradas ou rotas comerciais, seu povo vivia uma vida simples, cultivando a terra e criando gado. De fato, tão pequena e insignificante era essa aldeia que sequer é mencionada pelo nome no Antigo Testamento, nos apócrifos ou em outra literatura judaica do período intertestamentário, nem mesmo nos escritos do historiador Josefo.[174] Isso teria dado aos habitantes uma reputação bastante negativa de serem "atrasados". Ser associado a Nazaré seria como chamar alguém de "caipira" hoje.

A reputação dos nazarenos era de pouca importância. Quando o aspirante a discípulo, Natanael, ouviu que Jesus havia crescido em Nazaré, ele torceu os lábios e murmurou: "Nazaré? Pode vir alguma coisa boa de lá?" (Jo 1:46).

Barry Beitzel

Colina da Nazaré. A aldeia de Nazaré ficava no topo da colina com vista para o vale de Jezreel.

13:53-58

Quando Jesus terminou o conjunto de parábolas destinado aos seus discípulos dedicados, Ele decidiu partir de Cafarnaum e fez uma curta viagem para sua casa em Nazaré. Você deve se lembrar que, não muito tempo antes, sua mãe e seus irmãos haviam chegado à casa onde Ele estava hospedado em Cafarnaum, desejando falar com Ele (12:46-50). Mateus não nos diz nessa passagem se Jesus os convidou a entrar ou saiu para vê-los, mas não consigo imaginar que Ele teria desprezado sua família, mesmo que seus irmãos e sua mãe estivessem lá para fazer algum tipo de "intervenção". Seria uma atitude desonrosa para com sua mãe, a quem Ele honrou muito, e ofensiva para seus irmãos, que provavelmente o admiravam. Então, eu suspeito que Jesus teve ao menos uma breve conversa com eles naquele dia em Cafarnaum, embora eu não consiga provar essa hipótese. Independentemente do fato, faria sentido que sua família em Nazaré estivesse em sua mente naquele momento.

Também faria sentido para Jesus estar procurando um ponto de parada em seu ministério de ensino para que Ele pudesse fazer uma rápida viagem para casa. O Mestre precisava de um descanso! Apenas alguns momentos antes Ele havia confirmado que seus discípulos entendiam suficientemente o significado das parábolas e sua importância para que pudessem realizar o trabalho de "discípulos-escribas" sem a presença dele (13:51-52). Talvez todos os seus discípulos tenham se juntado a Ele em sua visita a Nazaré. Pode ser que apenas um punhado deles tenha ido junto. Quem sabe alguns dos discípulos aproveitaram a oportunidade para ter outra chance de continuar o trabalho missionário de ensinar sobre o reino dos céus, mesmo sem a presença do Mestre.

Independentemente desse fato, tendo encerrado seu ensino por meio de parábolas, Jesus partiu para Nazaré (13:53). A viagem até Nazaré levaria dois dias inteiros de caminhada a pé. E a jornada teria levado Jesus no rumo sudoeste, cerca de 64 quilômetros *morro acima*! Essa não foi semelhante a uma viagem rápida ao mercado ou um passeio para a próxima cidade. À medida que Ele se aproximava de seu antigo local de habitação, lugares familiares lhe teriam trazido de volta memórias da infância, adolescência e juventude. Ele passou por velhas árvores que havia escalado, ravinas onde Ele e seus amigos haviam brincado e as casas dos clientes de seu pai, seus amigos e seus irmãos e irmãs que ainda moravam em Nazaré. E, claro, ali estava a sinagoga que ele frequentou enquanto crescia.

Eventualmente, os lugares familiares deram lugar a fisionomias familiares. No entanto, nem todos os rostos se mostraram amigáveis. No sábado seguinte, provavelmente depois de alguns dias de repouso com sua família e possivelmente tendo ganhado sua confiança (ou pelo menos tendo aliviado seu pânico), Jesus começou a ensinar na sinagoga (13:54). As pessoas ficaram maravilhadas não apenas com seus ensinos e milagres, mas, também, porque *aquela gente o conhecia bem!* A resposta deles teve um tom de cinismo ou até de ridículo — eles disseram, em essência: "Quem esse sujeito pensa que é?" Como diz o ditado, a familiaridade gera desprezo. As pessoas da cidade de Nazaré conheciam Jesus, assim como Maria e seus irmãos Tiago, José, Simão e Judas, e conheciam suas irmãs... e eles não tinham ideia de onde Jesus poderia ter conseguido seu treinamento, seu ensino e sua habilidade de fazer milagres (13:55-56)!

Estranhamente, em vez de honrá-lo, apesar de seu passado nada misterioso, eles "ficavam escandalizados por causa dele" (13:57). As palavras de A. T. Robertson merecem ser repetidas aqui: "O que o povo de Nazaré não conseguia compreender era como alguém, com a origem e o ambiente de Jesus em Nazaré, poderia possuir a sabedoria que parecia ter em seus ensinos... Era imperdoável que Jesus não fosse alguém comum como eles".[176]

Eles não apenas zombaram dele e o ridicularizaram em seu cinismo, mas também se recusaram absolutamente a acreditar nele. Como seria de esperar, Jesus respondeu com uma repreensão severa: "Só em sua própria terra e em sua própria casa é que um profeta não tem honra" (13:57). Essas últimas palavras nos dão um vislumbre da situação vivida "em sua própria casa". Não só os vizinhos ressentidos rejeitaram Jesus, considerando-o um lunático delirante ou pior, mas, aparentemente, sua própria família também o considerou um caso perdido. Não foi sem razão que o apóstolo João escreveria sessenta anos depois: Ele "veio para o seu próprio país, mas o seu povo não o recebeu" (Jo 1:11, NTLH).

Como resultado da incredulidade deles, Jesus fez poucos milagres em Nazaré. Por um lado, podemos olhar para isso como um ato de julgamento — a rejeição de Jesus significaria que seus doentes e oprimidos não receberiam as bênçãos de cura e libertação. Por outro lado, essa não realização de muitos milagres poderia ser interpretada como um ato de misericórdia para com o povo de sua cidade natal — quanto maior a revelação do poder e majestade de Jesus, maior a culpa por sua rejeição a Ele, como o tão esperado Messias.

Que situação triste! Apenas uma dúzia de versículos antes, Jesus estava falando do reino dos céus como um tesouro ou uma pérola que vale todo o patrimônio de uma pessoa. Agora os próprios moradores o estavam rejeitando, considerando-o uma fonte de desprezo em vez de uma pessoa honrada! Infelizmente, o povo de Nazaré simplesmente não entendeu nada.

APLICAÇÃO

Mateus 13:44-58

ESCANDALIZADOS OU APAIXONADOS

Para alguns de vocês que estão lendo isso, as pessoas mais difíceis de serem convencidas a aceitar a fé em Jesus são seus próprios familiares e amigos íntimos. Você descobriu o "tesouro escondido no campo" e encontrou a "pérola de grande valor". Agora você está tentando lançar a rede o mais longe possível como um "pescador de homens". Infelizmente, porém, as pessoas mais próximas de você não apreciam sua paixão, não notam a grande mudança em sua vida e não entendem como você pode "perder seu tempo com todas essas coisas religiosas". Às vezes, os pais até levam para o lado pessoal: "Você está dizendo que não criamos você da maneira certa?" Outros simplesmente se mostram ofendidos. "Quem você pensa que é?" Há ainda aqueles que preferem o "velho você" de volta. Suas novas atitudes, palavras e ações alteradas são estranhas para eles... e os fazem se sentir culpados!

O que você faz? Desejo sugerir duas abordagens importantes para manter seu testemunho diante daqueles mais próximos de você.

Primeiro, *mantenha sua paixão*. Não fuja disso. Nunca deixe que a zombaria e o cinismo de seus familiares, parentes, amigos íntimos ou colegas diminuam seu entusiasmo pelas coisas do Senhor. Eles estarão procurando por brechas em sua armadura que possam ser exploradas. Eles vão querer arrastá-lo de volta para seu antigo modo de pensar e viver, porque isso os deixaria mais confortáveis. Mas se você continuar buscando apaixonadamente a Cristo e seu reino, mantendo sua caminhada e seu testemunho, e conservando a alegria que experimentou quando descobriu o tesouro escondido no campo ou a pérola perfeita, eventualmente alguns poderão ver que aquilo que você encontrou realmente tem valor. As pessoas mais próximas a você podem começar a ver a alegria que lhes falta, o significado que, secretamente, anseiam ou a paixão pela vida que nunca tiveram. É claro que alguns simplesmente excluirão você considerando-o um fanático irracional. Tudo bem. Você está em boa companhia. Mantenha sua paixão.

Em segundo lugar, *continue a se desenvolver*. Às vezes, quando você está perto de amigos ou de familiares descrentes, será tentado a se comportar de maneiras que se parecem mais com o seu antigo eu — ao qual eles estavam acostumados. Talvez você faça isso para tranquilizá-los de que ainda é a mesma pessoa que era antes, que eles não têm nada com que se preocupar e que você não foi "capturado" por alguma seita. Embora essa abordagem possa deixá-los mais confortáveis e reduzir a quantidade de atrito em reuniões sociais, ela envia a mensagem errada. Quando você descobriu o evangelho do reino — a mensagem salvadora da pessoa e obra de Jesus Cristo —, esse evangelho foi feito para transformá-lo. Não apenas lhe deu um novo nome; colocou você no caminho do crescimento com uma nova identidade. Em vez de enfraquecer a luz do seu crescimento em Cristo, aumente-a. Permita que os mais próximos de você vejam o fruto do Espírito que lhe faltava antes de conhecer a Cristo (veja Gl 5:22-23). Somente deixando nossa luz brilhar diante dos outros é que eles verão a mudança em nós, levando alguns — não todos, mas *alguns* — a "glorificar seu Pai que está nos céus" (Mt 5:16).

A mais estranha de todas as dádivas

MATEUS 14:1-3

Na vida e no ministério, às vezes me pego balançando a cabeça e dizendo: "Simplesmente não dá para inventar essas coisas". Se alguém acha a vida monótona, invariável ou maçante, não está vivendo plenamente. E se alguém acha o ministério invariável e desinteressante, provavelmente já se afastou do verdadeiro ministério!

A Bíblia serve como um espelho perfeito para o mundo real. Suas narrativas apresentam a vida em todas as suas cores mais variadas e intensas — algumas são brilhantes e estimulantes, outras sombrias e perturbadoras; algumas mostram contrastes nítidos, outras têm misturas sutis de cores. As histórias da Bíblia não são contos feitos sob encomenda para deleitar ou entreter. São relatos da vida real, para pessoas reais, no mundo real.

Isso explica por que alguns dos episódios vividos por Cristo são claramente bizarros. Alguns se mostram tão sórdidos, distorcidos e de tal forma chocantes que nos levam a concluir que é altamente improvável que alguém tenha inventado essas coisas. Mateus 14 começa com uma história assim: ela aparece de forma repentina e inesperada no fluxo do ministério de pregação, ensino, apresentação de parábolas e realização de milagres de Jesus. Se o evangelho de Mateus fosse um filme, provavelmente veríamos as palavras: "enquanto isso, no palácio de Herodes Antipas..." aparecerem na parte inferior do quadro. Ah, e essa cena específica provavelmente daria ao filme uma classificação R [restrito]. É tão cru e real.

A história começa com uma festa de aniversário, envolve uma dança sexualmente provocativa, resulta no mais estranho de todos os presentes de aniversário e termina com a decapitação, sem sentido, de um profeta piedoso por ordem de um rei lascivo e assustador. Com as figuras proeminentes desta história, podemos aprender algumas lições valiosas sobre loucura e pecado — e suas terríveis consequências.

14:1-2

O adúltero e lascivo Herodes Antipas e sua sádica e odiosa esposa, Herodias, teriam se qualificado como "Bonnie e Clyde" do Novo Testamento. Eles personificavam o mal de todas as maneiras, cuja profundidade é exposta na primeira parte de Mateus 14. Um expositor coloca desta forma:

> Esse relato verídico é mais incrível do que a mais bizarra das novelas. Revela uma história de infidelidade, divórcio, novo casamento, incesto, intriga política, ciúme, rancor, vingança, lascívia, luxúria, insensibilidade, crueldade, brutalidade, violência, remorso ímpio e luto piedoso. Mas, acima de tudo, é a história do medo ímpio e o poder de tal medo para confundir, enganar, corromper, destruir e condenar.[177]

Que imagem sombria! Mas não é exagero. O cenário de Mateus 14 nos leva ao funcionamento interno da corrupção judaica da época: a desprezível família de Herodes. As raízes dessa árvore genealógica foram alimentadas pelo sangue dos que foram assassinados por seus membros. O "chefão" original dessa família, Herodes, o Grande (veja a matéria na p. 35), deu um novo significado à frase "depravação humana". Casado nada menos do que dez vezes, Herodes só aumentava em vida o engano, a crueldade e os crimes a cada novo casamento. Ele mandou assassinar várias de suas esposas, assim como alguns de seus filhos. Um dos sortudos filhos que escapou do ciúme sanguinário de seu pai foi Herodes Antipas, que passou a governar o território a oeste do mar da Galileia e a leste do rio Jordão e do mar Morto, durante o ministério de Cristo.

Quando a cena começa em Mateus 14:1, encontramos Herodes observando o ministério de Jesus nas proximidades de seu território. A semelhança de sua mensagem com a de João, os rumores de sinais milagrosos e sua própria superstição e culpa o levaram a concluir que João Batista havia ressuscitado dentre os mortos (14:2). Essa parece ter sido a única explicação que Herodes conseguiu encontrar para o homem chamado Jesus ter um poder tão incrível.

Mas, espere! A última menção de Mateus a João Batista o apresenta na prisão de Herodes. Ele havia sido aprisionado no início do ministério de Jesus (4:12). Mais tarde, ele enviou mensageiros da prisão para perguntar se Jesus realmente era o tão esperado Messias (11:2-3). De que modo João morreu na prisão? Nesse ponto, Mateus aperta o botão de pausa em sua narrativa e apresenta a seus leitores o registro de um fato já ocorrido, para nos atualizar sobre como João perdeu a vida sob a custódia de Herodes Antipas.

14:3-5

Como já vimos em nosso relato sobre a prisão de João, mencionada em Mateus 4:12, a pregação do Batista — particularmente sua crítica ao casamento ilegítimo de Herodes Antipas com Herodias — o colocou em sérios problemas. João estivera proclamando publicamente: "Não te é permitido viver com ela" (14:4). Você deve se lembrar que Herodes Antipas se apaixonou por sua sobrinha e cunhada Herodias, que era neta de Herodes, o Grande, filha do meio-irmão de Antipas, Aristóbulo, e, também, esposa do irmão de Antipas, Filipe (que era também tio de Herodias)! Como eu disse no início: *Não dá para inventar essas coisas*! Não admira que João Batista tenha falado contra as façanhas desse rei!

AS RELAÇÕES DISTORCIDAS DE HERODIAS

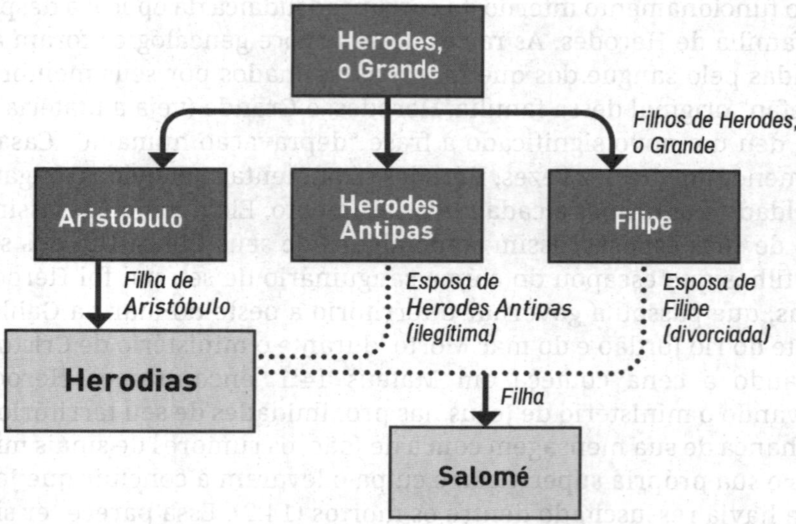

Mateus nos diz que Herodes queria mandar executar João, mas temia o clamor do público porque muitos acreditavam que João era um profeta (14:5). Além disso, o próprio Herodes sabia que João era um "homem justo e santo" e gostava de ouvir suas pregações (Mc 6:20). Pode ser que, no fundo, Herodes soubesse que a pregação de João contra seu pecado estava certa; sendo assim, ele teria a sensação de que ele estava errado, então mandar executar João teria sido o cúmulo da injustiça e da maldade. Então, Herodes Antipas havia resolvido apenas deixar que João permanecesse na prisão, onde o profeta estava sendo guardado a salvo (Mc 6:20). No entanto, a esposa ilegítima de Herodes, Herodias, não podia admitir que o assunto ficasse esquecido. Ela parece ter perdido o último resquício de moralidade e qualquer sentimento de culpa. Ela guardava um rancor amargo contra João e queria que ele fosse morto (Mc 6:19). Naturalmente, uma mulher tão perversa e intrigante estava esperando ansiosamente por uma chance de se vingar de João.

Herodes encontrava-se em um dilema embaraçoso, considerando a popularidade de João diante do povo, sua própria consciência sobrecarregada em relação ao tratamento dado a João e o forte desejo alimentado por sua esposa de matar o profeta. Claramente, Herodes se viu preso em uma teia pegajosa da qual não conseguia se livrar.

14:6-13

A oportunidade de Herodias de mandar matar João Batista surgiu da maneira mais inesperada. Em seu aniversário, Herodes ofereceu um grande banquete para "seus líderes mais importantes, aos comandantes militares e as principais personalidades da Galileia" (Mc 6:21). Esses convidados eram os figurões do governo, e Herodes estava disposto a fazer qualquer coisa para impressioná-los. Herodias se aproveitou do orgulho incomparável e da lascívia insaciável de Herodes. Ela planejou que sua filha, Salomé, dançasse para Herodes e os convidados em sua festa de aniversário.[178]

Quando Mateus nos diz que Salomé "dançou diante de todos e agradou tanto a Herodes" (Mt 14:6), não devemos imaginar uma menina de vestidinho rosa fazendo uma apresentação engraçadinha para o papai e seus amigos. Não foram apenas alguns movimentos de balé — alguns *pliés* e *sautés* animados com uma pirueta bem ensaiada. Bem ao contrário, Salomé, filha de Herodias do primeiro casamento com Filipe, não era uma criança inocente, mas uma adolescente vibrante que dançou de tal maneira que "agradou" a Herodes e seus convidados. Isso não significa que eles levantaram os cartões com "nota dez", para julgar seu desempenho. Em vez disso, eles foram consumidos pela lascívia por causa da garota! A. T. Robertson descreve a cena: "Foi uma exibição vergonhosa de dança lasciva pré-arranjada por Herodias para concretizar seu propósito quanto à morte de João. Salomé havia se rebaixado ao nível de uma *almeh*, ou seja, uma dançarina comum".[179]

Então, diante de todos os seus convidados da alta sociedade, o inebriado Herodes, envolto em desejo pela enteada, deixou escapar uma promessa estúpida de oferecer-lhe quase tudo o que ela pedisse em pagamento por sua dança, selando o compromisso com um juramento (Mt 14:7). Marcos apresenta detalhes adicionais, observando que Herodes fez a promessa pública não uma, mas duas vezes: "Peça-me qualquer coisa que você quiser, e eu darei". E sob juramento repetiu: "Seja o que for que me pedir, eu darei, até a metade do meu reino" (Mc 6:22-23). Assim que essas palavras saíram de sua boca, ele foi obrigado a cumprir aquele seu juramento tolo. Todos as mais altas personalidades da região estavam presentes, esperando para ouvir o pedido de Salomé e testemunhar as ações de Herodes.

Aquele era o momento que Herodias estava esperando. Quando Salomé sussurrou no ouvido de sua mãe: "Que pedirei?" Herodias disse prontamente: "A cabeça de João Batista" (Mc 6:24). Assim, em alto e bom som, para que todos no salão de banquetes ouvissem seu pedido, Salomé anunciou: "Desejo que me dês agora mesmo a cabeça de João Batista num prato" (Mt 14:8).

Naquele exato momento, Herodes Antipas "ficou aflito" (14:9). Talvez o choque do pedido tenha dado a Herodes um momento de lucidez, e ele percebeu que Herodias havia planejado astutamente a noite inteira para conseguir o que queria. Todavia, enquanto ele observava atentamente o salão cheio de rostos expectantes dos governantes, líderes militares e altos funcionários do governo, ele não poderia fazer nada a não ser cumprir sua palavra. Contra sua consciência, ele ordenou que a cabeça de João Batista fosse trazida em uma bandeja, em cumprimento ao sinistro pedido de sua enteada (14:10).

Conforme ordenado, o carrasco entregou a cabeça de João em uma bandeja e a apresentou a Salomé, que, por sua vez, a levou para sua mãe (14:11). Se alguém estivesse em dúvida sobre quem estava realmente por trás daquela trama, esse ato havia deixado tudo claro como cristal. Uma cena que teria feito uma pessoa normal se engasgar de horror, levou Herodias a sorrir de prazer. Ela conseguiu o que estivera querendo por meses: a cabeça do profeta que — em sua maneira de ver — tudo o que fazia era apontar a pecaminosidade dos atos dela.

Quando os discípulos de João Batista souberam de sua execução, imediatamente recolheram seu corpo para dar-lhe um enterro adequado. Eles então relataram a Jesus o que havia ocorrido (14:12). Em resposta a tal notícia, Jesus "retirou-se de barco, em particular, para um lugar deserto" (14:13). Podemos apenas supor que Ele foi chorar em silêncio e solidão, para refletir sobre a vida de João. Ele havia perdido aquele que havia proclamado a vinda do Messias, que o batizou para cumprir toda a justiça, e que, de modo fiel e corajoso, havia proclamado a mensagem de arrependimento a todos, mesmo ao perverso rei Herodes e sua ainda mais perversa esposa, Herodias.

Esses eventos aconteceram presumivelmente muito antes das palavras de Herodes Antipas, relatadas em Mateus 14:2: Vemos que a execução de João continuou a assombrar Herodes no futuro. Quando ouviu falar desse surpreendente profeta e mestre, Jesus de Nazaré, Herodes presumiu que o próprio João Batista teria ressuscitado dos mortos. Essas são as palavras de um homem levado à superstição louca por uma consciência ferida. Posso imaginar que, para aliviar seus temores, Herodes pediu à sua esposa, Herodias, que mandasse buscar a cabeça de João Batista, só para ter certeza de que já estava morto.

APLICAÇÃO

Mateus 14:1-13

QUATRO DURAS LIÇÕES SOBRE O PECADO

Algumas passagens das Escrituras são encorajadoras, fornecendo belos exemplos de fé, esperança e amor. Outras são chocantes, ilustrando as profundezas da maldade e depravação — e as consequências do pecado. O relato da decapitação de João Batista é um desses últimos exemplos. Na verdade, se você pensar muito sobre isso, o episódio é tão repulsivo que você pode sentir vontade de tomar um banho, depois de o ler. No entanto, mesmo esses relatos trágicos, de algumas das pessoas mais desagradáveis das Escrituras, fornecem lições para nós hoje.

Primeiro, *Herodias nos ensina como é perigoso e catastrófico nutrir rancor e buscar vingança.* No caso dela, isso a levou a vestir sua filha adolescente como uma dançarina exótica, manipular seu marido em público e pedir o assassinato injusto de um homem inocente, contra quem ela nutria uma raiva fervente havia meses. Sua obsessão em se vingar da humilhação pública que ela tinha experimentado havia cauterizado tanto sua consciência que, quando João Batista foi assassinado, a seu pedido, ela nem titubeou. A verdade é que, se alguém guarda rancor e amargura por um bom tempo, isso vai corroer a alma dessa pessoa.

Não haverá limite do que alguém poderá fazer para se vingar ou prejudicar outrem. Tal rancor pode ser comparado a um câncer agressivo que corrói a mente, as emoções e a vontade. Em vez de rejeitar amargamente aqueles que nos repreendem com justiça, seria melhor aceitar a repreensão, mudar nossos caminhos e seguir em frente. E, mesmo que alguém nos ofenda injustamente, é muito melhor perdoar e esquecer. Você está guardando rancor de alguém? Seria um antigo empregador ou colega de trabalho? Seu pai? Seu cônjuge? Abandone esse sentimento.

Segundo, *Herodes Antipas nos ensina sobre o poder da pressão do grupo*. Você sabe por que ele não voltou atrás em seu juramento tolo feito a Salomé? Porque ele se importava mais com o que pensavam dele do que em fazer o que era certo. Ele nem mesmo considerou sua responsabilidade para com Deus ou a própria justiça, menos ainda seu legado final para os anais da história. Em lugar dessa consideração, ele se importou apenas com o aqui e agora — como aqueles rostos no salão do banquete o veriam. E Herodes, claramente, não estava na posse plena de todas as suas faculdades mentais, naquele momento. Estava provavelmente bêbado, incapaz de pensar claramente sobre o modo de ação correto. Seu orgulho e e a bravata assumiram o controle, fazendo com que ele se tornasse um exemplo histórico de um rei tolo. Você está vivendo intimidado pela pressão do grupo? Vive em razão do que os outros na escola ou no trabalho possam dizer ou pensar sobre sua fé em Cristo ou suas convicções sobre questões morais? Você se vê cedendo diante de um grupo de colegas que não têm os interesses do céu em mente? Está querendo se exibir de uma forma que você pensa que vai impressioná-los, mesmo que, no fundo, você saiba que está errado? Não vale a pena! Em lugar disso, procure fazer o que é certo.

Terceiro, *Salomé nos ensina sobre a natureza enganosa da racionalização*. Salomé provavelmente não era apenas uma vítima inocente da manipulação de sua mãe. Ao que tudo indica, ela foi uma participante voluntária, e, desse modo, acabou participando desse caso sórdido. Imagino que ela tenha racionalizado sua forma de comportamento, convencendo-se através de um longo e tortuoso processo mental de que não havia problema em uma princesa aparecer seminua diante de Herodes e seus convidados, e realizar o que equivaleria a um lascivo *strip-tease*. E, se alguém apontasse para seu julgamento inconsequente e seus resultados trágicos, Salomé poderia apenas responder presunçosamente: "Eu estava apenas seguindo ordens". O poder de racionalizar o mal é chocante. Aqueles que fazem isso, podem de repente se ver em lugares que nunca esperariam estar praticando coisas que nunca imaginariam praticar. Você racionaliza o comportamento que tem certeza de que é errado? Você apela para a desculpa esfarrapada: "só estou fazendo o que me mandam"? Ou você imagina que as categorias de certo e errado não se aplicam a uma determinada situação porque "isso é muito importante"? Pare de racionalizar o mal [...] mesmo nas pequenas coisas. Isso vai terminar em desastre.

Finalmente, *toda a história nos ensina sobre a sedução e poder viciante do pecado.* Desde Herodes, o Grande, até todos os membros de sua família, o pecado envenenou os relacionamentos. Se não era a luxúria, era ganância; se não era o rancor, era assassinato; se não era o engano, era a blasfêmia. A casa de Herodes foi amaldiçoada pelo cultivo e propagação contínua do pecado. Como um vício transmitido de geração em geração, as doses aumentaram e os efeitos trágicos cresceram. Tenho um pequeno ditado que anotei num cartaz e coloquei na minha impressora, de frente para o computador em meu escritório em casa. Eu olho para ele todos os dias, e sou constantemente lembrado de sua sabedoria. Está escrito o seguinte: "O pecado o levará mais longe do que você quer ir, manterá você lá mais tempo do que você quer ficar e custará mais do que você quer pagar". Minha oração constante, em resposta a esse perigo, é: *Senhor Deus, mantém-me limpo. Lembra-me de manter as rédeas curtas. Mostra-me, repetidamente, quão fraco sou para que eu me apoie fortemente em ti e não envergonhe o teu nome ou a minha família nem as pessoas para quem eu ministro.* Permita que essa convicção e oração sejam suas, também.

Alimentando-se de um milagre no almoço

MATEUS 14:14-21

A alimentação dos cinco mil é o único milagre de Jesus registrado nos quatro evangelhos. Vamos aprofundar um pouco esse caso. Ele aponta para o seu significado na mente dos escritores dos evangelhos... assim como na mente de Deus. No entanto, pelo fato de essa história ter se tornado tão familiar para nós, às vezes perdemos sua importância e tendemos a diminuí-la em nossa própria mente. Esquecemos quão magnífico — e misterioso — foi esse milagre.

De fato, Jesus mais tarde repreenderia seus discípulos por não terem entendido o profundo significado da alimentação dos cinco mil — "Ainda não compreendem? Não se lembram dos cinco pães para os cinco mil e de quantos cestos vocês recolheram?" (16:9). Se encararmos o milagre simplesmente como uma maneira sobrenatural de alimentar pessoas famintas — o que, claramente, já não seria um evento insignificante em si mesmo — perderemos o significado espiritual do sinal. O milagre dos pães e peixes era uma espécie de parábola comestível; embora tenha tido um impacto físico imediato na multidão faminta que estava sendo alimentada, também apresentava um propósito espiritual para comunicar algo sobre Jesus, sobre o reino e igualmente sobre nós.

Em vez de dar de ombros para o que nos é familiar, e seguir em frente, precisamos desacelerar e refletir sobre sua profundidade. Vamos dar o devido valor a esse milagre, observando novamente que o nosso Deus é o Deus do impossível.

14:14

Vivemos cercados por impossibilidades em nossa vida — coisas que estão completamente fora de nosso alcance, situações que não conseguimos mudar, problemas que não temos capacidade de resolver. Talvez seja nossa saúde debilitada. Talvez seja um relacionamento rompido. Ou uma perda trágica. Seja o que for, simplesmente temos que rotulá-lo como "impossível" e lidar com ele da melhor maneira que pudermos. O próximo evento na narrativa de Mateus sobre o ministério de Jesus coloca cinco pedaços de um tipo de pão achatado e dois peixinhos em oposição a uma multidão faminta com milhares de homens, mulheres e crianças. Se estivéssemos lá naquele dia, teríamos dado uma olhada na situação e nos convenceríamos de que era impossível alimentá-los. Nada poderia ser feito para aliviar a necessidade de alimentação para aquelas pessoas.

Porém, antes de examinarmos o milagre em si, precisamos nos lembrar de que Jesus ainda estava de luto pela perda de seu primo João Batista (14:12-13). Ele tinha entrado em um barco para sair de fininho em direção a um lugar remoto, para ficar alguns momentos sozinho. No entanto, em pouco tempo, as multidões de seguidores souberam de sua partida, descobriram para onde Ele estava indo e, na verdade, acabaram encontrando um jeito de chegar àquele que deveria ser um "lugar deserto" (14:13). Eles apareceram em massa, vindo das cidades, esperando ver o homem acerca de quem todo mundo estava falando.

Quando Jesus saiu do barco, havia uma multidão que poderia chegar a vinte mil pessoas — cerca de cinco mil homens, além de milhares de mulheres e crianças (14:21). Mateus, inicialmente, apenas chama a multidão de "grande" (14:14). Imagine o número de necessidades que tinha aquele grupo. Pense nos doentes, nos debilitados, nos feridos e nos espiritualmente oprimidos! O sofrimento e a dor do povo comoveram Jesus. E, em vez de mostrar irritação ou frustração por seu tempo de solitude ter sido perturbado, Ele imediatamente arregaçou as mangas e começou a trabalhar, curando os doentes. Por quê? Simplesmente Jesus "teve compaixão deles" (14:14).

Enquanto as nuvens rolavam pelo céu e o sol fazia sua trajetória de leste a oeste, Jesus abriu caminho entre a multidão de pessoas, curando uma após a outra. Sem dúvida, seus discípulos o estavam ajudando a, pelo menos, a organizar as pessoas, provavelmente observando o sol se pondo lentamente com o canto do olho, enquanto a multidão parecia aumentar. Porém, o relato de Mateus não dá nenhuma indicação de que Jesus diminuiu o ritmo por um momento.

14:15-17

Então, quando o crepúsculo vinha se aproximando, os discípulos já se mostravam cansados. Eles estavam ficando com fome e impacientes. Você conhece tal sensação. Você fica tanto tempo sem comer que começa a se sentir aborrecido e irritado por causa da falta de comida. Tenho certeza de que a maioria dos discípulos estava passando por isso, assim como milhares de pessoas na multidão. Lembre-se, não havia apenas homens, mas famílias inteiras. Não importa de que século você é — crianças pequenas ficam muito mal-humoradas quando não comem o dia todo. Quaisquer que sejam as provisões que as pessoas pudessem ter levado, àquela altura já tinham acabado.

Então, os discípulos puxaram Jesus de lado e disseram, em essência: "Mestre, já está na hora de parar. O sol está se pondo e estamos no meio do nada. Mande todas essas pessoas embora para que possam ir à cidade comprar alguma coisa para comer" (veja 14:15). Nada do que os discípulos disseram parecia irracional. Do ponto de vista estritamente humano, a atitude deles fazia todo o sentido. Em função do contexto total da situação, "mandá-los embora" era a solução para o problema. Que outras opções eles tinham, senão o impossível?

Mas o impossível foi exatamente o que Jesus lhes pediu que fizessem.

"Eles não precisam ir. Deem-lhes vocês algo para comer" (14:16). Essa ordem pode muito bem ter sido uma das coisas mais absurdas que os discípulos já teriam ouvido dos lábios de Jesus — e eles já tinham ouvido muitas. O que Jesus estava pedindo que eles fizessem era simplesmente impossível. Tenho certeza de que eles honraram a ordem de Jesus e analisaram suas opções, riscando uma grossa linha vermelha em cada uma delas. Em primeiro lugar, eles tinham pouquíssima comida. Fizeram questão de deixar isso explícito: "Tudo o que temos aqui são cinco pães e dois peixes" (14:17). Quando você pensa nesses "pães", provavelmente deve imaginar pedaços pequenos e achatados de pão de cevada, cada um talvez do tamanho de uma mão aberta. E, para o elemento "peixes", você provavelmente deve imaginar algo como sardinhas secas e curadas, nada mais do que o suficiente para um lanche da tarde. O relato de João sobre o milagre nos diz que essas provisões insignificantes pertenciam a um menino (Jo 6:9)! Para todos os propósitos práticos, os discípulos não tinham comida nenhuma. Esse era o problema número um.

Em segundo lugar, eles não tinham dinheiro. Se Jesus insistisse no pedido de que os discípulos alimentassem a multidão, isso exigiria que eles juntassem todo o dinheiro que tivessem disponível, fossem às cidades vizinhas e comprassem o máximo de comida que pudessem para alimentar o maior número possível de pessoas. Mas seria preciso uma pequena fortuna para fornecer apenas uma refeição básica para milhares de pessoas reunidas, naquele fim de tarde. Na verdade, Filipe rapidamente fez as contas e sugeriu que mesmo um pequeno lanche para cada pessoa custaria "duzentos denários" (Jo 6:7), que era cerca de oito meses do salário médio de uma pessoa.[180] Eles simplesmente não tinham recursos financeiros para fazê-lo.

Terceiro, mesmo que tivessem o dinheiro, não teriam tempo! Jesus passara o dia todo caminhando pela multidão para curar os enfermos. O sol estava se pondo. Logo seria hora de dormir. Mesmo que os discípulos tivessem uma carroça cheia de comida à disposição, e, se eles distribuíssem a comida de forma ordenada para que todos recebessem uma quantidade igual, o processo iria durar até a madrugada! Aí, então eles teriam que começar a rodada do café da manhã.

Por fim, mesmo que tivessem comida e tempo, não tinham energia ou mão de obra para fazê-lo. Os discípulos estavam com fome e exaustos!

De um ponto de vista puramente humano, eles não viam como contornar esse problema. Jesus estava exigindo o impossível. O relato de João sobre esse milagre nos proporciona algumas informações privilegiadas. Jesus lhes disse que fizessem o que todo mundo sabia que era impossível, a fim de testá-los, "pois já tinha em mente o que ia fazer" (Jo 6:6).

Claramente, os discípulos falharam no teste. Em suas objeções, cederam à pressão do natural, renderam-se ao que era terreno e ao racional. E, ao fazer isso, eles esqueceram completamente que estava diante deles *a onipotência personificada*. Em vez de dizer: "Não podemos", eles deveriam ter respondido a Jesus da mesma forma que o profeta Jeremias havia respondido a Deus: "Ah! Soberano Senhor, tu fizeste os céus e a terra pelo teu grande poder e por teu braço estendido. Nada é difícil demais para ti" (Jr 32:17). Mas, quando nossa mente está presa à perspectiva humana, nossa razão ficará limitada às possibilidades humanas. Só iremos focar no que *não pode* ser feito. Esquecemos que Deus é o Deus do impossível, Aquele que disse: "Eu sou o Senhor, o Deus de toda a humanidade. Há alguma coisa difícil demais para mim?" (Jr 32:27).

14:18-19

Sem ostentação, sem um anúncio em alto som, sem nenhuma declaração espetacular, Jesus realizou um milagre impressionante diferente de tudo o que aquela multidão já tinha visto. Como ele fez isso? Com uma simples oração de agradecimento. Primeiro, Ele pediu que os discípulos trouxessem os cinco pães e dois peixinhos (14:18). Jesus realmente precisava daquele alimento? Não. Aquele que criou tudo do nada poderia ter ordenado que uma refeição completa caísse no colo de cada membro da multidão. Mas Ele escolheu tomar a oferta aparentemente insignificante daquele rapaz ali presente e multiplicá-la. Ele ordenou que todos se assentassem onde estavam, na grama (14:19). O evangelho de Marcos acrescenta o detalhe de que eles fizeram isso "em grupos de cem e de cinquenta" (Mc 6:40). Isso tornou a distribuição muito mais fácil do que se as pessoas estivessem correndo de um lado para o outro na excitação do momento.

Com os olhos voltados para o céu — a postura normal de uma pessoa em oração naqueles dias — Jesus abençoou a comida e partiu o pão. A bênção judaica típica no início de uma refeição era, em nossos termos, como dizer: "Bendito és tu, ó Senhor nosso Deus, rei do mundo, que fizeste brotar o pão da terra".[181] Não teria havido nada de inesperado nessa oração. Aqueles mais próximos de Jesus, na multidão, podem ter pensado que Ele e seus discípulos iriam ter o jantar deles.

Nos primeiros segundos, era exatamente isso que parecia. Jesus partiu o pão e dividiu os peixes, depois distribuiu o alimento repartido aos seus discípulos. Eles, por sua vez, entregaram o pão aos mais próximos (Mt 14:19). Mas então, partindo de Jesus no centro, foi vindo onda após onda de pão e peixe em abundância para a multidão que estava assentada.

14:20-21

Todos comeram pão e peixe naquela noite, e todos os que ali estavam "ficaram satisfeitos" (14:20). Aqui Mateus se esforça para apontar que

O *kophinos* era uma cesta de vime, talvez como a que está ilustrada aqui.

os "cinco mil" contavam apenas os homens. Além deles, mulheres e crianças também comeram (14:21). Se houvesse tantas mulheres quanto homens presentes, isso aumentaria o número de bocas para serem alimentadas para dez mil. Se houvesse em média dois filhos com cada homem, isso teria dobrado o número para vinte mil. De qualquer forma, o que fica bem claro é que famílias inteiras foram abençoadas pelo milagre dos pães e peixes. E isso não é tudo. Mateus menciona que "os discípulos recolheram doze cestos cheios de pedaços que sobraram" (14:20). O termo traduzido aqui por "cesta" é *kophinos* [2894], uma espécie de recipiente de vime que poderia ser carregado nos braços com bastante facilidade. Jesus não só providenciou o que era necessário — um feito que, apenas algumas horas antes, se pensava ser impossível de ser realizado — mas seu milagre de multiplicação produziu uma superabundância de alimentos.

APLICAÇÃO

Mateus 14:14-21

SITUAÇÕES IMPOSSÍVEIS, GRANDES OPORTUNIDADES

Por meio dessa lição inesquecível, Jesus ensinou verdades fundamentais. Além da demonstração de que Ele é o Senhor do céu *e da terra*, das coisas espirituais *e físicas*, do possível *e do impossível*, Ele ressaltou o fato de que lida não apenas com apenas o *suficiente*, mas também com o *abundante*. Em outra ocasião, Ele anunciaria: "Eu vim para que tenham vida, e a tenham em abundância" (Jo 10:10, ARA). E Ele, "por meio do seu poder que age em nós, pode fazer muito mais do que nós pedimos ou até pensamos! (Ef 3:20)", isto é, através do Espírito Santo.

Você, hoje, está enfrentando uma situação aparentemente impossível? Não tem dinheiro, tempo ou energia suficiente para continuar? Essa é uma oportunidade para Deus fazer o impossível. Aquelas pessoas que estiveram com Jesus o dia todo precisavam de comida, então Ele a proveu. Embora, para os discípulos, fosse impossível suprir a necessidade, não era impossível para o Senhor. Enquanto estivermos conduzindo nossa vida a partir de um ponto de vista horizontal — focando nas limitações deste mundo físico, com suas leis invioláveis de causa e efeito — a única coisa que poderemos ver são as impossibilidades. Enquanto estivermos presos nesse plano horizontal, olhando apenas para o lado humano das coisas, vamos nos deparar, repetidas vezes, com situações em que não conseguiremos seguir em frente. E nossa vida será marcada pelo negativo — aquilo que *não pode* ser feito.

Sim, reconheça que sua situação é impossível. Seus problemas no casamento? *Impossíveis*. A rebelião do seu filho adolescente? *Impossível*. Sua situação de emprego? *Impossível*. Seu diagnóstico médico? *Impossível*. A batalha legal que você está travando? *Impossível*. A dificuldade financeira? *Impossível*. A batalha contra a tentação e o pecado? *Impossível*. Sua luta emocional? *Impossível*. Nossa situação política? *Impossível*.

Agora faça uma pausa. Sim, essas e muitas outras coisas são, do nosso ponto de vista horizontal, são situações impossíveis. Mas agora olhe para cima. Agradeça ao Senhor em oração e deixe que Ele transforme sua situação impossível em uma grande oportunidade para "suprir, em Cristo Jesus, cada uma de vossas necessidades" (Fp 4:19, ARA). Ele sabe do que você precisa e sabe quando você precisa. E Aquele que falou e por sua palavra trouxe este universo à existência não está limitado por nossas noções materialistas de "*se* isso... *então* aquilo".

Do nosso ponto de vista limitado, não podemos ver as oportunidades magníficas que Deus vê. Se realmente confiamos em Deus, precisamos aceitar esse fato. Nada é impossível para Ele. Com o objetivo de manter essa verdade sempre presente em meio às suas próprias situações impossíveis, reserve um momento para memorizar estes versículos simples, mas de grande profundidade.

- "Eu sou o SENHOR, o Deus de toda a humanidade. Há alguma coisa difícil demais para mim?" (Jr 32:27)
- "Soberano SENHOR, tu fizeste os céus e a terra pelo teu grande poder e por teu braço estendido. Nada é difícil demais para ti (Jr 32:17).

O que nos faz ficar de joelhos?

MATEUS 14:22-36

Durante toda a minha vida ouvi pessoas falarem sobre "andar com o Senhor" depois de "decidirem seguir a Jesus" e "não voltar atrás". Mas e se o Senhor Jesus nos enviar em um barco de pesca lotado no meio da noite para remar no escuro? E se aquele barco enfrentar uma violenta tempestade de vento que ameaça virar a embarcação no meio do lago? E se Jesus chamar para sair do barco e descer na superfície furiosa da água com a perspectiva de descer como uma pedra para o fundo do abismo escuro que está abaixo? Uma coisa é prometer ir para onde quer que Ele nos conduza e segui-lo todos os nossos dias; outra coisa é ir na direção que Ele aponta quando parece que está nos enviando para o caminho do perigo.

Enquanto Mateus conta uma história após a outra sobre como é andar com Jesus aonde quer que Ele vá, somos levados para algumas cenas inesquecíveis com os discípulos. Essas cenas devem nos fazer pensar muito sobre o discipulado. Se usarmos nossa imaginação e formos aonde eles foram, se virmos o que viram e sentirmos o que sentiram, isso terá um impacto profundo na seriedade com que encaramos nosso compromisso de seguir Jesus aonde quer que Ele nos guiar e de ir para onde Ele nos enviar.

A cena que vem imediatamente após a alimentação da enorme multidão de homens, mulheres e crianças no final daquela tarde nos fornece uma imagem poderosa da vida do verdadeiro discipulado. Tenho certeza de que os discípulos nunca esqueceriam aquela noite no mar. Seus detalhes ficariam permanentemente guardados na mente deles... e suas lições de fé gravadas eternamente em seu coração.

14:22-23

À medida que o sol se punha atrás do horizonte recortado, nuvens rolavam sobre a Galileia, reduzindo o luar e a luz das estrelas a um brilho sinistro. Alguns na multidão sem dúvida já haviam começado a se dispersar; outros provavelmente haviam encontrado um trecho macio de grama e começado a cochilar. Certamente alguns membros vigilantes da multidão estavam mantendo os olhos em Jesus e nos discípulos para ver o que eles poderiam fazer a seguir. Tendo caído a noite, Jesus levou seus discípulos para a margem oriental do lago, iluminada pela lua, colocou-os no barco e apontou para a margem do lado oposto, na direção norte, orientando-os a seguir em frente, para Betsaida (14:22; Mc 6:45).

Como as multidões provavelmente começaram a se agitar e se preparar para seguir Jesus até Betsaida, Ele as despediu, mandando-as para casa, enquanto finalmente aproveitava algum tempo para orar sozinho, subindo uma montanha próxima (Mt 14:22-23). Não seria uma distorção da narrativa dizer que Jesus estava intencionalmente tentando "se livrar" das massas. João nos informa ao final de seu relato sobre o milagre da alimentação: "Sabendo Jesus que pretendiam proclamá-lo rei à força, retirou-se novamente sozinho para o monte" (Jo 6:15).

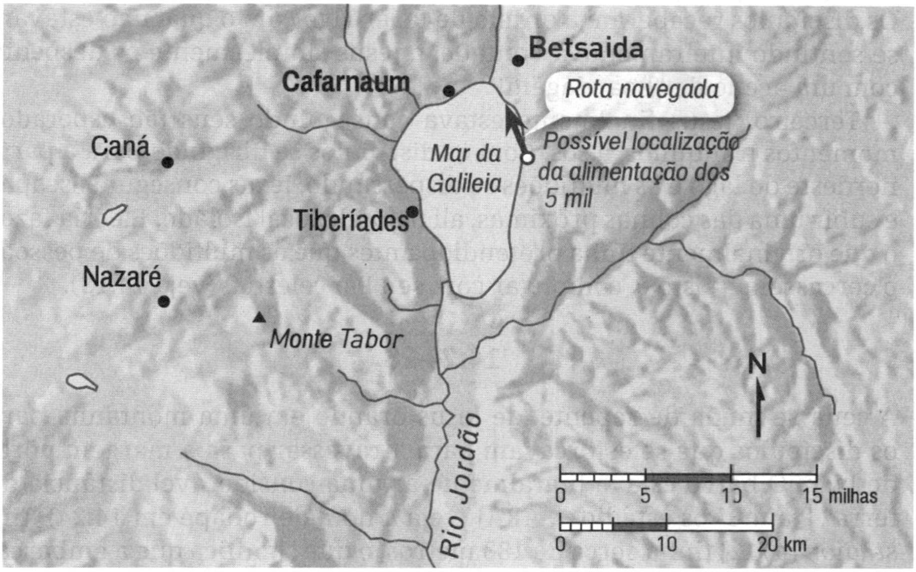

De acordo com o evangelho de Marcos, Jesus enviou os discípulos de barco para Betsaida depois de alimentar os cinco mil.

Precisamos observar alguns detalhes sobre essa cena incomum. Primeiro, Jesus deixou os discípulos sozinhos. Ele não se juntou a eles no barco como de costume. Talvez por alguns segundos eles tenham pensado que Ele subiria no barco para ir com eles. Isso certamente tornaria menos assustadora a perspectiva de atravessar aquele corpo de água imenso e escuro. Afinal, da última vez que uma quase tragédia os atingiu no mar da Galileia, em forma de uma tempestade, Jesus a havia acalmado simplesmente com uma ordem (Mt 8:24-26). Mas, nesta ocasião, em vez de embarcar com eles, Ele, basicamente, disse: "Vão na frente. Eu vou encontrá-los mais tarde". Talvez uma onda de pânico tenha começado a pairar sobre eles quando o barco começou a cortar as águas escuras, mas, já que Jesus lhes havia ordenado que fossem, eles não tiveram escolha a não ser simplesmente confiar nele e obedecer-lhe.

Segundo, Jesus os havia enviado para o meio da escuridão. É claro que vários desses homens eram pescadores experientes, familiarizados com a navegação no mar da Galileia em todos os tipos de condições, dia e noite. Mas, geralmente, essas expedições só percorriam o trajeto da costa até os locais de pesca e vice-versa — em horários e lugares que eles próprios escolhiam. No entanto, aqui estavam eles em um mar escuro, sem luz, em um barco quase certamente próximo de sua capacidade máxima. E, não se esqueça, é possível que eles também estivessem carregando pelo menos alguns dos cestos com a sobras de pão e peixe! Os discípulos receberam a ordem de fazer algo com o qual não estavam se sentindo inteiramente à vontade, e Jesus simplesmente os despediu com um aceno de "boa viagem!"

Terceiro, Jesus finalmente estava conseguindo seus tão esperados momentos tranquilos, a sós. Com os discípulos se dirigindo para a parte nordeste do lago e as multidões se dispersando, Jesus conseguiu escapar e subir uma das colinas próximas, ali naquele local isolado. Ele iria fazer o que originalmente tinha pretendido antes que as multidões de pessoas o cercassem — isto é, comungar com seu Pai celestial (veja 14:13).

14:24-26

A cena se muda de repente, de Jesus orando em uma montanha para os discípulos que se esforçavam para atravessar para a margem norte do lago. O barco estava literalmente a "uma considerável distância da terra" ["a muitos estádios", ARA] (veja a nota de rodapé em 14:24). Um *stadion* [4712] tinha cerca de 183 metros, o que significa que a embarcação estava precariamente longe da segurança da costa. O que era pior, o barco estava sendo "fustigado pelas ondas, porque o vento soprava contra ele" (14:24). Mateus descreve a ação das ondas com a palavra *basanizō* [928], um verbo que significa "sujeitar algo a uma severa situação de angústia, *tormento, perturbação*".[182] Embora os discípulos tivessem, provavelmente, a intenção de se manter junto da linha costeira enquanto se dirigissem para o norte, o vento e as ondas os empurravam cada vez mais para o mar aberto, para longe de seu destino e em direção a uma calamidade previsível! Passava das três horas da madrugada, mas ainda não havia amanhecido — "a quarta vigília da noite" (14:25, ARA).[183] Em suma, os discípulos estavam em apuros e, até onde sabiam, completamente sozinhos.

Então, à beira da exaustão e do fim de suas esperanças, eles viram Jesus vindo em sua direção, andando sobre a superfície da água. A princípio, eles não sabiam que era Ele. Tão inesperado e surpreendente teria sido tal acontecimento que eles assumiram que se tratava de um fantasma e começaram a entrar em pânico (14:26). Vamos admitir — você e eu teríamos pensado a mesma coisa. Quem poderia imaginar que Jesus se juntaria ao grupo no barco andando por sobre as águas? Os discípulos ficaram apavorados. A palavra grega traduzida como "aterrorizado" em 14:26 é uma forma de *tarassō* [5015], que significa "algo que pode causar tumulto interior, *agitação, perturbação, abalo, estado de confusão*".[184] Em momentos assim a última coisa que os discípulos estavam fazendo era analisar o que viam através das lentes de uma teologia adequada sobre o corpo, o espírito e fantasmas. Com a tragédia iminente, eles acabaram jogando também sua teologia no mar.

14:27-33

Jesus resgatou os discípulos até mesmo de sua teologia equivocada. Ele imediatamente respondeu à sua crença repentina e supersticiosa acerca de fantasmas. "Coragem! Sou eu; não tenham medo" (14:27). Vejo duas partes específicas em sua resposta — dois imperativos complementares e um indicativo. Nessas ordens, Jesus expressou essencialmente uma ideia por meio de duas formas — positivamente ("tenham coragem") e negativamente ("não tenham medo"). A ordem negativa, "não tenham medo", tratou sobre o estado de pânico dos discípulos à luz da situação perigosa em que se encontravam. Enquanto isso, o comando positivo, "coragem", os deveria inspirar a, ativamente, pôr um fim ao seu medo. O verbo grego traduzido como "coragem", *tharseō* [2293], foi usado anteriormente em Mateus 9:2, quando Jesus se dirigiu ao paralítico em sua cama: "Tenha bom ânimo, filho; os seus pecados estão perdoados". Também foi empregado em Mateus 9:22, quando Ele curou a mulher que sofrera hemorragia por doze anos. "Ânimo, filha, a tua fé te curou!" O termo significa "ser firme ou resoluto diante do perigo ou das circunstâncias adversas".[185]

Entre esses dois imperativos complementares, Jesus fez uma declaração profunda que forneceria a base para a confiança e o fortalecimento dos discípulos: "Sou eu". Literalmente, as palavras de Jesus foram: "Eu sou" — talvez uma misteriosa referência à sua identidade como o grande "EU SOU" (Êx 3:14; veja também Jo 8:58). Aquele que havia criado aquele mesmo corpo de água em que navegavam decidiu dar um passeio matinal por ele. Sua presença tranquilizadora e palavras encorajadoras teriam começado a acalmar o coração dos discípulos. As lembranças de quem Jesus era e do que Ele havia feito ao longo de seu ministério teriam começado a acalmar seu medo e apreensão, mesmo enquanto o vento continuava a soprar e as ondas continuavam a bater contra o barco.

Essas poucas palavras foram tudo o que Pedro precisava ouvir para encorajá-lo a dar um salto literal de fé! No que pareceu um movimento impulsivo, Pedro disse: "Senhor [...] se és tu, manda-me ir ao teu encontro por sobre as águas" (Mt 14:28). Poderíamos ler isso como uma forma de Pedro estar testando Jesus, mas prefiro entender como um ato ousado de fé. De qualquer forma, Jesus o convidou para ir: "Venha!" (14:29). Sem hesitar, Pedro escalou a lateral do barco, que estava balançando muito, e se jogou na água. Não *dentro*... *sobre*. Passo a passo, ele caminhou em direção a Jesus como se estivesse andando na neve.

Tudo parecia estar saindo bem enquanto Pedro mantinha os olhos em Jesus — a verdadeira fonte da fé corajosa. Mas em poucos segundos, Pedro desviou o foco do Senhor dos elementos da natureza e começou a examinar os próprios elementos em si: "Mas, quando reparou no vento, ficou com medo e, começando a afundar, gritou" (14:30).

No entanto, mesmo em seu lapso de medo, Pedro deu um sinal de fé genuína. Ele não gritou, simplesmente, cheio de terror. Ele clamou: "Senhor, salva-me!" Essa simples oração bastou. Jesus estendeu a mão, agarrou Pedro e o tirou da água com algumas palavras de advertência gentil, mas firme. "Homem de pequena fé, por que você duvidou?" (14:31). A palavra grega para "dúvida" aqui é rara — *distazō* [1365]. Em todo o Novo Testamento a palavra é encontrada apenas nesta passagem e em Mateus 28:17: "Quando o viram, o adoraram; mas alguns duvidaram". Em ambos os lugares, o termo é usado em referência a pessoas que, de fato, acreditam em quem Jesus é e no que Ele é capaz de realizar, mas que, ao mesmo tempo, abrigam algumas dúvidas que persistem. Esse não seria o tipo de dúvida que um incrédulo tem, que mais se parece como uma incredulidade obstinada. É a dúvida que vem como resultado de se viver em um mundo cheio de situações, circunstâncias, provações e tribulações que fazem com que crentes fortes se perguntem sobre a bondade e a misericórdia de Deus.

Finalmente, Pedro e Jesus subiram no barco. Imediatamente o vento parou e as ondas cessaram sua fúria. Todos estavam sãos e salvos. Uma bonança se formou na superfície da água. O barco ainda balançava com o movimento das vagas, mas não havia vento nem ondas violentas. Tudo ficou em silêncio. O mar se tornou subitamente liso como uma superfície de vidro.

Talvez os primeiros sinais da luz do dia tenham começado a surgir atrás das montanhas no lado oriental, de modo que os discípulos já podiam d. O relato de João nos diz que "logo chegaram à praia para a qual se dirigiam" (Jo 6:21), indicando não apenas uma milagrosa libertação do perigo, mas também uma miraculosa chegada da embarcação à costa.

Tudo isso foi muita coisa para os discípulos absorverem. Mateus diz que eles "o adoraram, dizendo: 'Verdadeiramente tu és o Filho de Deus!'" (Mt 14:33). O evangelho de Marcos nos dá um vislumbre diferente da conclusão da história: "eles ficaram atônitos, pois não tinham entendido o milagre dos pães. O coração deles estava endurecido" (Mc 6:51-52). Recuperando-se dos eventos das últimas vinte e quatro horas e diante de mais um sinal da identidade de Jesus, os discípulos ainda estavam tendo problemas para entender o significado de tudo aquilo. Mas não vamos ser muito duros com os discípulos. Eles não tinham uma completa compreensão do mistério da Encarnação. Eles podiam expressar as palavras "Filho de Deus", mas não tinham condições de entender completamente a ideia de que Deus, o Filho, havia se tornado humano — verdadeiro Deus e verdadeiro homem, em perfeita unidade em uma pessoa. No entanto, lenta mas seguramente os discípulos estavam chegando a esse entendimento.

14:34-36

Os próximos versículos funcionam como uma transição. Após a alimentação dos milhares, os discípulos finalmente chegaram à margem norte do lago, na área da cidade de Betsaida (Mc 6:45). O evangelho de João conta que multidões de pessoas, sem saber para onde Jesus e os discípulos haviam ido, navegaram no dia seguinte à procura deles (Jo 6:22-24). Isso sugere que Jesus e os discípulos "se livraram" das multidões por um dia para obter um descanso merecido.

No entanto, depois que Jesus e os discípulos atravessaram o lago do lado norte para a costa noroeste, perto de Genesaré (Mt 14:34), logo ao sul de Cafarnaum, vindo pela costa, uma multidão começou a se reunir ali. João nos conta que a multidão desordenada, que estivera o dia todo procurando encontrar Jesus, havia atravessado o lago tentando localizá-lo (Jo 6:24-25). Mateus retoma a narrativa com Jesus no lado noroeste do mar da Galileia continuando a ministrar aos sofredores e doentes (Mt 14:35).

Tão poderosos eram seus milagres que se as pessoas tocassem até a franja de seu manto, eram curadas de suas doenças (14:36). O fato de as pessoas terem implorado a Jesus que as deixasse tocar em seu manto para serem curadas pode sugerir que eles tinham ouvido o testemunho da mulher que havia sido curada dos doze anos de hemorragia (veja 9:20-22). Sendo assim, isso nos dá um bom exemplo de como a notícia dos milagres surpreendentes de Jesus havia causado um impacto nas multidões.

APLICAÇÃO

Mateus 14:22-36

LEVANDO-NOS A CAIR DE JOELHOS

A história de Jesus andando por sobre as águas, chamando Pedro para caminhar com Ele e acalmando a tempestade com uma ordem, pode parecer muito distante e parte de um passado remoto. Mas a verdade é que todos nós estamos, em certo sentido, no mesmo barco que os discípulos. Se usarmos nossa imaginação, podemos reviver aquela cena e entender o tipo de prova que eles enfrentaram. Ao ponderar sobre os princípios que emergem dessa história, consigo pensar em três conexões com nossos próprios desafios na vida — desafios que nos fazem cair de joelhos na dependência de Cristo.

Primeiro, às vezes nos sentimos sozinhos quando passamos por noites escuras, *mas não estamos.* Temos Jesus, que passa a residir permanentemente em nossa vida. Seu Espírito habita em nós para nos capacitar, nos lembrar de sua presença e nos habilitar a suportar o que estiver à nossa frente. Ele está conosco, mesmo quando a noite se mostra escura, e vemos apenas um abismo sem esperança diante de nós. Talvez seja assim que você está se sentindo agora. Você está ficando sem esperança e a noite está se aproximando. A solidão está sufocando você. Lembre-se, você jamais está sozinho. Ele está com você.

Segundo, as tempestades da vida parecem durar para sempre, *mas elas haverão de cessar*. Elas não são longas demais para serem suportadas. Nenhuma tempestade nos atinge sem que antes não seja conhecida, permitida ou dirigida pelo Senhor nosso Deus. Ele nunca é pego de surpresa por nada que acontece em nossa vida. Às vezes, Cynthia e eu olhamos para algum evento que ocorre que faz nossa cabeça girar e, em meio àquela confusão, pensamos: *quanto tempo isso vai durar?* No entanto, nesses momentos, costumamos dizer um para o outro: "Isso não é um acidente". É importante lembrar que Deus conhece bem o que está acontecendo. Ele sabe o que está fazendo e nada está fora de seu controle. As tempestades da vida nunca duram mais tempo do que deveriam. Deus não apenas planeja a profundidade de cada provação, mas também a duração dela. Quando chegar a hora de a tempestade acabar, Ele a deterá num instante. É útil lembrar que Deus não é *quase* soberano.

Terceiro, às vezes passamos por momentos terríveis quando pensamos que vamos nos afogar, *mas isso não vai acontecer*. Embora possamos inicialmente dar passos nobres de fé e experimentar um ímpeto de confiança, muitas vezes perdemos nosso Senhor de vista, vacilamos e caímos. Porém, mesmo quando começamos a afundar, afundamos em seus braços. Eu sei que não há nada mais horrível do que a sensação de que estamos nos afogando nas inundações esmagadoras da vida. Mas, em vez de responder em pânico e dúvida, busque a Ele. Segure na mão dele. Deixe-o fortalecê-lo e encorajá-lo.

Nenhuma dessas provações tem o objetivo de acabar conosco — nem as noites escuras, muito menos as tempestades furiosas, ou mesmo aqueles momentos em que achamos que iremos nos afogar. Em vez disso, o propósito dessas experiências é nos fazer cair de joelhos em oração e levantar nossos olhos para o Senhor em adoração. Nessas horas, precisamos ver o invisível, andar pela fé. Ao fazermos isso, perceberemos que há mais coisas acontecendo do que vemos na própria provação em si. Deus está nos colocando de joelhos... e nos trazendo para perto dele.

Pontos cegos espirituais

MATEUS 15:1-20

Em 2Coríntios 4:3-4, o apóstolo Paulo escreveu: "Mas, se o nosso evangelho está encoberto, para os que estão perecendo é que está encoberto. O deus desta era cegou o entendimento dos descrentes, para que não vejam a luz do evangelho da glória de Cristo, que é a imagem de Deus".

Tendo lutado com alguns problemas de visão ao longo dos anos, minha apreciação pelo dom da vista cresceu. Como a cegueira pode ser frustrante e paralisante para aqueles que estão acostumados a ter luz para guiá-los pela vida! No entanto, a cegueira espiritual — como a mencionada por Paulo — tem consequências desastrosas *para a eternidade*. Os espiritualmente cegos são aqueles cuja mente foi paralisada pela incredulidade através das operações enganosas de Satanás — o chamado deus deste mundo. Por causa de sua cegueira para as verdades espirituais, eles são incapazes de ver a luz das boas novas de Jesus Cristo. O que eles precisam é de um toque de cura do Espírito Santo para abrir seus olhos espirituais a fim de entenderem e aceitarem Jesus como Salvador.

A cegueira espiritual não tem nada a ver com a inteligência humana, a estabilidade emocional, a capacidade de amar a família ou a capacidade de aprender e crescer. A cegueira espiritual pode afetar gênios e pensadores comuns, ricos e pobres, famosos e anônimos, pessoas virtuosas e pessoas perversas. A diferença entre os espiritualmente cegos e aqueles que "veem" é a maneira como respondem ao evangelho transformador da pessoa e obra de Jesus Cristo. Os espiritualmente cegos não veem seu pecado ou sua necessidade de um Salvador. Sua mente está fechada para as glórias de quem Jesus é — o Deus-homem — e o que Ele fez — morreu por seus pecados e ressuscitou dos mortos como Senhor de tudo.

Quando Jesus andou aqui na terra, Ele encontrou líderes religiosos — ou seja, fariseus e escribas — a quem identificou como "cegos, guias de cegos" (Mt 15:14, ARA). Ele não estava dizendo que esses líderes eram fisicamente cegos. O que lhes faltava era a capacidade de ver o que deveria ser óbvio — que Ele é a Luz do Mundo. Como resultado, eles estavam fazendo as perguntas erradas. E por causa de sua cegueira espiritual, Jesus muitas vezes os confrontou, ao mesmo tempo em que advertiu seus seguidores a não deixar que esses guias cegos os desencaminhassem.

15:1-9

Jesus e seus discípulos chegaram à região de Genesaré, onde o Mestre começou imediatamente a realizar milagres surpreendentes entre a multidão (14:34-36). Enquanto Jesus realizava esses sinais poderosos, demonstrando quem Ele era e, ao mesmo tempo, validando a autoridade divina de seu ensino, os fariseus e escribas apareceram, vindo de Jerusalém (15:1). Eles teriam vindo em buscar de cura? Pedir a Jesus que resolvesse uma questão teológica incômoda? Desejavam ser encorajados por sua pregação? Claro que não. Ao contrário disso, eles vieram com uma pergunta completamente equivocada: "Por que os seus discípulos transgridem a tradição dos líderes religiosos? Pois não lavam as mãos antes de comer!" (15:2). Para leitores não-judeus, o evangelho de Marcos revela um pouco do contexto em que ocorreu essa crítica.

Os fariseus e todos os judeus não comem sem lavar as mãos cerimonialmente, apegando-se, assim, à tradição dos líderes religiosos. Quando chegam da rua, não comem sem antes se lavarem. E observam muitas outras tradições, tais como o lavar de copos, jarros e vasilhas de metal (Mc 7:3-4).

Posso imaginar os membros da multidão olhando espantados para os fariseus. "Vocês não conseguem ver o que este homem está fazendo? E vocês ainda estão perguntando sobre lavar as mãos?" Deixe-me colocar isso em termos modernos. Imagine que você esteja compartilhando o evangelho com alguém que está perdido e é espiritualmente cego. A pessoa parece estar ouvindo atentamente enquanto você explica como Jesus transformou totalmente sua vida — como sua fé na pessoa de Jesus e em sua obra fez toda a diferença do mundo. Mas, durante uma pausa, essa pessoa não pergunta sobre sua vida antes de conhecer a Cristo, não pede que você explique como a morte de Jesus pode pagar pelo pecado e não pergunta como uma pessoa pode aceitar a Cristo. Em vez disso, você ouve: "Jesus tinha esposa?" Ou: "Você é a favor da liberdade de escolha ou a favor da vida?" Ou ainda: "Você acredita na evolução?" É como se os espiritualmente cegos andassem carregando cortinas de fumaça para usarem sempre que se sentissem ameaçados por um argumento. Não morda a isca!

A elite religiosa não tinha interesse nenhum em quem Jesus era nem em como Ele tinha esse poder milagroso. O que eles queriam saber era por que as práticas higiênicas de seus discípulos não estavam à altura de seus padrões detalhados. Suas regras e exigências prescreviam a maneira precisa de lavar, quando lavar, com que frequência lavar, o que lavar e que consequências terríveis alguém enfrentaria por não lavar. Haja cortina de fumaça!

Porém, Jesus não mordeu a isca. Ele vinha transgredindo essas tradições inventadas e antibíblicas desde o início de seu ministério. Se Ele não estivesse tocando em leprosos impuros, estava tomando cadáveres pela mão para trazê-los de volta à vida. E, quando Ele não estava confraternizando com cobradores de impostos, a escória da terra, tinha a audácia de curar pessoas no sábado! Sabendo que Ele estava inteiramente certo e eles, errados, Jesus respondeu à pergunta dos fariseus outra pergunta, que expôs a hipocrisia deles e deveria tê-los convencido de sua própria necessidade de um Salvador.

O tom de Jesus nessa passagem se aproxima da exasperação. Ele estava totalmente ciente de suas regras e regulamentos criados pelo homem e não se importava o mínimo com eles. Estava lidando com essas tolices farisaicas havia meses, e essa era apenas a última parte de um conflito contínuo com guias espiritualmente cegos que continuavam desviando as pessoas. Já bastava! Jesus os confrontou diretamente.

Em sua resposta, Jesus acusou os escribas e fariseus de transgredirem o claro e bíblico mandamento divino para honrar o pai e a mãe (Mt 15:3-4; veja Êx 20:12; 21:17). Eles estavam fazendo isso uma exceção absurda: "Mas vocês afirmam que, se alguém disser ao pai ou à mãe: 'Qualquer ajuda que eu poderia dar já dediquei a Deus como oferta', não está mais obrigado a sustentar seu pai. Assim, por causa da sua tradição, vocês anulam a palavra de Deus" (Mt 15:5-6). Dessa forma, os que eram supostamente piedosos haviam invalidado a palavra de Deus "por causa da sua tradição". Jesus citou de forma engenhosa, um texto diretamente de Êxodo 20:12 e 21:17 — mandamentos claros da inspirada e inerrante Palavra de Deus. E Ele demonstrou habilmente que os ensinos orais dos líderes religiosos, na verdade invalidavam a Palavra de Deus e transformavam esses homens em hipócritas transgressores da Lei.

Assim, nos dias de Jesus, os fariseus haviam inventado uma forma de se esquivarem de sua responsabilidade para com seus pais idosos. Eles alegavam que as pessoas podiam dedicar todos os seus bens a Deus, dedicar-se completamente a Deus e, então, se isentarem de todas as outras responsabilidades pessoais e financeiras, como cuidar de seus familiares de acordo com a Lei. O termo técnico para essa prática se chamava *Korban* (também escrito desta forma: *Corban*) [H7133], que era uma palavra hebraica que significava "dado [a Deus]"; John Peter Lange observa: "Se uma pessoa *meramente pronunciasse* a palavra 'Corban' sobre qualquer posse ou propriedade, ela era irrevogavelmente dedicada ao templo. Assim, aquilo se tornava uma espécie de interdito [proibição oficial]".[186]

No entanto, Jesus afirmou que o apelo a *Corban* havia se tornado um meio de racionalizar a desobediência ao espírito da Lei. O comentarista R. T. França explica: "Essa conveniente declaração aparentemente ainda deixava a propriedade, de fato, à disposição de quem havia feito o voto, mas privava seus pais de qualquer direito a ela... Tal fraude piedosa está em conflito direto com a vontade de Deus expressa no quinto mandamento".[187]

Jesus nem mesmo deu aos escribas e fariseus a chance de responder à sua pergunta retórica. Qualquer coisa que eles pudessem ter dito como justificativa própria teria sido sem sentido e hipócrita. Ele deu neles um nocaute, chamando-os de hipócritas e aplicando a eles uma passagem condenatória das Escrituras, encontrada em Isaías 29:13 (Mt 15:7-9). No contexto de Isaías, o Senhor Deus estava repreendendo o povo de Israel por oferecerem um mero serviço da boca para fora, enquanto seu coração era insincero. Tal adoração externa, sem convicção interna, se manifestou entre os líderes religiosos dos dias de Jesus em sua priorização das tradições dos homens sobre os verdadeiros ensinamentos de Deus.

O silêncio dos governantes religiosos foi revelador. Eles ficaram mudos diante da denúncia de Jesus. Posso imaginá-los cruzando os braços, com o rosto vermelho, fumegando por dentro, mas incapazes de dizerem algo para sair da sinuca de bico em que haviam se metido. Como sempre para aqueles que não eram espiritualmente receptivos, a sabedoria de Deus falada pelos lábios de Jesus caiu em ouvidos surdos. A luz da verdade só queima os olhos dos que são espiritualmente cegos.

15:10-14

Jesus voltou sua atenção para as pessoas que estavam ouvindo sua conversa com os fariseus (15:10). Ele retornou à questão de seus discípulos estarem comendo sem lavar as mãos de acordo com os padrões rabínicos. Aqueles que seguiam esses padrões acreditavam que uma pessoa que não se lavasse bem, e de forma adequada, antes de comer ela seria considerada "impura". Jesus mudou o foco da limpeza externa e ritual para a pureza interna e moral. "O que entra pela boca não torna o homem impuro; mas o que sai de sua boca, isto o torna impuro" (15:11). Com isso, Jesus aparentemente se retirou da multidão, deixando os fariseus e escribas fervendo de raiva por causa da aparentemente leviana rejeição por Jesus de seus complexos regulamentos de pureza.

Podemos sentir que os discípulos estavam ficando um pouco nervosos diante do tom de confronto que Jesus estava usando em relação a seus oponentes. Longe dos olhos do público, eles foram ao seu Mestre e o informaram de que Ele havia ofendido os fariseus com sua afirmação de que não é comida impura que contamina, mas palavras impuras (15:12). Jesus então deixou claro que não estava disposto a ceder nem um milímetro ao policiamento secreto do legalismo que existia em Jerusalém. Ele comparou esses líderes religiosos a ervas daninhas que o Pai não havia plantado, que precisavam ser arrancadas e lançadas fora (15:13), pois estavam apenas roubando do solo os nutrientes necessários para as plantas legítimas.

Jesus, então, aproveitou para explicar algo que os discípulos precisavam aprender e nunca mais esquecer. Ele lhes disse como responder a pessoas como os escribas e fariseus que se estabeleceram como uma espécie de Suprema Corte de Santidade: "Deixem-nos; eles são guias cegos" (15:14). O verbo grego que aparece aqui (*aphiēmi* [863]) pode ser empregado para descrever abandono, desistência ou até mesmo divórcio. Em vez de obedecer a esses valentões intimidadores, os discípulos deveriam ignorá-los ou rejeitá-los. Não deveriam se curvar a eles. Por quê? Porque a condenação final deles já estava assegurada. Quando um cego guia outro cego, eventualmente ambos acabarão caindo em um buraco. Como esses líderes religiosos eram espiritualmente cegos, somente outros também espiritualmente cegos os seguiriam. Eles acreditariam sempre, de todo o coração, que estavam certos!

15:15-20

Jesus revelou a fonte de tal cegueira em sua explicação da "parábola" para seus discípulos (15:15-16). A cegueira espiritual não é uma questão que ocorre na mente; tem a ver com o coração. Jesus descartou a questão da impureza ritual — que tanto incomodava os fariseus — como sendo sem valor para a verdadeira maturidade e pureza espiritual. Afinal, qualquer alimento que entra pela boca acaba sendo eliminado (15:17). Essa função natural do corpo humano não tem relação com a pureza da mente ou do coração, não afeta o estado do espírito ou da alma diante de Deus. E como poderia afetar? O próprio corpo filtra as impurezas, armazenando o que é bom e rejeitando o que é ruim. Ficar obcecado com essas coisas é ridículo se negligenciarmos o tipo mais importante de contaminação.

Os espiritualmente cegos não percebem que aquilo que contamina vem do coração (15:18). O fato de você manter as mãos perfeitamente higienizadas não pode fazer nada por sua alma. Você não pode lavar a corrupção profunda do coração humano caído esfregando a sujeira do seu corpo. Jeremias 17:9 diz: "O coração é mais enganoso que qualquer outra coisa e sua doença é incurável. Quem é capaz de compreendê-lo?" A resposta é: somente Deus.

As palavras que saem de nossa boca demonstram o conteúdo de nosso coração. E no coração de um indivíduo espiritualmente doente, depravado e não salvo, nada de bom pode ser encontrado. Jesus ofereceu apenas uma breve amostra da maldade que flui do coração dos ímpios: "maus pensamentos, os homicídios, os adultérios, as imoralidades sexuais, os roubos, os falsos testemunhos e as calúnias" (Mt 15:19). Essas coisas — não um pouco de sujeira sob as unhas ou uma mancha qualquer no pulso — contaminam uma pessoa (15:20). Mesmo a sujeira do esgoto não é uma contaminação tão grande quanto a de um coração humano ainda não purificado pelo sangue de Cristo.

APLICAÇÃO

Mateus 15:1-20

ENTRE JESUS E OS FARISEUS

A multidão se viu mais uma vez em uma posição desconfortável. De um lado estavam os escribas e fariseus com sua insistência na pureza ritual de acordo com suas tradições. No lado oposto, estavam Jesus e os discípulos, com sua ousada rejeição das tradições dos líderes religiosos e sua insistência em uma justiça e uma sinceridade espiritual mais profundas. Os fariseus tinham, a seu favor, ensinamentos que já perduravam por gerações, bem como sua inquestionável posição de autoridade entre os judeus. Jesus tinha sua interpretação confiante, fundamentada na Palavra de Deus, e sua autoridade divina, comprovada por sinais e maravilhas milagrosas. Para a multidão, pender para o lado dos fariseus significaria estar integrado com a sociedade e ter a aprovação dos que estavam no comando. Seguir a Jesus os tornaria párias, rebeldes e infiéis de acordo com os padrões religiosos "ortodoxos" da época.

Agora vamos para o nível pessoal. Você — e somente você — deve procurar conhecer a verdadeira condição de seu próprio coração. Onde você está em relação a tudo isso? Para responder essa pergunta, você precisa fazer um exame de consciência. Considere essas perguntas honestamente.

Você está do lado de Jesus e dos discípulos — disposto a assumir uma posição intrépida contra as ações legalistas tomadas em função das regras feitas pelo homem? Você se recusa a se curvar aos tradicionalistas que querem dominar as massas por quaisquer meios disponíveis? Você está disposto a ignorar e abandonar a lealdade a eles quando esses indivíduos cruzam a linha de uma simples ignorância pessoal para se tornarem hipócritas e abusivos? Haverá um preço a pagar por se posicionar contra o legalismo, mas a recompensa acabará valendo a pena.

Você está com a multidão confusa em seus pensamentos, convivendo sob a intimidação dos líderes legalistas que lhe dizem para fazer isso, fazer aquilo, não fazer isso, não dizer aquilo? Você desmorona sob o olhar de repreensão de certos membros influentes de sua igreja? Você evita confrontar coisas que sabe serem erradas simplesmente para manter a paz?

Ou você está junto com os próprios fariseus e escribas, criticando os outros devido a detalhes relacionados a protocolos, praxes e procedimentos, que não têm importância nenhuma em face de assuntos de significado eterno? Você está confiando em crenças e práticas antibíblicas porque algum renomado ensinador, um texto ou uma tradição disse isso? Você está deixando de perceber que a contaminação espiritual não tem nada a ver com os assuntos neutros e externos da vida, mas com a condição do coração?

Onde quer que você se encontre hoje, faça o que precisa fazer para tomar as decisões certas. Se você está no caminho difícil e estreito do discipulado, continue a seguir a Jesus. Não tenha medo nem se intimide. Se você está vacilando e não tem certeza se deve ceder à pressão do legalismo, não o faça. Tome posição contra ele. E se você faz parte do problema do tradicionalismo doentio, arrependa-se. Volte-se para confiar no Único que pode limpá-lo de dentro para fora.

Do meu diário

Saber quando é hora de partir

MATEUS 15:14

Muitos anos atrás, no início do nosso casamento, Cynthia e eu percebemos que estávamos frequentando uma igreja errada. Era uma tradição de longa data frequentarmos uma igreja dentro de certa denominação — tradição que criou uma espécie de lealdade artificial a um nome. Porém quanto mais tempo permanecíamos lá, mais percebíamos que o legalismo estava sendo incluído em cada mensagem. Nada era algo sutil. Não era um fato ocasional. E estava ficando cada vez pior.

As pessoas estavam sendo intimidadas a manter todas as regras que o pastor estabelecia — não regras bíblicas, é bom lembrar; não os mandamentos de Cristo ou as expectativas dos que são chamados a caminhar em novidade da vida. Eram requisitos legalistas feitos pelo homem — tabus sem sentido que não tinham nada a ver com a Palavra de Deus: "Você não deveria fazer isso. Você não pode fazer aquilo. Você não poderia praticar tais coisas. Se você fizer, vai responder por isso".

Por fim, tomamos a decisão de sair de lá. Foi difícil, e não é uma decisão que se deva tomar às pressas ou levianamente. Mas era necessária. Acabou sendo uma das melhores decisões que já tomamos. Desconectamos nossas raízes e fomos para um lugar onde não conhecíamos muitas pessoas. Deixar aqueles que eram nossos conhecidos havia anos foi a parte mais difícil. Muitos deles continuaram a ser nossos amigos, mas outros haviam optado pela lealdade a um nome ou a um pastor que, em vez de optar pela lealdade à graça, olharam para nós por cima de seus óculos e nos julgaram por nos afastarmos do "verdadeiro caminho".

Ao falar sobre legalistas radicais, Jesus disse: "Deixem-nos; eles são guias cegos" (15:14). Se você ficar sob a autoridade de um legalista, sofrerá as consequências. Viverá na vergonha. Você será castigado mesmo sem uma boa razão. Você será evitado e rejeitado por andar em liberdade. Ou você irá sucumbir à doença do legalismo, tentando resolver a tensão entre as regras feitas pelo homem e os princípios das Escrituras.

Compaixão sem limites

MATEUS 15:21-39

Ter compaixão pelos outros começa por realmente *amar* os outros. É uma questão que tem a ver com o coração. Quando vemos alguém muito necessitado, através das lentes da compaixão amorosa, nosso coração fica partido. E essa dor de coração alimenta nossa imaginação. Tentamos ter ideias sobre como podemos realmente ajudar aquela pessoa. Então, quando encontramos uma solução, exercitamos nossa vontade e tomamos medidas para confortar a pessoa em sofrimento, aliviar a aflição dela, suprir sua necessidade ou resolver seu problema.

Uma coisa que atrai até mesmo os incrédulos para a figura de Jesus Cristo é sua compaixão sem limites. Jesus demonstrou a natureza incondicional e sacrificial de sua compaixão, oferecendo-a até mesmo para estranhos. Por fim, Ele deu sua própria vida não para receber em troca qualquer ganho pessoal, mas para o bem dos outros. Somos chamados a imitar suas atitudes amorosas e ações altruístas, centradas nos outros e amorosas. O apóstolo João explica isso em 1João 3:17: "Se alguém tiver recursos materiais e, vendo seu irmão em necessidade, não se compadecer dele, como pode permanecer nele o amor de Deus?" A pergunta é retórica. A resposta é: não pode. O amor de Deus que flui de nosso coração para nossa vida é um amor *compassivo*.

Os três episódios muito diversos que vamos explorar nesta seção destacam diferentes aspectos da profunda compaixão de Cristo. Veremos uma compaixão sem fronteiras políticas ou étnicas quando Ele abençoa uma pessoa de fora do seu país — uma mulher cananeia distante do povo da aliança de Deus. Veremos uma compaixão sem limites pessoais quando Ele mais uma vez deixa de lado seu "tempo a sós" por causa das multidões de pessoas que sofrem. E veremos uma compaixão sem limites numéricos quando Ele alimenta outros milhares de pessoas, de uma maneira misteriosamente semelhante à alimentação anterior dos cinco mil.

Em todas essas cenas, nos tornamos testemunhas da compaixão ilimitada de Jesus Cristo, uma compaixão que cada um de seus seguidores deve abraçar e imitar.

15:21-28

A essa altura, os discípulos já sabiam que não deviam reclamar e resmungar em relação aos próximos passos de Jesus nem questionar a

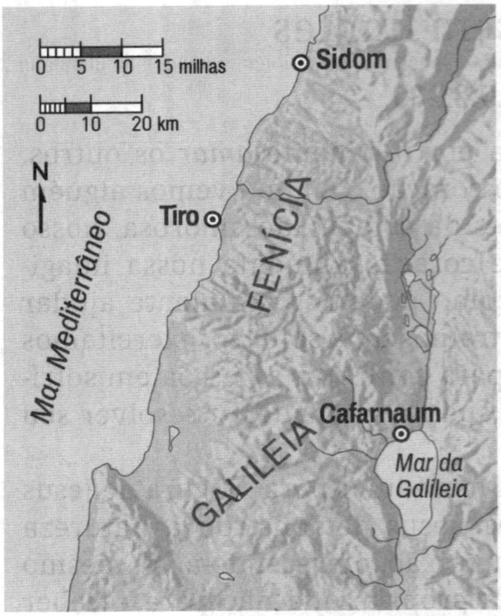

Jesus deixou a região da Galileia para visitar a área de Tiro e Sidom, onde curou a filha de uma mulher gentia que estava possuída por um demônio.

sabedoria de suas ações. Eles estavam em um ponto alto no ministério, tendo recentemente testemunhado uma série de milagres surpreendentes (14:13-36). E viram o Jesus genial confundindo os fariseus e seus ensinos legalistas (15:1-20). Então, quando Jesus disse: "Vamos para a Fenícia", os discípulos simplesmente o seguiram. Ainda assim, me pergunto se eles murmuraram um pouco entre si ao longo da jornada de cerca de 65 quilômetros através do território montanhoso, perguntando-se: *por que viemos aqui?*

Mateus nos diz que Jesus "retirou-se para a região de Tiro e Sidom" (15:21). Não há indicação de que Ele realmente tenha ido a essas duas cidades específicas. A própria região era chamada de Fenícia naquela época. Ela havia sido anexada à província romana da Síria mais de um século antes, e as duas cidades portuárias de Tiro e Sidom eram bem conhecidas. De fato, a cidade de Tiro havia sido objeto de algumas fortes condenações do Antigo Testamento (Is 23; Ez 26:1–28:19). Nos dias de Jesus, a região era habitada principalmente por descendentes do povo cananeu que havia permanecido quando os israelitas não conseguiram expulsá-los da terra (Jz 1—3). Essa área predominantemente gentia, bem distante do centro de pureza étnica e religiosa de Jerusalém, teria sido evitada pela maioria dos judeus piedosos.

O que Jesus estava fazendo ali? O evangelho de Marcos nos dá uma pista quando diz que Jesus "entrou numa casa e não queria que ninguém o soubesse" (Mc 7:24). Parece que Ele queria fugir, por um tempo, da agitação do ministério na Galileia, entrar em uma residência particular e desfrutar momentos de descanso. Não há nada de errado nisso. Certamente, Ele e seus discípulos ganharam algum fôlego antes de voltar ao trabalho. No entanto, isso não iria acontecer. Mesmo nessa região remota, onde poucos judeus ousariam ir, a reputação de Jesus o precedeu e Ele foi descoberto. Marcos continua: "contudo, não conseguiu manter em segredo a sua presença".

Uma mulher cananeia apareceu e começou a clamar a Jesus (Mt 15:22). Sua etnia não-judaica estava clara para todos — ela era "grega, siro-fenícia de origem" (Mc 7:26). Ao encontrar Jesus, o famoso operador de milagres, ela se agarrou a Ele com fé e esperança... e não o deixaria ir. A mulher começou clamando: "Senhor, Filho de Davi, tem misericórdia de mim! Minha filha está endemoninhada e está sofrendo muito" (Mt 15:22). Tudo que dizia respeito àquela situação tinha os ingredientes de um estranho, intrigante e até escandaloso choque de culturas. Primeiro, naquele contexto, era socialmente impróprio que uma mulher se dirigisse a um homem dessa maneira. Em segundo lugar, embora a mulher fosse gentia, ela reconheceu Jesus como "Senhor" e "Filho de Davi" — uma surpreendente confissão de fé na identidade messiânica de Jesus, especialmente à luz do fato de que os líderes religiosos judeus o rejeitaram. Em terceiro lugar, até esse ponto, a pregação e o ministério de Jesus estavam focados quase exclusivamente nos judeus, em chamar a casa de Israel ao arrependimento.

Quando a mulher clamou, Jesus, a princípio, se comportou como as pessoas poderiam esperar: "Jesus não lhe respondeu palavra" (15:23). Essa resposta inicial parece dura, especialmente porque podemos imaginar a tristeza e o desespero que a mulher demonstrava... e o risco que ela corria ao tentar se aproximar de Jesus. Por que o Mestre tomaria uma postura aparentemente tão desprovida de piedade e impassível diante daquele seu apelo apaixonado por misericórdia? Além disso, os discípulos entenderam a aparente falta de interesse de Jesus em ajudar a mulher ao próximo nível, pedindo-lhe: "Manda-a embora, pois vem gritando atrás de nós". Eles ficaram irritados! Aquela mulher estava se intrometendo em seu descanso e relaxamento tranquilos. E eles provavelmente entenderam o silêncio de Jesus também como uma forma de aborrecimento. Logo veremos que a escolha de Jesus de não responder à mulher não aconteceu por falta de preocupação, mas pelo desejo de extrair as impressionantes palavras de fé da mulher e apontar o preconceito precipitado dos discípulos.

Jesus explicou a situação, talvez até mesmo dando voz a alguns dos pensamentos que passavam pela cabeça dos discípulos. Ele havia sido enviado em missão "às ovelhas perdidas de Israel" (15:24) — não aos descendentes fenícios dos cananeus. E*specialmente* não para eles! O Messias pertencia aos judeus, certo? Não era o Salvador dos gentios! Afinal, eles não estavam simplesmente perdidos, como objeto do julgamento e da ira de Deus? Certamente eles não deveriam ser recipientes da graça e misericórdia de Deus, deveriam?

No entanto, mesmo diante dessa explicação do escopo limitado da missão de Jesus, a mulher não se intimidou. Lembre-se, ela estava desesperada. Sua filha estava sendo atormentada e aterrorizada por aquele demônio; ela era vítima dos caprichos e artimanhas do espírito demoníaco. Como um gatinho na boca de um lobo faminto, a garota não conseguia se libertar. A mãe sentia-se totalmente indefesa, portanto, ela fez a única coisa que podia fazer. Curvou-se diante de Jesus em um ato de total entrega e adoração, e clamou em uma simples oração: “Senhor, ajuda-me!” (15:25).

Mas Jesus recuou novamente, claramente para testar sua fé inabalável. Ele explicou a ela: “Não é certo tirar o pão dos filhos e lançá-lo aos cachorrinhos” (15:26). Conhecendo Jesus — e sabendo para onde Ele estava conduzindo essa conversa e como o diálogo se desenrolaria — podemos imaginar um brilho em seus olhos e um tom suave em sua voz. Tudo o que Ele disse era verdade, mas sua declaração pretendia provocar a mulher a demonstrar sua persistência, não esmagar seu espírito. Embora seja bem verdade que os pais que tomassem a comida dos filhos e a usassem para alimentar cães não seriam bons pais, nem responsáveis, devemos ler as palavras de Jesus nos lembrando da maravilhosa graça de Deus.

Também é importante notar o uso da palavra *kynarion* [2952] por Jesus, que significa “cachorrinho” ou “filhote de cão”.[188] Os judeus frequentemente se referiam aos gentios como “cães”, tendo em vista os caninos sarnentos e cruéis que vagavam pelas ruas procurando restos de comida e atacando as pessoas. Assim, mesmo falando como se participasse do preconceito judaico comum, usar a forma diminuta suavizava a linguagem. Já podemos ver evidências de que Jesus estava indo em uma direção inesperada — pelo menos para seus discípulos. R. T. France sugere: “Pode ser que Jesus estivesse quase jocosamente apresentando a ela o tipo de linguagem que ela poderia esperar de um judeu para ver como ela reagiria... O tom não precisava ter sido grosseiro, sem um toque de humor”.[189] Após a declaração de Jesus, a vez de falar era novamente dela.

Do humilde lugar em que se encontrava, a seus pés, a mulher não perdeu tempo. Ela gentilmente, mas com confiança, discordou, usando a própria ilustração de Jesus a seu favor: “Sim, Senhor, mas até os cachorrinhos comem das migalhas que caem da mesa dos seus donos” (15:27). Gosto de imaginar os discípulos boquiabertos com a insolência dela, mas, depois, olhando para Jesus e vendo, não uma carranca, mas um sorriso largo. Ele amou essa resposta! Na verdade, era exatamente a resposta que Ele estava querendo tirar dela. Naquele momento, Ele não apenas deu à mulher uma oportunidade perfeita para demonstrar sua fé, mas também expôs as falhas dos preconceitos típicos dos judeus, que consideravam os gentios como cães. Mesmo que fossem assim avaliados, ainda faziam parte da família do Mestre e, portanto, tinham o direito de receber da abundância transbordante de sua provisão. Embora Deus, o criador do céu e da terra, tivesse um relacionamento especial de aliança com Israel, isso não mudava o fato de que Ele é o Deus de todas as pessoas. Que diferença entre essa mãe gentia e os fariseus e escribas legalistas e julgadores!

EXCURSO: UM BREVE VISLUMBRE DO MISTÉRIO

MATEUS 15:21-28

Embora os discípulos não tenham percebido na época, a passagem de Jesus pela região de Tiro e Sidom e a cura da filha da mulher cananeia forneceram um breve vislumbre do mistério que seria totalmente revelado mais tarde. Esse mistério envolvia a pregação do evangelho da salvação aos gentios e a união de judeus e gentios em um corpo, a igreja.

Em Efésios 3:4-6, o apóstolo Paulo escreveu: "Ao lerem isso vocês poderão entender a minha compreensão do mistério de Cristo. Esse mistério não foi dado a conhecer aos homens doutras gerações, mas agora foi revelado pelo Espírito aos santos apóstolos e profetas de Deus, significando que, mediante o evangelho, os gentios são coerdeiros com Israel, membros do mesmo corpo, e coparticipantes da promessa em Cristo Jesus". Paulo chama essa nova realidade da união de judeus e gentios de "mistério" (do grego, *mysterion* [3466]). John Stott dá algumas dicas sobre o significado desse termo:

> É necessário que entendamos que as palavras em nossa língua e o grego não têm o mesmo significado. Em português, um "mistério" pode algo obscuro, confuso, secreto, intrigante. Algo "misterioso" é inexplicável, ou até mesmo incompreensível. A palavra grega *mysterion* é diferente, no entanto. Embora ainda seja um "segredo", não é mais algo bem guardado, porém aberto... Os "mistérios" cristãos são verdades que, embora além da descoberta humana, foram reveladas por Deus e agora pertencem abertamente a toda a Igreja.[190]

Paulo havia recebido uma visão especial desse "mistério de Cristo" (Ef 3:4). De fato, a revelação desse mistério era completamente nova, inédita antes de sua revelação aos apóstolos e profetas do Novo Testamento (Ef 3:5) — os participantes daqueles ministérios fundamentais estabelecidos por Cristo através do poder do Espírito Santo para a primeira geração da igreja (veja Ef 2:20). Gerações anteriores haviam sido informadas de um Messias vindouro, mas haviam presumido que Ele seria um Messias apenas para os judeus. Não tinham ideia de que a salvação prometida por meio de um rei davídico seria estendida além dos limites de Israel para ser oferecida também aos gentios. O que é mais surpreendente: esse mistério envolveu uma união real de judeus e gentios em um corpo, com os gentios sendo transformados em "coerdeiros", "membros" e "coparticipantes da promessa em Cristo Jesus" (Ef 3:6).

Em seguida, depois de testar a mulher, Jesus revelou o que verdadeiramente estava no coração dele: "Mulher, grande é a sua fé! Seja conforme você deseja" (15:28). Imediatamente sua filha foi curada. Ela não precisava que Jesus a acompanhasse até sua casa ou lhe mostrasse algum tipo de sinal do que Ele havia acabado de realizar. Ela confiou nele e em sua palavra, acreditando não apenas que Ele era *capaz* de curar mesmo à distância por um mero exercício de sua vontade, mas que também *estava disposto* a fazê-lo. Ela confiava em seu poder e seu caráter. Marcos 7:30 adiciona este belo toque: "Ela foi para casa e encontrou sua filha deitada na cama, e o demônio já a deixara".

15:29-31

Mateus saiu do seu roteiro — literalmente — para incluir a interação com a mulher cananeia na região da Fenícia. A cena seguinte mostra Jesus retornando de lá pela região de Decápolis e de volta ao mar da Galileia (15:29; veja Marcos 7:31). Novamente o vemos retirando-se das inevitáveis multidões e subindo uma montanha. Ele estava, sem dúvida, bastante cansado. Ele tinha acabado de terminar uma longa viagem a pé por um território acidentado e precisava de um descanso tranquilo e de um tempo de relaxamento longe da interminável pressão de pessoas.

Mas, então, o povo voltou com força total. Mateus descreve o povo como "uma grande multidão" (Mt 15:30) — talvez sugerindo numerosos grupos em massa, provenientes de diferentes cidades ou direções geográficas. Todos eles estavam convergindo para Jesus levando consigo "os aleijados, os cegos, os mancos, os mudos" e muitos outros que precisavam de cura. Quão fácil teria sido para Jesus enviar seus discípulos até a metade daquele monte para interromper a subida deles e dizer: "O Mestre está descansando agora. Ele não está recebendo visitas. Voltem para casa". Mas Jesus não fez com que os discípulos assumissem o papel de seus seguranças ou guarda-costas... e também não começou a se comportar como um superstar inatingível que só poderia ser contatado por meio de um agente.

Em vez disso, Jesus mostrou que sua compaixão nunca está vinculada a uma programação específica. Enquanto as multidões se dirigiam para onde Ele estava sentado, iam colocando os necessitados aos seus pés, e Ele os curava. Que cena delirantemente feliz! Aqueles que tinham sido coxos se tornavam capazes de andar. Os antigos cegos passavam a ver claramente. Os outrora deficientes agora dançavam de alegria. E os que tinham sido mudos agora cantavam louvores. Em unanimidade, as pessoas, na multidão, "louvaram o Deus de Israel" (15:31). A glória de Deus é fruto da compaixão.

15:32-39

Por quanto tempo esse ministério contínuo para atender às necessidades dos outros perdurou? Por três dias! Isso fica claro quando Jesus chamou seus discípulos junto de si e lhes disse: "Tenho compaixão das pessoas, porque já estão comigo há três dias e não têm nada para comer; e não quero mandá-los embora com fome, pois podem desmaiar no caminho" (15:32). Jesus foi muito estratégico em sua articulação do problema aos discípulos. Era quase como um treinador de *t-ball* colocando a bola em uma base no campo, ajudando uma criança a segurar o taco e dizendo a ela: "balance!" Não tinha como expressar as coisas de maneira mais simples para eles. Quão difícil teria sido para os discípulos discernir a genuína compaixão na voz de Jesus, examinar a situação de milhares de pessoas famintas e oferecer espontaneamente a solução perfeitamente razoável: "Senhor, por que não alimenta milagrosamente essa multidão como acabou de fazer do outro lado do lago?"

Que oportunidade perdida de demonstrar que eles estavam, de fato, entendendo! No entanto, a resposta dos discípulos confunde nossa mente: "Onde poderíamos encontrar, neste lugar deserto, pão suficiente para alimentar tanta gente?" (15:33). Tudo em mim quer acreditar que eles estavam sendo sarcásticos, dizendo aquelas palavras com um sorriso, mostrando, por seu tom de voz, que tinham clara compreensão de que Jesus queria e podia alimentar a todos. No entanto, como nos informa Marcos, os discípulos "não tinham entendido o milagre dos pães. O coração deles estava endurecido" (Mc 6:52). No que aconteceu a seguir, então, Jesus demonstrou o esquecimento do seu poder e propósito por parte dos discípulos, devido à sua dureza de coração, e começou a abrandar o coração deles, ensinando-lhes mais uma vez a verdade sobre seu poder.

O relato da alimentação dos "quatro mil homens, sem contar mulheres e crianças" (Mt 15:38) espelha o milagre anterior da alimentação dos cinco mil homens (além de mulheres e crianças) em 14:13-21: Os discípulos expressaram a impossibilidade de suprir a necessidade (14:15-17; 15:33). Eles então indicaram a pequena quantidade de comida que realmente tinham disponível (14:17; 15:34). Jesus instruiu as pessoas a se sentarem e as organizou para distribuição de alimentos (14:19; 15:35). Depois, Jesus deu graças, partiu o pão e distribuiu a comida a todo o povo por meio de seus discípulos (14:19; 15:36). Em ambos os casos, milhares de pessoas puderam comer até ficarem satisfeitas, e em ambos os casos sobrou uma grande quantidade de alimento (14:20; 15:37).

Apesar das semelhanças, esse milagre claramente não é apenas um retrospecto ou uma repetição da mesma história. Não é como se Mateus tivesse esquecido de que ele havia contado essa história de maneira um pouco diferente apenas um capítulo antes. O fato é que Mateus registrou duas alimentações milagrosas de milhares de pessoas porque eventos semelhantes ocorreram em duas ocasiões distintas. Isso é reforçado pelas diferenças entre esses relatos tão similares. O tamanho das multidões era diferente, as quantidades de pães e peixes originais eram diferentes, as quantidades de sobras eram diferentes e até mesmo as palavras gregas para "cestas" eram distintas, com o termo no segundo evento indicando recipientes maiores.

De alguma forma, na agitação de seu ministério, no cansaço de seu corpo e mente e no esquecimento de sua carne, os discípulos falharam em lembrar que Jesus queria e podia suprir as necessidades das pessoas. Seu poder é infinito, sua graça inesgotável. Também é possível que, depois de três dias vendo Jesus ministrar às necessidades das pessoas, os discípulos tenham ficado esgotados em sua compaixão. Nesse caso, a expressão de amor de Jesus em outro milagre de alimentação teria reforçado para eles a natureza ilimitada de sua compaixão. Independentemente disso, outra multidão faminta saiu da presença de Jesus bem alimentada.

Depois que Jesus despediu as multidões, Ele e seus discípulos entraram em um barco e se dirigiram para a região chamada Magadã (15:39), provavelmente uma variação do nome Magdala, localizada na costa oeste do mar da Galileia. A multidão havia se dispersado, mas eles foram embora com o estômago cheio, o coração cheio e a mente cheia. Eles, sem dúvida, continuaram a compartilhar o que o Senhor havia feito por eles com quem quisesse ouvir.

No entanto, à medida que os "fãs" de Jesus aumentavam e seus amigos se reagrupavam em Magdala, seus inimigos também estavam se movimentando — tramando, arquitetando e preparando armadilhas para pegá-lo em algum tipo de crime punível. À medida que o sol se punha sobre o mar da Galileia, lançando longas sombras sobre a pequena aldeia de Magdala, a hostilidade e a resistência ao ministério de Jesus estavam prestes a aumentar ainda mais. No entanto, mesmo em face dessa resistência crescente, Jesus continuaria a ensinar e pregar, a revelar sua compaixão e a provar àqueles que tinham olhos para ver e ouvidos para ouvir que Ele realmente era o Rei, o tão esperado Messias de Israel.

APLICAÇÃO

Mateus 15:21-39

Embora muitos de nós, que estamos lendo esta passagem, conheçamos o Senhor Jesus há anos — talvez até por décadas — ainda podemos deixar de perceber quão fiel e poderoso, quão gracioso e misericordioso, quão amoroso e compassivo Ele é. Quantas vezes Ele entrou em nossa vida e atendeu às nossas necessidades? No entanto, com que rapidez nos esquecemos de confiar nele! Quão poderosamente sua grande compaixão nos foi revelada de maneiras tangíveis? No entanto, em muitas ocasiões deixamos de estender essa compaixão aos outros. Vamos considerar algumas lições da compaixão ilimitada de Jesus enquanto procuramos seguir seu modelo em nossa própria vida.

Primeiro, *jamais pense que há uma necessidade grande demais para Deus.* Talvez você esteja vivendo com uma necessidade que o está atormentando, drenando sua energia e causando preocupação constante. Quem sabe isso roube seu sono à noite e arrebate sua alegria durante o dia. Por parecer algo tão grande, você não pode imaginar Deus se abaixando em compaixão e cuidando de você em sua necessidade. Longas distâncias e grandes números não importam para Deus. A compaixão de Deus não tem limites. O Deus de infinito amor nunca ficará sem distribuir sua graça. Ao contrário dos planos de saúde, com Deus não há limite de cobertura. “O meu Deus suprirá todas as necessidades de vocês, de acordo com as suas gloriosas riquezas em Cristo Jesus” (Fp 4:19). E Ele é “capaz de fazer infinitamente mais do que tudo o que pedimos ou pensamos” (Ef 3:20). Não importa quão grande seja sua necessidade, não hesite em levá-la a Ele. Clame repetidamente, fervorosamente e com confiança diante de seu trono de graça. E, enquanto você está refletindo sobre a compaixão ilimitada de Deus, reserve um momento para remover conscientemente seus próprios limites de compaixão para com os outros. Andando no poder do Espírito e seguindo o modelo de Cristo, você pode encontrar oportunidades para mostrar amor, graça, misericórdia e compaixão com um sim ansioso em vez de um não decepcionante. Não deixe que uma necessidade assustadora o paralise pela inatividade ou demova você de fazer o que puder pelos outros.

Em segundo lugar, *não se esqueça das vezes em que Ele responde às suas orações.* Nos Estados Unidos, o Dia de Ação de Graças acontece uma vez por ano. É um tempo reservado para lembrar a fidelidade de Deus, com gratidão a Ele por nos conceder sua graça, misericórdia e bênçãos em nossa vida. Mas essa deve ser a atitude do crente todos os dias. Pense em Salmos 103:2: “Bendize o Senhor, ó minha alma, e não se esqueça de nenhum de seus benefícios”. Estabeleça a prática, com mais frequência do que apenas uma vez por ano, de se reunir com familiares ou amigos para lembrar como o Senhor atendeu às suas necessidades, proveu para você de maneiras inesperadas e o surpreendeu com sua graça. Comemore a compaixão que Ele demonstrou por você. Nunca se esqueça disso.

PARTE 2

MATEUS 16—28

PERCEPÇÕES SOBRE MATEUS 16—28

Ao entrarmos na intensidade do relato da segunda metade do Evangelho de Mateus, vemos como Jesus cumpre — de maneira inesperada — seu destino como Rei, o tão aguardado Messias de Israel. E, no final, vemos como a missão de Jesus se transforma em nossa missão à medida que nos unimos a seus primeiros seguidores para compartilhar as boas-novas em toda parte.

MATEUS

INTRODUÇÃO DA PARTE 2

A partir de sua notável perspectiva como um dos doze discípulos originais, Mateus escreveu o seu relato sobre o nascimento, vida, ensinos, milagres, morte e ressurreição de Jesus para demonstrar aos seus leitores judeus que Ele era o Rei, seu tão esperado Messias. Muito do que aquele odiado cobrador de impostos, que se tornou um seguidor fiel, escreveu veio de suas próprias experiências como testemunha ocular. O restante, provavelmente, foi escrito com base em suas interações pessoais com fontes confiáveis: os demais discípulos, a mãe e os irmãos de Jesus e, claro, o próprio Jesus. Sem dúvida, Mateus conhecia bem a verdadeira história da pessoa e obra de Jesus, por ter vivido no primeiro século.

Mateus, porém, também conhecia a dureza do coração de seus leitores. Ele sabia que, já durante o ministério de Jesus, os líderes judeus haviam rejeitado veementemente seu Messias e haviam feito isso com violência. Assim, para o bem de seus irmãos judeus, Mateus tratou de uma questão que incomodava muitos que tinham sido convencidos de que Jesus era o Messias: "Se Jesus é realmente o Rei, o tão esperado Messias de Israel, por que não vemos o reino restaurado a Israel de acordo com as promessas de Deus?"

Uma das motivações de Mateus ao escrever seu Evangelho foi relatar como Jesus havia oferecido a Israel o seu reino e como os líderes religiosos e políticos da nação, com o coração duro, o haviam rejeitado (4:17; 16:13-28; 21:33-46). No entanto, em seu Evangelho — especialmente na segunda metade —, Mateus teve o objetivo de mostrar que o cumprimento de um reino literal e terreno não foi deixado de lado permanentemente; antes, foi adiado até a futura vinda do Filho do Homem em sua glória (19:28). Nesse intervalo, a rejeição de Jesus por Israel acabou permitindo o estabelecimento da Igreja formada pelos crentes batizados de todas as nações (16:18; 28:19-20).

Antes de visualizarmos o curso dessa narrativa da crescente rejeição de Israel ao seu Messias, vamos revisar brevemente a forma geral do Evangelho e onde estamos situados na trama que conduz a Mateus 16 até 28.

A HISTÓRIA ATÉ ENTÃO

Mateus desenvolve seu relato em duas partes: os capítulos 1—15 tratam sobre a *identidade do Rei*, enquanto os capítulos 16—28 se concentram *no destino e vitória do Rei*. Entre essas duas seções, observamos uma mudança do foco de Jesus, que deixou de ensinar as grandes multidões (Mt 1—15) para se concentrar em instruir seus discípulos mais próximos (Mt 16—28). Na primeira seção, a popularidade de Jesus entre o povo aumenta por causa de seus milagres surpreendentes e de seu ensino cativante; na segunda, a hostilidade contra Jesus atinge um nível febril. Geograficamente, os primeiros quinze capítulos realçam o ministério de Jesus nas regiões ao redor do mar da Galileia, enquanto a segunda parte se concentra cada vez mais em seu ministério na Judeia, e especialmente em Jerusalém — o centro do poder religioso e político em Israel.

Na metade da parte 1, que abrange Mateus 1—15, exploramos primeiramente *o anúncio e chegada do Rei* (1:1—4:25). Esses capítulos iniciais apresentaram as credenciais de Jesus como o tão esperado Messias. Ele não apenas tinha a genealogia certa para se qualificar como o messiânico Filho de Davi (1:1-17), mas também cumpria inúmeras profecias e tipos do Antigo Testamento que predisseram ou prefiguraram seu nascimento e infância (1:18—2:23). Seu batismo demonstrou sua consagração e comissionamento, marcando o momento em que Ele tomou o bastão de João Batista, que havia sido enviado para anunciar a vinda do Messias (3:1-17). Além disso, como o Messias-Rei, Jesus venceu as tentações de Satanás, demonstrando não apenas sua identidade como um homem perfeito, de natureza impecável, mas também seu poder divino (4:1-11). E, antes de um lançamento público oficial de seu ministério, Jesus começou a chamar discípulos para acompanhá-lo, aprender com Ele e ajudá-lo em seu trabalho (4:12-25).

Em seguida, assistimos à *Proclamação e recepção do Rei* (5:1—15:39). Nesses onze capítulos, Mateus relatou os ensinos, pregações e milagres de Jesus, tudo em antecipação ao seu reino messiânico. Essa seção inclui o famoso "Sermão do Monte" (5:1—7:29), além de relatos de numerosos milagres que demonstraram o poder e autoridade divinos de Jesus (8:1—9:38), e discursos sobre temas práticos, morais e espirituais em meio a uma crescente controvérsia (10:1—12:50). Contudo, vimos que nem todos ficaram entusiasmados com o advento desse Messias, e, assim, Jesus passou do ensino e pregação claros sobre o Reino de Deus para o uso de parábolas, a fim de encobrir os mistérios do reino para aqueles que estavam rejeitando a sua autoridade (13:1-58). Por incrível que pareça, a clara demonstração de seu miraculoso poder acabou provocando crescente resistência à sua magistral pregação (14:1—15:39).

A CONSPIRAÇÃO AUMENTA

Há um antigo ditado que afirma: "A política junta opositores". Encontre a causa certa, e duas facções em conflito colocarão suas diferenças de lado e lutarão lado a lado contra um inimigo comum, em vez de face a face uma contra a outra. Por exemplo, independentemente de suas diferenças em outros assuntos, partidos políticos opositores muitas vezes se unem em tempos de guerra para derrotar um inimigo estrangeiro.

Em Mateus 16—28, esse ditado se mostra verdadeiro. Vemos surpreendentes alianças inesperadas se formando contra um inimigo comum. As facções de fariseus e saduceus, hostis uma à outra, colocam temporariamente de lado as suas divergências para eliminar uma ameaça comum. De modo geral, os fariseus e saduceus estavam em extremos diferentes no seu espectro teológico. Enquanto os fariseus acreditavam na soberania de Deus e na predestinação em muitos assuntos, os saduceus rejeitavam completamente a noção de predestinação em favor de uma forte visão do livre-arbítrio humano.[195] Enquanto os fariseus haviam adotado um sistema complexo de tradições orais além da Lei escrita de Moisés, os saduceus não aceitavam nenhum ensino ou tradição além daquilo que poderia ser encontrado nos cinco livros de Moisés (Gênesis até Deuteronômio). Além disso, os fariseus acreditavam em anjos, espíritos e vida após a morte, enquanto os saduceus tendiam a rejeitar tais elementos do reino espiritual.

Apesar destas grandes diferenças, os fariseus e saduceus se uniram em sua oposição a Jesus de Nazaré. Essa aliança sem precedentes entre adversários teológicos ferrenhos, entre a direita e a esquerda, entre os conservadores e os liberais, entre os populistas e os elitistas, demonstra quão profundamente partilhavam de um ódio total a Jesus. Embora doutrinariamente Jesus estivesse muito mais próximo da teologia básica dos fariseus, praticamente Ele rejeitou suas aplicações absolutamente legalistas da Lei que abrangiam todos os aspectos da vida, que se originaram das interpretações equivocadas dos rabinos. Os saduceus, por outro lado, teriam sentido seu poder político e social ameaçado pela crescente crença das multidões em Jesus como ninguém menos que seu Rei, o tão aguardado Messias de Israel. Assim, por diferentes razões, fariseus e saduceus viam Jesus e seus discípulos como um inimigo comum. Portanto, eles se encontravam no mesmo grupo em oposição a Ele, forjando uma aliança com base no ódio e dureza de coração.

Quando a cortina se abre na segunda metade do Evangelho de Mateus, essa súbita e inesperada aliança toma o centro do palco. No final, essa coalizão entre fariseus e saduceus levaria, não à preservação de suas ideologias, mas, finalmente, à própria destruição deles.

PRÉVIA DOS ACONTECIMENTOS POR VIR

A segunda metade do Evangelho de Mateus, capítulos 16—28, narra o *destino e a vitória do Rei*. Ela pode ser dividida em duas partes.

Oposição e rejeição ao rei (16:1—25:46). O início de Mateus 16 dá o tom dos capítulos que se seguem: "Os fariseus e os saduceus aproximaram-se de Jesus e o puseram à prova" (16:1). Desse ponto em diante, os líderes religiosos perseguem cada movimento do Mestre, enquanto Jesus continua a preparar seus discípulos para os eventos que ocorrerão nos dias finais de seu ministério terreno (16:1-28). Alguns dos discípulos de Jesus testemunham sua gloriosa transfiguração, que foi um breve, mas poderoso vislumbre de sua glória e reino vindouros (17:1-13). Determinado a prosseguir com seu ministério, Jesus continua a curar e a ensinar lições vitais sobre discipulado (17:14—18:35).

Aos poucos, seu ministério o aproxima de Jerusalém, chamando ainda mais a atenção dos líderes religiosos, que estavam empenhados em encontrar motivos que pudessem servir de base para sua prisão. Enquanto isso, Jesus continua a pregar inabalavelmente (19:1—20:34). Por fim, Ele chega a Jerusalém, é recebido com louvores pelas multidões, embora enfrentando crescente resistência dos líderes, aos quais Ele responde com crescente condenação (21:1—23:36). O fato culmina em um lamento sobre a própria Jerusalém por sua rejeição ao Messias (23:37-39), seguido por um longo ensino sobre o fim dos tempos, quando o reino messiânico será finalmente estabelecido na terra (24:1—25:46).

Paixão e triunfo do Rei (26:1—28:20). Os três últimos capítulos do Evangelho de Mateus relatam como a trama dos líderes judeus para matar Jesus se concretiza (26:1-16). Após celebrar sua última Páscoa com seus discípulos e instituir a Ceia do Senhor (26:17-35), Jesus é traído e preso (26:36-56). Ele é julgado injustamente pelos líderes em Jerusalém, enquanto seus próprios discípulos o abandonam (26:57—27:26). Então, de acordo com as profecias do Antigo Testamento — como Jesus havia predito —, o governo romano, com a insistência dos líderes judeus, crucifica o legítimo Rei de Israel, o tão esperado Messias (27:27-56). E após sua morte, Ele é sepultado (27:57-66).

No entanto, assim como Jesus e os profetas do passado haviam profetizado, Ele ressurge no terceiro dia, saindo do túmulo por meio de uma ressurreição corporal milagrosa e tornando-se vitorioso sobre a morte (28:1-10). Ao mesmo tempo, aqueles que haviam tramado contra Ele continuam a conspirar contra as boas-novas de sua ressurreição (28:11-15). Tendo ressurgido vitorioso, o Senhor Jesus se encontra com seus discípulos na Galileia para entregar-lhes uma nova missão — para a qual Ele os havia preparado nos últimos três anos: "Portanto, vão e façam discípulos de todas as nações, batizando-os em nome do Pai e do Filho e do Espírito Santo, ensinando-os a obedecer a tudo o que eu ordenei a vocês. E eu estarei sempre com vocês, até o fim dos tempos" (28:19-20).

Ao entrarmos na intensidade da segunda metade do Evangelho de Mateus, vemos como Jesus cumpre — de maneira inesperada — seu destino como Rei, o tão esperado Messias de Israel. E, no final, entendemos como a missão de Jesus se transforma em nossa missão, ao nos unirmos aos seus seguidores iniciais para compartilhar as boas-novas por toda parte.

OPOSIÇÃO E REJEIÇÃO AO REI (MATEUS 16:1—25:46)

Convencidos por seus sinais miraculosos e sua poderosa pregação, os discípulos mais próximos de Jesus não tinham dúvidas sobre quem Ele era: o Rei, seu tão aguardado Messias. E mais do que isso, o Espírito abriu seus olhos para uma verdade mais profunda. Jesus não era apenas um grande mestre, um profeta talentoso e o rei legítimo; Ele também era "o Filho do Deus vivo" (16:16). Embora essa verdade profunda tenha sido ainda mais iluminada pela gloriosa transformação de Jesus (17:1-13), ela parece ser contrariada por suas previsões perturbadoras de sua própria traição, sofrimento e morte (16:21-23).

Esta seção, que estou chamando de *Oposição e rejeição do Rei* (16:1—25:46), é caracterizada por esses dois temas contrastantes na vida e ministério de Jesus — a prova crescente de sua identidade como o tão esperado Messias e a crescente hostilidade contra Ele por parte daqueles que tinham tudo a perder com a vinda do Rei. A hipocrisia e os falsos ensinos dos líderes religiosos seriam expostos pela própria encarnação da Verdade. O sacerdócio corrupto seria derrubado e substituído pelo eterno Sumo Sacerdote. O rei ilegítimo da Judeia e os governantes gentios seriam destronados pelo legítimo Herdeiro da casa de Davi e Governante do céu e da terra.

Assim, a oposição chega ao clímax quando os escribas e fariseus, sacerdotes e saduceus, governadores e governantes se unem para acabar com o inimigo público número um — Jesus, um mero "filho de carpinteiro" de Nazaré (13:55).

TERMOS-CHAVES EM MATEUS 16:1—25:46

■ ***thlipsis*** **(θλῖψις)** [2347] "aflição", "tribulação"

A palavra grega *thlipsis* pode-se referir à futura Grande Tribulação do fim dos tempos, que leva ao retorno físico de Cristo como Rei (24:21, 29-31), porém, mais comumente, refere-se às provações e às perseguições gerais experimentadas pelos cristãos de todas as épocas (13:21; 24:9; Jo 16:33; Rm 5:3). Pode ser que a ambiguidade na forma como esse termo foi usado tenha causado confusão entre os crentes de Tessalônica, que teriam acreditado que as aflições normais que estavam experimentando (1Ts 3:3-4; 2Ts1:4-8) indicavam que estavam no meio da Tribulação do tempo do fim (Mc 13:19; Ap 7:13-14).

■ ***ouai*** **(οὐαί)** [3759] "ai", "ai de vocês"

O lamento expressado em voz alta em ocasiões de profunda tristeza era comum no mundo antigo. De fato, os funerais dos ricos às vezes eram acompanhados por lamentadores profissionais, muitas vezes para aumentar a percepção de luto pela perda de uma pessoa que poderia ter mais inimigos do que aliados. A exclamação *ouai!* tem o objetivo de imitar um grito de angústia. À medida que a oposição a Jesus se intensificava, suas palavras de lamento por seus críticos também aumentavam, encontrando o clímax em seus repetidos "ais" contra os escribas e fariseus por sua hipocrisia (23:13, 14, 15, 16, 23, 25, 27, 29). Esses não eram apenas gritos de angústia por seus corações teimosos e perversos, mas também de tristeza pelos juízos que eles e seus seguidores sofreriam por causa de sua rejeição ao Messias.

■ ***skandalizō*** **(σκανδαλίζω)** [4624] "fazer tropeçar"

■ ***skandalon*** **(σκάνδαλον)** [4625] "causa de tropeço"

Em português, o substantivo "escândalo" e o verbo relacionado "escandalizar" referem-se ao efeito de uma ação de moralidade questionável que conduz a uma péssima reputação, à ira ou à vergonha pública ou ao choque. No entanto, no Novo Testamento, o termo grego do qual obtemos "escândalo" refere-se a "uma ação ou circunstância que leva alguém a agir de modo contrário a um curso de ação adequado ou a um conjunto de crenças".[196] No Evangelho de Mateus, Pedro é identificado como um *skandalon* por sugerir que Jesus deveria se esquivar de sua missão de sofrer e morrer pelo pecado (16:23). Jesus também adverte contra aquelas pessoas ou coisas que nos levam a cair em tentação e a pecar (18:7-9).

Críticos irritantes e discípulos de compreensão lenta

MATEUS 16:1-12

Eu testemunhei muitas discussões ao longo da minha vida no ministério. Às vezes, parece que o esporte favorito de alguns cristãos é a discussão. Estou convencido de que alguns não ficam felizes a menos que tenham uma questão teológica para discutir ou algum assunto da igreja para debater. Já vi exemplos que vão do trágico ao ridículo. Raramente observo crentes discutirem sobre doutrinas essenciais da fé cristã ou questões claras de moralidade. Na maioria das vezes, são as mesmas velhas questões sobre as quais os cristãos debatem há séculos — predestinação ou livre-arbítrio; quem, quando e como batizar; que estilo de adoração uma igreja deve ter; qual é a ordem correta dos eventos do fim dos tempos.

Quando você analisa esses argumentos, descobre que, na maioria das vezes, todo mundo está falando e ninguém está ouvindo. Ou, se estiverem ouvindo, não prestarão atenção ao que está sendo dito, ou porque sua atitude é argumentativa, ou porque estão absortos em si mesmos. O resultado nessas situações não é uma atitude de "concordar em discordar" para viver em paz, mas uma continuação incessante da discussão sem nenhum progresso sendo feito por qualquer um dos lados.

No primeiro século, Jesus teve de lidar com ambas as categorias de maus ouvintes. Seus críticos estavam na primeira categoria. Eles não ouviam por causa de sua natureza argumentativa. Sempre ficavam irritados. Mas seus discípulos estavam na segunda categoria. Eles não ouviam porque estavam preocupados consigo mesmos. Eles eram vagarosos para entender.

Ao entrarmos na história de Mateus 16:1-12, nos deparamos com os discípulos na aldeia que Mateus chama de Magadã (15:39), provavelmente outro nome para Magdala, a cidade natal de Maria Madalena. Aqui vemos como Jesus lidou com aqueles críticos irritantes e discípulos de compreensão lenta... e como podemos extrair verdades importantes e práticas desses encontros.

16:1-4

A maioria dos leitores do século 21 provavelmente não pensaria duas vezes sobre as palavras iniciais de Mateus 16: "Os fariseus e os saduceus aproximaram-se de Jesus" (16:1). Mas para os leitores judeus do primeiro século, ligar fariseus e saduceus seria como dizer "os liberais e os conservadores" ou "os calvinistas e os arminianos" ou "os católicos e os protestantes". Em circunstâncias normais, fariseus e saduceus estavam em lados opostos na maioria das questões.

O termo "fariseu" provavelmente significa "alguém separado".[197] Os fariseus lutavam por uma abordagem estrita, tradicional e ortodoxa da fé e da prática dentro do judaísmo. Enquanto eles tendiam a preservar posições teológicas que estavam de acordo com as Escrituras, seus métodos para manter a pureza haviam se deteriorado em legalismo e hipocrisia. Eles também acreditavam que os ensinos tradicionais que desenvolveram no curso de seu estudo das Escrituras tinham tanta autoridade quanto as próprias Escrituras. Isso levou muitos a argumentar que esses ensinos, na verdade, tinham sido transmitidos aos rabinos por Moisés, por meio da tradição oral.[198] Os fariseus mantinham uma forte crença na soberania de Deus e na predestinação e, também, abraçavam crenças em seres angélicos, em uma dimensão espiritual da humanidade, na vida após a morte — com suas recompensas e punições — e na ressurreição do corpo.

Em contraste, a facção dos saduceus rejeitava a doutrina da predestinação e enfatizava fortemente o livre-arbítrio humano.[199] Eles também rejeitavam as opiniões dos fariseus sobre a tradição oral e, em seu lugar, abraçavam doutrinas e práticas que só poderiam ser estabelecidas com base no Pentateuco — os cinco livros de Moisés. Os saduceus também negavam a existência de anjos, a existência da alma após a morte e a ressurreição do corpo. Em oposição aos fariseus, eles enfatizavam as bênçãos *nesta* vida pela fidelidade à aliança de Moisés e afirmavam que a Lei era vital para Israel manter sua prosperidade na Terra Prometida e seu lugar entre as nações.[200]

Devido ao fato de que os fariseus e saduceus costumavam ficar ostensivamente uns contra os outros, vê-los lado a lado em sua cooperação contra Jesus teria surpreendido os leitores judeus originais de Mateus. No entanto, quando se tratava da crescente popularidade daquele pregador insistente de Nazaré e do poder persuasivo de seus milagres, os fariseus e os saduceus estavam dispostos a deixar de lado suas diferenças e a trabalhar juntos contra Jesus.

Ambos os grupos queriam se livrar de Jesus, então eles estavam continuamente colocando-o à prova. Entendo que o tipo de exigência que eles fizeram nessa cena foi bastante revelador. Eles pediram a Jesus "um sinal do céu" (16:1). Observe que eles não pareciam questionar seu poder. Ele vinha realizando milagres surpreendentes já fazia algum tempo, e sua reputação como alguém que curava os doentes havia se espalhado por toda parte. No entanto, seus críticos questionavam constantemente a *fonte* de seu poder. Vinha realmente de Deus? Ou de Satanás? A origem era legitimamente do céu? Ou procedia das partes inferiores da terra? A nova união de críticos pressionou Jesus por algum evento espetacular e chocante, semelhante à divisão do mar Vermelho ou ao aparecimento da coluna de fogo e fumaça na narrativa de Êxodo. Sem um sinal tão milagroso com origens celestiais claras, eles não acreditariam e se recusariam a aceitar sua autoridade divina.

No entanto, com base no histórico de ceticismo irracional deles, penso que, ainda que Jesus tivesse realizado algum sinal surpreendente para atender àquela demanda, a dureza de seus corações ainda seria tal que, mesmo assim, eles o teriam rejeitado e se recusado a crer.

Jesus conhecia o coração deles. Ele não estava disposto a sucumbir às suas exigências cínicas por sinais milagrosos. Simplesmente não havia como vencer no jogo deles, jogado segundo suas regras, porque as regras mudavam constantemente. A resposta de Jesus revela sua grande sabedoria. Seus críticos eram sábios em relação ao clima, mas espiritualmente tolos. Ele citou uma regra prática comumente conhecida usada para prever o tempo (16:2-3). Temos um ditado semelhante, hoje em dia, que diz mais ou menos o seguinte:

Um céu vermelho à noite traz aos marinheiros sorriso,
Mas um céu vermelho pela manhã é para os marinheiros aviso.

Jesus não estava revelando a chave para todas as previsões meteorológicas. Seu propósito não era dar a eles (ou a nós) um guia infalível para fazer previsões meteorológicas precisas. Ao contrário, Ele estava apontando a inconsistência de seus críticos ao aplicar regras de lógica à evidência. De um modo geral, a máxima é verdadeira. Tendo observado o padrão dos céus vermelhos à noite ou pela manhã e ao correlacionar esses padrões com a probabilidade de tempestades, as pessoas concluíam, indutivamente, que um céu vermelho à noite significava que o tempo bom era provável, enquanto um céu vermelho, pela manhã, significava possíveis tempestades.

Pelas mesmas regras de indução, eles também deveriam ter discernido "os sinais dos tempos" (16:3). Por "sinais dos tempos", Jesus provavelmente estava se referindo aos muitos sinais milagrosos que, de forma repetida e clara, já apontavam para o fato de que Ele era o tão esperado Messias. É bom lembrar que, quando João Batista questionou se Jesus era "aquele que haveria de vir", Jesus respondeu: "Voltem e anunciem a João o que vocês estão ouvindo e vendo: os cegos veem, os aleijados andam, os leprosos são purificados, os surdos ouvem, os mortos são ressuscitados, e as boas-novas são pregadas aos pobres" (11:3-5). Com base nesses sinais claros da vinda do reino messiânico, qualquer pessoa com um coração cheio de fé e com uma mente perspicaz deveria ser capaz de concluir que o Messias estava presente. Todavia, mesmo à luz desses sinais claros do Messias, os fariseus e os saduceus fecharam os olhos de seu coração e bloquearam seus ouvidos ao discernimento. Em uma atitude oposta, eles chafurdaram na incredulidade de um coração duro.

Jesus, então, repetiu a mesma repreensão cáustica que Ele havia lançado contra os escribas e fariseus anteriormente (veja 12:38-40). Dessa vez, Ele atacou os fariseus os e saduceus. Eles eram "uma geração perversa e adúltera" a qual Ele não cederia com um sinal feito sob encomenda. Em lugar disso, a única coisa que eles conseguiriam para confirmar a identidade de Jesus como o Messias era "o sinal de Jonas" (16:4). Ou seja, assim como Jonas esteve no ventre do peixe por três dias, o Filho do Homem seria sepultado na terra por três dias (12:40). A própria ressurreição era o único sinal que receberiam e, mesmo assim, a maioria não iria crer.

A resposta de Jesus sugere que Ele estava farto de seus críticos. Ele havia dito e feito o suficiente para convencer qualquer um que estivesse aberto à evidência e fosse honesto o suficiente para aceitá-la. Tudo o que eles queriam fazer era criticar e discutir sobre o que realmente constituía um sinal do céu, em oposição a um sinal da terra. Mas já havia sinais o suficiente. Em vez de perder seu tempo com críticos ferrenhos, Jesus "os deixou e retirou-se" (16:4).

Magadã (também chamada Magdala) estava situada na costa ocidental do mar da Galileia a cerca de cinco quilômetros a noroeste de Tiberíades. Depois de se recusar a dar aos fariseus e aos saduceus um "sinal do céu", Jesus entrou num barco e navegou até ao extremo norte do mar perto de Betsaida.

16:5-12

Deixando para trás os críticos irritantes que desceram de Jerusalém para Magadã, Jesus e os discípulos foram para o outro lado do mar da Galileia, para a margem norte, onde o rio Jordão deságua no lago. Mais tarde, Ele e seus discípulos tomariam a estrada que ia da cidade de Betsaida, bem ao norte, até a cidade de Cesareia de Filipe (16:13; cf. Mc 8:22-27).

Presumivelmente, depois de saber que eles estavam prestes a fazer uma longa jornada para o norte, os discípulos comentaram que haviam esquecido de prover pão para a viagem (Mt 16:5). Anteriormente, eles haviam partido para Magadã carregando "sete cestos cheios" de pão do milagre da alimentação dos quatro mil (15:37). Em algum lugar, ao longo do caminho, eles desfizeram-se do pão, talvez dando a alguns dos seguidores em Magadã. De qualquer forma, eles deixaram de levar o suficiente para a viagem.

Enquanto os discípulos se preocupavam com o pão, a mente de Jesus estava em outro lugar. Ele acabara de lidar com críticos irrequietos que eram obstinados de coração, relutantes em aceitar a evidência que lhes foi apresentada. Sua incredulidade impenetrável causou-lhe profunda angústia, a qual Ele carregou consigo durante a travessia do lago. Ao mesmo tempo em que Jesus ainda se preocupava com o confronto acalorado com os críticos carrancudos, seus discípulos que tinham compreensão lenta das coisas estavam preocupados com o pão. Talvez eles tenham começado a apontar uns para os outros, fazendo o jogo da culpa, preocupando-se com o que fariam para resolver o problema. Pode ser que alguns tivessem sugerido que se apressassem em atravessar o lago ou que encontrassem um lugar para obter alguns suprimentos frescos. No entanto, Jesus estava preocupado com outra coisa. Em vez dessa questão, Ele estava pensando nos líderes perversos, no plano diabólico para capturá-lo e matá-lo e em seus perigosos ensinos falsos, que envenenavam a mente das pessoas. O tempo todo, Ele estava apenas ouvindo "pão, pão, pão, pão, pão" de seus discípulos.

Finalmente, Jesus os interrompeu: "Estejam atentos e tenham cuidado com o fermento dos fariseus e dos saduceus" (16:6). Imagino os discípulos de repente ficando em silêncio, ouvindo apenas parcialmente. Eles ainda estavam pensando em pão quando Jesus mencionou fermento, ou levedura. Algo sobre fariseus e saduceus. Isso tinha algo a ver com pão? Eles começaram a discutir entre si, novamente, sobre a falta de pão e sobre como, aparentemente, precisavam evitar o tipo de pão fermentado que fariseus e saduceus comiam... ou algo assim.

Claramente, os discípulos estavam sem entender nada. Eles estavam pensando com o estômago, enquanto Jesus estava preocupado com questões espirituais. Então, Ele novamente se intrometeu em sua conversa equivocada, repreendendo-os por sua "pequena fé" (16:8). Eles haviam esquecido totalmente que Jesus não precisava de cestas cheias de pão para suprir suas necessidades na viagem? Não se lembravam dos milagres dos cinco pães que alimentaram os cinco mil homens e dos sete pães que alimentaram os quatro mil (16:8-10)? Ele não tinha provido uma superabundância de comida para eles e para todos os demais? Por que eles estavam preocupados com comida? Jesus poderia ter dito alguma palavra e enchido o barco com pão até afundar!

Jesus ficou perturbado porque os discípulos ignorantes só conseguiam pensar no vazio do estômago, enquanto Ele estava preocupado com o vazio da alma. A conversa deles deveria ter sido sobre fariseus e saduceus, a crescente oposição à pregação de Jesus, a teimosia dos corações críticos e o perigo que eles representavam para as massas facilmente influenciáveis. A inquietação dos discípulos com as coisas terrenas os dessensibilizou em relação às questões espirituais.

Jesus, finalmente, explicou a questão para os discípulos. Ele não estava falando sobre pão e fermento literais, mas sobre a corrupção venenosa dos fariseus e saduceus — isto é, seus ensinos (16:11-12). Os críticos de Jesus se mostravam tão dedicados a derrubá-lo e a esmagar seus seguidores que se dispunham a contradizer até mesmo a prova mais óbvia de quem Ele era. Esse tipo de ceticismo e cinismo era contagioso e se espalharia (veja Mc 8:15).

Posso imaginar que os discípulos se sentiram um pouco estúpidos, não porque deixaram de entender a figura de linguagem de Jesus, mas porque estavam tão preocupados em encontrar o pão físico, enquanto Jesus estava angustiado com aqueles que rejeitaram o Pão da Vida. De forma lenta, mas segura, os discípulos estavam se aproximando do entendimento.

APLICAÇÃO

Mateus 16:1-12

SUPERFICIAL OU PROFUNDO?

Lamento dizer que muitos de nós se encaixam confortavelmente nas vestes dos fariseus e saduceus céticos ou nas sandálias dos discípulos de mentalidade mundana.

Por um momento, coloque as vestes dos críticos irritantes. Você está usando essas vestes e parecendo se sentir muito importante com suas perguntas, procurando obter mais provas, exigindo mais sinais. Você decidiu que só vai acreditar depois que Deus produzir as provas que deve e satisfizer o padrão de evidência que você estabeleceu. Mas, assim que Deus mostra que Ele é real, você eleva um pouco mais o seu padrão do que constitui "um sinal do céu". Esse é um padrão típico do cético incrédulo de coração duro. Honestamente, nesse caso, não há muito que possa ser feito.

Jesus se afastou de pessoas assim, o que pode ser uma lição para nós. Há momentos em que já dissemos e fizemos tudo o que poderíamos para pessoas que estão endurecidas em relação ao evangelho. Falamos com eles sobre Jesus, respondemos suas perguntas, respondemos às suas objeções e lhes apresentamos uma defesa de nossa fé, apenas para ouvir mais argumentos. Quando percebemos que estamos lidando com pessoas que não querem aceitar a verdade, estamos perdendo tempo ao insistir ou falar mais. Em vez disso, talvez precisemos simplesmente ir embora e deixá-las nas mãos de Deus. Continue a orar, seja um amigo para eles e esteja aberto se Deus fizer uma mudança na vida deles, tendo um sincero desejo de realmente ouvir e estar pronto para levá-los de volta, se a oportunidade se apresentar. Mas até lá, não há muito o que fazer.

Agora calce as sandálias dos discípulos tardos de entendimento. Você está supersaturado com coisas espirituais — uma Bíblia de estudo, uma grande família na igreja, livros cristãos e muita música. No entanto, quando você ouve os sermões, canta os hinos, lê as palavras ou faz as orações, tudo entra por um ouvido e sai pelo outro. Você já ouviu tanto o evangelho que ele não causa mais impacto em sua vida. Enquanto o pastor prega, você está pensando no que tem para almoçar ou jantar. Enquanto você ora, sua mente vagueia para a próxima data no calendário. Embora seus olhos estejam bem abertos e seus ouvidos atentos, você precisa acordar e ouvir, ver as questões espirituais e ouvir as palavras espirituais, as coisas além das ocupações diárias da vida.

Eu gosto muito destas linhas do poema de Elizabeth Barrett Browning:

> A terra está repleta com os céus,
> E toda sarça comum em chamas com Deus;
> Mas só quem vê é que tira os sapatos,
> O resto senta-se em volta dela e colhe seus frutos.[201]

Você está preocupado com sua próxima refeição? Sua próxima fatia de pão? Seu próximo passo na carreira? Seu próximo carro? Todos os seus confortos disponíveis? Então você provavelmente está perdendo as lições espirituais da vida que Deus está tentando lhe ensinar para que você se aprofunde. Gosto de pensar que os discípulos se sentiram envergonhados por sua estreiteza mental, seu pensamento superficial, seu fracasso em compreender a analogia simples que Jesus usou para redirecionar seus pensamentos e palavras para coisas espirituais vitais. Não sejamos assim. Não sejamos discípulos superficiais, ignorantes, mas seguidores profundos.

Respondendo à pergunta mais importante da vida

MATEUS 16:13-20

Todos nós tivemos aulas que culminaram em um exame final. Muitas vezes, esse exame compõe a nota mais importante do curso. Exames bem-preparados ajudam tanto o aluno como o professor a determinar se ele realizou o que se propôs a ensinar e se o aluno compreendeu os pontos importantes. Não é incomum que o exame final tenha apenas algumas perguntas, mas essas perguntas são profundas e estratégicas, abordando os assuntos centrais do curso.

Dia após dia, durante muitos meses, Jesus vinha treinando seus discípulos. Momento após momento eles ouviram seus ensinos, observaram suas ações, testemunharam seus milagres e o conheceram de perto e pessoalmente. Ele os convidou para seu mundo, permitindo-lhes observar seus métodos de ministério e, esperançosamente, aprender seus caminhos. Finalmente, chegou o dia do exame final, que consistia em uma pergunta crucial. Na verdade, é a questão mais importante da vida para todas as pessoas. A forma como respondemos a essa pergunta terá tudo a ver com nosso destino eterno.

16:13-14

Jesus sabia que o fim de seu ministério terreno se aproximava rapidamente. Ele também sabia que precisava de todo o tempo de que dispunha com seus discípulos. Ele tinha muito a dizer e a ensinar para eles, embora houvesse muitas coisas que eles não suportariam ouvir, nem mesmo entender. Com a crescente ferocidade de seus críticos, que conspiravam para tirar-lhe a vida, e com a presença constante de multidões que o seguiam juntamente com seus discípulos aonde iam, Jesus se afastou do burburinho de atividade ao redor do mar da Galileia, e levou seus discípulos para o norte, no rumo de uma região ao redor da nascente do rio Jordão, perto de um lugar conhecido como Cesareia de Filipe. Uma cidade majoritariamente não judaica, Cesareia de Filipe servia como um retiro tranquilo onde Jesus poderia passar algum tempo a sós com seus seguidores mais próximos, sem constantes intromissões.

Até hoje, nas ruínas de Cesareia de Filipe, o visitante pode discernir os vestígios de uma região infestada de idolatria. Vários nichos são esculpidos na lateral de um penhasco, onde eram colocadas estátuas de divindades. E vários alicerces de templos podem ser avistados ao longo do mesmo penhasco na cidade alta, como um centro de paganismo. Foi nas proximidades dessa cidade politeísta e pagã que Jesus perguntou: "Quem os outros dizem que o Filho do homem é?" (16:13).

A pergunta dizia respeito ao burburinho popular sobre sua identidade. O que o *povo* estava dizendo? Ao ouvirem seus ensinos e presenciarem seus milagres, o que as pessoas, depois, conversavam entre si nas praças públicas? O que se ouvia a respeito dele na rua? Claro, essa não era a questão central. Ele não conduziu os discípulos até o início do rio Jordão para lhes fazer essa pergunta. Jesus não era um equivalente pré-moderno a um viciado em mídia social da atualidade, desesperado por atenção, sempre preocupado com o que as outras pessoas pensavam dele. Ao contrário, a pergunta foi sua maneira de levar os discípulos a entenderem exatamente qual é a questão fundamental da vida.

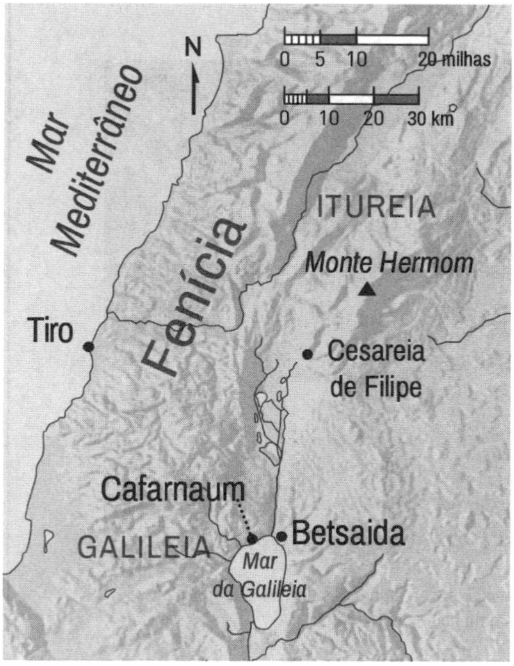

Depois de analisar os perigosos ensinos dos fariseus e saduceus, Jesus e seus discípulos viajaram para o norte, em grande parte para a área não judaica de Cesareia de Filipe.

CESAREIA DE FILIPE

MATEUS 16:13

Não deve ser confundida com a cidade portuária de Herodes, o Grande, a Cesareia Marítima ("Cesareia à beira-mar"), pois a cidade Cesareia de Filipe estava situada a cerca de 40 quilômetros ao norte do mar da Galileia, na base do monte Hermom. César Augusto havia dado a cidade a Herodes, o Grande, como recompensa por sua lealdade. Para mostrar sua gratidão, Herodes construiu um grande templo de pedra branca em homenagem a César. Quando Herodes morreu, seu filho Filipe, o tetrarca, fez da cidade sua residência principal, embelezando-a e ampliando-a. Como tal, ficou conhecida como Caesarea Philippi, ou seja, "Cesareia de Filipe".

Na base de um penhasco na cidade alta, uma fonte subterrânea borbulhava a partir de uma caverna, tornando-se um afluente do rio Jordão. Nos tempos do Antigo Testamento, os pagãos se reuniam naquele local para adorar a Baal. Assim, esse local foi referido como Baal-Gade ou Baal-HermoM (veja Js 11:17; Jz 3:3; 1Co 5:23). Mais tarde, os gregos dedicaram um templo ao deus Pan.[202] Hoje, o local é conhecido como Banias, a versão árabe de Panias, ou "lugar de Pan".

Domínio público/Wikimedia Commons

As ruínas de Cesareia de Filipe incluem as fundações de vários templos, os quais possuíam nichos para ídolos.

Os discípulos obedientemente relataram o que ouviram, aquilo que estava sendo comentado entre as multidões. Alguns diziam que Jesus era João Batista, ou Elias, ou Jeremias, ou algum outro profeta. Acho interessante que todas essas opções exigiam que alguém voltasse dos mortos ou, no caso de Elias, retornasse de sua ascensão ao céu (2Rs 2:11). Stanley Toussaint observa: "O pensamento deles deu testemunho do caráter sobrenatural de Jesus, mas eles falharam em identificá-lo como o Messias".[203]

16:15-16

Depois de ouvir as várias respostas lançadas nas praças públicas, Jesus cavou mais fundo. Posso imaginá-lo acenando com a cabeça, como alguém que já sabe, conforme os discípulos mencionavam os principais candidatos. Então, talvez apontando para eles, inquiriu: "'E vocês?', perguntou ele. 'Quem vocês dizem que eu sou?'" (16:15). A palavra grega está na terceira pessoa do plural, pois Jesus estava se dirigindo a todos os discípulos. A palavra também é trazida para o início da declaração no texto grego original, indicando que Jesus a estava enfatizando: "E VOCÊS, quem VOCÊS dizem que eu sou?"

É isso — a questão mais importante. Se eles entendessem errado, nada mais importaria. Jesus sabia que não tinha muito mais tempo para estar com eles. Ele queria ter a certeza de que seus discípulos mais próximos, que continuariam a pregar o evangelho após sua partida, teriam uma ideia clara de sua identidade. Era a chave para entender tudo — seus ensinos, suas ações e especialmente o que Ele iria realizar em Jerusalém durante os últimos dias de seu ministério público. Sem uma compreensão correta de quem é Jesus, não pode haver um entendimento apropriado do que Ele fez.

Posso imaginar um breve período de silêncio, enquanto os olhos de todos os discípulos estavam fixos nele. Eles sem dúvida sentiram o peso dessa pergunta. Sabiam que as outras identificações — aquelas feitas pela multidão — estavam erradas. E sabiam que eles, entre todas as pessoas, deveriam acertar. No entanto, o texto registra que foi apenas Simão Pedro quem falou. Ele estava falando como representante do grupo, apresentando o consenso que todos tinham? Ou o restante deles estava relutante em dar suas opiniões, inseguros de suas respostas? Alguns deles ainda estavam surdos para ouvir?

De toda forma, Simão Pedro respondeu: "Tu és o Cristo, o Filho do Deus vivo" (16:16). Essa confissão de fé é vital demais para ser ignorada. Precisamos decompô-la e pensar sobre ela com cuidado. A palavra "Cristo" (grego *Christos* [5547]) é uma tradução da palavra hebraica *mashiach* [H4899], da qual obtemos a palavra "messias". O termo hebraico significa "ungido". No Antigo Testamento, uma cerimônia de unção, em que se usava azeite, era realizada para consagrar profetas (1Rs 19:16), sacerdotes (Êx 28:41) e reis (1Sm 10:1). Mas embora Israel tenha tido muitos profetas, sacerdotes e reis ungidos ao longo de sua história, todos eles foram vistos como apontando para o Profeta, Sacerdote e Rei supremos — o Messias, ou Cristo.

Junto com sua confissão de que Jesus era o Messias tão esperado, Pedro também afirmou que Ele era o "Filho do Deus vivo". Esse título provavelmente vem do salmo 2, um salmo messiânico com o qual os discípulos estariam muito familiarizados:

> "Proclamarei o decreto do SENHOR:
> Ele me disse: 'Tu és meu filho; eu hoje te gerei.'" (Sl 2:7)

Era uma ideia comum na época que o Messias, ou Rei ungido, seria o Filho de Deus, empossado como seu regente. De fato, o salmo 89 diz isso a respeito do rei Davi.

> "Ele me dirá: 'Tu és o meu Pai,
> o meu Deus, a Rocha que me salva'.
> Também o nomearei meu primogênito,
> o mais exaltado dos reis da terra.
> Manterei o meu amor por ele para sempre,
> e a minha aliança com ele jamais se quebrará.
> Firmarei a sua linhagem para sempre,
> e o seu trono durará enquanto existirem céus." (Sl 89:26-29)

Pedro também afirmou que Jesus era o Filho do "Deus vivo" (Mt 16:16). Essa frase é comum no Antigo Testamento (Dt 5:26; Js 3:10; 1Sm 17:26). E é usada para contrastar o verdadeiro Deus vivo (isto é, o Deus *real*) dos falsos deuses (At 14:15). R. T. France sugere: "O adjetivo *vivo*... talvez tenha sido incluído para contrastar o único Deus verdadeiro com as divindades locais (Cesareia de Filipe era um centro de adoração a Pan)".[204]

Aprecio duas coisas sobre a resposta de Pedro à pergunta essencial de Jesus. Primeiro, embora esse assunto fosse muito difícil para o discípulo, teologicamente falando, ele não hesitou em declarar a verdade. Não tenho certeza se ele estava totalmente consciente do que significava o fato de Jesus ser o Messias. Certamente ele entendia suas implicações para a realeza de Jesus em relação a ser descendente de Davi, porém, não podemos ter certeza se Pedro sabia que Jesus também era o Profeta ungido e o eterno Sumo Sacerdote ungido. E, quando Pedro chamou Jesus de "Filho do Deus vivo", será que ele tinha pleno conhecimento da filiação divina de Jesus como a segunda Pessoa da Trindade, coeterna com o Pai? Certamente Pedro compreendia que Jesus era maior do que qualquer ser humano que ele já havia conhecido, que fora enviado por Deus e que era o Filho de Deus no sentido de que era o descendente de Davi, destinado a ser entronizado como o Messias. Mas pode muito bem ser que Pedro tenha falado mais do que ele próprio sabia quando confessou Jesus ser o Cristo, o Filho de Deus.

Em segundo lugar, Pedro não teve medo de se arriscar na frente de seus companheiros. É importante lembrar que, devido à incerteza ou ao temor, o restante dos discípulos ficou em silêncio. Talvez eles estivessem esperando que alguém arriscasse uma opinião, e, então, eles observariam a linguagem corporal de Jesus ou esperariam por sua resposta antes de concordar ou discordar. Por alguma razão, eles optaram pela atitude segura e não disseram nada. Mas não foi o que Pedro fez. Mesmo que ele estivesse lidando com um assunto muito além de sua compreensão, correu todo o risco e disse o que estava em seu coração.

16:17-20

A resposta de Jesus à confissão de fé de Pedro incluiu uma bênção (16:17), uma nomeação (16:18), duas promessas (16:18-19) e uma forte advertência (16:20). Vejamos cada uma delas.

Uma bênção (16:17). Pedro havia obviamente falado a verdade. Jesus o elogiou por sua confissão, abençoando-o imediatamente, chamando-o por seu nome legal completo, "Simão Barjonas (ARA)", isto é, "Simão, filho de Jonas". Mas o Senhor também apontou que a compreensão de Simão sobre sua identidade não tinha vindo da observação cuidadosa e da interpretação dos dados. Ele não era mais inteligente ou mais santo do que os demais discípulos. Essa verdade da identidade de Jesus não havia sido revelada por "carne e sangue", mas pelo próprio Pai celestial. Isso significa que a percepção de Pedro foi dada por revelação divina, não por percepção humana. Anteriormente, Jesus havia ensinado: "Todas as coisas me foram entregues por meu Pai. Ninguém conhece o Filho a não ser o Pai, e ninguém conhece o Pai a não ser o Filho e aqueles a quem o Filho o quiser revelar" (11:27). O Evangelho de João registra um pensamento semelhante: "ninguém pode vir a mim, a não ser que isto lhe seja dado pelo Pai" (Jo 6:65). Da mesma forma, o apóstolo Paulo escreveu: "ninguém pode dizer: 'Jesus é Senhor', a não ser pelo Espírito Santo" (1Co 12:3). Conhecer Jesus corretamente é um dom de Deus.

Uma nomeação (Mt 16:18). Essa não foi a primeira vez que Jesus chamou Simão pelo nome aramaico *Cefas*, traduzido para o grego como Petros. O Evangelho de João registra que em seu primeiro encontro, Jesus disse a Simão: "Você é Simão, filho de João. Será chamado Cefas" (que traduzido é "Pedro") (Jo 1:42). No entanto, Jesus declarou esse detalhe no tempo futuro — "Será chamado" — enquanto em Mateus 16:18 Jesus declara isso como um fato presente — "Você é Pedro". Suponho, então, que naquele momento em Cesareia de Filipe, Simão cumpriu o único requisito necessário para se tornar o que ele deveria ser: Cefas (ou Pedro). Essa exigência continua sendo a pedra fundamental da fé cristã — a confissão de Jesus como o Cristo, o Filho do Deus vivo (Jo 20:31).

PEDRO FOI O PRIMEIRO PAPA?

MATEUS 16:18-19

A Igreja Católica Romana tradicionalmente considera Pedro o primeiro papa, conectando assim a linha de sucessão papal à autoridade apostólica. Mas o Novo Testamento sugere que Jesus tinha o objetivo de que Pedro fosse o chefe singular de uma igreja universal? A combinação da posição de liderança e influência de Pedro entre os Doze e sua mudança de nome única, retransmitida em Mateus 16:18-19, levou compreensivelmente a esse tipo de conclusão.

Essa questão merece um olhar mais atento. Não precisamos concluir dessa passagem que Jesus deu a Pedro autoridade especial para se tornar o fundamento singular sobre o qual a igreja universal foi estabelecida. Sim, é verdade que Jesus renomeou Simão como "Rocha" por causa de sua confissão sobre Cristo. No entanto, Mateus usa o substantivo masculino grego *Petros* [4074] ao se referir ao novo nome do discípulo, enquanto para a "rocha" sobre a qual a Igreja seria construída, usa o feminino *petra* [4073], termo mais ambíguo. Pode ser que as palavras aramaicas subjacentes fossem as mesmas, porém, Mateus deixa claro para seus leitores que Jesus tinha uma "rocha" diferente em mente em lugar do próprio Pedro — presumivelmente Cristo se referia a si mesmo ou à confissão que Pedro havia proferido. Além disso, embora a autoridade de "ligar e desligar" tenha sido dirigida a Pedro como sujeito no singular em 16:19, essa mesma autoridade também é dada a todos os discípulos em 18:18 (cf. João 20:23). Finalmente, o próprio Pedro usou o termo *petra* para se referir a Cristo, a "rocha de tropeço" (1Pe 2:8), a quem ele considerava a "pedra angular" da Igreja (1Pe 2:4-8).

Embora Pedro fosse certamente um grande líder na igreja do primeiro século, não parece haver alguma sugestão no Novo Testamento de que ele tivesse autoridade única sobre todos os outros apóstolos. A noção de que a liderança de Pedro em Roma (e a de seus supostos sucessores) deveria ter primazia sobre toda a Igreja desenvolveu-se sob as autoridades papais posteriores. Essa ideia não era o ponto de vista dos primeiros pais da Igreja e não foi aceita nem pela Igreja Ortodoxa Oriental nem pelo protestantismo. Embora a atribuição dessa designação como "primeiro papa" tenha uma longa história dentro da Igreja Católica Romana, ela não provém da própria igreja primitiva nem das palavras de Jesus.

josefkubes/DollarPhotoClub

Estátua de Pedro na frente da Basílica de São Pedro no Vaticano.

Duas promessas (Mt 16:18-19). Ambas as promessas nessa passagem se referem ao futuro. A primeira é: "Sobre esta pedra edificarei a minha igreja" (16:18). Sobre qual "pedra"? É improvável que Jesus estivesse se referindo ao próprio Pedro como a "rocha" sobre a qual a Igreja seria construída. Se Jesus tivesse a intenção de ensinar que a Igreja seria construída sobre Pedro (uma noção expressa pela Igreja Católica Romana ensinando que Pedro era o primeiro de uma linha de papas), Ele poderia facilmente ter deixado isso claro ao dizer: "Pedro, sobre você edificarei a minha igreja". Ao contrário dessa declaração, Ele usou o pronome "esta", que seria uma maneira estranha de apontar a pessoa com quem Ele estava falando. (Para saber mais sobre este tópico, veja o artigo "Pedro foi o primeiro papa?", que começa na página anterior.)

Parafraseando, Jesus estava dizendo algo como: "Você é 'pedroso', e sobre esta pedra construirei minha igreja". Jesus estava empregando um jogo de palavras, ou uma espécie de trocadilho. Parece haver melhor entendimento de que a "rocha" sobre a qual a Igreja está construída seja a sólida confissão de fé de Pedro. Por causa de sua origem celestial e divina, serviria como um firme alicerce sobre o qual seria edificada. A Igreja, o corpo de crentes em Jesus Cristo, batizada pelo Espírito Santo e selada para a redenção, foi estabelecida na terra durante o Pentecostes (At 2:1-4) e continuará sob a proteção de Deus até a ressurreição e arrebatamento daqueles que estão "em Cristo" (1Ts 4:16-17). (Para obter mais informações, consulte o recurso "Quando a Igreja começou?" na página 356). Tão firme era esse fundamento que nem mesmo as "portas do Hades" seriam capazes de vencê-lo (Mt 16:18). A expressão "portas do Hades" na Septuaginta (a tradução grega da Bíblia hebraica) traduz o hebraico "portas do Seol", expressão que denota o lugar dos mortos, como em Isaías 38:10: "'Na tranquilidade de meus dias hei de entrar nas portas do Seol; estou privado do resto de meus anos" (Versão Almeida Imprensa Bíblica). Também vemos o aparecimento da frase na literatura intertestamentária, como em Sabedoria de Salomão 16:13: "Pois tu tens poder sobre a vida e a morte; tu conduzes os homens até os portões do Hades e de volta" (RSV). O que essa declaração em Mateus significa, simplesmente, é que nada impedirá a construção da Igreja de Cristo — nem mesmo os poderes da morte e do inferno, Satanás ou os pecadores. A. T. Robertson observa: "A Igreja de Cristo prevalecerá e sobreviverá porque Ele romperá as portas do Hades e a Igreja sairá vencedora. Ele sempre viverá e será o garantidor da perpetuação de seu povo ou Igreja".[205]

A segunda promessa é "Eu darei a você as chaves do Reino dos céus" (Mt 16:19). Eu entendo isso, também, como estando relacionado ao momento do estabelecimento da Igreja no Pentecostes e referindo-se, principalmente, à autoridade de Pedro na terra para abrir a Igreja para a participação de novos membros na comunidade física, visível e terrena que se tornaria conhecida como a Igreja, de acordo com iniciativa celestial de Deus. Deixe-me explicar. As "portas" da Igreja seriam destrancadas quando Pedro convidasse judeus crentes e arrependidos para o aprisco no Pentecostes:

Pedro respondeu: "Arrependam-se, e cada um de vocês seja batizado em nome de Jesus Cristo para perdão dos seus pecados, e receberão o dom do Espírito Santo. Pois a promessa é para vocês, para os seus filhos e para todos os que estão longe, para todos quantos o Senhor, o nosso Deus, chamar". Com muitas outras palavras os advertia e insistia com eles: "Salvem-se desta geração corrompida!" Os que aceitaram a mensagem foram batizados, e naquele dia houve um acréscimo de cerca de três mil pessoas (At 2:38-41).

Em seguida, Pedro abriria as "portas" da Igreja para os samaritanos, um grupo de pessoas que eram descendentes da mistura de israelitas e gentios, após o exílio. Filipe havia pregado o evangelho em Samaria, e muitos creram e foram batizados. O livro de Atos registra o envolvimento de Pedro a partir desse ponto:

> Quando os apóstolos em Jerusalém ouviram que Samaria havia recebido a palavra de Deus, enviaram-lhes Pedro e João, que desceram e oraram por eles para que recebessem o Espírito Santo. Os apóstolos em Jerusalém, ouvindo que Samaria havia aceitado a palavra de Deus, enviaram para lá Pedro e João. Estes, ao chegarem, oraram para que eles recebessem o Espírito Santo, pois o Espírito ainda não havia descido sobre nenhum deles; tinham apenas sido batizados em nome do Senhor Jesus. Então Pedro e João lhes impuseram as mãos, e eles receberam o Espírito Santo (At 8:14-17).

Finalmente, Pedro abriria as "portas" da igreja para os gentios quando ele ordenou ao centurião romano Cornélio e a outros crentes gentios em Jesus que fossem batizados: "A seguir Pedro disse: 'Pode alguém negar a água, impedindo que estes sejam batizados? Eles receberam o Espírito Santo como nós!' Então ordenou que fossem batizados em nome de Jesus Cristo" (At 10:46-48).

Mas onde está a segunda parte da promessa? "O que você ligar na terra terá sido ligado nos céus, e o que você desligar na terra terá sido desligado nos céus" (Mt 16:19). Ignorando os elementos gramaticais dos verbos gregos usados aqui e confiando em uma tradução latina equivocada na Vulgata, foi erroneamente ensinado pela Igreja Católica Romana que Jesus deu a Pedro autoridade especial para "ligar e desligar" no sentido de perdoar pecados e reter o perdão — e que esse ato terreno teria efeitos celestiais. No entanto, existem alguns problemas com essa interpretação. Primeiro, a mesma promessa é repetida quase exatamente em Mateus 18:18 com relação à disciplina da igreja, e há uma diferença importante. Lá, a segunda pessoa do *plural* do pronome é usada em referência à igreja reunida. Isso significa que, seja o que for que a autoridade de "ligar e desligar" possa descrever, não se limita apenas a Pedro ou a seus sucessores individuais, mas à Igreja como um todo. Jesus deu uma autoridade semelhante a todos os discípulos igualmente em João 20:22-23, quando Ele soprou sobre eles e disse: "Recebam o Espírito Santo. Se perdoarem os pecados de alguém, estarão perdoados; se não os perdoarem, não estarão perdoados".

Lendo todas essas passagens em conjunto, podemos tirar as seguintes conclusões: Pedro, assim como os demais discípulos, receberam autoridade espiritual especial — a mesma autoridade concedida a todos os crentes que se reúnem como igreja em nome de Jesus. Todos os homens e mulheres redimidos são habitados pelo Espírito, e a igreja reunida é, em si mesma, o templo do Espírito Santo (1Co 3:16; 6:19; Ef 2:19-22). O Senhor comissiona e capacita os crentes a proclamar sua mensagem de perdão, batizar e, como corpo da Igreja, conceder e remover a condição de membro, como atos de manutenção da ordem e disciplina da Igreja.

QUANDO A IGREJA COMEÇOU?

MATEUS 16:18

Se você começar a ler o Novo Testamento em Mateus, a primeira menção da palavra "igreja" (*ekklesia* [1577]) aparece em 16:18. Aparece novamente em 18:17, mas nunca aparece nos Evangelhos de Marcos, Lucas ou João. O termo *ekklēsia* reaparece nas páginas do livro de Atos (por exemplo, At 5:11; 7:38) e ocorre frequentemente em todo o restante do Novo Testamento como o termo técnico para a nova comunidade de discípulos de Jesus Cristo.

Os teólogos responderam à pergunta "Quando a Igreja começou?" de várias maneiras. Alguns têm sugerido que a Igreja consiste em todo o povo de Deus desde Adão até o fim dos tempos.[206] Outros veem a Igreja como começando com o chamado de Abraão, porque ele foi o primeiro destinatário das promessas únicas do pacto que se tornou o cerne de todas as futuras alianças.[207]

No entanto, com base em Mateus 16:18 e em algumas outras passagens do Novo Testamento, parece melhor vermos o início da Igreja no Pentecostes, com o prometido batismo do Espírito Santo. Jesus disse em Mateus 16:18: "Edificarei a minha igreja". O verbo *oikodomeō* [3618] está no tempo futuro, apontando para uma atividade que Cristo ainda não havia começado quando falava com Pedro. Em Efésios 2:20, Paulo diz que a Igreja é edificada "sobre o fundamento dos apóstolos e dos profetas, tendo Jesus Cristo como pedra angular". O verbo é o mesmo — uma forma de *oikodomeō*. Mas aqui Paulo usa o tempo aoristo, indicando algo que ocorreu no passado. Isso sugere que, em algum momento entre o ministério de Jesus e o ministério de Paulo, a igreja foi estabelecida.

Isso nos deixa realmente com apenas uma opção para o momento da fundação da Igreja. Jesus disse em Atos 1:5 que os discípulos seriam "batizados com o Espírito Santo" logo após sua ascensão. Esse batismo do Espírito Santo é o meio pelo qual os crentes são incorporados ao corpo de Cristo (1Co 12:12-13). E porque esse batismo do Espírito só ocorreu no Pentecostes (At 2:1-4), podemos marcar o Pentecostes como o ponto em que Cristo começou a cumprir sua promessa a Pedro: "edificarei a minha igreja" (Mt 16:18).

Do Pentecostes em diante, as forças da maldade têm tentado destruir a Igreja e sua proclamação da verdade. Seja por ataques de fora na forma de perseguição ou por ataques de dentro da igreja na forma de falsos ensinos destrutivos dados por hereges, Satanás tem tentado com todas as suas forças derrubar o projeto de construção de Cristo ou destruir seu fundamento. No entanto, depois de dois milênios, a promessa de Cristo ainda permanece: "As portas do Hades não poderão vencê-la" (16:18).

Um segundo problema com a interpretação supracitada é que as frases traduzidas como "ligado/ligarem" e "perdoarem/desligarem" (Mt 16:19; 18:18; Jo 20:23) estão na voz passiva, indicando que a ação é tomada por Deus (referido pelos comentaristas como o "passivo divino"). Além disso, os tempos desses verbos transmitem a noção de resultados contínuos decorrentes de uma ação *concluída*. Os verdadeiros crentes já foram perdoados de seus pecados por Deus no céu; se estiverem verdadeiramente salvos, já foram aceitos na família celestial e batizados pelo Espírito Santo. Se alguém respondesse com fé à pregação do evangelho, Pedro, os discípulos e a Igreja como um todo teriam autoridade para pronunciar na terra o que é verdade no céu.

Uma forte advertência (Mt 16:20). Jesus concluiu sua resposta à ousada confissão de fé de Pedro de que Ele é "o Cristo, o Filho do Deus vivo" (16:16) com uma advertência um tanto surpreendente. Ele disse a todos os discípulos que "não contassem a ninguém que ele era o Cristo" (16:20). Por que Ele diria isso? Por que não dizer a eles que proclamassem por toda parte a verdade de que Ele era o Messias?

O fato é que a maioria dos judeus, no primeiro século, tinha uma imagem muito diferente da pessoa e obra do Messias. Se dissessem: "Jesus é o Messias", teriam pensado nele como um político revolucionário e líder militar que travaria a guerra final do Senhor contra Roma e os outros inimigos de Israel e restauraria o reino. Ninguém esperava um Messias sofredor que morreria e ressuscitaria, ascenderia ao céu para servir como Sumo Sacerdote celestial e depois retornaria como Juiz e Rei séculos depois. As expectativas das pessoas eram tão equivocadas que, se os discípulos tivessem anunciado publicamente que Jesus era o Messias tão esperado naquela época, isso poderia ter criado o caos — especialmente quando Jesus foi para a cruz.

Então, nesse ínterim, a identidade de Jesus foi mantida em silêncio. Seus discípulos sabiam quem Ele era — o Cristo, o Filho do Deus vivo. Mas mesmo eles ainda tinham muito a aprender sobre o que Ele tinha vindo realizar.

APLICAÇÃO

Mateus 16:13-20

A QUESTÃO MAIS IMPORTANTE

As pessoas hoje têm todo tipo de opinião sobre quem era Jesus. Muitos dizem que Ele foi apenas um grande mestre de moral, como Confúcio ou Buda. Outros pensam que Ele foi um reformador religioso ou social radical, como Martinho Lutero ou Martin Luther King Jr. Há aqueles que pensam ter sido Ele apenas um rabino camponês cujos ensinos foram mal interpretados ou deturpados por seus seguidores. Ou que Ele foi um pregador apocalíptico de olhos arregalados, cujas previsões sobre o fim do mundo não se cumpriram. Talvez uma figura política cuja revolta o matou. Talvez o classifiquem como um sábio de boas maneiras que estava no lugar errado na hora errada, e acabou sendo executado. Os devotos de algumas religiões pensam que Ele foi um grande profeta, mas não o maior profeta. Outros dizem que Ele era apenas uma encarnação do arcanjo Miguel, ou o primeiro ser criado, não o Deus Filho.

No entanto, muitos acreditam no que Pedro e os outros discípulos criam e no que o Novo Testamento ensina: que Jesus era e é o Deus-homem — o eterno Filho de Deus que se tornou humano, viveu uma vida sem pecado, morreu por nossos pecados, como um substituto perfeito, ressuscitou milagrosa e vitoriosamente dos mortos, ascendeu ao céu para interceder por nós como nosso Sumo Sacerdote, e virá novamente como nosso Juiz e Rei. Esse é o Jesus que aceitei em uma idade jovem e o Jesus a quem tenho servido durante toda a minha vida.

E você? Quem você diz que Jesus é? E suas palavras e ações, escolhas e prioridades de vida, paixões e atividades mostram sua crença? Você pode explicar aos outros por que você crê na pessoa e obra de Cristo? Você pode levar outros a encontrar a resposta certa para a pergunta principal da vida? Não há pergunta mais importante do que aquela que Jesus fez aos discípulos naquele dia, cercado por adoradores de falsos deuses e incontáveis ídolos: "Quem vocês dizem que eu sou?"

Três "nuncas" para jamais esquecer

MATEUS 16:21-28

Repetidamente, Jesus desafia as expectativas das pessoas. Nunca deixo de me surpreender em descobrir como as opiniões de muitas pessoas são distorcidas ou completamente equivocadas sobre quem é Jesus, o que Ele veio fazer e como Ele se sente a respeito de nossas atitudes e ações pessoais. O nome de Jesus é frequentemente invocado para defender alguma causa religiosa, social ou política. Ele é frequentemente citado em apoio a alguma ideologia, filosofia ou teologia incompleta. E muitas pessoas, hoje, aceitam prontamente uma versão domesticada de Jesus que confirme seus preconceitos, se encaixe em suas visões de mundo ou deixe sua vida confortável intocada.

As pessoas nos dias de Jesus não eram diferentes. Elas tinham noções da vinda do Messias, as quais eram seletivas, egoístas, distorcidas ou simplesmente falsas. Muitos esperavam que o Messias aparecesse de repente, derrubasse o Império Romano com fúria e fogo do céu e extirpasse os ímpios do mundo com um exército de anjos vingadores. Além disso, o Messias destruiria imediatamente Satanás e suas forças demoníacas de uma vez por todas, entregaria os ímpios ao fogo inextinguível e introduziria os justos no reino eterno de Deus.

Jesus de Nazaré, com seu grupo de marginalizados, não era o que a maioria dos judeus tinha em mente quanto ao Messias. Mas o embotamento que acompanhava as expectativas equivocadas não se limitava apenas às multidões de curiosos e parasitas que esperavam pegar alguns milagres ou ouvir uma repreensão mordaz dos fariseus. Os próprios discípulos, que abraçaram plenamente quem era Jesus, "o Cristo, o Filho do Deus vivo" (16:16), ainda tinham um longo caminho a percorrer antes que pudessem aceitar o que Ele veio fazer: "sofrer..., ser morto, e ressuscitar no terceiro dia" (16:21).

16:21

A profunda profissão de fé de Pedro em Jesus como "o Cristo, o Filho do Deus vivo" (16:16), sem dúvida recebeu uma chuva de "améns" e acenos afirmativos dos outros onze discípulos. Talvez um baixinho "hum, ele me venceu" pudesse ser ouvido na parte de trás. Tenho certeza de que eles sabiam que essa era a verdade — ou pelo menos esperavam que fosse. Quem mais Ele poderia ser senão o Rei, o tão esperado Messias? Embora Pedro tenha sido o único a falar, ele certamente falou pelo restante dos Doze.

Mesmo que os discípulos provavelmente tivessem uma compreensão mais clara do que significava para Jesus ser o Messias e Filho de Deus e não um membro mediano da multidão, ou um fariseu ou saduceu acima da média, eles ainda estavam muito ignorantes em relação à exata missão de Jesus. De modo lento, mas seguro, Jesus haveria de dissipar o nevoeiro e revelar o que aconteceria com Ele nas semanas seguintes.

Assim, logo após a confissão de Pedro e a advertência de Jesus para não se divulgar o fato de que Ele era o Messias, o Mestre declarou claramente o motivo de sua vinda à Terra. Não era para derrotar e destronar os anciãos judeus, os sumos sacerdotes e os escribas, mas para sofrer humilhação e perseguição em suas mãos. Não era para conquistar o Império Romano e substituí-lo por seu reino eterno, mas para vencer a morte e o pecado, morrendo no lugar dos pecadores e ressuscitando vitorioso. Tudo isso aconteceria em um futuro próximo, quando Ele subisse a Jerusalém.

A ideia de que o Messias, o Filho do Deus vivo, iria a Jerusalém para ser morto era tão inesperada, tão estranha e tão desagradável para os discípulos que eu me pergunto se eles ouviram as palavras "e ressuscitar no terceiro dia" (16:21). Apesar do fato de que não fazia sentido para eles, era a pura verdade. Esse era o plano de Deus. Essa verdade introduz o primeiro de três "nuncas" *que jamais devemos esquecer. Nunca devemos pensar que só porque algo é inesperado, seja inaceitável.*

16:22-23

Assim que Jesus explicou calma e pausadamente a seus discípulos o que lhe aconteceria em Jerusalém pelas mãos de seus inimigos, Pedro respondeu. Dessa vez ele chamou Jesus de lado, longe do restante dos discípulos, e, na verdade, começou a repreendê-lo! A palavra grega traduzida como "repreender", *epitimaō* [2008], significa "expressar forte desaprovação a alguém" ou mesmo "advertir para impedir ou acabar com uma ação".[208]

Pedro ficou chocado ao perceber que Jesus pensava algo daquele tipo! O discípulo sabia que era inconcebível o Messias ser morto por seus inimigos; deveria conquistá-los. E, como tal, não se esperava que o Messias viesse a ser preso e maltratado por seus oponentes, mas que exercesse juízo contra eles. Com esses fatos seguros em mãos, Pedro chamou Jesus de lado e corrigiu sua compreensão errônea do que o Messias deveria fazer.

Oh, quão rapidamente nossa sorte pode mudar! Um grande apostador pode passar da condição de ganhador de uma casa à perda de tudo, com apenas uma aposta tola. Um político concorrendo a um cargo pode passar de candidato favorito ao último lugar nas pesquisas, com apenas um passo em falso escandaloso. Um astro dos esportes pode ir do topo do pódio à condição de desempregado, com uma lesão que encerre a sua carreira. E o porta-voz dos doze discípulos pode ir de confessor inspirado por Deus (16:16) a um tentador inspirado por Satanás (16:23), em menos de oito versos! Como isso aconteceu? Pedro permitiu que um ponto de vista humano assumisse o controle de sua mente e, quando o fez, colocou-se na posição de conselheiro de Deus. Ele realmente disse ao Senhor de todos: "Que Deus não permita! Isso nunca vai acontecer com o senhor!" (16:22, NTLH). Que presunção!

A repreensão de Jesus teria parecido um tapa na cara. Na verdade, o texto indica que Jesus nem deixou Pedro descarregar todo o seu argumento contra o plano de Deus. Mateus relata que Jesus "virou-se" para Pedro e o repreendeu, sugerindo que Ele interrompeu as palavras de Pedro e o impediu de cavar mais fundo no poço da estupidez verbal. Jesus se aproximou fisicamente do rosto de Pedro e disse: "Para trás de mim, Satanás!" (16:22-23). Ai! Sem perceber, Pedro estava realmente assumindo o papel de adversário, fazendo o que Satanás faz — tentando as pessoas a agirem diretamente contra a vontade de Deus. O que é pior, Pedro fez isso invocando o próprio Deus — "Que Deus não permita!"

Pedro se meteu nessa confusão porque sua mente não estava voltada para os interesses de Deus, mas para os do homem. Permitiu-se voltar aos seus antigos modos de pensar, segundo a "carne e o sangue" e não segundo o "Pai que está nos céus" (cf. 16,17). Num instante ele estava voando nas asas de águia com uma visão celestial, no momento seguinte ele estava bicando o chão com as galinhas. Isso nos leva ao segundo dos três "nuncas" que jamais devemos esquecer. *Nunca devemos pensar que o Senhor deve alterar seu plano para se adequar às nossas preferências.*

16:24-26

Não tenho certeza de como (ou se) eu me recuperaria de uma censura tão pungente do Senhor, como aquela com a qual Pedro foi esbofeteado quando Jesus o chamou de Satanás e o repreendeu por seu mundanismo grosseiro. Posso imaginar os olhos de Pedro se movendo de um lado para o outro para ter certeza de que nenhum dos outros onze discípulos ouviu a reprovação do Senhor. Ufa! Ninguém tinha ouvido. A troca de palavras havia sido apenas entre Jesus e Pedro. Quão misericordioso foi o Senhor em não expor a tolice de Pedro perante todos os Doze!

Jesus, então, se afastou de Pedro, levantou a voz e dirigiu-se aos demais discípulos com outros ensinos difíceis. Ele aproveitou a oportunidade, enquanto eles ainda refletiam sobre o fato de que o Mestre havia predito seu próprio sofrimento e morte em Jerusalém, para desvendar o que estava envolvido em realmente alguém se tornar um de seus seguidores. Considerando que viver de modo correto começa com pensar corretamente, eis o que seria necessário: *estar disposto a morrer com Ele* (16:24).

A admoestação em 16:24-25 é semelhante a uma advertência que Jesus havia dado anteriormente, registrada em Mateus 10:

MATEUS 10	MATEUS 16
"Quem não toma a sua cruz e não me segue, não é digno de mim." (Mt 10:38)	"Se alguém quiser acompanhar--me, negue-se a si mesmo, tome a sua cruz e siga-me." (Mt 16:24)
"Quem acha a sua vida a perderá, e quem perde a sua vida por minha causa a encontrará." (Mt 10:39)	"Pois quem quiser salvar a sua vida, a perderá, mas quem perder a sua vida por minha causa, a encontrará." (Mt 16:25)

Naquela ocasião, quando Jesus exortou seus seguidores pela primeira vez a tomar sua cruz e segui-lo (10:38), os discípulos não tinham em mente que Jesus haveria de literalmente tomar uma cruz e, de fato, perder a vida. Essa ideia estava longe da imaginação deles. Os discípulos provavelmente pensaram mais no sentido abstrato, que Jesus estava pedindo uma disposição geral de renunciar a tudo por causa do ministério, até mesmo a própria vida deles, se necessário. Mas, com a revelação de Jesus que "era necessário que ele fosse para Jerusalém e sofresse muitas coisas nas mãos dos líderes religiosos, dos chefes dos sacerdotes e dos mestres da lei, e fosse morto" (16:21), o abstrato e o geral tornaram-se concretos e particulares. Até o modo da morte foi revelado: a cruz. Um comentarista observa: "A crucificação era o pior tipo de punição conhecido na época; daí a frase, *tomar sua cruz*, significa a prontidão voluntária de sofrer o máximo, neste mundo, por Cristo".[209]

Gosto da forma como Kent Hughes descreve o significado de tomar nossa cruz e seguir a Cristo:

> Quais são as nossas cruzes? Elas não são simplesmente provações ou dificuldades. É comum pensar em um chefe maluco ou em um professor injusto ou em uma sogra mandona como nossa "cruz". Mas esses personagens não o são... Uma cruz vem pelo andar especificamente nos passos de Cristo, abraçando sua vida. Vem ao suportarmos o desprezo porque estamos abraçando o caminho estreito da Cruz... Vem pelo viver a ética comercial e sexual de Cristo, no mercado e no mundo. Vem pelo abraçar a fraqueza, em vez do poder. Vem pelo esforço de enfrentar circunstâncias difíceis por causa do evangelho.[210]

Aposto que você poderia ver os discípulos engolindo em seco ou ficando boquiabertos ao ouvir essas palavras. Certamente, não houve mais interrupções da parte de Pedro, e nenhum dos outros discípulos tentaria forçar suas próprias preferências ou condições sobre o custo do discipulado que Cristo estava explicando. Eles sabiam que não deviam fazer isso.

Jesus, no entanto, os encorajou, mostrando-lhes que, embora o custo do discipulado fosse alto, as recompensas eram inestimáveis. Sim, aqueles que se agarrassem à sua vida com toda a força, a perderiam no final. E, se eles não entregassem sua alma a Cristo, tudo aquilo a que eles se apegassem estaria perdido para sempre. Mas aqueles que se desprendessem das coisas em abnegação e se abrissem para tudo o que Deus tivesse para eles seriam recompensados além da imaginação (16:25). Essa recompensa, no entanto, não viria necessariamente *nesta* vida. Uma pessoa pode ganhar o "mundo inteiro" mas perder sua alma. Que pessoa, diante de uma eternidade de condenação, não desejaria ter desistido de tudo o que antes era importante na terra pelas alegrias do céu? Esse é o argumento que Jesus estava apresentando ao exortar os discípulos a uma vida de total abandono, quando se tratava de segui-lo. Isso nos leva ao nosso terceiro e último "nunca" que jamais devemos esquecer. *Nunca devemos pensar que é possível se tornar um seguidor próximo de Jesus sem abnegação.*

16:27-28

Comecei esta seção apontando algumas das opiniões errôneas que as pessoas tinham sobre o Messias, na época de Jesus. A maioria desses conceitos girava em torno da noção de que o Messias seria um rei-guerreiro, que imediatamente venceria os inimigos de Israel, subjugaria todas as outras nações e estabeleceria um reino aqui na terra. Essa vinda do Reino do Céu seria gloriosa, com um exército de anjos acompanhando o advento do Messias. Ele chegaria como Juiz e Rei, destruindo todos os inimigos espirituais e físicos, incluindo Satanás e seus demônios. Os ímpios seriam punidos e os justos seriam recompensados.

O problema com essa visão da vinda do Messias não era que ela estivesse errada, mas que ela estava incompleta. De fato, o Messias *iria* governar como Juiz e reinar como Rei. *Haveria* recompensa para os justos. E *haveria* um reino glorioso e eterno. A revelação surpreendente de Jesus a seus discípulos de que o Filho do Homem sofreria, morreria e ressuscitaria não tinha a intenção de cancelar ou substituir a expectativa de que o Filho do Homem viesse em glória, com seus anjos, para estabelecer o reino e recompensar os justos com galardões e punir os ímpios com castigo (16:27-28). Ao contrário, o ensino de Jesus esclareceu que o mesmo Messias que um dia usaria a coroa também levaria a cruz; de fato, sem a cruz, não haveria uma coroa.

Assim, Jesus concluiu seu ensino a respeito de seu próprio sofrimento, morte e ressurreição — e seu chamado a segui-lo nesse padrão de abandono altruísta — com um lembrete de que Ele finalmente cumpriria a expectativa judaica do Juiz e Rei messiânico. Porque Ele seria ressuscitado "ao terceiro dia" (16:21), o Filho do Homem estaria numa posição de vitória e um dia "virá na glória de seu Pai, com os seus anjos, e então recompensará a cada um de acordo com o que tenha feito" (16:27). A seguir, Jesus os deixou com a misteriosa promessa: "Garanto a vocês que alguns dos que aqui se acham não experimentarão a morte antes de verem o Filho do homem vindo em seu Reino" (16:28). Com essa declaração, Jesus não quis dizer que alguns de seus discípulos viveriam durante toda a era da Igreja para testemunhar a Segunda Vinda. Nem pretendia comunicar que o retorno de Cristo seria apenas um evento espiritual, não literal, que haveria de ocorrer em algum momento do primeiro século, enquanto alguns dos discípulos ainda estivessem vivos. Ao contrário, o significado das palavras se tornará claro logo no próximo capítulo, quando Jesus for miraculosamente transfigurado na presença de alguns dos discípulos como um prenúncio do advento de seu glorioso reino na terra (17:1-8).

APLICAÇÃO

Mateus 16:21-28

MANTENDO-SE ATENTO AOS TRÊS "NUNCAS"

Viver da forma correta começa com pensar corretamente. E a única maneira em que isso pode acontecer é pensar como Deus pensa, o que vai completamente contra nossa natureza. Na verdade, o próprio Deus disse: "Os meus pensamentos não são os pensamentos de vocês, nem os seus caminhos são os meus caminhos" (Is 55:8). À luz desse fato, gostaria que revisássemos e ponderássemos os "três 'nuncas' para jamais esquecer" que vimos em nosso estudo desta passagem.

Primeiro, *nunca pense que só porque algo é inesperado, é inaceitável*. Muitas vezes, ao longo da vida, nos deparamos com o que jamais previmos. Não o vemos chegar. Temos tudo planejado, resolvido e seguindo sem problemas até que, do nada, nosso pequeno mundo limpo e confortável é invadido pelo inesperado. Talvez seja um diagnóstico que nunca pensávamos ouvir. Ou uma relação que pensávamos ser sólida e que, de repente, se torna azeda. Ou uma mudança de local que não previamos, talvez uma perda de emprego que não imaginávamos que viria. Mesmo que a mudança repentina e inesperada não seja negativa, ainda assim pode ser chocante e desorientadora. Uma gravidez não revista, uma promoção surpresa, uma oportunidade totalmente nova para o ministério. Se nos apegarmos a um ponto de vista humano, lutaremos contra o inesperado, resistiremos, ficaremos ressentidos e nos recusaremos a aceitá-lo. No entanto, precisamos estar abertos às guinadas repentinas — ou às inversões totais — que Deus possa orquestrar em nossa vida. Nunca pense que só porque algo é inesperado é inaceitável.

Em segundo lugar, *nunca pense que o Senhor deve alterar seu plano para se adequar às suas preferências*. Independente de quanto tempo tenhamos caminhado com o Senhor, ou quão importante possa ser nosso papel no ministério, ou quão estranho seu plano nos possa parecer, quando Ele nos faz conhecer sua vontade, há apenas uma resposta apropriada: a obediência. O plano de Deus não deve ser questionado, renegociado ou ajustado de acordo com nossas próprias preferências. Nós fazemos o que Ele coloca diante de nós — quando Ele quer e como quer. Isso significa alterar *nosso* modo de pensar para se adequar ao pensamento *dele*, não lhe implorando que mude seu plano para se adequar ao nosso.

Terceiro, *nunca pense que é possível ser um seguidor próximo de Jesus sem abnegação*. "Não se trata de mim" é exatamente o oposto de como pensa a maioria do nosso mundo. Isso explica porque as pessoas são tão importantes em seu próprio conceito e porque o espírito de reivindicar direitos é tão difundido em nossa cultura. Ao pesarmos o custo do verdadeiro discipulado em comparação com o que o mundo tem a oferecer, faríamos bem em lembrar as palavras imortais de Jim Elliot, que foi martirizado enquanto servia como missionário aos nativos do Equador: "Não é nenhum tolo aquele que dá o que não pode manter para ganhar o que não pode perder".[211] Você está se agarrando às coisas temporárias deste mundo, que são impossíveis de manter, e abandonando as coisas da eternidade, que não podem ser perdidas?

Faríamos bem em nunca esquecer essas coisas. E, ao levá-las a sério, aprenderemos a pensar corretamente sobre Jesus e nossa relação com Ele, e sobre o que Ele quer fazer em nossa vida. Conforme o fizermos, teremos "a mente de Cristo" (1Co 2:16).

Um espetacular vislumbre de glória

MATEUS 17:1-13

Demasiada familiaridade casual com as coisas de Deus pode fazer com que percamos o senso de sua magnificência. O fato de você estar lendo este livro indica que provavelmente tem inúmeros recursos a respeito de Deus ao seu alcance — livros sobre sua natureza, caráter, obras e caminhos. Há boas chances de que este não seja o único livro de sua biblioteca. Quanto mais ouvimos e lemos sobre as coisas do Senhor, mais fácil se torna perder um temor saudável dele na enxurrada de familiaridade.

A maneira como usamos nossas palavras não ajuda. Dizemos que "amamos" a Deus, mas também dizemos que "amamos" tudo, desde comida tailandesa até música sertaneja. E tantas coisas ao nosso redor são chamadas de "magníficas" — desde carros até latas de refrigerante — que o Único que é verdadeiramente magnífico já não parece mais tão magnífico. As coisas elevadas e santas agora se tornaram comuns. E, como resultado, perdemos uma noção clara da grandeza e glória do Senhor.

Um conhecido ditado diz: "familiaridade gera desprezo". Quando se trata de crentes e das coisas de Deus, *desprezo* é uma palavra forte demais. Mas o princípio permanece. A familiaridade certamente pode levar a expressões do tipo "hã-hã" ao se ouvir o evangelho, encolher os ombros diante de uma teologia profunda e até mesmo a uma atitude do tipo "ah, isso já sei..." em relação à vida cristã. Muitas vezes me pergunto se isso aconteceu com os discípulos. Afinal, eles eram tão humanos quanto você e eu; caídos, frágeis e inconstantes como nós; tão suscetíveis à dessensibilização que advém de uma superexposição àquilo que é incrível e miraculoso. Sim, os discípulos viram e ouviram tudo enquanto seguiam os passos de Jesus. Mas será que eles não estavam ficando entorpecidos para o fato de que estavam na presença da Magnificência Encarnada?

Nesse caso, alguns deles logo experimentariam um aterrador vislumbre de glória que os tiraria de seu estupor.

17:1-3

Após a confissão de fé de Pedro no Senhor como o Messias tão esperado e como o Filho de Deus, Jesus havia surpreendentemente previsto que Ele seria morto e haveria de ressuscitar no terceiro dia (16:21). Tais eventos não eram geralmente associados com a vinda aguardada do Messias-Rei vitorioso. Mas, então, Jesus também afirmou algo que teria sido mais familiar a seus discípulos. Ele viria mais tarde “na glória de seu Pai, com os seus anjos” (16:27). De fato, Jesus prometeu que alguns desses mesmos discípulos, que estavam ali, não provariam “a morte antes de verem o Filho do Homem vindo em seu Reino” (16:28).

Sabemos que todos os discípulos morreram até o final do primeiro século. Nenhum deles viveu para testemunhar a gloriosa Segunda Vinda de Cristo como Juiz e Rei, que ainda agora aguarda um cumprimento futuro. Então, o que Jesus poderia ter tido a intenção de dizer com sua promessa de que alguns veriam o Filho do Homem vindo em seu Reino? Como eu entendo, em seu sentido mais imediato, Jesus tinha em mente o que aconteceria seis dias depois — sua singular e incrível Transfiguração, banhada em glória, na qual Ele apareceria de maneira semelhante àquela em que voltará “na glória de seu Pai” (16:27). Esse evento, que proporcionou um vislumbre do reino vindouro, seria testemunhado não por todos os discípulos, mas por alguns poucos selecionados: Pedro, Tiago e João.

Tanto Mateus como Marcos relatam que “seis dias” após os eventos em Cesareia de Filipe, registrados no final de Mateus 16, Jesus levou Pedro, Tiago e João (o irmão de Tiago) para “um alto monte” (17:1; Mc 9:2). O Evangelho de Lucas, provavelmente incluindo dias parciais no início e no final dos seis dias completos, usa um número menos preciso — “aproximadamente oito dias depois” (Lc 9:28). Seja como for, o evento ocorreu cerca de uma semana depois.

Qual “alto monte” eles teriam escalado? Alguns intérpretes tentaram identificá-lo como o monte Tabor, localizado num lugar facilmente visível do outro lado do mar da Galileia. É verdade que o espaço de uma semana entre os eventos de Mateus 16 e a Transfiguração teria sido tempo suficiente para percorrer a rota de aproximadamente 95 quilômetros de Cesareia de Filipe até o monte Tabor.[212]

A (S) VINDA (S) DO REINO?

MATEUS 17:1-13

Mateus, Marcos e Lucas registram a promessa de Jesus. Alguns dos discípulos que estavam com Ele não provariam "a morte antes de verem o Filho do Homem vindo em seu Reino" (16:28), ou "antes de verem o Reino de Deus" (Lc 9:27), ou "antes de verem o Reino de Deus vindo com poder" (Mc 9:1). Todas essas variações da profecia de Jesus se relacionam com a vinda do reino em poder, centrado na presença de Cristo. Durante séculos, intérpretes coçaram a cabeça — e comentaristas escreveram muitas explanações — tentando entender o que Jesus quis dizer com essa promessa. A maioria viu algum tipo de conexão entre o que Jesus disse e o que Ele mostrou a três de seus discípulos no próximo relato que se segue em todos os três Evangelhos — a Transfiguração (Mt 17:1-8; Mcc 9:2-8; Lc 9:28-36). Mas isso significa que, após aquele breve vislumbre de glória, a vinda do reino de Cristo tenha se cumprido?

Podemos compreender melhor o significado da promessa de Jesus, bem como o evento da Transfiguração, quando entendemos um pouco sobre a natureza da vinda do reino de Cristo. A Bíblia apresenta o vindouro reino de Deus não como uma questão simples, mas como um conceito complexo. No sentido mais geral, "o reino de Deus" se refere ao seu governo eterno e soberano sobre o céu e a terra — coisas visíveis e invisíveis (Sl 145:11-13; Dn 4:3). Nesse sentido, nada jamais esteve, está ou estará fora do reino de Deus.

Mais especificamente no Novo Testamento, a chegada do Messias prometido — Deus em carne — revelou a vinda do reino de Deus de uma nova forma, embora seu poder e glória celestiais estivessem velados para aqueles que o viam (Jo 1:10). Mais tarde, após a ressurreição e ascensão de Cristo, a vinda do Espírito Santo no Pentecostes (At 2) saudaria a chegada de uma forma misteriosa do reino manifestada pela justiça e poder da Igreja (Rm 14:17; 1Co 4:20). Durante esse tempo, Cristo reinaria na vida dos crentes por meio do Espírito (Jo 3:3-5; veja também Jo 18:36). Em última análise, porém, todas essas formas do reino de Deus vislumbram o reino eterno de Cristo que começará em sua Segunda Vinda, se expandirá pelo Milênio (Ap 20:1-6) e continuará por toda a eternidade (Ap 20:7—22:5). Nesse momento, o reino eterno de Deus e o reino terreno do Messias se unirão.

Então, o que Jesus quis dizer quando mencionou que alguns dos discípulos não provariam a morte até que vissem o Filho do Homem vindo em seu reino? E como isso se relaciona com a Transfiguração? Primeiro, não creio que a Transfiguração tenha cumprido inteiramente a profecia do reino vindouro, como se não houvesse cumprimento futuro da vinda de Cristo em glória. Isso seria uma realização muito mesquinha de uma enorme promessa. Por mais gloriosa que tenha sido, a Transfiguração, sozinha, não poderia expressar a totalidade das expectativas do reino. Em segundo lugar, não acredito que sejamos obrigados a escolher um cumprimento, com exclusão de todos os outros. Ou seja, interpretar dessa maneira está mais de acordo com a forma como a profecia bíblica funciona, em termos de cumprimentos próximos e distantes.[213]

No contexto imediato, a gloriosa Transfiguração cumpriu parcialmente a promessa de Cristo de que alguns veriam a vinda do reino de Deus em glória, como um breve retrato ou antegozo. No entanto, ela foi mais do que apenas uma representação simbólica. Naquele momento, naquela montanha, o céu e a terra se tocaram, Jesus foi glorificado, os santos do Antigo Testamento apareceram e a glória do Pai desceu sobre a montanha. Todas essas foram manifestações reais de como será o reino de Deus no futuro. Mas o evento não durou muito. Embora real, tratou-se apenas de um vislumbre temporário.

Uma segunda revelação mais completa do reino veio após a ressurreição e ascensão de Cristo e a vinda do Espírito Santo no Pentecostes — que a maioria dos que estavam com Cristo experimentou (exceto Judas). Todavia, mesmo isso não era a plenitude do reino. Também foi um antegozo. A maioria (não Tiago, que foi martirizado cedo) testemunhou o avanço do reino por meio da pregação do evangelho ao redor do mundo conhecido. E João teve uma prévia sem precedentes do reino de Deus, quando testemunhou as visões registradas no livro de Apocalipse. Mesmo assim, a plena manifestação do reino permanece no futuro.

Embora a cena da Transfiguração não tenha sido a chegada completa do reino de Deus na terra, ela revela uma importante verdade teológica. O reino de Deus está sempre próximo — pronto a qualquer momento para romper o tecido fino que separa a terra do céu, esta era presente da era vindoura. A Transfiguração tornou-se um tipo profético das futuras manifestações do reino e revelou quão próximo o reino realmente está. Ele poderia literalmente aparecer na terra a qualquer momento!

Mas devemos lembrar que os discípulos tinham chegado à região de Cesareia de Filipe após a longa caminhada do mar da Galileia com o propósito de ter uma pequena pausa com as multidões. Uma rota de volta ao sul para o monte Tabor os teria levado direto a atravessar um território onde Jesus eram bem conhecido, para chegar a uma montanha que era ocupada por um assentamento no primeiro século.[214] Parece mais provável que os homens tenham descansado por uma semana na região de Cesareia de Filipe e que, depois, Jesus tenha levado consigo apenas Pedro, Tiago e João para cima do monte Hermom (17:1).

O que aconteceu em seguida foi nada menos do que magnífico. Jesus, o Deus-homem, tinha vivido, em termos de sua aparência, como um ser humano comum por mais de trinta anos, velando sua glória divina. Não se deixe enganar pelas obras de arte e ícones antigos. Jesus não andava por aí com uma auréola brilhante flutuando sobre sua cabeça. Ninguém o teria considerado como uma pessoa além de apenas um homem normal — pelo menos no que diz respeito à sua aparência. Filipenses 2:6-8 descreve, a partir de uma perspectiva teológica, o que todos testemunharam todos os dias em nível prático. Embora, antes da Encarnação, Deus, o Filho, existisse, em resplendor e magnificência "em forma de Deus", Ele "se esvaziou" daquela manifestação de glória celestial. Ele tomou "a forma de um servo" e apareceu "em semelhança de homem" de tal forma que todos os que o rodeavam o encontraram "em forma humana" (ARA). Embora Jesus exibisse sua autoridade e poder por meio de ensinos e milagres, continuou a encobrir dos outros sua glória visível, ao longo de todo seu ministério terreno... até aquele dia, na montanha. Esse acontecimento provou a Pedro, Tiago e João que, durante cada momento da vida humana de Jesus, Ele era, ao mesmo tempo, totalmente divino. Essa verdade da Encarnação se tornaria a espinha dorsal de um corpo de doutrinas relacionadas com a pessoa e a obra de Cristo.

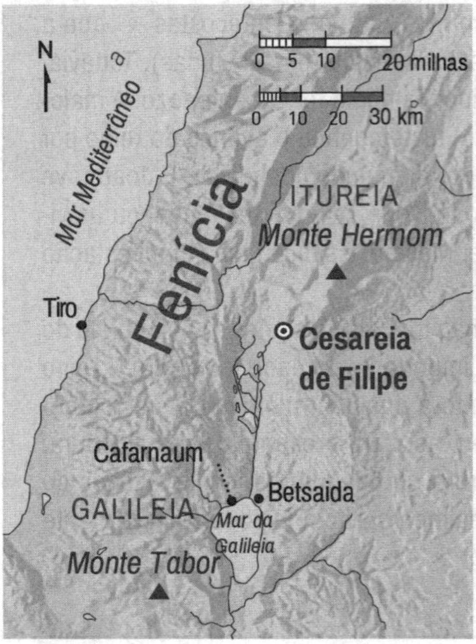

Embora alguns tenham identificado a localização da Transfiguração como o monte Tabor, a sudoeste do mar da Galileia, o local mais provável é o monte Hermom, perto de Cesareia de Filipe.

De fato, cerca de três décadas depois, nos anos 60 d.C., o próprio Pedro refletiria sobre aquele vislumbre de glória:

> Porque não seguimos fábulas engenhosas quando vos fizemos conhecer o poder e a vinda de nosso Senhor Jesus Cristo, pois fomos testemunhas oculares da sua majestade. Porque ele recebeu honra e glória de Deus Pai quando, pela glória majestosa, a seguinte voz lhe foi dirigida: "Este é o meu Filho amado de quem me agrado." E nós mesmos ouvimos essa voz, dirigida do céu, quando estávamos com ele no monte santo (2Pe 1:16-18).

E, seis décadas após a Transfiguração, na década de 90 d.C., João escreveu:

> No princípio era aquele que é a Palavra. Ele estava com Deus e era Deus. Ele estava com Deus no princípio. Todas as coisas foram feitas por intermédio dele; sem ele, nada do que existe teria sido feito. Nele estava a vida, e esta era a luz dos homens. A luz brilha nas trevas, e as trevas não a derrotaram [...] aquele que é a Palavra tornou-se carne e viveu entre nós. Vimos a sua glória, glória como do Unigênito vindo do Pai, cheio de graça e de verdade (Jo 1:1-5, 14).

Essas profundas conclusões teológicas foram extraídas das profundas experiências que Pedro e João tiveram (veja 1Jo 1:1-3).

As palavras de Mateus são sucintas: Jesus foi "transfigurado diante deles" (Mt 17:2). O termo grego traduzido como "transfigurado" se tornou uma de nossas palavras em português: "metamorfose". O verbo grego *metamorphoō* [3339] significa "mudar de uma maneira visível para os outros".[215] Isso não significa que a essência interior de Jesus tenha mudado, mas sim que sua aparência exterior foi transformada. O que mudou? Seu rosto "brilhou como o sol, e suas roupas se tornaram brancas como a luz". Não vejo motivo para interpretar essa descrição como algo diferente do literal. Jesus não estava apenas refletindo a glória; Ele estava brilhando! As pessoas podem olhar a noite toda para a lua e não sofrer nenhum dano porque a lua apenas reflete os raios da verdadeira fonte de luz, o sol. Mas se você olhar diretamente para o sol, por mais de alguns segundos, seu brilho irá cegá-lo, porque o sol é a própria fonte. Da mesma forma, Jesus não é meramente um refletor da glória de Deus — Ele é a fonte da glória divina, como a segunda Pessoa da Trindade. Essa foi a maior e mais evidente confirmação da divindade de Jesus até então, em sua vida terrena. E seus discípulos nunca a esqueceriam.

Do meu diário

O que é glória

MATEUS 17:2

Na adolescência, eu não sabia o que a palavra "glória" significava. Isso era um problema, porque eu tinha acabado de cantar sobre glória por mais de uma hora no magnífico oratório Messias de Georg Friedrich Händel. Minha mãe cantava um lindo soprano. Minha irmã tinha uma voz de contralto adorável; meu irmão, um baixo forte. E a minha extensão vocal era de contratenor. Tínhamos passado pelo processo de tentar entrar no coro que cantava Messias a cada ano, e todos nós tínhamos conseguido.

Se você conhece a peça, sabe que ela começa com um recitativo de tenor lírico: "Consolem, consolem o meu povo... Encorajem Jerusalém". A letra vem diretamente de Isaías 40:1-2. Em seguida, passa para a ária: "Todos os vales serão levantados, todos os montes e colinas serão aplanados; os terrenos acidentados se tornarão planos; as escarpas serão niveladas" (veja Is 40:4). É um belo começo para esse obra-prima de Handel.

Então o maestro, dr. Walter Jenkins, mandava o coral se levantar. E, lá estava eu em pé, um mero adolescente ao lado de cantores de verdade — muitos deles profissionais. O maestro começou baixando a batuta de regência: "E a glória, a glória do Senhor deve ser revelada!" Nunca me esquecerei. Jamais eu tinha cantado em um grupo como aquele. Cantei bem baixinho as palavras para ouvir o coro cantando. Para ser honesto, não consegui conter as lágrimas.

A glória. A glória do Senhor. Mas o que era a glória? Eu não sabia o que a palavra significava. No caminho para casa, enquanto meu pai nos levava para Houston em uma fria e chuvosa noite de inverno, em dezembro, eu estava sentado no meio do banco de trás do nosso Chevy 47 pensando naquela letra. Estava me sentindo incomodado, então finalmente perguntei: "Pai, o que é glória?" E ele, imediatamente, usou as famosas palavras paternas: "Pergunte à sua mãe". Afinal, ele estava dirigindo e não conseguia resolver um problema tão complexo. Então, eu disse: "Mãe, o que é glória?"

Ela disse: "Quando chegarmos em casa, quero que busque o dicionário e procure a palavra 'glória'". Eu fiz exatamente isso. Uma edição recente do Dicionário Merriam-Webster afirma que glória é "renome", "honra e louvor prestados em adoração" e "resplandecência, magnificência".[304] Percebi mais tarde, na minha vida, que aquela foi a primeira vez que me familiarizei com uma palavra verdadeiramente teológica — uma palavra poderosa que, por si só, só pode nos apresentar à profundidade e à altura, à largura e à amplitude da resplendência de Deus, de sua magnificência, de seu direito ao louvor... de sua glória.

Mas isso não era tudo. Vamos nos lembrar de que não era apenas uma manifestação da natureza divina de Cristo, mas também um vislumbre de seu reino vindouro, quando o próprio céu invadiria o âmbito terrestre. De repente, mais duas figuras se juntaram ao grupo: Moisés e Elias. Se vocês me perguntassem como os discípulos sabiam que estavam ali Moisés e Elias, eu não poderia lhes dizer. Mateus simplesmente observa que Moisés e Elias estavam conversando com Jesus (17:3). Lucas indica que a conversa se referia à "partida de Jesus, que estava para se cumprir em Jerusalém" (Lc 9:30-31). É bem possível que suas identidades tenham sido apresentadas durante aquela conversa, o que nunca foi registrado em nenhum dos Evangelhos.

Qual é o significado destas duas figuras — Moisés e Elias — aparecendo com Jesus? Os comentaristas têm apresentado várias sugestões, mas acho que a melhor explicação é que eles servem como representantes pessoais da Lei e dos Profetas — ambos apontando para a vinda do Messias e prevendo-a.[216]

17:4-8

Ali estavam eles na montanha; Jesus estava emanando a luz da glória divina enquanto Moisés e Elias conversavam com Ele. O Evangelho de Lucas nos diz que, antes da Transfiguração, Jesus havia estado em oração naquela alta montanha, e os três discípulos haviam adormecido (Lc 9:28, 32). Quando acordaram para testemunhar a luz brilhante e os visitantes do reino celestial, ficaram claramente perplexos. Mas isso não impediu Pedro de exprimir a primeira coisa que lhe surgiu na cabeça: "Senhor, é bom estarmos aqui. Se quiseres, farei três tendas: uma para ti, uma para Moisés e outra para Elias" (Mt 17:4).

O motivo pelo qual Pedro pronunciou essas palavras não é fácil de se discernir. Lucas observa que ele "não sabia o que estava dizendo" (Lc 9:33). E Marcos acrescenta o detalhe de que o discípulo não sabia como responder à situação, porque eles estavam "aterrorizados" (Mc 9:6). Alguns pensam que talvez a Festa de Tabernáculos (ou Cabanas) estivesse próxima (cf. Jo 7:2), e ele quis dizer que todos eles poderiam comemorar a festa na montanha, o que os obrigaria a construir pequenas tendas para dormir.[217] O ponto de vista de Richard Gardner é mais otimista: "Pedro queria que aquele momento durasse para sempre".[218] Seja como for, parece claro que teria sido melhor Pedro manter apenas um silêncio reverente diante de uma exibição tão deslumbrante de uma glória magnífica. Um dos conselhos mais úteis que eu já ouvi poderia ter feito bem a Pedro naquela noite: "Nunca perca uma oportunidade de ficar calado!"

Desnecessário será dizer que Jesus, Moisés e Elias não aceitaram a precipitada oferta de Pedro. Na verdade, a presença divina assumiu o controle daquele momento embaraçoso com uma intervenção magnífica (cf. Dt 5:22). Enquanto as palavras vagas ainda estavam saindo da boca de Pedro, uma nuvem brilhante passou sobre os discípulos, e, dela, trovejou a voz de Deus, o Pai: "Este é o meu Filho amado. Ouçam-no!" (Mt 17:5). Essa não foi a primeira vez que a voz de Deus, o Pai, testemunhou a respeito de Jesus. Depois de seu batismo no Jordão, os céus se abriram e uma voz proclamou: "Este é o meu Filho amado, de quem me agrado" (3:17). A única diferença entre essas duas declarações do Pai é a adição do imperativo no Monte da Transfiguração: "Ouçam-no!" (17:5). Que admoestação apropriada em um momento em que Pedro estava falando bobagens.

Finalmente, eles compreenderam. Com aquelas palavras de Deus, o Pai, ecoando em seus ouvidos, eles se prostraram com o rosto em terra, em reverência. Mateus diz, neste ponto, que eles estavam "aterrorizados" (17:6). Seguiu-se o silêncio. Essa foi a resposta correta. Nenhuma palavra inadequada foi dita sem pensar. Nada de saltar para a frente a fim de construir tendas. Nenhum pensamento sobre como era bom estar ali e ver aquelas coisas. Mas, um silêncio total e reverência absoluta. Com os discípulos de bruços, tremendo de medo, Jesus estendeu sua mão reconfortante, tocou-os graciosamente, e disse: "Levantem-se e não tenham medo" (17:7). Ao levantarem a cabeça, eles viram apenas Jesus (17:8). Moisés e Elias, assim como a nuvem da presença do Pai, haviam desaparecido. A gloriosa tranfiguração de Jesus aparentemente também se havia desvanecido. Eles tinham testemunhado um incrível vislumbre de glória. O reino celestial, em todo o seu brilho, havia verdadeiramente — mas por um breve instante — entrado no âmbito terreno. Um dia, quando Jesus voltar como Juiz e Rei, aquela glória do outro mundo, que transforma o mundo presente, permanecerá para sempre (Ap 21:3-4).

17:9-13

Tente imaginar como Pedro, Tiago e João estavam preocupados — e ao mesmo tempo impressionados — quando começaram a viagem de volta pela montanha em direção a Cesareia de Filipe. Eles provavelmente haviam experimentado quase uma semana de descanso e relaxamento. Então, Jesus lhes pediu que se juntassem a Ele numa subida íngreme pela encosta do monte Hermom, com seu topo coberto de neve, para orar. Lá, do nada, eles experimentaram na carne a visão, o som e o assombro aterrorizante da gloriosa Transfiguração do Filho de Deus — assim como as inesperadas e inacreditáveis aparições breves de Moisés e Elias.

Tenho certeza de que quando começaram sua descida da montanha ao encontro dos demais discípulos, que esperavam lá embaixo, eles não conseguiram conter sua ânsia de impressionar seus amigos com sua experiência da Transfiguração. Mas Jesus refreou, imediatamente, esse desejo deles. Na descida, Jesus os instruiu a não contar a ninguém o que tinham visto "até que o Filho do Homem tenha sido ressuscitado dos mortos" (17:9). O relato de Marcos registra que eles não entenderam bem o que Jesus quis dizer com sua referência à ressurreição do Filho do Homem (Mc 9:10). Posso imaginá-los ponderando: *Ele está se referindo a si mesmo? A toda a humanidade na ressurreição geral? Como saberemos quando isso acontecerá?*

Em suas discussões, alguém mencionou que Elias teria que vir antes da chegada do Messias. Essa expectativa era baseada em uma profecia de Malaquias, que dizia: "Vejam, eu enviarei a vocês o profeta Elias antes do grande e temível dia do SENHOR. Ele fará com que os corações dos pais se voltem para seus filhos, e os corações dos filhos para seus pais; do contrário, eu virei e castigarei a terra com maldição" (Ml 4:5-6). Elias não tinha aparecido apenas um momento atrás? Por que Jesus morreria e ressuscitaria, se Elias já tivesse chegado para restaurar a piedade em Israel? Nas palavras de R. T. France: "No seu todo, o cronograma escatológico deles estava confuso".[219]

Nesse estado de desorientação, os discípulos pediram esclarecimentos a Jesus. Era correto esperar que Elias viesse primeiro — isto é, antes do Dia do Senhor, o Juízo Final, a ressurreição dos mortos e o início da era messiânica? Jesus respondeu afirmando os ensinos dos escribas e as palavras do profeta Malaquias: "De fato, Elias vem e restaurará todas as coisas" (Mt 17:11). Entretanto, Jesus acrescentou uma camada importante ao ensino incompleto dos escribas. Um profeta no espírito de Elias já havia vindo, na pessoa e no ministério de João Batista (17:2). Como o Elias profetizado por Malaquias, João tinha vindo para conclamar o povo ao arrependimento e para restaurar a condição espiritual de Israel. No entanto, eles o rejeitaram. Ele acabou sendo preso pelo ilegítimo "rei dos judeus", Herodes, que o mandou matar.

Antes, Jesus havia dito que se os críticos e escarnecedores, entre os judeus, tivessem aceitado a verdade de que Jesus era o Messias tão esperado, o Rei de Israel que viria — "se vocês quiserem aceitar, este é o Elias que havia de vir" (11:14) —, então João Batista teria cumprido a expectativa de que um profeta viria no espírito e poder de Elias. A respeito da perspectiva equivocada deles, Stanley Toussaint observa: "Como João não conseguiu esse reconhecimento, a vinda de Elias passou a ser futura. Pode-se concluir, portanto, de forma lógica, que a vinda do reino também foi adiada e acontecerá no futuro".[220]

Assim, Elias tinha vindo, em um sentido profético, na pessoa de João Batista. Os discípulos compreenderam isso (17:13). O ministério de preparação de João para o Messias havia sido rejeitado; em sua maior parte, o povo de Israel não se arrependeu nem se voltou para o Senhor. Portanto, o Filho do Homem — Jesus — também sofreria semelhante tipo de rejeição e tratamento por parte do mesmo povo (17:12). Como Jesus já havia começado a ensiná-los em Cesareia de Filipe, era necessário que o Filho do Homem "fosse para Jerusalém e sofresse muitas coisas nas mãos dos líderes religiosos, dos chefes dos sacerdotes e dos mestres da lei, e fosse morto e ressuscitasse no terceiro dia" (16:21).

Mas isso significaria que a vinda de Elias — ou de outro profeta no espírito e poder de Elias — havia sido colocada de lado para sempre? A visão no Monte da Transfiguração parece ter mantido viva a esperança de que a vinda de um Elias literal ainda era uma possibilidade real. E as palavras de Jesus em Mateus 17:11 — de que "Elias vem e restaurará todas as coisas" — apontam para algo ainda futuro, a partir da perspectiva de Jesus. Isso levou alguns a esperar uma futura vinda de Elias (ou um profeta semelhante a Elias), antes da Segunda Vinda de Cristo, que conclamará Israel ao arrependimento e trará um grande reavivamento durante o fim dos tempos. Além disso, muitos relacionam essa vinda de Elias com o ministério das duas testemunhas em Apocalipse 11:3-14. Na verdade, alguns identificaram essas testemunhas como Moisés e Elias. Afinal, eles já haviam feito uma aparição durante a Transfiguração de Jesus, discutindo a missão de Cristo em Jerusalém (Lc 9:30-31). Outros têm identificado as duas testemunhas como Enoque e Elias, as duas pessoas do Antigo Testamento que partiram deste mundo sem experimentar a morte física (veja Gn 5:24 e Hb 11:5; 2Rs 2:11-12).

O livro de Apocalipse oferece bem poucas informações específicas sobre a identidade das duas testemunhas. O que sabemos é que lhes será dada autoridade para profetizar durante três anos e meio, durante os quais serão protegidas de danos e lhes será dado poder especial para lançar pragas e juízos sobre seus adversários perversos (Ap 11:3-6). Como os símbolos das duas oliveiras e dos dois candeeiros em Apocalipse 11:4 correspondem aos símbolos que representam Zorobabel e Josué em Zacarias 3—4, pode ser que o testemunho das duas testemunhas se relacione, de alguma forma, com a reconstrução do templo em Jerusalém, como mencionado em Apocalipse 11:1-2. Mais importante, sua autoridade milagrosa será semelhante à de Moisés, Elias e de outros profetas do Antigo Testamento, demonstrando a natureza crucial de seu ministério durante o futuro período da Tribulação. Parece-me provável que as duas figuras, que aparentemente virão no espírito de Moisés e de Elias, servirão para cumprir a profecia de Malaquias 4, assim como João Batista teria cumprido essa profecia se Israel o tivesse aceitado.

APLICAÇÃO

Mateus 17:1-13

CORRIGINDO TRÊS HORRÍVEIS HÁBITOS

O surpreendente relato da Transfiguração de Jesus tem profundas implicações teológicas para a compreensão da pessoa de Cristo — sua verdadeira divindade encarnada na verdadeira humanidade. E tem implicações poderosas em relação à sua obra, pois proporciona um breve vislumbre de sua vinda futura em glória. Penso que exploramos adequadamente tais aspectos dessa profunda experiência nos comentários anteriores. À medida que avançamos em direção à aplicação, gostaria que nos colocássemos no lugar dos três discípulos privilegiados que testemunharam a Transfiguração. Ao fazermos isso, gostaria que enfrentássemos três hábitos horríveis que se tornaram comuns em nosso tempo: mover-se muito rápido, falar muito e reagir depressa demais.

Primeiro, *se você se mover muito rápido, irá se tornar muito superficial*. Assim como uma lancha que segue saltando pela superfície da água, é impossível ir fundo quando você está indo muito rápido na vida. Pela minha experiência, Deus não acelera o passo para nos alcançar; nós é que temos que diminuir o passo para caminhar com Ele. O Senhor quer que nos aprofundemos. Ele quer que pensemos de forma mais profunda. Ele deseja que sejamos homens e mulheres que pensem os pensamentos dele, e isso não acontece por meio da leitura superficial da Bíblia, ou tendo momentos devocionais apressados, nem lendo rapidamente nossas listas de oração. Experiências como a Transfiguração exigem décadas — não minutos de meditação e reflexão. Cerca de trinta anos depois, Pedro ainda estava refletindo sobre suas implicações, assim como João nos anos finais de sua vida. Portanto, diminua a velocidade para ir mais fundo.

Segundo, *se você falar demais, ouvirá muito pouco*. O resultado será que você entenderá muito menos do que você poderia captar. Você sabe o que é sentar-se durante uma peça quando a pessoa ao seu lado fica falando o tempo todo, comentando sobre tudo, fazendo perguntas e tagarelando durante toda a apresentação? Eles (e você) perdem detalhes importantes para dar sentido à história. Na vida cristã, acontece a mesma coisa. Precisamos aprender a ficar em silêncio. Eventualmente, os discípulos do Monte da Transfiguração perceberam isso. Eles fecharam a boca e abraçaram as maravilhas da experiência. Também precisamos aprender isso. Fale menos. Ouça mais. Quando levo grupos de peregrinos a Israel, muitas vezes começo a viagem com uma devoção inicial na qual os convido a "andar um pouco mais devagar, falar um pouco menos, pensar um pouco mais profundamente, escrever um pouco mais, e deixar o que é maravilhoso entrar". Todas essas coisas caminham juntas. E cada uma delas pode ser arruinada se não aprendermos a ouvir. Portanto, fale menos para ouvir mais.

Terceiro, *se você reagir muito rápido, vai perder a recompensa de esperar pacientemente*. Nossa tendência, em nosso estilo de vida acelerado, é reagir de forma irrefletida e precipitada. Quantas vezes você, assim como Pedro, já falou a primeira coisa que veio à sua mente, e depois se arrependeu? Tenho que admitir que já fiz isso mais vezes do que gostaria. É claro que há situações de emergência e breves ocasiões que requerem ação imediata. Porém, na maioria das vezes, a urgência é só imaginária. Temos de aprender a parar, respirar fundo, analisar uma situação ou experiência, ponderar e, só depois, responder cuidadosamente, em vez de reagir rapidamente. A prudência é uma virtude demasiadas vezes perdida em nosso mundo moderno. Sejamos pessoas que a recuperem e a vivam. Tiremos o tempo que for necessário para responder com sabedoria.

Fé minúscula e obstáculos gigantescos

MATEUS 17:14-21

Qualquer pessoa que já tenha tido um filho portador de uma lesão grave ou doença crônica — seja física, seja mental — pode identificar-se com a próxima cena descrita no Evangelho de Mateus. A criança, nesta história, era um perigo para si mesma e para os outros. Sua doença seria descrita como aguda. A situação não poderia continuar por muito mais tempo sem que o menino perdesse a vida. Que situação angustiante! Que realidade crua e que sofrimento real! E que contraste com a visão da Transfiguração de Jesus, na montanha, apenas algumas horas antes!

Sempre que lemos um relato nas Escrituras, precisamos manter seu contexto em mente — seu contexto literário, histórico e geográfico. Muitas vezes, o autor coloca intencionalmente narrativas particulares lado a lado para estabelecer comparações e contrastes. Essa história de um menino que sofria ataques demoníacos vem logo em seguida a um poderoso retrato da glória de Jesus. Enquanto a visão gloriosa ocorreu no topo de uma montanha, o encontro com as forças do mal aconteceu em um vale. Do êxtase do brilho celestial, Jesus e seus três discípulos desceram à miséria do sofrimento terreno.

Para complicar as coisas, Jesus está de volta no meio de uma multidão agitada, impelida por críticos cruéis que estavam focados em uma família desesperada e abatida, e os discípulos estavam confusos e desconcertados. Só quando Jesus interfere na situação é que se experimenta um alívio — imediato e permanente. O resultado dessa cena dramática são algumas lições importantes, surpreendentes e inesquecíveis sobre a fé.

17:14-18

Para ter uma compreensão completa dos eventos descritos nesta passagem, precisamos extrair alguns detalhes dos Evangelhos de Marcos e de Lucas. Após a incrível experiência da Transfiguração, Jesus e os três discípulos chegaram ao pé da montanha, no dia seguinte (Lc 9:37) —, muito provavelmente retornando a Cesareia de Filipe. Lá, eles encontraram o restante dos discípulos, que não havia estado com Jesus, Pedro, Tiago e João na montanha (Mc 9:14). No entanto, os discípulos não estavam sozinhos torcendo os polegares ou bisbilhotando alguma coisa, calmamente deitados em redes. Ao redor deles uma grande multidão tinha se formado (Mt 17:14; Mc 9:14; Lc 9:37).

De onde viera aquela multidão? Quando lidos juntos, os três relatos nos dão uma boa ideia do que havia acontecido. Enquanto Jesus e seus três discípulos tinham subido a montanha, os outros discípulos encontraram um homem cujo filho sofria uma grave situação física, mental e espiritual. Mateus o descreve como um "lunático" (Mt 17:15, ACF), que é uma tradução do verbo grego *selēniazomai* [4583]. O termo em português "lunático" deriva da palavra latina para "lua" (*luna*). O substantivo grego relacionado *selēnē* [4582] também significa "lua". Literalmente, o menino estava "enfeitiçado pela lua" (o satélite natural da terra). Um léxico explica: "No mundo antigo, a convulsão epilética estava associada a poderes transcendentes da lua".[221] Todos os três relatos indicam que a condição do menino resultava de ataques demoníacos. Os sintomas eram complexos:

- Ele era mudo, mas capaz de gritar (Mc 9:17; Lc 9:39).
- Ele era lançado por terra e ficava rígido (Mc 9:18; Lc 9:42).
- Ele espumava pela boca e rangia os dentes (Mc 9:18, 20; Lc 9:39).
- Ele entrava em convulsão e rolava no chão (Mc 9:20; Lc 9:39, 42).
- Ele era jogado no fogo e na água (Mt 17:15; Mc 9:22).
- Ele estava sendo destruído fisicamente após cada ataque (Lc 9:39).

Não consigo imaginar o quanto a família daquele menino sofreu! De alguma forma, o pai havia descoberto que Jesus de Nazaré estava na cidade e que Ele tinha a reputação de fazer milagres. Ele tentou levar o menino a Jesus, mas encontrou apenas os nove discípulos restantes esperando seu retorno da montanha. Em vez de esperar que Jesus voltasse, os discípulos tomaram a iniciativa de expulsar o demônio e curar o menino (Mt 17:16). Aparentemente, suas tentativas de libertar o garoto dos ataques demoníacos haviam fracassado.

Como resultado de sua incapacidade para expulsar o demônio do menino, uma grande multidão se reuniu e entre eles estavam os "mestres da lei discutindo com eles" (Mc 9:14). Podemos imaginar que, quando os discípulos não conseguiram realizar milagres como Jesus, os escribas tiraram vantagem desse fato para criticá-los e, talvez, denunciá-los como enganadores. Enquanto os escribas acusavam de fraude os discípulos (e, por extensão, seu Mestre), o pai do menino deve ter ficado cada vez mais angustiado em seu desespero. O próprio rapaz continuou a sofrer com a insanidade induzida por aquele demônio, à medida que a multidão se irritava com a controvérsia que se seguiu.

Então Jesus chegou.

Imediatamente, o aflito pai do menino correu para Jesus e caiu de joelhos (Mt 17:14). Ele, obviamente, não estava preocupado com o debate teológico que ocorria entre os escribas, os discípulos e a multidão. E o fracasso dos discípulos em expulsar o demônio do menino não havia dissuadido sua confiança de que o próprio Jesus seria capaz de ajudar. Ele pediu misericórdia a Ele, descreveu a condição de seu filho e explicou que os discípulos foram incapazes de curar o menino (17:15-16).

À primeira vista, parece que Jesus ficou frustrado e aborrecido pelo fato de os discípulos não terem sido capazes de expulsar o demônio do garoto. A reação de Jesus ao apelo do pai revela uma certa irritação: "Ó geração incrédula e perversa, até quando estarei com vocês? Até quando terei que suportá-los?" (17:17). Mas é bom lembrar que Jesus estava em pé, no meio de uma multidão de espectadores, um punhado de escribas lançando críticas aos discípulos, e os próprios discípulos, que se sentiam incapazes de explicar seu fracasso. Diante disto, parece mais provável que Jesus tenha dirigido suas palavras de repreensão não especificamente para os discípulos, mas para toda a humanidade. Nessa acusação, ele incluiu o pai do menino, seus próprios discípulos, a multidão que assistia e todas as pessoas ao longo da história. No Jardim do Éden, a humanidade experimentou um afastamento de Deus que perverteu a ordem mundial divina e tornou todas as pessoas indefesas diante do pecado, da doença e da maldade espiritual. Sem o poder de Deus intervindo em nosso favor, permanecemos impotentes diante do poder do Diabo.

Mas Jesus não estava preso pelos grilhões da incredulidade e da perversão. Ele se voltou para o pai do menino e disse: "Tragam-me o menino" (17:17). O Evangelho de Marcos indica que, quando o garoto foi levado a Jesus, ele entrou imediatamente em uma de suas convulsões, rolando pelo chão e espumando pela boca (Mc 9:20). A multidão começou a crescer à medida que mais e mais pessoas chegavam para ver a conclusão daquele encontro dramático. Será que Jesus seria capaz de ajudar o menino? Ou será que suas palavras não seriam mais eficazes que as de seus discípulos? Suspeito que um silêncio caiu sobre a multidão, então a única coisa que as pessoas podiam ouvir era o garoto gritando. O Evangelho de Mateus nos diz que Jesus "o repreendeu" (Mt 17:18).

Marcos relata as palavras reais de Jesus: "Espírito mudo e surdo, eu ordeno que o deixe e nunca mais entre nele" (Mc 9:25). Mateus observa então que o demônio deixou o menino e que ele foi imediatamente curado de todos os seus sintomas (Mt 17:18). Posso imaginar expressões de surpresa, explosões de alegria e murmúrios da multidão quando eles viram a facilidade com que Jesus simplesmente ordenou que o demônio fosse embora. Tenho certeza de que o pai chorou lágrimas de alegria ao abraçar o filho, que havia sido devolvido a ele são e salvo. Estou certo de que os discípulos estavam ali perplexos, ainda se perguntando por que suas próprias tentativas de dar ordem ao demônio haviam falhado. E estou certo de que os escribas céticos que haviam discutido com os discípulos ficaram vermelhos de vergonha e raiva quando a multidão, de repente, tomou o lado de Jesus, apesar do fracasso anterior dos discípulos.

17:19-21

Mas por que o demônio não havia partido outrora, quando os próprios discípulos haviam tentado repreendê-lo antes da chegada de Jesus, Pedro, Tiago e João? Essa profunda questão teológica e prática obviamente incomodou os discípulos. Eles ficaram tão perturbados com isso que chegaram a Jesus em particular — longe dos olhos atentos da multidão ou dos ouvidos curiosos dos escribas — e lhe perguntaram o que tinham feito de errado (17:19). Afinal, antes o próprio Jesus lhes havia concedido autoridade: "Curem os enfermos, ressuscitem os mortos, purifiquem os leprosos, expulsem os demônios" (10:8). O poder deles teria diminuído? A autoridade deles havia expirado?

O Evangelho de Lucas não registra essa conversa particular. E o relato de Marcos simplesmente relata a explicação de Jesus de que "essa espécie só sai pela oração" (Mc 9:29; cf. Mt 17:21).[222] Mateus acrescenta outra camada de profundidade à explicação de Jesus. O fracasso em expulsar o demônio ocorreu "Porque a fé que vocês têm é pequena" (17:20). Jesus lhes assegurou que se tivessem fé, mesmo do tamanho de uma semente de mostarda, nada seria impossível para eles. Na verdade, Ele até apontou para o nordeste do monte Hermom, de onde Ele havia acabado de descer, e insistiu que, com a fé do tamanho de uma semente de mostarda, eles seriam capazes de ordenar que aquela mesma montanha se movesse, e ela lhes obedeceria.

Jesus estava, sem dúvida, usando a hipérbole para direcionar seu ponto de vista sobre a importância e o poder da fé. Ele usou uma das menores coisas do mundo — uma semente de mostarda — para condenar a fé relativamente minúscula dos discípulos. Se essa pequena fé tinha o potencial de mover o monte Hermom — a maior coisa naquele horizonte —, a fé dos discípulos deve ter sido microscópica! Longe de ter sido reconfortante, tal repreensão teria desencorajado e envergonhado ainda mais os discípulos.

Jesus admoestou os discípulos que se eles tivessem fé, mesmo do tamanho de uma semente de mostarda, eles poderiam fazer com que uma montanha se movesse. Ele provavelmente fez essa declaração perto da base do monte Hermom, o pico mais alto de Israel.

Para entender a repreensão de Jesus aos discípulos por sua pequena fé e a relação disso com a expulsão do demônio pela oração, precisamos considerar todo o contexto — incluindo o evento da Transfiguração que somente Pedro, Tiago e João haviam testemunhado. Esses três discípulos voltaram de sua "experiência no topo da montanha" com uma visão da identidade, glória e poder de Jesus que os outros não haviam experimentado. Assim, enquanto os nove discípulos restantes tinham uma compreensão de quem Jesus era, provavelmente eles não tinham uma visão particularmente completa. Ainda tinham mais a aprender.

Além disso, esses discípulos estavam operando fora da presença de Jesus e sem seu comissionamento explícito. Ao contrário do envio anterior dos discípulos com autoridade única sobre doenças e demônios (10:8), dessa vez eles estavam agindo por conta própria. Talvez duvidassem se tinham mesmo autoridade para fazê-lo. E, também, estavam agindo sob os olhos vigilantes dos escribas e os olhares duvidosos da multidão. É surpreendente como o ceticismo das massas pode fazer com que nossa própria fé diminua. Finalmente, o caso do menino afligido pelo demônio pode ter sido mais severo do que qualquer outro que eles já haviam experimentado. Talvez eles se perguntassem se a autoridade dada a eles por Jesus poderia lidar com um demônio tão difícil.

Se os discípulos tivessem compreendido completamente quem Jesus era e o que seu poder poderia realizar, eles provavelmente teriam optado por orar. Eles claramente ainda não haviam aprendido a verdade que Jesus lhes ensinaria mais tarde: "E eu farei o que vocês pedirem em meu nome, para que o Pai seja glorificado no Filho. O que vocês pedirem em meu nome, eu farei" (Jo 14:13-14). Além disso, ainda não tinham recebido a plenitude do Espírito Santo, que residiria neles, e lhes daria poder e os capacitaria a realizar essas obras em nome de Jesus, pela fé.

Em resumo, os discípulos haviam esquecido sua completa e permanente dependência de Jesus Cristo. A capacidade que tinham de realizar milagres dependia da onipotência, não do esforço deles. Em certo sentido, então, não era um problema de não ter fé *suficiente*, como se eles precisassem apenas fechar os olhos, cerrar os punhos, e desejar mais poder em sua vida. Não, até a fé do tamanho de uma semente de mostarda moveria o monte Hermom. A *verdadeira* fé é o que eles precisavam — o tipo de fé que passa da autoconfiança para a confiança somente no poder de Jesus Cristo. Com seu poder, nada é impossível.

APLICAÇÃO

Mateus 17:14-21

FAZENDO A LUZ DA MONTANHA BRILHAR NAS TREVAS DO VALE

Momentos no topo da montanha têm o objetivo de mudar nossa percepção, não nossa localização. Periodicamente, ao longo da vida, Deus nos puxa de lado para nos desacelerar, chamar nossa atenção, nos ensinar algo mais profundo sobre Ele e nos lembrar que somente Ele é Deus. Costumamos chamar isso de "pontos altos espirituais" ou de "experiências no topo da montanha". Eles podem acontecer quando estamos sozinhos ou com outras pessoas, em momentos de adoração ou em períodos de reflexão. Deus pode nos encontrar enquanto estamos deitados em uma cama de hospital ou participando de um retiro da igreja. Ele pode revelar sua glória enquanto passamos por tempos de provas, enquanto estamos sentados em uma sala de aula ou dirigindo um carro. Essas experiências são esclarecedoras, tranquilizadoras e essenciais para nos preparar para o que está por vir. Mas não podemos viver o tempo todo nelas. Depois que as experiências no topo da montanha terminam, precisamos descer as encostas de volta à vida "normal" — de volta ao vale onde estão multidões inquietas e críticos implacáveis.

Enquanto reflito sobre o contraste impressionante entre a experiência literalmente iluminadora dos discípulos, no topo da montanha e os desafios repentinos que enfrentaram no vale escuro abaixo, alguns pensamentos práticos vêm à mente, cada um começando com a palavra *nunca*.

Primeiro, *nunca se esqueça daquilo que o Senhor lhe ensinou na experiência no topo da montanha*. Leve a luz que Ele fez brilhar naquele momento para o vale abaixo. Permita que ilumine sua vida. Não abandone o que você aprendeu lá, no topo da sua experiência espiritual. Gosto de anotar minhas percepções como um lembrete do que o Senhor me mostrou. Há certos momentos e lugares em minha vida aos quais posso voltar e me lembrar de como o Senhor chegou e revelou seu caráter e poder para mim de maneiras singulares. Eu nunca esqueci essas percepções, e elas foram fundamentais para grande parte do meu ministério. É incrível como experiências como essa podem mudar nossas perspectivas. Não as esqueça. Leve-as com você como lembretes constantes de quem Deus é e do que Ele pode fazer. Você precisará dessa perspectiva no vale, lá embaixo.

Segundo, *nunca permita que obstáculos terrenos eclipsem a verdade divina*. Há princípios na Bíblia que são sempre verdadeiros e confiáveis. Eles são comprovados repetidamente em sua própria vida. Não permita que a gravidade das circunstâncias, a impossibilidade da situação ou o tamanho do problema o esmaguem. Diante de um caso tão complexo como o do menino endemoninhado, os discípulos esqueceram todos os desafios impossíveis que Jesus já havia superado. Eles pensaram: *não, esse é um caso muito difícil*. Em vez disso, eles poderiam ter percebido que, quando se trata do poder de Deus, o tamanho do obstáculo é totalmente irrelevante. Novamente, não se esqueça do que Deus lhe mostrou em suas experiências no topo da montanha. Deixe essa luz brilhar nas sombras de sua situação, e, então, caminhe por ela. Ao longo da vida seremos confrontados com grandes oportunidades disfarçadas de situações impossíveis. Não se intimide com elas. Não recue. Lembre-se da verdade divina e confie em Deus.

Finalmente, *nunca pense que falhas anteriores significam que algo não pode ser feito*. Todos nós olhamos para trás e vemos coisas que fizemos de errado ou áreas em que falhamos como sendo evidências de que não podemos dar o próximo passo difícil ou enfrentar o próximo desafio assustador. Falso! As falhas do passado não provam nada, exceto que você é um ser humano caído e frágil que precisa superar a si mesmo e confiar inteiramente em Deus. A fé expulsará nosso medo do fracasso. Os discípulos poderiam ter continuado obcecados pelo fracasso em expulsar o demônio; em vez disso, eles foram direto a Jesus para descobrir o que havia de errado. E o restante do Novo Testamento mostra que eles não desistiram. Eles permitiram que seu fracasso os motivasse a alcançar um relacionamento mais profundo com Cristo e uma melhor compreensão da vida de fé.

Morte e impostos

MATEUS 17:22-27

Jesus e seus discípulos eram inseparáveis. Isto se tornou ainda mais óbvio quando Eles entrou nos últimos seis meses de seu ministério público. À medida que a Cruz se aproximava do horizonte, Ele passava menos tempo com as multidões e mais tempo com aqueles que se dedicavam a segui-lo — homens e mulheres que eram seus discípulos fieis — e especialmente com os Doze que haviam recebido o chamado especial, e, ainda mais particularmente, com os três que haviam sido testemunhas de certos milagres espantosos.

Entretanto, o que Ele muitas vezes precisava falar com eles não era o que queriam ouvir. À medida que o conflito com os críticos se intensificava e os discípulos podiam sentir a agitação crescente entre as multidões, eles provavelmente imaginavam um confronto final entre os mestres hipócritas e governantes corruptos, de um lado, e, do outro, o Filho de Deus encarnado e seus discípulos operadores de milagres. No entanto, Jesus continuou a falar de sua prisão, sofrimento e morte. A última coisa em que os discípulos queriam pensar era no fato de Ele morrer e deixá-los continuar o ministério sem Ele. Na mente deles, esse cenário não fazia nenhum sentido.

Isto pode parecer inexplicável, até que comecemos a pensar em como reagimos a notícias indesejáveis. Quando recebemos um diagnóstico terminal, nosso primeiro passo é quase sempre a descrença — negar os fatos, atacar o mensageiro e buscar uma segunda e terceira opinião. Da mesma forma, quando confrontados com a trágica notícia da morte de um ente querido, nossa primeira reação muitas vezes é negá-la, rejeitar a verdade, e nos agarrarmos um pouco mais à esperança de que talvez, apenas talvez, tenhamos ouvido mal a notícia ou que tenha havido algum erro terrível.

Mas a tarefa de Jesus foi procurar suprimir esse processo de negação, antes de ser traído. Ele queria preparar seus discípulos para a vida, depois que Ele não estivesse mais com eles. Assim, apesar da dificuldade que os Doze tiveram em lutar com esses repetidos lembretes, Jesus, de forma leal, frequente e abrupta trouxe à tona o assunto que nenhum deles queria enfrentar. Ao mesmo tempo, Ele continuou a prepará-los, de outras maneiras, realizando milagres, ensinando verdades espirituais mais profundas e dando-lhes um exemplo a ser seguido.

17:22-23

Tendo passado mais de uma semana na região de Cesareia de Filipe na sombra do monte Hermom, Jesus e os discípulos voltaram novamente para a Galileia. Nesse território familiar e com rostos familiares nas multidões — tanto de amigos como de inimigos — eles, sem dúvida, começaram a sentir a crescente tensão dos críticos carrancudos e dos céticos zombadores. Nessa atmosfera, Jesus falou diretamente a respeito da proximidade de sua paixão.

Embora Jesus já lhes tivesse revelado que iria sofrer, morrer e ressuscitar (16:21; 17:12), agora acrescentou um detalhe adicional. Ele "será entregue nas mãos dos homens" (17:22). A palavra grega traduzida como "entregue" é *paradidōmi* [3860], que significa "entregar, ceder, oferecer uma pessoa".[223] Se os discípulos tivessem pensado um pouco nesta declaração naquele momento, teria surgido a pergunta — "Por quem o Filho do Homem será entregue?" Obviamente, Ele seria entregue àqueles que o torturariam e matariam, mas quem o trairia de tal maneira? Talvez eles tivessem reconhecido que Jesus estava revelando, pela primeira vez, uma "ação interna", na qual um deles o trairia.

Mas eles não pensaram tão profundamente a respeito. Na verdade, parece que eles não prestaram atenção a nada além de "eles o matarão" (17:23). A resposta deles parecia residir estritamente no fato da morte de Jesus, porque "ficaram cheios de tristeza". Muitas vezes, quando emoções fortes nos dominam, é difícil ouvir corretamente ou pensar com clareza. Os discípulos não perguntaram sobre a traição envolvida na prisão de Cristo, nem sobre o milagre envolvido em sua ressurreição "no terceiro dia".

AS PREDIÇÕES DE JESUS SOBRE SUA PAIXÃO EM MATEUS

Com a aproximação do fim de seu ministério terrestre, Jesus fez predições a respeito de seu sofrimento, morte e ressurreição com mais frequência. Na lista a seguir, observe a clareza crescente de suas declarações:

- Quem não toma a sua cruz e não me segue, não é digno de mim. (10:38).
- Desde aquele momento Jesus começou a explicar aos seus discípulos que era necessário que ele fosse para Jerusalém e sofresse muitas coisas nas mãos dos líderes religiosos, dos chefes dos sacerdotes e dos mestres da lei, e fosse morto e ressuscitasse no terceiro dia (16:21).
- Então Jesus disse aos seus discípulos: "Se alguém quiser acompanhar-me, negue-se a si mesmo, tome a sua cruz e siga-me." (16:24).
- Mas eu digo a vocês: Elias já veio, e eles não o reconheceram, mas fizeram com ele tudo o que quiseram. Da mesma forma o Filho do homem será maltratado por eles (17:12).
- Reunindo-se eles na Galileia, Jesus lhes disse: "O Filho do homem será entregue nas mãos dos homens. Eles o matarão, e no terceiro dia ele ressuscitará." (17:22-23).
- Estamos subindo para Jerusalém, e o Filho do homem será entregue aos chefes dos sacerdotes e aos mestres da lei. Eles o condenarão à morte e o entregarão aos gentios para que zombem dele, o açoitem e o crucifiquem. No terceiro dia ele ressuscitará! (20:18-19).
- O Filho do Homem não veio para ser servido, mas para servir, e para dar sua vida em resgate por muitos (20:28).
- Mas, quando os lavradores viram o filho, disseram uns aos outros: "Este é o herdeiro. Venham, vamos matá-lo e tomar a sua herança". Assim eles o agarraram, lançaram-no para fora da vinha e o mataram (21:38-39).
- Como vocês sabem, estamos a dois dias da Páscoa, e o Filho do homem será entregue para ser crucificado (26:20).
- Por que vocês estão perturbando essa mulher? Ela praticou uma boa ação para comigo... quando derramou este perfume sobre o meu corpo, ela o fez a fim de me preparar para o sepultamento (26:10, 12).

O Evangelho de Lucas oferece um pouco mais de detalhes sobre o estado de espírito dos discípulos. "Mas eles não entendiam o que isso significava; era-lhes encoberto, para que não o entendessem. E tinham receio de perguntar-lhe a respeito dessa palavra" (Lc 9:45). Jesus não se debruçou sobre o assunto. Ele havia explicado tudo o que queria dizer naquele momento. Ele estava plantando sementes para mais tarde, permitindo que as palavras fossem internalizadas pelos discípulos.

17:24-27

Como diz o conhecido ditado, duas coisas na vida são certas: a morte e os impostos. Jesus havia acabado de profetizar que Ele morreria, declaração que confundiu e perturbou os discípulos (17:23). Então surgiu a questão do pagamento de impostos.

Claramente, isso não era algo que estava na mente deles. Na verdade, a questão os atingiu de repente, quando finalmente estavam voltando para sua base original em Cafarnaum. Os próprios cobradores de impostos se aproximaram de Pedro, trazendo uma pergunta que, em sua forma linguística, esperava uma resposta positiva: "O mestre de vocês não paga o imposto do templo?" (17:24). Por que eles foram ter com Pedro? Por que não falaram diretamente com o próprio Jesus? William Barclay observa: "Há poucas dúvidas de que a pergunta foi feita com intenção maliciosa e que a esperança era que Jesus se recusasse a pagar; pois, se ele recusasse, os ortodoxos teriam motivos para fazer uma acusação contra ele".[224] Aqui vemos os opositores de Jesus tentando pegá-lo numa armadilha, de qualquer maneira que pudessem. Já que o confronto direto, face a face, geralmente acabava em constrangimento para eles, agora tentariam derrubar Jesus por meios de ações menos diretas.

O problema era que, na época, o imposto do templo não era, de fato, obrigatório, fosse pela lei romana ou por uma leitura literal da Lei de Moisés.[225] Era meramente uma contribuição costumeira e voluntária.[226] Na época de Jesus, o imposto do templo era mais uma prova de lealdade ao templo em Jerusalém e de patriotismo para com Israel. Como tal, não se tratava de um teste à fidelidade de Jesus à Lei de Moisés, mas à cultura religiosa e política da época. Será que Jesus estaria de acordo com as expectativas culturais? Ou Ele desafiaria as regras sociais criadas pelo homem e tomaria um caminho de independência?

Sem hesitação, Pedro respondeu com um sim em nome de Jesus (17:25). Sua defesa da intenção de Jesus de pagar o imposto provavelmente não foi precipitada ou fora do esquema. Como o imposto era pago anualmente, é provável que Pedro soubesse que Jesus o tivesse pago no passado. No entanto, parece que nem Pedro nem Jesus, de fato, tinham dinheiro no momento para pagar aquele imposto. Apesar disso, Mateus deixa claro que Jesus estava em uma casa (presumivelmente na residência de Pedro) em Cafarnaum, enquanto o discípulo estava conversando com os cobradores de impostos do lado de fora. Ou Jesus teria ouvido a breve conversa ou estava ciente dela por meios sobrenaturais.

Quando Pedro entrou em casa, Jesus aproveitou a oportunidade para explicar sua posição sobre o imposto do templo. Talvez Pedro (e outros) tivessem cogitado por que Jesus, o Filho de Deus, condescendia em pagar um imposto para o templo, o qual não era prescrito pelas Escrituras nem exigido por uma lei romana. Que momento de ensino perfeito para Jesus orientar Pedro e os demais discípulos a respeito da desistência dos direitos pessoais, em prol de um propósito superior.

O IMPOSTO DO TEMPLO

MATEUS 17:24

O "imposto do templo [duas dracmas]" referido em Mateus 17:24 era o imposto anual que se esperava que fosse pago para a manutenção do templo.

A. T. Robertson observa: "Todo homem judeu de vinte anos ou mais deveria pagá-lo para a manutenção do templo". Porém, não era um imposto obrigatório como aquele cobrado pelos publicanos para o governo".[227]

Embora alguns possam ter tentado encontrar uma base bíblica para o imposto, apelando para o texto em Êxodo 30:11-16, essa passagem aparentemente não estabelece um pagamento anual regular, mas uma contribuição única após um censo na época de Moisés, recolhida para o ministério do tabernáculo. Por causa disso, o imposto do templo nos dias de Jesus era uma questão controversa. R. T. France observa: "Os saduceus desaprovavam o imposto, e os homens de Qumran o pagavam apenas uma vez na vida".[228]

O historiador judeu Josefo registra que, após a destruição do templo em 70 d.C., o imperador romano "criou um tributo para os judeus, onde quer que eles estivessem, e ordenou que cada um deles trouxesse duas dracmas anualmente para o Capitólio, como era costume pagar o mesmo valor ao Templo em Jerusalém".[229] Como Capitólio, Josefo estava fazendo referência ao templo de Júpiter Capitolino, em Roma.[230] Dessa forma, o mesmo imposto que, no tempo de Jesus, tinha sido visto como um marco de lealdade religiosa e patriotismo, no final do primeiro século seria reprovado como um sinal de traição religiosa e deslealdade.

Jesus começou fazendo uma pergunta sobre tributação em geral. Os reis do mundo cobram impostos de seus filhos ou de estranhos (17:25)? A resposta era óbvia. Os reis não tributam os próprios filhos. Na verdade, a família do rei se beneficia com a cobrança de impostos. Além disso, um rei é a autoridade máxima — aquele que determina quem paga impostos em seu reino. Assim, os filhos de um rei estão isentos (17:26).

A conclusão lógica e prática, portanto, seria que Jesus não deveria pagar o imposto do templo. Afinal, Jesus é o Filho de Deus. O templo é dedicado a Deus e ao seu serviço. Como tal, Jesus deveria estar isento do imposto do templo, assim como os filhos dos reis terrenos estão isentos do imposto civil. E, para continuar o raciocínio até sua conclusão lógica: como os discípulos de Jesus eram sua família espiritual (12:49-50), eles também deveriam ser isentos do imposto do templo.

No entanto, Jesus pagou o imposto do templo. Por quê? Porque Ele apoiava totalmente os esforços dos cobradores de impostos e acreditava que o imposto do templo era obrigatório e justo? Porque Ele apoiava os esforços de embelezamento de Herodes e queria tornar o templo ainda mais surpreendente? Porque Ele era um grande fã do sumo sacerdote e do sacerdócio? Porque Ele queria que todos vissem quão religioso e patriota Ele era? Essas podem ter sido algumas das razões pelas quais outros pagavam o imposto do templo, mas não foram as razões de Jesus.

Jesus pagou o imposto — e esperava que seus discípulos fizessem o mesmo — para não ofender aqueles que o cobravam (17:27). Isso significaria que Jesus estava disposto a evitar ofensas e conflitos a qualquer custo? Ele estaria preparado para capitular diante das exigências irracionais dos poderes constituídos, apenas para ter paz? Pouco tempo antes, Jesus não hesitou em ofender os fariseus com seus ensinos (15:12-14). Ele estava, agora, ficando mais flexível e cansado de controvérsias? Seu ensino revolucionário estaria perdendo força?

Não! Ao se conformar com a expectativa cultural e simplesmente pagar o imposto mínimo, Jesus estava demonstrando a seus seguidores que eles precisavam escolher suas batalhas com sabedoria. Por um lado, não havia nada de pecaminoso em pagar o imposto do templo. Por outro lado, não era realmente obrigatório. Por ser neutro, os justos deveriam ponderar prudentemente os benefícios de pagar o imposto, em contraste com o impacto negativo de não pagá-lo. Nada se ganharia para a proclamação do reino de Deus desprezando os cobradores de impostos do templo. E, simplesmente ao pagar o imposto, eles evitariam colocar um obstáculo inútil no caminho de pessoas de fora.

Para que Jesus atendesse às expectativas dos cobradores de impostos, Ele e os discípulos precisavam do dinheiro. Talvez seu próprio suprimento de fundos tenha se esgotado, enquanto viajavam pela região de Cesareia de Filipe. Então, Jesus mandou Pedro pegar um peixe no mar da Galileia. Esse peixe teria na boca um siclo que cobriria o imposto de ambos (17:27). Bem, não sei exatamente por que Jesus fez Pedro conseguir o dinheiro por um meio tão milagroso. Talvez, como sugere Leon Morris, Jesus não quisesse pagar o imposto com os fundos que haviam sido doados aos discípulos com o propósito de levar avante seu ministério de pregação.[231]

Acho um pouco engraçado que, no final, um peixe aleatório do mar da Galileia pagou o imposto do templo por Jesus! Embora o imposto de duas dracmas equivalesse a cerca de dois dias de trabalho,[232] pegar o peixe com um arremesso do anzol não exigiu esforço algum. Assim, embora Jesus e Pedro tenham pagado o imposto para todos os propósitos práticos, nenhum deles realmente gastou energia ou dinheiro próprio (nem de qualquer outra pessoa) para fazê-lo. Isso mostra que, embora Jesus se preocupasse em evitar ofensas por causa do evangelho, Ele pouco se importava com o imposto em si.

APLICAÇÃO

Mateus 17:22-27

VIVENDO COM DUPLA CIDADANIA

Sendo que nenhum de nós jamais enfrentará o dilema de pagar ou não o imposto do templo, como essa passagem se aplica a nós hoje? Gostaria de sugerir que a maneira de Jesus lidar com o imposto do templo é uma grande ilustração das tensões envolvidas na vida como cidadãos de dupla cidadania. Como filhos de Deus, nós somos cidadãos do céu (Fp 3:20). Mas também somos cidadãos da terra com direitos e responsabilidades (por exemplo, At 22:28). Portanto, espera-se que honremos e obedeçamos a Deus e que honremos e obedeçamos ao governo que está sobre nós (Rm 13:1-5). Isto inclui o pagamento de impostos (Rm 13:6-7)!

Não se engane. A primeira obrigação do crente é obedecer a Deus. Nossa cidadania em seu reino vem em primeiro lugar e é suprema. Quando as leis da terra estiverem diretamente em conflito com suas ordens, sua verdade deve prevalecer, e sua vontade tem precedência imediata. Nesses casos, devemos obedecer a Deus e não aos homens (At 4:18-20; 5:27-29). Entretanto, na maioria das situações, as leis do governo não são de forma alguma contrárias às leis de Deus. O Senhor nunca determinou a velocidade com que devemos dirigir numa rodovia, mas o governo sim. Deus nunca disse que porcentagem de nossa renda deveríamos pagar ao governo, mas nossas leis o fazem. Deus nunca disse se precisávamos ter nossos cães na coleira ao andarmos em locais públicos, mas muitas cidades têm tais leis. Em assuntos como esses, devemos obedecer ao governo.

Porém, o que dizer das expectativas culturais, para as quais não existem ordens divinas nem leis seculares, porém meramente normas e tradições sociais? Em tais casos, devemos estar dispostos a abrir mão de nossas próprias preferências em nome do evangelho. Se uma abordagem contracultural da vida trouxer desprezo ao reino de Deus e a seu povo, devemos estar dispostos a renunciar a nossos direitos pessoais e a nos conformar com as expectativas de nossa sociedade, desde que ela não seja contrária à Palavra de Deus. Para nos ajudar a pensar em algumas dessas questões, desejo fazer-lhe algumas perguntas.

Você é um bom cidadão de seu país? Ou você tem o prazer secreto de quebrar algumas de suas leis, dando desculpas como a que *Deus não se importa com a velocidade com que eu dirijo?* Lembre-se de sua dupla cidadania. Em assuntos sobre os quais Deus não falou, mas seu governo ordenou, você deve se submeter às autoridades que estão sobre você.

Qual é a sua compreensão de liberdade em relação a questões neutras ou cinzentas? Você acha que liberdade, nesse caso, significa fazer o que quer que seja do seu agrado, independentemente de como possa ofender pessoas de fora ou colocar obstáculos no caminho delas para Cristo? Você leva sua liberdade longe demais e, depois, faz racionalizações para justificar o seu estilo de vida egocêntrico? Pense em qual comportamento trará o menor desprezo ao povo de Deus ao lançar o evangelho sob uma luz negativa.

Lições de vida aprendidas com as crianças

MATEUS 18:1-14

Temos várias tradições posteriores ao Novo Testamento — aprimoradas por iconógrafos antigos, escultores medievais, artistas renascentistas e religiosos mal orientados — a quem devemos uma identidade inflada (eu diria equivocada) dos doze discípulos que andaram com Jesus. Muitos aprenderam com essas tradições a chamá-los de *São* Pedro, *São* Tiago, *Santo* André e até mesmo *São* João, *o Divino*. Além disso, os discípulos foram retratados em trajes santos, com molduras douradas brilhantes, ou em estátuas de mármore maiores que a realidade, ainda em telas com halos brilhantes e rostos angelicais, às vezes posando ajoelhados com mãos postas e cabeças arqueadas, demonstrando total humildade.[233]

Aos abrimos os Evangelhos, no entanto, nos deparamos com uma imagem diferente. Quando a cortina é puxada de volta para Mateus 18, pegamos aqueles discípulos "altos e santos" discutindo sobre qual deles era o maior — como numa sala cheia de lutadores profissionais movidos a adrenalina ou de boxeadores falando bobagens. Você consegue imaginar aqueles discípulos santos descritos pelos escritores e artistas de tempos antigos, brigando para decidir qual deles era o número um, com os trajes rasgados e as auréolas amassadas? A verdade é que os doze discípulos não eram santos perfeitamente piedosos, retratados simplesmente como modelos afáveis de humildade abnegada. Ao contrário, eles eram galileus competitivos, agressivos, de aprendizagem lenta e cheios de interesses particulares que, quando deixados por conta própria, discutiam sobre qual deles era o maior. Em outras palavras, eles eram obras típicas em andamento... assim como nós.

Quando Jesus caminhava entre seus discípulos muito imperfeitos, Ele estava preocupado com a tendência deles em chamar a atenção para suas próprias realizações, em vez de colocar os outros à sua frente. Em uma ocasião, Ele escolheu expor aquela tendência da maneira mais incomum: usou uma criança pequena para ensinar algumas lições fundamentais de vida que são verdadeiras em todas as gerações.

18:1

Após sua chegada em Cafarnaum, Jesus chamou alguns de seus discípulos na casa onde Ele estava hospedado, e perguntou-lhes o que haviam discutido entre eles durante sua longa caminhada de Cesareia de Filipe (Mc 9:33). Acontece que eles tinham estado debatendo sobre qual deles era o maior. Sendo onisciente, Jesus já sabia disso, mas, como dizem, "a confissão faz bem à alma". Os discípulos devem ter sabido que sua discussão egocêntrica sobre quem era o número um receberia a desaprovação de Jesus, porque responderam à sua pergunta com silêncio (Mc 9:34).

O que tinha precipitado aquele debate mal orientado? Talvez Pedro, Tiago e João estivessem se comportando de modo arrogante em relação aos outros nove porque haviam sido escolhidos para acompanhar Jesus até o monte Hermom, a fim de testemunhar a Transfiguração. Quando questionados sobre o que tinha acontecido na montanha, eles teriam ficado de boca fechada seguindo a ordem de Jesus (Mt 17:9). Isso teria aumentado a tensão entre os discípulos que já estavam dispostos a disputar suas posições em relação a Jesus. Se isso era o que estava acontecendo, então os três parecem ter estranhamente esquecido o fato de que, pouco antes, Jesus tinha estado de pé, em glória ardente, enquanto eles estavam reduzidos a farrapos de gente tremendo, caídos no chão. E os Doze parecem ter ignorado o fato de que Jesus tinha acabado de lhes dizer que Ele seria traído e morto em Jerusalém. Em vez de deixar essas realidades serem internalizadas e transformarem suas prioridades pessoais, eles discutiram uns com os outros sobre o orgulho de posição de destaque.

Envergonhados com seus sussurros, eles ficaram em silêncio quando Jesus perguntou sobre o que eles estavam falando. Ao invés de se vangloriarem, eles transformaram o debate particular sobre qual deles era o maior em uma questão teológica mais geral: "Quem é o maior no Reino dos céus?" (18:1). É claro que essa pergunta teórica era simplesmente uma cortina de fumaça, destinada a fazer com que Jesus respondesse indiretamente sua pergunta real. Quem (*dentre nós*) é o maior?

18:2-6

Jesus respondeu à pergunta de uma forma inesperada, mas convincente e contundente. Ele chamou para si uma criança pequena e a colocou diante dos discípulos (18:2). Se Jesus estivesse na casa de Pedro, em Cafarnaum, talvez a criança fosse o próprio filho ou filha de Pedro, quem sabe, um primo ou amigo da família. Não nos é revelado se a criança era menino ou menina; o termo grego é neutro e significa simplesmente uma criança pequena, provavelmente uma criança de pouca idade.[234] Ao colocar a criança na frente e no centro deles, Jesus estava definitivamente dando um passo ousado. Se num antigo provérbio inglês, as crianças eram para ser vistas e não ouvidas, então, no antigo Israel, as crianças não eram nem para ser vistas! R. T. France afirma: "Uma *criança* era uma pessoa sem importância na sociedade judaica, sujeita à autoridade dos mais velhos, jamais levada a sério a não ser como uma responsabilidade, uma pessoa a ser cuidada, não alguém para ser notado".[235] Assim, lá estava a criança, sem dúvida um pouco desorientada, rodeada por doze discípulos que se julgavam importantes, simplesmente olhando fixamente para ela. Eles estavam se perguntando o que Jesus tinha em mente.

Mas, então, o Mestre explicou: "a não ser que vocês se convertam e se tornem como crianças, jamais entrarão no Reino dos céus" (18:3). Eu posso imaginar os discípulos se contorcendo com essa observação. A pergunta deles era sobre quem era o maior no reino. A resposta de Jesus foi que não haveria sequer um lugar no reino para eles, se eles não se tornassem como criancinhas. Isso é que é virar a mesa! A criança estava na presença deles, por convite direto de Jesus. Ele ou ela não pertencia àquele grupo e não poderia ter obtido um lugar ali. Mas, diferentemente dos discípulos, que estavam brigando pelo primeiro lugar, a criança não tinha nenhuma agenda, nenhuma coisa de que se vangloriar, nenhum desejo de aplausos, nem mesmo uma consciência da razão por que estava sendo trazida para o grupo. É bem possível que estivesse se sentindo extremamente desconfortável ao ser convidada para estar na própria presença de Jesus — na verdade, à sua direita! A criança sabia — como todos — que ela não pertencia àquele ambiente, muito menos ao centro das atenções. Que imagem de favor imerecido! Que retrato da graça!

Jesus explicou, ainda, que a chave para ter um lugar no reino é a humildade. A criança não tinha orgulho, arrogância, presunção, expectativas, desejo de promoção, senso de direito, nem falsa piedade. Foi um momento de total autenticidade. Aqueles que se humilham como aquela criancinha — isto é, aqueles que compreendem sua total dependência da misericórdia e graça de Jesus para sua admissão e posição em relação a Ele — serão considerados como os maiores no reino dos céus (18:4).

Embora algumas abordagens modernas da paternidade coloquem as crianças no centro das atenções, no primeiro século certamente não seria esse o caso. Era normal olhá-las como pequenas, inexperientes, confusas, sem educação e mais ou menos inúteis até que tivessem idade suficiente para serem produtivas. Até que crescessem, as crianças eram vistas como sendo um incômodo. Enquanto Jesus continuava a virar o mundo social dos discípulos de cabeça para baixo, Ele apontou novamente para as crianças pequenas — entre os membros menos valorizados da sociedade — e começou a falar em termos que as colocavam no auge da preocupação do Senhor. Jesus observou que mostrar bondade para com uma criança — que estaria entre os membros mais inferiores da sociedade — era equivalente a mostrar bondade para com o membro mais elevado do reino, o próprio Rei Jesus (18:5).

E o inverso também é verdadeiro. Se alguém trata um membro tão valioso da família de Deus com desprezo, fazendo-o tropeçar ao não valorizá-lo como Deus o faz, essa pessoa sofrerá consequências severas (18:6). Jesus usou uma imagem dramática para descrever o juízo por causar danos a uma criança indefesa e inocente. Tal pessoa estaria melhor se afogando no mar com uma pedra de moinho ao redor de seu pescoço! A alusão a uma pedra de moinho teria evocado a imagem de uma pedra grande e pesada, usada para moer grãos, transformando-os em farinha. Claramente, se alguém afundasse no mar com tal peso, não haveria recuperação.

Sem desmerecer o amor literal e a preocupação que Jesus tinha pelas crianças (veja 19:13-15), devemos observar que Ele estava argumentando do menor para o maior. Se Deus valorizava tanto os membros menosprezados e mais desprezados de uma família física, então como poderiam os membros da família espiritual de Deus considerar com desprezo qualquer um de seus irmãos e irmãs espirituais? Como poderiam os discípulos discutir uns com os outros sobre quem era o maior no reino quando aquele que demonstra humildade infantil é o maior de todos? Na corrida rápida e apressada da vida, é fácil ultrapassar aqueles que são lentos e não conseguem acompanhar o passo. É fácil afastar aqueles que a sociedade não valoriza. Jesus chamou seus discípulos para dar espaço para essas pessoas, para aceitá-las, protegê-las e até mesmo para exaltá-las.

© Michael Svigel

Réplica de uma antiga pedra de moinho usada para triturar azeitonas

18:7-11

Jesus então retomou o tema sobre colocar "tropeços" nos caminhos dos outros. O termo traduzido por "escandalizar" em 18:7 é *skandalon* [4625]; a forma verbal, *skandalizō* [4624], da qual obtemos nossa palavra escandalizar, que foi usada em 18:6 no sentido de "fazer tropeçar". Jesus condenou o mundo por sua infinidade de tentações que oprimem os fracos, os inocentes, os incultos e os ingênuos e os levam por um caminho de pecaminosidade. A palavra "ai", que Jesus expressa em relação ao mundo, sugere uma forte exclamação de profunda emoção — seja tristeza, seja raiva. Embora essas armadilhas sejam inevitáveis em um mundo caído, aqueles que cometem essa maldade são censurados e sofrerão consequências terríveis.

Em 18:8-9, Jesus lançou a mesma severa advertência contra essas coisas, em nossa vida, que levam ao pecado pessoal e à transgressão. Afinal, aqueles que causam tropeços aos outros começaram a tropeçar por si mesmos, e esses padrões pessoais de pecado se desenvolvem, para nós, quando permitimos tropeços em nossa própria vida. Isso traz à tona uma dimensão frequentemente negligenciada do pecado. Sucumbir à tentação nunca é algo pessoal e particular. As consequências sempre afetam os outros de maneiras que não podemos necessariamente prever. Se deixarmos pedras de tropeço em nossa própria vida, eventualmente haverá uma reação em cadeia que fará com que outros também tropecem. Como Ele retratou a luxúria, em Mateus 5:29-30, Jesus empregou a hipérbole para deixar clara a seriedade de se abster do pecado. A hipérbole é uma figura de linguagem que envolve um exagero óbvio destinado a causar um impacto emocional nos ouvintes. Jesus não estava defendendo a automutilação literal como uma solução para remover pedras de tropeço em nossa vida. Ao contrário, Ele queria que seus seguidores tivessem padrões inflexíveis quando se tratasse de tentação e pecado.[236]

Pode parecer que o ensino de Jesus havia se desviado do rumo. Ele não começou repreendendo os discípulos por discutir sobre quem era o maior — depois se desviou para valorizar as crianças — e então teria se voltado para uma discussão sobre a seriedade do pecado? Na verdade, Jesus estava estabelecendo um contraste entre a vida egocêntrica e a vida centrada no outro. Craig Blomberg observa: "Assim, permanece um forte contraste entre aqueles que reconhecem sua completa dependência de Deus e que, portanto, acolhem outros crentes em humildade e serviço, e aqueles, incluindo os crentes professos, que levam a si mesmos e aos outros ao pecado".[237] Dois caminhos estavam diante dos discípulos — um de egoísmo, orgulho e afundamento no pecado que destruiria a tanto quem o percorresse como os outros; e o segundo, de altruísmo, humildade e condução à justiça até dos mais fracos crentes.

Voltando à lição espiritual relacionada àqueles que parecem ser os menores no reino, mas que na verdade são os maiores, Jesus exortou os discípulos a não desvalorizar e desconsiderar tais pessoas. Como é fácil desvalorizar e desprezar crianças pequenas, ou até mesmo outros crentes que são fracos e frágeis em sua fé. Ao mostrar tratamento preferencial para aqueles que são cheios de dons, ricos, famosos ou poderosos, viramos as costas para aqueles membros menos notáveis da igreja que, muitas vezes, exibem o caráter de Cristo melhor do que outros. Como as crianças que vivem sob um olhar especial do céu, aqueles que têm uma fé simples e infantil são vigiados pelos próprios anjos (18:10). O próprio Deus-homem abdicou de sua vida em favor de pessoas tão aparentemente insignificantes, que estariam completamente perdidas sem Ele (18:11).[238] Se o céu dá tal valor às almas perdidas e fracas, não deveríamos nós fazer o mesmo?

18:12-14

Todo o propósito da lição prática de Jesus com aquela criancinha era expor a preocupação graciosa e inabalável que seus seguidores devem ter com aqueles que normalmente são menos valorizados ou menos queridos. Nessa categoria, encontram-se aqueles que estão perdidos ou que se desviaram do caminho reto. Posso pensar em numerosos filhos de pais crentes que abandonaram a fé na qual foram criados. E nações pós-cristãs inteiras têm uma atitude, em relação ao cristianismo, de alguém que diz "já passei por isso". Eles estão perdidos. Quão fácil seria, para nós, negligenciá-los, eliminá-los, e nos preocuparmos apenas com nossa própria afiliação ao "clube de Jesus".

O Mestre desafiou essa atitude egocêntrica. Os pastores são conhecidos por sua dedicação a todas as suas ovelhas e por sua diligência em buscar até mesmo uma que se afastou, adoeceu ou foi ferida (18:12). Todos nós somos chamados à compaixão e ao compromisso de um bom pastor que não faria da recuperação das ovelhas errantes uma distração e um aborrecimento, mas tornaria uma prioridade e uma paixão. Como seria fácil fazermos uma análise de custo-benefício e determinarmos que, só por uma alma, simplesmente não vale a pena colocar em perigo o conforto do restante do rebanho. Mas Jesus encoraja a fazermos exatamente o contrário. Quando essa única ovelha é encontrada, o pastor se alegra, assim como nosso Pai celestial se regozija com a conversão de um pequenino, ou de um crente com fé infantil (18:13-14).

APLICAÇÃO

Mateus 18:1-14

TORNANDO-SE COMO UMA CRIANÇA

Muitos de nós, assim como os discípulos, estamos encharcados de orgulho. Nós nos comparamos com os outros, geralmente para destacar nossas próprias virtudes e pontos fortes. Criticamos os outros com o objetivo de enfatizar suas fraquezas e destacar nossa própria importância. Buscamos constantemente encontrar os maiores, mais inteligentes, mais rápidos, mais ricos e mais bonitos dentre nós. Admita: quando você vê uma foto do grupo de uma reunião em que você esteve presente, a primeira pessoa que você procura é a si mesmo. Quando um projeto em que estivemos envolvidos é concluído e os participantes são anunciados, ansiamos por ouvir nosso nome mencionado. E, infelizmente, envelhecer não significa, automaticamente, que nos tornamos menos egoístas e egocêntricos. Na verdade, às vezes acontece exatamente o contrário.

Precisamos nos lembrar da criancinha em pé na presença de Cristo. Aquela criança representava duas qualidades vitais que todos nós precisamos cultivar: *ter inocência infantil*, em que nosso foco é simplesmente ser quem somos, em vez de fingir; e *humildade infantil*, em que vemos outras pessoas como mais importantes do que nós mesmos. Quando realmente aprendermos essas qualidades, começaremos a viver como Cristo, vendo a nós mesmos e aos outros sob a luz correta. Pense nas palavras de Paulo a respeito do caráter cristão: “Nada façam por ambição egoísta ou por vaidade, mas humildemente considerem os outros superiores a vocês mesmos. Cada um cuide, não somente dos seus interesses, mas também dos interesses dos outros” (Fp 2:3-4). Essa, conforme diz Paulo, é a mesma atitude de Cristo (Fp 2:5).

A ilustração feita por Jesus de se tornar como uma criança nos lembra, também, que todos nós somos igualmente valorizados aos olhos de Deus. Isso ajuda a explicar por que, quando o Senhor Jesus Cristo morreu, Ele morreu por *todos* — incluindo você e eu. Ninguém é muito jovem, muito velho, muito perdido, muito pecador, muito insignificante, muito pouco sofisticado ou muito pobre. Porém, a menos que o Espírito converta nosso coração e *venhamos* a Jesus como criancinhas, *seremos* muito orgulhosos, muito teimosos, muito egoístas ou muito arrogantes. Em sua conversão inicial a Cristo, bem como em sua caminhada com Ele, como filho do Rei, lembre-se continuamente dessa admoestação para se tornar como uma criança em sua presença.

Importando-se o suficiente para confrontar

MATEUS 18:15-20

Por mais estranho que possa parecer, uma das provas mais óbvias do amor dos pais por seus filhos é seu compromisso de discipliná-los quando se desviam. As crianças, é claro, não gostam de aceitar a disciplina — especialmente quando veem os pais tendo atitudes de “vale tudo”, permitindo que seus filhos façam o que quiserem quando quiserem, com poucas consequências para as suas más ações. Mas o fato permanece: a mãe e o pai que não se importam e são irresponsáveis são os que deixam de confrontar — que não lidam com as más ações dos filhos.

Nosso Pai celestial disciplina fielmente aqueles a quem ama. O autor de Hebreus cita as sábias palavras de Provérbios 3:11-12 para explicar a disciplina que o Senhor aplica a seus filhos espirituais:

> Meu filho, não despreze a disciplina do SENHOR
> nem se magoe com a sua repreensão,
> pois o SENHOR disciplina a quem ama,
> e castiga todo aquele a quem aceita como filho" (Hb 12:5-6).

Disciplina, responsabilidade, confronto — esses não são sinais de ódio do Senhor pelas pessoas, mas prova do amor do Senhor por seus filhos.

O que é verdade para nossos pais terrenos e para nosso Pai celestial também é verdade para aqueles que estão no corpo de Cristo. E há benefícios em ser responsáveis uns perante os outros. Através da devida prestação de contas na comunidade dos crentes, exercemos verdadeiramente o amor por nossos irmãos e irmãs em Cristo. A prestação de contas inclui amar e aprender uns com os outros, observar e confirmar uns aos outros, encorajar e aconselhar uns aos outros, e *também* nos confrontar e disciplinar mutuamente. Não é que nos confrontamos porque gostamos de nos intrometer na vida das pessoas. Nós nos confrontamos porque nos importamos.

Embora seja uma breve passagem, as instruções de Jesus sobre responsabilidade e disciplina em Mateus 18:15-20 são essenciais para entender nossas responsabilidades nesse importante assunto. Aprenderemos quando a disciplina é necessária, assim como e por que ela é realizada. A disciplina e a responsabilidade podem não ser populares entre os cristãos de hoje, mas são necessárias para um crescimento espiritual equilibrado.

18:15

Gostaria que fosse verdade o fato de que o Senhor mantém todos os crentes no caminho reto e estreito, desde o momento em que o Espírito Santo vem morar neles, até o dia em que entrarem em sua presença. O ministério, o casamento, a paternidade e a vida em geral seriam muito mais fáceis se os crentes sempre respondessem instantaneamente aos sussurros internos do Espírito para discernir o certo do errado e fazer o que é certo sem precisar de motivação externa ou correção. Mas essa descrição da vida espiritual é aquela que somente esperamos na eternidade; não é a realidade que enfrentamos neste "intervalo de tempo", enquanto aguardamos nossa redenção final.

Assim, Jesus começou sua instrução seguinte com um cenário muito realista que todos nós estamos obrigados a enfrentar repetidas vezes durante a vida: "Se o seu irmão pecar..." (18:15). Embora Jesus tenha usado o termo "irmão" no exemplo ilustrativo de um companheiro de igreja desobediente, Ele poderia muito bem ter empregado a expressão "irmã" ou ainda "irmão ou irmã". Ao dirigir-se aos discípulos do sexo masculino, fazia bastante sentido projetar uma cena em que um de seus próprios compatriotas teria cometido um pecado contra eles que exigia responsabilização. No entanto, os princípios se aplicam mais amplamente.

Antes de examinarmos o processo passo a passo ensinado por Jesus em relação à prestação de contas, confronto e disciplina da igreja, seria de grande ajuda dar um passo atrás e considerar cinco princípios gerais que colaboram para trazer clareza e equilíbrio à nossa compreensão deste importante tópico.

Primeiro, *confrontar o pecado grave é uma atitude de amor*. Esse é o maior problema das chamadas igrejas inclusivas. As pessoas costumam dizer: "Não nos importamos como vivem as pessoas em nossa irmandade. Isso é assunto entre elas e Deus. O principal é que todos nós amamos Jesus e nos amamos uns aos outros". Mas isso não é amor. Se seu filho quer beber veneno, você não vai dizer: "Bem, eu pessoalmente não faria isso, mas não quero ferir seus sentimentos. Deixarei meu filho tomar sua própria decisão, e respeitarei sua escolha". Por que teríamos a mesma atitude em relação àqueles que se envolvem em estilos de vida pecaminosos e destrutivos?

Em segundo lugar, *confrontar um pecado grave exige que tenhamos força moral para fazer o que é certo*. Se você ou sua igreja obedecerem às palavras de Cristo em Mateus 18:15-20 (e os princípios semelhantes em 1Co 5), serão chamados por todos os tipos de adjetivos: intolerantes, sem amor, vingativos, legalistas, julgadores, sectários. Você poderá ser caluniado, processado e perseguido, não apenas pelos pecadores envolvidos e aqueles que já têm posição antagônica para com a igreja, mas, também, por aqueles de dentro da igreja que estão confusos ou que não têm coragem de fazer o que é correto. Dentro de muitas igrejas que pregam a graça, há membros que estão só esperando para rotular como legalista uma pessoa que tome posição contra um pecado grave pelo qual não houve arrependimento. Mas devemos nos comprometer a fazer o que é certo, mesmo quando se trata de uma atitude impopular.

Em terceiro lugar, *confrontar o pecado grave não é opcional*. Em breve vamos examinar as diretrizes claras de Jesus em Mateus 18:15-20, que garantirão que nossa compreensão do processo esteja de acordo com os padrões de Deus. Precisamos ler essas palavras, estudá-las, meditar nelas e, depois, aplicá-las com cuidado e em oração. Veremos que o texto não deixa espaço para recuar no confronto ou para voltar atrás no processo. Para o bem da saúde e da santidade da igreja, e para o resgate e restauração do pecador, todos nós devemos nos engajar nesse processo quando a sabedoria o indicar.

Em quarto lugar, *enfrentar um pecado grave não é aplicar uma pena, mas produzir cura.* Tiago escreveu: "Quem converte um pecador do erro do seu caminho, salvará a vida dessa pessoa e fará que muitíssimos pecados sejam perdoados" (Tg 5:20). Invariavelmente, existem os autoproclamados "seguranças" da igreja que sentem como se fosse sua missão pegar pelo braço os pecadores nas igrejas, escoltá-los até a porta, e espantá-los longe o suficiente a fim de garantir que eles nunca mais apareçam no templo. Tal abordagem é completamente equivocada. O propósito da disciplina da igreja não é humilhar, enfurecer ou irritar os crentes pecadores. O propósito é exortá-los a enxergar o erro de seus caminhos e conduzi-los de volta ao arrependimento e à comunhão. A atitude que você toma é a de um segurança ou de um pastor?

Finalmente, *enfrentar um pecado grave não é para os que estão fora da igreja, mas para os de dentro*. A disciplina da igreja deve ser levada a cabo pelos crentes e para os crentes. O processo descrito em Mateus 18 não descreve como devemos tratar aqueles que estão fora da comunhão de nossos irmãos e irmãs em Cristo. Paulo escreveu em 1Coríntios 5:12-13: "Pois, como haveria eu de julgar os de fora da igreja? Não devem vocês julgar os que estão dentro? Deus julgará os de fora. Expulsem esse perverso do meio de vocês".

À luz destes princípios bíblicos básicos, voltamos ao estudo do caso apresentado por Jesus: um irmão (ou irmã) na fé comete um pecado. Alguns manuscritos antigos acrescentam as palavras "contra vocês", tornando o assunto pessoal. Em qualquer dos casos, o fato de que devemos abordar o assunto com nosso irmão "a sós com ele" (Mt 18:15) sugere, pelo menos, que não se trata de um escândalo aberto ou uma ofensa dirigida a um grupo maior ou contra toda a igreja, como heresia, apostasia ou blasfêmia. No entanto, aquele que praticou o mal não se manifestou, não reconheceu o pecado e não fez nenhuma confissão ou tentativa de reconciliação ou de endireitar as coisas.

Quando tomamos ciência desse tipo de pecado acariciado e com o coração não arrependido, devemos reagir com amor — especialmente se o pecado for contra nós, pessoalmente. Provérbios 27:6 diz: "Quem fere por amor mostra lealdade, mas o inimigo multiplica beijos". Sim, a confrontação pode ferir os sentimentos da outra pessoa e colocá-la na defensiva. Mas ignorar a ofensa não é amar. Simplesmente orar por essa pessoa é uma resposta incompleta. Contar o fato aos outros acaba virando mexerico. Aqueles que estão abertos a compartilhar a responsabilidade na comunidade, devem estar sempre prontos para confrontar os outros e também ser confrontado pelos outros. Tal confrontação *não* é a mesma coisa que legalismo. O tratamento feito com cuidado e correção, com humildade e compaixão, é uma evidência concreta do verdadeiro amor ao próximo.

Eu aprecio muito a maneira como Paulo coloca esse tema em Gálatas: "Irmãos, se alguém for surpreendido em algum pecado, vocês, que são espirituais, deverão restaurá-lo com mansidão" (Gl 6:1). Na maior parte do tempo, se demonstrarmos uma atitude assim carinhosa, compassiva e gentil, o crente que está em erro ouvirá. E, quando isso acontecer, "você ganhou seu irmão" (Mt 18:15). Nesse ponto, o processo estará concluído. O perdão é estendido, o arrependimento e a confissão são alcançados, a relação dessa pessoa com o Senhor é restaurada, e a reconciliação entre dois crentes é realizada.

Desejo tratar de mais um ponto. Sei que em nossa era de e-mails, mensagens de texto e outros meios digitais, é realmente tentador procurar resolver conflitos interpessoais e se engajar em abordar as questões por esses meios, soltando algumas palavras apressadamente digitadas e clicando em "enviar". Mas, em quase todos os casos, essas são a forma errada. Mesmo uma carta manuscrita ou digitada, impressa e enviada por correio, é menos do que o ideal. Como observa um comentarista: "Mais problemas foram causados pela escrita de cartas do que por quase qualquer outra coisa". Uma carta pode ser mal lida ou mal interpretada; ela pode, inconscientemente, transmitir um tom que nunca deveria ter sido transmitido. Se tivermos uma diferença com alguém, só há uma maneira de resolver o caso — tratá-lo face a face. A palavra falada pode muitas vezes resolver uma diferença que a palavra escrita só teria exacerbado".[239]

Se uma conexão presencial, face a face, não for possível, então a próxima melhor atitude seria uma videoconferência ou um bate-papo online. Se isso não funcionar, então uma ligação seria melhor do que uma nota escrita. Sim, tal confrontação pessoal é inconveniente. Requer planejamento, tempo, energia e possivelmente dinheiro. E será menos confortável do que uma mensagem rapidamente redigida através das mídias sociais. Mas, confie em mim — valerá a pena, especialmente se seu irmão ou irmã em Cristo for convencido do erro e tomar medidas para sua restauração.

18:16

É claro que a Bíblia apresenta as coisas como são, não como gostaríamos que fossem. A verdade é que uma conversa particular inicial nem sempre é bem-sucedida. Se a confrontação discreta de um crente com um irmão ou irmã que errou não resultar em arrependimento, um segundo passo se torna necessário. Jesus se baseou no princípio geral do Antigo Testamento de estabelecer um veredito com base em mais do que apenas o testemunho de uma pessoa. Deuteronômio 19:15 diz: "Uma só testemunha não é suficiente para condenar alguém de algum crime ou delito. Qualquer acusação precisa ser confirmada pelo depoimento de duas ou três testemunhas".

Jesus aplicou tal princípio à necessidade de envolver um círculo cada vez maior de crentes na confrontação de um irmão ou irmã que pecou. Se a voz atenciosa de um crente não resultar em arrependimento, ele deverá em seguida levar consigo "um ou dois" outros irmãos, satisfazendo assim a exigência bíblica de "duas ou três testemunhas" (Mt 18:16). Será que isso significa que um ou dois outros teriam de ser testemunhas oculares do pecado praticado pelo crente obstinado? Claro que não. Embora o princípio original, expresso em Deuteronômio, de ter duas ou três testemunhas se referisse a um processo legal formal, no qual uma pessoa era acusada de um crime com base em duas ou três testemunhas oculares reais, Jesus estava simplesmente citando o versículo para extrair um princípio geral, de que o envolvimento de mais duas pessoas na intervenção a tornaria mais convincente ou persuasiva. Isso também estaria comunicando que a confrontação estava assumindo um tom mais oficial e sério. E se o crente pecador ainda se recusasse a mudar de rumo, essas duas ou três testemunhas poderiam servir para testificar que a pessoa, de fato, não respondeu positivamente a uma exortação sincera.

Se você estiver em uma situação em que deve dar esse segundo passo, escolha cuidadosamente a outra pessoa ou as duas. Prudência, imparcialidade, experiência, integridade, maturidade e conhecimentos bíblicos e teológicos são fundamentais nessas pessoas, assim como compaixão, paciência, bondade e amor genuíno pelo pecador. É preciso lembrar que o objetivo não é acuar a pessoa ou formar um grupo unido contra ela. O objetivo é tirar vantagem da sabedoria combinada de um grupo de homens ou de mulheres piedosos. Como diz Provérbios 11:14: "Sem diretrizes a nação cai; o que a salva é ter muitos conselheiros".

Entretanto, mesmo nesse ponto, a vitória nunca é garantida. Assim como a pessoa rejeitou a responsabilidade durante o confronto privado inicial, ele ou ela poderá muito bem reagir de maneira defensiva e obstinada em resposta às duas ou três testemunhas.

18:17

Jesus procurou pintar o pior cenário possível. Infelizmente, estive em várias situações ao longo das minhas décadas de ministério que chegaram a esse ponto infeliz. Ninguém jamais quer chegar tão longe, mas, quando isso acontece, é importante manter as diretrizes estabelecidas por Jesus.

Após o ofensor ter rejeitado o conselho de dois ou três irmãos de fé, o processo assume um caráter mais formal e sério. Jesus disse que, se chegar a esse ponto, então "conte à igreja" (18:17). Esse é o segundo de dois usos do termo *ekklēsia* [1577] — traduzido como "igreja" — em Mateus. O primeiro aparece em 16:18, onde Jesus diz: "Sobre esta pedra edificarei minha igreja". A palavra "igreja" nunca é usada nos Evangelhos de Marcos, Lucas ou João. Ela aparece em Atos 5:11 e, depois, frequentemente no restante do Novo Testamento como um termo técnico para a nova comunidade de discípulos de Jesus Cristo, estabelecida pelo batismo do Espírito Santo (1Co 12:13).

Mesmo aqui, ao apelar para a congregação, o propósito imediato não é remover a pessoa de sua filiação, evitá-la ou sujeitá-la à forma mais pública de humilhação e vergonha. Ao contrário, Jesus disse: "*Se* ele se recusar a ouvi-los, conte à igreja", então as consequências severas se seguiriam (Mt 18:17, ênfase minha). O objetivo, portanto, de levar o assunto à atenção da igreja é proporcionar uma oportunidade final para o indivíduo ser persuadido de seu erro e haver um apelo ao arrependimento.

Tendo esse objetivo em mente, devemos entender a palavra "igreja" como não se referindo necessariamente a toda a congregação reunida em um culto dominical matutino. Ela poderia se referir aos representantes da igreja, como os anciãos, ou a um grupo pequeno e cuidadosamente selecionado de indivíduos qualificados e maduros. Se lembrarmos que o objetivo é o arrependimento e restauração do irmão de fé, as "duas ou três testemunhas" devem considerar cuidadosa e sabiamente qual grupo de pessoas provavelmente seria mais eficiente para colocar o tipo certo de pressão amorosa, mas firme, sobre aquela pessoa. Raramente seria toda a igreja reunida — e quase nunca no culto regular de adoração!

Aqui, em um contexto face a face, no qual um pequeno grupo de irmãos e irmãs carinhosos está presente, o ofensor é novamente conscientizado do delito na esperança de conseguir o arrependimento, a confissão e a plena reconciliação. Entretanto, se isso ainda não ocorrer, então — e somente então — esse indivíduo é removido da condição de membro plenamente funcional da comunidade eclesiástica. Jesus usou uma linguagem forte para esse último e triste passo. Essa pessoa deve ser tratada como "pagão ou publicano" (18:17) — ou seja, como uma pessoa de fora que causa danos àqueles que deveriam ser irmãos e irmãs. Essa remoção formal da comunhão da igreja é tratada mais diretamente por Paulo em 1Coríntios 5:1-5. Trata-se de uma ação solene, mas necessária para a disciplina do infrator individual e para o bem da igreja.[240]

Para que ninguém saia dessa questão de responsabilidade, confrontação e disciplina eclesiástica com mal-entendidos ou com uma perspectiva desequilibrada, escute a forma como um expositor e pastor experiente caracteriza a situação: "A obra de disciplina deve ser empreendida com o maior cuidado. Se feita de forma errada ou com o espírito errado, pode causar grande dano ao promover a justiça própria e o legalismo, assim como a disciplina não aplicada causa grande dano ao permitir que a influência do pecado se espalhe como fermento".[241] Manter esse tipo de equilíbrio entre ser muito duro e ser muito brando, entre legalismo e licenciosidade, é vital durante todo o processo.

18:18-20

As palavras de Jesus em Mateus 18:18 devem lhe soar familiares. Ele as havia dito antes, em 16:19, quando disse que Pedro — como representante dos apóstolos — recebeu "as chaves do Reino dos Céus". Naquele contexto, Ele instruiu Pedro: "o que você ligar na terra terá sido ligado nos céus, e o que você desligar na terra terá sido desligado nos céus". A afirmação em 18:18 é quase idêntica à de 16:19, com uma diferença muito importante. Enquanto que as palavras de Jesus a Pedro em Mateus 16 foram declaradas no singular ("o que você ligar na terra..."), suas palavras em Mateus 18 são pronunciadas no plural ("Tudo o que vocês ligarem na terra..."). No contexto de Mateus 18, o plural "vocês" se aplica, de maneira geral, aos membros da igreja envolvidos na etapa final da disciplina eclesiástica.

Qual é o significado desse paralelo? Devemos nos lembrar que a autoridade para "ligar e desligar", dada a Pedro como representante dos apóstolos da primeira geração, estava relacionada ao seu papel único na abertura inicial do caminho (possuir as "chaves do reino") para a admissão de pessoas na comunidade visível da Igreja, com base na confirmação de que essas pessoas haviam sido aceitas pelo Espírito Santo para a salvação.[242] Como o uso da mesma expressão demonstra aqui, a autoridade e a responsabilidade pela admissão à comunidade — e o desligamento da comunidade — na igreja não são entregues apenas a Pedro,[243] mas, também, recaem sobre as próprias igrejas locais. Entretanto, deve-se observar que a igreja tem autoridade apenas para refletir a mente de Cristo e a própria aceitação ou rejeição de uma pessoa, por parte de Deus, com base em uma profissão de fé e em um estilo de vida de santificação.

Somente após o devido processo, uma igreja pode remover da comunidade um pecador não arrependido. E esse processo tem a intenção de revelar e provar a vontade de Deus sobre a questão. A ideia por trás de Mateus 18:18 (e 16:19) não é que Deus seja obrigado a aceitar as decisões da igreja. Ao contrário, quando a igreja segue o padrão de disciplina de Cristo, ela acomoda suas decisões àquilo que Deus já fez e, assim, recebe a aprovação e a autoridade do céu. Isto é o que torna eficaz a difícil tarefa da disciplina da igreja.

Jesus concluiu essa discussão sobre disciplina com uma promessa intrigante de que Deus honraria os pedidos de "dois" que concordam na terra sobre um determinado assunto (18:19). De fato, Jesus prometeu: "onde se reunirem dois ou três em meu nome, ali eu estou no meio deles" (18:20). Esses versículos — especialmente 18:20 — têm sido tirados do contexto e usados por cristãos mal orientados para afirmar que tudo o que eles pedem, Deus concederá. Mas o contexto aqui ainda é a questão da disciplina da igreja. A conexão desses dois versículos com o que o precede é clara pela forma como Jesus começa estas declarações. "*Mais uma vez* eu lhes digo..." (18:19, grifo meu).

A questão é que, tão logo começa o processo adequado de prestação de contas, confrontação e disciplina, Jesus está presente, e Deus, o Pai, está atuando por meio das interações que acontecem. Mesmo na confrontação particular, face a face, dois crentes estão presentes em nome de Jesus, e o resultado será que Deus confirmará e fortalecerá as ações que forem tomadas em conformidade com sua Palavra.

APLICAÇÃO

Mateus 18:15-20

EQUILÍBRIO ESSENCIAL NA PRESTAÇÃO DE CONTAS

Parece-me que nas igrejas, hoje em dia, a tendência é a de percorrer um amplo caminho em torno de Mateus 18:15-20. Quando a confrontação e a disciplina da igreja surgem no horizonte, os cristãos, muitas vezes, optam por seguir na outra direção. Seja por causa do desconforto de ter que confrontar alguém, seja devido ao medo de um encontro exasperado, seja em razão das preocupações com a "invasão de privacidade" e as repercussões legais disso, a disciplina da igreja não tem ido bem.

É verdade que a confrontação não é fácil. Tampouco é popular. E, raramente, ela funciona bem e ordenadamente com uma transição suave do passo um para o passo dois e para o três. A vida é difícil. O pecado é difícil. E a disciplina da igreja é difícil. Mas a Igreja de Jesus Cristo não deve agir como um negócio ou um clube, e sim, como uma família. As famílias se preocupam o suficiente para confrontar e manter a saúde dos relacionamentos, responsabilizando seus membros.

É por isso que precisamos nos precaver contra os extremos na responsabilização dos membros e no exercício da disciplina eclesiástica. Por um lado, uma igreja pode se tornar muito severa. Pode assemelhar-se a uma instituição rígida, dura, militar, exigente, legalista e carente de graça e misericórdia. Por outro lado, uma igreja pode tornar-se uma espécie de clube de campo espiritual que não tem requisitos para alguém se tornar membro, nenhum padrão de santidade, nenhum limite bíblico e uma abordagem de moralidade geralmente branda. Nenhum desses extremos é saudável. Um equilíbrio adequado é fundamental.

Para ajudar a manter esse equilíbrio essencial na prestação de contas, desejo sugerir que sejam lidos, memorizados, ponderados e vividos os princípios apresentados em Gálatas 6:1-2: "Irmãos, se alguém for surpreendido em algum pecado, vocês, que são espirituais, deverão restaurá-lo com mansidão. Cuide-se, porém, cada um para que também não seja tentado. Levem os fardos pesados uns dos outros e, assim, cumpram a lei de Cristo".

Não se apressem ao estudar essas palavras. Absorvam-nas, ponderem sobre elas e levem-nas a sério. Lembrem-se: o objetivo final é a restauração, auxiliando os santos desviados através do processo de encontrar cura, esperança, dignidade pessoal e uma vida com propósito. Queremos uma recuperação total, o que é muito mais provável quando nós confrontamos o pecador com humildade, graça e compreensão. E, quando os crentes se comprometem novamente a andar em retidão e verdade, queremos construir a vida deles com uma atenção positiva à santidade e à vida piedosa e evitar que se detenham negativamente em culpas e vergonhas do passado.

Quantas vezes devemos perdoar?

MATEUS 18:21-35

O perdão não é uma disciplina eletiva no currículo da vida cristã. É uma matéria obrigatória. Na verdade, faz parte da essência do cristianismo. Todo crente deve aprender. Embora os conceitos sejam simples, é difícil ser aprovado nos exames. Mas que alívio, quando passamos!

Todavia, não é o perdão *vertical* que temos em mente aqui — isto é, o perdão que recebemos de Deus através de Jesus Cristo. Esse perdão aconteceu de uma vez por todas na Cruz, e nós o recebemos pessoalmente quando cremos em Jesus. Em seu lugar, estamos abordando o perdão *horizontal* — perdoar-nos uns aos outros —, que precisa acontecer repetidamente ao longo de nossa vida. Sem esse perdão, arrastamos conosco ressentimentos de longa data que acabarão se transformando em raiva, amargura, ódio e tormento mental. A falta de perdão nos aprisiona no passado, bloqueando todo o potencial de paz e liberdade interior.

Enquanto Jesus estava treinando seus discípulos, lidou de frente com o assunto do perdão. À luz do futuro deles, que incluiria maus-tratos e perseguição, o perdão era algo que os discípulos de Jesus precisavam aceitar. Enquanto Jesus falava sobre perdão, Pedro veio com uma pergunta prática que ainda está sendo feita até hoje. Quantas vezes devemos perdoar?

18:21-22

Jesus havia começado seu ensino anterior sobre prestação de contas e confrontação dizendo: "Se o seu irmão pecar contra você, vá e, a sós com ele, mostre-lhe o erro. Se ele o ouvir, você ganhou seu irmão" (18:15). Depois que Jesus reafirmou a responsabilidade da igreja de "ligar e desligar" (veja 18:18) — isto é, conceder e reter o "perdão da comunidade", afetando a participação de um crente pecador no grupo ativo de membros da igreja —, Pedro se aproximou de Jesus com uma pergunta razoável: "Senhor, quantas vezes deverei perdoar a meu irmão quando ele pecar contra mim?" (18:21). Essa pergunta remonta ao texto em 18:15 — o confronto privado que resulta no reconhecimento do erro por parte do crente e na reconciliação imediata. A indagação de Pedro estava relacionada com os limites do perdão e da misericórdia. Para colocar sua pergunta de outra forma: "Em que ponto começamos a parecer tolos? Sim, queremos ser pessoas de paz, mas eventualmente seremos tratados como capachos se continuarmos perdoando repetidamente, certo?"

Os rabinos da época diziam que a quantidade de vezes para perdoar alguém que teria pecado repetidamente era de três vezes.[244] Tendo aprendido com Jesus, que enfatizava graça e misericórdia (muitas vezes em contraste com o legalismo dos fariseus), Pedro dobrou o número do limite estabelecido pelos rabinos e até acrescentou mais um para completar um sete perfeito. Aposto que Pedro esperava ser elogiado por ser tão generoso. Talvez Jesus até dissesse mais uma vez: "Feliz é você, Simão, filho de Jonas! Porque isto não foi revelado a você por carne ou sangue, mas por meu Pai que está nos céus" (veja 16:17). Errado!

De fato, Jesus fez com que as "sete vezes" de Pedro parecessem mesquinharias. O perdão deveria ser estendido não sete vezes, mas "setenta vezes sete" (18:22). Se Pedro tivesse começado a contar nos dedos ou a calcular na areia para multiplicar os números, teria perdido completamente a noção. Jesus não estava propondo um limite literal para que as pessoas pudessem seguir; Ele estava empregando uma figura de linguagem. Ele pegou o número de Pedro e multiplicou por um número surpreendentemente alto. Pense nisso. Qual é a probabilidade de qualquer um de nós enfrentar um cenário em que um crente em Cristo tenha pecado contra nós 490 vezes? Não é provável. Mas ainda que isso ocorresse, o objetivo de Jesus não era que ficássemos fazendo contas, era realmente não contar o número de vezes que o perdão deveria ser dado.

18:23-27

Usando uma parábola bem detalhada, Jesus reforçou seu princípio de perdão sem limites com uma sólida verdade teológica que poderia essencialmente ser declarada em uma frase: "Sejam bondosos e compassivos uns para com os outros, perdoando-se mutuamente, assim como Deus os perdoou em Cristo" (Ef 4:32). Então, por que Jesus não disse isso, ou talvez "Mostre perdão aos outros com a mesma misericórdia ilimitada que Deus mostrou a você"? Por que contar uma história? Porque as histórias ilustram a verdade de uma forma dramática e memorável que captura nossa atenção, envolve nossas emoções e nos apresenta ideias e imagens sobre as quais devemos refletir e meditar.

A história em Mateus 18:23-34 ilustra um princípio vital do reino dos céus. Quando Jesus menciona "o reino", muitas vezes Ele não está falando sobre o *lugar* que chamamos de céu — aquele reino espiritual onde Deus habita. Repetidas vezes, Jesus está procurando trazer à tona aspectos da vida do reino, um estilo de vida com princípios, prioridades e lealdades distintos. Nesses casos, o "reino dos céus" ou "reino de Deus" é discutido para encorajar os seguidores a imitar o modelo de Jesus, o Rei. Como crentes e membros da Igreja — a misteriosa forma espiritual do reino na terra — nós imitamos o caráter do Rei e somos transformados à sua semelhança. E, nesse âmbito da vida do reino, a graça e a misericórdia expressas no perdão ilimitado são primordiais. Nessa história, Jesus fala sobre um rei que decide acertar suas contas, e um servo que deve a esse rei uma quantia impossível de ser paga; e de outro servo que deve ao primeiro servo uma quantia insignificante. Além dessas três personagens, há uma prisão cheia de torturadores. Esses são os elementos do drama que se desenrola na parábola de Jesus. Vou resumir brevemente os principais eventos e reviravoltas na história.

Primeiro vemos o perdão vertical, ilustrado quando o rei procura acertar as contas com seus súditos que lhe devem dinheiro (18:23). Um deles deve ao rei "dez mil talentos" (18:24). Embora essa quantia não seja fácil de ser calculada em moeda atual, as estimativas variam de milhões a trilhões de dólares![245] Independentemente do valor exato — Jesus provavelmente estava aludindo a uma dívida incalculavelmente alta —, o ponto em destaque é que não havia possibilidade de aquele homem pagar sua dívida. Ele estaria totalmente condenado a qualquer destino que o rei determinasse. A justiça teria resolvido que o homem, sua esposa, seus filhos e todos os seus bens fossem vendidos (18:25), e, mesmo assim, o valor levantado seria apenas uma gota no balde da dívida. Em uma cena dramática e emocionante, o condenado implora a misericórdia do rei, que é tão movido pela compaixão que lhe perdoa toda a dívida (18:26-27).

Para finalizar essa primeira cena, é óbvio que o rei representa Deus, o Pai, para com quem cada um de seus súditos tem uma dívida infinita de amor, honra e obediência. No entanto, todos nós deixamos de lhe pagar o que devemos, "pois todos pecaram e estão destituídos da glória de Deus" (Rm 3:23). Cada um de nós, súditos do Rei, mergulhou num poço sem fundo de pecado e culpa, cujo justo salário é a morte (Rm 6:23).

PAGAMENTO DE UMA DÍVIDA IMPOSSÍVEL

MATEUS 18:23-27

A nossa incapacidade de pagar nossa obrigação de honrar e obedecer a Deus, bem como nossa sempre crescente dívida de pecado e culpa perante Ele, nos deixam em uma terrível situação. A única pessoa que pode pagar nossa dívida é o próprio Deus — mas não é uma dívida que pertence a Ele. E como Mateus 18:24-25 ilustra, a humanidade caída tem para com Deus uma dívida infinita, mas os seres humanos são incapazes de pagá-la. Que dilema aparentemente insolúvel. Aquele que deve não pode pagá-la, e aquele que pode pagá-la não é o devedor!

Essa situação sem saída levou muitos cristãos a usar a expressão "expiação substitutiva" para descrever a natureza da vida perfeita e sem pecado de Cristo, vivida em nosso lugar e sua morte sacrificial por nós. Em sua obra clássica *Why God Became Man*, o teólogo medieval Anselmo de Cantuária (cerca de 1033-1109) explicou de um modo que se tornou famoso como a Encarnação de Deus, o Filho, resolveu o problema de nossa culpa e a incapacidade de nos absolvermos dela:

> Pois Deus não o fará, porque não tem dívida a pagar; e o homem não o fará, porque não pode. Portanto, para que o Deus-homem possa realizar isso, é necessário que o mesmo ser seja perfeitamente Deus e perfeitamente homem, a fim de fazer essa expiação. Pois Ele não pode e não deve fazê-lo, a menos que seja verdadeiramente Deus e verdadeiramente homem. Como, portanto, é necessário que o Deus-homem preserve a plenitude de cada natureza, não é menos necessário que essas duas naturezas estejam unidas totalmente em uma só pessoa, assim como um corpo e uma alma racional existem juntos em cada ser humano; pois, do contrário, é impossível que o mesmo ser seja verdadeiramente Deus e verdadeiramente homem.[246]

Porque Adão e Eva mergulharam a humanidade em um estado decaído, não só as pessoas não conseguem prestar a obediência que é devida a Deus, mas, também, continuam a se enterrar cada vez mais fundo em um poço de pecado e culpa. Mas devido à grande misericórdia divina, o eterno Filho de Deus assumiu a humanidade e viveu uma vida perfeita e sem pecado como nosso representante, ganhando infinito mérito em nosso favor. Não apenas isso, mas Ele voluntariamente entregou sua vida, morrendo na cruz como nosso substituto, o justo no lugar dos ímpios, cancelando assim a dívida de todo o nosso pecado. Que boa notícia!

18:28-30

A cena seguinte da parábola muda o foco do *perdão vertical*, entre o sujeito desesperadamente endividado e o rei, para o *perdão horizontal*, entre o sujeito perdoado e um companheiro de serviço. Tendo sido completamente perdoado de uma dívida impagável, o primeiro devedor encontra um homem que lhe deve uma soma irrisória. Em vez de passar adiante o perdão que recebeu do rei, o servo exige o pagamento integral (18:28). Em uma repetição quase exata do pedido de misericórdia anterior, o segundo servo, que não deve quase nada, pede um breve indulto para que possa encontrar o dinheiro a fim de pagar o primeiro servo (18:29). Mas é aí que termina a repetição, pois o homem perdoado se recusa a mostrar misericórdia semelhante ao seu companheiro de trabalho (18:30).

Uma resposta adequada nossa a essa cena seria a repugnância. Será que o primeiro homem — perdoado de uma dívida imensurável — não tinha a mínima decência? Seu perdão (vertical), da parte do rei, não significou nada para ele? Que hipocrisia! Dentre todas as pessoas, esse homem deveria estar — de fato, muito ansioso — para estender aos outros o mesmo tipo de misericórdia que ele mesmo havia recebido, especialmente a alguém que, com apenas um pouco de tempo, poderia facilmente pagar a mísera quantia!

18:31-34

A história não termina aí. O primeiro servo recebe o que merece, embora não no sentido da noção oriental impessoal de carma. Outros súditos do rei ficam claramente horrorizados com o comportamento do primeiro homem. Eles, provavelmente, sabem a respeito da grande misericórdia que foi mostrada a ele e não podem acreditar na maneira como trata o segundo servo. Eles prontamente relatam a hipocrisia grosseira ao rei (18:31).

Desnecessário será dizer que o rei não ficou nada satisfeito. Ele chama de volta o servo perdoado e o repreende abertamente: “Você não devia ter tido misericórdia do seu conservo como eu tive de você?” (18:33). Claramente, a resposta é sim. No entanto, já é muito tarde. Porque o devedor falhou em estender o perdão ao seu semelhante, o rei retira seu perdão e restaura a dívida integral àquele homem. Ele, essencialmente, entrega ao servo ingrato, perverso e hipócrita uma conta que ele jamais poderá pagar (18:34).

Dessa cena aprendemos duas verdades importantes, que nunca devemos esquecer. Primeiro, para um crente perdoado por Deus, a recusa do perdão para outro é o ápice da hipocrisia. Uma vez que cada um de nós recebeu a máxima misericórdia e a graça infinita, que nunca poderíamos esperar retribuir, o mínimo que podemos fazer é perdoar os outros. Em segundo lugar, os crentes que se recusam a perdoar encontram-se em uma prisão de falta de perdão, e se acham constantemente atormentados.

Do meu diário

Uma história de Perdão

MATEUS 18:21-35

Anos atrás, preguei um sermão chamado "Encontrando a cura através do perdão". Tornou-se uma das mensagens mais populares e solicitadas no programa Insight for Living — não por causa de minha exposição e aplicação, mas porque nela minha esposa, Cynthia, compartilhou seu testemunho poderoso de ser liberta por meio do perdão.

Cynthia cresceu em uma família em que seu pai estava sempre irritado, era verbal e fisicamente abusivo. Essa criação teve efeitos duradouros em nossa própria família, e o fato de meus próprios pais não terem concordado com o nosso casamento não ajudou em nada. À medida que começamos a ter filhos e nossa família crescia, todos os tipos de complicações surgiram entre Cynthia e minha mãe. Essas iam além da típica rivalidade entre "nora e sogra". Minha mãe não era uma pessoa fácil de se conviver na maior parte do tempo, e Cynthia realmente lutou com esse relacionamento tenso. Como tantas vezes acontece com pessoas em situações em que os relacionamentos são rompidos e as transgressões são agravadas, Cynthia sofria de depressão, e isso afetou seus outros relacionamentos também.

Mas, então, Cynthia fez um curso que mudou sua vida. Durante esse tempo, ela descobriu que as portas da prisão do tormento emocional podem ser abertas e que a liberdade pode vir através do perdão e da reconciliação. Você nem precisa esperar que alguém lhe peça perdão. Pode liberar o passado e deixar de lado o poder que ele tem sobre você e, ao fazê-lo, será como se os tormentos da prisão fossem aliviados. Reconhecendo seu próprio papel no relacionamento rompido e convencida de sua necessidade de perdão, Cynthia me disse: "Quando sua mãe vier hoje, vou consertar as coisas. Vou me sentar com ela e dizer o quanto a amo por ter me dado o marido que tenho e por fornecer o lar que ela fez para você. E que eu não lidei bem com as coisas, como uma jovem mãe. Vou perguntar a ela se me perdoaria."

Minha mãe mal estava na porta quando eu as deixei sozinhas. Cynthia buscou o perdão, e minha mãe disse rapidamente: "Claro que vou perdoar você". Nesse momento, a paz e a reconciliação entraram nessa relação.

A história não termina aí. Três dias depois, minha mãe morreu. Eu nunca vou esquecer o telefonema do meu pai. Olhei para Cynthia e disse: "Mamãe está morta". Os olhos de Cynthia se encheram de lágrimas, e ela disse: "Estou tão feliz por ter acertado as coisas".

Agora — hoje mesmo — é sempre o momento certo para acertar as coisas e buscar e conceder o perdão.

18:35

Ao terminar de contar essa parábola, Jesus tornou clara a mensagem. Se uma pessoa se recusa a mostrar o perdão horizontal para alguém que a prejudicou e que pediu misericórdia, Deus também reterá o perdão, lançando o crente, que teima em não perdoar, em uma prisão feita por si mesmo de angústia mental, emocional e espiritual. A recusa em perdoar tem consequências. Aqueles que guardam rancor e mantêm sentimentos amargos em relação aos outros ficarão presos na inquietação e agonia, que os consumirão por dentro.

Aprecio muito a maneira como um de meus mentores, Ray Stedman, explica o "tormento" experimentado por aqueles que não perdoam:

> Essa é uma frase incrivelmente expressiva para descrever o que acontece conosco quando não perdoamos o outro. É uma descrição precisa do ressentimento e da amargura que corroem, o enorme fel do ódio ou da inveja. É um sentimento terrível. Não podemos fugir dele nem escapar dele. Achamo-nos impotentes para evitá-lo. Sentimos fortemente essa separação do outro e, toda vez que pensamos nele, sentimos o ácido do ressentimento e do ódio corroendo nossa paz e calma. Essa é a tortura que nosso Senhor diz que acontecerá.[247]

Deveria ser inconcebível para nós que os crentes retivessem o perdão daqueles que o buscam. Aqueles que experimentaram o perdão incondicional de Deus, em Cristo, deveriam sempre estar ansiosos para estender misericórdia aos outros, especialmente porque têm o Espírito Santo habitando neles, capacitando-os a fazer o que parece naturalmente impossível. Não é de admirar, portanto, que nossa comunhão vertical com Deus seja tão negativamente afetada quando deixamos de manter a comunhão horizontal com os outros. Quando se trata de perdoar os outros incondicionalmente, os crentes são, literalmente, indesculpáveis.

APLICAÇÃO

Mateus 18:21-35

FAZENDO PELOS OUTROS O QUE DEUS FEZ POR VOCÊ

Pode ser que uma pessoa deixe de transmitir o perdão aos outros porque nunca experimentou o verdadeiro perdão de Deus. Como diz um antigo ditado popular: "Você não pode dar aos outros o que você mesmo não tem". As pessoas que não entendem pessoalmente a graça de Deus e que nunca receberam genuinamente o perdão não saberão o que significa perdoar os outros.

No entanto, Mateus 18:21-35 não se aplica apenas aos incrédulos. Os crentes em Cristo podem ser igualmente teimosos e duros de coração quando se trata de perdoar os outros. E, quando retêm o perdão, eles se veem trancafiados em sua própria prisão, sendo atormentados pela raiva, amargura, decepção, depressão, relacionamentos rompidos e inúmeras outras doenças mentais e emocionais. Além disso, eles verão seu relacionamento vertical com o Senhor Deus afetado. As orações não são respondidas. O conforto do Espírito e a certeza de sua presença se desvanecem. Sem dúvida, a disciplina de um Pai amoroso cairá sobre aqueles que se recusam a estender misericórdia e graça aos outros.

A coisa mais triste sobre aqueles que sofrem na prisão da falta de perdão é que eles têm a chave de sua própria cela! Com a ajuda do Espírito Santo, podem estender o perdão e libertar-se das memórias passadas e das agonias presentes.

Reserve algum tempo para avaliar seus próprios relacionamentos em sua família, sua igreja e seu local de trabalho — tanto em seu passado como em seu presente. Quem precisa receber o seu perdão? A quem você está negando misericórdia? Trata-se de sua mãe ou de seu pai? Um de seus irmãos? Um filho? Ex-marido ou ex-mulher? Talvez uma sogra ou sogro? Os membros da família podem nos prejudicar e nos ferir de muitas maneiras. E esse tipo de aflição pode ser especialmente doloroso porque vem de pessoas que deveriam cumprir papéis amorosos e de apoio em nossa vida. Você precisa estender a mão do perdão a um membro da família?

Ou talvez você deva perdoar um antigo ou atual chefe, colega de trabalho ou funcionário que fez algo errado contra você. Talvez você ainda esteja se recuperando das consequências de tudo o que essa pessoa lhe causou. Quem sabe, seu antigo pastor, treinador, mentor ou professor precise receber misericórdia que só você pode estender.

E se a pessoa que o feriu morreu? Não importa. Leve a questão ao Senhor, e libere o poder dessa pessoa sobre você. Estenda o perdão, mesmo para aqueles que não pediram — ou não podem pedir — perdão. Lembre-se de que "Deus demonstra seu amor por nós: 'Cristo morreu em nosso favor quando ainda éramos pecadores'" (Rm 5:8). Siga o exemplo de Jesus, que, da cruz, estendeu o perdão incondicional aos seus algozes, mesmo quando eles não pediram (Lc 23:34).

Debate dobre o divórcio

MATEUS 19:1-12

Casamento, divórcio, novo casamento — isso é que é falar sobre assuntos quentes! Não consigo pensar em áreas de maior discordância, entre os cristãos, do que essas. Não estou falando de desacordos entre liberais e conservadores ou entre aqueles que tomam a Bíblia literalmente e os que tendem a ampliar seu significado. Estou falando de falta de acordo entre cristãos que acreditam de todo coração na inspiração e inerrância das Escrituras, que a têm como autoridade final em todas as questões de fé e de prática, e que interpretam suas palavras no sentido mais natural de acordo com o contexto histórico original. Conheço, pessoalmente, excelentes pastores e estudiosos excepcionais da Bíblia com posições distintas em todos os lados da questão do divórcio e do novo casamento.

Embora haja espaço para diferentes posições sobre essa questão, entre os crentes piedosos, existem muitas interpretações bastante distorcidas. Elas são impulsionadas por aplicações e racionalizações em benefício próprio. Alguns casais se convenceram de que, em nome do "amor", é melhor para eles que sejam amigos divorciados do que inimigos casados. Outros acham que, se eles satisfazem os baixos critérios para o divórcio estabelecidos pelo Estado, tais como "diferenças irreconciliáveis", então eles estão bem aos olhos de Deus.

Por um lado, para desculpar suas próprias práticas ou para evitar controvérsias em uma cultura em que o divórcio corre solto, alguns professores distorcem as Escrituras e estabelecem seus padrões morais abaixo daqueles que a Bíblia estabelece. Por outro lado, na esperança de conter a maré de divórcio e promover a unidade familiar a todo custo, alguns professores têm inclinado as Escrituras na outra direção, tornando o padrão ainda mais alto do que aquele que a própria Bíblia ensina. Essas duas abordagens não são novas. Na verdade, os professores das Escrituras, ao longo do tempo, muitas vezes se desviaram do caminho para a direita ou para a esquerda, falhando em manter uma abordagem adequada e equilibrada quanto ao casamento, divórcio e novo casamento.

Em Mateus 19:1-12, encontramos Jesus envolvido em um debate no meio de escolas de pensamento concorrentes em relação ao divórcio. Pelo menos, é o que parecia estar acontecendo na superfície. Ao cavarmos um pouco mais fundo, vemos que realmente os fariseus estavam usando um debate contínuo sobre o divórcio para tentar pegar Jesus em alguma contradição, fosse com a própria Lei ou em conexão com uma ou mais dentre as interpretações prevalecentes da Lei. Como era de se esperar, suas tentativas seriam frustradas, quando Jesus — o grande Mestre e intérprete divino — esclarecesse as coisas.

19:1-2

Na transição do capítulo 18 para o capítulo 19, Mateus registra a mudança geográfica de Cafarnaum, na Galileia, para a área da Judeia (19:1) — o centro da vida política e religiosa em Israel. Jesus já havia dito a seus discípulos que Ele "iria a Jerusalém, e sofreria muitas coisas dos anciãos, dos principais sacerdotes e dos escribas, e seria morto, e ressuscitaria ao terceiro dia" (16:21). No entanto, os discípulos parecem ter descartado essa ideia de sua mente, preferindo imaginar uma entrada poderosa na cidade e uma recepção gloriosa.

Uma grande multidão seguiu Jesus (19:2). Ele curou os enfermos, estando ainda tão engajado, como sempre, em sua missão de manifestar o poder divino do reino vindouro. Por meio desses milagres, Ele continuou a revelar àqueles que tinham olhos para ver e ouvidos para ouvir que Ele era, de fato, o Rei, o tão esperado Messias de Israel. Mas, é claro, nem todos estavam dispostos a enxergar a verdade que se apresentava bem na frente de seus olhos.

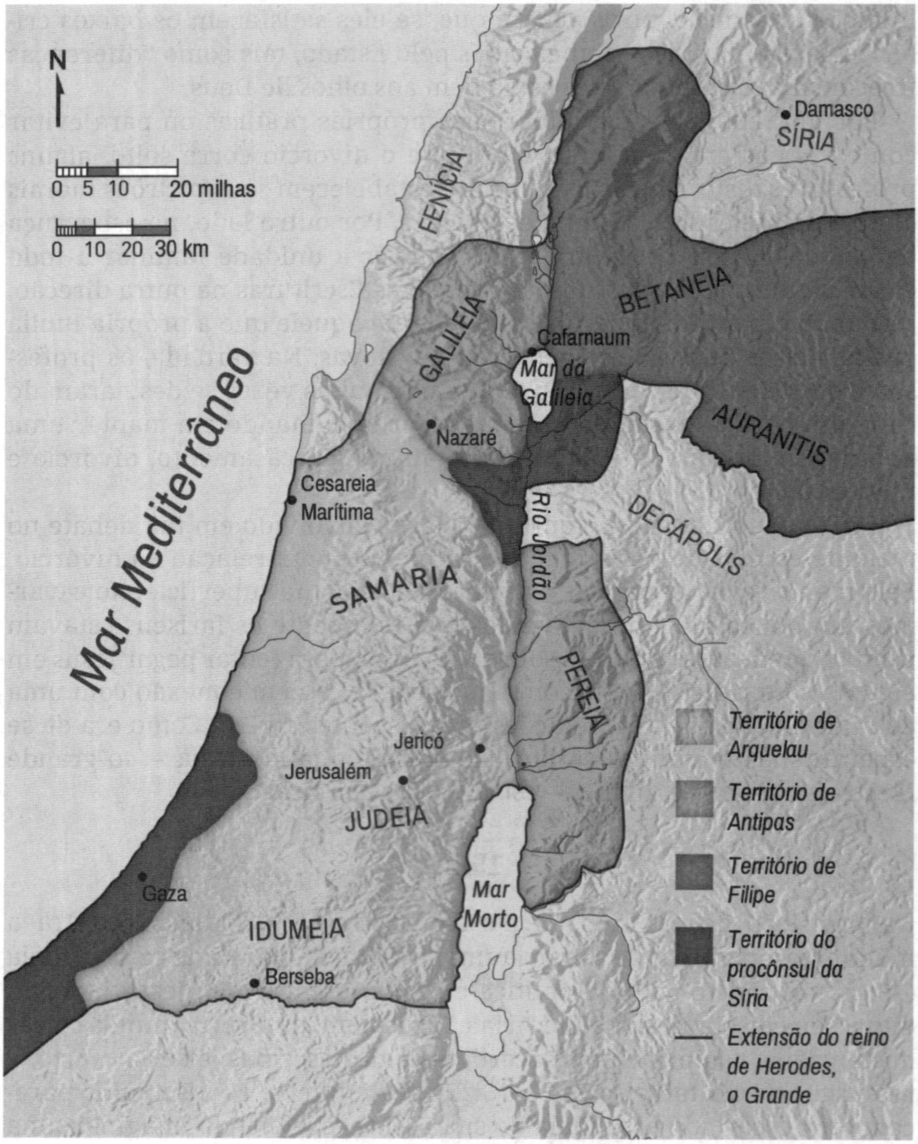

As regiões governadas por Herodes, o Grande, foram divididas entre seus filhos quando ele morreu em 4 a.C. A região da Pereia, a leste do rio Jordão, estava, como a Galileia, sob a jurisdição de Herodes Antipas.

Entre os espiritualmente cegos, estavam os próprios líderes dos judeus que logo seriam responsáveis pela execução de Jesus. Enquanto Ele e os discípulos estavam na Galileia, os fariseus — e até mesmo algum ocasional saduceu — apareciam como moscas irritantes, facilmente afugentadas. Mas à medida que se aproximavam da província da Judeia, e de Jerusalém em particular, os fariseus começavam a circundar Jesus como um enxame de abelhas furiosas, desesperados para proteger suas colmeias de hipocrisia.

Quando ocorreu o confronto entre Ele e os fariseus, registrado em Mateus 19:3-9, Jesus estava na região conhecida como Pereia, na margem leste do rio Jordão, entre o mar da Galileia e o mar Morto. Essa localização se revelaria estratégica no debate que se seguiu.

19:3-6

Os fariseus se aproximaram de Jesus com uma pergunta astuciosa para colocá-lo à prova (19:3). Era um plano deliberado para envolvê-lo numa controvérsia a qual eles sabiam que, inevitavelmente, o colocaria na lista negra de figuras políticas-chave e influenciadores entre os líderes religiosos em Jerusalém. Vale lembrar que os fariseus consideravam-no como seu maior inimigo. Eles o desprezavam. Tinham inveja de sua popularidade e menosprezavam seus métodos de ensino simples e populares, os quais faziam cair por terra seus próprios artifícios complexos e legalistas como uma foice cortando mato. Odiavam-no porque Ele confrontava seus falsos ensinos, minava a autoproclamada autoridade deles e expunha seus estilos de vida hipócritas.

Os fariseus estavam cada vez mais à procura de formas que poderiam desacreditar Jesus aos olhos do público em geral, procurando arrasá-lo de tal forma que eles mesmos pudessem ser exaltados. Mas agora, à medida que Jesus se aproximava cada vez mais de Jerusalém, eles ficaram especialmente à espreita para conseguir algumas provas substanciais e incriminatórias que pudessem facilitar sua prisão, julgamento e execução. A abordagem deles, aqui, era enganá-lo para que se comprometesse com uma das duas escolas de pensamento prevalecentes sobre a questão do casamento, divórcio e novo casamento, e, depois, pegá-lo em algum tipo de contradição com a Lei. No início do ministério de Jesus, os fariseus provavelmente acreditavam que Ele não passava de um camponês inculto que deveria ser facilmente derrotado. Cada vez mais, porém, Jesus vinha provando ser um gênio que, ao contrário do que eles imaginavam, estava expondo mais e mais a ignorância de seus próprios adversários.

No caso dessas controvérsias teológicas, os fariseus foram diretamente na jugular. A questão que eles colocaram era eminentemente prática, pois estava relacionada às responsabilidades no casamento, às bases para o divórcio e à questão do novo casamento, após o divórcio. A demanda também dizia respeito à interpretação bíblica, especificamente de que forma entender as condições declaradas em

Deuteronômio 24:1: "Se um homem casar-se com uma mulher e depois não a quiser mais por encontrar nela algo que ele reprova, dará certidão de divórcio à mulher e a mandará embora". E a questão era teológica, pois dizia respeito à intenção original de Deus para o casamento e a relação da Lei Mosaica para com essa intenção.

No entanto, a questão era também política. Não apenas duas "denominações" opostas dos fariseus discutiam havia algum tempo sobre a correta compreensão do divórcio, mas a questão também foi colocada enquanto eles estavam na região da Pereia. Essa área estava sob o domínio de Herodes Antipas. Foi ele quem mandou prender João Batista por condenar seu divórcio ilegítimo de sua esposa e seu casamento com Herodias (Mt 14:3-4). Pelo ensino público anterior de Jesus sobre o assunto (5:31-32), os fariseus supunham que Ele, provavelmente, tomaria o mesmo lado da questão que João Batista. Eles esperavam que talvez isso o colocasse em problemas políticos semelhantes para com Herodes. Qualquer resposta que Jesus desse certamente acionaria uma armadilha e o colocaria em alguma controvérsia mais profunda.

O debate entre os próprios fariseus girava em torno do significado das palavras "ele encontrou nela alguma indecência" (Dt 24:1). As interpretações dessa expressão tendiam a caminhar em uma das duas direções, no tempo de Jesus. A escola de pensamento mais conservadora restringia essa linguagem para se referir apenas à imoralidade sexual, enquanto a escola de pensamento mais liberal entendia a expressão "indecência" como incluindo qualquer coisa que desagradasse ao marido. Josefo, o historiador judeu do primeiro século, resumiu essa visão comum e liberal: "Aquele que deseja se divorciar de sua esposa por qualquer motivo (e muitas dessas causas acontecem entre os homens), deixe por escrito a garantia de que nunca mais a tomará como esposa"[248] (para mais informações, veja a característica "Diferenças irreconciliáveis: Duas escolas de pensamento sobre o divórcio" na página ao lado).

Tendo em vista esse contexto do debate, podemos entender a pergunta dos fariseus: "É lícito para um homem divorciar-se de sua esposa por qualquer razão?" (Mt 19:3). Suponho que essa pergunta foi colocada pelos professores mais conservadores. Mas eles não estavam tentando conquistar o apoio de Jesus para ganhar pontos contra seus oponentes liberais. Ao contrário, eles estavam tentando montar uma armadilha para que Ele caísse nela, ficando preso em uma rede de complexas controvérsias bíblicas, teológicas, práticas e políticas das quais Ele não seria capaz de se livrar. Mal sabiam eles que não estavam lidando com algum intérprete amador da Lei de Moisés; estavam frente a frente com o próprio Autor da Lei!

DIFERENÇAS IRRECONCILIÁVEIS
DUAS ESCOLAS DE PENSAMENTO SOBRE O DIVÓRCIO

MATEUS 19:3

A questão do divórcio e novo casamento gerou, durante séculos, um grande debate entre os estudiosos da Bíblia, pastores e professores. Juntamente com a breve declaração de Jesus no Sermão da Montanha, registrada em Mateus 5:31-32, sua interação com os fariseus sobre o divórcio em Mateus 19:1-9 produziu várias opiniões diferentes sobre como interpretar e aplicar seu ensino — desde o mais rigoroso até o muito liberal. Nos dias de Jesus, a situação era semelhante. Duas escolas de pensamento se desenvolveram entre os fariseus com relação à interpretação de Deuteronômio 24:1-4, que afirma:

> Se um homem se casar com uma mulher e depois não a quiser mais por encontrar nela algo que ele reprova, dará certidão de divórcio à mulher e a mandará embora. Se, depois de sair da casa, ela se tornar mulher de outro homem, e este não gostar mais dela, lhe dará certidão de divórcio, e a mandará embora. Ou se o segundo marido morrer, o primeiro, que se divorciou dela, não poderá casar-se com ela de novo, visto que ela foi contaminada. Seria detestável para o Senhor. Não tragam pecado sobre a terra que o Senhor, o seu Deus, dá a vocês por herança.

A *Mishná* preserva as tradições orais de dois estudiosos rabínicos e seus seguidores sobre as razões para o divórcio — o mais conservador, Shamai, e o mais liberal, Hillel.

A Escola de Shamai diz:

> Um homem não pode se divorciar de sua esposa, a menos que tenha achado nela falta de castidade, porque está escrito: *Porque ele achou nela* indecência *em qualquer coisa*. E a Escola de Hillel diz: [Ele pode se divorciar dela] até mesmo por ela servir alguma comida que não seja de seu agrado, pois está escrito: *Porque ele achou nela indecência* em qualquer coisa. R. Akiba diz: Até mesmo pela razão de o marido encontrar outra mais bela do que a primeira esposa, pois está escrito: *Se ela não encontrar favor em seus olhos.*[249]

Obviamente, diferentes professores da Lei tinham opiniões diferentes sobre a questão do divórcio permissível. No entanto, no que dizia respeito ao novo casamento, havia uma concordância geral entre os rabinos da época de que, se o divórcio fosse realizado por razões permitidas, uma mulher divorciada que recebesse uma carta de divórcio de seu marido se tornava inteiramente livre para se casar novamente, assim como o homem separado de sua esposa por um divórcio legítimo. De fato, com respeito às variações nas declarações das cartas de divórcio da época, a *Mishná* declara: "A fórmula essencial na carta de divórcio é: 'Eis que você é livre para se casar com qualquer homem'".[250] O ponto essencial do divórcio não era apenas a dissolução do casamento, mas, também, a liberdade para se casar outra vez.

Em sua resposta, Jesus se distanciou claramente da interpretação liberal da Lei. Mas Ele o fez de um modo totalmente inesperado. Ao contrário dos fariseus, Jesus não apelou para algum rabino famoso nem aplicou o texto das Escrituras a algum cenário hipotético rebuscado. Tampouco deu uma simples resposta, tipo sim ou não. Ele retrocedeu muito no tempo, antes da existência de qualquer escola de pensamento e até mesmo antes do próprio Moisés. Ele voltou a Gênesis e ao propósito e projeto originais do casamento, citando Gênesis 1:27 ("homem e mulher os criou") e Gênesis 2:24 ("Por essa razão, o homem deixará pai e mãe e se unirá à sua mulher, e eles se tornarão uma só carne").

A ideia de Jesus era esta: Quando voltamos ao início, antes da queda, quando Deus estabeleceu o casamento entre um homem e uma mulher, vemos que o divórcio não fazia parte de sua intenção original. No princípio, Deus designou que o casamento fosse entre um homem e uma mulher — não um grupo de homens e um grupo de mulheres, quer fosse simultaneamente, quer em sucessão. Além disso, deveria haver uma união ou vínculo especial dentro dessa relação entre um homem e uma mulher. A palavra que o autor empregou para "uniu", em Mateus 19:5, é uma forma de *kollaō* [2853], que significa "juntar, atar, unir", transmitindo originalmente o sentido de colar ou cimentar coisas com o propósito de unir permanentemente.[251] A intenção original de Deus para o casamento, então, era a *permanência*. A união especial do casamento é reforçada pelo fato de que os dois se tornam "uma só carne", que é, ao mesmo tempo, metafórica e literal. Metaforicamente, eles complementam-se nestas áreas: emocional, mental, espiritual, social e física. Literalmente, a união sexual dentro do casamento pode resultar na procriação — uma nova pessoa nascida da união dos dois. Com base nessas declarações bíblicas e teológicas do Gênesis, Jesus tirou a seguinte conclusão prática. "Portanto, o que Deus uniu, ninguém separe" (19:6).

19:7-9

Os fariseus previram que Jesus seria contra o divórcio, e tinham uma resposta pronta na manga (19:7). Note que eles não estavam realmente interessados na resposta correta à pergunta, nem em seu fundamento bíblico ou teológico na criação. Eles não queriam realmente uma resposta ou uma lição; queriam o corpo de Jesus em uma cruz! Mas Ele não mordeu a isca deles com uma resposta de sim ou não. Em vez disso, Ele os conduziu à passagem bíblica primária que eles haviam negligenciado em suas próprias contendas bíblicas e colocou a posição liberal do divórcio em oposição ao próprio Deus!

Em sua resposta, eles essencialmente argumentaram: "Se o que você diz é verdade, que o divórcio não fazia parte do propósito de Deus para o casamento, então por que Moisés — o grande revelador dos mandamentos da Lei — permitiria a um homem dar uma carta de divórcio para a sua esposa e mandá-la embora?" Nesse ponto, eles tentaram colocar Jesus contra Moisés — suas palavras contra a Lei. Ignorando o argumento de Jesus, baseado em Gênesis 1 e 2, eles voltaram para Deuteronômio 24:1-4. O argumento, na mente deles, era convincente. Se fosse ilegal divorciar-se de uma esposa, com base nas palavras de Gênesis, então Moisés estaria violando a lei de Deus ao conceder o divórcio em Deuteronômio.

Jesus, sem dúvida, sabia que eles correriam para aquela citação na Escritura. Ele previu que isso aconteceria, e não ficou nada perturbado com a estratégia deles. Em sua resposta imediata, apontou o que era uma leitura manifestamente equivocada da Lei e os corrigiu. Moisés nunca havia *ordenado* aos maridos que dessem uma carta de divórcio. Moisés não havia definido tal *exigência* de que os homens se divorciassem de sua esposa. Ao contrário, a Lei reconheceu que homens e mulheres, em sua condição decaída e fraca, já haviam se divorciado e continuariam a se divorciar. Jesus observou com razão que a redação em Deuteronômio não expressava uma ordem, mas uma *concessão* — caso certas condições fossem satisfeitas. Devido à dureza do coração humano, o divórcio havia sido permitido por Deus sob uma circunstância específica, mas isso era apenas uma concessão em vista de um ideal perdido. Jesus não se afastou um centímetro do ideal estabelecido em Gênesis 2. Não perca esta importante frase: "Mas não foi assim desde o princípio" (Mt 19:8). Em resumo, os fariseus argumentaram que Moisés havia *ordenado* o divórcio, enquanto Jesus usou o contra-argumento de que Moisés havia meramente *permitido* o divórcio.

Um estudioso bíblico oferece esta grande ilustração:

> Assim como um carro é feito para ser dirigido com segurança na estrada e não para derrapar colidindo com outros carros, o casamento foi feito para ser uma parceria de uma mulher e um homem para toda a vida, não algo que pudesse ser dividido e refeito sempre que uma pessoa quisesse... Moisés não expressou, por assim dizer, "quando você dirige seu carro, isto é, quando sofrer um acidente"; ao contrário, "quando você dirige um carro, tome cuidado para não sofrer um acidente; mas se, tragicamente, ocorrer um acidente, é assim que você deve lidar com ele".[252]

Quando se trata de lidar com dificuldades, há uma grande diferença entre ordenar e permitir, seja ao dirigir seu carro em uma estrada onde ocorrem acidentes ou ao lidar com seu casamento quando os problemas se intensificam. Moisés não ordenou aos judeus que destruíssem seus carros e conseguissem carros novos. E ele, certamente, não permitiu que os homens simplesmente trocassem o carro quando quisessem um modelo mais novo! Ao contrário, a Lei dada a Moisés deu algumas regras para minimizar os danos causados por um casamento desfeito.

EXCURSO: O QUADRO COMPLETO — AS ORIENTAÇÕES DE PAULO SOBRE O DIVÓRCIO EM 1CORÍNTIOS 7

Devido ao âmbito restrito do questionamento dos fariseus em Mateus 19:3-9 sobre a linguagem de Deuteronômio 24:1, Jesus não tratou de todas as contingências relacionadas ao divórcio permissível. Ele não se envolveu em todos os vários cenários e exceções. Entretanto, anos mais tarde, o apóstolo Paulo levou um bom tempo para preencher algumas das lacunas e nos dar um quadro mais completo a respeito dessa importante questão.

Paulo declarou claramente que "a esposa não se separe do marido [...]. E o marido não se divorcie da sua mulher" (1Co 7:10-11). Essa afirmação geral é semelhante à referência de Jesus ao ideal de casamento entre um homem e uma mulher, para toda a vida (Mt 19:4-6). De fato, com as palavras "não eu, mas o Senhor", Paulo indicou a seus leitores que tal ensino era uma reiteração das próprias palavras de Jesus sobre o tema do divórcio (veja Mt 5:32; 19:4-6). Referindo-se ao ensino de Jesus sobre o assunto, agora registrado nos Evangelhos, Paulo reafirmou o princípio bíblico básico do matrimônio: permanência. Sendo este o caso, os cristãos devem fazer tudo o que estiver ao seu alcance para nutrir e edificar seus casamentos com a intenção de permanência.

Sem negar a seriedade do ideal de que o casamento deve ser um compromisso vitalício, Paulo, assim como Jesus, reconheceu a realidade do mundo caído, que desafia o ideal da permanência. Alguns casamentos se tornam tão distorcidos pela Queda, que o ideal nem sempre pode ser mantido. Paulo enfrentou essa realidade diretamente, dando orientações práticas para lidar com casamentos dolorosos e disfuncionais. Para os cristãos cujos vínculos conjugais foram cortados pelas arestas afiadas do pecado ou do egoísmo, ele aconselhou que tais divorciados deveriam permanecer solteiros ou se reconciliarem (1Co 7:11). Paulo não indicou a causa da separação em casos como esse. Talvez seja o abandono ou alguma outra crise que leve à separação. Quem sabe seja simplesmente um caso de "diferenças irreconciliáveis". A linguagem parece sugerir motivos leves para a separação, como conflitos conjugais comuns, em lugar de assuntos sérios, como adultério sem arrependimento ou abuso ostensivo. O próprio Jesus permitiu que os cristãos se casassem novamente se seus divórcios tivessem ocorrido pela imoralidade sexual (Mt 19:9).

Mas o que dizer de um casamento no qual apenas um é crente? Essas uniões devem continuar, ou a incompatibilidade espiritual permite a dissolução? Jesus nunca abordou essa questão. Paulo, entretanto, ofereceu conselhos espiritualmente sadios baseados na autoridade apostólica dada por Deus. A frase "eu mesmo digo isto, não o Senhor" (1Co 7:12) não significa que ele estava meramente dando sua opinião particular sobre o assunto. Significa simplesmente que suas instruções não foram baseadas em nenhuma ordem direta de Cristo. Aqui, o Espírito Santo estava falando a novas situações por meio da pena do inspirado apóstolo. Quanto aos casamentos nos quais uma pessoa é descrente, Paulo disse que se este está disposto a permanecer ao lado do parceiro crente, aquele não deve buscar a separação (1Co 7:12-16).

Claramente, Paulo valorizou a fidelidade do crente ao voto matrimonial como o ideal, mas ele também sabia que, em nosso mundo caído, os cônjuges descrentes nem sempre perseveram nessa união. O que acontece quando um cônjuge não cristão se divorcia de um cônjuge cristão, contrariando a vontade do crente? Paulo instruiu o cônjuge inocente e crente a "deixá-lo ir embora" em vez de lutar contra a separação (1Co 7:15). Em tais casos, o cristão é vítima de uma deserção deliberada e, portanto, "não fica debaixo de servidão". Em outras palavras, o filho de Deus não está mais vinculado a essa relação matrimonial. Esse crente, então, se enquadra na categoria da pessoa não casada (veja 1Co 7:8) — estando livre para se casar com um companheiro crente "no Senhor" (veja 1Co 7:39).

Semelhante à visão mais conservadora da época, a interpretação de Jesus sobre a base para o divórcio delineada em Deuteronômio 24:1 — "indecência" — era "imoralidade" (Mt 19:9). O termo em Mateus usado para "imoralidade" aqui é *porneia* [4202]. Essa palavra grega descreve uma ampla gama de indecências sexuais, não apenas adultério (que era frequentemente indicado pelo termo específico *moicheia* [3430]). Na verdade, a forma verbal deste segundo termo aparece mais tarde, no mesmo versículo, para descrever a ação daqueles homens que se divorciam de sua esposa por qualquer outro motivo que não seja a indecência sexual. E, embora Jesus tenha declarado claramente que a imoralidade sexual era uma razão aceitável para que o divórcio fosse *permitido*, Ele nunca disse que o divórcio era *requerido* em tal caso.

Também precisamos lembrar que Jesus estava abordando especificamente a interpretação dos fariseus sobre Deuteronômio 24:1 e o significado da palavra hebraica *ervah* [H6172] — "indecência". O termo literalmente significava "nudez", mas era usado eufemisticamente para "exposição vergonhosa" no sentido de "comportamento impróprio".[253] Jesus corrigiu a interpretação demasiadamente ampla do termo, feita pelos fariseus mais liberais, optando pelo sentido mais estrito de "imoralidade sexual".

Um estudo de todas as passagens da Bíblia sobre a questão do divórcio leva à conclusão de que o ele é permitido sob algumas circunstâncias — *permitido, mas não encorajado*. Outras violações graves do pacto matrimonial que potencialmente permitem o divórcio, quando a reconciliação não é possível, podem incluir crueldade mental ou emocional, perigo físico para um cônjuge ou filhos, casos de brutalidade e abuso contínuos, e abandono. (Veja o excurso "O quadro completo — as orientações de Paulo sobre o divórcio em 1Coríntios 7", começando na página 426).

19:10-12

Imagino que, de modo tão rápido e silencioso, assim como os fariseus chegaram para desafiar Jesus, eles foram embora! Enraivecidos por não conseguirem pegá-lo em contradição com as Escrituras e envergonhados por não terem a condição de apresentar seus contra-argumentos em público, eles se retiraram. Jesus havia claramente passado no teste malicioso deles, desconstruindo completamente suas perguntas e desmantelando sua armadilha. O Mestre pode ter derrotado os fariseus nesse caso, mas Ele não destruiu neles a tentativa de conspiração. Aqueles homens simplesmente se reagrupariam e voltariam a atacá-lo, usando outras abordagens.

Depois desse debate, os discípulos ficaram impressionados. Eles tinham crescido em um mundo não muito diferente do nosso, no qual o divórcio por quase qualquer razão era geralmente aceitável e havia se tornado possível por meio de uma legislação flexível. Eles tinham sido criados para pensar: *eu posso me casar, e se não der certo, posso simplesmente encontrar outra parceira mais tarde*. Mas na discussão entre Jesus e os fariseus, eles ouviram seu Mestre não só tomar o caminho mais conservador, no que dizia respeito à permissão de divórcio, mas também aumentar muito a santidade do casamento entre um homem e uma mulher para toda a vida. Talvez, eles tenham raciocinado, seria melhor não se casar do que viver em um relacionamento tão permanente pelo resto da vida (19:10).

Jesus reconheceu que o casamento não é uma lua de mel que dura para sempre. É um trabalho difícil — de fato, impossível para quem atua estritamente pelo esforço humano. O casamento é um chamado que requer uma capacitação divina para ser cumprido (19:11).[254] No entanto, não é o único chamado. Jesus observou, assim como Paulo comentou em 1Coríntios 7:25-35, que a vida na condição de solteiro também é uma opção para aqueles que estão comprometidos com o reino de Deus (Mt 19:12). O termo "eunuco" (do grego *eunouchos* [2135]) refere-se tipicamente a um servo do sexo masculino que fora castrado como parte de sua dedicação ao serviço de seu senhor.[255] Nesse contexto, Jesus se referiu a três categorias de homens que estavam na mesma situação — a condição de estar solteiro ao longo da vida. Entre elas (1) aqueles que nasceram com algum tipo de defeito físico que os impossibilita de se casar e ter filhos (com o provável resultado de permanecerem solteiros), (2) aqueles que foram castrados para prestar um serviço especial, e (3) os que voluntariamente escolheram viver como se fossem eunucos, por causa do reino. Jesus e o apóstolo Paulo são enquadrados, ambos, nessa última categoria. Entretanto, tal estilo de vida também tem seus desafios e requer a graça de Deus para ser cumprido. A condição de solteiro, assim como de casado, não é para todos.

A partir desses ensinos, podemos aprender alguns princípios importantes. Primeiro, algumas pessoas são adequadas para o casamento, incluindo suas responsabilidades, privilégios, complicações e deleites. É um chamado elevado e sagrado. Segundo, algumas pessoas não foram feitas para o casamento. Por qualquer razão, alguns homens e mulheres são chamados a permanecer solteiros e servir ao Senhor nesse estado. Não é aceitável que outros julguem essas pessoas ou desconfiem de seus motivos, muito menos, ninguém tem a responsabilidade de "intervir" em sua vida. Terceiro, algumas pessoas poderiam ser casadas, mas ainda assim tomam decisões sobre prioridades que as levam a dar plena atenção às coisas de Cristo e a seu reino. Talvez seja uma decisão permanente, vitalícia, ou eventualmente temporária. Em qualquer dos casos, às vezes o ministério requer um compromisso com a permanência no estado de solteiro — embora Deus não ordene a ninguém já casado que se divorcie de um cônjuge, por causa do ministério. Por fim, todos nós devemos dar a nós mesmos e aos outros espaço para vivermos nossa vida diante do Senhor, conforme Ele guia e capacita. Devemos conduzir nossa vida na liberdade que temos em Cristo e nos precaver contra expectativas não bíblicas.

APLICAÇÃO

Mateus 19:1-12

PERSPECTIVAS PRÁTICAS E PESSOAIS SOBRE O DIVÓRCIO

A título de aplicação, gostaria de compartilhar minha própria perspectiva sobre algumas das questões delicadas do divórcio em um espírito semelhante ao de Jesus, que disse: "Quem puder aceitar isso, aceite" (19:12). Considere tanto as palavras que Jesus usou, quanto sua ênfase. Em vez de estabelecer um conjunto rígido e apressado de regras, Jesus e os escritores do Novo Testamento oferecem princípios sobre os quais precisamos pensar de forma inteligente com oração, e aplicar sabiamente a todas as situações com as quais nos deparamos. Sei que muitos prefeririam ter regras claras, precisas e abrangentes, com limites rigorosos — preceitos que fossem permanentes e obrigatórios. Mas nem todas as questões relacionadas ao divórcio e ao novo casamento podem ser resolvidas citando uma declaração específica de Jesus ou fazendo referência a uma determinada passagem bíblica. As questões relacionadas ao divórcio são muito variadas e complicadas para serem resolvidas de maneira tão simples. Embora a Bíblia proporcione o fundamento e a estrutura de nosso pensamento sobre essas questões, ainda precisamos *raciocinar*. Portanto, nesse espírito, gostaria de oferecer quatro princípios.

Primeiro, *o ideal é que o casamento seja uma união indissolúvel entre um homem e uma mulher*. Tal união se baseia no compromisso mútuo, no amor e na fidelidade, e resulta idealmente em uma relação harmoniosa e gratificante que só a morte pode encerrar. Mas não se engane — mesmo um casamento estabelecido nesses parâmetros perdura apenas por causa de um esforço determinado de ambos, marido e mulher, que trabalham em seu casamento porque são altruístas, cooperativos e dispostos a ceder. Eles estão mutuamente dispostos a aceitar mudanças e abertos para se adaptar um ao outro. Estão preparados para abdicar de seus direitos e a perdoar um ao outro por atos errados — e agir assim, ao longo dos anos de casamento. Isso requer graça divina capacitadora, muita oração e um compromisso compartilhado com Cristo. Esse é o ideal.

Em segundo lugar, *a vida não é, e nunca poderia ser, inteiramente organizada, ordeira ou perfeita.* Devido à pecaminosidade de todos, o inesperado e imprevisível se intromete em todos os casamentos. O que não era conhecido durante o aconselhamento pré-matrimonial, no casamento, ou mesmo na lua de mel, torna-se claro como cristal durante os anos do casamento. Segredos que nunca haviam sido contados são agora revelados, e, muitas vezes, eles têm um custo alto. Traços ocultos que não haviam sido conhecidos são agora expostos. E emergem realidades dolorosas que não foram resolvidas antes do casamento, causando uma ruptura na outrora harmoniosa união. Uma relação que deveria ser plena, unificada e gratificante pode se tornar vazia, caótica e miserável. As tentativas sérias de encontrar soluções muitas vezes se revelam fúteis e, apesar dessas tentativas de curar as feridas, as coisas só pioram. O que antes era apenas difícil pode então se tornar perigoso para a saúde e até para a própria vida. E o que um casal esperava que levasse à reconciliação e à restauração da relação resulta em um impasse impraticável que não pode ser superado e em um abismo que não pode ser cruzado. Essa é uma triste realidade de muitos relacionamentos neste mundo caído.

Terceiro, *nós, que nunca experimentamos o fracasso de um casamento, não podemos avaliar completamente (ou mesmo corretamente) a profundidade de miséria vivida pelo casal.* Podemos ter a tendência de assistir à dissolução de um casamento e formar opiniões negativas acerca do casal, baseadas em versículos das Escrituras que podemos citar, assim como os fariseus fizeram com Deuteronômio 24:1— ou baseados em uma citação de Jesus que podemos recordar. Fazemos isso sem considerar o contexto completo dessas palavras ou tudo o mais que o Espírito já revelou sobre o assunto. E ainda não saberemos o suficiente para julgar os envolvidos no colapso do casamento. Na verdade, muitas vezes, a principal causa do conflito é algo que não conhecemos, porque só pode ser conhecido dentro dessa situação íntima. Já vi de perto o suficiente dessas relações deploráveis para descobrir que, muitas vezes, a pessoa que é a culpada pela crueldade cotidiana, sadismo, egoísmo ou crítica constante, ou pela aflição mental, se mostra diante do público como um modelo de piedade e consagração. E somos enganados ao pensar que essa pessoa é aquela que está certa quando, de fato, ele ou ela pode ser o próprio motivo do rompimento. As circunstâncias da maioria das quebras de relacionamento são complicadas e raramente aparecem em preto e branco.

Por fim, *esperar que duas pessoas que se encontram em tal sofrimento incurável permaneçam ligadas a uma vida de desarmonia venenosa — e possivelmente de perigo — parece não ser realista*. Certamente não é isso que Deus exige delas. Com frequência uma separação ser torna necessária, e um divórcio, às vezes, é inevitável para a manutenção da saúde e segurança de um ou ambos os parceiros — e para seus filhos. Esse é especialmente o caso de algum casal que já tenha tentado todos os meios possíveis para resolver e retificar a situação. Sim, lutamos pelo ideal do casamento vitalício, mas também devemos lidar com a realidade da ruptura do casamento, e do divórcio.

Essa nem sempre foi a minha posição. Eu costumava ter uma visão muito mais rígida, idealista e, francamente, *não realista* sobre casamento, divórcio e novo casamento. Mas, ao estudar a Bíblia e meditar nela ao longo das décadas, aplicando-a à vida real ao longo dos meus anos de ministério, cheguei agora a uma opinião que, para mim, é final sobre essa questão. Acredito no casamento e adoto o ideal de permanência com todo o meu coração. Tenho sido um participante feliz e realizado no casamento com a mesma mulher, durante praticamente todos os meus anos de vida adulta. Mas, também, sei que há alguns que não conseguem permanecer em sua relação, embora eles queiram continuar tanto quanto eu, quando me casei. Por qualquer razão — e essas razões são complicadas — eles percebem que é impossível que se mantenham em companhia de seus cônjuges. É possível a recuperação individual da dissolução de um casamento. Se você se encontra nessa situação, o Deus amoroso, de grande misericórdia e graça, tem espaço em seu plano para você se mudar para um lugar saudável e seguro, longe de uma situação desastrosa — e possivelmente perigosa.

Quem está mais próximo do Reino dos Céus?

MATEUS 19:13-30

Pelas regras deste mundo, quanto mais rico, famoso, importante e poderoso você for, menos acessível, abordável e disponível. Nenhum de nós pode entrar na Casa Branca, bater à porta do presidente dos Estados Unidos e pedir alguns minutos de seu tempo para conversar. Se viéssemos a encontrar uma atriz premiada pela Academia, jantando em um restaurante caro de Hollywood, quem de nós seria capaz de escorregar para um assento vazio naquela mesa e perguntar sobre seu próximo projeto? Em nosso mundo, a inacessibilidade é uma característica do grau de importância de alguém.

Não era assim com Jesus. Como sempre, Ele desafiou as expectativas culturais e virou as regras do mundo de cabeça para baixo. Ele não favoreceu os poderosos, não deu acesso especial à elite, muito menos criou um espaço extra para os influentes. Ele era perfeitamente acessível, abordável e disponível... *a todos*. Jesus se mantinha em contato com todo tipo de pessoa — jovens e idosos, pobres e ricos, doentes e saudáveis, corruptos e honestos, rudes e corteses, odiosos e amáveis, humildes e orgulhosos, seguidores dedicados e críticos cruéis. Sua recusa em construir barreiras sociais e em limitar o acesso das pessoas é impressionante.

Raramente nos deparamos com um exemplo de sua ampla acessibilidade tão marcante como aquele que descobrimos em Mateus 19:13-30. Primeiro, encontramos um grupo de crianças inocentes que foram trazidas a Jesus, por seus pais, para receber uma bênção. Depois, ouvimos uma conversa que Jesus teve com um homem muito rico que era tudo, menos inocente. Ao examinarmos esses dois episódios, prestemos cuidadosa atenção à reação dos discípulos, que estavam aprendendo algumas lições importantes sobre quem estava mais próximo do reino dos céus.

19:13-15

Pense sobre isso: Jesus demonstrou um espírito tão gracioso e acolhedor que até os pais de crianças pequenas se sentiram completamente livres para trazer seus filhos a Ele, sem convite ou permissão especial. Quando a cena se abre em Mateus 19:13, vemos pais trazendo seus filhos à presença de Jesus, pedindo seu toque e uma oração, ou bênção. Eles não tiveram medo ou hesitação ao reunirem seus bebês ou crianças pequenas e os conduzirem à presença do homem mais importante que já caminhou pela face da terra.

Jesus tinha aqueles que se autoproclamavam sua "equipe de segurança" — os discípulos. Eles entraram em ação e repreenderam os pais por aquilo que consideraram uma afronta terrível ao decoro social. Eles haviam aprendido, especialmente naqueles últimos dias, quão poderoso e glorioso Jesus realmente era, e parece que eles se encarregaram de servir como seguranças ou guarda-costas de dele, limitando o acesso ao Mestre somente àqueles que se encontravam de acordo com seus padrões. Claramente, as crianças pequenas não estavam à altura desse padrão.

O Mestre, no entanto, imediatamente repreendeu a resistência intransigente e carrancuda para com a multidão barulhenta de crianças e pais que se reuniram para receber uma bênção: "Deixem vir a mim as crianças e não as impeçam" (19:14). Que cena inesperada e encantadora! Jesus chamou aquelas crianças de braços abertos, colocando suas mãos sobre a cabeça e os ombros delas, enquanto os discípulos, sem dúvida, ficaram desorientados com aquela cena. Ele não era o Rei, o Messias tão esperado de Israel? Por que desperdiçar seu precioso tempo com pessoas tão insignificantes — com seus odores desagradáveis, nariz escorrendo, sorrisos desdentados e perguntas bobas?

Eu adoro as observações de William Barclay sobre essa passagem: "Há uma estranha diferença entre Jesus e muitos pregadores ou evangelistas famosos. Muitas vezes é quase impossível chegar à presença de um desses ilustres pregadores e evangelistas. Eles têm uma espécie de comitiva de guarda-costas que mantém o público afastado para que aquelas grandes figuras não se cansem, nem se incomodem".[256] Jesus não tinha nada disso, e Ele não permitiria que seus discípulos usassem os crachás de sua escolta pessoal de segurança. Assim que eles tentaram limitar o acesso a Ele, o Senhor os colocou em seu lugar. As crianças, tanto quanto qualquer outra pessoa, eram dignas do tempo de Jesus e de seu toque gentil.

Antes, quando os discípulos haviam perguntado quem era "o maior no Reino dos Céus" (18:1), Jesus havia respondido: "a não ser que vocês se convertam e se tornem como crianças, jamais entrarão no Reino dos céus" (18:3). Algo sobre a simplicidade, franqueza, honestidade e admiração de uma criança ilustra perfeitamente o tipo de pessoa que está mais próxima do Reino dos Céus em atitude e ações. Nada de fingimentos, agenda, inibição, relutância, nenhuma preocupação com a aparência — as crianças não exibiam nada daquilo que impede os adultos, cheios de fardos, de se aproximarem de Jesus, trazendo apenas sua extrema necessidade.

E essas crianças estavam em contraste direto com a próxima pessoa que apareceu buscando uma audiência com o Mestre.

19:16-22

Depois que Jesus terminou de abençoar as criancinhas, Ele saiu dali. Logo em seguida, uma voz dentre a multidão lhe chamou a atenção: "Mestre, que farei de bom para ter a vida eterna?" (19:16). Nós não sabemos o nome do homem. Mateus nos diz que ele era "jovem" (19:20) e "possuía muitas riquezas" (19:22). O relato de Lucas acrescenta que o homem era "importante" entre o povo (Lc 18:18) e era "muito rico" (Lc 18:23). Talvez ele fosse o jovem herdeiro de uma vasta propriedade, ou um negociante que vencera por seus próprios esforços. Nós não sabemos. De todo modo, o homem obviamente tinha muita autoconfiança, era franco, ia direto ao ponto — e grande dose do orgulho que é característico a uma pessoa de posses. No entanto, como nos diz o Evangelho de Marcos, o homem ajoelhou-se diante de Jesus quando fez sua pergunta (Mc 10:17). Embora repleto de autoconfiança, pelo menos o jovem reconheceu a sabedoria superior de Jesus em questões espirituais.

Gosto de como o Senhor não deixou o homem assumir o controle da conversa nem por um instante. Se lermos Mateus, Marcos e Lucas juntos, parece que o homem estava bajulando Jesus, bem como procurando se autojustificar. Em resposta ao fato de ser chamado de "bom" (Mc 10:17; Lc 18:18), Jesus sugeriu que o homem não sabia o que estava dizendo: "Por que você me chama de bom? Ninguém é bom, a não ser um, que é Deus" (Lc 18:19). O relato de Mateus observa como Jesus transformou aquela lisonja em uma exposição do conceito insuficiente que o homem tinha sobre a palavra "bom" (Mt 19:17). Aos olhos daquele homem rico, a bondade moral ou ética era medida em uma escala horizontal — comparando a justiça entre as pessoas. Aos olhos mundanos do homem, Jesus estava numa posição bem elevada na "escala da bondade". Jesus explodiu todo aquele conceito de retidão horizontal e o substituiu por um padrão divino. "Há somente um que é bom" (19:17). O padrão de bondade e justiça não é quão melhores somos do que as pessoas ao nosso redor, mas como estamos em comparação com a perfeita santidade de Deus.

Como Deus é o padrão para a perfeita justiça, a Lei que Ele proveu é uma revelação útil de suas expectativas. Se o homem estava falando sério sobre fazer coisas boas para "ter a vida eterna" (19:16), então a resposta de Jesus faz todo o sentido: "Se você quer entrar na vida, obedeça aos mandamentos" (19:17). Por um lado, essa é uma oferta válida. Teoricamente, se uma pessoa tivesse justiça e bondade inatas, guardaria perfeitamente todos os mandamentos, com um coração disposto e espírito humilde, como um ato de adoração amorosa a Deus. Uma pessoa assim — se de fato existisse — agradaria a Deus em todos os aspectos e mereceria a vida eterna. *Teoricamente*. Na realidade, a única pessoa com tal justiça e bondade inatas é o Deus-homem, Jesus Cristo. Só Ele nasceu sem a depravação total e a natureza pecaminosa caída que caracterizam a humanidade. Só Ele é "bom" no sentido absoluto. E só Ele poderia viver uma vida perfeita em obediência às ordens de Deus e agradar-lhe em todos os aspectos. Assim, enquanto Jesus ressaltou a verdade de que guardar os mandamentos poderia abrir a porta para a vida eterna, Ele não se preocupou em dizer ao jovem rico que era impossível para alguém fazê-lo a não ser Ele mesmo!

Por que Jesus estava dizendo isso? Será que Ele estava brincando com o homem? Não, Ele estava lhe ensinando uma lição importante sobre a grande diferença entre a justiça própria e o dom da justiça de Deus. Vamos nos lembrar da pergunta original: "que *farei de bom* para *ter* a vida eterna?" (19:16, ênfase minha). Essa noção de conseguir o favor de Deus pelas obras, fazendo suficientes ações boas e corretas, evitando certos pecados e construindo a equidade no reino de Deus era uma ideia muito popular no judaísmo do primeiro século. E ainda é hoje. Mas os pressupostos do homem sobre a natureza da vida eterna e a forma como um pecador caído e depravado poderia alcançá-la — estavam completamente errados. Para ensinar a ele (e a nós) a insensatez dessa ideia de justiça pelas obras, Jesus deu ao homem uma boa resposta a uma pergunta ruim: "Você quer saber o que *fazer* para obter a vida eterna? Está bem, eu lhe direi: Guarde os mandamentos".

O homem não perdeu seu ritmo: "Quais?" (19:18). Certamente, como muitos meninos e meninas de hoje, que cresceram nos lares cristãos e foram à igreja regularmente, o jovem rico conhecia os Dez Mandamentos. Na verdade, os mandamentos provavelmente ocupavam grande parte de sua atenção, servindo como uma lista de verificação de sua justiça. Desde que ele estivesse focado claramente nos "Dez Grandes Mandamentos", ele estaria bem, no caminho da vida. Conhecendo o coração do homem e seu desejo de se justificar, Jesus listou alguns dos mandamentos da Lei — sendo que todos eles tinham a ver com nossas relações com os nossos semelhantes (19:18-19). Assim que Ele os mencionou, o homem verificou cada um deles como "missão cumprida":

- Não matarás... *confere!*
- Não adulterarás... *confere!*
- Não furtarás... *confere!*

• Não darás falso testemunho... *confere!*
• Honre a teu pai e tua mãe... *confere!*

Tenho sérias dúvidas de que o jovem teria realmente sido capaz de viver à altura da justiça interna, mais profunda, que Jesus havia pregado em seu Sermão do Monte (5:21-48). Obviamente, ele não tinha ideia de que Jesus já havia abordado a questão dos atos de justiça exteriores, visíveis, e da justiça interna, invisível, do coração. Quando o jovem afirmou que sempre havia guardado todos esses mandamentos, Jesus o deixou pensar assim. Tenho certeza de que Ele poderia tê-lo questionado e sondado mais fundo, revelando alguma área de negligência, uma luxúria ou ódio secretos, um desrespeito aos pais, ou algum outro ponto cego. Mas, ao em vez disso, Jesus mais uma vez atacou direto na jugular: nesse caso, a fonte do orgulho, do poder e da autoconfiança do homem — suas riquezas.

Jesus sabia a respeito de todas as coisas a que o homem se apegava. Todos aqueles brinquedos que ele tanto amava. Talvez o homem considerasse sua riqueza sem limites como um sinal da bênção e favor de Deus, uma recompensa aqui na terra por ser tão diligente em guardar os mandamentos. Então, Jesus fez um corte profundo. Para ser verdadeiramente perfeito e completo em sua obediência aos mandamentos de Deus, o homem teria que se livrar de todas as suas riquezas — vender tudo o que tinha e dar os lucros aos pobres (19:21). Dessa forma, ele cumpriria verdadeiramente a ordem que tão apressadamente afirmou já ter cumprido: "Amarás o teu próximo como a ti mesmo'" (19:19-20). Tendo se livrado de todo seu patrimônio, o homem seria livre para jurar fidelidade à verdadeira fonte da vida eterna — e ao único que poderia proporcioná-la. Ele poderia juntar-se ao grupo de seguidores que viviam dia a dia, dependendo apenas das provisões de Deus.

Sabendo que o homem queria se justificar aos olhos de Deus, dos discípulos e da multidão de espectadores, Jesus levantou tão alto o padrão da justiça das obras que Ele estava certo de que o homem não seria capaz de alcançá-la. O jovem havia feito a pergunta errada: "que farei de bom?" (19:16). Jesus respondeu à sua pergunta. Porém, mesmo que o jovem tivesse realmente dado tudo aos pobres e seguido a Jesus, a lista de "coisas boas" nunca teria fim. Por quê? *Porque não há nada de bom que uma pessoa possa fazer para obter a vida eterna*. O jovem rico poderia ter dito algo como: "Senhor, eu sou um pecador que precisa de salvação. Tenha piedade de mim!"

Quando o homem viu que o padrão estava tão alto, ele desistiu. Vencido pela dor, ele se retirou (19:22). Que trágico apego! Embora jovem, o homem já estava tão orgulhoso de suas posses e tão relutante em se separar da posição social que elas lhe traziam, que preferiu agarrar-se a essas posses a ter uma chance de vida eterna. E isso pode acontecer com qualquer pessoa. Se deixados por nossa própria conta e confiados à justiça de nossas próprias obras, nada do que fizermos poderá ser suficiente.

Na verdade, Deus vai exigir de nós algo que não seremos capazes de entregar. Essa é a natureza da Lei. Nossas boas obras jamais são suficientes. Somente Deus, em sua misericórdia e graça, pode salvar pecadores tão terríveis e obstinados.

19:23-26

O jovem rico saiu furtivamente, sem esperança. O reino dos céus, que ele havia pensado ser apenas questão de boas ações, estava agora fora de seu alcance. Ele não podia atender às elevadas exigências de sacrifício total e entrega completa.

Talvez sacudindo sua cabeça em atitude de piedade, Jesus comentou com seus discípulos sobre quão longe o homem rico estava de conseguir a vida eterna por meio de boas obras. "É mais fácil passar um camelo pelo fundo de uma agulha do que um rico entrar no Reino de Deus" (19:24). A ideia de que era difícil para uma pessoa rica entrar no reino dos céus teria chocado os judeus do primeiro século. Em uma cultura religiosa e social na qual a obediência à Lei era vista como diretamente correlacionada às bênçãos materiais na Terra Prometida (veja Dt 28:1-14), não exigia grande esforço de imaginação presumir que os judeus, que eram abençoados com grandes riquezas e propriedades, estavam recebendo a merecida recompensa por sua justiça. E, se eles eram assim abençoados nesta vida por causa da sua justiça, certamente estavam no caminho para o reino de Deus e para a vida eterna! R. V. G. Tasker explica: "Como os judeus eram inclinados a considerar a prosperidade material como um sinal do favor divino, e a posse de riquezas como uma espécie de virtude, não é tão surpreendente, como poderia parecer, que a reação dos discípulos a tal declaração de Jesus foi de grande espanto".[257]

É tão fácil pensar: *se eu fosse rico, eu estaria feito! A vida seria mais fácil. Eu não me preocuparia com o futuro. Eu poderia cuidar da minha família. E poderia ajudar os outros também!* Mas a interação de Jesus com o jovem rico revela o lado obscuro da riqueza — como ela pode prejudicar o ego de uma pessoa e afastá-la da dependência genuína e humilde de Deus. A riqueza encoraja a falsa independência e a arrogância cega. Isso está bem ilustrado na mensagem de Jesus à igreja de Laodiceia, registrada no livro de Apocalipse. Em suas palavras de repreensão àquela igreja morna, Ele exortou: "Você diz: 'Estou rico, adquiri riquezas e não preciso de nada'. Não reconhece, porém, que é miserável, digno de compaixão, pobre, cego, e que está nu" (Ap 3:17).

Mais uma vez, Jesus virou o mundo socioeconômico dos judeus de cabeça para baixo. Em vez de se tornar uma bênção, a riqueza pode ser vista como um elemento tóxico inebriante. Ela leva as pessoas a pensar que não precisam realmente de Deus. Diferentemente das crianças, que não têm poder, nenhuma defesa, nenhum recurso e nenhuma capacidade de realizar o que querem na vida, os ricos são cegamente autossuficientes, independentes e orgulhosos. Verdade seja dita, ser rico resulta em uma forma de atrair nossos olhos para longe do Senhor, voltando-os para as coisas deste mundo. Isso cria uma resistência obstinada contra a dependência humilde e indefesa.

Deixado a si mesmo em seu estado de orgulho egocêntrico e piedade baseada na justificação própria, o jovem rico estava irremediavelmente perdido. Em tal condição, a salvação do homem não haveria de ser meramente difícil — *seria impossível.* A imagem curiosa apresentada por Jesus, de tentar espremer um grande camelo através do fundo minúsculo de uma agulha, era para comunicar a total impossibilidade de despojarmo-nos a nós mesmos do orgulho e de chegarmos ao céu por nossas próprias obras. Os discípulos entenderam isso muito bem, quando perguntaram: "Neste caso, quem pode ser salvo?" (Mt 19:25).

A resposta de Jesus esclareceu o assunto e ensinou uma lição essencial sobre a doutrina bíblica da salvação (19:26). Qualquer tipo de esforço próprio não resulta em salvação. Ou seja, ela é impossível pelo esforço humano. Mas quando Deus opera uma obra no coração de uma pessoa pelo poder do Espírito Santo, Ele leva essa pessoa à fé humilde em Cristo, ao arrependimento do seu estado de autossuficiência e à submissão à autoridade divina. Pela ação divina, *qualquer coração pode ser mudado.* O que é impossível para as pessoas realizarem é inteiramente possível para Deus. O problema do jovem rico não era a riqueza em si mesma, porém a enganosa autoimportância que acompanhava sua riqueza. Assim como o homem pode ter adquirido prosperidade extrema com seu esforço humano, ele queria obter a vida eterna fazendo coisas boas. Impossível! A vida eterna não pode ser conquistada e não pode ser comprada. Ela pode ser recebida somente pela graça, por meio da fé em Cristo somente (Ef 2:8-9).

19:27-30

Seria necessária a vinda do Espírito Santo para que os discípulos chegassem a um acordo com a noção de salvação pela graça através da fé em seu sentido mais pleno. Eventualmente, o ministério de ensino do Espírito lhes revelaria que a salvação é um dom que não pode ser conquistado, um dom inteiramente dependente da justiça de Cristo e de sua obra consumada na cruz. E eles aprenderiam que as boas obras de uma vida de obediência e sacrifício não são a *causa* da salvação, mas o *efeito* de ter uma relação de salvação com Cristo (Ef 2:8-10; Fp2:12-13).

Todavia, após aprenderem sobre a inutilidade da riqueza do jovem, os discípulos fizeram uma pequena reflexão sobre si mesmos. Eles dimensionaram sua própria situação e viram que tinham, de fato, deixado tudo para seguir Jesus. Eles haviam deixado barcos de pesca, a coletoria de impostos, seu meio de subsistência e um futuro assegurado para seguir Jesus aonde quer que Ele fosse. Falando pelos discípulos, Pedro perguntou, essencialmente: "Muito bem, Jesus, nós os discípulos podemos ter muitas dificuldades, mas ser rico não é uma delas. Nós nos afastamos dos negócios prósperos e de outras oportunidades de ganhar muito dinheiro. Então, se o senhor não se importa que eu pergunte... o que haverá para nós no reino que se aproxima?" (veja Mt 19:27).

EXCURSO: UM FUTURO PARA ISRAEL

MATEUS 19:28

Muitos cristãos de hoje estão convencidos de que o plano de Deus para o Israel étnico terminou. Alguns acreditam que as promessas sobre Israel ser uma nação gloriosa e receber bênçãos futuras na Terra Santa foram abolidas por causa da infidelidade da nação no passado. Outros determinaram que essas promessas foram cumpridas, em um sentido espiritual, por meio de Cristo e da Igreja. Alguns teólogos propõem que Israel foi substituído pela Igreja e que Deus se divorciou dos judeus étnicos e, portanto, eles não têm futuro no plano divino.

O Novo Testamento, porém, nos assegura que Deus planeja realizar o cumprimento dessas promessas através de Jesus Cristo. Embora a maioria dos judeus étnicos tenha permanecido em uma situação de descrença, desde o tempo de Jesus, Deus um dia trará um remanescente à fé em Cristo e os restaurará à Terra Prometida a seus antepassados (por exemplo, Gn 13:14-15). O próprio Jesus prometeu aos apóstolos: "Por ocasião da regeneração de todas as coisas, quando o Filho do homem se assentar em seu trono glorioso, vocês que me seguiram também se assentarão em doze tronos, para julgar as doze tribos de Israel" (Mt 19:28). Antes da ascensão de Cristo, os discípulos avidamente inquiriram sobre o tempo daquele reino terrestre, quando perguntaram: "Senhor, é neste tempo que vais restaurar o reino a Israel?" (At 1:6). É significativo que Jesus não tenha rejeitado a interpretação literal e a expectativa deles de um cumprimento futuro dessas promessas terrenas. Ao contrário, Ele simplesmente lhes disse que não poderiam saber o momento dessa restauração (At 1:7-8).

Anos mais tarde, o apóstolo Paulo abordou a questão da descrença de Israel, declarando que sua rebelião um dia seria sanada: "Israel experimentou um endurecimento em parte, até que chegue a plenitude dos gentios. E assim todo o Israel será salvo" (Rm 11:25-26). Em outras palavras, quando Deus tiver cumprido seus propósitos, através da Igreja, ao trazer multidões de gentios a Cristo, Ele voltará novamente sua atenção para a nação de Israel e a levará à fé em Cristo. Podemos ver o início desse futuro para Israel na profecia do selamento dos 144 mil em Apocalipse 7:1-8. Isso ocorrerá durante os eventos do fim dos tempos, que conduzirão ao retorno de Cristo.

Por que a restauração de Israel é importante? Porque a própria reputação de Deus como um mantenedor de promessas está em jogo! Com referência explícita ao chamado de Israel, Paulo disse: "Pois os dons e o chamado de Deus são irrevogáveis" (Rm 11:29). É tão simples quanto isso. Se não podemos confiar em Deus para cumprir suas promessas a Israel (veja Jr 31:35-37), como podemos confiar nele para cumprir suas promessas a nós (Rm 8:35-39)? Nunca duvide disso. Deus fará o que Ele disse que faria!

À primeira vista, essa pergunta de Pedro pode parecer presunçosa, mas foi feita com sinceridade. O fato de que ele a tenha feito sugere que eles não tinham pensado muito nisso. Eles sabiam que o reino estava chegando. Sabiam que haviam abraçado Jesus como o Rei, o Messias há muito esperado. Quando Jesus prometeu ao jovem rico que desistir de tudo resultaria em "tesouro no céu" (19:21), isso fez com que os discípulos pensassem se algo glorioso estaria reservado para eles. A mesma promessa seria válida para eles, embora não tivessem desistido de propriedades tão grandes?

Jesus desviou a atenção dos discípulos da era atual, e de seus tesouros temporários, para "a regeneração" — aquela época em que o reino virá completamente à terra e Jesus se assentará em seu trono glorioso. Nessa ocasião, os doze discípulos serão exaltados para assentar-se em doze tronos como corregentes com Cristo, a fim de reinar sobre as doze tribos de Israel (19:28; veja Ap 20:4-11).

Como as palavras de Jesus devem ter sido encorajadoras para aqueles homens que, literalmente, haviam se afastado de seus meios de vida para serem seguidores próximos do Mestre! Jesus lhes assegurou que eles não tinham tomado uma decisão tola ao renunciar tudo por uma vida de discipulado. Eles podem ter desistido das redes de pesca, mas seriam recompensados com tronos. Podem ter abandonado casas, fazendas, família e amigos em nome da total fidelidade ao Rei, mas receberiam "cem vezes mais" quando entrassem na vida eterna (Mt 19:29).

Não neste mundo, todavia.

Aqui neste mundo, pessoas como o jovem rico estão no topo da sociedade. Eles são "os primeiros", tendo tudo o que o dinheiro pode comprar. Outros, como os discípulos, são os "últimos", na base da pirâmide social e econômica. Porém, no mundo vindouro, no reino de Deus, aqueles que estiveram no topo estarão na base, e aqueles que estiveram na sujeira serão coroados de glória (19:30).

APLICAÇÃO

Mateus 19:13-30

DUAS PERSPECTIVAS CONTRASTANTES

Cada um de nós se encontra entre duas perspectivas sociais, econômicas e espirituais muito diferentes. De um lado, estão as criancinhas trazidas a Jesus para receber uma bênção. Do outro, está o jovem rico que acreditava já ter sido abençoado! Nesse episódio de Mateus, vemos as crianças sendo conduzidas a Jesus — indefesas, sem uma agenda, sem nenhum sentido de valor próprio ou mérito. Em contraste, vemos o homem rico oferecendo sua justiça própria como pagamento por uma recompensa celestial. Vamos analisar essas duas perspectivas contrastantes e considerar cuidadosamente onde está nosso próprio coração.

Pense na perspectiva das criancinhas. Para muitos de nós, quando éramos crianças, a vida era simples e sem complicações. Tínhamos bem pouca autoconsciência, e o espírito competitivo que possuíamos e o desejo que experimentávamos de conseguir mais coisas tendia a ser de curta duração e facilmente esquecido.

Havia também uma confiança geral em relação àqueles que cuidavam de nós. Amávamos aqueles que nos amavam, e em grande parte obedecíamos àqueles que eram encarregados de nosso cuidado e proteção. Em relação às "coisas", sim, tínhamos brinquedos, mas eles eram para brincar, para desfrutar, para compartilhar e para carregá-los conosco. Não eram tão caros assim. Eles não eram nossos donos. Nós seguíamos nossa vida sem uma agenda determinada, e a vida era como devia ser — divertida e relaxante. A vida estava principalmente ligada a relacionamentos, não a coisas.

Agora pense em como tudo foi mudando, à medida que crescemos. Aprendemos a amar as coisas e a usar as pessoas para conseguir o que queríamos. Agora, o que adquirimos se torna, facilmente, importante demais. Ficamos egoístas, míopes e gananciosos, sendo impulsionados por nossa própria agenda, o que nos impede de estar conscientes dos outros. Apesar de conseguirmos mais coisas, não nos contentamos com elas. Ao invés disso, ficamos mais gananciosos, mais competitivos, mais ambiciosos e mais egocêntricos. Podemos conseguir salários aceitáveis, mas queremos que eles sejam mais altos. É possível que tenhamos estilos de vida confortáveis, entretanto, queremos ter luxo. Todas as nossas necessidades podem ser atendidas, porém, e quanto a todos os nossos desejos?

Em meio a essas duas perspectivas muito diferentes da vida — a simplicidade da infância e a complexidade da vida adulta — nós nos posicionamos e ouvimos a voz de Jesus. Ele nos diz para nos tornarmos como as criancinhas, "pois o Reino dos céus pertence aos que são semelhantes a elas" (19:14). Ele expõe a verdade sobre a vida eterna e a verdadeira felicidade. Não está nas coisas que temos. Não tem a ver com os brinquedos. Não tem a ver com o objetivo de conseguir mais. Trata-se de chegar até Ele sem nada, deixá-lo mudar nosso coração e preencher nossa vida com um significado real. Trata-se de dar e liberar. É sobre acreditar nele e segui-lo.

Não carecemos de brinquedos quando a morte chega. Precisamos apenas de Jesus. Se hoje você se encontra mais próximo da perspectiva do jovem rico, agarrando-se aos seus brinquedos e fingindo justiça, deixe isso. Permita que o Espírito de Deus o traga impotente e sem esperança até Jesus. Só Ele pode abençoá-lo. Apenas Ele pode conduzir você ao reino e abençoá-lo com cada bênção espiritual, o que fará os vastos tesouros deste mundo parecerem lixo sem valor.

Deixando Deus ser Deus

MATEUS 20:1-16

Tenho observado, ao longo dos anos, que as pessoas perdem muito tempo e esforço tratando dos assuntos que são da competência de Deus quando deveriam cuidar de suas próprias questões. A maioria de nós provavelmente já teve, às vezes, a sensação de que Deus não estava administrando as coisas de forma justa, equitativa ou correta. Talvez não tenhamos transformado esses pensamentos em palavras, mas eles provavelmente já passaram por nossa mente quando as coisas simplesmente não parecem estar certas. Por exemplo:

- Um amigo aparece no trabalho guiando um belo carro novo, e você ainda está dirigindo sua lata velha que tem mais de quinze anos.
- Um colega é promovido antes de você, mesmo que você tenha mais tempo de serviço.
- Sua saúde já está definhando na meia-idade, enquanto um amigo muito mais velho é um modelo de alguém totalmente saudável.
- Seu filho tem uma deficiência, enquanto outra família possui vários filhos que não têm problemas de saúde.
- Um tornado destruiu sua casa, e o mesmo temporal não arrancou uma telha sequer do teto da casa do seu vizinho.

Esses exemplos poderiam ser multiplicados às dezenas, porque cada vez que nós nos viramos para o lado, parece que estamos lidando com mais uma das situações "injustas" da vida. A tentação, claro, é ficar reclamando: *Como Deus está sendo injusto por permitir isso!*

Tal resposta revela como nós, seres humanos, temos realmente uma visão bem curta. Ao avaliarmos as coisas, reagimos negativamente contra o que parece ser um favor especial concedido a outros, principalmente quando estamos suportando, ao mesmo tempo, uma série de provações difíceis. *Por que os outros parecem navegar através da vida sem quase nenhum contratempo?* Apesar de vivermos fielmente diante de Deus, doenças ou acidentes nos assolam, levando-nos a clamar de joelhos. Por quê? Deus é parcial? Ele é injusto? Será que Ele não se importa?

Na parábola dos trabalhadores na vinha (20:1-16), Jesus faz uma provocação aos seus discípulos sobre uma situação que realmente parece representar que "os últimos serão primeiros, e os primeiros serão os últimos" (20:16; cf. 19:30). No processo, Ele nos ajuda com a questão da justiça de Deus, dizendo-nos, de fato: "Pare de resmungar sobre seu quinhão na vida. Deixe que Deus seja Deus".

20:1-7

Jesus contou a parábola registrada em Mateus 20:1-16 no contexto imediato do jovem rico que havia sido dominado por suas posses (19:16-22). Depois que Jesus lhe disse como poderia desfrutar da única coisa que não tinha e não poderia comprar — um relacionamento autêntico com Deus por meio de um relacionamento pessoal com Cristo —, o homem não quis ter nada com isso. Por quê? Porque entregar-se à graça livre e ao abraço amoroso de Deus o levaria, inevitavelmente, também, a ter que se entregar às prioridades de Cristo, às suas provisões e ao seu lugar para ele neste mundo. A fidelidade incondicional a Cristo significa que nós deixamos Deus ser Deus. Como é difícil para aqueles que estão no topo da escada social entregar essa posição a outra pessoa — mesmo que seja o benevolente Criador e Sustentador de todas as coisas!

O jovem rico saiu de cena cheio de si mesmo e satisfeito com sua riqueza, mas vazio de Deus e sem nada que realmente importasse. Vendo a recusa do homem em renunciar até mesmo a uma moeda, em sua autossuficiência, Pedro perguntou que tipo de recompensa os discípulos teriam por entregar sua subsistência e sua própria vida para seguir Cristo (19:27). A parábola de Jesus em Mateus 20 apresenta uma ilustração vívida de uma verdade profunda, explicando o princípio costumeiramente citado, porém muitas vezes mal compreendido, de que "os últimos serão primeiros, e os primeiros serão últimos" (19:30; cf. 20:16).

Como todas as boas histórias, essa parábola sobre os trabalhadores da vinha apresenta um elenco de personagens interessantes. O principal é o proprietário da terra. Ele é o encarregado da vinha, da contratação de trabalhadores e do pagamento justo desses operários. A história começa com uma cena que teria sido muito familiar no primeiro século, assim como tem sido em muitas áreas urbanas ao longo da história, até os dias de hoje. James Morier, em seu diário de viagens pela Pérsia, Armênia e Ásia Menor, registrou um cenário em um mercado de Hamadã, uma das cidades mais antigas do Irã. Embora suas observações tenham sido feitas no século 19, elas poderiam ter representado muito bem a cena que Jesus descreve em Mateus 20:

> Ali eu pude observar que todas as manhãs, antes do nascer do sol, um novo grupo de camponeses se reunia, com foices nas mãos,

> esperando, pelo que fui informado, com o objetivo de serem contratados para um dia de trabalho nos campos ao redor. Esse costume, que nunca vi em nenhuma outra parte da Ásia, nos tocou intensamente como uma alusão muito feliz da parábola do nosso Salvador sobre os trabalhadores da vinha, no capítulo 20 de Mateus; particularmente quando passamos pelo mesmo lugar no final do dia, ainda encontramos *pessoas desocupadas*, e nos lembramos das palavras de Jesus: *Por que vocês estiveram aqui desocupados o dia todo?*, como a mais aplicável àquela situação; pois ao fazer-lhes a mesma pergunta, eles responderam: *Porque ninguém nos contratou*".[258]

Normalmente, os trabalhadores chegavam a algum mercado antes do amanhecer, ansiosos para ganhar o salário de um dia, que era um denário (20:2). Um proprietário de terras geralmente contrataria apenas o número de pessoas de que precisava e que poderia pagar; ele procurava fazer isso, no início do dia, para obter o máximo benefício para o custo da mão de obra. Assim, nesse ponto da parábola, nada poderia soar tão estranho para os ouvidos dos discípulos. Os princípios expressos no provérbio "você recebe aquilo pelo que pagou" e "você ganha pelo que trabalha" poderiam ter sido aplicados.

Entretanto, a história começa a dar uma guinada em direção ao desconhecido em 20:3-7. Enquanto um proprietário de terras, na vida real, saberia de quantos trabalhadores sua vinha necessitava e a quantidade de trabalho que precisava ser feita, o homem da história retorna ao mercado a cada três horas durante o dia para encontrar mais trabalhadores. A primeira hora do dia era por volta do nascer do sol (geralmente por volta das 6 horas da manhã). Três horas depois, cerca das 9 horas, o proprietário do vinhedo encontrou outros trabalhadores parados e os instruiu a se juntarem aos trabalhadores originais na sua vinha. Observe que a história não sugere que o proprietário teria dimensionado a quantidade de trabalho em seu vinhedo, ou determinado que a quantidade original dos trabalhadores não era suficiente, e depois saiu para recrutar mais alguns. A motivação para chamar a segunda leva de trabalhadores parece ter sido porque eles estavam "desocupados" e, portanto, não teriam dinheiro para sustentar suas famílias (20:3).

Os trabalhadores das 9 horas da manhã concordaram em se juntar ao trabalho por um salário que seria "justo" (20:4). O termo grego *dikaios* [1342], ao estar posicionado no gênero neutro, como aparece em 20:4, oferece a conotação como sendo "obrigatório em vista de certos requisitos da justiça".[259] Considerando que as 12 horas do dia eram divididas em quatro quartos (de 6 às 9 horas; de 9 às 12h; de 12 às 15 horas; de 15 às 18 horas), os contratados às 9 horas teriam esperado corretamente receber três quartos de um denário por seu trabalho. Isso teria sido justo, de acordo com quaisquer princípios econômicos razoáveis.

A parábola de Jesus parecia se mostrar cada vez mais estranha, pois o dono da vinha continuou saindo durante todo o dia para contratar outros trabalhadores desempregados do mercado — uma terceira leva de operários ao meio-dia, uma quarta às 15 horas (20:5). É claro que esses retardatários que apareceram no final do dia esperavam receber meio e um quarto de salário, respectivamente. Isso seria justo.

Finalmente, levando a história à beira do ridículo, Jesus menciona uma última varredura do proprietário de terras pelo mercado, por volta das 17h (20:6). Esse teria sido o momento em que os outros trabalhadores da vinha estavam olhando para o sol poente, já ansiosos para retornar à sua casa. Talvez alguns já tivessem começado a arrumar seus locais de trabalho e a empacotar suas ferramentas. Por que um proprietário acrescentaria ainda mais trabalhadores no fim do dia a uma força de trabalho já sobrecarregada? Como ficaram ociosos o dia todo, ninguém mais os contratou e, portanto, não teriam dinheiro para sustentar suas famílias.

Posso imaginar a confusão dos operários que trabalharam o dia inteiro, ou metade do dia, quando esse último grupo de trabalhadores se juntou a eles. Pense nos comentários sussurrados que teriam surgido entre os que já haviam trabalhado muitas horas:

- "Onde vocês estavam horas atrás quando realmente precisávamos de vocês?"
- "Qual é o sentido de trabalhar agora quando vocês só vão ganhar 1/12 avos do salário de um dia?"
- "Por que vocês não aceitaram o convite do proprietário ao meio-dia ou às 15 horas como os outros?"
- "O que vocês ficaram fazendo o dia todo?"

Então, novamente, é provável que eles não tenham dito nada. Sabendo que o proprietário da terra seria justo e razoável, tenho certeza de que eles esperavam que a equipe de trabalhadores do final do dia recebesse apenas alguns centavos por suas escassas contribuições.

20:8-16

De acordo com a lei judaica, o proprietário providenciou para que os trabalhadores fossem pagos no final do dia de trabalho (20:8; veja Lv

19:13). Ele mandou o administrador da vinha reunir os operários por grupos, na ordem contrária àquela em que foram contratados. Aqueles que tinham chegado na hora undécima (às cinco da tarde), que provavelmente mal tinham começado a suar, vieram primeiro para receber seu salário "justo".

Coloque-se, por um momento, no lugar do grupo inicial de trabalhadores, que desde o amanhecer havia trabalhado naquele emaranhado de vinhas. Havia sido prometido a você um denário — a quantia normal para um dia de trabalho. Você observa o último grupo de trabalhadores se adiantar para receber uma quantia insignificante por uma hora de trabalho. Porém, o administrador entrega aos "manés atrasados" um denário inteiro — como se eles tivessem trabalhado o dia todo! Você começa a se perguntar se o proprietário esqueceu que ele tinha chamado primeiro aqueles que havia contratado por último. Talvez esses denários fossem destinados ao seu grupo, não ao deles. Mas então você se lembra de que o proprietário havia dito claramente que pagaria os trabalhadores a partir dos últimos para os primeiros (Mt 20:8). Portanto, você faz as contas: se aqueles que trabalharam 1/12 avos do tempo de um dia estão recebendo um denário completo, então eu, que trabalhei doze vezes mais, receberei cerca de doze denários!

Essa linha de raciocínio teria sido natural. Era algo justo. Na verdade, teria sido inteiramente razoável que cada grupo esperasse que seu salário fosse rateado de acordo com o número de horas trabalhadas. Mas a lição da surpreendente parábola de Jesus não é que as pessoas recebem o que merecem ou que as pessoas devem trabalhar duro para ganhar seu salário. A lição é sobre a *graça* de Deus, ilustrada na incrível misericórdia, generosidade e bondade do proprietário da terra. Para salientar a grande benevolência daquele empregador, Jesus observou que, independentemente de quando eles apareceram no local de trabalho e quanto tempo trabalharam — mesmo que tenha sido apenas uma hora —, cada operário recebeu um denário.

Qualquer boa história inclui um elemento de conflito — um desafio a superar, um problema a solucionar, ou uma pergunta a responder. Na parábola de Jesus, o conflito surge quando os trabalhadores que tinham se esforçado durante um dia inteiro de trabalho árduo viram que o dono da vinha estava pagando a todos os trabalhadores a mesma quantia. Muito razoavelmente, os que faziam parte daquele primeiro grupo, que tinham sofrido por causa do sol quente o dia todo, pensaram que ganhariam consideravelmente mais do que aqueles que trabalharam por apenas uma hora. Em resposta ao que eles consideravam uma injustiça, "começaram a se queixar do proprietário da vinha" (20:11).

As palavras deles sugerem ressentimento, raiva e a sensação de que haviam sido tratados injustamente.

O proprietário da terra lembra aos trabalhadores resmungões, que haviam trabalhado o dia inteiro, que eles haviam concordado em trabalhar por um denário, e isso foi exatamente o que receberam (20:13). A verdade é que o empregador estava sendo inteiramente justo ao dar-lhes a quantia combinada. Era o salário de um dia normal, com o qual eles podiam alimentar adequadamente suas famílias. Aqueles homens não tinham motivos para acusar o proprietário do vinhedo de qualquer ato ilícito. Se ele lhes tivesse prometido dez denários e lhes pagasse apenas um, então eles teriam motivos para reclamar. Mas o proprietário estava sendo completamente justo, dando a eles o que mereciam.

Porém, o fazendeiro não era apenas justo, ele também era generoso. Sabendo que aqueles que haviam trabalhado apenas uma hora... ou três... ou seis... não teriam dinheiro suficiente para sustentar suas famílias, caso ele os tivesse pagado de acordo com o que trabalharam, então ele decidiu tratá-los com graça e generosidade, dando-lhes, não o que mereciam, mas o que precisavam — o salário de um dia inteiro (20:14). Como o dinheiro lhe pertencia, o proprietário tinha a liberdade de dá-lo a qualquer pessoa, a qualquer momento e sob quaisquer condições (20:15). Como é natural que as pessoas de mentalidade mundana fiquem invejosas quando uma pessoa generosa demonstra tal graça! Essa foi exatamente a reação dos resmungões.

Na parábola, a resposta do fazendeiro serve para espelhar a graça, a misericórdia e a bondade de Deus, o Pai, em seu trato benevolente com as pessoas. A economia de Deus não se baseia em mérito e salários, trabalho árduo e boas obras. Embora nós o sirvamos sabendo que Ele nos recompensará, não somos motivados por recompensas. E, mesmo sabendo que Ele proverá tudo do que precisamos para realizar o trabalho na vinha de seu reino, devemos estar satisfeitos com o que Ele provê e como faz isso, mesmo que seja diferente de sua provisão para as necessidades dos outros. Nossa resposta à bondade e à generosidade de Deus — mesmo que seja dirigida aos outros— deve ser de gratidão e de apreço, sabendo que Deus não nos deve nada, e nós lhe devemos tudo.

Se alguma vez nos sentirmos tentados a pensar que Deus não está nos concedendo aquilo que pensamos merecer, ou que Ele está injustamente concedendo dádivas a quem não merece, ao mesmo tempo em que ignora nossas próprias atuações espetaculares, ou que Ele está injustamente colocando sobre nós fardos que outros crentes não têm de suportar, devemos nos recordar da história dos trabalhadores da vinha. Precisamos nos lembrar de que, na atividade salvífica de Deus — alimentada pela graça, não pelo mérito — "os últimos serão primeiros, e os primeiros serão últimos" (20:16). Precisamos deixar Deus ser Deus, reconhecendo sua sabedoria e soberania ao dar a seus filhos como, o que, e quando Ele achar conveniente.

APLICAÇÃO

Mateus 20:1-6

GRAÇA GENEROSA

Para a maioria das pessoas deste mundo, que nunca conheceram a realidade da graça de Deus, tudo é baseado no mérito humano. E, quando alguém sente que outra pessoa está obtendo algo que não conquistou por seus esforços ou não mereceu, a reclamação começa. A expressão "isso não é justo" torna-se um mantra sussurrado que pode facilmente se transformar em um grito de batalha.

Onde você se enquadra nessa parábola de Jesus? Como crentes, estamos todos entre os trabalhadores, mas em qual grupo você se encontra? Está entre os resmungões, com seus olhos fixos no que os outros recebem? Você tem inveja deles por causa da graça abundante de Deus? Você vive sua vida na perigosa linha da comparação? É hora de perceber onde verdadeiramente está sua batalha e contra quem você está realmente lutando. Não é contra a pessoa a quem foi concedido algo que você pensa ser imerecido. Você está tendo dificuldade em deixar Deus ser Deus. Está sendo crítico de sua misericórdia, graça, generosidade e bondade.

Agora quero ser bem franco. Se você é um dos resmungões, precisa parar de meter o nariz nos negócios de Deus. Você precisa deixar Deus ser Deus. Você tem de esquecer o conceito de ser privilegiado ou de ser necessitado neste mundo, colocar sua mão no arado e continuar trabalhando no reino de Deus. E se você tem sido um crente fiel desde a infância e algum recém-convertido recebe toda a glória? Isso é assunto do Senhor, não seu. O que importa, se você parece estar sobrecarregado por lutas, enquanto crentes menos maduros parecem estar vivendo uma vida fácil? Deus fará o que é certo. Confira as palavras de Hebreus: "Deus não é injusto; ele não se esquecerá do trabalho de vocês e do amor que demonstraram por ele" (Hb 6:10).

Em resumo, que Deus seja Deus! Deixe que sua vida — e a vida dos outros — seja cuidada por Ele. Encanta-me o pequeno poema de John Oxenham, intitulado "A escrita de Deus". Ele resume bem uma perspectiva vital pela qual podemos lutar sempre que formos tentados a nos queixar sobre como Deus exerce sua graça soberana e abundante:

> Ele escreve em caracteres grandiosos demais
> para que nossa curta visão compreenda;
> vemos apenas traços fragmentados,
> e tentamos sondar todo o mistério
> Das esperanças desvanecidas, da morte, da vida,
> Da guerra sem fim, da luta inútil —
> Mas lá, com uma visão mais ampla e mais clara,
> Veremos isto: SEU CAMINHO ESTAVA CERTO.[260]

Lembretes e repreensões durante a caminhada

MATEUS 20:17-34

Quando alguém simplesmente não "entende", mesmo que algo tenha sido explicado várias vezes, podemos dizer que essa pessoa simplesmente "não está na mesma página". Esse ditado, comum entre os norte-americanos, vem da experiência muito real de tentar seguir a leitura em uma página enquanto um professor ou leitor está realmente lendo em outra página. O resultado é confusão, frustração e, até mesmo, constrangimento. Estar literalmente na página errada geralmente é algo fácil de corrigir — basta folhear até encontrar a página certa, ou perguntar a alguém que esteja próximo qual é o número da página. Às vezes, porém, nos vemos tão perdidos e fora de sincronia com a pessoa que tenta nos ensinar que a probabilidade de conseguirmos ajuda e de desistirmos é a mesma.

Eu tive uma experiência como essa durante o verão que precedeu meu segundo ano no seminário. Decidi fazer um curso intensivo em hebraico com um brilhante jovem professor, dr. Bruce Waltke. Muito rapidamente, no entanto, percebi que o curso era muito avançado para mim. O hebraico se lê da direita para a esquerda. Ele não tem letras que se pareçam com vogais reais, apenas pequenos pontos e traços, muitas vezes chamados de "pontuações". E o vocabulário, a gramática e a sintaxe são tão estranhos para o desconhece que aquelas palavras na página podem parecer formigas à procura de comida. Se posso afirmar o óbvio, esse foi um caso de um Chuck Swindoll confuso e de um Bruce Waltke brilhante que não estavam na mesma página! Sim, acabei entendendo aquela língua excêntrica, mas bela, e a usado durante décadas em meu ministério, mas aquele curso de verão foi tão terrível quanto você possa imaginar.

"Não estar na mesma página" acontece quando alguém no comando está comunicando algo, muitas vezes de grande importância, mas os ouvintes, por qualquer razão, simplesmente se desconectaram. Talvez, como em minha experiência com o hebraico durante aquele verão, o material do professor fosse tão estranho e tão fora de nossas experiências e expectativas que a curva de aprendizado parecia mais como um penhasco do que uma encosta. Isso é exatamente o que encontramos na cena registrada em Mateus 20:17-19 e seu seguimento em 20:20-28. Embora os doze discípulos estivessem com Jesus por quase três anos, aqueles homens não estavam na mesma página que seu Mestre.

20:17-19

Pela terceira vez, Jesus informou para seus discípulos que estava a caminho da Cruz. Na primeira vez que Ele compartilhou essa informação privilegiada, Pedro o repreendeu (16:21-23). Na segunda vez, os discípulos ficaram "profundamente entristecidos" (17:22-23). Desta vez, o anúncio parece que entrou por um ouvido e saiu pelo outro, apesar do fato de que Jesus já havia indicado que, a cada passo que davam em direção a Jerusalém, ficavam mais perto das cenas da inevitável zombaria, flagelação e crucificação (16:21; 20:18-19).

Nada sobre o itinerário de tortura e execução de Jesus em Jerusalém era, à primeira vista, difícil de entender. Ele até levou os discípulos à parte para que não se distraíssem com a multidão de pessoas enquanto lhes falava sobre isso (20:17). Ele podia olhá-los nos olhos, responder a quaisquer perguntas que eles quisessem fazer, e deixar bem claro o que estava para acontecer. Embora Mateus não registre a resposta imediata dos discípulos naquele momento, o evangelho de Lucas fornece este detalhe: "Mas os discípulos não entenderam nada disto, e o significado desta afirmação foi-lhes escondido, e não compreenderam as coisas que foram ditas" (Lc 18:34).

Os discípulos claramente não estavam na mesma página que Jesus! Eles não pareciam prontos nem dispostos a ouvir nada sobre a traição, prisão, sofrimento e crucificação que se aproximavam e, na verdade, sequer foram capazes de compreender o significado de sua ressurreição. Em que eles estavam pensando, afinal?

A resposta a essa pergunta torna-se clara na próxima cena. Eles estavam pensando em si mesmos!

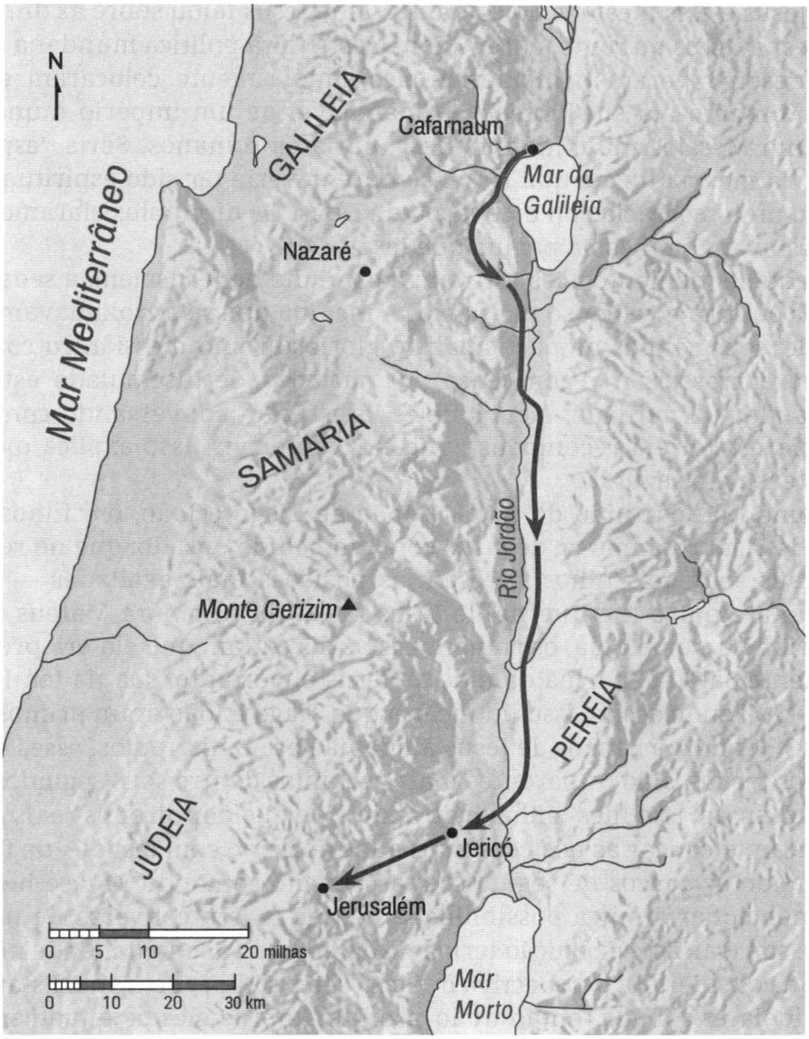

Essa é a rota provável percorrida por Jesus e pelos discípulos da Galileia "até Jerusalém" (20:17), passando por Jericó (20:29).

20:20-28

Os discípulos estavam seguindo Jesus por cerca de três anos. Eles haviam desistido de suas carreiras, se afastado da segurança financeira e passado a maior parte do tempo longe de suas esposas e filhos. Durante esse tempo, eles ouviram a palavra "reino" repetidamente. No entanto, sempre que Jesus mencionava o termo "reino", eles imediatamente imaginavam algo semelhante aos reinos deste mundo, só que com Jesus e eles mesmos no comando. Sim, Jesus falou sobre as dimensões espirituais do reino, porém, com a estrutura política mundana que eles desenvolveram firmemente, eles simplesmente colocaram esse entendimento em sua concepção inabalável de um império mundial com um Messias militante que derrubaria os romanos. Seria "espiritual" da mesma forma que Israel sempre deveria ter sido espiritual — sendo uma teocracia sob o governo de Deus. Os discípulos claramente não estavam na mesma página que Jesus.

Naquele momento, eles estavam a caminho de Jerusalém, a sede do poder político e religioso na Judeia. À medida que se aproximavam da cidade, seus sonhos de participar do glorioso reino messiânico começaram a crescer. A recompensa por sua vida de discipulado estava chegando! Na verdade, alguns deles já estavam conversando com os familiares sobre a recompensa que estava por vir. Isso explica o que aconteceu em seguida.

Como que partindo do nada, a mãe de Tiago e João, os "filhos de Zebedeu", aproximou-se de Jesus com um pedido ousado: que no reino de Jesus seus dois filhos tivessem as posições mais exaltadas — um à direita e outro à esquerda de Jesus (20:20-21). Embora Mateus não mencione o nome dela, os comentaristas acreditam que ela era provavelmente Salomé, a irmã da mãe de Jesus e, portanto, sua tia (cf. João 19:25).[261] Sendo assim, isso implicaria que Tiago e João eram primos de Jesus.[262] Como os irmãos de Jesus ainda não eram discípulos, esses dois primos teriam sido os parentes mais próximos dentre seus seguidores. Talvez, então, isso lhes tenha dado a ideia de que por direitos reais eles deveriam alcançar as posições mais altas no reino com Jesus — de fato, ocupando os cargos de segundo e terceiro no comando. Quase hesito em mencionar a outra possibilidade de que toda a conversa de Jesus sobre sua traição e execução teria levado homens de mentalidade mundana a considerar a perspectiva de sucessão imediata ao trono. Estando essa ideia envolvida, então quão profundamente eles se envolveram em sua expectativa carnal de um reino que viesse a seguir as regras deste mundo!

Outro ponto que preciso destacar é que, embora a mãe deles tenha sido a porta-voz do pedido, Tiago e João foram os originadores e instigadores da ideia. O Evangelho de Marcos deixa isso claro, colocando a mãe deles completamente fora do relato e observando que o pedido partiu dos dois irmãos (Mc 10:35-37). R. V. G. Tasker observa: "É claro que, na verdade, o pedido partiu dos próprios irmãos, pois os dez apóstolos restantes, quando ouvem falar sobre isso, não dirigem sua indignação contra a mãe, na narrativa de Mateus, mais do que no relato de Marcos, e sim contra seus filhos".[263]

A resposta de Jesus confirma que os filhos de Zebedeu estavam por trás daquele pedido, e Ele sabia disso. Em sua resposta, o Mestre não falou diretamente com sua tia Salomé, que havia se curvado diante dele. Ele usou a segunda pessoa do plural, dirigindo-se aos dois filhos que a colocaram nisso. Que surpresa deve ter sido para eles terem seu disfarce descoberto em sua resposta: "Vocês [dois] não sabem o que estão pedindo" (Mt 20:22).

Sinto uma mistura de exasperação e decepção nas palavras de Jesus, como se Ele estivesse dizendo a Tiago e João: "Vocês simplesmente não entendem, não é mesmo?" Quando Ele perguntou se eles podiam "beber o cálice" que Ele estava prestes a beber, eles responderam sem hesitação: "Podemos". Mas eles ainda não tinham ideia acerca do que Ele estava falando. Meu palpite é que eles pensaram que Jesus estava se referindo a algum tipo de banquete festivo, ou os despojos de vitória associados à coroa e ao reino. Na verdade, Ele estava falando sobre o sofrimento que enfrentaria naqueles momentos, tendo a agonia da Cruz pela frente (veja 26:39). Se eles tivessem entendido completamente o propósito das repetidas advertências de Jesus sobre sua morte e ressurreição vindouras, eles saberiam que seguir como discípulo implicava que o sofrimento vem antes da exaltação; o quebrantamento, antes da vantagem; humildade, antes da autoridade; o cálice amargo e dolorido, antes das doces glórias da exaltação!

Enquanto eles ainda não se encontravam na mesma página, Jesus confirmou que eles, de fato, beberiam seu cálice (20:23). Tiago seria o primeiro dos doze discípulos a perder a vida no martírio, quando o rei Herodes "mandou matar à espada Tiago, irmão de João" (At 12:2). Então, cerca de sessenta anos depois, o apóstolo João seria, segundo a tradição, o último dos Doze a morrer, tendo passado por perseguição, prisão, tortura, exílio e até uma tentativa de fervê-lo vivo em um caldeirão com óleo.[264] Ao final de sua vida, João entenderia as palavras de Jesus de que ele "beberia o cálice" como Jesus o havia feito. No capítulo de abertura do livro de Apocalipse, João se descreveu como um "irmão e companheiro de vocês no sofrimento, no Reino e na perseverança em Jesus", enquanto ele estava "na ilha de Patmos por causa da palavra de Deus e do testemunho de Jesus" (Ap 1:9). No momento da viagem dos discípulos em direção a Jerusalém, no entanto, Tiago e João pareciam não ter a menor ideia de que Jesus estava falando de sofrimento por amor ao reino.

Jesus, então, tentou esclarecer os fatos a respeito daquelas cobiçadas altas posições no futuro reino. Esses lugares de honra seriam dados àqueles que Deus Pai escolheu. Uma alta posição no reino não é algo que possa ser conquistado. E, certamente, não é alguma coisa que possa ser herdada através de laços familiares próximos. Esses são os caminhos do mundo. As palavras de Jesus sugerem que esses lugares "foram preparados" no plano e no propósito de Deus.[265] Portanto, a maneira como os discípulos estavam brigando e debatendo entre si por tais posições era totalmente inútil.

Eles, no entanto, continuavam discutindo e disputando posições entre si! Mateus lembra que os outros dez discípulos, que tinham ficado assistindo ao desenrolar de toda aquela cena embaraçosa, se mostraram "indignados" com Tiago e João (Mt 20:24). Por quê? Porque cada um deles queria ter acesso a um desses lugares de privilégio à direita ou à esquerda de Jesus. Nem um deles estava na mesma página que o Mestre. Não importava o quanto Jesus explicasse claramente seu sofrimento e morte vindouros, não importava quão claramente Ele os ensinava de que seguiriam seus passos, e não importava quanto Ele tentasse mostrar-lhes que seu reino não era como os reinos deste mundo, nenhum deles conseguia entender.

Sendo que Jesus era um paciente professor, Ele convocou outra reunião dos discípulos para endireitar as coisas novamente. Posso imaginá-lo formando um círculo, olhando nos olhos de cada homem, falando bem lentamente. Primeiro, Ele deu um exemplo negativo colocando um claro ponto de contraste: o modelo de poder nas nações. Seus governantes "dominam" sobre aquelas pessoas que estão sob o governo deles, em seus reinos mundanos, e tais governantes "exercem poder sobre elas" (20:25). Note a ênfase nos termos "sobre" e "sob". De acordo com os modelos de poder do mundo, o rei que está no trono e aqueles que ocupam posições elevadas à sua direita e à sua esquerda funcionam como superiores que dominam, dando ordens a seus subalternos, que estão em posição mais baixa. Mas tal imagem de autoridade está completamente errada, na ordem de Deus!

Dessa forma, Jesus afirmou, de modo alto e claro: "Não será assim entre vocês" (20:26). O reino de Deus está em total contraste com os modelos dos reinos das nações. Na equipe de liderança de Jesus, não há lugar para a ambição egoísta, promoção pessoal, nepotismo explícito, arrogância presunçosa, ou narcisismo desenfreado. Ao contrário, "quem quiser tornar-se importante entre vocês deverá ser servo, e quem quiser ser o primeiro deverá ser escravo" (20:26-27).

Você provavelmente poderia ter ouvido o som das mandíbulas deles caírem, quando Jesus proferiu essas palavras. Elas eram revolucionárias. Viraram os modelos do mundo de cabeça para baixo. Mais uma vez, Jesus estava revelando o significado de sua afirmação de que "os últimos serão primeiros, e os primeiros serão últimos" (20:16). E a cada passagem desse ensino aparentemente confuso, Ele esperava que os discípulos se aproximassem mais e mais da compreensão da missão do Messias, que se tornaria sua própria missão quando Ele partisse deste mundo. Somente quando eles entendessem plenamente essa missão, compreenderiam o que é realmente a verdadeira grandeza no reino dos céus. Ele concluiu a lição apontando para si mesmo como o exemplo supremo daquilo que havia acabado de tentar ensinar-lhes: "o Filho do homem, que não veio para ser servido, mas para servir e dar a sua vida em resgate por muitos" (20:28).

20:29-34

Na cena seguinte, Jesus exemplificou as palavras que acabara de compartilhar: "O Filho do Homem não veio para ser servido, mas para servir" (20:28). Enquanto Jesus e os discípulos passavam por Jericó, uma grande multidão começou a se reunir ao redor dele (20:29). Nesse momento, dois cegos, que estavam sentados à beira da estrada, perguntaram sobre todo aquele barulho e agitação. Ao saber que Jesus estava passando, eles começaram a clamar: "Senhor, Filho de Davi, tem misericórdia de nós!" (20:30). Quando a multidão tentou silenciá-los, eles gritaram ainda mais alto (20:31).

Pense nessa situação. Simplesmente a partir de pequenos murmúrios que estavam vindo da multidão que passava, aqueles cegos formularam uma confissão de fé simples, mas verdadeira. Aquele homem era o Filho de Davi — isto é, o Rei de Israel, o tão esperado Messias! Eles conheciam o suficiente das profecias messiânicas para saber que, com a chegada do Messias, haveria de vir cura, libertação e tempos de refrigério para o povo de Israel. Ao se dirigirem a Jesus como "Senhor", eles reconheceram sua soberania. E, ao pedir misericórdia, reconheceram a indignidade que tinham, e a condição miserável em que estavam neste mundo caído e — o mais importante — a capacidade de Jesus de aliviá-los de seu sofrimento.

Em sua missão de servo, Jesus parou, acolheu-os em sua presença e perguntou como poderia ajudá-los: "O que vocês querem que eu faça?" (20:32). Não é maravilhoso? Não passe apressadamente por essas palavras importantes: *o que vocês querem*. Jesus viveu cada momento de sua vida para os outros. Enquanto a multidão exuberante parecia se importar apenas consigo mesma (20:31), e os discípulos discutiam sobre quem era o maior entre eles (20:20-24), Jesus voltou sua atenção para os membros mais humildes da sociedade, inclinou-se e condescendeu em *servir*!

O pedido dos cegos era tão simples quanto sua confissão: eles queriam ver (20:33). Naquele momento, Mateus nos oferece uma visão do motivo interior de Jesus para o seu serviço. Algumas pessoas servem os outros porque são pagas para isso. Outras servem para serem vistas pelas pessoas ao seu redor. Outras servem para cumprir algum voto, obrigação social ou exigência religiosa. Jesus, no entanto, serviu porque foi movido por "compaixão" (20:34). O profundo amor do Mestre alimentava seu desejo de servir. Sem hesitação, Jesus lhes tocou os olhos. Em um momento, eles viam escuridão; no momento seguinte, estavam olhando para a luz dos olhos de Jesus.

APLICAÇÃO

Mateus 20:17-24

ESTAR NA MESMA PÁGINA QUE JESUS

Para os discípulos, entrar na mesma página que Jesus foi um processo lento, agonizante, que consistiu de passinho em passinho — mais como um suplício. Eles não entenderam, mesmo depois de repetidas instruções e inúmeros exemplos. Essas lições foram registradas no Evangelho de Mateus para servir de instruções e exemplos para todos os seguidores de Jesus, inclusive nós. A questão é: estamos na mesma página que Jesus, ou ficamos à deriva na névoa das prioridades mundanas como os discípulos?

Permita-me dirigir-lhe uma pergunta, a fim de ajudá-lo a fazer uma auditoria honesta de seu serviço: *você está liderando, por meio de seu serviço, os outros?* Vou tornar isso mais específico. Marido, você está servindo sua esposa? Pastor, você está servindo a sua igreja? Empregador, você está servindo seus funcionários? Pai, você está servindo seus filhos? Veja, o reino de servidão de Jesus não é meramente uma reversão da liderança do mundo, que é do tipo de "dominar sobre". Funciona nos dois sentidos. Devemos servir uns aos outros (Gl 5:13). Marido, sirva sua esposa. Esposa, sirva seu marido. Filhos, sirvam seus pais. Pais, sirvam seus filhos. Eu acho que você conseguiu entender o quadro. Se você fizer isso, você está um passo mais perto de estar na mesma página que Jesus em sua missão no reino.

O que significa, porém, ser um servo? Para começar, implica ajudar alguém que pode não agradecer. Significa fazer algo gentil por alguém que nem saberá que você fez isso. Significa aplaudir as realizações dos outros, mesmo que eles nunca retribuam o elogio. Significa sair do seu caminho para ajudar os outros, aceitá-los e honrá-los — mesmo que essa pessoa seja um "ninguém" aos olhos do mundo. E isso significa tratar com igual respeito e valor o diretor geral e o arquivista, o pastor sênior e o manobrista voluntário, o gênio da computação e o coletor de lixo.

Por fim, os discípulos — ou pelo menos onze deles — entraram na mesma página que Jesus. Finalmente perceberam que eles não eram o centro. Descobriram que sua missão era amar uns aos outros, assim como Cristo os amou. Se eles puderam aprender essa lição contracultural e sobrenatural, nós também podemos.

Quem está cavalgando o quê e por quê

MATEUS 21:1-11

Conhecemo-lo hoje como Domingo de Ramos — o dia da Entrada Triunfal, quatro dias antes da Última Ceia, cinco dias antes da Crucificação, uma semana antes da Ressurreição. Esse foi o dia que deu início à série de eventos que os cristãos tradicionalmente chamam de Semana Santa.

Os quatro Evangelhos dedicam quase um terço de relato aos poucos dias finais da vida e ministério de Jesus. Apenas dois dos quatro evangelistas (Mateus e Lucas) mencionam os eventos em torno de seu nascimento. Todos os quatro oferecem apenas uma ou duas páginas sobre sua ressurreição. Mas, quando se trata dos acontecimentos dramáticos que levaram à sua paixão e crucificação, e o relato de sua morte, em si, todos os escritores se demoram nos detalhes.

À medida em que se aproximava o dia do sofrimento e da morte do Filho de Deus, era como se o tempo estivesse parado e o universo tomasse um fôlego. O Espírito de Deus moveu cada escritor dos Evangelhos a tomar um bom tempo com a Semana Santa, a escrever cuidadosamente, a prosseguir lentamente, a refletir profundamente, pois a vida eterna dependia dela.

À medida que nossa leitura da narrativa de Mateus nos leva àqueles últimos dias da vida terrena de Jesus, precisamos ir devagar e permitir que a maravilha desse acontecimento entre em nosso coração.

21:1-5

Jesus e seus discípulos caminharam por vários dias, partindo da Galileia em direção a Jerusalém, com a finalidade de participar da celebração anual da Páscoa. Acompanhando-os durante a última etapa da viagem, estariam outros homens e mulheres contados entre o círculo mais amplo de discípulos de Jesus. Uma típica multidão de curiosos que continuaram a partir de Jericó, e, provavelmente, também os dois cegos

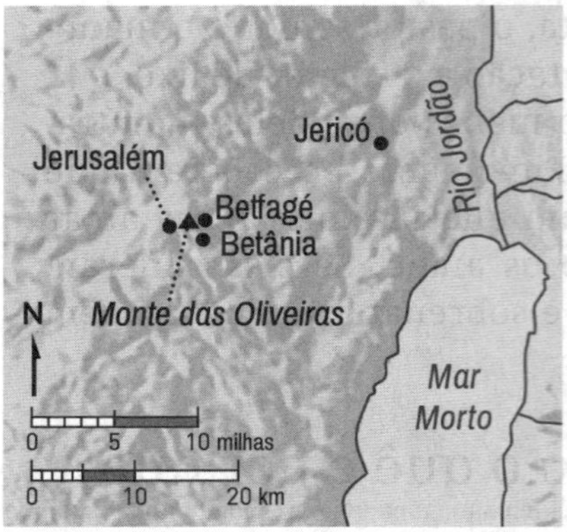

Vindo de Jericó, Jesus e uma multidão de seguidores se aproximaram de Jerusalém, vindo do leste, passando por Betfagé e atravessando a cadeia de colinas do monte das Oliveiras.

que Jesus curou ao longo do caminho, ao passar por Jericó, que o seguiram depois que sua visão foi restaurada (20:34).

Os últimos 29 quilômetros, de Jericó a Jerusalém, são uma subida bastante íngreme que, em circunstâncias normais, teria dissuadido os mais hesitantes de acompanhar Jesus. No entanto, com a festa da Páscoa se aproximando, Jesus e seus seguidores teriam se misturado a uma crescente multidão de peregrinos a caminho de Jerusalém. O Evangelho de João relata que, quando Jesus e seus discípulos se aproximaram de Jerusalém, chegaram à cidade de Betânia, onde ficaram na casa de Marta, Maria e Lázaro (Jo 12:1-2).

EXCURSO: O "RABO" ABANANDO O JUMENTO

MATEUS 21:1-7

Os relatos da Entrada Triunfal nos outros três Evangelhos mencionam apenas o jumentinho, aquele que Jesus realmente montou (Mc 11:2, 7; Lc 19:30, 35; Jo 12:14).

Somente Mateus relata que os discípulos pegaram tanto o jumentinho quanto a dele, referindo-se aos dois animais ao longo do relato (Mt 21:2-3, 7). Essa discrepância entre Mateus e os outros Evangelhos levou alguns céticos e críticos da Bíblia a sugerir que Mateus acrescentou a mãe do jumento à história para melhor se adequar à profecia de Zacarias 9:9, que diz: "Eis que o seu rei vem a você, justo e vitorioso, humilde e montado num jumento, um jumentinho, cria de jumenta".

O texto hebraico diz literalmente: "montando em um(a) jument(a) e em um jumentinho, filho de uma jumenta". A tradução grega da Bíblia hebraica, bem conhecida na época (a Septuaginta), diz: "montado em um(a) jumento(a) e em um jumentinho". Em ambos os casos, a conjunção "e" poderia ter levado ao entendimento de que tanto um jumentinho, quanto sua mãe, estariam envolvidos na Entrada Triunfal. No entanto, era típico da poesia hebraica, em seu uso de paralelismo, reiterar uma ideia com palavras diferentes. Assim, os leitores judeus de Zacarias 9:9 teriam entendido que o rei vindouro não estaria montado em dois animais, mas, como a versão NTLH corretamente traduz: "montado num jumento, *num jumentinho*, filho de jumenta" (grifo meu).

Então, Mateus entendeu mal o paralelismo hebraico? Além disso, ele então teria inventado um relato incluindo dois animais para que combinassem com sua equivocada interpretação da profecia de Zacarias? Esse seria o caso — ou como diz um ditado popular — do rabo abanando o burro?

Em relação à primeira questão, é extremamente improvável que justamente Mateus, teria falhado em compreender o simples conceito de paralelismo na poesia hebraica — algo que até mesmo um estudante do primeiro ano de hebraico é capaz de identificar. Em relação à segunda questão, concordo com R. V. G. Tasker, que argumenta: "Quando Mateus afirma que o jumento foi trazido com sua mãe, ele está registrando um fato, e não adaptando seu material, de maneira pouco inteligente, no interesse de um cumprimento literal da profecia".[266]

O fato é que, embora dois animais de carga estivessem presentes na Entrada Triunfal, Jesus não montou os dois animais ao mesmo tempo. Em nenhum caso esse seria um cenário verossímil. Jesus montou no jumentinho mais novo, no qual ninguém jamais havia montado. Marcos, Lucas e João concentram toda a atenção no único animal, o jumentinho, sobre o qual Jesus montou. Eles não viram necessidade de mencionar o outro animal de carga, que estaria carregando apenas excesso de bagagem e roupas.

Embora a mãe do jumentinho não seja explicitamente mencionada em Marcos, Lucas e João, o relato de Mateus responde a uma pergunta muito importante, que teria ocorrido a um leitor do primeiro século, que estivesse lendo o relato dos outros Evangelhos: se aquele jumentinho nunca tinha sido cavalgado, ou mesmo montado, como ele teria sido capaz de manter a calma no meio de uma multidão barulhenta? Isso pode não parecer grande coisa, para a maioria de nós, que só vimos jumentos adultos e treinados sendo montados em um parque de diversões ou zoológico. Mas isso, provavelmente, teria sido estranho para um leitor do primeiro século. John Peter Lange destaca o significado de ter a mãe do jumentinho presente durante a curta viagem de Betfagé a Jerusalém: "Se esse jumento nunca tinha sido montado, era preciso que a mãe fosse conduzida ao seu lado, a fim de mantê-lo tranquilo para tal serviço".[267]

Betânia ficava na encosta leste do monte das Oliveiras, a cerca de três quilômetros das muralhas de Jerusalém. Betfagé ficava um pouco acima, mais ou menos na metade do caminho entre Betânia e Jerusalém, tecnicamente uma parte da própria Jerusalém.[268] Jesus estava apontando para a pequena aldeia de Betfagé quando disse aos seus discípulos que fossem buscar uma jumenta e um jumentinho no "povoado que está adiante de vocês" (Mt 21:2; veja Mc 11:1-2; Lc 19:30). Pode ser tentador interpretar as instruções de Jesus como se Ele estivesse se apropriando da propriedade de pessoas estranhas para exercer seu direito divino e demonstrar seu poder de onisciência. Alguns até viram essa atitude como um caso de *angareia*, isto é, o direito de requisição oficial, que "pertencia à realeza e também era reivindicado pelos rabis".[269] Neste caso, então Jesus, na aquisição desses animais, estaria fazendo uma declaração política e religiosa, exercendo seu direito como um dignitário soberano. No entanto, é mais provável que Jesus já seria conhecido dos donos dos animais e estivesse instruindo os discípulos a seguir um plano preestabelecido.

De qualquer forma, Mateus registra que Jesus pediu a seus discípulos que buscassem os dois animais — uma jumenta e seu jumentinho — sobre os quais ninguém jamais havia montado. Mateus explica o significado profético desse ato, parafraseando Zacarias 9:9, que diz: "Alegre-se muito, cidade de Sião! Exulte, Jerusalém! Eis que o seu rei vem a você, justo e vitorioso, humilde e montado num jumento, um jumentinho, cria de jumenta."

Quando Jesus montou um jumentinho e estava entrando em Jerusalém, uma mensagem alta e clara foi proclamada sem palavras: "Eis que o seu rei vem a você" (Mt 21:5). Mateus esclarece esse cumprimento da profecia para ressaltar o propósito abrangente de seu Evangelho: demonstrar a seus leitores judeus que Jesus era de fato o Rei, o tão esperado Messias de Israel.

21:6-11

Conforme as instruções, os discípulos foram buscar o jumentinho e sua mãe em Betfagé, e os cobriram com seus mantos. Jesus montou o menor dos dois, usando as túnicas como uma espécie de sela improvisada (21:6-7). De lá, Jesus, cercado por uma comitiva de seus discípulos próximos, bem como por um círculo mais amplo de seguidores, começou a lenta, porém curta jornada pelo monte das Oliveiras, subindo sua encosta leste desde Betânia, passando por Betfagé, depois descendo a encosta oeste até o vale do Cedrom e chegando até os portões de Jerusalém.

A geografia descrita nesse evento é importante. Devido à viagem pelos picos e vales de Betânia a Jerusalém, milhares de peregrinos na estrada teriam conseguido ver, de longe, o homem montado em um jumentinho. A presença da mãe do jumentinho ao seu lado teria sido uma pista de que o montador estava fazendo algum tipo de afirmação. Tenho certeza de que, com tantos judeus dedicados vendo a cena a partir de um ponto mais alto ou mais baixo, vários dentre a multidão teriam feito a conexão com a profecia messiânica de Zacarias 9:9.

A respeito do profundo significado da viagem de Jesus no lombo de um animal, William Barclay diz:

> Ele se propôs ir a Jerusalém montado em um animal, o que seria a confirmação inequívoca de ser Ele o Messias, o Rei ungido de Deus [...] Ele agiu de modo a chamar toda a atenção para si mesmo e ocupar o centro do palco [...]. Foi uma reivindicação deliberada de se mostrar como rei, um cumprimento claro do quadro mencionado em Zacarias 9:9. Todavia, mesmo nesse ponto Jesus destacou o tipo de realeza que Ele estava reivindicando... Somente em uma guerra os reis montavam um cavalo; quando vinham em paz, chegavam num jumento.[270]

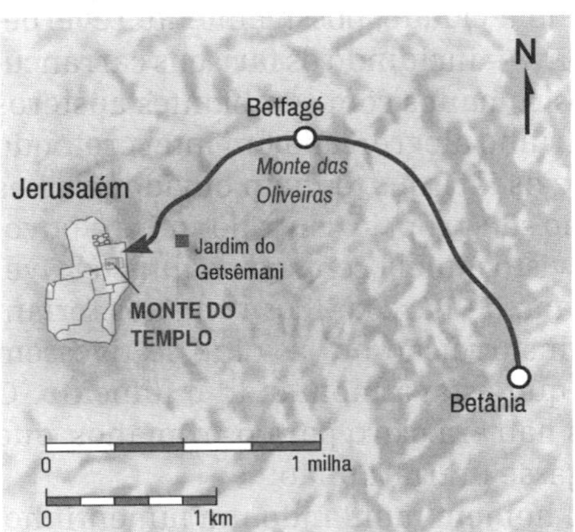

A rota de Jesus, montado no jumentinho de Betânia, subindo o monte das Oliveiras, passando por Betfagé e atravessando o vale do Cedrom até chegar a Jerusalém, proporcionava vários pontos privilegiados em que os peregrinos podiam vê-lo, mesmo a distância.

O comportamento de muitos membros da crescente multidão que se dirigia para Jerusalém naquele dia demonstra que numerosos peregrinos compreenderam o significado dos atos de Jesus. Em aclamação e honra, eles espalharam suas vestes na estrada ou estenderam grandes ramos de palmeira ao longo do caminho do jumento.

Stanley Toussaint explica o significado desse fato: "fazer um tapete com as vestes para o caminho de um rei era considerada uma forma comum de homenagear esse evento. O aceno com ramos de palmeira era feito para receber os reis. Todos os indicativos externos apontavam para a entrada de um rei em Jerusalém".[271] Além das ações dessas pessoas, suas palavras confirmavam uma aceitação exuberante de que Jesus era, de fato, seu Rei, o Messias tão esperado. Tanto os que estavam à frente de Jesus quanto os que estavam atrás dele gritavam e o louvavam com as palavras "Hosana ao Filho de Davi! Bendito é o que vem em nome do Senhor! Hosana nas alturas"! (Mt 21:9). Além de identificar claramente Jesus como o Filho de Davi, isto é, o Messias, a multidão repetia a palavra "Hosana", uma oração de uma só palavra que significa: "Salva-nos, SENHOR!" Era uma petição para a libertação da opressão. A multidão inspirou-se nestas palavras de Salmos 118:25-26:

> Salva-nos, SENHOR! Nós imploramos.
> Faze-nos prosperar, SENHOR! Nós suplicamos.
> Bendito é o que vem em nome do SENHOR.
> Da casa do SENHOR nós os abençoamos.

Que momento! Aqueles homens, mulheres e crianças sabiam que estavam vivenciando as profecias da Escritura. Era como se as antigas palavras de Deus de repente ganhassem vida diante de seus olhos. Eles estavam testemunhando pessoalmente o cumprimento da profecia e a realização de uma profunda expectativa.

Enquanto Jesus e a multidão passavam pelo vale de Cedrom e se aproximavam do portão oriental de Jerusalém, os gritos e os aplausos de grande louvor teriam atravessado a cidade, possivelmente reverberando por todo o vale. A cidade inteira — incluindo os fariseus carrancudos, sacerdotes irritados e soldados romanos com semblantes austeros — provavelmente teria ouvido o barulho alegre, cada um interpretando a cena de maneira diferente. Talvez os fariseus tenham ouvido aqueles clamores como mais uma ameaça ao seu próprio controle sobre o povo. Quem sabe os sacerdotes tivessem visto aquela cena como uma terrível intromissão na solenidade da semana da Páscoa. E os romanos teriam começado a se preocupar com a insurreição ou revolta, se tivessem entendido a importância daquele que estava montando o jumento. O que era óbvio aos olhos dos judeus não era claro para os romanos, que teriam esperado que um rei cavalgasse um garanhão.

Quando se soube da chegada do homem montando um jumentinho, todos logo ficaram conhecendo sua identidade: "Este é Jesus, o profeta de Nazaré da Galileia" (Mt 21:11). O evangelho de Lucas registra as tentativas dos fariseus mal-humorados de acalmar a multidão, exigindo que o próprio Jesus repreendesse o povo porque ousaram insinuar que Ele era o tão esperado Messias. A resposta do Senhor deve ter feito com que eles ardessem de raiva: "'Eu digo a vocês', respondeu ele; 'se eles se calarem, as pedras clamarão'" (Lc 19:39-40). Em um caso revelador de ironia, até as pedras "sabiam" o que os fariseus, de coração de pedra, se recusavam a acreditar: Jesus era o Rei, o tão esperado Messias de Israel.

Do meu diário

Vivendo uma "profecia" longamente esperada

MATEUS 21:9

Fui criado em um lar muito modesto. Nossa pequena casa na Quince Street, na parte leste de Houston, custou aos meus pais cerca de 6 mil dólares. Tínhamos três pequenos quartos e um banheiro minúsculo. Meu irmão mais velho, Orville, minha irmã mais velha, Luci, e eu crescemos ali durante nossa adolescência.

Meu pai era um trabalhador diligente. Durante a Segunda Guerra Mundial, ele já havia passado da idade requerida para a convocação militar, então ele fez parte da força de trabalho que ajudou a manter nosso país durante a guerra. Minha mãe não trabalhava fora de casa. Nós, os três filhos, éramos suficientes para ocupar todo o tempo dela. Mamãe amava o Senhor e queria que nós, crianças, também o amássemos. A primeira parte — de que ela amava o Senhor — estava funcionando para ela, mas a última parte veio um pouco mais tarde, pelo menos para mim.

Um dia, quando tinha cerca de doze anos de idade, eu estava me preparando para sair e jogar futebol de areia. Enquanto estava atravessando a cozinha correndo, minha mãe disse:

— Charles, venha aqui. Quero lhe mostrar uma coisa.

Eu pude sentir, pelo tom de sua voz, que um sermão maternal estava a caminho. Eu não tinha tempo para aquilo, então eu respondi:

— Mãe, posso fazer isso mais tarde, quando eu voltar?

— Não — disse ela —, você vai vir aqui agora mesmo. Eu quero mostrar-lhe um texto que o Senhor me deu. E isso tem a ver com você.

Então eu pensei: "Oh, meu irmão! O que vai ser isso?" Fiquei ali, parado, jogando minha bola para o alto.

— Fique quieto e me escute — disse ela.

Eu congelei. Em seguida, veio o sermão:

— Estive lendo o livro de Provérbios, e encontrei um versículo para você. Está em Provérbios 18:16.

Ela o tinha escrito em um pequeno cartão 4 por 6 e o colou na parede, por cima da pia:

"O dom de um homem abre o caminho para ele e o conduz à presença dos grandes (versão original King James)."

— Isso é ótimo, mãe — eu disse. — Posso ir agora?

Então, ela rebateu:

— Não. Vou lhe dizer o que o Senhor me mostrou sobre isso.

— Mãe, todos os meus amigos estão esperando lá fora por...

— Ouça-me! Ela continuou. — Acredito que o Senhor vai usar você de maneiras que nunca poderíamos imaginar.

— Ótimo, mamãe. Espero que Ele faça isso. Já terminamos?

— Escute aqui. Quando for mais velho, você perceberá que Deus está cumprindo a verdade desse versículo em sua vida.

Inclinei minha cabeça e li novamente o versículo: "O dom de um homem abre o caminho para ele e o conduz à presença dos grandes".

Considerando nossa pequena casa e nossos modestos anos de crescimento, o conceito de "grandes pessoas" não estava registrado em minha mente. Mas isso significava muito para ela; na verdade, ela estava com lágrimas nos olhos. Mamãe colocou seus braços ao meu redor e disse:

— Quero que você saiba que estou reivindicando isto para você.

Eu concordei:

— Bem, isso é ótimo, mãe. Continue reivindicando. Já terminamos?

Ela não gostou dessa resposta, mas eu escorreguei de seus braços e saí correndo de casa.

Eu nunca teria imaginado, como uma criança de doze anos, de que forma a graça de Deus atuaria, como as orações fervorosas e perspicazes de minha mãe seriam respondidas. O tempo passou. Eu saí da escola, casei-me e fui para Okinawa, servindo no Corpo de Fuzileiros Navais. Lá estava eu, a quase 13 mil quilômetros de casa, sem nem mesmo estar pensando em Provérbios 18:16. Porém, através de uma série de eventos, acabei sendo mentoreado por um representante do ministério The Navigators. Aquele mentor realmente me ajudou a crescer como cristão. Foi durante aqueles muitos meses, naquela ilha, que recebi do Senhor meu chamado para o ministério.

Pela graça de Deus, fui parar no Seminário Teológico de Dallas. Embora tenha sido aceito em situação condicional, por não ter a formação acadêmica necessária, Deus me deu a capacidade de trabalhar arduamente e me projetar. Durante meus quatro anos no seminário, fui mentoreado por alguns grandes homens de Deus. Ray Stedman, Howie Hendricks e Dwight Pentecost moldaram especialmente minha transição para o ministério pastoral. Eu pastoreei na Nova Inglaterra, por um tempo, e, eventualmente, fui para o sul da Califórnia. Lá, fiz algo que nunca havia sonhado em fazer: escrevi um livro que as pessoas realmente queriam ler. Em pouco tempo, o Senhor abriu as portas para que eu escrevesse mais livros. Então, por sua graça, a minha pregação foi para o rádio.

Honestamente, tudo isso foi uma surpresa para mim. Eu não poderia ter coreografado aqueles movimentos, nem mesmo traçado esse caminho. Minha vida tem sido composta de uma surpresa após outra, abençoada pela graça de Deus — como é até hoje.

No meio dessa jornada, nos anos 1980, fui convidado pela Embaixada Cristã em Washington, capital dos EUA, para uma reunião muito especial. Nesse grupo, estariam muitos oficiais de alta patente dos generais e coronéis do Pentágono. Haveria um grupo de embaixadores com suas famílias. Até mesmo um membro do gabinete do Presidente Reagan. E eles haviam me convidado — justo eu! — para falar. Descobri que cerca de oitocentas pessoas estariam naquela reunião de grandes homens e mulheres. No início da tarde, enquanto eu estava vasculhando minha Bíblia, pensando no que eu queria dizer naquela noite, deparei-me com Provérbios 18:16, grifado.

Nesse tempo, minha mãe já havia morrido. Mas suas palavras voltaram. De repente, percebi que, agora, eu estava vivendo o cumprimento do que ela havia reivindicado — uma declaração que me foi dada quando eu nem estava interessado. Naquela época, eu havia encolhido os ombros. E, lá estava eu, vivenciando a verdade que ela havia reivindicado para mim.

Como as coisas ficam grandes quando percebemos que Deus está realizando tudo o que Ele havia planejado para nós. Esses são bons momentos para fazer uma pausa e dar-lhe graças e louvores pelo que Ele fez. Lembro-me de me levantar, naquela noite, e ter que sufocar as lágrimas quando comecei a falar, pensando: Quem sou eu para falar a esses grandes homens e mulheres? Percebi que eu era quem sempre tinha sido — e o que todos nós somos — nada mais que um receptor da graça surpreendente de Deus.

APLICAÇÃO

Mateus 21:1-11

NOSSA CURTA JORNADA

Foi uma viagem bastante curta entre Betânia e os portões de Jerusalém. Jesus provavelmente conseguiu fazer a jornada em menos de uma hora, mesmo naquele jumentinho de perna curta, e tendo que subir e descer o monte das Oliveiras. Mas, para aqueles que estavam ao longo da estrada, naquela manhã de domingo, foi uma viagem profundamente importante, com o potencial de selar seu destino eterno. Aquela estrada lotada, com Jesus em destaque, apresenta uma imagem de nossa própria curta jornada pela vida, com suas voltas e reviravoltas, picos e vales. Por fim, o caminho chegará ao portão dourado que conduz à cidade eterna e, ou seguiremos Jesus até o fim ou nos encontraremos fora dos muros. Onde você se vê nessa multidão? Você está chegando o mais perto possível de Jesus, colocando suas próprias vestes no chão, como um ato de adoração e honra, reconhecendo-o como seu Salvador e Senhor? As pessoas mais próximas de você, nesta vida, podem ver sua devoção ao Messias, ou você segue Jesus de longe, apenas com seus olhos, guardando seus "Hosanas" para si mesmo?

Você é como aqueles que foram arrastados pela emoção do momento, que seguiam junto com a multidão, esperando receber alguma forma de alegria de curto prazo ou benefícios mundanos ao se aproximar daquela celebridade de Nazaré, apenas para gritar alguns dias depois: "Crucifica-o! Crucifica-O"? Sua devoção a Cristo é firme ou inconstante?

Ou você está se mantendo a distância e evitando a multidão, talvez até zombando, caçoando, ou torcendo o nariz para a necessidade de entregar tudo ao Filho de Deus? Você é um cínico que rejeita tudo o que Jesus afirmou ser? É igual a um fariseu que quer silenciar a multidão? Ou um soldado romano que só deseja manter a paz?

Só há uma resposta certa para aquele que veio para reinar em nossa vida: a rendição total. É a única resposta que não vem naturalmente a nenhum de nós. Todos nós fomos ensinados a lutar pela vida, a nos defender, a assumir o comando — certamente não nos preparam para seguir um homem simples em um jumentinho, não importando quem Ele afirma ser. E, ainda assim, com todo o nosso coração, alma e força, somos chamados a nos unir à multidão de "Hosanas" eternos.

Quando Jesus diminuiu o entusiasmo do povo

MATEUS 21:12-22

Você consegue se lembrar da última vez que ficou irritado... por uma justa causa?

Não estou falando de uma raiva descontrolada que se transforma em fúria total. Quero dizer, ficar aborrecido pela razão certa — aquilo que as pessoas podem chamar de justa indignação. A ira justa ocorre quando alguém faz algo que incomoda as pessoas de boa índole e moral elevadas. Na verdade, se você não sentir a justa indignação, em tal circunstância, esse comportamento revelaria uma falta descuidada de compaixão e justiça.

Ofender-se com injustiças morais é o tipo de ira que Paulo tinha em mente quando escreveu Efésios 4:26: "Quando vocês ficarem irados, não pequem". Isso nos mostra que há momentos em que é certo demonstrar ira. Que tipos de situações devem acender corretamente nossa ira? É correto sentir raiva em relação a um abusador — quer o abuso seja físico, mental, emocional, espiritual ou sexual. É apropriado ter ira de um indivíduo que se aproveita de alguém menor, que ridiculariza uma pessoa por ser diferente, ou que trata mal os indefesos ou portadores de deficiências. E, como cristãos, devemos sentir indignação quando testemunhamos indivíduos profanando, sem nenhum acanhamento, coisas que são sagradas, explorando egoisticamente os pobres, ou oprimindo os inocentes — tratando com crueldade as pessoas criadas à imagem de Deus.

Tais atos errados nos irritam. *E eles deveriam nos causar indignação.* É humano reagir dessa maneira. Entretanto, nós, seres humanos caídos, devemos ter cuidado para que nossa justa indignação não fique fora de controle e se transforme em fúria perversa. É por isso que Paulo acrescenta "não pequem" ao "ficarem irados".

Às vezes esquecemos que Jesus também era totalmente humano — com a mesma condição física, mental e emocional que você e eu temos, mas sem pecado (Hb 4:15). Como Deus-homem, Jesus tinha tanto uma natureza plenamente divina como uma natureza plenamente humana — em uma só pessoa. Os teólogos cunharam a expressão *pessoa teantrópica*, que combina *theos* [2316], que significa "Deus", apontando para sua divindade, e *anthrōpos* [444], que significa "homem", referindo-se à sua humanidade. Por causa de sua natureza totalmente divina, o Deus-homem podia comandar o tempo, curar os doentes, caminhar sobre a água, perdoar os pecados e ressuscitar os mortos. Em razão de sua natureza plenamente humana, o homem-Deus sujou fraldas quando bebê, aprendeu a andar, quando criança, cansava-se e dormia quando fazia uma longa jornada, comia quando tinha fome, chorava quando estava de luto, e morreu quando foi crucificado.

E sim, tendo em vista que Jesus ser totalmente humano, Ele ficava irado. Mas pelo fato de que Ele era totalmente divino, sua ira sempre era justa, sua resposta sempre era medida, suas ações sempre eram apropriadas.

As pessoas ficam muitas vezes chocadas quando leem relatos como os dois registrados em Mateus 21:12-22. Muitos cristãos são ensinados a ter apenas a visão unilateral de Jesus, ou seja, de que Ele é "Jesus manso, humilde e suave". Sem dúvida, o Messias modelou humildade e mansidão; Ele foi a personificação da graça e da misericórdia. Mas Ele era mais — muito mais — do que isso. Porque Ele possuía zelo pela santidade e a glória de Deus e tinha a mais alta consideração pela oração apropriada e pela adoração autêntica, Ele não podia tolerar nada que comprometesse aquelas marcas importantes da verdadeira espiritualidade, especialmente se a hipocrisia fosse parte do processo. Quando Jesus se deparou com o sacrilégio grosseiro que estava acontecendo no templo — todas as compras, vendas e atos de extorsão em um cenário de bazar —, Ele chegou ao seu limite. E, como veremos, mesmo na manhã seguinte, Ele ainda estava ardendo em ira quando condenou uma figueira infrutífera como um símbolo para a condenação dos rebeldes perversos de Israel.

21:12-13

Suponho que os espectadores poderiam considerar a primeira mesa virada como um erro grosseiro. Porém, depois a agitação aumentou. Eles viram Jesus se movendo através do Pátio dos Gentios, virando mesas de cambistas e chutando os assentos almofadados daqueles que estavam recebendo o dinheiro das pessoas comuns. Eles rapidamente perceberam que algo muito grande estava acontecendo. O que foi que atraiu tanto a ira sagrada do Filho de Deus?

Quando Jesus e seus discípulos se aproximaram do templo, eles viram uma cena que poderia ser considerada um verdadeiro circo religioso. Enquanto muitos lugares de interesse hoje fazem da porta de saída dos visitantes uma loja de lembranças, a elite religiosa, que dirigia o grande negócio envolvendo o templo no primeiro século, fazia com que todos os adoradores entrassem através do que era o portal de um festival religioso. O comentarista bíblico Kent Hughes descreve o cenário desta forma:

> Os comerciantes gritavam de suas bancas para os clientes, e os peregrinos barulhentos ficavam regateando e empurrando uns aos outros em busca de uma boa posição... O cheiro do gado, acentuado pelo ambiente fechado, fazia com que tudo parecesse como se a feira de um bairro e a Bolsa de Valores tivessem se transformado em uma só coisa.[272]

Para entender as ações aparentemente severas de Jesus, precisamos considerar um pouco do contexto histórico. O movimentado mercado no monte do Templo havia sido chamado de "Bazar de Anás", nomeado em homenagem ao sumo sacerdote aposentado, Anás, o qual também era o sogro do atual sumo sacerdote, Caifás. Anás havia governado como sumo sacerdote de Israel por quase uma década, e, durante esse período, ele estabeleceu uma extensa rede financeira no templo, que sistematicamente extorquia dinheiro dos adoradores. Assim funcionava a operação: enquanto os adoradores faziam sua peregrinação a Jerusalém, vindo de todo o mundo para participar das festas e oferecer os sacrifícios necessários no templo, os principais sacerdotes só aceitavam a moeda cunhada em Israel — o shekel. Portanto, as moedas estrangeiras precisavam primeiro ser convertidas em shekels. Naturalmente, os agentes dos sacerdotes trocavam a moeda utilizando uma taxa de câmbio inflacionada que enchia os bolsos da família sacerdotal, corrompida até o âmago.

O templo do primeiro século, renovado por Herodes, o Grande, incluía o grande **Pátio dos Gentios**, onde os não judeus podiam entrar para adorar.

Além disso, a Lei de Moisés afirmava que qualquer animal oferecido a Deus tinha que ser sem defeito. Isso proporcionava, aos sacerdotes que supervisionavam o templo, uma oportunidade de avaliar os "animais que vinham de fora" por um padrão de perfeição impossível. O inspetor podia arbitrariamente encontrar alguma mancha em um animal trazido por um adorador que, de outra forma, seria perfeito e belo. O inspetor o rejeitava como indigno para um sacrifício e, então, direcionava o adorador desesperado para uma banca onde animais pré-aprovados poderiam ser comprados por seu preço aumentado em várias vezes o valor normal dos animais. Naturalmente, os sacerdotes recebiam uma parte dos lucros exorbitantes gerados pela venda dos animais, causando um aumento da corrupção e da injustiça. A. B. Bruce chama isso de "uma grotesca e ofensiva combinação de religião com um conceito de moral obscura".[273]

À luz dessas injustiças, a resposta dramática de Jesus caiu definitivamente na categoria de justa indignação. Ele expulsou aqueles corruptos que lucravam absurdamente, derrubou as mesas dos cambistas e empurrou as cadeiras dos vendedores de pombas (21:12). O Evangelho de Marcos acrescenta que Jesus "não permitia que ninguém carregasse mercadorias pelo templo" (Mc 11:16). O que deveria ser um sagrado local de reverência, tinha se tornado o festival de consumismo!

Para explicar suas ações, Jesus citou duas passagens do Antigo Testamento (Mt 21:13). A primeira lembrava a seus ouvintes sobre o que o templo deveria ser: "a minha casa será chamada casa de oração para todos os povos" (Is 56:7). A segunda era um trecho extraído do profeta Jeremias que acusava os profanos mercenários de converter o templo de Deus em um "covil de ladrões". O contexto da citação de Jeremias revela o estado de espírito de Jesus:

> Vocês pensam que podem roubar e matar, cometer adultério e jurar falsamente, queimar incenso a Baal e seguir outros deuses que vocês não conheceram, e depois vir e permanecer perante mim neste templo, que leva o meu nome, e dizer: "Estamos seguros!", seguros para continuar com todas essas práticas repugnantes? Este templo, que leva o meu nome, tornou-se para vocês um covil de ladrões? Cuidado! Eu mesmo estou vendo isso", declara o SENHOR. (Jr 7:9-11)

Assim como o Israel do Antigo Testamento havia se afastado de seu Deus que havia feito uma aliança com eles e se voltado para as buscas mundanas e a adoração de falsos deuses, a liderança de Israel, na época de Jesus, havia substituído a devoção correta do templo pela adoração do todo-poderoso shekel!

21:14-17

As ações de Jesus devolveram ao templo seu propósito legítimo, a adoração e a oração a Deus — pelo menos por um tempo. Enquanto a cena dramática se desenrolava, ninguém se opôs a Jesus. Por que não? Talvez os envolvidos nos esquemas de troca de dinheiro e de manipulação de preços soubessem que o que estavam fazendo não era ético. As passagens bíblicas citadas por Jesus podem ter tocado suas consciências. A inerrante Palavra de Deus estava do lado de Jesus. Certamente, os pobres clientes que haviam sido enganados pelos trapaceiros também estariam do lado de Jesus. Vale lembrar que o Senhor entrou na cidade acompanhado de uma grande e crescente multidão, gritando em aclamação: "Hosana ao Filho de Davi", e aqueles louvores retumbantes o seguiram até o pátio do templo (21:15). Além disso, Jesus imediatamente seguiu seu ato de purificação do templo com surpreendentes realizações de cura para cegos e coxos (21:14). Por causa de todas essas coisas, Jesus estava tão seguro no templo quanto Daniel estava na cova dos leões.

Aqui, os leões apareceram andando de um lado para o outro e rosnando a distância. Os principais sacerdotes e escribas viram toda a comoção, bem como os milagres que Jesus estava realizando. Eles ouviram crianças cantando à beira da estrada: "Hosana ao Filho de Davi". Em resposta a tudo isso, os governantes religiosos "ficaram indignados" (21:15). Aqui está um grande exemplo de indignação *injusta*, em contraste direto com a ira perfeitamente justificada de Jesus. O que deixou esses líderes religiosos tão aborrecidos? Eles não deveriam estar se alegrando? Os cegos viam, os coxos andavam, as crianças cantavam louvores e o templo foi restaurado como um lugar de oração! Por que os líderes estavam tão enfurecidos?

Eles poderiam estar pensando nas pilhas de dinheiro que estavam perdendo, por causa das ações de Jesus. Talvez estivessem se sentindo envergonhados por Ele ter citado as Escrituras que os expunham — bem como sua extorsão —, mostrando o que eles realmente eram. Talvez estivessem pensando que as pessoas e as crianças deveriam estar cantando louvores sobre eles! De fato, suas críticas mais severas dirigidas a Jesus vieram em resultado do cântico infantil prestando louvores a Jesus como o "Filho de Davi". O Mestre os repreendeu, parafraseando uma linha de Salmos 8:2: "Dos lábios das crianças e dos recém-nascidos suscitaste louvor" (Mt 21:16).

Essa cena nos lembra que Jesus não era o tipo de Messias que aqueles estudiosos e sacerdotes procuravam. Eles não tinham interesse na justiça pessoal; estavam preocupados apenas com o poder político. Eles não tinham tempo para promover o arrependimento da nação como um todo; continuavam procurando apenas poder militar. Não ansiavam por paz, justiça e misericórdia; eles se preocupavam apenas com sua própria prosperidade econômica. Se o Messias havia vindo para oferecer algo que não fosse para próprio ganho pessoal deles, não estavam interessados.

Jesus poderia ter ficado ali, debatendo com os sacerdotes e escribas por muitas horas. Em vez de fazer isso, Ele deixou a Escritura ter a última palavra. Tendo afirmado que as coisas não estavam bem com o coração religioso e político da nação de Israel, Jesus partiu por onde veio e voltou para Betânia (21:17).

Na manhã seguinte, quando Jesus estava voltando para Jerusalém, desejou tomar um lanchinho da figueira à beira da estrada. Ao invés de encontrar frutos comestíveis, Ele verificou que a árvore era uma decepção: ela só tinha folhas. Superficialmente, a resposta extrema de Jesus pode parecer a ação impulsiva de uma criança petulante: "Ele lhe disse: 'Nunca mais haverá fruto de você'" (21:18-19). Mas, ao pensarmos na cena em seu contexto e recordarmos a prática típica de Jesus de ensinar seus discípulos através de ilustrações e parábolas, percebemos o grande significado de sua maldição sobre a figueira estéril.

Uma figueira, talvez similar àquela que foi amaldiçoada por Jesus em seu caminho para Jerusalém.

A figueira sem frutos foi uma ilustração da esterilidade espiritual dos líderes de Israel. Tendo visto a hipocrisia exibida no dia anterior, Jesus apontou a figueira como um símbolo da tragédia de uma vida apenas repleta de folhas — uma vida que parece ser saudável ao longe, mas que se mostra infrutífera quando examinada mais de perto. O fato de que a figueira murchou imediatamente, em resposta à maldição de Jesus, ilustra tanto a certeza como o caráter repentino do juízo de Deus que sobrevirá àqueles que têm uma falsa reputação de justiça, mas carecem da verdadeira vida espiritual. Esse ato de Jesus pode ter lembrado aos discípulos as palavras do profeta Miqueias:

> Que desgraça a minha!
> Sou como quem colhe frutos de verão na respiga da vinha;
> não há nenhum cacho de uvas para provar,
> nenhum figo novo que eu tanto desejo.
> Os piedosos desapareceram do país; não há um justo sequer.
> Todos estão à espreita para derramar sangue;
> cada um caça seu irmão com uma armadilha.
> Com as mãos prontas para fazer o mal
> o governante exige presentes,
> o juiz aceita suborno,
> os poderosos impõem o que querem;
> todos tramam em conjunto.
> O melhor deles é como espinheiro,
> e o mais correto é pior que uma cerca de espinhos.
> Chegou o dia anunciado pelas suas sentinelas,
> o dia do castigo de Deus.
> Agora reinará a confusão entre eles (Mq 7:1-4).

Sabemos que cerca de quarenta anos depois, em razão da prolongada maldade da nação, a falta de arrependimento por parte de Israel e a recusa em aceitar Jesus como seu Rei, o tão esperado Messias, o exército romano cercaria Jerusalém e destruiria o belo Templo, lançando suas pedras no vale. Talvez Jesus estivesse olhando ao longe para o monte do Templo quando disse que aqueles que tivessem fé, sem duvidar, não só poderiam amaldiçoar uma figueira por sua falta de fruto, mas também ordenar que uma montanha fosse arrancada do seu lugar e lançada ao mar (Mt 21:21). De toda forma, essa linguagem hiperbólica (exagerada) tinha o objetivo de pintar um quadro vívido do poder da fé. Jesus, como o Deus-homem encarnado, é o único que tem o tipo de conhecimento infinito, sabedoria, confiança e poder para realizar um feito tão espantoso. Entretanto, à medida que os discípulos aprendessem a confiar nele e a orar de acordo com sua vontade pelo poder do Espírito, eles, também, se veriam, figurativamente, "movendo montanhas".

A promessa de 21:22 não deve ser retirada do contexto do ensino bíblico como um todo sobre a fé, oração, bem como o plano e propósito de Deus. O apóstolo João — que esteve presente quando Jesus amaldiçoou a figueira e proferiu sua promessa sobre a oração — oferece uma perspectiva esclarecedora acerca da confiança que temos que Deus responde aos nossos pedidos. Cerca de sessenta anos após esse evento, João escreveu: "Esta é a confiança que temos ao nos aproximarmos de Deus: se pedirmos alguma coisa de acordo com a vontade de Deus, ele nos ouvirá" (1Jo 5:14).

De onde vem o conhecimento da vontade de Deus, para que saibamos que os pedidos levados em oração serão respondidos? Colossenses 1:9 nos dá uma dica: "não deixamos de orar por vocês e de pedir que sejam cheios do pleno conhecimento da vontade de Deus, com toda a sabedoria e entendimento espiritual". Tal conhecimento da vontade de Deus é uma obra de sabedoria divina, que vem necessariamente do Espírito. À medida que aprendermos sobre a Palavra de Deus, inspirada pelo Espírito (2Tm 3:16), e a vivermos, estaremos preparados para orar de acordo com sua vontade.

APLICAÇÃO

Mateus 21:12-22

CONFIANÇA PARA AGIR COM CORAGEM

Jesus não tinha medo de agir com coragem e expressar seu irado descontentamento com a maldade, quando a situação o requeria. Ele estava completamente confiante de que seus atos eram justos e que produziriam o efeito pretendido. Sim, virar as mesas e expulsar os compradores e vendedores do pátio externo do templo atraiu a ira dos avarentos, que não queriam perder dinheiro. Mas isso não dissuadiu o Senhor de fazer com que a casa de seu Pai voltasse ao seu uso adequado.

Quando se trata de expressar ira, talvez você se encontre em um dos dois extremos. Em um deles estão aqueles que exibem ira excessiva, ou ira sobre questões em que ela é injustificada. Você fica com raiva e tem um ataque de nervos por motivos ilegítimos? Sua ira está fora de controle? Pequenas coisas deixam você descontrolado? Esse tipo de ira é inadequado, infrutífero e pecaminoso. Assuma o controle de si mesmo e busque o poder do Espírito para demonstrar paz, paciência, bondade, mansidão e domínio próprio. Se você precisar de ajuda externa, como aconselhamento, procure. Há um tipo de ira que é covarde, não corajosa — especialmente a forma que se manifesta em abuso verbal ou físico.

No outro extremo, estão aqueles que recuam diante da verdadeira injustiça. Você fica em silêncio quando vê alguém sendo maltratado? Você olha para o outro lado quando se depara com a maldade? Você tenta pacificar a situação quando ela exige intervenção? Embora não devamos buscar conflitos e controvérsias sem necessidade, o exemplo de Jesus prova que, às vezes, é necessário avançar e intervir por causa da verdade e da justiça.

Já ouvi pessoas dizerem que os cristãos nunca devem ficar com raiva. Claramente, isso é incorreto. Há momentos em que eu diria que algo está errado com você se você não sentir raiva. Não tenha medo da ira — apenas certifique-se de que ela se manifeste por um motivo justo, seja expressa da maneira certa, na hora apropriada. Novamente aponto para as palavras de Paulo: "Quando vocês ficarem irados, não pequem" (Ef 4:26). A passividade e a neutralidade nem sempre são as posturas corretas. Às vezes, as circunstâncias exigem que você avalie uma situação, determine que algo errado está sendo feito e decida agir com confiança e coragem.

Lutando contra críticos cáusticos

MATEUS 21:23-46

A disputa continuou. Nessa última semana da vida e ministério terreno de Jesus, vemos os líderes religiosos intensificando suas críticas. Eles partiram para o ataque. Um espírito de hostilidade substituiu os confrontos passivo-agressivos por sussurros divulgados entre as multidões e tramas feitas nas sombras. Declarações críticas, que antes eram feitas como meras perguntas, se transformaram em exigências duras e depreciações públicas. É óbvio que o ódio dos líderes por Jesus continuava crescendo a cada encontro.

Em vez de recuar e fugir para seu próprio território na Galileia, Ele "tirou as luvas" e deu alguns socos verbais fortes e contundentes. Tipicamente, Ele fez esse ataque na forma de histórias, chamadas parábolas. Essas parábolas tinham o objetivo de penetrar na grossa armadura da hipocrisia de seus oponentes, expondo a maldade dos escribas, fariseus e sacerdotes. Embora os líderes religiosos parecessem ter de seu lado a vantagem política, Jesus se manteve firme, recusando-se a ceder um milímetro diante da beligerância deles.

Falando com grande coragem, Jesus enfrentou direta e pessoalmente seus oponentes e os silenciou com palavras fortes. À medida que os golpes verbais atingiam seu alvo, a raiva dos líderes, em relação a Ele, chegou a um nível febril. Quando a poeira começou a baixar, depois da próxima escaramuça, eles já estavam tentando encontrar uma maneira de prendê-lo (21:46). No entanto, o medo deles da desaprovação pública, e a possibilidade de surgirem tumultos entre as multidões, mantiveram Jesus seguro... por algum tempo.

Claramente, uma batalha intensa estava em andamento. Estava se tornando feia, e caminhava para um clímax.

21:23-27

No dia seguinte à controversa Entrada Triunfal de Jesus, Ele voltou ao templo para ensinar as multidões que ali se reuniram. Dessa vez, porém, "os principais sacerdotes e os anciãos do povo" estavam prontos para atacar (21:23). Na mente deles, Jesus havia invadido seu território, e haveriam de prendê-lo por isso. Como seria esperado daqueles homens que se preocupavam apenas com seu próprio poder religioso, político e social, sua primeira pergunta hostil estava relacionada com a autoridade de Jesus, pois eles perguntaram, em essência: "Quem você pensa que é?" Eles queriam saber que tipo de autoridade Ele alegava ter para expulsar os cambistas e vendedores.

Nós, como leitores, sabemos a resposta para essa pergunta. Jesus estava agindo com autoridade divina, por ser o Deus-homem encarnado. Em acréscimo, Ele era o Rei, o tão esperado Messias de Israel. Mas os líderes conspiradores dos judeus não estavam realmente interessados na verdade. Eles estavam tentando armar uma cilada para fazer com que Jesus dissesse algo que daria base para uma oposição oficial a Ele ou até mesmo pudesse atrair a ira dos romanos. Fazer com que Jesus reivindicasse sua autoridade divina e sua realeza resultaria nas duas coisas.

Jesus não estava preocupado com isso. Com base em uma técnica clássica no debate rabínico, Jesus "respondeu" à pergunta deles também com uma indagação. (21:24).[274] No entanto, não foi apenas um pouco de esgrima verbal. A resposta à pergunta sobre a posição de João Batista — "De onde era o batismo de João? Do céu ou dos homens?" (21:25) —era diretamente relevante para o questionamento dos líderes judeus sobre a autoridade de Jesus. Pelo fato de que João havia apontado para aquele que viria depois dele e seria maior que ele (3:11-12), a resposta deles a essa pergunta também forneceria resposta à indagação que haviam feito.

Com rapidez, a mente intrigante dos críticos começou a girar. Se eles respondessem: "do céu", Jesus os questionaria por haverem rejeitado a mensagem de João e não terem se tornado seguidores do Batista — e, por conseguinte, seguidores de Jesus! No entanto, se eles respondessem: "dos homens", a tentativa de virar a multidão contra Jesus seria um tiro no pé, porque as massas consideravam João como um profeta enviado pelo céu (21:25-26). De modo que, ao considerar as duas opções ruins, eles preferiram não escolher nenhuma. Ao contrário, se fizeram de bobos e disseram: "não sabemos" (21:27).

Naturalmente, Jesus então se recusou a responder à pergunta deles sobre sua própria autoridade. Ele conhecia seus motivos perversos. Se Ele anunciasse abertamente que sua autoridade provinha de Deus, estaria entrando exatamente no jogo deles. Jesus nunca mentiu, mas também não se sentiu compelido a responder a todas as perguntas ou atender às expectativas de todos. Ele estava no controle cronológico dos eventos, e aquela semana se desenrolaria de acordo com seu plano, não em conformidade com os planos dos outros. A noite de quinta-feira estava se aproximando rapidamente, quando Ele seria traído e entregue nas mãos daqueles homens ímpios empenhados em sua destruição, mas, até então, Ele se esquivaria habilmente de suas tentativas de apanhá-lo em alguma cilada.

21:28-32

Jesus poderia ter deixado tudo ficar por isso mesmo, mas não o fez. Ele estava com seus adversários na defensiva. A boca deles estava fechada; Jesus os havia forçado a fingir ignorância sobre a autoridade de João Batista. O rosto deles estava vermelho de vergonha e raiva. Como um boxeador, Jesus os estava mantendo nas cordas. As duas parábolas que se seguem são como um soco duplo que continuou a infligir sérios danos ao ego dos líderes judeus.

A primeira história diz respeito a dois filhos sem nome, aos quais chamaremos de "Não vou" e "Eu vou". A cena é simples. O pai mandou os dois para trabalhar em sua vinha. "Não vou" se recusou desafiadoramente a trabalhar, mas, depois, se sentiu mal e foi para o vinhedo como lhe havia sido pedido. Por outro lado, o filho "Eu vou" concordou em trabalhar, mas, depois, falhou em cumprir seu compromisso (21:28-30). Voltando-se para seus críticos, Jesus perguntou-lhes qual dos filhos realmente obedeceu ao pai.

Era uma pergunta simples e direta, aparentemente inofensiva de se responder. Anteriormente, quando Jesus tinha jogado uma bola rápida direto na base, como num jogo de beisebol, com a pergunta a respeito de João Batista, os líderes judeus não conseguiram rebater e perderam o lance. Desta vez, quando Jesus colocou a bola no suporte [equipamento de beisebol], eles não hesitaram em tentar se redimir, procurando responder. Eles não iriam bancar os estúpidos por causa de uma pergunta de múltipla escolha tão simples e inofensiva. Eles replicaram: "O primeiro" (21:31) — o filho que não prometeu nada, mas cumpriu tudo o que lhe foi pedido, serviu seu pai obedientemente.

Jesus, então, rebateu a bola e os acertou em cheio. O pai, na história, representava claramente Deus, o Pai. O primeiro filho, "Não vou", fazia o papel dos cobradores de impostos e prostitutas, que não eram religiosos, sendo abertamente considerados pecadores — os piores dos piores, na avaliação dos judeus religiosos. Esses homens e mulheres ouviram a mensagem de João Batista e desafiadoramente se afastaram dela, mas, depois de pensarem sobre o assunto, eles creram e se arrependeram. Enquanto isso, o filho "Eu vou" era um reflexo daqueles que parecem obedientes e fiéis externamente, mas demonstram ser iníquos e desobedientes. Especificamente, esse filho representava os líderes religiosos de Israel que *professavam* acreditar, mas que, no fundo, não criam. Jesus declarou que aqueles considerados "pecadores", pelas autoridades religiosas, entrariam no reino de Deus antes deles. Essa doeu! Jesus não pegou leve nessa repreensão direta aos seus críticos desonestos. Se os líderes religiosos não tinham percebido as referências veladas à sua maldade nas parábolas anteriores, eles certamente o fizeram agora. Jesus apontou diretamente o dedo para eles, enfatizando duas vezes que eles rejeitaram João Batista (21:32).

21:33-46

A severa denúncia feita por Jesus deixou os líderes religiosos confusos e atordoados, pelo fato de Ele os condenar publicamente e acusá-los de infidelidade e desobediência. No entanto, Jesus ainda não havia terminado sua batalha contra eles. O Mestre deu sequência ao primeiro golpe com um segundo, atingindo-os com uma parábola que delineia o quadro mais amplo da oferta de salvação de Deus (21:33-41). Nesta segunda história, o proprietário da vinha é a figura de Deus, o Pai. A vinha é o povo de Deus, Israel — a nação que Ele ama. Aqueles que cuidam da vinha e cultivam a terra são os líderes passados e presentes de Israel. À medida que a história se desenrola, o proprietário faz uma longa viagem, deixando o cuidado da vinha nas mãos dos guardiões

— os líderes de Israel (21:33). À medida que a colheita se aproxima, o proprietário envia seus servos — representados pelos profetas do Antigo Testamento — para fazerem a colheita, mas os trabalhadores os rejeitam, maltratam e matam (21:34-36). Até agora, o enredo segue de perto a história de Israel apresentada no Antigo Testamento, e poderia até incluir o que aconteceu com João Batista.

Finalmente, o proprietário envia seu filho — retratando o próprio Jesus —, a quem é devido total respeito. Num ato chocante de desafio e rebelião, os fazendeiros rejeitam, maltratam, arrastam e assassinam brutalmente o filho, esperando deixar o proprietário sem um herdeiro, tramando assim tomar a vinha para si mesmos (21:37-39). Nesse ponto, Jesus fez a seus ouvintes uma pergunta crucial: qual será a reação certa do proprietário quando ele retornar à sua vinha (21:40)?

Os presentes responderam à questão, ao pronunciar o julgamento justo sobre os trabalhadores rebeldes da vinha: "matará de modo horrível esses perversos" (21:41). Esses trabalhadores devem ser substituídos por outros que cultivem fielmente a terra e paguem ao proprietário o que lhe pertence por direito. Ao responder dessa maneira, porém, os ouvintes de Jesus não tinham ideia de que estavam anunciando o justo juízo sobre si mesmos por rejeitarem, maltratarem e logo em seguida condenarem e matarem o Filho de Deus! Jesus sabia que eles já tinham, no coração, o assassinado, porém, eles estavam tão cegos pelos próprios pecados que falharam em ver que estavam do lado errado da história da redenção.

Nos últimos versículos de Mateus 21, Jesus dá o nocaute. Vendo que havia conseguido arrancar deles a sentença de sua própria condenação, Ele citou o salmo 118 e invocou toda a força da Palavra de Deus contra eles (Mt 21:42):

> A pedra que os construtores rejeitaram
> tornou-se a pedra angular.
> Isso vem do Senhor,
> e é algo maravilhoso para nós. (Sl 118:22-23)

Talvez você se lembre de que alguns versos do salmo 118 já haviam aparecido no relato de Mateus sobre a Semana Santa. Os gritos de "Hosana" da multidão e as palavras "Bendito o que vem em nome do Senhor" (Mt 21:9) vinham de Salmos 118:25-26. Assim como Jesus havia aceitado anteriormente a aplicação desse salmo a si mesmo, agora Ele aplicou essa parte do salmo também à sua pessoa como um testemunho contra seus detratores e críticos. A passagem pertinente refere-se à "pedra que os construtores rejeitaram", que agora é claramente entendida como uma referência a Cristo. Como resultado dessa rejeição, o reino seria tirado dos oponentes de Jesus e dado aos seus verdadeiros discípulos — aquele bando de *pessoas insignificantes*, pecadores convertidos e, eventualmente, até mesmo gentios sem noção — que produziriam os frutos do reino (Mt 21:43). Aqueles que olhassem com desprezo o Messias cairiam sobre a pedra ou seriam esmagados por ela, e se quebrariam em pedaços, sendo espalhados como pó (21:44) — provavelmente uma referência ao julgamento e dispersão da nação de Israel que viria como resultado da revolta judaica de 66-70 d.C.

A mensagem atingiu seu alvo com força total. Até aquele momento, os principais sacerdotes e fariseus não haviam percebido onde eles mesmos se encaixavam nas parábolas de Jesus. Depois dos dois golpes seguidos desferidos pelas histórias dos dois filhos e dos arrendatários infiéis, Jesus conseguiu a atenção deles. Os líderes agora entendiam que o Mestre estava falando sobre eles (21:45). Embora estivessem fumegando de raiva, não podiam fazer nada contra Jesus naquele local público de reunião no pátio do templo. Porque o povo (com razão) acreditava que Jesus era um profeta genuíno, os líderes judeus temiam prendê-lo abertamente (21:46). Assim, teriam que esperar por um momento mais oportuno.

APLICAÇÃO

Mateus 21:23-46

SAINDO DOS ASSENTOS DA PRIMEIRA FILA NO RINGUE

À medida que a batalha começa a esquentar entre Jesus e os líderes religiosos que dominavam o povo e as instituições de Jerusalém, os discípulos parecem ter ficado em segundo plano. E a multidão de seguidores entusiasmados parece ter dado alguns passos para trás. Jesus e seus detratores ficaram no centro do palco, como competidores em destaque numa luta. No meio daquela disputa verbal, o que estaria passando pela cabeça dos espectadores — aqueles que tinham assentos próximos ao ringue? Haveria bravos apoiadores de Jesus gritando palavras de incentivo quando o Mestre marcava pontos na discussão contra seus oponentes? Será que os sacerdotes e fariseus tinham discípulos seus anotando os pontos e dando conselhos ao lado do ringue? Será que apoiadores de ambos os lados teriam mudado de lado à medida que o debate se intensificava? Hoje em dia, quando ouvimos pessoas caluniando o nome de Cristo e tentando intimidar os cristãos para levá-los ao silêncio, como reagimos? Ficamos sentados como espectadores de uma luta, esperando para ver quem acerta mais socos e marca mais pontos? Ou saímos de nossos assentos e tomamos partido? A resposta de Jesus aos sacerdotes e fariseus mostra que "dar a outra face" não se aplica aos enfrentamentos a heresias que promovam o ódio a Cristo. Quando a verdade da pessoa e obra de Jesus está em jogo, nós, assim como Jesus, precisamos tomar uma posição.

Devemos perceber que não somos chamados para ser espectadores nas batalhas espirituais pelo evangelho, mas, sim, para batalhar "pela fé que uma vez por todas foi confiada aos santos" (Jd 1:3). Se isso era verdade nos dias de Jesus e nos dias de seu irmão Judas, certamente é verdade hoje. Em uma sociedade pós-cristã cada vez mais hostil à verdade e à justiça, devemos estar preparados para permanecer firmes na batalha — uma luta que "não é contra seres humanos, mas contra os poderes e autoridades, contra os dominadores deste mundo de trevas, contra as forças espirituais do mal nas regiões celestiais" (Ef 6:12). E devemos nos lembrar que "as armas com as quais lutamos não são humanas; ao contrário, são poderosas em Deus para destruir fortalezas" (2Co 10:4). No poder de Deus — não no nosso — podemos pegar as armas da justiça para combater a falsidade com a verdade e a maldade com a bondade, até que o Rei da Glória tome seu trono e declare que a batalha terminou.

Um diálogo com os enganadores

MATEUS 22:1-22

Envoltos em engano, os fariseus que perseguiram Jesus durante todo o seu ministério público se disfarçaram, procurando demonstrar moralidade, enquanto tramavam capturá-lo em uma armadilha. Enquanto vestiam roupas de justiça tecidas por eles mesmos, tentaram apresentar Jesus como um vilão tanto para as pessoas comuns como para o grupo de influência religiosa e política. Se eles pudessem encontrar um ponto fraco na armadura de Jesus, lançariam sua adaga do engano de forma rápida e impiedosa. Naquele momento em que Jesus e seus discípulos estavam em Jerusalém para a Páscoa, os fariseus ficaram à espreita, avaliando seu oponente, espionando-o e instigando-o, procurando um ponto provavelmente vulnerável para atacar.

Jesus sabia exatamente o que eles estavam fazendo. Ele podia ver através de todas as artimanhas deles. Suas vestes religiosas ornamentadas não o impressionavam, e nada do que diziam ou faziam o enganava. Talvez eles conseguissem enganar as multidões, levando-as a acreditar que eram verdadeiramente piedosos por dentro e por fora, no entanto, Jesus sabia que eles eram mestres da hipocrisia, e planejam matá-lo. Uma vez que Jesus estiva pisando no território deles, Ele não estava disposto a dar um único passo em falso. Tampouco iria permitir que eles avançassem sequer um centímetro em seu plano desesperado para prendê-lo, em razão de suas palavras e ações. Em vez disso, Jesus mudou sua estratégia para um modo agressivo, saindo para a ofensiva.

Durante aquela última semana de seu ministério terrestre, as parábolas de Jesus se tornaram afiadas — pontiagudas e penetrantes. Elas atingiam a hipocrisia da elite religiosa. Já vimos duas dessas histórias: a parábola dos dois filhos (21:28-32) e a parábola dos ímpios vinhateiros (21:33-41). Ao ouvir essas histórias, os principais sacerdotes e fariseus "compreenderam que ele falava a respeito deles" (21:45). Quando Jesus contou outra parábola — a história da festa de casamento e dos convidados impropriamente vestidos — os líderes judeus lançaram o que pensavam ser um contra-ataque sutil para fazer com que Jesus trouxesse descrédito a si mesmo por suas próprias palavras. Mas a conversa suave e a abordagem hipócrita dos líderes não conseguiram enganá-lo, nem ao menos por um segundo.

22:1-10

Em sua parábola seguinte, Jesus comparou o convite para o reino dos céus ao convite de um rei para a festa de casamento de seu filho (22:1-2). Como ainda é o caso nos dias de hoje, as pessoas convidadas para um casamento real incluíam dignitários ricos e influentes — líderes políticos, sociais e religiosos de alto nível. Esse teria sido um tipo de evento apenas para VIPs. Todavia, na história de Jesus, os convidados desprezaram o rei, recusando-se a ir mesmo quando foram convidados pessoalmente várias vezes (22:3-4). Alguns dos que se recusaram a comparecer à festa de casamento demonstraram indiferença, estando determinados a seguir seu próprio caminho (22:5). Outros, porém, foram tão beligerantes que atacaram os mensageiros e os mataram (22:6)! O elenco das personagens relacionadas nesta parábola é fácil de ser identificado.

O rei representa Deus; o filho representa Jesus. A elite que estava convidada para o banquete presumivelmente representa os líderes judeus. O convite inclui as várias maneiras pelas quais Deus já havia chamado os membros daquela elite para serem discípulos no reino de Deus. João Batista havia feito o convite para que o povo se arrependesse e cresse. Jesus e seus discípulos estavam acenando para eles virem.

Além disso, os profetas do Antigo Testamento haviam predito a chegada do Messias, seus milagres e sua missão. E os surpreendentes sinais e maravilhas realizados por meio do Espírito Santo deveriam ter selado o acordo para qualquer pessoa que tivesse olhos para ver e ouvidos para ouvir. No entanto, os escribas, fariseus, sacerdotes e outros líderes dos judeus ignoraram grosseiramente esses convites ou atacaram ativamente aqueles que os estenderam para eles.

Em 22:7, Jesus descreveu a resposta irada do rei. No grego, a palavra traduzida como “irado” é uma forma de *orgizō* [3710], procedente da mesma raiz que a palavra para “ira” (*orgē* [3709]). Embora o rei fosse eminentemente paciente e gracioso em suas repetidas tentativas, insistindo com seus súditos de alto escalão a comparecer ao banquete, sua paciência tinha um limite. Quando a resposta aos seus mensageiros se tornou violenta, a paciência do rei cedeu lugar à justiça — dando às pessoas o que elas mereciam. A imagem dos exércitos do rei destruindo a cidade dos assassinos traidores era uma alusão profética à destruição de Jerusalém, que ocorreria em 70 d.C. Por causa das repetidas rejeições, por parte dos líderes judeus, do gracioso convite de Deus para o reino, o juízo certamente viria.

Como a primeira lista de nomes da lista de convidados se mostrou indigna (22:8), o rei ampliou o convite para incluir *todos* — “gente boa e gente má” — que estavam nas principais estradas e ruas (22:9-10). Na interpretação da parábola, os destinatários desse novo convite certamente teriam incluído a população geral de judeus, independentemente da posição social ou de sua piedade demonstrada. No entanto, também incluiria os gentios que responderam à proclamação do evangelho da salvação, somente pela graça, por meio da fé em Cristo somente. Em sua carta aos Romanos, o apóstolo Paulo aludiu a essa graciosa oportunidade de salvação que veio por causa da dureza de coração exibida pelos judeus: “por causa da transgressão deles, veio salvação para os gentios” (Rm 11:11). Em Mateus 22:9-10, então, temos uma referência inicial ao chamado que ficou conhecido como a Grande Comissão, na qual Jesus enviou seus discípulos para fazer “discípulos de todas as nações” (28:19). Quando o convite foi oferecido à liderança de Israel, eles se recusaram a aceitá-lo. Mas, quando Deus estendeu o convite a todas as pessoas em todos os lugares, o salão de banquetes ficou cheio de convidados (22:10).

22:11-14

Jesus, então, aproveitou a oportunidade, em conexão com esta parábola, para ensinar uma importante lição sobre a base para a aceitação de alguém no reino dos céus. Já vimos que Deus não faz acepção de posição social, econômica, política ou religiosa. O convite é para qualquer um. No entanto, quando o rei dessa história observou os convidados do casamento, ele encontrou um intruso "que não estava usando veste nupcial" (22:11). Se o banquete é um símbolo de salvação — para o salvo se banquetear na presença do Senhor —, então a única vestimenta apropriada para a festa é a justiça de Deus, que vem pela graça, por meio da fé. Sendo que apenas um manto limpo e puro é aceitável, desse modo somente a purificação que vem por meio do sangue derramado por Cristo oferece o traje que pode passar no teste. Um comentarista observa: "As roupas sujas daquele convidado foram um insulto ao anfitrião, especialmente porque, pela graça de Deus, a veste nupcial é fornecida a todos. Pois Deus veste os redimidos (veja Is 61:10; Zc 3:1-4; Ap 3:4-5, 18). Deus rejeita aqueles que tentam entrar no Reino sem fazer a vontade do Rei".[275]

Isso é o que os teólogos chamam de doutrina da justiça imputada. Uma explicação simples dessa doutrina afirma: "Na salvação, nosso pecado e culpa são creditados a Cristo, e sua justiça é creditada a nós".[276] O escrito anônimo do século 2, *Carta a Diogneto*, articula lindamente esse ensino cristão clássico sobre a obra de Cristo por nós:

> Ele mesmo deu seu próprio Filho como resgate por nós, o Santo pelos iníquos, o inocente pelos culpados, o justo pelos injustos, o incorruptível pelos corruptíveis, o imortal pelos mortais. Pois o que mais, a não ser a justiça desse alguém, poderia cobrir nosso pecado? Em quem mais, senão somente no Filho de Deus, nossa iniquidade e impiedade poderiam ser justificadas? Oh, que doce troca! Oh, que concepção insondável! Oh, benefícios inesperados que a iniquidade de muitos fosse ocultada no único que é justo, e a justiça de apenas um justificasse muitos iníquos.[277]

No contexto original da parábola de Jesus, aquele indivíduo que foi confrontado pelo rei, por não estar vestido com as roupas nupciais adequadas, corresponde aos fariseus, que se vestiam com a justiça de suas próprias obras e não com a justiça do céu ofertada como um presente por Jesus Cristo. Eles teriam feito bem em lembrar as palavras do profeta Isaías: "Somos como o impuro—todos nós! Todos os nossos atos de justiça são como trapo imundo. Murchamos como folhas, e como o vento as nossas iniquidades nos levam para longe" (Is 64:6). Desde os tempos do Antigo Testamento, a oferta de purificação era conhecida por qualquer um que se voltasse para Deus em arrependimento e fé: "'Venham, vamos refletir juntos', diz o SENHOR. 'Embora os seus pecados sejam vermelhos como escarlate, eles se tornarão brancos como a neve; embora sejam rubros como púrpura, como a lã se tornarão'" (Is 1:18).

Porque o convidado injusto não estava trajando as vestes de casamento, ele foi excluído da festa. Isso representa a separação eterna de Deus, onde haverá "choro e ranger de dentes" (Mt 22:13). Deus oferece gratuitamente perdão e salvação eterna a todos, mas somente poderão entrar aqueles que aceitam seu convite unicamente pela graça, através apenas da fé em Cristo somente. Em 22:14, uma mensagem solene conclui a parábola de Jesus: "muitos são chamados, mas poucos são escolhidos". Nesse contexto, os "chamados" são os inúmeros homens e mulheres de todas as origens convidados para a festa. O convite do evangelho da salvação é transmitido a todos, sem distinção. No entanto, embora todos sejam convidados, apenas alguns — os "escolhidos" — aceitam o dom da salvação e são vestidos com a justiça de Cristo.

22:15-17

Não devemos pensar sequer por um segundo que os fariseus não entenderam o que Jesus disse. Eles reconheceram seu lugar na parábola. Foram eles que rejeitaram o convite do rei para a festa do filho... e eles haveriam de pagar caro por isso. Foram eles que vieram à festa de casamento sem a veste adequada... e eles seriam lançados nas trevas exteriores. Todavia, em vez de responder positivamente ao severo aviso de Cristo, os fariseus prosseguiram com sua trama enganosa para derrubar aquele que apontava o dedo para eles.

Em 22:15-16, vemos a armadilha sendo arquitetada. Observe que a motivação dos fariseus era totalmente enganosa e perversa: eles "começaram a planejar um meio de enredá-lo em suas próprias palavras". O que se seguiu não foi uma pergunta sincera, para a qual eles estavam ansiosos em obter a resposta. Eles tinham o objetivo de que Jesus dissesse algo que irritasse a multidão ou chamasse a atenção das autoridades romanas. Note também que os próprios fariseus permaneceram em segundo plano. Em vez de confrontarem diretamente Jesus (o que não havia funcionado até então), eles enviaram "seus discípulos" e também "os herodianos".

Essa é a única vez que os herodianos são mencionados no Evangelho de Mateus. Tratava-se de um grupo de judeus leais à família de Herodes — especificamente, Herodes Antipas — e, portanto, apoiavam a ocupação romana e o controle da Judeia. Como tal, eles apoiavam o direito de Roma de cobrar impostos do povo judeu. Os discípulos dos fariseus, porém, se opunham à interferência romana nos assuntos dos judeus, o povo escolhido de Deus. Aqui temos uma aliança sem precedentes entre liberais e conservadores, pessoas seculares e religiosas — trabalhando lado a lado para capturar Jesus em uma armadilha diabólica.

A pergunta que esses dois grupos fizeram a Jesus parecia mais uma bajulação hipócrita. Eles fingiam demonstrar respeito por Jesus, chamando-o de "mestre", aparentando honrar sua opinião como verdadeira, sábia e imparcial. Então, imaginando que Jesus responderia à bajulação deles inserindo sua cabeça no laço, eles puxaram uma linha de raciocínio, fazendo uma pergunta que eles pensavam que colocaria Jesus em um dilema do qual não poderia escapar: "É certo pagar imposto a César ou não?" (22:17).

Essa questão era reconhecidamente inteligente e teria feito tropeçar qualquer um que não estivesse alerta. O termo "certo" aqui significa "permissível" — isto é, apropriado dentro da lei judaica. O imposto em questão era um tributo que foi imposto aos judeus pelos romanos alguns anos após a morte de Herodes, o Grande. O tributo pessoal, baseado no censo populacional, era um lembrete constante de que a Judeia e o povo judeu estavam de fato sob o controle soberano do imperador. Esse imposto criava um dilema: ao pagá-lo, a pessoa obedecia à lei romana, mas admitia estar sujeita a uma potência estrangeira ímpia; no entanto, se recusasse-se a pagá-lo, passava a ser considerada rebelde aos olhos de Roma, estando sujeita a uma punição.

A questão era tão controversa que parecia ser um beco sem saída para Jesus. Uma resposta sim (pagar o imposto) o colocaria do lado dos herodianos seculares, em favor da contínua opressão romana. Jesus não deveria ser o legítimo Rei dos judeus? Uma resposta negativa (não pagar o imposto) teria colocado o Mestre diretamente do lado das massas, confirmando o sentimento nacionalista subentendido, que fervia abaixo da superfície. Porém, Jesus queria se tornar a voz de um movimento que poderia conduzir à insurreição?

22:18-22

Jesus sabia exatamente o que eles estavam pretendendo fazer. Ele "percebeu a malícia deles" e os confrontou diretamente: "Hipócritas! Por que vocês estão me pondo à prova?" (22:18). Enquanto os fariseus e herodianos lidavam com enganos e sutilezas, Jesus os atingiu diretamente. Ele não estava prestes a cair na armadilha deles. Ao contrário, o Mestre desmantelou o argumento deles com um recurso visual, seguido de uma explicação inteligente. Ele pediu que alguém lhe mostrasse a moeda usada para pagar o tributo pessoal (22:19). Essa moeda, cunhada pelos romanos, trazia a imagem de Tibério César, o imperador da época.

Quando Jesus foi questionado a respeito de impostos (22:15-17), Ele tomou nas mãos uma **moeda romana.** Provavelmente era uma moeda parecida com esta apresentada na ilustração, com a imagem de Tibério César, que era o imperador de Roma durante o ministério de Jesus.

Tomando a moeda na mão, Jesus deixou a própria multidão responder à pergunta óbvia: "De quem é esta imagem e esta inscrição?" (22:20). Até uma criança analfabeta saberia responder: de César. Então veio a resposta engenhosa de Jesus que desativou completamente a bomba que os fariseus e herodianos queriam lançar sobre Ele: "Então, deem a César o que é de César e a Deus o que é de Deus" (22:21).

Assim como César cunhou moedas com sua imagem nelas, Deus colocou sua imagem em nós (Gn 1:26). Como portadores dessa imagem, todos nós, seres humanos, devemos a Ele nosso próprio ser. Os tesouros e poderes físicos e terrenos são temporários. Por que não devolver a César aquelas bugigangas de metal que têm sua imagem nelas? Deus está muito mais preocupado com aquilo que fazemos com as dimensões espirituais, eternas e celestiais de nossa vida. Entregar a Deus as coisas que lhe pertencem implica conferir a Ele todo o nosso ser — "Ame o SENHOR, o seu Deus, de todo o seu coração, de toda a sua alma e de todas as suas forças" (Dt 6:5).

Os astutos oponentes de Jesus começaram o confronto certos de que já contavam com a derrota do Mestre. Eles pensaram que sua pergunta, habilmente elaborada, seria a queda de Jesus. Por quanto tempo, eu me pergunto, eles se juntaram para elaborar a "armadilha dos impostos", apenas para se frustrarem com um simples giro da moeda e uma única frase? Não foi sem razão que os enganadores se retiraram maravilhados (Mt 22:22). Mais uma vez, eles foram pegos em sua própria teia de engano cuidadosamente tecida.

APLICAÇÃO

Mateus 22:1-22

DUAS VERDADES PARA COMBATER O ENGANO

Na parábola de Jesus e no diálogo que se seguiu com os enganadores apresentados no texto, encontramos duas verdades importantes e relacionadas entre si sobre Deus, as quais faríamos bem em lembrar. Manter essas verdades em destaque e no centro de nosso foco nos ajudará a combater o engano dos falsos religiosos e dos falsos mestres.

A primeira verdade: *Deus é soberano*. Portanto, o reino e a festa de casamento são dele. Ele envia os convites, faz as regras e escolhe o traje. Os enganadores gostam de entrar como penetras, definir suas próprias agendas e se vestir com sua justiça própria, que, na verdade, não passa de trapos imundos. Todavia o plano soberano de salvação, preparado por Deus, é estabelecido de acordo com sua vontade visando à sua glória. É um plano de graça soberana, pois Ele não quer que ninguém pereça. Mas devemos reconhecer que somos pecadores e nunca poderíamos ganhar um lugar à sua mesa. Aceitamos o pagamento pelo pecado — a morte de Cristo em nosso lugar. E, quando vamos a Ele com fé simples, Jesus tira nossas vestes esfarrapadas do pecado e as substitui por sua própria justiça. Essa é a única maneira de comparecermos à festa.

A segunda verdade: *Deus é Rei*. Deus não é um funcionário eletivo ou uma divindade desinteressada. Deus é o Rei do universo. Devemos a Ele — e somente a Ele — nossa mais completa fidelidade. Não adoramos a nenhum outro. Nossa sociedade pós-moderna e pluralista nos diz que todos os deuses são simplesmente metafóricos, no sentido de representar algo transcendente, e todas as "boas" religiões são basicamente semelhantes. Isso, evidentemente, é um argumento falso, "pois há um só Deus e um só mediador entre Deus e os homens: o homem Cristo Jesus" (1Tm 2:5). Devemos nosso maior amor, a maior honra e mais humilde obediência a Deus, não a um líder político, nação, chefe, pai, ou mesmo a uma igreja. Nosso respeito e honra apropriados para com essas outras autoridades, em nossa vida, só serão aumentados pelo reconhecimento de que Deus somente é nosso Rei. Adorar qualquer outra pessoa, coisa ou ideia é idolatria. Devemos entregar a Deus o que pertence a Ele: todo o nosso ser!

Seremos casados após a ressurreição?

MATEUS 22:23-33

Sendo criaturas atualmente presas à terra, nossa perspectiva está fixada na ordem criada, delineada em Gênesis 1: terra e pedra, água e ar, nuvens flutuantes e constelações distantes. Ao experimentar essas coisas dia após dia, ano após ano, não podemos deixar de pensar em toda a realidade em termos de terra, céu e espaço sideral. É quase impossível, para nós, nos afastarmos mentalmente de nossa existência terrena e realmente imaginar como seria morar em outro plano.

Quando surge o assunto da vida após a morte, nossa tendência natural é simplesmente transferir uma imagem de nosso estilo de vida terrestre para nossa noção de existência celestial. Todavia, precisamos reconhecer a grande diferença entre a vida temporal e a vida eterna, a vida na terra e a vida no céu. Para começar, nosso corpo não permanecerá em sua atual condição mortal. Em vez dessa forma, de acordo com o que aprendemos com as palavras de Jesus, seremos "como anjos no céu" (Mt 22:30). Mas o que isso significa? Implicaria que nos tornaríamos anjos? Ou que os anjos são apenas as almas dos santos falecidos? Não teremos corpos? Teremos asas? Não seremos nem homem nem mulher? Será que vamos nos reconhecer?

Ao explorarmos os ensinos de Jesus sobre ressurreição e vida eterna, precisamos deixar que as Escrituras desafiem nossas noções não bíblicas do céu. Embora a Bíblia não responda a todas as perguntas que possamos ter sobre nosso lar eterno, o que Deus revela dissipará muitas superstições, ensinos fantasiosos e doutrinas totalmente enganosas que circulam até nos meios cristãos.

22:23-28

Tendo acabado de se livrar da trama dos fariseus, Jesus mal havia recuperado o fôlego quando um grupo de saduceus apareceu. A pressão estava aumentando. Como uma campanha militar desesperada para tomar uma cidade fortificada, os oponentes de Jesus vinham até Ele de todos as direções com ondas após ondas de ataques. Mal sabiam os inimigos do Messias que seus ataques implacáveis estavam batendo contra um objeto inamovível. Nenhum truque político ou sutileza teológica seria capaz de enredar aquele que não só podia discernir suas artimanhas, mas, também, penetrar no coração e na mente deles.

Então, quando um pequeno grupo de saduceus veio questionar Jesus a respeito de seu ponto de vista sobre a doutrina da ressurreição, não tinham como saber o que estariam enfrentando.

Quem eram esses saduceus, e no que eles acreditavam? Mateus simplesmente nos diz que eles negavam a ressurreição (22:23). Embora a Bíblia hebraica apresente alguma noção de vida após a morte (por exemplo, Jó 14:14; Sl 17:15) e até mesmo sobre uma ressurreição corporal (Jó 19:26; Is 26:19; Dn 12:2), ela inclui bem poucos detalhes sobre tais assuntos. Por exemplo, não há virtualmente nada sobre a existência espiritual entre a morte e a ressurreição físicas, ou sobre a natureza do corpo ressurreto.

Nos séculos que se passaram entre o retorno dos judeus da Babilônia (que começou no século 6 a.C.) e o nascimento de Cristo, muitas especulações excêntricas se desenvolveram sobre a vida após a morte e a ressurreição, e algumas delas penetraram nas crenças populares tanto de pessoas comuns quanto dos líderes religiosos. Na época de Cristo, os fariseus haviam desenvolvido uma doutrina bem elaborada sobre a vida após a morte, incluindo uma ressurreição corporal dos salvos e não salvos, bem como ensinos sobre recompensas e punições. Enquanto isso, seus rivais teológicos, os saduceus, acreditavam que a alma perecia com o corpo e que o conceito de ressurreição não passava de um mito. Como eles aceitavam apenas a autoridade dos livros de Moisés, rejeitavam quaisquer ensinos sobre a vida após a morte ou a ressurreição, que foram apresentados por profetas posteriores. Também negavam a existência de anjos e de demônios. Pelo fato de rejeitarem a noção de vida após a morte, não acreditavam em céu e em inferno ou no julgamento eterno e suas recompensas. Os saduceus acreditavam que a obediência a Deus proporcionava bênçãos nesta vida e que a desobediência trazia retribuição, aqui e agora. Eles estavam muito menos preocupados a respeito de sua alma imortal no céu do que perder seu controle temporal do poder político. Podemos comparar os saduceus dos dias de Jesus com o clero muito secular e teologicamente liberal de nossos dias. No livro de Atos, Lucas observa brevemente as diferenças entre os saduceus e os fariseus desta forma: "Os saduceus dizem que não há ressurreição nem anjos nem espíritos, mas os fariseus admitem todas essas coisas" (At 23:8).

Sobre as questões da existência consciente da alma após a morte e a crença em uma futura ressurreição corporal, Jesus e seus discípulos ficaram do lado dos fariseus. E os saduceus sabiam disso.

Todavia, mesmo que os saduceus não acreditassem na vida após a morte ou na ressurreição corporal, em sua tentativa de fazer Jesus de tolo, eles inventaram um cenário rebuscado que incluía ambos os casos. Sua pergunta começou com uma paráfrase de um mandamento da lei de Moisés, uma seção das Escrituras Hebraicas que eles aceitavam como canônica: "Se dois irmãos morarem juntos, e um deles morrer sem deixar filhos, a sua viúva não se casará com alguém de fora da família. O irmão do marido se casará com ela e cumprirá com ela o dever de cunhado" (Dt 25:5). Até então, tudo bem. Mas a seguir veio o caso hipotético, para testar Jesus: e se essa mulher sobrevivesse à morte de sete irmãos que, cada um, por sua vez, tinha se casado com ela para cumprir a lei de Moisés? Na vida após a morte, após a ressurreição dos mortos, de quem ela seria esposa (Mt 22:25-28)?

Aqueles saduceus, que se consideravam importantes líderes da cidade grande, provavelmente pensavam que estavam lidando com algum camponês que facilmente seria enredado nos galhos retorcidos e emaranhadas de seu hipócrita cenário hipotético. Posso imaginá-los rindo uns para os outros, depois de formularem aquele enigma implausível. Eles não estavam sinceramente buscando a resposta de um rabino respeitado. Quando se dirigiram a Jesus como "mestre", tudo não passava de uma bajulação falsa. Eles pensaram que tinham fisgado o Mestre com um dilema insolúvel. Tudo o que tinham a fazer, agora, era recolher a linha e expô-lo diante das multidões.

22:29-33

Para um grupo de esnobes elitistas, acostumados a ser temidos pelo povo, a resposta de Jesus — "Vocês estão enganados!" — teria sido como um tapa no rosto deles. Jesus os rebateu dizendo que eles não entendiam as Escrituras e que ignoravam o grande poder de Deus (22:29). Jesus vislumbrou suas intenções maliciosas e, instantaneamente, expôs a ignorância absoluta deles. Em poucos segundos, a situação virou e os saduceus que o atacaram foram colocados na defensiva. Eles estavam prestes a receber uma instrução das Escrituras por meio de Jesus, aquele cujo Espírito as inspirou.

Como um especialista que pode desmontar rapidamente a máquina mais complexa, Jesus desmontou a armadilha que haviam preparado para Ele. Quanto à ignorância deles, Jesus afirmou três verdades teológicas que contrastavam com suas crenças heréticas (22:30). A primeira, os mortos realmente ressuscitarão. Jesus simplesmente apresentou esse acontecimento como uma verdade teológica fundamental — "na ressurreição..." Haverá uma ressurreição física de nosso corpo.

NOSSO CORPO NA RESSURREIÇÃO

MATEUS 22:30

Como será a ressurreição? Sabemos pelas Escrituras que, na ressurreição dos crentes, nosso corpo terreno, sujeito ao pecado, sofrimento e morte, será milagrosamente transformado em um corpo perfeito e imortal como o corpo ressurreto de Cristo (1Co 15:51-54; Fp 3:20-21; 1Ts 4:16-17). Em nosso novo e glorificado corpo, ninguém poderá sustentar qualquer acusação contra nós. Seremos perfeitos e irrepreensíveis diante de Deus (veja Jd 1:24).

Em 1Coríntios 15:35-49, o apóstolo Paulo detalha a qualidade de nosso futuro corpo ressurreto. O gráfico a seguir resume o contraste que ele estabelece entre nosso corpo atual e nosso futuro corpo ressurreto:

CORPO PRESENTE	CORPO DEPOIS DA RESSURREIÇÃO
Perecível	Imortal
Em desonra	Glorioso
Fraco	Poderoso
Natural	Espiritual
Terrestre	Celestial

O detalhe mais importante a ser observado sobre o futuro corpo ressurreto é que ele será "espiritual", não "natural" (1Co 15:44-46). A palavra grega traduzida como "natural" é *psychikos* [5591] — "pertencente a um ser material ou físico".[278] Refere-se normalmente a alguém dominado pelos desejos da pessoa natural em vez de alguém dominado pelos apelos do Espírito (por exemplo, 1Co 2:14; Tg 3:15). Nesta vida "natural", devemos constantemente restringir os desejos da nossa carne (Rm 7:14-25). Mas, em nosso futuro corpo ressuscitado, não enfrentaremos tentações. Então, seremos para sempre governados pelo poder do Espírito Santo e seremos capazes de viver como Cristo vive — em completa santidade e submissão ao Pai. Ao chamar o corpo da ressurreição de "espiritual", Paulo não estava insinuando que seria um ente "fantasmagórico" ou "imaterial". Devemos nos lembrar de que teremos um corpo ressurreto como o de Cristo (1Jo 3:2). Seremos capazes de fazer tudo o que Ele fez em seu corpo ressurreto (veja Lc 24:33-43; Jo 20:19-29). E seremos completamente livres do peso da condição terrena, da gravidade do pecado e da força que nos impulsiona para baixo, em nossa condição caída (Ap 21:4).

A segunda verdade diz respeito à descontinuidade de nossos relacionamentos atuais e aqueles que virão na vida após a morte. No novo mundo da vida ressurreta, não haverá casamento — nem casamentos que pudéssemos herdar do mundo atual nem novos casamentos ocorridos após a ressurreição. Essa declaração essencialmente desarmou a armadilha preparada pelos saduceus. Toda a base para o enigma insolúvel foi extinta: na vida após a morte, o casamento é cancelado! Porém, antes de irmos para um argumento extremo sobre esse aspecto, vejamos as palavras esclarecedoras de Randy Alcorn: "Jesus disse que a instituição do casamento humano terminaria, depois de ter cumprido seu propósito. Mas ele nunca deu a entender que relacionamentos profundos entre pessoas casadas terminariam. Em nossa vida aqui, duas pessoas podem ser parceiras de negócios, parceiras de tênis ou parceiras de viagem. Porém, quando não são mais parceiras, isso não significa que sua amizade termina".[279]

A terceira verdade teológica diz respeito à natureza da vida após a morte. Aqueles que forem ressuscitados serão "como anjos no céu" (22:30). Observe que essa verdade não diz que os santos falecidos realmente *se tornarão* anjos. Isso não é ensinado em nenhum lugar na Bíblia. Ao contrário, haverá algo em nós que se assemelhará mais aos anjos no céu do que à nossa condição atual aqui na terra. A ênfase nesse aspecto parece estar na ideia de que os seres angélicos não se casam. Outros atributos dos anjos que presumivelmente compartilharemos: eles são eternos, incansáveis e imortais, e se deleitam para sempre na adoração e serviço ao seu Criador.

No decorrer de sua repreensão à teologia errada dos saduceus sobre os relacionamentos depois da ressurreição, Jesus aproveitou a ocasião para corrigir as ideias antibíblicas deles sobre a vida após a morte. Eles rejeitavam falsamente a noção de uma existência consciente, após a morte, acreditando que, quando nosso coração cessa de bater, essencialmente seria como se as "luzes fossem apagadas". Para combater esse primeiro erro, Jesus levou os saduceus a um lugar nas Escrituras que Ele sabia que eles aceitariam — o livro de Êxodo. Lembre-se, os saduceus aceitavam como inspirados e autoritativos apenas os primeiros cinco livros da Bíblia, os livros de Moisés. Ao citar uma passagem bíblica do próprio cânon estreitamente definido pelos saduceus, Jesus demonstrou que, mesmo sem os outros escritos do Antigo Testamento, Ele poderia defender a continuidade da existência após a morte.

A passagem que Jesus citou foi Êxodo 3:6, onde Deus disse a Moisés: "Eu sou o Deus de seu pai, o Deus de Abraão, o Deus de Isaque, o Deus de Jacó". Embora Abraão, Isaque e Jacó estivessem fisicamente mortos há séculos antes do nascimento de Moisés, Deus ainda era o Deus deles, e aqueles patriarcas ainda eram seu povo. Já que Deus não é o Deus dos mortos, mas o Deus dos vivos, Abraão, Isaque e Jacó ainda existiam na vida após a morte (Mt 22:32).

Além da existência espiritual contínua desses patriarcas no reino celestial, Deus também tinha um plano para cumprir suas promessas terrenas a eles — no reino físico. Aqui, Jesus confrontou o segundo erro dos saduceus: rejeitar a futura ressurreição física. Cristo havia confirmado que, no reino vindouro, "muitos virão do oriente e do ocidente e se sentarão à mesa com Abraão, Isaque e Jacó" (8:11). Deus havia prometido a Abraão que daria a ele a Terra Prometida "a você e à sua descendência para sempre" (Gn 13:15). Os saduceus pensavam que as promessas sobre a terra se aplicavam apenas aos descendentes de Israel, mas Jesus tomava as promessas de Deus literalmente — eram promessas eternas não apenas para os descendentes de Abraão, mas também para o próprio Abraão. A única maneira de Deus cumprir sua palavra, então, seria ressuscitar os patriarcas a quem as promessas foram dadas e cumprir essas promessas na terra.

É claro que, em relação à ressurreição, Jesus é a chave para tudo isso. Ele disse: "Eu sou a ressurreição e a vida. Aquele que crê em mim, ainda que morra, viverá" (Jo 11:25-26). Essa declaração de Jesus aponta para o fato de que, para os crentes, a vida eterna começa nesta vida, e morrer fisicamente não põe fim à nossa existência consciente, na vida após a morte. Jesus é, também, *a fonte* da vida ressurreta: "está chegando a hora em que todos os que estiverem nos túmulos ouvirão a sua voz e sairão; os que fizeram o bem ressuscitarão para a vida, e os que fizeram o mal ressuscitarão para serem condenados" (Jo 5:28-29). "Os que fizeram o bem" são os salvos, capacitados pelo Espírito para fazê-lo. "Os que fizeram o mal" são os perdidos, que estão mortos em seus delitos e pecados (veja Ef 2:1-10).

Quando Jesus terminou sua breve, mas poderosa argumentação, refutando os ensinos errôneos dos saduceus, a reação de seus detratores e dos que o ouviam, dentre a multidão, foi a mesma de antes, quando Ele contestou os fariseus (Mt 22:22): eles ficaram "admirados de seu ensino" (22:33).

APLICAÇÃO

Mateus 22:23-33

AS CHAVES PARA O AUTOENGANO

Se o Antigo Testamento é tão claro sobre os conceitos de ressurreição e vida após a morte, como é que os saduceus foram tão enganados? O que pode tornar as pessoas tão ingênuas, facilmente desencaminhadas e presas em suas próprias ideias a tal ponto de não conseguirem abraçar verdades básicas como esta? Em Mateus 22:29, Jesus apontou as duas razões mais comuns pelas quais as pessoas enganam a si mesmas, ao rejeitar a verdade e aceitar falsas doutrinas.

Primeiro, *não conhecer a Palavra de Deus conduz ao autoengano*. Jesus disse que os saduceus estavam enganados porque não entendiam as Escrituras. Quanto à sua ignorância das Escrituras, os saduceus realmente tinham dois problemas. Primeiro, eles falharam em abraçar toda a Bíblia como a Palavra de Deus, limitando-se apenas aos cinco livros de Moisés. As pessoas, hoje, costumam fazer o mesmo, concentrando-se apenas no Novo Testamento, ou unicamente em certos livros favoritos da Bíblia. Em vez de ter esse tipo seletivo de "cânon dentro do cânon", devemos manter um programa de leitura e estudo da Bíblia de forma que nos exponha a toda a revelação escrita de Deus — o Antigo Testamento e o Novo.

Os saduceus obviamente falharam em ler a Bíblia com responsabilidade. Eles não eram estudantes sérios da Palavra. Talvez eles estivessem tão ocupados, cumprindo suas responsabilidades administrativas ou realizando seu trabalho no templo, que simplesmente não tinham tempo para se dedicar à leitura, estudo e memorização das Escrituras. Quem sabe eles pensassem que sua exposição à Bíblia, durante seus anos de crescimento, teria sido o suficiente, ou que as poucas lições que recebiam de seus professores eram suficientes para que crescessem em conhecimento. Como eles estavam errados! E eles pagaram o preço em sua falta de fé, amor e esperança — especialmente a esperança de um futuro no céu e vida eterna com corpos glorificados pela ressurreição.

Segundo, *não conhecer o poder de Deus leva ao autoengano*. Conhecemos o poder de Deus ao termos um relacionamento pessoal com Ele. Esse conhecimento requer, primeiramente, a fé salvadora, dada e recebida pela graça de Deus. É imprescindível, porém, uma vida sobre a qual Deus domina continuamente como Senhor. Isso inclui ser uma pessoa que pratica a oração regular e confiante. Comece cada manhã dedicando um tempo para estar a sós com o Senhor, oferecendo-lhe o seu dia e declarando sua total confiança nele, independentemente do que possa acontecer. Uma vida como essa também envolve uma consciência minuto a minuto de que Deus está presente em nossa vida, habitando em nós pelo Espírito Santo e caminhando conosco em todas as circunstâncias. Essa consciência do poder sempre presente de Deus em nossa vida afastará o medo, a dúvida e a tentação. Isso nos manterá perto da fonte da verdade e longe das falsas doutrinas enganosas.

As duas perguntas fundamentais

MATEUS 22:34-46

Algumas perguntas são feitas para nos fazer pensar... não para serem respondidas. Na verdade, algumas das melhores perguntas da vida são aquelas que nos deixam imóveis, em silêncio, ponderando sobre elas, em vez de darmos respostas impensadas, como se fosse num programa de perguntas e respostas. Algumas das pessoas mais inteligentes e sábias que conheço me impressionam não porque tenham todas as respostas certas, mas porque sabem fazer as perguntas certas. Meus melhores mentores e professores foram aqueles que me levaram a explorar mais profundamente as questões fundamentais da vida, em vez de me levar a anotar suas listas de respostas.

Talvez seja por isso que estou tão intrigado com este capítulo específico de Mateus, no qual o interrogatório de perguntas e as respostas de Jesus revelam verdades tão profundas. Enquanto seus inimigos o atacavam repetidamente com o que eles acreditavam ser perguntas do tipo “Ah, te peguei!”, Jesus respondia reformulando suas perguntas ou fazendo perguntas melhores. Você se lembra da pergunta inteligente de Jesus sobre a imagem de quem estava impressa na moeda (22:20)? Essa resposta deixou os questionadores “maravilhados” (22:22). Ou a pergunta sobre a ressurreição — se o Deus de Abraão, Isaque e Jacó era o Deus dos vivos ou dos mortos (22:31-32)? Em sua resposta a essa questão, as multidões ficaram “admiradas” (22:33).

Mas as perguntas dirigidas a Ele não acabaram aí. O primeiro ataque veio dos fariseus em conluio com os herodianos (22:15-16). O segundo veio dos saduceus (22:23). O terceiro — e último — ataque surgiu novamente dos fariseus, que se reagruparam e decidiram enfrentar Jesus diretamente com um de seus maiores especialistas na Lei.

22:34-36

Esse episódio final no confronto retórico dramático entre Jesus e seus críticos começa em ligação com o episódio anterior, ocorrido com os saduceus, sobre a ressurreição e a vida após a morte (22:23-33). Mateus relata que Jesus "silenciou" os saduceus (22:34) — e esse silêncio foi ensurdecedor. O verbo que Mateus usa é *phimoō* [5392], que significa literalmente "amarrar", especialmente no sentido de fechar a boca de um animal com uma focinheira.[280]

Quando Jesus amordaçou os saduceus, o partido opositor, o dos fariseus, viu uma oportunidade de matar dois coelhos com uma só cajadada. Se eles pudessem atacar e desferir um golpe em Jesus, eles não apenas colocariam aquele rabino espalhafatoso em seu lugar, mas, também, demonstrariam sua superioridade intelectual sobre os saduceus. A. T. Robertson até sugere que os fariseus "não conseguiam conter sua alegria" na oportunidade que lhes foi oferecida pelas circunstâncias, como se a tivessem recebido numa bandeja de prata.[281]

Mas os fariseus não podiam se dar ao luxo de estragar tudo. Se eles também fossem derrotados pela incrível capacidade de Jesus de desviar os ataques de seus oponentes, o fim seria pior do que o começo. É bom lembrar que eles ainda estavam lambendo suas feridas após a derrota pela frase "deem a César o que é de César", ocasião na qual seus discípulos foram embora maravilhados com o ensino de Jesus (22:21-22). Desta vez, eles tinham que atingi-lo com o golpe mais forte que pudessem, provocando a máxima dor.

Assim, depois de se reunirem, os fariseus decidiram enviar um de seus especialistas na Lei, a quem a versão Almeida Atualizada chama de "intérprete da lei" e a NTL (original em inglês) chama de "especialista em direito religioso" (22:35). A palavra grega aqui é *nomikos* [3544], literalmente, "um homem da lei". Esses "peritos" geralmente eram escribas, homens que dedicavam sua vida para copiar meticulosamente as Escrituras Hebraicas a fim de preservá-las da deterioração ou corrupção. Portanto, seu contato constante com a Palavra de Deus os tornava extremamente conhecedores, e eles eram chamados para explicar e aplicar a Lei. Podemos imaginar que os fariseus, desejosos de dar em Jesus um golpe retórico mortal, encontraram o erudito mais bem treinado e brilhante que puderam. Não teria sido difícil, considerando que eles estavam em Jerusalém, o centro de estudo da Torá.

Curiosamente, a primeira pergunta dos fariseus e herodianos tinha sido uma questão de sim ou não: se era ou não certo pagar o imposto a César (22:17). A próxima pergunta, feita pelos saduceus, foi igualmente direta: a qual marido, dentre os sete falecidos, a esposa pertenceria na ressurreição? (22:28). Mas o especialista na Lei, que foi convocado para um confronto público com Jesus, o atacou com uma pergunta aberta que poderia ter ido em centenas de direções diferentes: "Mestre, qual é o grande mandamento na Lei?" (22:36). Mais uma vez, aquela não foi uma pergunta sincera, mas uma armadilha (22:35).

Podemos imaginar que Jesus tinha dez opções para escolher — uma das "Dez mais" das tábuas da Lei dadas no Sinai. No entanto, como observa R. T. France, "os escribas distinguiam 613 mandamentos na lei do Antigo Testamento" que eram "igualmente obrigatórios".[282] A pergunta não seria apenas um teste da capacidade de Jesus para habilmente matizar sua resposta de modo a não parecer um transgressor da Lei (anulando 612 mandamentos), mas, também, foi um teste para ver se Ele estava ciente dos debates acadêmicos contínuos sobre a classificação por importância e ordem adequada dos mandamentos. D. A. Carson explica:

> Os judeus comumente faziam distinções entre as leis das Escrituras — tanto grandes e pequenas, quanto leves e pesadas... O versículo 36 mostra que a pergunta do especialista provavelmente era muito debatida... A cena se parece com um conselho de ordenação, em que o candidato está indo tão bem que alguns dos ministros mais instruídos lhe fazem perguntas que eles mesmos não conseguiriam responder — na esperança de fazê-lo tropeçar ou de encontrar respostas.[283]

Como Jesus seria avaliado nessa discussão acadêmica? Ele teria pelo menos a mínima consciência de que havia um debate? Provavelmente, deveríamos imaginar esse encontro como sendo o de um erudito isolado com o equivalente a um PhD do primeiro século, tentando mostrar quão ignorante o amador de Nazaré realmente era.

22:37-40

Sem hesitar, Jesus citou diretamente Deuteronômio 6:4-9, que é comumente referido como o *Shemá* (da palavra hebraica para "ouvir" [H8085], que é a primeira palavra da passagem). De longe, essa era a porção mais familiar, mais citada e mais copiada das Escrituras em todo o judaísmo. O *Shemá* constituía o "credo" fundamental dos judeus, que o recitavam duas vezes por dia. Começa assim: "Ouça, ó Israel: O SENHOR, o nosso Deus, é o único SENHOR" (Dt 6:4). Após essa afirmação da absoluta unicidade do único e verdadeiro Deus de Israel, veio o que Jesus apresentou como sendo "o primeiro e maior mandamento": "Ame o SENHOR, o seu Deus de todo o seu coração, de toda a sua alma e de todo o seu entendimento" (Mt 22:37-38).

Observe que Jesus não apresentou sua resposta com qualificações cuidadosamente elaboradas. Ele não teve que deliberar, não teve que ponderar, não teve que forçar seu cérebro para avaliar cada um dos 613 mandamentos da Lei e analisar cada um deles. Jesus deu uma resposta direta, imediata e inequívoca à pergunta do erudito. Mas Ele não parou aí. Também acrescentou o segundo mandamento mais importante, citando Levítico 19:18: "Ame o seu próximo como a si mesmo" (Mt 22:39). Desse modo, Jesus colocou o amor vertical a Deus e o amor horizontal aos homens e mulheres como fundamento e estrutura de toda a Lei (22:40).

A resposta de Jesus deixou o mestre da Lei sem ter para onde ir. O relato paralelo, no Evangelho de Marcos, registra que o perito foi forçado a concordar com Jesus, admitindo essencialmente que o rabi de Nazaré havia passado no teste com louvor: "'Muito bem, mestre', disse o homem. 'Estás certo ao dizeres que Deus é único e que não existe outro além dele. Amá-lo de todo o coração, de todo o entendimento e de todas as forças, e amar ao próximo como a si mesmo é mais importante do que todos os sacrifícios e ofertas'" (Mc 12:32-33). Então, Marcos acrescenta um detalhe interessante. Enquanto o perito originalmente se aproximou de Jesus com uma atitude de condescendência para testá-lo, Jesus concluiu elogiando o escriba: "Você não está longe do Reino de Deus" (Mc 12:34). Observe que as cenas haviam se invertido completamente. Ao final do encontro, Jesus estava no lugar da autoridade religiosa, dando a nota *ao escriba*!

22:41-46

A derrota rápida e sólida imposta por Jesus sobre o famoso estudioso da Lei certamente enfureceu os fariseus. No versículo seguinte, eles estão "reunidos", provavelmente chafurdando na lama da decepção e da derrota (22:41). Jesus aproveitou a oportunidade de ter por perto um auditório de fariseus, saduceus, que haviam permanecido ali, e uma grande multidão de espectadores e bisbilhoteiros para fazer sua própria pergunta. Os fariseus haviam perguntado a Jesus sobre política; os saduceus haviam levantado a questão sobre a vida após a morte; o perito havia inquirido sobre a Lei. Agora, Jesus mergulhou nas águas mais profundas da teologia. Ele perguntou aos fariseus sobre o que eles acreditavam a respeito da identidade do Messias: "De quem ele é filho?" (22:42).

Não perca o que realmente está acontecendo nesse momento. Essa não era apenas uma pergunta aleatória ou um joguinho vespertino sobre trivialidades teológicas. Comentando essa passagem, um grande pregador da igreja primitiva, chamado João Crisóstomo, escreveu o seguinte: "Jesus faz essas perguntas, levando-os a confessar secretamente que Ele também é Deus".[284]

A pergunta simples exigia uma resposta direta, e eles responderam corretamente: O Messias é "filho de Davi". Ou seja, esperava-se, com razão, que o Cristo fosse um descendente de Davi. Esse fato foi bem estabelecido nas profecias messiânicas do Antigo Testamento. Na aliança estabelecida com Davi, o Senhor lhe havia prometido: "Quando a sua vida chegar ao fim e você descansar com os seus antepassados, escolherei um dos seus filhos para sucedê-lo, um fruto do seu próprio corpo, e eu estabelecerei o reino dele [...] sua dinastia e seu reino permanecerão para sempre diante de mim; o seu trono será estabelecido para sempre" (2Sm 7:12, 16). Séculos mais tarde, quando o profeta Isaías vislumbrou a vinda do Messias, ele escreveu: "Porque um menino nos nasceu, um filho nos foi dado, e o governo está sobre os seus ombros... Ele estenderá o seu domínio, e haverá paz sem fim sobre o trono de Davi e sobre o seu reino, estabelecido e mantido com justiça e retidão desde agora e para sempre" (Is 9:6-7).

A resposta dos fariseus estava correta. Mas também estava incompleta. A mesma profecia de Isaías que anunciava o "filho" que nasceria da linhagem de Davi também dizia que Ele seria chamado "Deus Poderoso" (Is 9:6). Será que isso era apenas uma metáfora, um título ou um nome de honra? Ou seria uma afirmação literal de que o Messias seria tanto filho de Davi quanto Filho de Deus, totalmente humano e totalmente divino? Em um momento de profundo ensino, Jesus levou os fariseus — e todos aqueles que ouviam suas palavras — a uma compreensão mais completa da verdadeira identidade do Cristo.

Para fazer isso, Jesus citou o que Davi escreveu em Salmo 110:1 que, há muito tempo, era considerado pelos rabis, nos dias de Jesus, como aplicável ao Messias.[285] Salmos 110:1 diz: "O SENHOR disse ao meu SENHOR: 'Senta-te à minha direita até que eu faça dos teus inimigos um estrado para os teus pés'". Jesus afirmou que Davi escreveu o salmo "falando pelo Espírito" (Mt 22:43) — isto é, pela inspiração do Espírito Santo. Assim, o salmo não era apenas um cântico de louvor à aliança de Deus com Davi e a promessa de um rei vindouro, mas, também, uma revelação profética da verdadeira natureza do Messias. Pela inspiração do Espírito Santo, Davi havia chamado o Messias vindouro — seu próprio descendente — como seu "SENHOR".

A pergunta de Jesus, com base nessa leitura do salmo 110, exprimia uma crítica: se o Messias era meramente um descendente físico de Davi, por que Davi o havia chamado profeticamente de "Senhor" (Mt 22:43, 45)? Warren Wiersbe escreve: "Há apenas uma resposta para essa pergunta. Como Deus, o Messias é o Senhor de Davi; como homem, Ele é o Filho de Davi. Ele é 'a raiz e a descendência de Davi' (Ap 22:16). Salmos 110:1 ensina a divindade e a humanidade do Messias. Ele é o Senhor de

Davi e Ele é, ao mesmo tempo, o Filho de Davi". Algum tempo depois, Paulo — ele próprio um converso que veio da seita estrita dos fariseus — exprimiria isso de forma simples: "Jesus Cristo, nosso Senhor... era descendente de Davi, e que mediante o Espírito de santidade foi declarado Filho de Deus com poder, pela sua ressurreição dentre os mortos" (Rm 1:3-4).

William Barclay caracteriza lindamente a resposta da multidão: "Houve poucos, naquele dia, que captaram tudo o que Jesus queria dizer; mas, quando o Mestre pronunciou essas palavras, mesmo os mais estúpidos dentre eles sentiram um arrepio na presença do mistério eterno. Eles tiveram a sensação de espanto e desconforto de que estavam ouvindo a voz de Deus; e, por um momento, nesse homem Jesus, eles vislumbraram o próprio rosto de Deus".[286] Seria de admirar que a afirmação de Jesus, de que o Messias era o Senhor divino, tenha deixado a multidão sem palavras — não apenas naquele dia, mas daquele tempo em diante? Nenhum fariseu, nem saduceu, erudito ou político, ousou fazer outra pergunta a Jesus.

APLICAÇÃO

Mateus 22:34-46

AMANDO A DEUS E AMANDO AOS SEMELHANTES

Vivemos em uma era que exalta o deus do "eu". Dizem-nos que sejamos nós mesmos, respeitemos a nós mesmos, vivamos para nós mesmos, nos satisfaçamos, cuidemos de nós mesmos e nos adoremos. Claro que não devemos nos *odiar*. Devemos cuidar da nossa saúde e bem-estar. Porém, não devemos nos adorar acima de tudo, incluindo o Senhor Deus e outras pessoas.

À luz da ênfase de Cristo no principal mandamento — "Ame o Senhor, o seu Deus de todo o seu coração, de toda a sua alma e de todo o seu entendimento" — e no segundo, que vem logo depois — "Ame o seu próximo como a si mesmo" (22:37-39) — vamos fazer uma pausa e fazer algumas perguntas importantes.

Primeiro, *você ama o Senhor com tudo que você é, tudo que você faz e tudo que você tem?* Se uma pessoa próxima a você examinasse sua vida, ela concluiria que o amor que está em primeiro lugar para você é o Senhor Deus? Você gasta mais tempo, energia e dinheiro nas prioridades do Senhor ou em suas próprias? Você emprega tempo com Ele, ouvindo sua voz através de sua Palavra, falando com Ele em oração e louvor? E, pelas coisas que você desfruta diariamente, você lhe dá graças, reconhecendo com gratidão, que todas as coisas boas vêm dele?

Segundo, *você ama os outros como a si mesmo?* Você ora pelos outros, edifica os outros em sua igreja local e atende às necessidades dos outros, quando pode? Ou você tem uma espécie de lista negra de pessoas que nunca mais quer ver? Amar os outros significa ungir nossos relacionamentos interpessoais com o fruto do Espírito Santo: "amor, alegria, paz, paciência, amabilidade, bondade, fidelidade, mansidão, domínio próprio" (Gl 5:22-23). Significa tratar as pessoas da mesma forma que gostaríamos de ser tratados (Mt 7:12). Também implica buscar a paz e edificar uns aos outros (Rm 14:19). Com toda a honestidade, você está fazendo essas coisas?

Jesus não apenas nos apresentou um ensino claro sobre amar a Deus e aos outros, mas, também, nos deu um exemplo claro em suas palavras e obras (Fp 2:5-11). Além disso, Ele nos deu o seu Espírito para nos dar o desejo e o poder de viver uma vida que agrade a Deus (Fp 2:12-13). Portanto, não temos desculpas. Amar a Deus e amar os outros não são apenas boas sugestões. São mandamentos claros. E um mundo que vive em crescente ira e ódio precisa, mais do que nunca, desses tipos de amor divino mais do que nunca.

Ais pelas falsidades religiosas

MATEUS 23:1-39

Qualquer um que tenha a ideia equivocada de que Jesus sempre foi uma pessoa de fala mansa, gentil e serena, que proferia apenas palavras afirmativas em tons afetuosos, nunca leu Mateus 23. Aqui, Ele ousadamente proferiu uma série de juízos justos e verdadeiros contra as mais enganosas e perigosas pessoas da sociedade judaica. Não eram destinados aos pecadores que já se sentiam derrotados. Tampouco dirigido aos plebeus confusos. Nem mesmo aos gentios ímpios, no caso, os romanos. Jesus reservou suas palavras mais fortes e suas duras críticas para as elites religiosas!

Sabendo que seu tempo era curto e que líderes não confiáveis e hipócritas estavam no comando do mundo religioso dos judeus, Jesus não deixou passar nada. Ele expôs a pretensão e orgulho dos escribas e fariseus, cujo estilo de vida ostensivo era muito distante da verdadeira piedade e da religião pura. Eles exibiam sua encenação piedosa para que todos observassem — até que Jesus chamou a atenção para o que eles estavam fazendo: fingindo para impressionar as pessoas (23:5). Recusando-se a ignorar o problema, Jesus expôs abertamente tudo, até o lugar que eles escolhiam para se sentar em banquetes, os títulos pelos quais eles gostavam de ser chamados e como eles desejavam ser vistos aos olhos do público.

Esse confronto ousado com seus inimigos culminou em uma sequência de "ais", alertando para as consequências mais terríveis em razão de sua hipocrisia e abuso de poder (23:13-33). Seu discurso terminou com um lamento emocional pela rejeição de Jerusalém ao Rei, o tão esperado Messias de Israel (23:37-39). Mateus 23 apresenta o último sermão que Jesus pregou publicamente. Haveria outras coisas importantes a dizer, mas essas estavam reservadas para seus discípulos mais próximos.

23:1-12

Antes de Jesus expor sua repreensão aos enganadores religiosos (começando em 23:13), Ele falou tanto para a multidão de seguidores comprometidos (23:1-7) quanto para seus discípulos mais próximos (23:8-12).

Dirigindo-se às multidões, Jesus tentou adverti-las contra a infecção mortal da hipocrisia farisaica. Primeiro, Ele exortou o público a seguir os ensinos puros das Escrituras em vez de os exemplos podres dos fariseus. Aqui Jesus reconheceu que os escribas e fariseus, de fato, cumpriam uma função importante na leitura e proclamação da Lei de Moisés ao povo, a partir de seus assentos de autoridade, a "cadeira de Moisés" (23:2). R. V. G. Tasker coloca a questão da seguinte forma: "Jesus reconheceu as reivindicações legítimas dos escribas, os especialistas legais do partido farisaico, como expoentes da lei; e, enquanto eles se limitassem a essa tarefa, Ele insistia que suas palavras deveriam ser respeitadas, ainda que a conduta de alguns deles fosse inconsistente com seu ensino".[287]

Devemos nos lembrar que os escribas e fariseus lutavam por manter uma abordagem ortodoxa da fé e da prática. Suas visões teológicas tendiam a ser muito mais próximas das Escrituras do que as doutrinas defendidas pelos saduceus. No entanto, para muitos escribas, a Bíblia havia se tornado apenas um livro de informações, em lugar de um instrumento de transformação pessoal. Em um extremo, a abordagem acadêmica dos escribas às Escrituras poderia resultar em uma mentalidade cheia de conhecimento sem um estilo de vida condizente com ele. No outro extremo, a obsessão dos fariseus pela pureza e perfeição externas poderia resultar em um número excessivo de regras criadas pelo homem que ninguém poderia cumprir.

No primeiro século, as pessoas comuns tinham bem pouco acesso à Palavra de Deus e tinham de confiar nos escribas para ouvir a leitura da Lei e sua explicação. Então, Jesus afirmou que elas deveriam obedecer às Escrituras de acordo com o que ouviam (23:3). A Palavra pura e não adulterada de Deus é verdadeira e confiável. Mas, à medida que esses escribas e fariseus começaram a fazer suas aplicações pessoais das Escrituras ou a ir além do que a Palavra de Deus afirmava, suas interpretações deveriam ser colocadas em suspeição.

Na segunda metade de 23:3, Jesus mudou o rumo de seu discurso e começou a explicar alguns pontos importantes sobre os quais as multidões desavisadas precisavam estar atentas. Primeiramente, os escribas e fariseus não praticavam o que pregavam. Eles tinham falta de integridade e eram um modelo de hipocrisia. Quando os escribas eram aqueles que abriam as Escrituras e as liam para o povo, a única maneira de não cair na armadilha da hipocrisia deles era ouvir atentamente a Palavra de Deus à medida que ela estava sendo lida, sem prestar atenção ao modo como os escribas e fariseus interpretavam e aplicavam as Escrituras.

FILACTÉRIOS E FRANJAS

MATEUS 23:5

Começando cerca de um século antes de Cristo, homens judeus piedosos usavam, em seus antebraços e na testa, ao lado esquerdo, pequenas bolsas de couro conhecidas como filactérios. Esses recipientes continham textos selecionados da Torá (veja Êx 13:1-16; Dt 6:4-9; 11:13-21). Eles faziam isso em obediência à ordem de Deus em Deuteronômio 6:8, que eles interpretavam literalmente: "Amarre-as [minhas Palavras] como um sinal nos braços e prenda-as na testa". A ideia era que esse ato daria primazia à Lei, em suas mentes, durante os momentos de oração.[288]

Os judeus também usavam túnicas externas com quatro orlas penduradas na bainha da roupa, em obediência à ordem do Senhor em Deuteronômio 22:12: "Porás franjas nos quatro cantos da manta com que te cobrires". O propósito dessa prática é explicado em Números 15:38-40:

> Fala aos israelitas que façam franjas nas bordas das suas vestes pelas suas gerações; e que ponham um cordão azul nas franjas das bordas. O cordão ficará nas franjas, para que, ao vê-lo, vos lembreis de todos os mandamentos do Senhor e obedeçais a eles; e para que o vosso coração ou os vossos olhos não vos arrastem para a infidelidade, como já tem acontecido; para que vos lembreis de todos os meus mandamentos e obedeçais a eles, e sejais santos para com o vosso Deus.

Em Mateus 23:5, Jesus não estava reclamando dos filactérios e franjas. De fato, o próprio Jesus usava a vestimenta externa prescrita, com as franjas ou orlas nos quatro cantos (veja 9:20-21). O que Jesus estava contestando era a prática dos fariseus de aumentar os filactérios e alongar as franjas para serem notados pelas pessoas ao seu redor.

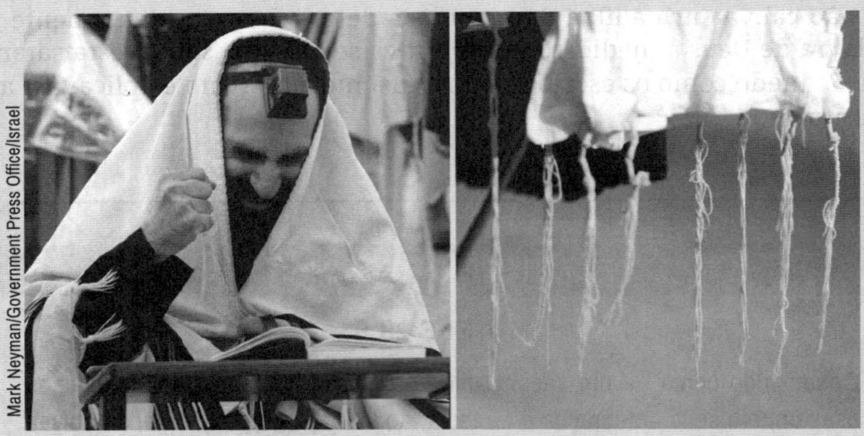

Um judeu fazendo suas preces com um filactério na testa (à esquerda) e as franjas usadas nas roupas mais externas (à direita).

Em segundo lugar, os escribas e fariseus oprimiam as pessoas comuns com exigências insuportáveis (23:4). Eles não se compadeciam delas e sua crueldade era bem clara. Como perfeitos feitores, os falsos religiosos estabeleceram padrões inalcançáveis de uma “santidade” fabricada que ninguém podia satisfazer. Tudo isso apenas produzia culpa e vergonha entre o povo que, na verdade, deveria ser capaz de obedecer à Lei com alegria e paz.

Terceiro, os escribas e fariseus faziam tudo para buscar ostentação própria (23:5). Eles careciam de humildade e ressaltavam a própria importância e vaidade. Era tudo falso. Quando em público, desfilavam sua piedade para que fossem vistos pelas multidões. Cometiam exageros com a pretensão de "glorificar a Deus" quando as pessoas estavam observando. Tudo o que vestiam, todos os lugares em que se assentavam, cada palavra que pronunciavam, cada ato que realizavam e cada título que recebiam era, na verdade, com o objetivo de glorificar a si mesmos (23:5-7). Em suma, a religião dos escribas e fariseus nada mais era do que uma escandalosa demonstração de ostentação exagerada. Eles faziam um esforço exagerado para chamar a atenção para si mesmos.

Em Mateus 23:8-12, Jesus parece ter deixado de se dirigir à multidão e passado a falar particularmente com seus discípulos, fazendo a transição para essa conversa mais privada, mas continuando a usar a hipocrisia dos fariseus como um exemplo negativo a ser evitado. Suas palavras se aplicam à nossa vida tanto quanto se aplicavam à vida de seus primeiros discípulos. Para começar, devemos evitar títulos pretensiosos (23:8, 10). Buscar títulos honoríficos como "rabi" (literalmente, "meu senhor"), "mestre", "líder" e similares representa uma tentativa de se colocar acima dos outros. Jesus lembrou a seus seguidores que temos um verdadeiro Mestre e um verdadeiro Líder — o próprio Cristo. Em vez de tentar impor sua autoridade uns aos outros, os discípulos de Jesus devem se lembrar de que somos todos "irmãos" em Cristo (23:8).

A seguir, da mesma forma como devemos rejeitar ser colocados em um pedestal por outros, devemos resistir em colocar os outros num pedestal (23:9). Conceder aos professores e líderes o reverenciado título de "Pai" pode essencialmente cruzar a linha da admiração e apreciação para a exaltação e adoração. Quanto mais exaltamos um ser humano a uma posição de honra incomparável como essa, mais roubamos de nosso Pai celestial essa posição única em nosso coração e mente.

Terceiro, devemos cultivar um coração de servo e ser um exemplo de humildade genuína (23:11-12). A verdadeira grandeza vem ao colocar os outros acima de nós mesmos, humilhando-nos diante dos nossos semelhantes e, assim, seguir o exemplo de Cristo. O apóstolo Paulo escreveu: "Nada façam por ambição egoísta ou por vaidade, mas humildemente considerem os outros superiores a vocês mesmos. Cada um cuide, não somente dos seus interesses, mas também dos interesses dos outros" (Fp 2:3-4).

Do meu diário

"É o DOUTOR Schlock!"

MATEUS 23:6-7

Ao ler as advertências de Jesus sobre aqueles falsos religiosos que se exibiam nas ruas, procurando os melhores lugares na sinagoga e sua insistência em ser chamados de "rabis" por todos os subalternos indignos, minha mente se volta para muitos e muitos anos atrás, quando mantive contato com uma versão cristã do tipo de pessoas que Jesus descreveu em Mateus 23:6-7. Eu tinha um amigo na Califórnia que fazia a produção de uma excelente transmissão de TV. Ele queria montar um programa cristão de entrevistas com quatro indivíduos de diferentes estilos de vida. Ele convidou a mim, um amigo meu que também estava envolvido no ministério, um leigo e um quarto homem que nenhum de nós conhecia, que era diretor de um pequeno colégio cristão. Vamos chamá-lo de "Sam Schlock".

O programa de televisão seria filmado em Dallas, então todos pegamos nossos voos para nos encontrarmos na noite anterior e discutir alguns detalhes sobre a programação do dia seguinte. O produtor do programa perguntou a mim e a meu amigo se poderíamos ir ao aeroporto para buscar Sam Schlock. Ele vinha de outra parte do país. Isso foi muito antes da Internet e dos celulares, portanto, não podíamos pesquisar nada sobre "Schlock" no Google e nem encontrar uma foto dele. Então, perguntei ao meu amigo produtor:

— Como vamos reconhecer o homem?

— Ah, você vai logo descobrir — ele respondeu. — Simplesmente não vai conseguir ignorá-lo.

Isso foi na época (antes do 11 de setembro) em que você podia encontrar as pessoas ainda no portão de desembarque. Então, fomos até o local e esperamos até que todos tivessem desembarcado. Infelizmente, não conseguimos reconhecer o homem que estávamos esperando. Foi quando eu disse ao meu amigo:

— Bem, é melhor irmos até a esteira de bagagens e tentar encontrá-lo por lá.

Na descida da escada, vimos um sujeito com um chapéu bem justo, gravata com nó bem apertado e sua camisa parecia tão engomada quanto uma tábua, tudo isso combinado com um terno de três peças. Cutuquei meu amigo e disse:

— Tem de ser ele.

Meu amigo e eu hesitamos por um momento, olhamos um para o outro, então nos dirigimos até àquele homem.

— Bem — eu comecei — você deve ser Sam Schlock. — E estendi minha mão para apertar a mão dele.

— É DOUTOR Schlock! — Ele corrigiu.

— Ah, claro, doutor Schlock — eu emendei.

Ele largou as malas no chão e ordenou:

— Carreguem isso!

Meu amigo e eu pegamos as malas dele, e eu fiz um comentário:

— Achamos que você se parecia com o homem que estávamos procurando.

— Sério? — Ele retrucou. Começamos a caminhar em direção à saída. — Diga-me, qual você acha que é a aparência de um diretor?

Foi preciso usar todo o fruto do Espírito para não deixar escapar: "UM IDIOTA!"

Aquele sujeito agiu como um idiota e se parecia mesmo com um idiota. Na verdade, quanto mais permanecíamos com ele, mais percebíamos que ele era um idiota. Curiosamente, naquela noite, no hotel, alguém pediu duas garrafas de cerveja Bud Lights e uma cesta de pretzels que foram entregues em seu quarto, às duas da manhã. Você pode imaginar alguém do nosso grupo fazendo isso?

O único indivíduo que tinha importância para o dr. Schlock era o próprio dr. Schlock.

Não éramos nós, nem o produtor, muito menos o programa. Tudo girava em torno dele. Posso dizer a você que, quando eu fui para a cama, por volta das três da manhã, comecei a pensar: Eu sou, de alguma forma, parecido com alguém assim? Deus me ajude, caso eu chegue perto da arrogância do dr. Schlock.

Isso significa que devemos abolir todas as posições de liderança e remover a autoridade de todos os nossos pastores, professores e líderes? Não estabelece o Novo Testamento papéis de liderança nas igrejas "com o fim de preparar os santos para a obra do ministério, para que o corpo de Cristo seja edificado" (Ef 4:11-12)? Jesus não estava condenando os pastores das igrejas que ensinam, pregam, treinam e lideram "com entusiasmo [...] provando ser exemplos para o rebanho" — Ele estava condenando as atitudes dos fariseus, que buscavam o pedestal do prestígio para si mesmos "por ganância [...] como dominadores" dos que estavam sob a liderança deles (1Pe 5:2-3). Como um comentarista afirma: "Posições de liderança nunca devem ser um objetivo em si mesmas, mas precisam sempre ser vistas como oportunidades para servir aos outros".[289]

23:13-36

Depois de advertir as multidões e os discípulos sobre o engano perigoso dos falsos religiosos de sua época (23:1-12), Jesus mirou diretamente os próprios escribas e fariseus. Por causa de sua tendência de se infiltrar nas multidões, enquanto Jesus estava ensinando, para encontrar uma oportunidade de lhe armar uma cilada, podemos ter certeza de que pelo menos alguns representantes desses grupos estavam presentes para ouvir as duras repreensões do Messias. Jesus dirigiu o restante de seu contundente sermão àqueles eruditos arrogantes e sábios cheios de justiça própria. Cada um dos ais e cada referência a "você" e "seus" e "vocês mesmos", foi dirigida a eles. Uma vez que a influência dos escribas e fariseus sobre as pessoas se revelava tão desmoralizadora e destrutiva, Jesus não se conteve. Era hora de colocá-los em seu devido lugar.

O Mestre assinalou sua severa censura com sete expressões "ai de vocês", iniciando cada repreensão mordaz com a exclamação *ouai* [3759], palavra que pretende imitar um grito de angústia. Esses ais dirigidos aos líderes religiosos eram, em parte, uma reprovação e, em parte, um lamento. Os sete "ais" pronunciados por Jesus em Mateus 23:13-36 foram tanto clamores de angústia pelo coração obstinado e perverso deles quanto gemidos de tristeza pelos juízos que eles e seus seguidores sofreriam por causa da rejeição ao Messias. William Barclay coloca bem: "[*Ouai*] inclui não apenas um sentimento de *ira*, mas também de *tristeza*. Há uma ira justa aqui, mas é a ira do coração de amor, partido pela obstinada cegueira humana. Não há apenas um ar de denúncia feroz; existe, também, uma atmosfera de tragédia pungente".[290]

Para tornar a repreensão ainda mais severa, em seis dos sete casos nos quais Jesus declarou: "Ai de vocês", Ele acrescentou um termo descritivo adequado que expôs o engano dos líderes religiosos: "hipócritas!" A palavra grega *hypokritēs* [5273] era frequentemente usada para atores em uma peça encenada. Em um sentido negativo do termo, "o palco é um mundo de fachada e os atores são enganadores".[291] É nesse sentido que o Evangelho de Mateus usa o termo. Toda a ideia de religião para os escribas e fariseus era algo feito para ostentação — seguir rígidas disciplinas externas, usar trajes elaborados, observar regras e regulamentos tediosos quando as pessoas estavam por perto. Mas, em seu coração — por trás da máscara —, eles abrigavam amargura, inveja, ódio, orgulho, arrogância e até assassinato!

Percebendo que essa seria sua última oportunidade de colocar isso em evidência, Jesus repreendeu seus oponentes, condenando-os repetidamente por causa de seu engano desenfreado e hipocrisia descarada. Vamos resumir os sete ais de Jesus na forma de um gráfico.[292]

ACUSAÇÃO	TEXTO BÍBLICO	SIGNIFICADO
Exclusão	23:13	Em vez de atrair outros para obter a vida no reino de Deus, com a gloriosa mensagem de perdão e esperança, eles mesmos resistiam intencionalmente à verdade e se colocaram como empecilho no caminho de outros.
Subversão	23:15	Eles se tornaram "missionários do mal", multiplicando seus seguidores e espalhando o legalismo como uma doença. Sua forma de agir incluía zelo sem entendimento, ao ganhar convertidos desavisados por meio de enganosa e destrutiva falsa piedade.
Engano	23:16-22	Eles faziam um grande esforço para acomodar as Escrituras aos seus próprios desejos. Suas interpretações egoístas levaram à desobediência ao ensino claro da Lei. Tão distorcido era seu pensamento, porém, que eles se tornaram cegos para conseguir ver os próprios enganos.

Especialização em coisas insignificantes	23:23-24	Eles tinham desenvolvido a arte de ficar obcecados com pequenos detalhes, enquanto negligenciavam questões vitais. Contavam sementes e folhinhas para oferecer seus dízimos com precisão, mas negligenciavam virtudes básicas, como justiça, misericórdia e fidelidade. Jesus comparou essa tendência como coar um pequeno mosquito de uma bebida, enquanto se engole um camelo inteiro!
Ênfase em rituais externos	23:25-26	Enquanto se preocupavam muito com a pureza das coisas ao seu redor, eles não davam a mínima para a pureza de coração. Assim, como não importa quão imaculados estejam os copos ou pratos do lado de fora, se estiverem sujos por dentro, a ênfase dos líderes religiosos na pureza exterior era inútil no caso de seu coração estar cheio de sentimentos de roubo e egoísmo.
Morte espiritual	23:27-28	Para aqueles que observavam apenas seu exterior, eles pareciam imaculados, limpos, puros e santos. Suas roupas, sem dúvida, brilhavam à luz. No entanto, como túmulos pintados exteriormente com tinta branca brilhante, por dentro estavam cheios do mau cheiro da morte e da corrupção.
Coração de assassino	23:29-36	Eles eram venenosos e perigosos, como víboras, prontas para atacar suas presas desavisadas. Especificamente, eles elogiavam de modo hipócrita os profetas do passado, enquanto, em realidade, eles teriam estado entre aqueles que perseguiram e mataram os profetas, assim como eles planejavam matar Jesus dentro de poucos dias.

Essas são as palavras mais fortes que Jesus proferiu durante seu ministério de três anos — e Ele o fez por boas razões. Estava lidando com aqueles cuja influência ia muito além de seu próprio núcleo. Homens e mulheres na multidão se sentiam intimidados pela espiritualidade de alto nível dos escribas e fariseus. Eles haviam sido atemorizados durante toda a vida pelas regras criadas por homens, as quais eram impostas por indução de culpa e vergonha nas pessoas. Por causa desses líderes religiosos, as pessoas estavam aprendendo a odiar as coisas de Deus em vez de amá-las. Elas temiam as disciplinas espirituais em vez de ansiarem por elas. Então, Jesus lançou suas repreensões mais duras sobre esses líderes, não simplesmente em um acesso de ira, mas com o coração partido pela influência negativa que eles tinham.

23:37-39

Jesus concluiu sua denúncia dos escribas e fariseus com um lamento contra Jerusalém. Nessas últimas palavras, Ele usou Jerusalém como representação de seus líderes políticos e religiosos, bem como da turba de homens e mulheres que não se importavam com o reino vindouro. Embora Jesus tivesse centenas de seguidores que acreditavam em sua mensagem e o aceitavam como seu tão esperado Rei, a maioria dos judeus o rejeitava inteiramente, assim como havia rejeitado a pregação dos profetas precedentes. Eles os haviam apedrejado e matado, e o próprio Jesus logo cairia em suas mãos sob uma injusta sentença de morte.

Pela teimosa relutância do povo judeu em se arrepender e crer, Jesus não realizou seu profundo desejo de reunir o povo de Israel e restaurar a bênção à nação, como seu Messias (23:37). Em vez de abençoar Israel e julgar as nações que o oprimiam, Deus deixaria a nação de Israel e a cidade de Jerusalém “desoladas” (23:38). No entanto, o Senhor continuaria a exercer sua paciência mesmo depois que os líderes de Jerusalém tivessem crucificado seu Messias. O juízo foi adiado durante uma geração inteira (cerca de quarenta anos), até que o exército romano varreu a Judeia, sitiou Jerusalém e destruiu a cidade e o templo em 70 d.C.

No entanto, apesar do justo juízo do povo de Jerusalém, enviado por causa de sua dureza de coração, Jesus nunca cessa de estender-lhes as mãos para tomá-los em seus braços. Mateus 23:39 fala de um dia em que o coração do povo judeu será abrandado, e eles dirão: “Bendito é o que vem em nome do Senhor!” O apóstolo Paulo ecoou essa mesma esperança para a futura restauração de Israel, quando escreveu: “Israel experimentou um endurecimento em parte, até que chegue a plenitude dos gentios. E assim todo o Israel será salvo” (Rm 11:25-26). Isso é certo porque “os dons e a vocação de Deus são irrevogáveis” (Rm 11:29).

APLICAÇÃO

Mateus 23:1-39

FAZENDO UM ESPETÁCULO

Ninguém era mais "religioso" do que os escribas e fariseus, que colocavam a confiança em suas próprias habilidades de exibir uma retidão que não só impressionaria seus vizinhos, mas até mesmo agradaria a Deus! Antes de sua conversão e de se tornar um seguidor de Jesus, o Messias crucificado e ressurreto, o apóstolo Paulo era um daqueles fariseus que colocava toda sua confiança nas próprias boas ações. Ele escreveu: "Se alguém pensa que tem razões para confiar na carne, eu ainda mais: circuncidado no oitavo dia de vida, pertencente ao povo de Israel, à tribo de Benjamim, verdadeiro hebreu; quanto à Lei, fariseu; quanto ao zelo, perseguidor da igreja; quanto à justiça que há na Lei, irrepreensível" (Fp 3:4-6).

Assim, muitas pessoas acreditam, como Paulo chegou a acreditar, que boas ações, boas intenções, boas palavras e atos religiosos são suficientes para levá-las ao céu. Muitos pensam que Deus nunca julgará os atos sinceros e piedosos das pessoas, mas apenas condenará os que forem abertamente perversos, os irreligiosos, as pessoas obviamente pecadoras. Mas a repreensão de Jesus aos fariseus em Mateus 23 destrói completamente esse tipo de pensamento. Quem eram aqueles que Jesus estava julgando?

- Os que frequentavam regularmente o culto.
- Os que faziam os votos religiosos.
- Os que consistentemente dizimavam.
- Os que se esforçavam meticulosamente para obedecer aos mandamentos de Deus.
- Os que impunham regras aos que os rodeavam.
- Os que construíam monumentos aos heróis bíblicos da fé.

Aos olhos de Deus, nenhuma dessas coisas importa, a não ser que sejam o resultado de um relacionamento genuíno com Ele, através de Jesus Cristo pelo poder vivificador do Espírito Santo. Essas tristes palavras: "Jerusalém, Jerusalém" (23:37) foram personalizadas quando o Senhor ressuscitado encontrou Saulo de Tarso, no caminho de Damasco, no auge de seu ódio venenoso a Cristo e aos crentes:

"Saulo, Saulo, por que você me persegue?" (At 9:4). E elas podem ser repetidas para qualquer um que acredite que seu zelo religioso pode aproximá-lo, nem que seja um centímetro, do céu, sem um relacionamento pessoal com Cristo: "João, João"... "Sirlei, Sirlei"... "Maria, Maria"... "Estêvão, Estêvão"...

Ir à igreja, estudar a Bíblia, ser batizado, pagar suas contas, viver uma vida moralmente correta, obedecer aos Dez Mandamentos — nada disso não o fará ganhar o favor de Deus. Ele requer retidão interior que só pode vir da graça, através da fé na pessoa e na obra de Cristo. Montar um espetáculo não vai impressioná-lo. Assim, se você crê em Jesus, abaixe a máscara e pare de atuar. Deus não deixa que o enganem por uma capa exterior falsa. Ele está interessado em um coração humilde e arrependido, que vem a Ele como uma criança necessitada e ferida. Procurar fazer apenas uma demonstração para os outros, não é apenas um ato enganoso — é destrutivo. Produz nas pessoas um falso sentimento de culpa e vergonha quando elas tentam viver à altura dessa espiritualidade falsa. Em vez de se exibir, é preciso apontar Jesus para as pessoas como fonte de graça e misericórdia, perdão e restauração. A justiça que traz a vida eterna vem de Jesus Cristo, e somente dele.

Primeiros vislumbres dos últimos dias

MATEUS 24:1-28

O assunto da profecia bíblica é como um ímã interagindo com outro. Para muitas pessoas, a profecia os atrai. Para outros, ela os afasta. Aqueles que são atraídos pela profecia anseiam em saber sobre o futuro. Eles especulam sobre como os eventos atuais podem se relacionar com seu futuro e como sua própria vida pode ser afetada por eles. Aqueles que são repelidos pelo assunto da profecia temem, muitas vezes, as implicações do julgamento vindouro, acham a linguagem e as imagens bíblicas confusas ou não acreditam que o futuro tenha qualquer aplicação prática para sua vida cotidiana.

É fácil ver como as pessoas podem chegar a extremos em relação às profecias bíblicas — desprezando-as ou ficando obcecadas por ela. Mesmo no primeiro século, há evidências desses extremos. Por um lado, Pedro observou que alguns zombavam da noção do julgamento vindouro (2Pe 3:3-4); em outro extremo, Paulo teve de corrigir alguns crentes que erroneamente acreditavam já estar no meio dos eventos do fim dos tempos (2Ts 2:1-2). As palavras de Jesus no monte das Oliveiras, durante aquela última semana de seu ministério terrestre, ajudaram a esclarecer os fatos — para seus discípulos originais e para nós.

24:1-3

Depois que Jesus terminou de expressar suas advertências incisivas e contundentes aos escribas e fariseus (Mt 23), Ele e seus discípulos deixaram o templo e começaram a jornada de cerca de três quilômetros até Betânia, passando pelo monte das Oliveiras. Enquanto seu caminho serpenteava em direção ao vale de Cedrom e, depois, subia a encosta do íngreme monte das Oliveiras, alguns dos discípulos olharam para o templo e observaram suas estruturas majestosas (24:1). Os Evangelhos de Marcos e Lucas nos informam que os discípulos estavam maravilhados com o belo e ornamentado trabalho, feito em pedra, no complexo do templo (Mc 13:1; Lc 21:5).

É fácil entender por que os discípulos sentiam grande orgulho da obra de Herodes, o Grande, que financiou um ambicioso programa de reconstrução no monte do Templo, que envolveu a construção de um enorme muro de contenção para expandir a própria colina. Até hoje, o lado oeste daquele muro de arrimo original (às vezes chamado de Muro das Lamentações) ainda pode ser visto. Quase dois milênios após o tempo de Jesus, ainda é uma visão maravilhosa de ser observada! Sobre essa base ampliada, Herodes reconstruiu e embelezou completamente a área do templo, dando-lhe uma majestade inspiradora. De uma perspectiva puramente humana, a fixação dos discípulos pelo templo não era equivocada. Como um escritor explica: "Todos falam da grandiosidade do edifício, que era feito de mármore branco, com sua frente leste coberta de placas de ouro que refletiam os raios do sol nascente".[293] Foi essa gloriosa face leste do templo que prendeu o olhar dos discípulos, enquanto atravessavam o vale de Cedrom.

Um modelo do monte do templo expandido de Herodes com o próprio templo voltado para o leste e o impressionante muro leste, em primeiro plano. Os discípulos estavam olhando para esse lado oriental do complexo do templo quando se maravilharam com as belas pedras.

Em resposta à admiração deles pelo templo e seu esplendor, feito por mãos humanas, Jesus respondeu: "'Vocês estão vendo tudo isto?' perguntou ele. 'Eu garanto que não ficará aqui pedra sobre pedra; serão todas derrubadas'" (Mt 24:2). Essa resposta inesperada ao entusiasmo dos discípulos pelo complexo do templo pode ter soado como um tapa no rosto, mas foi uma correção necessária por causa da fixação deles na aparência física e obsessão por coisas opulentas.

Após a declaração profética de Jesus sobre a futura destruição do complexo do templo, Pedro, Tiago, João e André se aproximaram de Jesus em particular quando Ele estava sentado no monte das Oliveiras, olhando para o templo, que ficava do outro lado do vale (24:3; Mc 13:3). Imagino o sol descendo no oeste, envolvendo o templo em um brilho alaranjado e lançando uma sombra sinistra no vale abaixo. Esses discípulos, obviamente preocupados com a profecia de Jesus, fizeram duas perguntas: "Dize-nos, quando acontecerão essas coisas? E qual será o sinal da tua vinda e do fim dos tempos" (Mt 24:3).

A frase "essas coisas", na primeira pergunta, se refere ao trágico evento mencionado por Jesus: a destruição do templo, do qual não ficaria pedra sobre pedra (24:2). A segunda pergunta deixa claro que os discípulos presumiram que a destruição do glorioso templo estaria, de alguma forma, associada à vinda do Messias como Juiz e Rei e ao "fim dos tempos" — isto é, o grande período de tribulação que levaria à restauração da nação de Israel sob o reinado do Messias. Os discípulos deviam estar bem familiarizados com a profecia de Jeremias 30:7: "Como será terrível aquele dia! Sem comparação! Será tempo de angústia para Jacó; mas ele será salvo". A menção da destruição do templo também lhes teria trazido à mente a profecia de Daniel 9:26-27, que diz:

> Depois das sessenta e duas semanas, o Ungido será morto, e já não haverá lugar para ele. A cidade e o Lugar Santo serão destruídos pelo povo do governante que virá. O fim virá como uma inundação: guerras continuarão até o fim, e desolações foram decretadas. Com muitos ele fará uma aliança que durará uma semana. No meio da semana ele dará fim ao sacrifício e à oferta. E numa ala do templo será colocado o sacrilégio terrível, até que chegue sobre ele o fim que lhe está decretado.

Com essas passagens do Antigo Testamento sobre o "fim dos tempos" como pano de fundo, as perguntas dos discípulos faziam sentido. No entanto, sua compreensão da cronologia dos eventos não era muito precisa. Embora a destruição total do templo viesse a ocorrer apenas algumas décadas depois, em 70 d.C., a vinda do Messias como Juiz e Rei, bem como o fim do governo das nações injustas, não ocorreriam senão depois de um período de tempo conhecido por nós como a era da Igreja. Como tal, as respostas de Jesus às perguntas confusas dos discípulos envolvem tanto os cumprimentos próximos como os cumprimentos distantes, alguns que ocorreram no primeiro século e outros que somente ocorrerão na segunda vinda de Cristo.

24:4-14

Naquele dia, no monte das Oliveiras, Jesus apresentou aos discípulos um levantamento dos eventos que ocorreriam no futuro. Ele, primeiro, abordou a questão sobre *o que*: o sinal da vinda do Messias e o fim dos tempos. Então, Ele tratou brevemente sobre a pergunta *quando*. Com relação ao fim dos tempos, o "tempo da angústia de Jacó" (Jr 30:7), Jesus deu seis sinais que seriam associados à última geração de pessoas antes de seu retorno para estabelecer seu reino terrestre.

Devemos nos lembrar, porém, que alguns dos eventos descritos por Jesus já aconteceram a partir de nossa perspectiva; eles foram cumpridos durante a invasão romana do primeiro século e a destruição de Jerusalém. Alguns eventos ainda estão no futuro para nós. E muitas das palavras de Jesus podem até ter um duplo cumprimento, fazendo uma referência a eventos próximos, do primeiro século, que então se tornariam um tipo ou prenúncio de eventos do futuro, em seu cumprimento final durante o fim dos tempos. Determinar quais eventos estão próximos, distantes, ou ambas as coisas, tem sido objeto de grande debate há séculos. Então, à medida que caminhamos rapidamente por esses "sinais dos tempos", precisamos seguir com calma, mantendo nosso foco no quadro geral, em vez de cair em especulações ou declarações dogmáticas sobre os detalhes.

O primeiro sinal do fim é o engano generalizado por um número crescente de falsos cristos (Mt 24:4-5). O engano nos dias futuros vai se intensificar e subir de nível, como nunca antes, culminando com a chegada da figura definitiva do Anticristo e seu Falso Profeta, que executará pessoalmente o engano satânico mundial (veja Ap 13). Pelo fato de que o Espírito Santo terá retirado seu poder de restrição durante o tempo da Tribulação (veja 2Ts 2:6-7), uma era sem precedentes de turbulência espiritual, moral e política se seguirá.

Hoje, o Espírito Santo restringe a iniquidade do mundo, principalmente por meio da Igreja, capacitada pelo mesmo Espírito. Sua presença nos crentes nos permite brilhar como a luz do mundo e permear a cultura secular como o sal da terra (Mt 5:13-16). Quando a Igreja for arrebatada para estar com Cristo, antes dos sete anos de Tribulação (1Ts 4:16-17), também conhecidos como o "tempo da angústia de Jacó" ou o grande "Dia do Senhor", os filhos da luz serão removidos do mundo das trevas (cf. 1Ts 5:1-8). Na "noite" espiritual resultante do período da Tribulação, a verdade será distorcida como nunca. E, o que é pior, o homem do pecado, o Anticristo, ocupará o centro do palco. F. F. Bruce resume assim: "Ainda não foi removido o impedimento, portanto o homem do pecado não apareceu, e a *fortiori* [com muito mais razão] o Dia do Senhor de fato não chegou".[294]

Esse aviso ainda tem aplicação para nós, hoje. Paulo lembrou aos tessalonicenses que o "mistério da iniquidade" já está em ação no mundo (2Ts 2:7), assim como João advertiu que o "espírito do anticristo" já está presente (1Jo 4:3), inspirando muitos "anticristos" menores (1Jo 2:18). Nós, também, devemos estar alertas para o fato de que falsos profetas, falsos mestres e falsos messias estão atualmente, e de forma constante, vendendo sua falsa espiritualidade, mesmo que as palavras de Jesus, no discurso do monte das Oliveiras, apontem para uma manifestação futura e definitiva desse engano satânico. Em nossa era, antes do arrebatamento da Igreja, a maldade espiritual está sendo contida — não ausente, mas incapaz de assumir o controle completo. Durante a Tribulação, essa restrição será removida.

O segundo sinal do fim é a disputa internacional (muitas vezes conduzindo à guerra) que se intensificará entre as nações do mundo (Mt 24:6-7). No futuro, antes que Cristo retorne fisicamente à terra como Juiz e Rei, haverá grandes guerras mundiais entre os reinos deste mundo. Embora o livro de Apocalipse tenha sugerido que o Oriente Médio será o epicentro desse conflito global, a interconexão das estruturas políticas e econômicas do mundo significará que todos provavelmente serão arrastados para a guerra. Vemos a expressão máxima disso em Apocalipse 13, onde a besta do mar exerce poder militar desenfreado, guerreando contra os santos e subjugando "toda tribo, povo, língua e nação" sob sua autoridade (Ap 13:3-7). Semelhante à forma como as dores do parto de uma mulher grávida se intensificam à medida que o trabalho de parto avança e o nascimento se aproxima, a guerra aumentará em todo o mundo à medida que o fim se aproxima, culminando em um conflito global total.

O terceiro sinal do fim envolve a proliferação de fomes, terremotos e outros desastres naturais (Mt 24:7-8). Distúrbios geológicos coincidirão com o engano espiritual e a turbulência política, acrescentando mais pânico e desespero generalizado. A fome e a propagação de doenças aumentarão a miséria. Podemos imaginar que os desastres incluirão a dizimação de colheitas e do gado, a secagem de córregos, poços e reservatórios, bem como a destruição de infraestruturas naturais e artificiais necessárias para fornecer recursos vitais, tais como alimentos, água e eletricidade. As linhas de abastecimento serão interrompidas, e vidas se perderão. Hoje, em escala limitada, já podemos observar os efeitos dos desastres naturais nas cidades e nações. Essas coisas são apenas um prenúncio da intensificação das catástrofes associadas ao período da Tribulação.

O quarto sinal do fim é que os crentes sofrerão severa perseguição por parte daqueles que odeiam Cristo (24:9). Aqueles que serão conduzidos à fé em Cristo após o arrebatamento da Igreja — muitas vezes chamados de "santos da Tribulação" — se tornarão alvos de perseguição e execução. Pelo fato de que esses crentes se identificarão com Jesus Cristo, no momento em que o restante do mundo adorar o Anticristo, o ódio fervilhante dos não salvos se levantará contra eles. Muitos serão caçados, presos, julgados e mortos. O martírio aumentará muito, mas esses crentes serão herdeiros de uma recompensa eterna. O livro de Apocalipse descreve uma grande multidão de crentes "de todas as nações, tribos, povos e línguas" que "vieram da grande tribulação" (Ap 7:9-17). Essas são pessoas que terão sofrido o martírio nas mãos do Anticristo e de seu império perverso (Ap 6:9-11; 13:7-10).

O quinto sinal do fim é que muitos supostos cristãos irão desertar (Mt 24:10-13). O engano espiritual do fim dos tempos e a perseguição física resultarão na separação dos verdadeiramente salvos daqueles que apenas alegavam estar salvos. Alguns que agiram como se fossem seguidores de Jesus Cristo mostrarão suas verdadeiras cores, seguindo o engano e negando a Cristo, sob ameaça de dano físico. Em vez de permanecerem firmes na fé, se afastarão da verdade, trairão seus irmãos crentes e demonstrarão ódio, e não amor, aos irmãos. Hoje — como ao longo de toda a história — a perseguição elimina falsos seguidores de Jesus. Sempre foi assim. Os verdadeiramente regenerados e genuinamente salvos perseverarão até o fim, pelo poder do Espírito Santo.

O sexto sinal do fim é uma proclamação mundial do evangelho (24:14). Apesar dos horrores globais crescendo em um volume indescritível — com falsos cristos, guerras destrutivas, desastres naturais e perseguição — a mensagem do evangelho salvador de Jesus Cristo ainda será proclamada. Todas as nações ouvirão o evangelho, dando a todos a oportunidade de crer na vida eterna. Como uma missão mundial tão ambiciosa ocorrerá durante o curto período dos sete anos de Tribulação futuros? Talvez Deus use mensageiros angélicos para levar as boas-novas, como fez na primeira proclamação da Ressurreição, no túmulo vazio (28:5-7). O livro de Apocalipse sugere tal futura proclamação angélica:

> Então vi outro anjo, que voava pelo céu e tinha na mão o evangelho eterno para proclamar aos que habitam na terra, a toda nação, tribo, língua e povo. Ele disse em alta voz: "Temam a Deus e glorifiquem-no, pois chegou a hora do seu juízo. Adorem aquele que fez os céus, a terra, o mar e as fontes das águas (Ap 14:6-7).

Também é provável que Deus opere por meio dos 144.000 convertidos das doze tribos de Israel descritos em Apocalipse 7:1-8. Esses hebreus servirão como testemunhas fiéis, corajosas e diligentes de Cristo durante o período mais sombrio da história da terra. Deus os preservará do mal durante a Tribulação e os usará para cumprir o chamado de Israel, feito no Antigo Testamento,para ser testemunha de Deus entre as nações (veja Isaías 43:1-13). O plano de Deus para Israel sempre foi que eles servissem como a luz da verdade para os gentios. Durante a Tribulação, eles finalmente cumprirão essa missão global. Esse remanescente crente do Israel étnico não apenas será selado para receber poder e proteção, mas, também, sobreviverá ao período da Tribulação e se tornará as primícias da nação de Israel, quando ela for restaurada à sua terra durante o futuro reino do milênio.

24:15-28

Jesus empregou algumas imagens perturbadoras e terríveis para descrever as condições do mundo que antecederiam o seu retorno à terra como Juiz e Rei. Assim como uma mulher sofre de dores de parto cada vez mais agudas, os habitantes da terra durante esse período serão apanhados nas agonias de calamidades cada vez mais intensas (24:8). Estas acabarão por culminar no julgamento do Anticristo e de todos os seus seguidores, bem como na libertação do povo de Deus. Com essa revelação, Jesus respondeu parcialmente à segunda pergunta dos discípulos: "qual será o sinal da tua vinda e do fim dos tempos?" (24:3). No entanto, há muito mais para relatar.

Ao descrever esses sinais do fim dos tempos, Jesus de repente inseriu um comentário sobre a "abominação da desolação" (24:15), algo a que o profeta Daniel se referiu três vezes (Dn 9:27; 11:31; 12:11). Essa frase também pode ser traduzida como "a abominação que causa desolação" (24:15). Como observa R. V. G. Tasker, "A profanação do Templo por Antíoco Epifânio, que erigiu um altar pagão dentro do recinto sagrado em 168 a.C. foi tal abominação".[295] Uma profanação igualmente abominável — e a desolação relacionada a ela — ocorreu em 70 d.C., quando "os romanos queimaram o templo e ofereceram sacrifícios às suas insígnias colocadas junto ao portão oriental quando proclamaram Tito como imperador".[296]

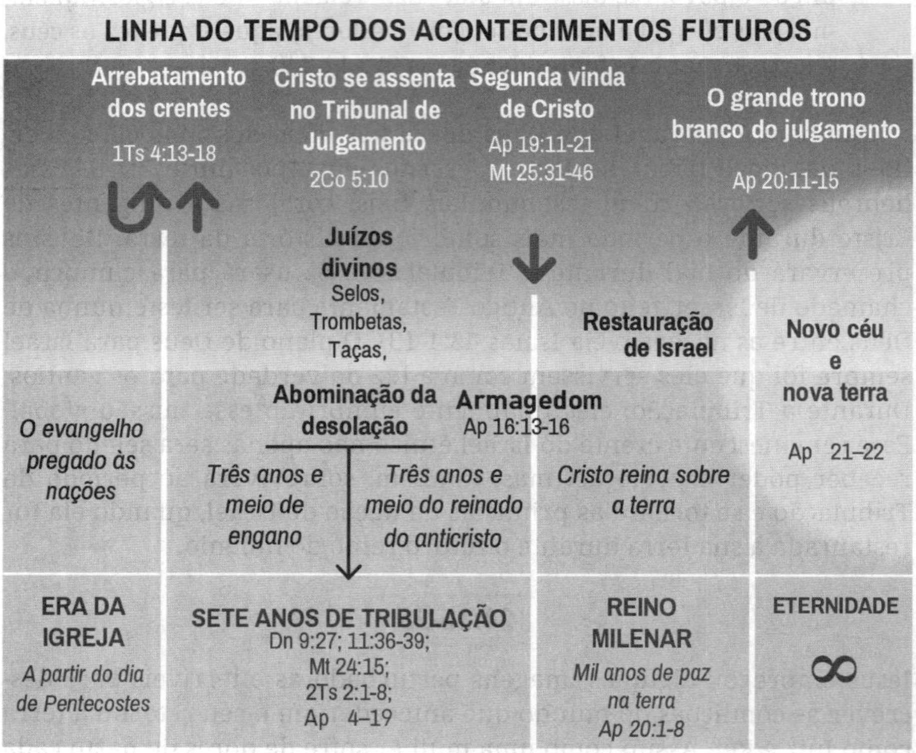

Muitas das palavras de Jesus em Mateus 24 e 25 se referem ao período futuro dos sete anos de Tribulação que se seguirá à era da Igreja e precederá o reino milenar. O quadro reúne várias passagens do Antigo e do Novo Testamentos relacionadas a esses eventos futuros.

Aqui chegamos a um elemento do discurso, no monte das Oliveiras, que parece ter em vista um cumprimento próximo e um cumprimento distante. O relato paralelo de Lucas sobre o ensino de Jesus parece enfatizar a aplicação mais próxima, que ocorreu pelas mãos dos romanos quase quarenta anos depois das palavras de Jesus: "Quando virem Jerusalém rodeada de exércitos, vocês saberão que a sua devastação está próxima. Então os que estiverem na Judeia fujam para os montes" (Lc 21:20-21). Marcos menciona a abominação da desolação, mas não especifica que está citando Daniel (Mc 13:14). Quando Mateus direciona os leitores especificamente para a profecia de Daniel, ele claramente leva o cumprimento final dessa profecia para o futuro, levando ao retorno de Cristo. A ênfase de Mateus não rejeita a ideia de um cumprimento próximo em 70 d.C. Ao contrário, esse cumprimento parcial, histórico, agora serve como um tipo ou sombra de eventos futuros do fim dos tempos, assim como a abominação anterior da desolação anterior, cumprida por Antíoco Epifânio em 168 a.C., também pode ser vista como um cumprimento parcial das palavras de Daniel, pelo menos em um sentido limitado.

Como uma pedra lançada sobre as águas da história, a profecia de Daniel a respeito da abominação da desolação vê uma série de "ensaios" parciais antes do evento final no futuro período da Tribulação sob o Anticristo. Esse evento final é confirmado pela visão da besta em Apocalipse 13 — escrita décadas após a destruição do templo em 70 d.C. — na qual João vê o surgimento do Anticristo e de seu reino mundial, que, presumivelmente, destroem o futuro templo da Tribulação (Ap 13:1-10; cf. Ap11:1-2). Da mesma forma, o apóstolo Paulo afirma que o Dia do Senhor (o período da Tribulação) não ocorrerá até que se manifeste "o homem do pecado, o filho da perdição. Este se opõe e se exalta acima de tudo o que se chama Deus ou é objeto de adoração, chegando até a assentar-se no santuário de Deus, proclamando que ele mesmo é Deus" (2Ts 2:3-4). Juntando essas passagens, podemos ver que a manifestação final da abominação da desolação é o próprio Anticristo!

Quando os moradores da Judeia — a geração imediata do primeiro século ou a geração remota que estará viva durante a Tribulação — virem tais eventos se desenrolando em seu meio, eles devem tomar medidas imediatas para escapar (Mt 24:15-20). Não é preciso ser um estudioso da Bíblia com doutorado para juntar dois e dois e reconhecer a urgência necessária para "sair de cena". Eles serão como pessoas que estão sendo evacuadas de um prédio em chamas. Nenhum bem material valerá o risco de ficar para trás. Será preciso fugir apressadamente para um lugar seguro.

No último século, vimos vários exemplos de catástrofes naturais e crises políticas que exigiram respostas urgentes como essa. À medida que o implacável regime nazista se aproximava de um país europeu após o outro, os judeus foram fugindo para sobreviver. Aqueles que ficaram para trás sofreram não apenas a perda de seus meios de subsistência, mas, na maioria dos casos, a perda da própria vida. Quando os vietcongues invadiram a cidade de Saigon e os últimos helicópteros resgataram o máximo de pessoas que puderam transportar, os vietnamitas que moravam lá fugiram de sua terra natal para sobreviver. E, à medida que inúmeros furacões se aproximam de terra firme, os moradores das cidades costeiras nos caminhos das tempestades têm fugido para o interior a fim de evitar destruição e morte. Embora estejamos familiarizados com tais desastres, as palavras sinistras de Jesus no monte das Oliveiras, naquela noite, transmitem uma verdade sombria sobre os últimos dias: "Porque haverá então grande tribulação, como nunca houve desde o princípio do mundo até agora, nem jamais haverá" (24:21). Esses dias serão tão horríveis que, se a destruição não fosse interrompida pelo glorioso retorno de Cristo, "ninguém sobreviveria" (24:22). Neste ponto, claramente as palavras de Jesus olham para o futuro distante, para o último grande período de julgamento e ira sobre esta terra.

Em Mateus 24:23-28, voltamos onde Jesus começou, em 24:4 — uma advertência contra palavras enganosas com sinais e maravilhas igualmente enganosos. Essas palavras seriam um lembrete para os refugiados judeus crentes fugirem de Jerusalém e da Judeia quando o Anticristo tomar seu lugar no templo. Eles ainda deverão estar alertas contra falsos cristos e falsos profetas que "realizarão grandes sinais e maravilhas" não apenas para enganar os não salvos e fazê-los acreditar em suas mentiras, mas, também, para fazer com que os eleitos caiam de sua posição segura (24:23-26). À pergunta implícita: "como saberemos, então, que o verdadeiro Messias e seu exército celestial chegaram?" — ou "como saberemos que o tempo chegou?" — Jesus deu esta resposta: "Porque assim como o relâmpago sai do Oriente e se mostra no Ocidente, assim será a vinda do Filho do homem" (24:27). Em outras palavras, a verdadeira vinda de Cristo em glória será inconfundível. Ninguém a confundirá com os mais surpreendentes "sinais e maravilhas" dos falsos cristos e falsos profetas que surgirão no fim dos tempos.

A frase obscura encontrada em Mateus 24:28 tem intrigado muitos comentaristas ao longo da história.[297] A declaração certamente apresenta um tom sinistro. Na declaração paralela encontrada em Lucas 17:37, o contexto indica uma conexão direta com o julgamento vindouro. Naquele relato desse discurso, Jesus menciona que, assim como nos dias de Noé e Ló, as pessoas continuarão cuidando de seus negócios até que o julgamento subitamente venha sobre elas (Lc 17:26-36; cf. Mt 24:36-41). Durante esse tempo de julgamento, ocorrerá uma separação entre as pessoas salvas e as não salvas, pois "uma será levada e a outra deixada" (Lc 17:34-35; cf. Mt 24:40-41). Em resposta a essa declaração, os discípulos perguntaram: "Onde, Senhor?" (Lc 17:37). Não está claro se a pergunta se refere aos que foram levados ou aos que ficaram para trás (ou ambos). E não está completamente explícito qual grupo deve sofrer o juízo e qual deve ser salvo. O que está claro, porém, é que uma distinção definida e inequívoca será feita entre crentes e incrédulos.

À luz da visão ameaçadora em Apocalipse 19:21 de pássaros devorando a carne dos que serão mortos no retorno de Cristo, parece melhor entender o uso dessas palavras por Jesus como uma predição sobre a certeza do julgamento futuro dos ímpios. Sua declaração enigmática aponta para este mundo como sendo o lugar do julgamento, como é evidenciado pelo fato de os pássaros estarem se banqueteando com carniça. O mal e a morte tendem a ser encontrados nos mesmos lugares. Aqueles que forem separados dos justos serão condenados ao julgamento porque eles não aceitaram a salvação que vem apenas pela graça, por meio da fé exclusivamente em Cristo.

APLICAÇÃO

Mateus 24:1-28

VIVENDO O AGORA À LUZ DO FUTURO

Depois de ler as palavras proféticas de Jesus na primeira parte do discurso do monte das Oliveiras, poderíamos cair em desespero. Seríamos tentados a deixar as realidades futuras nos tornarem paranoicos, vasculhando constantemente as fontes de notícias em busca de acontecimentos mundiais, da atualidade, que pareçam ser o cumprimento desses juízos. Alguns já o fizeram. Apontaram para os eventos mundiais e declararam: "É isto!" Ou talvez iniciaram uma contagem regressiva para o retorno de Cristo, após ficarem sabendo de acontecimentos alarmantes na política global. Não se pode viver o agora à luz do que ocorrerá naquele tempo. Ao contrário disso, desejo oferecer três sugestões para viver com confiança (não com medo) e com esperança (não com desconfiança), tendo em vista o quadro profético apresentado por Cristo acerca dos eventos do fim dos tempos. A cada uma dessas sugestões vou acrescentar uma promessa do Antigo Testamento e outra do Novo Testamento.

Primeiramente, *não devemos viver com medo*. As palavras de Jesus no discurso do monte das Oliveiras não foram ditas para assustar os verdadeiros crentes que encontram salvação em Jesus Cristo. Aquelas eram advertências para as pessoas que estavam mergulhadas na incredulidade e na injustiça e, portanto, corriam o risco de entrar no juízo terreno e no eterno. Os crentes em Cristo não precisam ter medo. Isaías 41:10 diz: "Por isso não tema, pois estou com você; não tenha medo, pois sou o seu Deus. Eu o fortalecerei e o ajudarei; eu o segurarei com a minha mão direita vitoriosa". Paulo escreveu a seu discípulo Timóteo que "Deus não nos deu espírito de covardia, mas de poder, de amor e de equilíbrio" (2Tm 1:7).

Em segundo lugar, *devemos nos lembrar de que Deus é completamente soberano*. Ele não é *quase* soberano, *geralmente* soberano ou *parcialmente* soberano. Nós acreditamos, amamos e servimos um Deus que é *completamente* soberano, tanto sobre os eventos mundiais quanto sobre os eventos de nossa vida pessoal. Nada acontece fora do que Ele já planejou. Significa que o tempo em que ocorre tudo o que está no presente e no futuro está em suas mãos. Não precisamos nos preocupar sequer por um momento. Salmos 115:3 diz: "O nosso Deus está nos céus, e pode fazer tudo o que lhe agrada". Porque Ele é perfeitamente bom e totalmente sábio, podemos confiar nele em tudo o que Ele faz, como escreve Paulo: "Sabemos que Deus age em todas as coisas para o bem daqueles que o amam, dos que foram chamados de acordo com o seu propósito" (Rm 8:28).

Finalmente, *acreditemos na Palavra de Deus sempre que nos sentirmos incertos ou inseguros*. Sua Palavra inspirada e inerrante tem precedência sobre toda palavra meramente humana. As notícias podem fazer com que as pessoas se sintam desesperadas; a Palavra de Deus acalma nosso coração e alivia nossas preocupações. As pessoas gostam de enfatizar os aspectos negativos e projetar um futuro sombrio; a Palavra de Deus nos aponta para a esperança que temos em Jesus Cristo: quando Ele vier, Ele virá como o Salvador dos crentes e o justo Juiz dos incrédulos. Sempre que algo preocupante ocorrer, devemos nos voltar primeiro para a Palavra de Deus. Leia as palavras de Salmos 119:105: "A tua palavra é lâmpada que ilumina os meus passos e luz que clareia o meu caminho". As Escrituras jamais desviarão ou levarão você ao desespero. De fato, Paulo escreveu em Romanos 15:4: "Pois tudo o que foi escrito no passado foi escrito para nos ensinar, de forma que, por meio da perseverança e do bom ânimo procedentes das Escrituras, mantenhamos a nossa esperança". As Escrituras não foram produzidas para a incerteza, para a insegurança, nem para se ter pavor do futuro, e sim para a perseverança, encorajamento e esperança.

Preparados ou não, Jesus está chegando!

MATEUS 24:29—25:46

As profecias bíblicas sempre foram alvo de críticas. Ao longo da história, os céticos têm zombado das Escrituras proféticas — brincando com as profecias, fazendo piadas a respeito delas e procurando desacreditá-las. Esse passatempo constante dos zombadores será especialmente

Do meu diário

É melhor você estar pronto!

MATEUS 24-25

Eu tenho um bom amigo — vamos chamá-lo apenas de Bruce — que era cético antes de se tornar cristão. Durante seus anos de incredulidade obstinada, Bruce guardava uma distância segura e confortável da religião. Nunca pensava sobre as coisas espirituais, e, se elas viessem à tona numa conversa, ele rapidamente mudava de assunto.

Bem, há alguns anos, meu amigo Bruce estava atravessando a América, viajando de carona. Certa vez, quando caiu a noite, nuvens escuras se formaram no céu e trovões distantes começaram a ribombar. Ele ficou desesperado para conseguir uma carona, não só para chegar até o lugar para onde estava se dirigindo, mas também com a intenção de evitar a tempestade iminente. Assim que as gotas de chuva começaram a cair, um carro parou, uma porta se abriu e um motorista gritou: "Entre!" Bruce não hesitou. Ele ficou feliz por escapar da chuva. Assim que ele entrou, a chuva começou a bater violentamente no para-brisas do carro. Então, Bruce apenas se acomodou no assento. Ele ficou subitamente chocado quando viu um pequeno cartão, colado na dianteira do porta-luvas, bem na frente dele, que dizia:

AVISO!

NA OCASIÃO DO RETORNO DE CRISTO,

este motorista desaparecerá de repente e este carro se autodestruirá!

É melhor você se preparar!

Certa vez, perguntei a Bruce como isso o fez se sentir naquele momento — chuva caindo, já ao anoitecer, preso em um carro com uma pessoa que ele considerava um maluco religioso.

Ele me respondeu: "Eu não sabia se deveria escrever ali meu testamento, orar ou pular do carro. Então, a primeira coisa que fiz foi destrancar minha porta, só por precaução. O motorista estava tentando conduzir nossa conversa para tratar a respeito de Jesus e eu continuei querendo falar sobre qualquer coisa, menos sobre Jesus". O tempo todo, aquela placa com sua mensagem do tipo "acredite ou não, isso vai acontecer" continuava ali no painel, olhando para Bruce.

Que ilustração perfeita sobre os dois extremos em relação à afirmação de que Cristo está voltando! Todos nós estamos no mesmo veículo — este mundo. Alguns ficam em uma extremidade do espectro, abraçando a verdade do retorno de Cristo e chamando outros para "se prepararem". Outros estão viajando pela vida com um ceticismo desconfortável, convencidos de que os crentes são loucos. A linha entre crença e incredulidade em relação à segunda vinda de Cristo não poderia ser mais clara. E a chamada para a prontidão não poderia ser mais direta: "É melhor você se preparar!".

predominante à medida que o mundo vai se aproximando dos últimos dias. O apóstolo Pedro escreveu sobre isso quase no final de sua segunda carta: "Antes de tudo saibam que, nos últimos dias, surgirão escarnecedores zombando e seguindo suas próprias paixões. Eles dirão: 'O que houve com a promessa da sua vinda? Desde que os antepassados morreram, tudo continua como desde o princípio da criação'" (2Pe 3:3-4).

Parece familiar, não é mesmo? É fácil pensar dessa forma se você escolher ignorar eventos cataclísmicos como o Dilúvio, nos quais Deus julgou as pessoas ímpias do mundo, nos dias de Noé. Ou é fácil provocar aqueles que acreditam nas profecias bíblicas se você acha que a história do julgamento de Deus sobre Sodoma e Gomorra e o resgate de Ló não passam de um mito para assustar as pessoas e levarem-nas a crer. Mas, como aconteceu nos dias de Noé e de Ló, assim será no futuro, quando Cristo voltar. Aqueles que não estão preparados se encontrarão subitamente derrotados por um período de julgamento mundial. Preparados ou não, Jesus está chegando!

Os ensinos relativos ao retorno de Cristo nunca deixam de criar sentimentos mistos. Para aqueles que estão prontos para esse evento, há uma mistura de conforto, alívio e expectativa cheia de ansiedade. Para aqueles que *não* estão prontos em razão de sua descrença, desobediência ou rebelião, a gama de emoções vai da indiferença ignorante ao desprezo desrespeitoso. No entanto, assim como é impossível permanecer neutro em nossa resposta ao evangelho da pessoa salvadora e da obra de Jesus Cristo, a mesma verdade se aplica em relação à Segunda Vinda. Mesmo quando não estamos pensando nisso, o relógio de Deus está correndo em direção àquele momento em que os verdadeiros crentes serão arrebatados desta terra e o restante do mundo enfrentará o grande Dia do Senhor — os sete anos de Tribulação (1Ts 4:16—5:3).

24:29—25:46

Embora pudéssemos gastar vários livros explorando os detalhes dos eventos finais, decidi concentrar a atenção no quadro mais amplo (muitas vezes com aplicações correlatas) do discurso de Jesus sobre os dias que precederão e incluirão seu glorioso retorno. Esses princípios serão, em grande parte, baseados nas profecias de Mateus 24:29-51 e 25:31-46, embora algumas percepções também foram extraídas das duas parábolas relacionadas a esse assunto, encontradas em Mateus 25:1-30. Não vou oferecer uma explicação ponto por ponto do que cada versículo significa, nem vou mergulhar profundamente nas águas turvas da especulação. Eu dou uma explicação mais completa sobre os detalhes dos eventos finais em meu comentário sobre o livro de Apocalipse.[298]Basicamente, nesta seção, gostaria de apresentar uma visão geral concisa dos principais pontos relatados por Jesus, juntamente com algumas palavras práticas que têm a ver com nossa reação.

Primeiro, *a espera pela volta de Cristo pode ser longa, então vamos aguardar com paciente expectativa.* Como agora se mostra bem claro, desde o momento em que Jesus fez sua pregação no monte das Oliveiras até seu retorno em glória, muitos séculos haveriam de se passar. Os discípulos originais, assentados com Ele no monte das Oliveiras, não tinham a menor ideia de que haveria uma demora tão grande. Muito menos as gerações seguintes da igreja primitiva, que estavam vivendo sob intensa perseguição. Nem o remanescente fiel dos verdadeiros crentes, que manteve viva a chama da esperança durante a Idade das Trevas. Igualmente, os reformadores, que viam seu movimento como uma restauração do evangelho logo antes da Segunda Vinda. O mesmo acontece com muitos entusiastas das profecias hoje, que têm procurado convencer a si mesmos e a outros de que certamente somos a geração que experimentará o arrebatamento da Igreja.

No entanto, Jesus disse claramente que ninguém poderá saber quando os eventos finais começarão a acontecer (24:36). De fato, na Parábola das Dez Virgens, a figura do esposo (representando Cristo) atrasou sua vinda (25:5). Da mesma forma, ao contar a Parábola dos Talentos, Jesus ressaltou que o mestre voltou para acertar as contas "depois de muito tempo" (25:19). O fato é que o intervalo entre sua primeira e sua segunda vinda é um atraso apenas a partir da nossa perspectiva humana. Não devemos esquecer o que está registrado em 2Pedro 3:8: "para o Senhor um dia é como mil anos, e mil anos como um dia". O tempo de Deus é diferente do nosso. Portanto, devemos estar sempre alertas, esperando pacientemente enquanto trabalhamos diligentemente.

Segundo, *o retorno de Cristo será repentino e inesperado*. Embora devamos ser fiéis em nossa espera e frutíferos em nosso serviço, nunca devemos nos sentir muito confortáveis no mundo. Em Mateus 24:37-39, Jesus comparou o contexto de sua futura vinda aos dias de Noé e Ló. As pessoas estavam vivendo normalmente, alheias ao fato de que sua maldade estava prestes a ser julgada. Da mesma forma, a última geração, aqui na terra, não vai esperar o início repentino dos juízos na Tribulação (24:39, 42-44, 50). À luz do fato de que Ele virá tão inesperadamente como um ladrão (24:43), nossa responsabilidade é clara: "vocês também precisam estar preparados, porque o Filho do homem virá numa hora em que vocês menos esperam" (24:44). Na Parábola das Dez Virgens, as sábias estavam preparadas para a chegada repentina e inesperada do noivo, e essas mulheres foram recebidas na festa de casamento (25:6-10). No entanto, as virgens insensatas foram apanhadas de surpresa. Elas foram deixadas do lado de fora sem esperança de entrar (25:10-12). A aplicação: "Portanto, vigiem, porque vocês não sabem o dia nem a hora!" (25:13).

Terceiro, *o julgamento de Cristo será irreversível*. As pessoas precisam aprender a levar Deus e sua Palavra a sério. Ele não vacila em sua vontade nem sequer titubeia em suas declarações. Entrelaçadas ao longo de Mateus 24 e 25 estão muitas advertências contra o atraso nas decisões, o despreparo e a esperança em uma segunda chance. Quando chegar a hora do teste de Deus, Ele não dará notas em curva, nem oferecerá novas tentativas ou algum crédito extra. Os juízos sérios e repentinos por ocasião do retorno de Cristo não são apenas metafóricos, destinados a conduzir as pessoas ao arrependimento; são reais e irreversíveis. Nós só temos uma oportunidade de crer, enquanto estamos vivos: "o homem está destinado a morrer uma só vez e depois disso enfrentar o juízo" (Hb 9:27).

Quarto, *quando Cristo voltar, a verdade será revelada.* Na Parábola das Dez Virgens, as loucas, que não estavam preparadas para a vinda do noivo, viram-se trancadas do lado de fora da festa de casamento, impossibilitadas de entrar (Mt 25:8-11). Quando bateram e pediram para entrar, o esposo respondeu: "A verdade é que não as conheço!" (25:12). Embora os fingidos possam aparentar ser amigos fiéis e manter as aparências por algum tempo, no final, a verdade será manifestada. Certamente é possível viver a vida de um hipócrita e enganar os outros por muito tempo. Alguns cristãos agem de uma forma em público, mas se comportam de outra em particular. Muitas vezes, familiares e amigos próximos sabem a verdade, mas em muitos casos até eles são enganados. No final, porém, nem mesmo o melhor charlatão ou o hipócrita mais experiente será capaz de enganar o onisciente Juiz. A verdade será revelada.

OS DOIS ADVENTOS DE CRISTO CONTRASTADOS

Em sua primeira vinda...	Em sua segunda vinda...
Ele veio em mansidão, como servo (Mt 20:28).	Ele virá em poder como juiz (Mt 24:30-31; 25:31-46; Jo 5:26-29)
Ele veio em humildade (Mt 11:29; Jo 3:17).	Ele virá em majestade e esplendor (1Ts 4:16; Ap 1:7).
Ele veio busca e salvar o perdido (Mt 16:21; 17:12; Mc 9:12)	Ele virá para julgar e reinar (At 10:40-42; 2Co 5:10; Ap 11:15).
Ele veio como um servo para sofrer a ira em lugar dos pecadores (Mt 18:11; 17:12; Mc 9:12).	Ele virá como um conquistador para resgatar os justos da ira (1Co15:51-52; 1Ts 4:15-17).
Ele veio semear a semente do evangelho (Mt 13:3-9; Lc 8:11).	Ele virá para fazer a colheita (Mt 13:37-43).

Quinto, *cada indivíduo será pessoalmente responsável no retorno de Cristo.* A misteriosa descrição em Mateus 24:40-41 nos revela que, na vinda de Cristo, duas pessoas estarão trabalhando juntas no mesmo local, mas uma será levada e a outra deixada. Alguns entendem que essa visão implica em que os levados serão resgatados do juízo vindouro e, assim, removidos para um lugar seguro.[299] Entretanto, eu penso que a melhor interpretação é que os que serão tomados serão aqueles que serão arrebatados em juízo — paralelamente aos ímpios do tempo de Noé, mencionado em 24:38-39, onde Jesus disse que "veio o dilúvio e os levou a todos".[300] Todavia, em ambos os casos, o ponto essencial permanece: cada indivíduo será responsável por sua própria fé ou incredulidade. Você não poderá apoiar sua esposa ou marido, reivindicar para si a fé de seus pais ou se declarar inocente com base em seu nome de família, filiação à igreja ou envolvimento no ministério. Um será levado em juízo, o outro deixado para herdar as recompensas do reino de Deus.

Sexto, *o futuro dos fiéis será cheio de alegria*. As promessas de Deus serão cumpridas e Ele nunca esquecerá seus próprios filhos. Mateus 24:31 nos revela que no final da Tribulação, o Filho do Homem enviará seus anjos com som de trombeta para reunir seus eleitos dos "quatro ventos", ou, como Marcos diz: "dos confins da terra até os confins do céu" (Mc 13:27). Em outras palavras, do norte, sul, leste e oeste — até onde os olhos podem ver — os crentes serão reunidos no reino messiânico terreno. Alguns têm identificado erroneamente esse evento como o arrebatamento da igreja mencionado em 1Tessalonicenses 4:16-17, porém, a citação do Antigo Testamento em Mateus 24:31 aponta para uma reunião diferente de um grupo eleito diferente. Isaías 11:12 diz que Deus "erguerá uma bandeira para as nações a fim de reunir os exilados de Israel; ajuntará o povo disperso de Judá desde os quatro cantos da terra". Essa reunião ocorrerá na segunda vinda de Cristo, quando Ele vier em glória (veja Mt 19:28) — após a Tribulação (veja 24:29). Como um comentarista explica: "Isso envolve a reunião daqueles que se tornaram crentes durante a septuagésima semana de Daniel e que terão sido dispersos em várias partes do mundo por causa da perseguição (cf. Mt 24:16)".[301]

NINGUÉM SABE O DIA NEM A HORA

De Jesus a Paulo, de Pedro a toda a igreja primitiva, todos concordaram que ninguém sabe quando o Dia do Senhor começará ou quando o Senhor retornará. Considere estes textos bíblicos que são bem claros:

- Quanto ao dia e à hora ninguém sabe, nem os anjos dos céus, nem o Filho, senão somente o Pai (Mt 24:36).
- Portanto, vigiem, porque vocês não sabem em que dia virá o seu Senhor (Mt 24:42).
- Fiquem atentos! Vigiem! Vocês não sabem quando virá esse tempo (Mc 13:36).

- Então os que estavam reunidos lhe perguntaram: "Senhor, é neste tempo que vais restaurar o reino a Israel?" Ele lhes respondeu: "Não compete a vocês saber os tempos ou as datas que o Pai estabeleceu pela sua própria autoridade" (At 1:6-7).
- Irmãos, quanto aos tempos e épocas, não precisamos escrever, pois vocês mesmos sabem perfeitamente que o dia do Senhor virá como ladrão à noite (1Ts 5:1-2).
- O dia do Senhor, porém, virá como ladrão (2Pe 3:10).
- Virei como um ladrão e você não saberá a que hora virei contra você (Ap 3:3).
- Eis que venho como ladrão! Feliz aquele que permanece vigilante e conserva consigo as suas vestes, para que não ande nu e não seja vista a sua vergonha (Ap 16:15).

Essa reunião dos eleitos, no reino, também é retratada no grande julgamento das "ovelhas e dos bodes" em Mateus 25:31-46, no qual o Messias convida as ovelhas que estão à sua direita — os justos — para "herdar a reino" (25:34-36). Embora essa promessa seja feita em relação ao remanescente de santos fiéis que estarão na terra durante os dias finais da Tribulação, antes da segunda vinda de Cristo, há uma aplicação para nós, também: Deus honra a vida de fé e obediência. Ele até promete recompensas específicas no reino futuro por atos de fidelidade nesta vida (25:21). E, semelhante à maneira como os crentes sobreviventes no final da Tribulação serão reunidos e recompensados com a vida no reino, os crentes de hoje — durante a era da Igreja — serão arrebatados para o céu para encontrar o Senhor nos ares, com base unicamente em nossa posição em Cristo (1Ts 4:16-17).

Finalmente, *o destino dos perdidos será terrível*. Não há como minimizar isso. Os incrédulos, aqueles despreparados para o retorno de Cristo, os hipócritas e ímpios maldizentes, serão enviados para um lugar onde haverá "choro e ranger de dentes" (Mt 24:51). A Parábola dos Talentos descreve esse lugar como "trevas" (25:30). Em outro versículo, o recinto é apresentado como o lugar de "castigo eterno" (25:46). Mudar nosso destino eterno é algo que tem de acontecer nesta vida. A única maneira de ter certeza da vida eterna é aceitar a morte sacrificial e expiatória de Cristo, por nós, e sua milagrosa ressurreição corporal (1Co 15:1-5). Somos salvos somente pela graça, através apenas da fé exclusivamente em Cristo, ou não somos salvos.

APLICAÇÃO

Mateus 24:29—25:46

TRÊS PERGUNTAS QUE SOMENTE VOCÊ PODE RESPONDER

Nesta seção, eu adotei uma abordagem não usual. Em vez de tratar cada verso explicando detalhes e respondendo a algumas das questões difíceis, optei por apresentar o quadro geral e focar nas implicações práticas para todos nós. Por quê? Quando um dia estivermos diante de nosso Senhor, para prestar conta de nossa vida, Ele não fará nenhum exame teológico sobre a doutrina do fim dos tempos ou um questionário bíblico sobre passagens-chave sobre o Arrebatamento ou a Segunda Vinda. Ele não nos dará uma folha em branco e nos pedirá que desenhemos um gráfico sobre o fim dos tempos com todos os eventos na ordem cronológica correta. Em vez disso, seremos avaliados com base em como respondemos a três perguntas vitais.

Primeiro, *como eu reagi ao que ouvi?* Alguns continuarão a ignorar a verdade ao longo de sua vida, adiando uma decisão por Cristo dia após dia, ano após ano. No entanto, para entrar na vida eterna, o evangelho da salvação somente através de Cristo deve ser recebido — pela fé. Isso requer uma aceitação decisiva e inequívoca de quem Ele é (o Deus-homem) e do que Ele fez por nós (morreu e ressuscitou). Creio que os eventos do fim dos tempos, descritos em Mateus 24 e 25, são apresentados tematicamente, não de forma estritamente cronológica, por uma razão: para tirar nossa atenção do *gráfico* e levá-la para o *coração*.

"O NOIVO SE APROXIMA! SAIAM PARA ENCONTRÁ-LO"

MATEUS 25:1-13

Quando vemos o Novo Testamento comparar o relacionamento de Cristo com a igreja ao relacionamento de um noivo com sua noiva (por exemplo, 9:15; 25:1-13), precisamos entender o contexto histórico e cultural dessa analogia. As tradições matrimoniais do antigo Oriente Próximo eram bem diferentes das que seguimos em nossa cultura ocidental do século 21. Ao invés de uma única celebração, nas tradições matrimoniais judaicas havia várias etapas distintas.

O noivado. Era muito mais oficial e juridicamente vinculante do que um noivado moderno. Os pais da noiva e do noivo celebravam um contrato. Então, eles começavam a tomar providências para a cerimônia, que muitas vezes acontecia depois de um ano ou mais. Durante esse período de noivado, o homem e a mulher eram considerados legalmente casados — embora não vivessem juntos — e um noivado só poderia ser rompido por uma carta de divórcio.

A apresentação. Após os preparativos do futuro lar do casal estarem terminados e os arranjos estarem finalizados, a próxima etapa do casamento então poderia ter início. Antes das festividades da cerimônia de casamento propriamente dita, o noivo deixava sua casa e viajava para a casa da noiva, onde ela o esperava com suas amigas, as damas de honra. O noivo, então, a reivindicaria como sua própria noiva amada.

A cerimônia. A apresentação da noiva dava início a uma longa festa conhecida como a ceia de casamento, que poderia durar vários dias. Os novos noivos terminavam a ceia de casamento com todos os seus direitos, privilégios e responsabilidades de marido e mulher.[302]

A analogia do casamento da Igreja com Cristo reflete esses antigos costumes judaicos do casamento. Na presciência de Deus, o Pai, Ele escolheu a Igreja "antes da fundação do mundo" (Ef 1:4). Assim, quando os pecadores são salvos passam a ser considerados noivos de Cristo, um relacionamento vinculante que ainda aguarda sua completa realização. Na apresentação, a igreja será arrebatada para encontrar o Senhor nos ares (1Ts 4:17; cf. Mt 25:1-13). Então, na festa de casamento do Cordeiro (Ap 19:7-9), o matrimônio será finalizado e Cristo, com seu povo, tomarão seus lugares para reinar sobre a terra (Ap 20:4-6).[303]

Segundo, *serei capaz de estar diante de Cristo em plena segurança?* Devemos confiar em Cristo e somente em Cristo para nossa salvação. Esse não é um esforço cooperativo, no qual Jesus faz sua parte e nós fazemos a nossa. Nossos próprios esforços são uma afronta à graça absolutamente livre e imerecida que recebemos através da simples fé nele. Desse modo, como não contribuímos absolutamente em nada para nossa futura ressurreição corpórea no retorno de Cristo, também não podemos contribuir de forma alguma com o poder que nos ressuscita da morte espiritual quando aceitamos a Cristo pela fé. Nossa garantia de salvação vacilará e poderá oscilar se colocarmos até mesmo um grama de confiança para obter essa salvação em qualquer outra coisa que não seja o Deus-homem, que morreu, ressuscitou e ascendeu ao céu, e que um dia retornará como Juiz e Rei.

Terceiro, *tenho eu vivido minha vida como se Ele pudesse me chamar para casa neste exato momento?* Nenhum de nós sabe quantos minutos, horas, dias ou anos temos à nossa frente. Mas sabemos que todos nós temos um segundo a menos do que tínhamos um segundo atrás. Nossa vida está passando, assim como as oportunidades de servir ao Senhor e de amar os outros com tudo o que temos. Aqueles, dentre nós, que fomos salvos pela fé somos chamados à fidelidade — não porque o fato de amar a Deus e amar os outros, através de nossas palavras e obras, nos possa salvar, mas porque somos habitados e compelidos pelo Espírito Santo a viver uma nova vida em Cristo. As palavras de Jesus no discurso do monte das Oliveiras nos lembram repetidamente que, com a fidelidade, virá a recompensa quando Ele retornar como nosso Rei há muito esperado.

PAIXÃO E TRIUNFO DO REI
MATEUS 26:1—28:20

À medida que fazemos a transição do discurso de Jesus sobre o fim dos tempos e a sua Segunda Vinda (Mt 24—25), deixamos as cenas poderosas de vitória e vindicação, e o Evangelho de Mateus subitamente passa para cenas de fraqueza e aparente — *apenas aparente* — derrota. No final de Mateus 25, ouvimos o anúncio do Filho do Homem vindo em glória com seus anjos, para se assentar em seu trono glorioso e julgar as nações como o Rei, o tão esperado Messias de Israel (25:31-46). Porém, logo a seguir, é dito que o Filho do Homem seria "entregue para ser crucificado" (26:2). Posso apenas imaginar o choque que os discípulos devem ter sentido quando foram abruptamente tirados de suas visões de glória real como corregentes coroados juntamente com Cristo e se sentiram forçados a considerar a perspectiva surpreendente de que o herdeiro do trono estava prestes a ser preso, torturado e executado.

Eu dei a esta seção que engloba os três capítulos finais de Mateus o título de *Paixão e triunfo do Rei.* Ela conduz ao clímax crucial desse Evangelho, e nela testemunhamos o desenrolar da trama de diversos líderes judeus para executar Jesus (26:1-16). Enquanto isso, o Mestre celebra sombriamente uma última refeição pascal com seus discípulos e institui a Ceia do Senhor (26:17-30). Em questão de horas, Judas o trai e as autoridades o prendem, assim como o próprio Jesus havia predito (26:31-56). Abandonado pela maioria de seus discípulos, Jesus passa por uma série injusta de julgamentos simulados (26:57—27:26). Então, nas mãos de judeus e gentios, Jesus é executado em uma cruz romana. Tanto o céu quanto a terra tremem com a crucifixão do legítimo Rei de Israel, o tão esperado Messias (27:27-66).

Mas a profunda tragédia se transforma em triunfo retumbante quando Jesus, de forma milagrosa e gloriosa, é ressuscitado dos mortos — corporalmente — no terceiro dia. Ele sai do túmulo vitorioso, mesmo que os responsáveis por sua morte continuem a conspirar contra Ele (28:1-15). Tendo vencido a morte e a sepultura, o Senhor Jesus se apresenta vivo a seus discípulos, comissionando-os como seus embaixadores do reino vindouro. A nova missão deles — que também é nossa — é fazer discípulos de todas as nações, proclamando o evangelho da morte e ressurreição salvadoras de Jesus, batizando-os na fé, em nome do Pai, do Filho e do Espírito Santo, e instruindo-os a viver uma vida fiel como cidadãos celestiais até que Jesus volte em glória (28:16-20).

Sim, Jesus deveria suportar o sofrimento — a traição de amigos, a tortura de inimigos, angústia no corpo e na alma, experimentar a morte pública de um criminoso e um sepultamento apressado em um túmulo emprestado. No entanto, essa morte humilhante daria lugar ao triunfo, quando sua gloriosa ressurreição provasse que Ele era de fato quem afirmava ser, por palavras e ações: o único Rei verdadeiro, o tão esperado Messias de Israel.

TERMOS-CHAVE EM MATEUS 26:1—28-20

■ ***paradidōmi* (παραδίδωμι)** [3860] "oferecer", "entregar", "transferir a posse de algo"

Baseado no verbo que significa "dar" (*didōmi* [1325]), esse termo expressa a ideia de entregar a posse de algo para o controle de outro. Dependendo do contexto, alguns tradutores vertem o termo como "trair" (veja, por exemplo, 24:10 e 26:16), todavia, a própria palavra grega não sugere se a motivação em si é boa ou má (veja 11:27; 25:20). O termo é usado extensivamente na narrativa da Paixão de Cristo, quando "entregaram" Jesus às autoridades (27:2, 18, 26). Anteriormente, Jesus havia preparado seus seguidores para esse acontecimento, dizendo-lhes que Ele seria "entregue" nas mãos de homens que o condenariam ao sofrimento e à morte (17:22; 20:18, 19; 26:2, 45).

■ ***paschō* (πάσχω)** [3958] "sofrer", "suportar a dor".

Em Mateus 16, Jesus começou a anunciar a seus discípulos que em breve "sofreria" nas mãos de seus inimigos (16:21). Esse período de sofrimento passou a ser chamado de "paixão" de Cristo. A palavra inglesa paixão é derivada do termo grego *paschō*. Esse verbo pode se referir a sofrer a morte (17:12), sofrer de doença (17:15), sofrer provações ou tentações (Hb 2:18), ou sofrer de angústia mental ou emocional (Mt 27:19). Muito cedo, os cristãos começaram a se referir à totalidade das experiências de Jesus desde sua prisão até sua crucificação como "seu sofrimento" (At 1:3). De fato, os dois ritos cruciais da fé cristã, o batismo e a Ceia do Senhor, comemoram os eventos da Paixão.

Contagem regressiva para a traição

MATEUS 26:1-16

Quando começa o capítulo 26 de Mateus, quase podemos ouvir a pulsação da morte. Vários eventos acontecem em sequência, à medida que a cruz do Calvário lança sua sombra sinistra sobre cada cena. Pouco depois de terminar seu discurso no monte das Oliveiras, Jesus chamou a atenção de seus discípulos para a realidade daquilo que estava próximo de acontecer. Ele não perdeu tempo para informá-los: "o Filho do homem será entregue para ser crucificado" (26:2).

Coloque-se por um momento na posição daqueles discípulos. Não era a primeira vez que eles tinham ouvido seu querido Mestre dizer tais coisas (por exemplo, em 20:19). Só que dessa vez as palavras vieram logo após algumas profecias chocantes sobre o fim dos tempos e a inauguração do reino de Cristo. Será que Jesus estava utilizando algum tipo de código em sua linguagem? Seria a expressão "Filho do Homem" uma referência a alguma outra pessoa que haveria de sofrer tais coisas? Ou, talvez, Ele seria entregue para ser crucificado, mas depois escaparia das mãos de seus inimigos e derrotaria o plano deles. Talvez aquela cadeia de eventos culminaria na queda total de Roma e no estabelecimento do reino do Messias. O que quer que estivesse passando pela mente dos discípulos, a última coisa que eles poderiam imaginar era o que realmente estava prestes a acontecer.

Enquanto Jesus tentava preparar mentalmente seus seguidores mais próximos para os acontecimentos que viriam a seguir, seus arqui-inimigos estavam em ação nas sombras e atrás de portas fechadas, tramando uma missão de ataque para destruir o Messias (26:4). Ele havia ofendido a justiça própria deles e os havia irritado, proclamando ousadamente a verdade contra suas mentiras hipócritas. Agora eles queriam pôr um fim à vida dele, de uma vez por todas.

26:1-2

Entre os capítulos 25 e 26, Mateus conduz a atenção de seus leitores da coroa para a cruz, da glória futura para o sofrimento iminente. Uma vez que ele tira seu foco de longa distância para se concentrar na cruz, que já pode ser avistada no horizonte, a narrativa diminui o ritmo, concentrando-se na cena do Calvário ao longo de dois extensos capítulos. Nas primeiras cenas do capítulo 26, Mateus dá os primeiros passos para nos conduzir — a partir do ponto de vista dos discípulos — para a traição, prisão, julgamentos e crucificação de Cristo.

Esses versículos me lembram o trabalho de vários volumes de Winston Churchill sobre a Segunda Guerra Mundial, quando ele forneceu informações sobre a base de eventos anteriores que prepararam o cenário e deram sentido ao que estava por vir. O primeiro volume, intitulado *The Gathering Storm* [A tempestade coletiva], descreve o que aconteceu na mente escura, distorcida e depravada de Adolf Hitler e no crescimento do partido nazista. Da mesma forma, Mateus relata determinadas cenas que, colocadas em conjunto, nos dão um vislumbre da tormenta que está se formando sobre Jerusalém — uma tempestade de ciúmes, decepção, traição e brutalidade.

Em 26:1, Mateus nos lembra que Jesus havia acabado de finalizar seu longo discurso em resposta às perguntas dos discípulos sobre "quando acontecerão essas coisas? E qual será o sinal da tua vinda e do fim dos tempos?" (24:3). Enquanto seus seguidores ainda assimilavam o bombardeio de imagens que Ele havia compartilhado sobre o futuro distante, Jesus os trouxe de volta para o aqui e agora com uma lembrança de que a Páscoa estava chegando, apenas dois dias à frente. Então Ele acrescentou: "e o Filho do homem será entregue para ser crucificado" (26:2). Não menos de seis vezes, Jesus já havia mencionado — direta ou indiretamente — seu futuro sofrimento e morte nas mãos dos homens (16:21; 17:12, 22-23; 20:18-19, 22-23; 21:38-39). O fato de Jesus ter conhecimento detalhado sobre sua iminente morte e ressurreição demonstra uma importante verdade teológica: embora os agressores tenham se envolvido em conspirações perversas para atingir seus propósitos distorcidos, nada aconteceu fora da vontade soberana de Deus ou que fosse contrário ao seu próprio cronograma. Jesus mesmo declarou: "Por isso é que meu Pai me ama, porque eu dou a minha vida para retomá-la. Ninguém a tira de mim, mas eu a dou por minha espontânea vontade. Tenho autoridade para dá-la e para retomá-la. Esta ordem recebi de meu Pai".

26:3-5

Com a predição da iminente crucifixão de Jesus, Mateus subitamente move a cena para uma sala dentro da casa do sumo sacerdote, a sudoeste do monte do templo. Somos inseridos no meio de uma conspiração em andamento, com vários chefes dos sacerdotes e anciãos reunidos para tramar a morte de Jesus (26:3-4). Caifás, o sumo sacerdote, tornou-se o principal antagonista, encarnando todas as forças das elites religiosas empenhadas em proteger seu poder e promover seus interesses pessoais. Talvez, Caifás estava por trás de muitas das tentativas anteriores de prejudicar ou enredar Jesus, de questionar sua integridade e enfraquecer sua influência. Agora, depois que os numerosos e multifacetados esforços para frustrar a missão de Cristo e resistir à sua mensagem não produziram qualquer efeito prático, o sumo sacerdote e sua perversa quadrilha estavam com o assassinato de Jesus em sua mente: "Eles conspiraram juntos para apanhar Jesus furtivamente e matá-lo" (26:4).

OS MAFIOSOS DE JERUSALÉM

MATEUS 26:3

Na época de Cristo, o cargo de sumo sacerdote em Jerusalém tinha muita influência. O sumo sacerdote era não apenas o chefe que comandava todos procedimentos do templo, mas, também, era o governante responsável por muitos assuntos civis, sociais e políticos. Os membros da classe sacerdotal "eram os verdadeiros governantes da nação, embora não reivindicassem para si o título de rei".[305] Como os judeus estavam sob o domínio do Império Romano, a nomeação do sumo sacerdote tinha que ser feita por Roma, e o sumo sacerdote operava sob a autoridade do procurador romano.

Por ocasião do julgamento de Jesus, Caifás ocupava oficialmente o cargo (26:3), tendo sido nomeado pelos romanos; porém, muitos reconheciam Anás, o sogro de Caifás, como o verdadeiro poder por trás do trono. Anás havia sido nomeado sumo sacerdote em 6 d.C., mas foi deposto nove anos mais tarde. Entretanto, ele continuou sendo o poderoso chefe dessa família de elite, não muito diferente das figuras que vemos nos modernos sindicatos do crime organizado. Após sua destituição do cargo, ele continuou a exercer o poder nos bastidores, primeiro através de seu filho Eleazar e, depois, por meio de seu genro Caifás, o que explica sua presença nos julgamentos de Jesus.

Enquanto isso, o longo mandato de Caifás, como sumo sacerdote, indica que ele era hábil nos negócios desonestos da política em Jerusalém. Um comentarista observa que "entre 37 a.C. e 67 d.C. ... houve nada menos que 28 sumos sacerdotes", mas, "Caifás permaneceu como sumo sacerdote de 18 a 36 d.C. Esse foi um tempo extraordinariamente longo para a atuação de um sumo sacerdote, e Caifás deve ter transformado a técnica de cooperar com os romanos numa sofisticada arte".[306]

Assim, ao visualizarmos a trama para matar Jesus, não devemos imaginar uma deliberação legítima entre governantes cumpridores da lei que simplesmente cometeram erros por causa da sua falta de discernimento espiritual. Ao contrário, podemos idealizar o tipo de esquema de bastidores que poderíamos ver em um filme sobre a máfia, no qual bandidos inescrupulosos traçam um plano para derrubar um adversário que está invadindo seu território. Os membros da família do sumo sacerdote eram, em muitos aspectos, os mafiosos de Jerusalém que achavam que seu poder inconteste estava sendo ameaçado pelas palavras e atos de Jesus. E, a fim de manter sua posição de profunda corrupção, eles estavam dispostos até mesmo a cometer assassinatos.

Reconhecendo que a popularidade de Jesus junto ao povo estava no auge, os membros da conspiração consideraram uma insensatez fazer um ataque óbvio e direto ao seu inimigo. Por causa da celebração da Páscoa, o número de visitantes em Jerusalém havia aumentado, e, apenas poucos dias antes, Jesus havia entrado na cidade montado num jumentinho, sob aclamações de "hosana ao Filho de Davi!"(21:6-11). Os líderes de Jerusalém haviam visto as grandes multidões atraídas pelo ensino dele. Sabiam que uma prisão pública certamente resultaria numa revolta (26:5). Além disso, pareciam não ter qualquer ideia de para onde Jesus e seu pequeno grupo de discípulos se dirigiam, quando iam embora à noite (ver Jo 18:1-2). Isto é, seu esconderijo secreto permanecia desconhecido. Por isso, Caifás e seu clã se decidiram pela dissimulação e, assim, adotar uma abordagem mais prudente: a de esperar até depois da festa, quando as multidões de judeus já teriam partido de Jerusalém e voltado para suas casas. Então, quando o momento certo surgisse, Jesus — e talvez alguns de seus companheiros mais próximos — simplesmente "desapareceriam".

Entretanto, como veremos, nos bastidores havia forças ainda mais obscuras em ação que proporcionariam uma oportunidade mais imediata para que os chefes dos sacerdotes eliminassem Jesus de Nazaré.

26:6-13

Provavelmente não deveríamos imaginar que a cena da conspiração, a portas fechadas, dos chefes dos sacerdotes, e a cena seguinte, do jantar noturno, estavam ocorrendo ao mesmo tempo. Se olharmos com atenção, Mateus não diz realmente que o evento descrito em 26:6-13 ocorreu simultaneamente, nem mesmo se foi relatado de forma cronológica. Não encontramos as expressões "então" ou "depois disto" ou "naquele momento". Ao contrário, ele simplesmente escreve: "Estando Jesus em Betânia ..." (26:6). Na verdade, quando olhamos o relato paralelo desse evento no Evangelho de João (Jo 12:2-11), descobrimos que ele, em realidade, aconteceu cerca de quatro dias antes — no sábado anterior à Entrada Triunfal, ou seja, seis dias antes da Páscoa (Jo 12:1). Por que Mateus apertaria o botão de pausa na linha da história para fornecer esse retrospecto aqui no meio da narrativa? A resposta é simples: a cena fornece o motivo para a traição de Judas Iscariotes, o que daria aos líderes judeus uma oportunidade de prender Jesus durante a festa, ao invés de ter que esperar até sua conclusão.

Mateus e Marcos não apresentam detalhes das pessoas específicas envolvidas no jantar em Betânia, exceto pela informação de que o fato ocorreu na casa de "Simão, o leproso" (Mt 26:6; Mc 14:3). Enquanto todos estavam jantando, uma mulher entrou na sala com um frasco de perfume extremamente caro (Mt 26:7). O Evangelho de João identifica a mulher como sendo ninguém menos que Maria, a irmã de Lázaro e Marta (Jo 12:3). Mateus não se preocupa tanto com sua identidade quanto com a natureza controversa de suas ações. Enquanto Jesus estava reclinado à mesa da maneira tradicional, Maria quebrou o frasco de alabastro com o perfume e o derramou sobre a cabeça de Jesus (Mt 26:7). João nos informa que ela também ungiu seus pés com o perfume, enxugando-os com seus cabelos (Jo 12:3). Assim, Jesus, o Cristo — que significa "ungido" — foi ungido com um óleo caríssimo da cabeça aos pés.

Embora esse ato de sacrifício e serviço tenha demonstrado a devoção de Maria a Jesus, para os espectadores a qualidade e quantidade do perfume usado na unção parecia ser um desperdício incrível de uma mercadoria tão valiosa. João e Marcos nos dizem que o perfume era feito de "nardo puro" (Mc 14:3; João 12:3). O nardo puro era originário da Índia e tinha que ser importado da região do Himalaia.[307] Devido à natureza exótica e à fonte remota do perfume, a quantidade usada na unção de Jesus foi chocante — cerca de 460 ml não diluídos (Jo 12:3). Mateus relata que em resposta a essa extravagante ação de ungir a cabeça e os pés de Jesus, "os discípulos ficaram indignados". Eles viram nisso um grande desperdício e reclamaram que o perfume poderia ter sido vendido e o dinheiro dado aos pobres (Mt 26:8-9).

O Evangelho de João nos apresenta um detalhe esclarecedor sobre a queixa dos discípulos. Ela teve origem em Judas Iscariotes: "Mas um dos seus discípulos, Judas Iscariotes, que mais tarde iria traí-lo, fez uma objeção: 'Por que este perfume não foi vendido, e o dinheiro dado aos pobres? Seriam trezentos denários'. Ele não falou isso por se interessar pelos pobres, mas porque era ladrão; sendo responsável pela bolsa de dinheiro, costumava tirar o que nela era colocado" (Jo 12:4-6).[308]

Tendo incitado os discípulos a julgar o ato de devoção irrestrita de Maria, Judas provavelmente se perguntava como Jesus reagiria. Mas, ao invés de se juntar aos demais em repreender a mulher, Jesus repreendeu os questionadores! Sua resposta deve ter confundido aqueles discípulos de visão curta, que haviam sido tão facilmente manipulados pelo argumento egoísta de Judas sobre o ato de adoração de Maria. Jesus a elogiou muito por sua boa ação (Mt 26:10), prometendo, na verdade, que, onde quer que o evangelho fosse pregado, no mundo inteiro, seria acompanhado pelo relato de seu ato de devoção (26:13). Ele também esclareceu que seus discípulos teriam sempre oportunidades de mostrar bondade e generosidade para com os pobres, mas nem sempre poderiam adorar seu Rei pessoalmente (26:11).

À medida que a fragrância dominante se espalhava por toda a casa (Jo 12:3), ela teria trazido à mente o forte odor associado com a unção de corpos para o sepultamento (cf. Mc 16:1; Lc 24:1; Jo 19:40). Maria provavelmente pretendia demonstrar que a unção da cabeça e dos pés de Jesus era um ato de adoração e uma confissão de que Ele era o verdadeiro Messias ("o ungido"). No entanto, Jesus deu uma interpretação mais profunda de seu ato: "Quando derramou este perfume sobre o meu corpo, ela o fez a fim de me preparar para o sepultamento" (Mt 26:12).

26:14-16

Se um cineasta estivesse editando essa retrospectiva, que aparece no fluxo do relato de Mateus sobre os últimos dias de Jesus, sem dúvida a câmera iria lentamente percorrer os rostos intrigados dos discípulos, naquela mesa, e se fixar em uma figura de olhar esquivo, visivelmente irritado, diante da repreensão de Jesus: Judas Iscariotes. Em sua ânsia por dinheiro e sua presumível frustração crescente pela repetida menção de Jesus a sua própria morte — em vez de um plano para derrubar os inimigos de Israel —, Judas perdeu toda a confiança na messianidade do filho do carpinteiro de Nazaré. O absurdo (na perspectiva de Judas) da unção de Jesus por Maria e da aceitação e elogio de Jesus ao ato dela foram a gota d'água, para ele. Mais uma vez, foi por isso que Mateus incluiu o retrospecto: para explicar as ações de Judas registradas em 26:14-16.

Enquanto os chefes dos sacerdotes e anciãos discutiam a melhor maneira de capturar Jesus, a resposta ao seu dilema já estava a caminho. Judas, que não pode suportar uma adoração tão extravagante dirigida ao Salvador, juntou-se à conspiração daqueles homens que tinham o assassinato em seu coração. Ele se afastou dos discípulos, foi se encontrar com os chefes dos sacerdotes e perguntou: "O que me darão se eu o entregar a vocês?" (26:14-15).

Que pergunta chocante! As palavras divinas que haviam brotado dos lábios de Jesus não contribuíram em nada para penetrar no coração duro de Judas. Parece que os incríveis milagres que Jesus havia feito, dos quais o próprio Judas havia participado, não haviam feito qualquer mudança em sua consciência. Com uma fé fingida e uma disposição traiçoeira que teria se consolidado ainda mais, quando exposta à luz da divindade de Cristo, Judas traiu seu Senhor por trinta moedas de prata. E, a partir do momento em que Judas recebeu o dinheiro daqueles mafiosos de Jerusalém, ele começou a procurar a oportunidade certa para conduzi-los até Jesus.

APLICAÇÃO

Mateus 26:1-16

ADORAÇÃO ALTRUÍSTA *VERSUS* TRAIÇÃO EGOÍSTA

Mateus colocou estrategicamente a cena da adoração altruísta de Maria ao seu Rei entre duas cenas de traição egoísta. Não foi por acaso. Isso revela uma verdade profunda e convida cada um de nós a considerar nossa própria relação com o Senhor Jesus. O primeiro grupo de traidores egoístas — os principais sacerdotes e anciãos — sempre esteve longe de Jesus. Eram distantes, críticos, inimigos desde o início. Seu desejo de silenciar o Salvador faz sentido no nível humano: eles tinham um histórico de traição pela forma como tratavam os profetas e o povo, que devia ter sido conduzido por eles à justiça e à verdade.

Enquanto isso, Judas desfrutava de uma relação estreita e íntima com Jesus como um dos Doze. Ele viu o que ninguém de fora foi capaz de ver. Ele ouviu coisas que ninguém, a não ser o círculo interno dos discípulos, conseguiria ouvir. No entanto, o discípulo traidor passou dias e noites agindo sorrateiramente como uma cobra venenosa, buscando uma oportunidade para atacar. Sua traição não se justifica nem mesmo do ponto de vista humano. No entanto, faz sentido quando percebemos que "o coração é mais enganoso que qualquer outra coisa e sua doença é incurável" (Jr 17:9). Judas tinha um problema espiritual. Sem a iluminação e regeneração do Espírito de Deus, todos nós estaríamos em um estado semelhante ao dele, independentemente de quão bem conhecemos a Palavra de Deus ou quão próximos estamos de seu povo.

Repare como Judas era discreto e misterioso. Ele não revelou seus planos mesmo aos que lhe eram mais próximos. Na verdade, eu desconfio que, àquela altura dos acontecimentos, ele talvez estivesse muito mais próximo dos inimigos de Cristo do que jamais estivera de seus companheiros discípulos. Não é surpreendente como essa traição aconteceu apesar do excepcional conhecimento de Judas sobre Cristo? Ele conhecia as canções. Ele conhecia as orações. Ele podia descrever os cenários em que os coxos foram curados e os mortos ressuscitaram. No entanto, essas coisas nunca lhe tocaram o coração.

Ao longo da vida, ocorreram eventos que ou aproximaram você das reivindicações de Cristo ou fizeram com que você se desviasse delas. Todos são a favor de Cristo ou contra Ele. Você está a seu favor, como Maria, que abdicou de um ano de salário para adquirir seu perfume precioso com o fim de demonstrar sua adoração e devoção? Você já contou isso para Jesus? Já mostrou para Ele? Sua vida revela isso? Ou você transmite a aparência de um discípulo para os que estão ao seu lado, quando na verdade você não é nada disso? Peço-lhe que se mova na direção certa da "boa ação" de Maria — voltando-se novamente para Jesus como o Senhor ungido de sua vida. Deponha diante dele todas as coisas que têm competido por sua lealdade. E adore-o!

Procurando tocar a alma durante a Ceia

MATEUS 26:17-30

Na casa dos Swindoll, ocasionalmente imaginamos como seria estar presente, como se um de nós fosse uma "mosquinha", durante certos eventos históricos importantes — por exemplo, no laboratório de Thomas Edison quando ele fez a primeira gravação de voz... na sala do comando de guerra, quando Eisenhower deu a ordem para a invasão da Normandia... na sala de controle de missão da NASA quando os homens desembarcaram na lua — e a lista pode continuar indefinidamente. Embora seja difícil escolher entre as incontáveis cenas bíblicas profundas no desenrolar do plano de redenção, vários eventos nos convidam, particularmente, a uma reflexão sobre como seria estarmos presentes nessas ocasiões: quando Adão e Eva foram expulsos do Jardim, quando Deus dividiu o mar Vermelho, ou na ocasião em que Maria e José olharam pela primeira vez para o rosto de Jesus. Mas, eu teria gostado especialmente de ter sido uma mosquinha durante a Última Ceia, quando os Doze e seu Mestre se reclinaram à mesa para celebrar juntos a Páscoa.

A partir desse ponto do relato de Mateus, tudo está caminhando inexoravelmente para a crucifixão de Cristo. A Última Ceia é o momento de calmaria, antes da tempestade. Dentro de poucas horas, Ele seria traído por Judas, preso no Getsêmani, submetido a uma série de julgamentos injustos, por judeus e romanos, seria açoitado severamente, escarnecido e pregado em uma cruz por soldados insensíveis, onde Ele sofreria uma morte lenta e excruciante. Mas antes de tudo isso acontecer, Ele e seus doze discípulos se reuniram em torno de uma mesa comum para a refeição da Páscoa — sua última ceia juntos.

À medida que Mateus destacou e registrou esses eventos, ele metodicamente descreveu os detalhes relevantes da ceia. Em dado momento, as palavras de Jesus — "Digo que certamente um de vocês me trairá" (26:21) — colocaram todos na defensiva. Embora o conspirador, Judas Iscariotes, tenha se esgueirado silenciosamente nas sombras, escondido atrás de um muro de hipocrisia, ele não podia escapar da visão apurada da Luz do Mundo. O próprio Judas sentou-se à mesa com o Salvador, participando da Páscoa. É inconcebível imaginar quão profunda era a depravação da mente de Judas que o poderia levar a uma traição tão descarada... até percebermos que o coração humano caído, que o levou a uma traição de tão baixo nível, bate também em nosso peito.

26:17-19

A observância judaica da Festa dos Pães sem Fermento recordava os pães ázimos que haviam sido assados antes do êxodo do Egito (Êx 12:39). A festa começava com a oferenda do cordeiro pascal. Os preparativos para a refeição especial "foram feitos durante o dia, na quinta-feira, 14 de Nisan", quando os cordeiros foram oferecidos à tarde e preparados para serem comidos à noite — na quinta-feira.[309] Essa refeição era chamada de Páscoa. O restante da Festa dos Pães sem Fermento estendia-se, então, por mais sete dias.[310]

A PÁSCOA E A FESTA DOS PÃES ÁZIMOS

MATEUS 26:17-19

A primeira — e a mais importante — das festas anuais do antigo calendário judeu era a Festa dos Pães sem Fermento, que durava sete dias. Ela começava com a comemoração da Páscoa. Cada família era responsável por oferecer um cordeiro imaculado no templo, à tarde, no décimo quarto dia de Nisã, o dia de preparação. No meio da tarde, os sacerdotes tocavam a buzina de chifre de carneiro e os representantes das famílias lotavam o templo para oferecer seus cordeiros. Os animais eram mortos, tinham a pele removida e seu sangue era drenado para uma bacia. Um sacerdote então aspergia o sangue na base do altar para representar a expiação do pecado. Os órgãos internos e a gordura eram queimados no altar como parte da oferta. O restante do cordeiro do sacrifício era, então, levado para casa antes do pôr do sol e assado para ser servido na refeição da Páscoa. A ceia da Páscoa começava, tecnicamente, quando o sol se punha, no final do décimo quarto dia de Nisã (também considerado o início do décimo quinto dia).

Embora muitos elementos do *seder* (ou "cerimônia") da Páscoa judaica moderna tenham origem em acréscimos que ocorreram ao longo dos séculos desde a destruição do templo em 70 d.C., os estudiosos podem discernir o esquema básico da celebração que Jesus e seus discípulos provavelmente teriam observado no primeiro século.[311] O chefe da casa (ou Jesus, no caso dos discípulos) levantava um primeiro copo de vinho e recitava uma oração padrão de bênção. Depois, o *matzah* (pão sem fermento), *maror* (ervas amargas, talvez um vegetal de folhas de gosto forte, como a alface romana), *haroset* (um molho condimentado espesso com frutas), e *pesach* (o cordeiro assado) eram apresentados para a refeição.

Os antigos rabinos descreviam o significado dos elementos da refeição de várias maneiras. Finalmente, um roteiro — ou liturgia — de perguntas e respostas tornou-se parte do ritual do *seder*. As ervas amargas eram mergulhadas no *haroset*, que alguns dizem ter a consistência do barro. Esse ato lembrava os judeus de sua amarga servidão no Egito, onde eles trabalhavam para fazer tijolos de barro. Também se pensa que o *haroset* tinha uma cor avermelhada, lembrando aos judeus o sangue derramado sob a opressão do Faraó.

Durante a refeição, o anfitrião colocava um segundo copo de vinho e repetia a história da libertação dos hebreus da escravidão no Egito. Isso incluía detalhes da primeira Páscoa, quando Deus abateu os primogênitos do Egito, mas passou por cima da casa dos filhos de Israel porque o sangue havia sido aplicado em suas ombreiras. O vinho tinto associado à segunda bênção era uma lembrança viva do sangue do cordeiro sacrificial que marcava sua libertação. Após a refeição comemorativa, uma terceira taça de bênção acompanhava uma oração de ação de graças que normalmente era feita após as refeições judaicas. Uma última taça encerrava toda a celebração, durante a qual o anfitrião conduzia uma oração e um hino de encerramento.

Ao amanhecer do dia da Páscoa, os discípulos naturalmente se preocuparam com o local onde observariam aquela festa anual. Não tomar a refeição teria sido uma violação da Lei, a qual exigia que determinadas festas fossem observadas anualmente (Lv 23). Sem dúvida, eles presumiram que seu Mestre já havia providenciado a refeição em algum lugar de Jerusalém, já que eles eram da Galileia. Os discípulos estavam mais do que dispostos a fazer os preparativos necessários para a refeição; eles só precisavam ter conhecimento do local (Mt 26:17).

Enquanto Mateus apresenta um relato muito breve e objetivo dos eventos que levaram ao local da ceia (26:18-19), os Evangelhos de Marcos e Lucas preenchem detalhes adicionais (veja Mc 14:12-16; Lc 22:7-13). Evidentemente, Jesus já havia feito o contato inicial com alguns de seus seguidores em Jerusalém. Certos estudiosos acreditam que se tratava da família de João Marcos, e que o local seria, talvez, a mesma sala superior onde, como registrado nos primeiros capítulos de Atos, os discípulos passaram a se reunir para aguardar a vinda do Espírito (At 1:13) e a igreja de Jerusalém continuaria a se congregar mais tarde (At 12:12).[312] Entretanto, não podemos ter certeza sobre essa possibilidade.

Se a refeição da Páscoa deveria ser observada na casa de alguém conhecido pelos discípulos, por que Jesus simplesmente não teria informado esse detalhe a eles? Alguns sugeriram que, como Jesus sabia que Judas tinha posto em marcha uma trama para traí-lo (Mt 26:16), Ele tinha de fazer os preparativos para a refeição da Páscoa sem o conhecimento do traidor.[313] Essa poderia ser a razão pela qual o Mestre não observou a festa na casa em Betânia, onde estava hospedado. Aquele teria sido um lugar óbvio para uma prisão, e a refeição teria proporcionado uma grande oportunidade para Judas, pois as ruas da cidade estariam praticamente vazias, enquanto as famílias permaneceriam dentro de casa para observar a Páscoa. Contudo, Jesus não estava disposto a se deixar apanhar na teia diabólica de Judas antes que chegasse a hora. Embora seu tempo estivesse "próximo" (26:18), o momento de sua prisão ainda não havia chegado.

26:20-25

Uma vez que Pedro e João completaram os preparativos (veja Lc 22:8) e a hora da refeição da Páscoa havia chegado, Jesus e os discípulos se reuniram no local designado. Posso apenas imaginar Judas seguindo Jesus e os outros discípulos enquanto eles atravessavam as ruas lotadas de Jerusalém, incertos acerca do local para onde estavam indo, seus olhos se deslocando para frente e para trás à medida que seu cérebro se precipitava em busca do melhor momento para relatar o itinerário secreto de Jesus às autoridades judaicas. No entanto, quando chegaram ao lugar preestabelecido, qualquer oportunidade de uma traição imediata ficou descartada. Ele teria que esperar pelo momento certo.

Com a mesa posta e a refeição preparada, Jesus e os Doze se reuniram de acordo com o costume judaico da época (Mt 26:20). Durante toda a refeição, os participantes teriam estado reclinados (não sentados) à mesa. William Barclay observa: "A mesa era um bloco baixo e sólido, com almofadas ao redor. Ela tinha a forma de um U e o lugar do anfitrião ficava no centro. Eles se reclinavam sobre seu lado esquerdo, apoiando-se no cotovelo esquerdo e deixando, assim, a mão direita livre para manusear a comida".[314]

Após a bênção inicial e a primeira taça de vinho, foi servida a refeição de pão não fermentado, cordeiro assado, folhas de ervas amargas e o molho de tempero agridoce. Durante a refeição, Jesus teria rememorado a experiência dos hebreus durante sua libertação da escravidão no Egito. Foi durante essa instrução tradicional que Jesus se levantou da mesa e lavou os pés dos discípulos, dando-lhes um exemplo de total humildade e serviço abnegado em favor uns dos outros — um ato registrado apenas no Evangelho de João (Jo 13:3-20).

Então, em outro momento do serviço tradicional, Jesus saiu "fora do roteiro" novamente. Ele anunciou: "certamente um de vocês me trairá" (Mt 26:21). Essa chocante declaração não só os desviou da lembrança da expiação na Páscoa, mas também colocou todos os presentes na defensiva. Posso imaginar que Judas ficou pálido e que os cabelos na parte de trás de seu pescoço se arrepiaram. Talvez ele tenha ficado sem ação e começado a gaguejar e a ficar sem jeito. Ele tinha sido descoberto, com certeza.

Quando todos os discípulos à mesa asseguraram que nenhum deles seria o traidor (26:22), Jesus respondeu que aquele que comia com Ele no mesmo prato era quem o haveria de trair (26:23). A versão de Marcos inclui a afirmação "aquele que come comigo no mesmo prato" (Mc 14:18). Ao falar daquele que "está colocando a mão" na vasilha [versão NIV original em inglês], Jesus não estava falando em lavar as mãos à mesa. Ele estava se referindo ao molho das ervas ou a molhar o pão no *haroset* (molho) como parte da refeição da Páscoa. Ele também estava fazendo uma alusão a Salmos 41:9, que diz: "Até o meu melhor amigo, em quem eu confiava e que partilhava do meu pão, voltou-se contra mim". É improvável que, naquele momento, aqueles que estavam à mesa tenham identificado Judas. O fato é que, durante a refeição da Páscoa, todos ao redor da mesa, em algum momento ou outro, tinham mergulhado a mão no *haroset* com Jesus. Pode ser que Judas tenha sido o último a praticar esse gesto que passou despercebido pelos outros, mas que teria sido evidente para o próprio traidor. De toda forma, para algumas pessoas presentes, ficou bem claro quem era a pessoa que Jesus tinha em mente.

Ele imediatamente seguiu sua enigmática declaração sobre a traição com um aviso severo que teria feito com que o coração de Judas batesse em ritmo acelerado. Jesus disse que, embora o Messias devesse seguir para a morte, como previsto nas Escrituras, aquele que o traísse ainda seria culpado de um pecado hediondo. Tão terrível seria essa traição, de fato, que melhor seria para essa pessoa nunca ter nascido (Mt 26:24)!

Enquanto Jesus falava sobre sua traição, os discípulos continuavam a insistir que nunca se voltariam contra Ele. E, como os outros, Judas também afirmou: "Com certeza não sou eu, Mestre!" Entretanto, para Judas, Jesus afirmou: "Sim, é você". A interação entre Jesus e Judas, naquele momento, provavelmente, teria sido particular, quem sabe, sussurrada. Judas provavelmente estava ocupando um lugar à esquerda de Jesus (cf. Jo 13:26).[315] A resposta enigmática e indireta de Jesus à pergunta de Judas foi uma linguagem semelhante às nossas expressões populares, do tipo: "Você entendeu!" ou "Na mosca!"[316] A revelação foi muito clara para Judas: "Você é aquele de quem estou falando, e você e eu sabemos disso". Judas ficou em silêncio.

O Evangelho de João nos informa que, a pedido de Pedro, que estava do outro lado da mesa, João, que estava sentado imediatamente à direita de Jesus, inclinou-se para Ele e sussurrou: "Senhor, quem é?" (Jo 13:23-25). Aparentemente em particular, falando baixinho para impedir que todos ouvissem, Jesus respondeu para João: "Aquele a quem eu der este pedaço de pão molhado no prato" (Jo 13:26). Considerando o Evangelho de João, parece que Jesus pegou imediatamente o pedaço de pão, mergulhou-o no molho e o entregou a Judas. No entanto, vale a pena mencionar outro cenário possível.

À primeira vista, parece que a instituição da Ceia do Senhor foi prudentemente deixada de fora do Evangelho de João. No entanto, pode ser que a menção do compartilhamento do pão de Jesus seja uma alusão ao evento da própria Ceia do Senhor.[317] Se esse for o entendimento, em vez de imaginarmos Jesus sussurrando para João e, depois, virando imediatamente para entregar um pedaço de pão a Judas, podemos imaginar Jesus sussurrando para João e, depois, fazendo a transição para a instituição da Ceia do Senhor. Nesse cenário alternativo, durante essa intensa observância do ritual, Jesus compartilhou o pão com Judas, assim como com os outros (veja Lc 22:19-21). Todavia, com respeito a Judas, Jesus mergulhou seu pedaço de pão no molho antes de dar para ele. Isso teria servido como um sinal para João de que Judas era aquele que o haveria de trair. Esse evento, provavelmente, também teria servido como um exemplo a respeito daqueles que poderiam participar da Ceia do Senhor de forma indigna (1Co 11:27).

26:26-30

Isso nos conduz ao relato de Mateus sobre a instituição da Ceia do Senhor. O evento é registrado não somente em Mateus 26:26-29, mas também em Marcos 14:22-25; Lucas 22:17-20; e 1Co 11:23-26. (Como sugeri, também é possível que João, indiretamente, tenha se referido à observância da Ceia do Senhor quando mencionou que Jesus deu a Judas um pedaço de pão mergulhado no molho [João 13:26], embora essa interpretação seja incerta.) Pelo breve relato de Mateus, sabemos que, enquanto comiam, Jesus tomou o pão que estava sobre a mesa, abençoou-o e partiu-o em pedaços para distribuí-lo aos discípulos. Ao fazer isso, Ele disse a famosa frase: "Tomem e comam; isto é o meu corpo" (Mt 26:26). Ele, também, tomou um copo do vinho da mesa, deu graças e disse: "Bebam dele todos vocês. Isto é o meu sangue da aliança, que é derramado em favor de muitos, para perdão de pecados" (26:27-28). As palavras de Jesus, então, tomaram repentinamente um rumo diferente, passando a se referir ao futuro distante, quando Ele reinará eternamente. Ele disse que aquele seria o último gole de vinho que Ele tomaria, "até aquele dia em que beberei o vinho novo com vocês no Reino de meu Pai" (26:29).

Vamos observar que, em meio a uma comemoração da Páscoa — um rito central da antiga aliança — Jesus introduziu, subitamente, uma explicação completamente nova sobre o simbolismo do pão e do vinho. Quando Ele disse acerca do pão: "isto é o meu corpo", e sobre o vinho: "isto é o meu sangue", não estava se expressando de forma literal, mas de modo figurado. Suas palavras não transformaram milagrosamente a própria essência física do pão e do vinho em corpo e sangue de forma real. Mas suas palavras afirmam que Ele tinha um corpo real (Ele não era meramente um ser espiritual ou angelical), e era esse corpo, muito real, que seria moído e esse sangue, muito real, que seria derramado pelos pecados do mundo.

O evangelho de João nos informa que, nesse momento da refeição, Satanás entrou em Judas, tomando posse daquele vaso desprovido da verdadeira salvação (Jo 13:27). Jesus, então, disse a Judas: "O que você está para fazer, faça depressa". Imediatamente, Judas levantou-se da mesa e saiu, noite afora (Jo 13:30). Embora tenham ficado intrigados, a maioria dos discípulos não pensou nada a respeito da verdadeira intenção. Eles presumiram que, como responsável pelo dinheiro do grupo, Judas tinha que cuidar de alguma obrigação financeira — o pagamento de alguma despesa relacionada com a festa ou dar uma oferta aos pobres (Jo 13:28-29).

Mateus conclui seu relato do *seder* da Páscoa — transformada na Ceia do Senhor — com uma breve declaração, aludindo a uma prática que teria sido familiar para os judeus que viviam na época — o cantar de um hino. Esse "hino" foi provavelmente um dos Salmos do *Hallel* (salmos de louvor) — talvez o "Grande Hallel", isto é, o salmo 136, tipicamente recitado como parte da refeição da Páscoa. Qualquer que fosse o hino que eles tenham cantado, a ceia dos discípulos havia terminado, e eles começaram sua curta jornada através da cidade, passando pelo vale de Cedrom, até o monte das Oliveiras (Mt 26:30). Ao caminharem, eles o fizeram na mesma noite escura para onde Judas tinha saído antes. E, enquanto subiam a colina para continuar em comunhão com o Rei, o tão esperado Messias de Israel, Judas desceu às profundezas da traição, vendendo o Rei em troca de uma recompensa mesquinha.

EXCURSO: ESTE É O MEU CORPO; ESTE É O MEU SANGUE

MATEUS 26:26-29

Com relação às palavras de Jesus instituindo a Ceia do Senhor, muitos cristãos já se colocaram em um de dois extremos. Alguns tomaram a declaração de Jesus muito literalmente, acreditando que suas palavras fizeram (e continuam a fazer) a milagrosa transformação daqueles elementos no verdadeiro corpo e sangue de Cristo. Outros se posicionam no outro extremo, defendendo que a natureza simbólica das palavras torna toda a Ceia do Senhor sem importância. Uma compreensão adequada da natureza dos símbolos, das realidades às quais eles apontam, e de seu significado nos ajudará a evitar tais extremos.

Com respeito ao primeiro extremo, quero apresentar uma ilustração. Em minha mesa, no meu escritório, está a foto emoldurada preferida de minha esposa, Cynthia. Quando olho para essa foto, isso me faz lembrar dela. Imagine que alguém me visitasse no meu escritório, apontasse para a foto e perguntasse: "Quem é essa pessoa?". Eu responderia imediatamente: "Essa é minha esposa". Tenho certeza de que o visitante não concluiria que eu me casei com uma foto emoldurada! Ele saberia que quando eu digo: "Essa é minha esposa", eu quero dizer: "Essa é uma representação visual da minha esposa". Isso nem precisaria ser explicado. O mesmo vale para a representação do corpo e do sangue de Cristo no pão e no vinho da Ceia do Senhor. Mesmo que o símbolo tome o nome daquilo que representa — "Este é meu corpo" e "Este é meu sangue" — é evidente que Jesus quis dizer que essas são imagens que *representam* seu corpo e seu sangue.

No outro extremo, a natureza simbólica do pão e do vinho não sugere que devemos minimizar seu significado ou deixar de tratar a observância da Ceia do Senhor com ação de graças e a devida reverência. Ao contrário, devemos valorizar os símbolos por causa da alta consideração que temos pelo que eles representam. Voltemos àquela foto da Cynthia na minha mesa. Imagine que o visitante, em meu escritório, tirasse a foto de minha esposa da minha mesa e a quebrasse. Ou a jogasse no chão e pisasse em cima dela. Ou cuspisse na foto. Eu garanto que não me inclinaria para trás em minha cadeira e diria: "Certo, vá em frente, é somente uma foto. Um mero símbolo. Não importa como você a trate. Queime-a, eu nem me importo". Impensável! Porque eu valorizo minha esposa mais do que qualquer pessoa neste mundo, essa representação da Cynthia tem um valor tremendo para mim. Mostrar desrespeito para com a foto que a representa seria mostrar desrespeito pela realidade. Essa é a mesma razão pela qual eu e muitos outros não suportamos ver pessoas pisando na bandeira do nosso país, queimando-a ou desrespeitando-a. É claro que a bandeira é um símbolo — não há nada de mágico no pano colorido com o qual ela é feita. Porém, nós mostramos honra pela realidade ao honrar o símbolo. E manifestamos desrespeito pela realidade ao banalizar o símbolo.

Com a Ceia do Senhor, então, temos um símbolo sagrado que serve como um lembrete constante — uma celebração ao mesmo tempo solene e alegre — de quem Jesus é e do que Ele fez para nos salvar. E nesse símbolo, mais profundo do que uma mera foto, Jesus nos deu algo que podemos não só ver, mas também tocar, provar, cheirar e ouvir. É uma confissão e uma comemoração do evangelho que envolve os cinco sentidos. Que prática poderosa o Senhor nos deixou! Faríamos bem em honrá-lo ao participar, em fé, com reverência, alegria e regozijo destes elementos significativos da fé.

APLICAÇÃO

Mateus 26:17-30

EXAMINANDO NOSSO CORAÇÃO

Em 1Coríntios 11:27-28, Paulo escreveu: "Portanto, todo aquele que comer o pão ou beber o cálice do Senhor indignamente será culpado de pecar contra o corpo e o sangue do Senhor. Examine-se cada um a si mesmo e então coma do pão e beba do cálice". Não posso deixar de me perguntar se Paulo tinha em mente Judas Iscariotes quando escreveu essas palavras. Como Judas, que recebeu muitos apelos naquela refeição da Páscoa e nunca deixou as palavras e ações de Jesus penetrarem seu coração endurecido, muitos que participam da Ceia do Senhor tratam o Mestre de maneira semelhante. Da mesma forma que Judas, eles se colocaram em uma posição de rebeldia contra o Salvador.

Ao nos reunirmos com nossos irmãos crentes em torno da mesa do Senhor, precisamos examinar a nós mesmos, deixando que sua Palavra esquadrinhe nosso coração. Não quero dizer que devamos ficar nos martirizando em razão de cada pequena mancha em nossa vida. Isso seria um disparate, por deixar de nos lembrar que, mediante o amor não merecido por nós, o corpo de Cristo foi moído e seu sangue derramado para o perdão de nossos pecados. Nunca devemos esquecer que somos convidados à mesa por meio da graça, assim como somos chamados para uma relação de salvação com Ele exclusivamente pela graça, e apenas pela fé. Não conquistamos um lugar à mesa. Mas, também, precisamos fazer uma busca de alma e uma análise da vida quando chegamos à mesa, para que o Espírito possa banir de nosso meio quaisquer indícios de traição, infidelidade e hipocrisia.

Seguindo nessa linha, dedique algum tempo para meditar em Salmos 139:23-24. Faça-o agora, e na próxima vez que você estiver se preparando para encontrar o Senhor na mesa da Ceia. Reflita sobre quem Ele é e o que Ele fez por nós — *por você e por mim!* Faça dessas palavras sua oração sincera, assim como a atitude constante de sua vida:

> Sonda-me, ó Deus,
> e conhece o meu coração;
> prova-me e conhece as minhas inquietações.
> Vê se em minha conduta algo te ofende,
> e dirige-me pelo caminho eterno.

Negação, angústia, decepção, deserção

MATEUS 26:31-56

Em algum momento do programa educacional de cada pessoa, o tempo do ensino termina e logo a seguir começa o período para os testes. No final de um ano letivo universitário, tem início a semana do exame final.

Um programa de doutorado é marcado com exames abrangentes e uma defesa da tese de doutorado. A faculdade de direito é validada com o exame da Ordem dos Advogados. O treinamento pastoral geralmente se encerra com uma avaliação perante um conselho de ordenação. E não vamos sequer falar a respeito de uma faculdade de medicina!

Como um longo período de treinamento intenso que está terminando, o ministério terrestre de Jesus estava em seu encerramento. A partir desse ponto, já não haveria mais sessões de ensino extensas, não mais discursos, sequer haveria mais palestras ou sermões, não seriam elaboradas mais práticas na pregação, as sessões de perguntas e respostas deixariam de existir. As multidões não se reuniriam mais para ouvir as palavras do Mestre ou testemunhar seus magníficos milagres. Debates com a esquerda ou com a direita religiosa seriam coisa do passado, nem sequer seriam lançados mais desafios para os fanáticos políticos. Todos esses eventos haviam terminado. A hora do Messias tinha finalmente chegado, e não haveria mais a possibilidade de voltar atrás.

Em apenas um período bem curto, Jesus experimentaria provações e tribulações no coração e na mente. Ele passaria muitas horas de angústia em oração, seguidas por sessões de espancamentos brutais. Então, seus inimigos cumpririam a injustiça final, declarando-o culpado apesar de sua pureza, e executando-o sem nenhum motivo plausível. Paralelamente, seus discípulos, outrora fiéis, o desapontariam, trairiam, negariam e abandonariam. Nenhum deles passaria ileso pelo momento de teste.

26:31-35

Após a Última Ceia, Jesus e os onze discípulos fiéis se levantaram da mesa, cantaram juntos e começaram a seguir o caminho para um pequeno bosque cercado, ao longo da encosta oeste do monte das Oliveiras. O relato de Lucas nos diz que esse “era seu costume” (Lc 22:39). Ele também se refere ao olival como “o lugar” (Lc 22:40), indicando um local específico — isto é, não se tratava de um local aleatório. Teria sido muito estranho se Jesus e seus discípulos tivessem o hábito de invadir o olival de um desconhecido, de modo que podemos ter certeza de que aquela plantação de oliveiras num terreno cercado era de propriedade de alguém associado a Jesus ou a seus discípulos.

A tradição cristã primitiva associa a casa onde Jesus e os discípulos celebraram a Páscoa e o jardim do Getsêmani com a família do jovem João Marcos, que, mais tarde, se tornou um associado próximo de Pedro e escreveu o Evangelho de Marcos.[318] Se este for o caso, isso explica porque o referido evangelho menciona um "jovem" (presumivelmente o próprio Marcos) que fugiu desnudo da cena da prisão de Jesus (Mc 14:51-52).[319] Se o jardim pertencia à sua família, ele pode ter guardado as chaves e ter estado presente entre os discípulos, talvez com alguns outros convidados da família que estavam por perto, durante a festa da Páscoa.

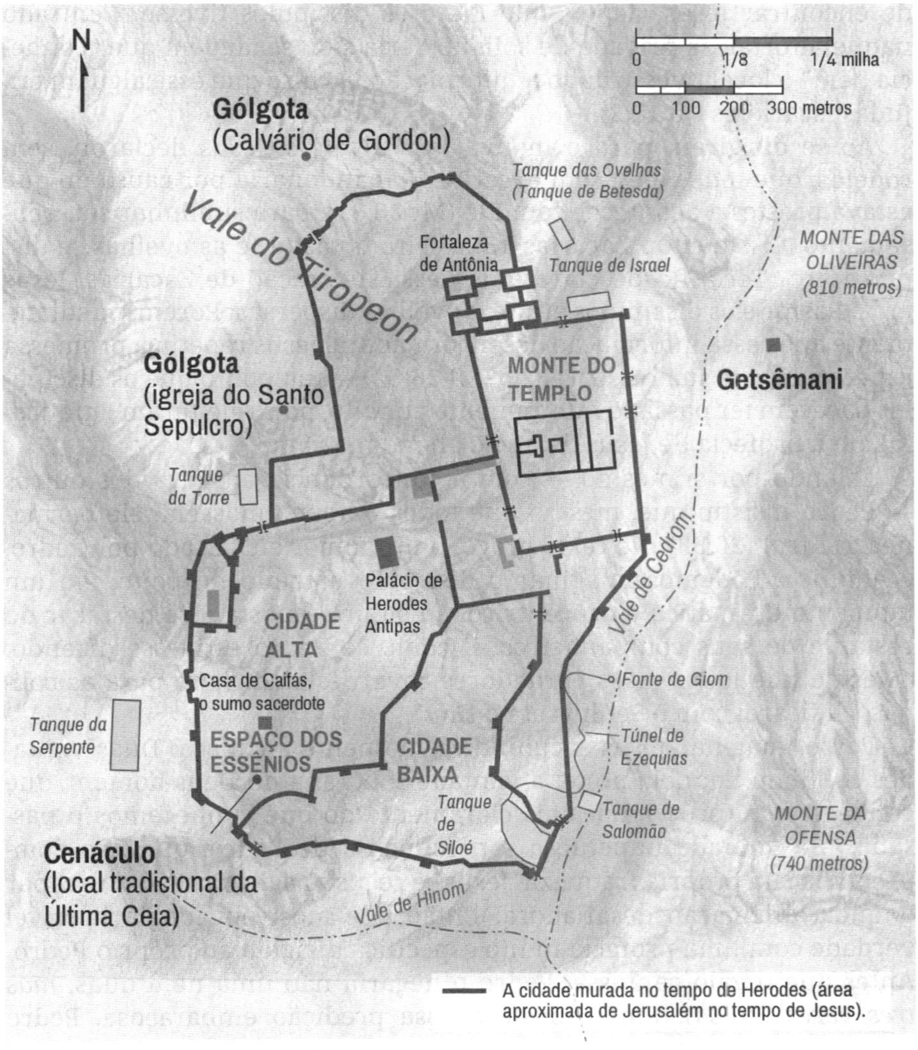

Depois da ceia pascoal, Jesus e os discípulos atravessaram o vale de Cedrom e subiram pela encosta oeste do monte das Oliveiras, para seu retiro privado, o bosque das oliveiras, também conhecido como o jardim do Getsêmani.

É importante reconhecer que o lugar para onde Jesus e os discípulos estavam se dirigindo, naquela noite, era bem conhecido deles. João diz o seguinte: "Jesus tinha se encontrado lá muitas vezes com seus discípulos" (Jo 18:2). Era, por assim dizer, o esconderijo de Jesus, ou sua base secreta, enquanto estava em Jerusalém. Tanto no primeiro século, quanto hoje, o monte das Oliveiras tinha numerosos jardins murados lado a lado, sendo que suas portas ou portões eram praticamente impossíveis de serem distinguidos uns dos outros. A única maneira de encontrar Jesus, depois que Ele e os discípulos tivessem entrado naquela fortaleza privada de solidão, teria sido se alguém que "conhecia bem" o local tivesse dado a informação. É claro que esse alguém era Judas Iscariotes (Jo 18:2).

Ao se dirigirem para o monte das Oliveiras, Jesus declarou, sem rodeios, que todos eles, sem exceção, o abandonaria por causa do que estava prestes a acontecer com Ele (Mt 26:31). Para sublinhar seu pensamento, Cristo citou Zacarias 13:7: "Fira o pastor, e as ovelhas se dispersarão". Teria ficado claro que, nessa ilustração de Zacarias, Jesus era o Pastor e os discípulos eram as ovelhas dispersas. Porém, imediatamente após essa informação desencorajadora, Jesus repetiu a promessa esperançosa de sua ressurreição (Mt 26:32) — um ponto que os discípulos parecem ter passado inteiramente por alto, pois rejeitaram enfaticamente a profecia de Jesus de que o abandonariam.

Falando por si mesmo — com a concordância enfática dos outros — Pedro insistiu que, mesmo que todos o abandonassem, ele permaneceria leal (26:33). No texto grego, o pronome "eu", usado por Pedro, é enfático. Podemos imaginar o discípulo batendo no peito, em um momento dramático e egocêntrico, ao subir a aposta e se destacar do restante de seus companheiros. É como se Pedro estivesse dizendo: "Mesmo que todos esses perdedores covardes se dirijam para as colinas, *eu* ficarei com o Senhor até o fim!"

Posso imaginar Jesus sacudindo lentamente a cabeça. Duas vontades colidiam naquela noite: a vontade soberana do Deus-homem, que conhecia o futuro ainda mais claramente do que conhecemos o passado, e a vontade impetuosa e presunçosa de Pedro, que não compreendia sua própria fraqueza. Jesus se recusou a deixar Pedro escapar daquela afirmação desafiadora. Então, Ele mostrou aquela horrível verdade com uma profecia muito específica dirigida ao próprio Pedro. Antes que o galo cantasse, Pedro o negaria não uma nem duas, *mas três vezes* (26:34). Em resposta a essa predição embaraçosa, Pedro dobrou a aposta, seguindo em frente com a promessa de que, mesmo que chegasse a morrer com Jesus, ele permaneceria fiel a seu Mestre (26:35). Então, não querendo ser ultrapassado por Pedro, os outros dez discípulos o interromperam, fazendo a mesma declaração ousada de permanecer ao lado de Jesus até o final.

Que tolice contradizer diretamente as palavras do Deus-homem! No entanto, a esses juramentos precipitados e extravagantes dos onze, Jesus respondeu com silêncio. O que Ele poderia dizer para convencê-los de seus pontos fracos? Os fatos ficariam claros em breve, pois aqueles homens estavam a apenas algumas horas de virarem as costas para o seu Mestre e fugirem em meio às sombras da noite. Antes do amanhecer, todos eles já teriam quebrado suas promessas formuladas com palavras dogmáticas, incondicionais e intensas. Embora estivessem marchando para o topo do monte das Oliveiras, parecendo um grupo leal de irmãos, cantarolando algo do tipo "Avante, soldados de Cristo", isso não duraria a noite toda.

26:36-46

Logo, eles chegaram ao Getsêmani. A palavra *gethsemane* significa literalmente "prensa de óleo". Isso significa que o olival murado era provavelmente mais cultivado e desenvolvido do que apenas um conjunto mediano de árvores. John Peter Lange observa que o local era provavelmente "um pedaço de terra ao pé do monte das Oliveiras, que era provido de um lagar, e, talvez, também, de uma casa de habitação ou, pelo menos, da torre habitual do jardim".[320]

Este antigo olival, ao pé do Monte das Oliveiras, é o local tradicional do Getsêmani, para onde Jesus e seus discípulos se retiraram na noite da traição. Embora não possamos ter certeza se este é o local original, o Getsêmani se parecia com este pomar.

Isto reforça ainda mais o fato de que Jesus e os discípulos estavam se retirando para um lugar conhecido, embora discretamente escondido das autoridades. Talvez trabalhadores ou parentes da família a quem pertencia o olival — possivelmente a família de João Marcos —estivessem presentes para guardar a propriedade de intrusos. Entretanto, Jesus e seus discípulos teriam sido reconhecidos e recebido permissão para entrar, sem qualquer questionamento.

Uma vez lá dentro, começou a se desenrolar uma cena que provavelmente é muito familiar para nós. A maioria de nós já ouviu esse relato lido ou pregado repetidas vezes. Nós o vimos em pinturas e em filmes da vida de Jesus. Tal familiaridade às vezes pode levar à indiferença, a uma incapacidade de refletir sobre a profundidade do que aconteceu. A realidade é que ali, no Getsêmani, a angústia de Jesus atingiu seu nível máximo. Como se fosse um motor funcionando ao máximo de sua potência, no vermelho, Cristo sentiu tal tensão que foi levado ao ponto de ruptura física [como num motor superaquecido uma junta se rompe]. Em sua luta com a angústia, isso o levou a aceitar o cálice do sofrimento que era necessário para pagar pelos pecados do mundo. Céu e terra, divindade e humanidade entraram em luta intensa, e a vontade humana do homem-Deus se submeteu incondicionalmente à vontade divina.

Depois de separar Pedro, Tiago e João do restante dos discípulos, Jesus os levou para um canto do olival para orar. Certamente, Jesus tinha razões para selecionar esses homens, em particular, para vigiar e orar com Ele (veja a matéria “As três testemunhas”, que começa na página 566). Mas aquela não foi uma reunião de oração tranquila com alguns amigos íntimos. Imediatamente, Jesus começou a “entristecer-se e a angustiar-se” (26:37), sobrecarregado por uma “tristeza mortal” (26:38). Com o rosto em terra, Ele suplicou a seu Pai, lutando, resistindo e, por fim, aceitando o torturante sofrimento mental, emocional, corporal e de alma que estava prestes a ocorrer no dia seguinte.

Jesus não se ajoelhou calmamente em oração, falando suavemente ao Pai com voz mansa e serena. Ele repetidamente se levantava, depois se ajoelhava, depois caía no chão sobre seu rosto. Aqueles três discípulos que o observavam teriam visto um homem atingido de terror e gritando a Deus em angústia. A. T. Robertson faz a seguinte suposição:

> O Mestre está prestes a provar os resíduos amargos na taça da morte pelo pecado do mundo... Ele instintivamente recuou diante do cálice, mas imediatamente entregou sua vontade à vontade do Pai e a bebeu ao máximo. Evidentemente, Satanás estava tentando agora fazer com que Cristo recuasse da cruz. Aqui, Jesus ganhou o poder de ir para o Calvário.[321]

Do meu diário

Gotas de sangue em tela pintada a óleo

MATEUS 26:36-46

A casa de meus avós maternos tinha uma série de quadros a óleo emoldurados, pintados por minha tia Ernestine, que era uma verdadeira artista, embora ela não tivesse recebido estudo formal de arte, todos dependurados em vários cômodos. Ela tinha puro talento combinado com muitos anos de disciplina. Ao crescer, eu estava sempre intrigado com sua arte, mas uma pintura na sala de estar prendeu minha atenção, especialmente quando eu tinha cerca de três ou quatro anos de idade.

Tínhamos ido à casa dos meus avós, na pequena cidade de El Campo, Texas, para passar férias. Em sua sala de estar ficava dependurado um dos grandes quadros da tia Ernestine. Lembro-me de estar na frente da lareira e olhar fixamente para o homem retratado no quadro, à noite ao relento, ajoelhado, com os braços apoiados em uma grande rocha, com as mãos dobradas em oração. O homem olhava para o céu, onde nuvens escuras e sinistras pairavam ao luar prateado. Quando olhei mais de perto, notei que grandes gotas de sangue pareciam estar descendo pelo rosto do homem.

Puxei uma cadeira, para poder subir e olhar o quadro mais de perto. Com certeza, havia sangue na testa daquela pessoa! Eu não tinha ideia do motivo. No início, pensei que era a história de algum homem que estivesse perdido numa floresta, cujo rosto havia sido maltratado por alguns galhos baixos que ele havia encontrado enquanto tentava achar o caminho. Ou, talvez, algum inimigo o tivesse atingido. Mas ali estava ele, sozinho, orando por ajuda enquanto o sangue corria pelo seu rosto.

Um pouco depois, naquela tarde, perguntei ao meu avô: "Quem é aquele homem na pintura"?

Sempre dispondo de algum tempo para mim, ele me pegou em seus braços e me segurou bem alto nos seus ombros para que eu pudesse estar mais ou menos na altura do quadro. Ele disse: "Este é um quadro que sua tia Ernestine pintou, retratando Jesus no jardim do Getsêmani. Foi pouco antes de Ele ter sido preso e pregado na cruz, por nossos pecados. Olhe aqui, eu vou mostrar para você". E nós nos sentamos no sofá. Ele abriu sua Bíblia já bem gasta em Lucas 22:44, e leu: "Estando angustiado, ele orou ainda mais intensamente; e o seu suor era como gotas de sangue que caíam no chão".

Então meu avô, querendo ser absolutamente exato, disse:

— Não sabemos se era realmente sangue, ou não. A Bíblia diz que eram como se fossem gotas de sangue. E ele completou: — Sabe, quando você sangra, as gotas ficam mais espessas. Elas são como pequenos glóbulos. Mas quando você transpira, geralmente o líquido do suor corre como água. No caso do suor de Jesus era espesso como sangue.

Eu quis saber mais:

— Por quê?

Ele respondeu pacientemente:

— Por causa da agonia que Ele estava passando por saber tudo que estava diante dele, quando Ele tomasse nossos pecados e fosse pregado na cruz por nós.

Se bem me lembro, eu comecei a chorar. Devo ter feito várias outras perguntas, porque meu avô logo ficou cansado, e eu não consegui juntar tudo aquilo na minha mente. Simplesmente não conseguia entender por que aquele homem sofredor, retratado no quadro, passaria por tudo isso em meu lugar. Eu ainda hoje não consigo compreender. Nem você. Eu vejo o que as palavras dizem. Posso rastrear a história, através dos relatos dos evangelhos, assim como você também pode. Mas, cada vez que volto à cena da Paixão e passo pelo caminho sagrado com Ele, fico assombrado e em silêncio enquanto tento compreender essa maravilha.

Nessa cena alarmante, a verdadeira humanidade de Jesus está sendo exibida de forma plena. Um desejo surpreendentemente poderoso, mas compreensível, de preservação da vida — disparado por um ataque satânico — tomou conta do coração e da mente muito humanos de Jesus, incitando sua vontade humana a buscar alguma forma de escapar daquela dor. Assim como havia agido com Adão no primeiro jardim, a serpente ofereceu ao segundo Adão, Jesus, uma suposta alternativa à obediência por meio de um caminho rápido e falso para a glória. Como sempre, o ardiloso Satanás tornou a autopreservação mais atraente do que o autossacrifício. No entanto, ao contrário do primeiro Adão, Jesus clamou ao Pai e submeteu sua vontade humana à vontade divina através de horas agonizantes de sua extrema guerra espiritual (26:39). Jesus ficou tão angustiado que seu suor caiu no chão, como gotas de sangue (Lc 22:44).

Três vezes Jesus se lançou sobre a misericórdia de Deus (Mt 26:39, 42, 44). Pontuando cada batalha excruciante das vontades, Jesus voltou para ver se os discípulos estavam orando com Ele, como havia pedido (26:40-41, 43, 45; veja 26:38). Porém, ao invés de ficar em pé ou ajoelhados com Ele em oração, eles estavam dormindo profundamente! Que comportamento decepcionante, e ainda assim, quão previsível. Antes, eles haviam dito palavras tão galantes e grandiosas, jurando fidelidade incondicional mesmo até à morte. Agora, durante os momentos mais angustiantes da vida de Jesus, eles não puderam perseverar nem mesmo por um pouco de tempo.

Em meio a toda essa situação angustiante, a vontade divina prevaleceu quando Jesus, o Deus-homem, se entregou incondicionalmente ao bom e perfeito plano de Deus, o Pai: "não seja como eu quero, mas sim como tu queres (26:39, 42), Ele disse. Sua vontade divina e sua vontade humana estavam perfeitamente alinhadas, e Jesus resolveu enfrentar o caminho para a Cruz. Ele estava pronto. Mas os discípulos não estavam. Ele os advertiu: "Vigiem e orem para que não caiam em tentação. O espírito está pronto, mas a carne é fraca" (26:41). O anseio deles de permanecerem fiéis não era páreo para a carne. Em minutos eles se tornariam os próprios desertores e traidores que haviam prometido nunca ser.

Pondo-se de pé, após aqueles momentos de oração e tendo resistido a maior investida do Diabo, Jesus reuniu os três discípulos adormecidos, dizendo: "Chegou a hora! Eis que o Filho do homem está sendo entregue nas mãos de pecadores. Levantem-se e vamos! Aí vem aquele que me trai!"(26:45-46).

AS TRÊS TESTEMUNHAS

MATEUS 26:37

Pedro, Tiago e João. Somente esses três dentre os discípulos acompanharam Jesus quando Ele ressuscitou a filha de Jairo (Mc 5:37; Lc 8:51). Apenas esses três testemunharam a Transfiguração de Jesus na montanha, bem como a aparição de Moisés e Elias, e a voz de Deus, o Pai, na nuvem (Mt 17:1-8; Mc 9:2-8; Lc 9:28-36). Esse mesmo trio em particular — junto com André — interrogou Jesus no monte das Oliveiras sobre a destruição de Jerusalém e o fim dos tempos (Mc 13:3-4). E Jesus convidou apenas esses três a orar com Ele no Getsêmani na noite de sua prisão (Mt 26:37; Mc 14:33).

Por que esses três homens? Lukyn Williams sugere algumas razões pelas quais cada um deles foi selecionado para fazer parte deste triângulo interior de testemunhas:

> Pedro, por sua energia, zelo e amor, e o papel que ele deveria desempenhar na fundação da Igreja; João, porque ele era amado por Cristo, e deveria ser o destinatário da revelação divina; Tiago... [que iria] logo beber o cálice de Cristo e combater o bom combate. O Tiago aqui nomeado é o filho de Zebedeu, e irmão de João, que foi morto por Herodes Agripa (At 12).[322]

Também acho interessante que Tiago tenha morrido muito cedo na história da Igreja (provavelmente por volta do ano 44), que Pedro tenha vivido até aproximadamente o ano 67, e que João tenha sobrevivido até cerca do final do primeiro século. Assim, durante toda a era apostólica, a Igreja teve acesso a testemunhas oculares desses notáveis acontecimentos e profundos ensinos através da vida de Cristo. Os dois primeiros discípulos desse círculo íntimo selaram seus testemunhos com o martírio. Tiago, o primeiro dos Doze a ser martirizado, sofreu pelas mãos de Herodes, provavelmente sob a instigação dos líderes judeus (At 12:1-3). Pedro, após escrever duas epístolas (1 e 2Pedro) e servir de fonte para um dos Evangelhos sinóticos (Mc), foi executado em Roma. E João, depois de escrever o singular quarto Evangelho, três cartas, e o livro de Apocalipse, morreu por volta do ano 98, provavelmente um dos únicos discípulos originais a morrer de velhice.

No entanto, havia também mais uma razão prática imediata para Jesus ter separado Pedro, Tiago e João dos outros oito discípulos naquela noite, no olival. Jesus sabia que, em questão de horas, Judas chegaria ao portão e, porque era conhecido dos guardas do jardim, ele facilmente entraria na propriedade privada. Mas, ao invés de entrar sozinho, ele levaria uma multidão de soldados armados para prender Jesus. Quem mais, além de Jesus, sabia da iminente traição de Judas? Jesus havia identificado Judas como o traidor, diretamente a João e indiretamente a Pedro (Jo 13:23-26). E é bem possível que João tivesse informado seu irmão, Tiago, que algo traiçoeiro estava a caminho. Com esse conhecimento, se essas três testemunhas tivessem ficado em companhia dos demais discípulos perto da entrada do jardim, é possível que eles tivessem tentado impedir a entrada de Judas e atrasado a prisão de Jesus. Mas havia chegado a hora do Senhor ser traído e entregue nas mãos dos pecadores, e nada no céu ou na terra impediria isso (Mt 26:45-46).

26:47-56

Imediatamente após Jesus ter tirado do sono Pedro, Tiago e João, o traidor, Judas, surgiu no portão do jardim com uma multidão de homens armados enviados pelos chefes dos sacerdotes e anciãos (26:47). Não podemos ter certeza de quantos soldados vieram para levar Jesus sob custódia. A linguagem usada em João 18:3 sugere um grande número — um "destacamento" poderia conter até seiscentos soldados.[323] É evidente que a multidão armada com espadas e paus não queria correr nenhum risco. Se imaginamos que todo um destacamento de soldados estivesse ali, eles estariam prontos para subjugar qualquer resistência, pois a vantagem numérica era de 50 para 1!

Para ajudar os soldados que prenderam Jesus a distingui-lo dos discípulos, Judas tinha combinado um sinal: aquele em quem ele desse um beijo era o homem que eles estavam procurando (Mt 26:48). Talvez Judas tenha passado pelo portão e rapidamente procurado Jesus, enquanto a linha de frente dos soldados ficou esperando nas sombras, observando seus movimentos. De qualquer forma, com traiçoeira sutileza e ironia cruel, Judas caminhou até Jesus, o saudou como "Mestre", e o beijou (26:49) — uma forma de cumprimento habitual no Antigo Oriente Próximo. Se os soldados estivessem de fato esperando escondidos, então nada teria parecido incomum para os onze discípulos naquele momento.

Jesus, é claro, via muito além. Lucas nos diz que Ele respondeu: "Judas, com um beijo você está traindo o Filho do homem?" (Lc 22:48). Então, plenamente decidido a enfrentar as provações que estavam diante dele, Jesus disse: "Amigo, o que o traz?" (Mt 26:50). Com isso, os soldados saíram da escuridão e colocaram as mãos em Jesus.

Instalou-se o caos.

Por impulso, Pedro pegou sua espada e deu um passo à frente para cumprir sua promessa de estar ao lado de Jesus, não importando o que acontecesse (Jo 18:10; veja Mt 26:33, 35). Ele brandiu a espada desvairadamente e golpeou o servo do sumo sacerdote, cortando-lhe a orelha (26:51). Jesus imediatamente repreendeu Pedro, ordenando-lhe: "Guarde a espada! Pois todos os que empunham a espada, pela espada morrerão" (26:52). Ele, então, lembrou a seus discípulos — e àqueles que o prendiam — que num instante Ele poderia invocar a ira celestial sobre os soldados, na forma de mais de doze legiões de anjos (26:53), que seriam mais de setenta e dois mil.[324] Assim como o destacamento de soldados superava os discípulos em cerca de 50 para 1, o exército celestial à disposição de Jesus poderia tê-los superado em cerca de 120 para 1! No entanto, Jesus não convocaria nenhum exército naquela noite. Ao contrário, desarmando aquela situação, Ele deu um passo à frente e se entregou voluntariamente a seus inimigos para cumprir as Escrituras (26:54-56).

Em vez de se renderem e marcharem com Jesus sob a custódia dos soldados, como haviam jurado fazer, os discípulos de Jesus "o abandonaram e fugiram" (26:56). Nem um só ficou. Nem mesmo Pedro, que num momento antes estava disposto a matar por Jesus. Quando os soldados amarraram o Mestre e o levaram para fora do jardim do Getsêmani, ele foi totalmente abandonado por todos os seus seguidores e amigos.

APLICAÇÃO

Mateus 26:31-56

DE UMA JANELA PARA UM ESPELHO

Quando passamos por um trecho das Escrituras como este, é fácil nos afastarmos do drama e observar a ação a partir de uma distância confortável. Como participante de um público que assiste a um filme ou um espectador sentado nas arquibancadas de um evento esportivo, muitas vezes queremos manter a objetividade mental enquanto protegemos nosso coração de se envolver muito profundamente.

Mas, se entrarmos na cena e ponderarmos a questão *em que posição eu me encontro em tudo isso,* então podemos nos abrir para um potencial de profunda convicção e transformação.

Vamos dedicar uns momentos para transformar a janela que olha para aqueles eventos profundos no Getsêmani em um espelho, de modo a nos vermos refletidos na história.

Você está entre os que estão cheios de autoconfiança? Você é como aqueles discípulos que insistiram: "Nunca vou ser esse traidor"? Você acha que nunca voltaria as costas e negaria o Senhor? Às vezes a autoconfiança desliza para a arrogância: "Mesmo que todos os outros caiam, eu não vou cair!" Considere as palavras de Paulo: "Assim, aquele que julga estar firme, cuide-se para que não caia!" (1Co 10:12). Que a rápida passagem dos discípulos de um juramento para uma deserção nos lembre que mesmo aqueles que estão mais próximos de Jesus podem se ver fugindo quando chega o perigo.

Ou talvez você se veja, como Jesus, no meio da luta — em uma grande batalha contra a carne, o mundo e o Diabo. Você conhece a vontade de Deus, mas a tentação é tão grande que você não tem certeza se consegue declarar: "Não a minha vontade, mas a tua seja feita". Bem, *você não consegue* — pelo menos não em seu próprio poder. Somente através do poder de Cristo, pela presença do Espírito Santo em sua vida, você pode ter esperança de enfrentar com sucesso as provações e tentações desta vida. Clame ao Pai, em nome do Filho, pelo poder do Espírito Santo. Ele pode livrá-lo, assim como Jesus recebeu livramento da tentação no Getsêmani.

Ou talvez você se veja nos discípulos adormecidos, sonolentos, e está entorpecido pela indiferença e passividade. Incapaz de atender a um simples pedido. Em vez de orar, está mergulhado em sono profundo. Em vez de se dedicar ao ministério, está envolvido em algum tipo de lazer prazeroso. Deixa que outros façam todo o trabalho enquanto você fica sentado, apenas observando. Talvez você tenha se esquecido de que Cristo chama seus discípulos para estarem acordados e alertas, a fim de não caírem em tentação. Então, quando a crise se abate, você ataca, como Pedro — sem pensar, de forma impulsiva e desobediente. Porque você não se preparou espiritualmente, responde de modo carnal às circunstâncias ao seu redor.

Ao refletir onde você está agora e onde precisa estar, aproveite esta oportunidade para se voltar para Deus em arrependimento, contando somente com Ele para restaurá-lo a uma comunhão íntima e pessoal com Ele mesmo. Já vimos o que pode acontecer se não cuidarmos do mais importante dos relacionamentos: podemos fugir para a escuridão como os onze, levando conosco um legado de arrependimento e vergonha.

Quem está realmente em julgamento?

MATEUS 26:57-75

Da perspectiva das autoridades judaicas, a caçada havia terminado. Eles finalmente haviam prendido o rabi de Nazaré que agitava as massas, graças à astúcia e à conivência de um de seus colaboradores mais próximos, Judas Iscariotes. Mas não havia tempo para comemorar. Eles haviam conseguido prender Jesus em um local fechado no jardim do Getsêmani, sob o manto da profunda escuridão noturna. Todos da multidão de peregrinos da Páscoa, em Jerusalém, estavam dormindo após a festa, de modo que havia bem poucos curiosos com quem se preocupar. Com exceção do ataque de Pedro a Malco, o servo do sumo sacerdote (Jo 18:10), nenhum dos discípulos havia se envolvido em qualquer tipo de luta. Ao contrário, todos eles haviam fugido. E, no final das contas, nem o próprio Malco tinha sofrido danos permanentes. Jesus o havia curado (Lc 22:51). Graças a Judas, Jesus havia sido identificado, confrontado e capturado, basicamente sem incidentes.

Tudo o que seria preciso, a seguir, era arranjar um procedimento legal rápido e silencioso para oficializar o que já estava claro para as autoridades judaicas: Jesus de Nazaré era um falso messias, um charlatão cujas palavras e ações estavam desviando muitas pessoas. Se Ele não fosse julgado com rapidez, levaria o povo comum a ficar irritado com a liderança e provavelmente causaria uma revolta, provocando a ira romana sobre a nação, sobre o povo e — que tal não aconteça — sobre a confortável liderança estabelecida dos sacerdotes e anciãos de Israel.

Para evitar esse pior cenário, então, tudo tinha que ser feito de forma rápida e silenciosa. O Sinédrio precisava declarar Jesus culpado de blasfêmia de acordo com a lei judaica. Depois as autoridades romanas teriam de aprovar uma sentença de morte, para que a chama acesa por aquele falso profeta e messias fosse extinta de uma vez por todas. Claro, determinadas arestas ainda tinham de ser aparadas e algumas acusações precisariam ser inventadas. Contudo, pesando as necessidades da maioria em comparação com as da minoria, o fim justificava os meios.

O resultado desse raciocínio foi a concretização de uma série de julgamentos injustos e ilegais com a intenção de conseguir a morte daquele que era falsamente acusado. Embora Jesus fosse completamente inocente — nunca se provou que Ele era culpado de algo punível até mesmo com um simples tapa na mão —, a pressa para realizar o julgamento não podia ser evitada. Forças diabólicas maiores que os sacerdotes famintos de poder, e um conselho corrupto, estavam em ação nos bastidores.

Enquanto isso, o drama retorna repetidamente para outra pessoa que estava "em julgamento" ao longo de toda essa dolorosa história: Pedro — a "pedra" encravada em um lugar difícil —, que tentava desesperadamente demonstrar que estava cumprindo sua palavra. Entretanto, suas tentativas insistentes acabaram cumprindo a própria profecia que ele havia dito que não aconteceria.

26:57-58

Embora Mateus, Marcos e Lucas comecem o relato do falso processo judicial com Caifás, que era o verdadeiro sumo sacerdote naquele ano, o Evangelho de João aproxima a lente um pouco mais e nos diz que o primeiro julgamento de Jesus aconteceu imediatamente após sua prisão no Getsêmani, na corte de Anás, o "padrinho" da família mafiosa do sumo sacerdote (Jo 18:12-24). (Veja o quadro "Os julgamentos de Jesus" na página 572.) Talvez, querendo exibir o objeto de sua captura diante do reverenciado Anás, o destacamento marchou até sua casa nas primeiras horas da manhã. A seguir, Anás interrogou Jesus sobre seus ensinos e sobre seus discípulos (Jo 18:19) — e Jesus se recusou a responder as perguntas no local, resultando no primeiro de muitos golpes que foram desferidos sobre Ele por seus captores (Jo 18:22).

Enquanto isso, João relata que Simão Pedro voltou, depois de fugir do Getsêmani (Jo 18:15). Com a ajuda de outro discípulo — provavelmente João — conhecido da família do sumo sacerdote, Pedro conseguiu entrar no pátio externo para observar de longe os procedimentos em relação a Jesus. Foi nesse momento que ele negou ser um dos discípulos de Jesus (Jo 18:17). Mas pense nisto: se ele tivesse admitido a verdade, seu disfarce seria descoberto e ele teria que fugir novamente. Para cumprir sua promessa de ficar com Jesus — mesmo que a distância — ele teve que negá-lo. Só desta vez.

Frustrado com Jesus e provavelmente querendo voltar a dormir (talvez por volta das três da manhã), Anás o enviou a Caifás (Jo 18:24; cf. Mt 26:57). Os escribas e anciãos de Jerusalém já estavam reunidos, quem sabe tendo sido acordados e chamados para essa reunião de emergência no momento em que Jesus estava na casa de Anás. A seguir, Jesus foi levado à presença dos homens mais poderosos de Israel. Enquanto isso, Pedro havia alcançado a multidão, aberto caminho até o pátio e se sentado entre os oficiais para observar o desfecho (26:58). Pedro possivelmente ficou longe o suficiente para não chamar a atenção para si mesmo... mas perto o suficiente para que Jesus notasse que ele estava cumprindo sua promessa de permanecer leal até o fim.

OS JULGAMENTOS DE JESUS

Julgamento	Autoridade que o presidiu	Texto bíblico	Acusações	Legalidade	Tipo	Resultado
1	Anás, antigo sacerdote entre 6-15 d.C.	João 18:12-23	Nenhuma acusação específica foi apresentada	Ilegal: • sem jurisdição • julgamento feito à noite • Sem acusação • Sem testemunhas • Abuso físico durante o julgamento	Judeus e religiosos	Considerado "culpado" de irreverência e enviado a Caifás
2	Caifás, sumo sacerdote entre 16-36 d.C., e o Sinédrio	Mateus 2:57-68; Marcos 14:53-65; João 18:24	Declarou ser o Messias, Filho de Deus, o que eles julgaram como uma blasfêmia	Ilegal: • Realizado à noite • Falsas testemunhas • Sem acusação formal • Agredido durante o julgamento	Judeus e religiosos	Declarado "culpado" de blasfêmia e mantido em prisão para a sentença até de manhã
3	Sinédrio	Marcos 15:1; Lucas 22:66-71	Como continuação do julgamento anterior perante o Sinédrio, as acusações foram as mesmas	Ilegal: • Acusação modificada • Sem testemunhas • Votação imprópria	Judeus e religiosos	Sentenciado a ser entregue aos romanos para execução

4	Pilatos, governador da Judeia entre 26-36 d.C.	Mateus 27:11-14; Marcos 15:2-5; Lucas 23:1-7; João 18:28-38	Acusado de traição e sedição contra Roma	Ilegal: • Achado "inocente", mas mantido sob custódia • Sem qualquer representação de defesa • Agredido durante o julgamento	Romano e civil	Declarado "não culpado" e enviado a Herodes Antipas para que se encontrasse uma brecha
5	Herodes Antipas, governador da Galileia entre 4-39 d.C.	Lucas 23:8-12	Nenhuma acusação específica foi apresentada Questionado longamente por Herodes	Ilegal: • Sem jurisdição • Nenhuma acusação específica • Agredido durante o julgamento	Romano e civil	Maltratado, alvo de zombaria, falsamente acusado, e retornou a Pilatos sem uma decisão tomada.
6	Pilatos	Mateus 27:15-26; Marcos 15:6-15; Lucas 23:13-25; João 18:39–19:16	Em continuação ao julgamento anterior diante de Pilatos, as acusações foram as mesmas	Ilegal: • Declarado "inocente", mas condenado.	Romano e civil	Declarado "não culpado", mas sentenciado a ser crucificado para apaziguar a ira da turba. Enquanto isso, um homem culpado de assassinato, traição e sedição foi liberado

26:59-68

Enquanto Jesus estava diante do sumo sacerdote (Caifás), e do Sinédrio, seus acusadores o bombardeavam com uma falsa acusação atrás da outra. O único objetivo deles era encontrar algum crime plausível que fosse digno de execução (26:59). Todo o processo "legal" era, por si só, do início ao fim, ilegal. Os governantes de Israel desconsideraram ostensivamente numerosos requisitos prescritos pelo código judaico, que regiam os procedimentos do Sinédrio. De acordo com o *Mishná*, nenhum julgamento deveria ocorrer durante a noite ou no decorrer das festas (*Sanhedrin* 4:1). Os julgamentos deveriam ser públicos, jamais secretos, e deveriam ocorrer no Salão de Julgamento na área do templo (*Sanhedrin* 1:6; 11:2). Os casos para penas capitais exigiam um quórum de vinte e três juízes e deveriam seguir uma ordem rigorosa de argumentos, tanto da defesa quanto da acusação (*Sanhedrin* 4:1). Como no sistema judicial moderno, os acusados deveriam ter um advogado para falar em seu nome e não poderiam ser forçados a testemunhar contra si mesmos (*Sanhedrin* 3:3-4). A condenação exigia o acordo de duas ou três testemunhas independentes, que seriam examinadas e interrogadas individualmente (*Sanhedrin* 3:6; 4:1; cf. Dt 17:6-7; 19:15-20). As pessoas que dessem testemunhos contraditórios seriam expulsas (*Sanhedrin* 5:2). E, quando o julgamento terminasse, os membros do Sinédrio deveriam adiar a longa discussão para analisar as evidências, e a votação a favor ou contra a condenação deveria ser feita de forma ordenada, a partir dos membros mais jovens do conselho até os mais velhos (*Sanhedrin* 4:1-2).[325]

É claro que nenhum desses procedimentos foi seguido. Ao contrário, Jesus foi julgado perante Anás, Caifás e o Sinédrio à noite e durante a festa da Páscoa, provavelmente diante de um grupo escolhido a dedo de membros do conselho que já tinham um olhar preconceituoso contra Ele. Ninguém falou em favor de Jesus em nenhuma defesa oficial, e, quando Ele se opôs ao tratamento injusto, deram-lhe um soco no rosto (Jo 18:20-23)!

Buscaram testemunhas com o objetivo de inventar um caso contra Ele (Mt 26:59-60). Eventualmente, encontraram duas testemunhas coniventes que tiraram as palavras de Jesus do contexto. Elas testemunharam que haviam ouvido Jesus ameaçar destruir o templo, em Jerusalém, e, depois, milagrosamente reconstruí-lo em três dias (26:61). O Evangelho de João apresenta estas palavras de Jesus no contexto

(Jo 2:13-22), observando que Ele havia falado figurativamente: "Mas o templo do qual ele falava era o seu corpo" (Jo 2:21).

Quando Jesus reagiu com silêncio diante dos delírios insanos do conselho ilegal, o sumo sacerdote insistiu em que Ele respondesse claramente por si mesmo — se Ele era o Messias (Mt 26:63). Finalmente quebrando seu silêncio, Jesus revelou a verdade de que Ele era o Rei legítimo, o tão esperado Messias (26:64). Ele citou trechos de Salmos 110:1 e Daniel 7:13 — ambos considerados como profecias messiânicas pelos rabinos judeus. Em resposta, o sumo sacerdote, imediatamente, o condenou por blasfêmia (Mt 26:65). Não houve conselho para essa deliberação, ninguém se apresentou como testemunha para a defesa, nenhum pedido para a produção de provas. Apenas uma declaração do veredito, que partiu de um único homem. Então, com a mesma rapidez, o Sinédrio condenou sumariamente Jesus à morte (26:66). E, após sua condenação, começaram imediatamente a agredi-lo e a humilhá-lo (26:67-68).

O julgamento não passou de uma farsa de justiça, do começo ao fim. E Pedro observou tudo do lado de fora, relutante em colocar em perigo seu pescoço para auxiliar seu Mestre como testemunha de defesa.

26:69-75

Desviando-se da narrativa do horrível sofrimento de Jesus de brutalidade e humilhação pública nas mãos de homens irados, desdenhosos e violentos, o relato de Mateus se volta para Pedro, lá fora, no pátio, tendo-se separado da multidão irreverente e zombadora. Podemos imaginá-lo fazendo o melhor que podia para se esconder, com o rosto oculto na sombra escura de seu manto. A última coisa que ele queria era ser detectado. Mas talvez, apenas talvez, ele pudesse encontrar uma maneira de conseguir livrar Jesus daquela confusão. De repente, uma mulher serviçal anônima apareceu, apontou seu dedo para ele e o chamou para fora. Ela o tinha visto com Jesus (26:69).

O disfarce de Pedro foi abruptamente descoberto. O que ele faria? Se ele saltasse a cerca ou fugisse pelo portão, provavelmente poderia escapar, mas então seria culpado de cometer exatamente o que prometera *não* fazer — abandonar Jesus como os demais. Então, ele fez a primeira coisa que lhe veio à mente. Negou sua associação com Jesus em voz alta e clara: "Não sei do que você está falando" (26:70). Pedro se afastou da mulher, indo rumo ao portão, caso precisasse correr para fora (26:71). No entanto, suponho que ele também tentou ficar suficientemente perto da entrada do edifício para manter Jesus ao alcance de sua vista. Porém, então outra criada reconheceu Pedro e denunciou-o: "Este homem estava com Jesus, o Nazareno" (26:71).

Novamente, a "pedra" estava sendo colocada em uma posição difícil. Ele deveria fugir (e assim quebrar a promessa feita a Jesus), ou ficar e mentir (e assim quebrar a promessa feita a Jesus)? No próprio ato de tentar cumprir sua promessa pretensiosa, Pedro estava mergulhando no cumprimento da profecia de Jesus. Mas o que ele poderia fazer? Quantas vezes ele o havia negado? Uma vez? Duas vezes? Quantas vezes faltavam para que as palavras de Jesus se cumprissem? Sem pensar, Pedro exclamou — desta vez a negação foi acompanhada de um juramento — "Não conheço esse homem!" (26:72). Outra mentira, mais uma negação.

Talvez ele pudesse ter ouvido um galo naquele momento. Mas ele não ouviu nada além de seu próprio batimento cardíaco, com o peito pronto para explodir. Posso imaginar que ele começou a suar frio. Cambaleando pelo pátio, mantendo distância do restante dos trabalhadores e transeuntes, Pedro encontrou outro ponto privilegiado de onde ele podia ver Jesus. Segundo Lucas, ele foi capaz de se demorar ali cerca de uma hora depois daquela última negação (Lc 22:59). Talvez ele tenha começado a se acalmar, pensando que estava fora do perigo e que tinha se livrado da armadilha. Quem sabe até tenha trocado pequenas conversas com alguns dos criados, numa tentativa de manter seu disfarce. Nesse momento, ele já havia conseguido se colocar em uma linha direta de visão com Jesus, como se estivesse mostrando que, afinal, não havia abandonado o Mestre, como os outros haviam feito. Entretanto, naquele momento, outra voz surgiu: "Certamente você é um deles! O seu modo de falar o denuncia" (Mt 26:73).

Sem pensar duas vezes, Pedro amaldiçoou e jurou, insistindo novamente: "Não conheço esse homem!" (26:74). Naquele preciso momento, Pedro ouviu o galo cantar alto e claro, enquanto o sol da manhã começava a espreitar o horizonte (26:74). Estava feito. Enquanto tentava desesperadamente manter seu anonimato entre os inimigos, Pedro negou Jesus três vezes antes do amanhecer, quebrando assim a promessa feita ao Senhor. Lucas preenche aí um pungente detalhe: "O Senhor voltou-se e olhou diretamente para Pedro" (Lc 22:61). Seus olhos se encontraram. Ao ver a tristeza total no rosto ferido e ensanguentado de Jesus, Pedro se sentiu perdido. Ele se lembrou da profecia do Senhor: "Antes que o galo cante, você me negará três vezes" (Mt 26:75; veja 26:34).

A culpa esmagadora e a vergonha apoderaram-se de Pedro. Ele havia atingido o fundo do poço. O capítulo termina com uma afirmação assombrosa: "E, saindo dali, chorou amargamente" (26:75). A. T. Robertson descreve apropriadamente a cena e seu significado: "As lágrimas eram amargas, ainda mais por causa daquele olhar de piedade compreensiva com que Jesus olhou para ele". Uma das tragédias da Cruz é o coração sangrento de Pedro".[326]

APLICAÇÃO

Mateus 26:57-75

O JULGAMENTO DE PEDRO

É fácil sentar-se aqui e fazer um julgamento de Pedro, esfolando-o vivo por causa de suas negações, em razão de seus fracassos naquele momento de prova. Mas não acho que isso seja muito útil. Deus não preservou essa narrativa apenas para dar a gerações de pessoas, como nós, uma base para julgar, condenar e sentenciar Simão Pedro. Isso é o que os fariseus fazem com aqueles que fracassam. Ao contrário, acho que devemos ver nossa própria situação diante do Senhor Jesus, nesse relato de Pedro. Se você estivesse no lugar dele — seja honesto agora —, como você teria respondido?

Felizmente, Pedro teve o seu interior profundamente afetado, enquanto sua consciência sofria o pesar de um homem que tinha resvalado até a beira do abismo. Duas coisas provocaram essa reação de tristeza total por seu pecado: o olhar de Jesus e sua própria memória. Em seu momento de rebeldia, ele olhou para Jesus, e o Senhor não mostrou um semblante irado, muito menos ergueu o punho com raiva. Ele simplesmente olhou para Pedro. Naquele momento, as palavras da profecia de Jesus foram cumpridas, e Jesus compreendeu a verdade de que Pedro, assim como os demais discípulos — bem como todo o restante da humanidade — era um pecador rebelde e carente de um Salvador. Ele precisava não apenas de perdão e força, mas, também, de arrependimento e restauração.

Pedro foi embora e chorou amargamente. Talvez tenha voltado ao lugar onde havia falado antes com tanta autoconfiança e orgulho soberbo. Quem sabe ele tenha ficado no mesmo lugar e derramado sua confissão, reconhecendo seu fracasso total e sua completa fraqueza. Em qualquer das hipóteses, sem dúvida, ele ponderou a loucura de sua própria ostentação bem como o poder absoluto e providência do homem-Deus, que conhecia seu coração melhor do que ele mesmo.

Quem estava realmente em julgamento aqui? A experiência de Jesus — que ainda não havia terminado naquele momento — dificilmente poderia ser chamada de um julgamento justo. Ele era inocente. Na verdade, só Ele é o Juiz legítimo. Pedro, por sua vez, era culpado, tendo falhado em um teste atrás do outro.

Como Pedro, todos nós estamos, de certa forma, sendo julgados. Podemos nos ver entrelaçados nessa história de orgulho e autoconfiança, de vanglória e segurança própria, de comparação com os outros e de ambição zelosa de nos mostrarmos melhores do que os outros. Sejamos honestos: se fôssemos entregues a nós mesmos, cada um de nós acompanharia Pedro em suas negações. Na verdade, muitos de nós já o fizemos inúmeras vezes durante nossa vida. É só pensar nisso por um momento. Admita sua própria fraqueza. Chore, se for preciso. Esse é o primeiro passo, essencial para a plena recuperação e restauração. Sem isso, estamos a caminho de apenas mais uma negação, rumo ao fundo do poço.

Inteiramente culpados; totalmente inocentes

MATEUS 27:1-26

Como um filme em que uma sequência de ação rápida passa repentinamente para a câmera lenta, o relato de Mateus sobre a vida de Cristo parece diminuir drasticamente o ritmo, quando Mateus — como os demais escritores dos Evangelhos — fornece detalhes, cena por cena, das últimas horas da vida de Jesus. Os primeiros trinta anos da vida de Jesus de Nazaré ocuparam apenas dois capítulos (Mt 1—2). Seu ministério público de três anos abrangeu dezoito capítulos (Mt 3—20). Sua última semana de ministério abrange cinco capítulos (Mt 21-25). Depois, o período desde a refeição da Páscoa até a crucificação, um período de cerca de vinte e quatro horas, é relatado por Mateus em dois longos capítulos (Mt 26—27). O evangelista retarda o ritmo de sua narrativa para apresentar uma análise quadro a quadro, momento a momento, dessas últimas vinte e quatro horas da vida de Jesus.

CRONOLOGIA DO GETSÊMANI AO GÓLGOTA

Evento	Texto nas Escrituras	Horário aproximado
Oração e agonia no Getsêmani	Mateus 26:36-46 Marcos 14:32-42 Lucas 22:39-46 João 18:1	Uma da manhã
Traição por Judas e prisão de Jesus	Mateus 26:47-56 Marcos 14:43-46 Lucas 22:47-53 João 18:2-12	Uma e meia da manhã
Interrogatório irregular, não autorizado, na residência de Anás	João 18:12-23	Duas da manhã
Julgamento ilegal na residência de Caifás	Mateus 26:57-68 Marcos 14:53-65 Lucas 22:54, 63-65 João 18:24	Três da manhã
Reunião formal, mas ilegal, do Sinédrio para confirmar a sentença capital	Marcos 15:1 Lucas 22:66-71	Seis da manhã
Primeiro interrogatório de Pilatos em sua própria residência	Mateus 27: 1-2, 11-14 Marcos 15:1-5 Lucas 23:1-7 João 18:28-32	Seis e meia da manhã
Audiência perante Herodes	Lucas 23:8-12	Sete da manhã
Julgamento final de Pilatos	Mateus 27:15-26 Marcos 15:6-15 Lucas 23:13-25 João 18:33-40	Sete e meia da manhã
Açoitamento no Pretório, zombaria dos soldados, e condenação pública	Mateus 27:26-31 Marcos 15:15-20 João 19:1-16	Oito da manhã
Trajeto até o Gólgota e crucificação	Mateus 27:32-35 Marcos 15:21-24 Lucas 23:26-33 João 19:17-18	Nove da manhã
Eventos na cruz, culminando na escuridão sobre a terra	Mateus 27:36-45 Marcos 15:25-33 Lucas 23:34-44 João 19:19-27	Nove da manhã até ao meio-dia
As palavras finais de Jesus, morte e terremoto	Mateus 27:46-56 Marcos 15:34-41 Lucas 23:45-49 João 19:28-30	Três da tarde

A mesma quantidade de espaço que usou para tratar do nascimento de Cristo e dos primeiros trinta anos de sua vida, Mateus usa para narrar os eventos sobre o sofrimento e a morte de Cristo. Claramente, essas últimas horas são vitais para a apresentação feita por Mateus de Jesus como o Rei legítimo, mas rejeitado, o Messias de Israel, longamente esperado, mas cruelmente desprezado.

Em que ponto estamos da lenta e cuidadosa narrativa das últimas horas da vida de Jesus? Após a prisão noturna no jardim do Getsêmani, os soldados levaram Jesus para a casa de Anás (Jo 18:12-23), depois para a casa de Caifás, o sumo sacerdote (Mt 26:57-68). Lá, Pedro negou Jesus por três vezes, exatamente como o Senhor havia predito. Durante os procedimentos desarticulados das audiências ilegais, algumas testemunhas hesitantes apresentaram alegações de meias verdades contra Jesus, tecendo juntos um argumento sem valor. E ninguém, naquele momento, se apresentou para se posicionar contra o pensamento diabólico daquele grupo, que estava sendo conduzido por instigação do sumo sacerdote e de um punhado de governantes judeus perversos, todavia poderosos. Enquanto finalizavam seus planos de mandar executar o Messias e eliminar sua mensagem da face da terra, esses inimigos da Verdade tinham de apresentar uma ofensa capital que o desacreditaria tanto perante o governador romano (pois somente ele poderia permitir a execução) quanto diante da população geral de judeus (que poderia se revoltar caso sentissem que uma injustiça grosseira estivesse sendo praticada).

Eles precisavam da permissão do governador Pôncio Pilatos para mandar executar seu "falso messias". E careciam de uma boa acusação que o convencesse a fazer isso.

27:1-2

Quando o sol nasceu naquela manhã de sexta-feira, o Sinédrio — o conselho judaico — reuniu-se novamente para elaborar um plano de ação (27:1-2; Mc 15:1; Lc 22:66-71). Talvez as decisões frenéticas e apressadas do julgamento ilegal no meio da noite, algumas horas antes, não tenham sido muito bem vistas por alguns dos membros do Sinédrio à luz do dia. Assim, eles questionaram Jesus mais uma vez, buscando extrair uma confissão que fosse mais direta de seus próprios lábios, que declarasse ser Ele o próprio Messias (Lc 22:67-70). Foi, na mente deles, o momento da "armadilha". A resposta satisfez os céticos e consolidou o destino de Jesus. Nenhum dos conspiradores cruéis se preocupou em considerar a possibilidade de que Jesus estivesse realmente dizendo a verdade quando Ele afirmou ser o Messias e o Filho de Deus. Eles presumiram qual seria a resposta que Jesus daria à pergunta deles. E a declaração de Jesus foi suficiente para eles: "Por que precisamos de mais testemunhas? Acabamos de ouvir dos próprios lábios dele" (Lc 22:71).

Por que não chamar algumas testemunhas para testificar em nome do acusado? Talvez alguns destinatários das curas de Jesus? Ou Lázaro, que havia sido ressuscitado dos mortos? Onde estaria Malco, o servo do sumo sacerdote, que apenas algumas horas antes tivera sua orelha decepada, mas fora imediatamente curado pelo toque de Jesus?

Jesus estava sozinho, totalmente inocente, mas rodeado de pessoas que eram completamente culpadas. Tendo forçado um consenso em um tribunal sem poderes, o sumo sacerdote e os governantes do Sinédrio agora tinham que conduzi-lo até Pôncio Pilatos para obter permissão de executá-lo.

PÔNCIO PILATOS

MATEUS 27:2

O historiador judeu Filo de Alexandria faz um relato sobre o governador Pôncio Pilatos, extraído de uma descrição feita por Herodes Agripa, como "um homem de uma disposição muito inflexível, impiedoso e bastante obstinado".[327] No entanto, Filo também registra um caso em que Pilatos titubeou e mudou uma decisão sob a pressão crescente dos líderes judeus. Em 27 d.C., os judeus protestaram contra a inscrição nos escudos que Pilatos havia colocado em Jerusalém em homenagem ao imperador romano Tibério. Filo cita novamente Agripa, o qual escreveu que Pilatos temia, na realidade, que fosse enviada uma embaixada ao imperador e o acusassem de conduta irregular, mencionando outros detalhes negativos de seu governo, como sua corrupção, seus atos de insolência, suas pilhagens, seu hábito de insultar as pessoas, sua crueldade e os contínuos assassinatos de pessoas feitos por ele sem o julgamento devido, sem condenação, bem como sua desumanidade contínua e gratuita.[328]

Quando os líderes judeus notaram que Pilatos agia politicamente, com base no medo e na autopreservação pessoal, tiraram proveito da situação e exerceram ainda maior pressão sobre ele.

Para Pilatos, o fato de remover os escudos seria uma demonstração humilhante de fraqueza diante de seu próprio povo e da população sob sua jurisdição. Ele certamente ganharia uma reputação como um idiota influenciável. No entanto, manter a paz e a ordem na Judeia era sua principal responsabilidade. Os líderes judeus protestaram no palácio de Pilatos, em Cesareia, recusando-se a retornar a Jerusalém até que os escudos com as inscrições ofensivas fossem removidos. Outro historiador judeu, Josefo, descreveu o plano falho do governador para subjugar a vontade dos líderes judeus e estabelecer a sua:

> Ele ordenou que seus soldados mantivessem suas armas em oculto, enquanto ele veio e sentou-se em seu trono de julgamento, que estava montado em um lugar aberto da cidade, com seu exército oculto da multidão, o qual estava pronto para atacá-los. E, quando os judeus lhe fizeram uma nova petição, ele deu um sinal aos soldados para que os rodeassem; e ameaçou que a punição deles seria nada menos do que a morte imediata, a menos que eles o parassem de perturbar, e voltassem para suas respectivas casas. Mas eles se atiraram ao chão, e colocaram o pescoço a descoberto, dizendo que aceitariam sua morte de boa vontade, em lugar de transgredir a sabedoria de suas leis. Com isso, Pilatos foi profundamente afetado pela firme resolução dos judeus de manter suas leis invioláveis: e ordenou que as imagens voltassem de Jerusalém para Cesareia.[329]

Esse evento provou aos líderes judeus que Pilatos podia ceder sob pressão. Sua obstinação e determinação eram fachadas que podiam ser perfuradas com a força suficiente de pessoas determinadas. Esse conhecimento provaria ser de valor inestimável para o sumo sacerdote e o Sinédrio, pois eles conduziram Jesus diante de Pilatos para conseguir dele a licença com o objetivo de realizar uma execução injusta.

27:3-10

Mateus nos informa que, além de Pedro, que estava escondido nas sombras, durante as primeiras audiências, outro dos doze discípulos havia testemunhado pelo menos alguns dos procedimentos. Alguém que estava deslizando como uma serpente nas bordas da multidão, tentando colher todas as informações que pudesse sobre o que estava acontecendo, não era ninguém senão Judas Iscariotes (27:3). À medida que as lentes de Mateus fazem uma ampliação do traidor, nós o vamos encontrar em uma terra de ninguém. Depois de haver traído Jesus, ele jamais poderia voltar àquele círculo familiar de discípulos que fora sua família durante os últimos três anos. E, como havia cumprido sua missão com os líderes judeus, conduzindo os soldados até Jesus, eles não queriam ter mais nenhum relacionamento com ele. Judas estava na condição de um proscrito. Para piorar a situação, quando o sol se levantou sobre Jerusalém, ele de repente caiu em si sobre o que havia feito: tinha entregue o Messias nas mãos de pecadores. Um expositor imagina que a visão de Jesus sendo agredido e levado "foi devastadora para Judas, mais do que aquilo com que até sua mente faminta por dinheiro, sua sórdida alma e sua consciência cauterizada poderiam lidar. Ele sentiu remorso quando começou a experimentar uma dor intensa e excruciante, a qual é uma característica exclusiva da culpa profunda".[330]

Judas não iniciou sua carreira, como um discípulo, já com a intenção de trair Jesus. Ele começou do mesmo modo que os outros onze, caminhando ao seu lado, ouvindo seus ensinos, vendo o Mestre tratar os outros com dignidade e humildade, testemunhando uma evidência após outra de que Ele realmente era o Rei, o tão esperado Messias de Israel. No entanto, de forma clara ele não se comprometeu totalmente com Jesus Cristo em sua fé. Judas foi plenamente informado, mas não verdadeiramente transformado. Sua devoção a Jesus foi sempre contextualizada, sempre condicional, sempre sujeita a uma reavaliação.

As ações de Judas, nessa cena, só podem ser compreendidas nos termos de uma escuridão profunda causada pelo desespero total e absoluta desesperança. Devido à sua resistência à verdade e à sua rejeição das fiéis e graciosas ofertas de perdão, salvação e nova vida, feitas pelo Salvador, Judas presumivelmente se tornou cada vez mais convencido de que tudo isso era apenas uma farsa. Como Jesus teria falhado em cumprir aquilo que Judas e outros consideravam ser as exigências mínimas para um messias rei e guerreiro, ele, provavelmente, começou a se questionar se os críticos não teriam razão: seus milagres poderiam ser obras de um charlatão ou de um endemoninhado, não obras de Deus.

Após o fim do ato de traição, uma nuvem escura de quebrantamento, confusão, desilusão e culpa o tomou de assalto. Tendo se retirado dos braços amorosos de Jesus, Judas caiu nos braços acolhedores de Satanás, que tem sido "homicida desde o princípio" (Jo 8:44). Depois de lançar o dinheiro de sangue aos indiferentes e desinteressados sacerdotes e anciãos, bem como admitir que ele havia traído um homem inocente (Mt 27:3-4), Judas "foi e enforcou-se" (27:5). Mateus não registra nenhum detalhe sinistro do enforcamento. Mas ele relatou que os líderes judeus usaram as trinta moedas de prata para comprar o "campo de Oleiro" como uma espécie de local de enterro caridoso para estranhos

(27:6-7) — isto é, um local para sepultamento comum de uso público, que também ficaria conhecido como o "campo de Sangue" (27:8).

No primeiro capítulo do livro de Atos, Lucas fornece mais alguns detalhes a respeito do destino infligido a si mesmo por Judas. Embora alguns comentaristas tenham notado que os fatos relatados por Lucas e aqueles apresentados em Mateus 27:3-10 contêm aparentes contradições, uma explicação razoável surge quando lemos esses dois relatos como um complemento entre si. Reunindo todas as informações, sugiro a seguinte sucessão desses eventos horripilantes.

Em seu ataque de remorso, Judas lançou as trinta moedas de prata no chão do templo e depois se enforcou num campo remoto (27:3-8). Lá, seu corpo permaneceu, dependurado entre o galho da árvore e o chão até se decompor, inchar e eventualmente se desprender do laço. Tendo caído no solo rochoso, seu corpo explodiu, e seus órgãos derramaram-se sobre a terra (At 1:18-19). Os antigos teriam considerado esse acontecimento horrível como a forma mais vergonhosa de morrer e um jeito impensável de um corpo se decompor. Na mente judaica, um homem enforcado era "amaldiçoado por Deus", e se o corpo não fosse enterrado no mesmo dia, a terra seria considerada contaminada (Dt 21:22-23). Além disso, os judeus evitavam a qualquer custo ter algum contato com cadáveres. Aquela terra estava amaldiçoada.

Os sacerdotes não queriam aquele dinheiro, e ninguém queria aquela terra, então o proprietário do terreno foi compensado financeiramente por sua perda, e o campo recebeu o nome de "campo de Sangue". Numa guinada irônica, o dinheiro que havia sido pago a Judas tornou-se o dinheiro usado para comprar a terra onde ele mesmo se enforcou. Que legado trágico para uma vida trágica!

O USO DE *GEZERAH SHAWAH* FEITO POR MATEUS

MATEUS 27:9-10

Em um comentário final, antes de deixar a história de Judas para trás, Mateus reúne várias passagens do Antigo Testamento em uma prática judaica de traçar paralelos entre o Antigo Testamento e eventos contemporâneos relacionados. Esse princípio é chamado de *gezerah shawah*, ou seja, um "argumento feito por analogia", no qual "passagens bíblicas contendo sinônimos ou homônimos estão sujeitas a definições e a aplicações idênticas, por mais que difiram em outros aspectos".[331]

Frequentemente em seu Evangelho, Mateus incorpora importantes verdades teológicas em dispositivos retóricos cujo sentido seus leitores judeus teriam captado. É como se Mateus estivesse escondendo ovos de Páscoa, em sua narrativa, para que os judeus os encontrassem, caso eles apenas tomassem tempo para olhar com cuidado e pensar profundamente. Mateus convida repetidamente seus leitores a irem além do nível superficial da narrativa para pensar sobre quem Jesus é, examinando os padrões e profecias do Antigo Testamento. No caso de sua paráfrase do Antigo Testamento em 27:9-10, Mateus salienta o alto preço por rejeitar Jesus como o Rei, o Messias que havia sido muito esperado por Israel.

A paráfrase de Mateus, na verdade, faz um encadeamento de várias palavras, imagens e ideias, principalmente de Jeremias, mas também de Zacarias. O pesquisador cuidadoso consegue perceber que Mateus está dirigindo seus leitores para Jeremias 18:1-6; 19:1-11; 32:7-15; Lamentações 4:2; e Zacarias 11:4-14. Pode-se observar o efeito cumulativo dos temas dessas passagens. É possível, também, pensar nas semelhanças surpreendentes entre essas palavras e imagens, e o destino de Judas Iscariotes no campo do Oleiro, o qual ficaria conhecido como o campo de Sangue.

- **Jeremias 18:1-6.** O profeta vai à casa de um oleiro para observar a arte de fazer um vaso de barro. Quando o vaso se torna defeituoso nas mãos do oleiro, ele é retrabalhado como um novo vaso. O vaso inicial representa o povo de Israel, que enfrentou o julgamento que estava por vir em razão de sua infidelidade.
- **Jeremias 19:1-11.** Deus instrui Jeremias a comprar um vaso de barro de um oleiro, conduzir os líderes de Jerusalém para o vale de Hinom, e reduzir o vaso em pedaços sobre as rochas. Isso ilustraria a destruição que viria sobre Jerusalém por sua rebelião pecaminosa.
- **Jeremias 32:7-15.** Deus diz a Jeremias que compre um campo por uma quantia. Ele coloca a escritura da terra num vaso de barro, o qual ficará enterrado por um longo tempo. Isso ilustra que Deus restauraria Jerusalém, após o juízo que se aproxima sobre a terra.
- **Lamentações 4:2.** Jeremias descreve os "preciosos filhos de Sião" (residentes de Jerusalém) como valendo "seu peso em ouro" e considerados "como vasos de barro, obra das mãos de um oleiro!" Isso lembra aos leitores que o povo de Israel está nas mãos de Deus, assim como um vaso de barro está nas mãos de um oleiro.

- **Zacarias 11:4-14.** Em uma passagem que, provavelmente, aponta para as imagens de Jeremias,[332] Zacarias atua simbolicamente como pastor do povo de Israel. Ele recebe trinta moedas de prata como seu salário. Ele lança esse dinheiro na casa do Senhor "para o oleiro" (Zc 11:13) e quebra seus cajados como uma indicação simbólica de juízo.

Embora todo esse conjunto de imagens, relacionadas entre si, possa parecer bizarro para os leitores do século 21, o escritor teria incentivado os leitores judeus do primeiro século a uma profunda meditação sobre as Escrituras. Como observa R. T. France: "Se quisermos fazer justiça a Mateus, devemos reconhecer que esta não é uma coleção de ideias desconectadas do Antigo Testamento, reunidas ao acaso, mas o resultado de um cuidadoso estudo teológico que leva em conta não apenas as 'coincidências' verbais superficiais, mas os temas subjacentes da expectativa profética".[333]

Então, o que Mateus estava tentando transmitir ao astuto investigador a respeito de Judas e da relação entre a cerâmica quebrada de Jeremias, o campo e outras imagens relacionadas? Qual era a mensagem que ele estava tentando transmitir através de uma cuidadosa reflexão e meditação sobre os paralelos entre os textos do Antigo Testamento e a tragédia de Judas? Era simplesmente isto: a traição do Messias, por Judas, *era um tipo* de rejeição de Jesus por parte dos líderes judeus. A desobediência desses líderes, na época de Jeremias, que resultou em juízo, é vista como paralela à rebelião de Judas (e dos líderes judeus) contra Jesus, o que também resultaria em juízo. Em 70 d.C., isso se cumpriu, como aconteceu no Antigo Testamento, na invasão e destruição da cidade e do templo.

27:11-14

Depois que Jesus foi arrastado para diante de Pôncio Pilatos (27:2, 11) — já tendo sido espancado e machucado pelos maus-tratos ilegais recebidos pelas mãos de seus captores — Ele experimentou o quarto dos seis julgamentos aos quais seria submetido. Ele já havia aparecido diante de Anás, Caifás e do Sinédrio, onde havia sido declarado culpado de blasfêmia por dizer a verdade de que era o Messias, o Filho de Deus. Estava óbvio para Pilatos que o homem ensanguentado e sofredor diante dele era odiado pelos líderes judeus.

Provavelmente, Pilatos foi despertado bem cedo, o que certamente o incomodou. No entanto, ele conduziu um interrogatório superficial, refazendo os mesmos tipos de perguntas que haviam sido feitas a Jesus pelos principais sacerdotes e anciãos durante toda a manhã. Porém, a pergunta de maior destaque, a qual Jesus respondeu diretamente, sondava se havia indícios de sedição e traição: "Você é o rei dos judeus?" A essa pergunta franca, Jesus deu uma resposta direta: "Tu o dizes" (27:11). Nesse momento, os líderes judeus intervieram e acusaram Jesus de vários crimes, aos quais o Mestre respondeu com silêncio, para o grande espanto de Pilatos (27:12-14).

Logicamente, Pilatos tinha total consciência de que os líderes judeus haviam prendido e entregado Jesus por inveja (27:18). Ele sabia que o processo contra Ele tinha sido tendencioso desde o início e que Jesus não era culpado de uma ofensa capital. O evangelho de João nos diz que, quando Pilatos investigou mais de perto as reivindicações feitas por Jesus sobre sua realeza, ele achou que suas alegações sobre um reino "não deste mundo" eram mera superstição religiosa, não uma ofensa merecedora de morte segundo a lei romana (Jo 18:33-38). No entanto, os líderes judeus insistiram fortemente para que Jesus fosse executado por blasfêmia, de acordo com sua própria Lei (Jo 19:7). Eles, então, colocaram Pilatos sob grande pressão, sugerindo que qualquer decisão que ele pudesse dar a favor de Jesus envolveria deslealdade implícita a César: "Se deixares esse homem livre, não és amigo de César. Quem se diz rei opõe-se a César" (Jo 19:12).

27:15-18

Encontrando-se em uma situação política difícil, Pilatos estava procurando alguma forma de libertar Jesus das acusações falsas dos líderes judeus sem infringir suas leis ou as de Roma. Ele sabia que Jesus era inocente de tudo aquilo que estava sendo acusado, exceto, talvez, a loucura religiosa. No entanto, por sua experiência com os teimosos dirigentes dos judeus, em Jerusalém, Pilatos estava certo de que eles não ficariam satisfeitos se ele simplesmente descartasse todas as acusações contra Jesus. Isso poderia causar um motim ou, pior ainda, eles poderiam enviar um relatório a César dizendo que Pilatos estava proporcionando um porto seguro para os acusados de traição ao trono de Israel.

No meio de sua agitação pessoal, Pilatos lembrou-se de um costume anual que poderia proporcionar uma forma de escapar daquele atoleiro político. A cada ano, na Páscoa, o governador da Judeia libertava para o povo um prisioneiro condenado — um ato de clemência incondicional como sinal de benevolência e misericórdia (27:15). Um dos que aguardavam a execução, naquela manhã, era um homem chamado Barrabás, descrito como um "prisioneiro muito conhecido" (27:16), culpado de insurreição e assassinato (Lc 23:25). Certamente, Pilatos teria raciocinado, se fosse apresentada à multidão a possibilidade de escolha entre dar liberdade a Barrabás ou libertar Jesus, o senso de justiça do povo prevaleceria e Jesus seria libertado. Pilatos também parecia estar ciente da popularidade de Jesus junto ao povo, pois ele "sabia que [os líderes judeus] o haviam entregado por inveja" (Mt 27:17-18).

27:19-26

Com o suspense sobre a decisão dos judeus entre Barrabás e Jesus — e enquanto os chefes dos sacerdotes e anciãos trabalhavam com a multidão, a fim de reunir apoio para a libertação de Barrabás em vez de Jesus (27:20) — Mateus faz um aparte. Ele aproxima suas lentes de Pilatos, assentado em seu trono de julgamento, enquanto um mensageiro emerge das sombras, entregando ao governador um bilhete de sua esposa. Ela informou o marido de que, na noite anterior, tivera um pesadelo no qual se revelava que Jesus era inocente, e ela mandava dizer a Pilatos: "Não se envolva com este inocente" (27:19).

Isso é que é ficar num dilema! De um lado ele começou a escutar murmúrios de "crucifica-o" vindos da multidão, enquanto os líderes religiosos agitavam o povo; enquanto, do outro, sua esposa implorava-lhe que mostrasse misericórdia. Como um político corrupto que era, Pilatos escolheu a neutralidade, quando deveria ter seguido sua consciência, as leis da justiça e os conselhos de sua esposa, para libertar Jesus. No entanto, ele se voltou para a multidão irritada e pediu-lhes que respondessem à sua pergunta: "Qual dos dois vocês querem que eu solte?" (27:21).

Pilatos claramente subestimou o ódio satânico que havia infectado a turba naquela manhã. Quando ele lhes deu a escolha entre Barrabás e Jesus, a multidão escolheu Barrabás. Mas o que fazer com Jesus, chamado Cristo? A resposta deles foi igualmente clara: "Crucifica-o!" (27:22). Enquanto Pilatos queria que eles dessem algum tipo de justificativa para um castigo tão extremo, eles simplesmente respondiam com um clamor que ecoava pelo pátio aberto: "Crucifica-o!" (27:23).

Recuando, em face da raiva irracional prestes a explodir em um motim, Pilatos pediu uma bacia de água. Na presença da multidão, ele lavou as mãos sobre o assunto e, desta maneira, transmitiu o simbolismo desse ato: "Estou inocente do sangue deste homem; a responsabilidade é de vocês" (27:24). Em resposta, o povo chamou a si uma maldição sob a forma de juramento: “Que o sangue dele caia sobre nós e sobre nossos filhos!”(27:25).

Com a temperatura emocional da multidão aumentando, Pilatos seguiu adiante com seu plano mal concebido e liberou Barrabás para eles (27:26). A cruz que tinha sido preparada para Barrabás seria usada para Jesus. O assassino completamente culpado ficaria livre, enquanto o Senhor totalmente inocente sofreria a punição pelo pecado do assassino — e, como sabemos agora, pelos pecados do mundo inteiro. O homem cujo nome, “Barrabás”, significava “filho do pai”, foi libertado enquanto o verdadeiro Filho do Pai, Jesus, tomou o seu lugar entre os condenados.

Pilatos deu prosseguimento para que Jesus fosse açoitado. Segundo o Evangelho de Lucas, ele fez isso numa tentativa de punir Jesus e, depois, libertá-lo, esperando que o desejo de sangue da multidão fosse satisfeito pela brutalidade do açoitamento (Lc 23:16). Talvez Pilatos até esperasse que isso fizesse algum sentido para esse tal Jesus de Nazaré e o convencesse a parar de afirmar que Ele era o Rei dos Judeus. Portanto, Jesus foi conduzido a uma guarnição romana, chamada Fortaleza Antônia, que ficava ao lado do templo. Um soldado amarrou-o a um poste baixo e tirou suas vestes externas. Para infligir o maior dano, o *lictor* — o responsável pelo açoitamento — normalmente selecionava um chicote com pequenos pesos de ferro ou pedaços de osso de carneiro trançado nas tiras. Como esse tipo de chicote causava tantos danos físicos rapidamente, a vítima muitas vezes desmaiava ou entrava em choque com apenas algumas chicotadas. No entanto, mesmo esse ato de açoitamento tão torturante nada fez para demover a multidão de sua única intenção. Pilatos “mandou açoitar Jesus e o entregou para ser crucificado” (Mt 27:26).

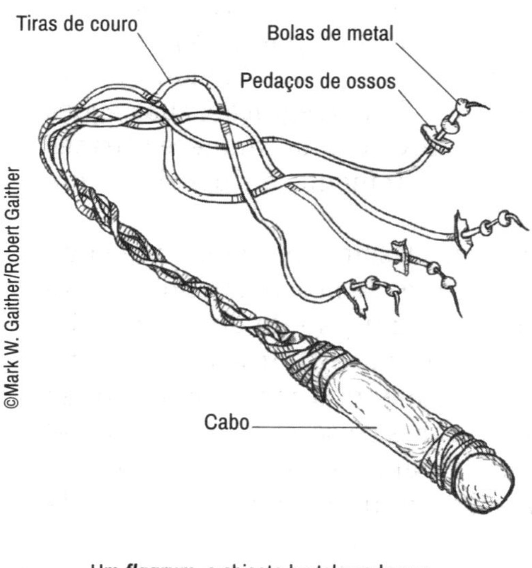

Um ***flagrum***, o chicote brutal usado por torturadores romanos no açoitamento

APLICAÇÃO

Mateus 27:1-26

O MAIS ESTRANHO DOS QUARTETOS

No julgamento, diante de Pôncio Pilatos, vemos no palco o mais estranho quarteto, juntando quatro distintos elementos. Esses personagens do drama apresentam quatro figuras muito diferentes e nos levam a quatro reflexões muito díspares sobre nosso próprio lugar na história dos momentos finais de Jesus, antes de sua crucifixão. Ao você olhar para uma descrição de cada pessoa na cena, considere qual é o seu lugar.

Primeiro, temos Jesus, o preso inocente. Embora sendo julgado, Ele disse muito pouco; mas tudo o que Ele revelou é a verdade. Uma verdade impopular. As pessoas não acreditaram nela. E o odiaram por causa dela. Mas Ele se manteve firme, sabendo que cada palavra pronunciada haveria de empurrá-lo para mais perto da Cruz. Para os seguidores de Cristo, que haviam jurado permanecer com Ele mesmo em face da perseguição, suas ações servem como advertências de que devemos permanecer firmes na verdade, sem vacilar, independentemente da oposição que venhamos enfrentar.

Em segundo lugar, vemos Pilatos, desempenhando o papel do juiz vacilante. Ele hesita e vacila quanto ao procedimento correto em relação a Jesus. Mas não há nenhum tom de cinza em relação ao assunto. A questão é preto no branco. Jesus é inocente. Ele deveria ser solto. Mas quão facilmente o medo da multidão pode nos levar a acreditar que fazer a coisa certa é impossível em determinadas circunstâncias. Quando enfrentamos dilemas semelhantes, devemos estar preparados para ouvir a voz clara da integridade, e não o grito da maioria imoral.

Em terceiro lugar, encontramos Barrabás, o notório prisioneiro. Ele não era um bode expiatório inocente, mas um criminoso embrutecido. Culpado de sedição, roubo e assassinato, Barrabás foi trazido para o local como um claro elemento oposto ao inocente Jesus. Talvez, superficialmente, não encontremos nenhuma semelhança entre nós e aquele miserável pecador que foi liberto por nenhum mérito próprio. Mas, após uma reflexão mais profunda, percebemos a verdade solene de que *todos nós somos Barrabás*. Todos aqueles que foram libertos do pecado e da culpa, pela morte substitutiva de Cristo, experimentam espiritualmente o que Barrabás vivenciou fisicamente.

Por fim, há a esposa de Pilatos, a consciência da cena. Ela se revirou na cama, a toda a noite, atormentada por um sonho com Jesus de Nazaré. Por uma agitação sobrenatural, ela sabia que Jesus era inocente e que seu marido não deveria ter nada a ver com sua morte. Seu conhecimento da verdade a levou a insistir com seu marido para que fizesse o que era certo. Da mesma forma, somos chamados a ser a "consciência da multidão", mesmo quando nossa pequena voz provavelmente não será ouvida.

Aquelas terríveis horas finais

MATEUS 27:27-50

A história registra a existência de muitos métodos brutais de punição e execução usados por regimes cruéis que têm praticado a arte de infligir dor e sofrimento tanto a culpados quanto a inocentes. Muitas vezes, personagens sádicos, sociopatas e psicopatas conseguem chegar ao poder e, depois, transformam as rodas da justiça em engrenagens de tortura. Mesmo olhando para a história recente, nos encolhemos diante de relatos de soldados, policiais secretos e outros oficiais que têm infligido sofrimento lento e humilhante a seus prisioneiros, quase sempre com um frio desrespeito pela dignidade humana, e muitas vezes com um deleite perverso.

Ao ler o registro dos acontecimentos no final da vida de Jesus, pode ser tentador para um artista retratar uma cena de serenidade e paz, como ocorre em tantas pinturas e esculturas. No entanto, tais imagens apenas enganam e desinformam. Mesmo a mais vívida das representações não se aproxima da realidade da crucificação do primeiro século. Os detalhes sombrios dos julgamentos injustos, as zombarias violentas, os espancamentos brutais e, finalmente, a crucificação impiedosa de Jesus são mais do que nossa mente é capaz de compreender. Essa provação angustiante era tão terrível e aviltante que a maioria dos que viviam na época em que essa forma extrema de punição capital era praticada se recusava a discuti-la ou sequer pensar sobre ela. O orador e escritor romano Cícero certa vez escreveu: "A ideia da cruz nunca deve chegar nem perto dos corpos dos cidadãos romanos; nunca deve passar por seus pensamentos, olhos ou ouvidos".[334]

Esse método de execução utilizado pelos romanos, no primeiro século, era reservado para assassinos, escravos rebeldes e aqueles que praticavam os piores tipos de crimes hediondos, nas colônias. A intenção era sempre passar uma mensagem — uma advertência clara, viva e pública — para que tais crimes não fossem tratados com brandura.

A crucifixão nunca era usada contra cidadãos romanos, cuja forma de execução para crimes capitais seria uma decapitação rápida e comparativamente misericordiosa. Os judeus compartilhavam a aversão à crucificação particularmente por causa das proibições de Deuteronômio 21:22-23 e sua associação com uma pessoa ser amaldiçoada: "Se um homem culpado de um crime que merece a morte for morto e pendurado num madeiro, não deixem o corpo no madeiro durante a noite. Enterrem-no naquele mesmo dia, porque qualquer que for pendurado num madeiro está debaixo da maldição de Deus".

Pelo fato de a crucificação ser uma execução atroz e, geralmente evitada nas conversas, embora muito familiar no mundo romano do primeiro século, os quatro Evangelhos não dedicam muito tempo descrevendo os detalhes do sofrimento e da morte de Jesus na cruz. Aqueles que viviam naquela época estavam bem cientes do horror da crucificação, e não precisavam nem desejavam que houvesse uma descrição mais detalhada e pessoal. Como resultado, Mateus registra o que ocorreu ao redor da cena da cruz em vez de descrever todos os detalhes da execução em si.

Hoje, a maioria dos cristãos está familiarizada apenas com os retratos maquiados da crucificação nas lições da escola dominical ou nos filmes sobre a vida de Cristo. Para corrigir tais descaracterizações das profundezas do sofrimento de Jesus, precisaremos acrescentar um pouco mais de detalhes sobre o que vinha à mente quando um judeu ou um gentio, que vivia na época de Jesus, ouvia a palavra "crucificação". Porém, ao fornecer esses detalhes, não queremos perder de vista os fatos sobre os quais o próprio Mateus se concentra, aqueles que são de "importância fundamental" para nossa fé (conf. 1Co 15:3).

27:27-31

Após seu açoitamento, Jesus foi colocado sob a custódia dos soldados que executariam a sentença de crucificação. Antes da marcha para o lugar da crucificação, porém, Jesus foi levado para o pátio aberto do Pretório (27:27). Essa denominação era provavelmente outra forma de se referir à Fortaleza Antônia, assim nomeada em homenagem a Marco Antônio. Ficava estrategicamente localizada próximo do canto noroeste do complexo do templo, tendo mirantes suficientemente altos para que as sentinelas pudessem observar as atividades no pátio do templo, abaixo, e para dar-lhes uma visão clara da cidade murada de Jerusalém em todas as direções.[335] Ali, no coração da força militar romana, um batalhão inteiro de cerca de seiscentos soldados participou de um desfile feito para servir como zombaria "em honra" ao Rei dos Judeus.[336]

Os soldados despojaram Jesus de seu já ensanguentado manto, arrancando-o das feridas profundas que Ele sofrera ao ser açoitado, alguns minutos antes. Eles o substituíram por um manto de cor púrpura, como um sinal de deboche sobre sua realeza (27:28). Para combinar com o manto, alguém teceu uma coroa de espinhos da Judeia e cravou seus espinhos, que tinham de 3 a 5 centímetros, em seu já ensanguentado couro cabeludo. Para completar a caricatura, eles colocaram um caniço em sua mão direita, como um sinal satírico de poder e autoridade. Enquanto gritavam um sarcástico clamor "Salve, Rei dos Judeus!", fingiam homenageá-lo com gestos exagerados de adoração e honra (27:29). Em meio às suas zombarias, os soldados romanos cuspiram nele, arrancaram-lhe o caniço da mão e, com ele, começaram a espancá-lo com total desprezo (27:30).

Depois de terem se divertido o suficiente com sua vítima condenada, mas inocente, retiraram o manto e devolveram as vestes originais a Ele. A hora tinha chegado. Os preparativos haviam sido concluídos. Durante a sessão aparentemente interminável de zombaria e espancamento, mais dois criminosos condenados à morte haviam sido retirados de suas celas e receberam vigas cruzadas para carregar. Tomando o lugar do Barrabás libertado, Jesus de Nazaré ensanguentado foi conduzido rumo ao lugar da crucifixão acompanhado de um cortejo (27:31).

Ariely/Wikimedia Commons

Um modelo da **Fortaleza Antônia**, que ficava ao lado do canto noroeste do complexo do templo. O pátio no centro é o local provável da zombaria e espancamento de Cristo nas mãos dos soldados romanos.

27:32-34

A rota tradicional da Fortaleza Antônia para o Gólgota é conhecida hoje como a Via Dolorosa (veja o mapa na página seguinte). Ela passa por um mercado público barulhento e agitado, ao longo de ruas estreitas de pedra que, às vezes, mal permitem a passagem de um jumento puxando uma carroça. Se duas ou três carreiras de homens e mulheres ficassem alinhados em ambos os lados, seria possível que apenas uma pessoa passasse pelo centro da rua. É bem provável que no primeiro século esse caminho estivesse igualmente congestionado e caótico, especialmente durante a época agitada da Festa dos Pães sem Fermento.

Normalmente, os condenados carregavam a parte horizontal da sua própria cruz até o local de execução. No entanto, devido ao açoitamento cruel e impiedoso que Jesus sofrera nas mãos dos romanos, Ele não conseguiu carregar sua própria cruz. Mateus relata que os soldados obrigaram um homem chamado Simão, de Cirene — uma cidade na costa da atual Líbia — a carregar a travessa da cruz para Jesus (27:32). O Evangelho de Marcos menciona que Simão era "o pai de Alexandre e Rufo" (Mc 15:21), indicando que Simão e sua família haviam se tornado bem conhecidos dos cristãos que estavam lendo o Evangelho de Marcos. Assim, podemos estar bastante certos de que, algum tempo após a crucificação, Simão se tornou um crente em Jesus como Senhor e Salvador, juntamente com sua família.

Independentemente da rota exata seguida pelos soldados, enquanto levavam Jesus e os outros dois criminosos, junto com Simão de Cirene, para o local fora das muralhas da cidade, onde os três homens seriam crucificados, o cortejo teria descido para o vale de Tiropeon antes de subir por sua encosta oeste. O grupo teria atravessado outros vales e elevações antes de passar por um portão no muro e terminar em um cruzamento muito movimentado que incluia um alto relevo chamado "Gólgota", "Calvário" ou "Lugar da Caveira" (Mt 27:33).

Quando o grupo chegou ao local, uma multidão de transeuntes teria parado para ver os soldados executarem sua repulsiva tarefa. Aqueles que tentaram dar a Jesus "vinho misturado com fel" (27:34) provavelmente não eram soldados, mas mulheres que estariam realizando seu ministério de misericórdia para aliviar o sofrimento daqueles que estavam prestes a serem crucificados.

A. T. Robertson explica: "A mirra proporcionava ao vinagre um sabor mais aceitável, assim como o fel produzia um efeito narcótico e causava entorpecimento. Ambos os elementos podem ter sido ingredientes da bebida que Jesus provou e se recusou a beber. As mulheres forneceram a bebida para diminuir a sensação de dor".[337]R. V. G. Tasker sugere que

Jesus se recusou a beber "porque queria ser uma vítima plenamente consciente ao desejar fazer seu sacrifício supremo. Ele se ofereceu completamente e com suas faculdades inalteradas".[338]

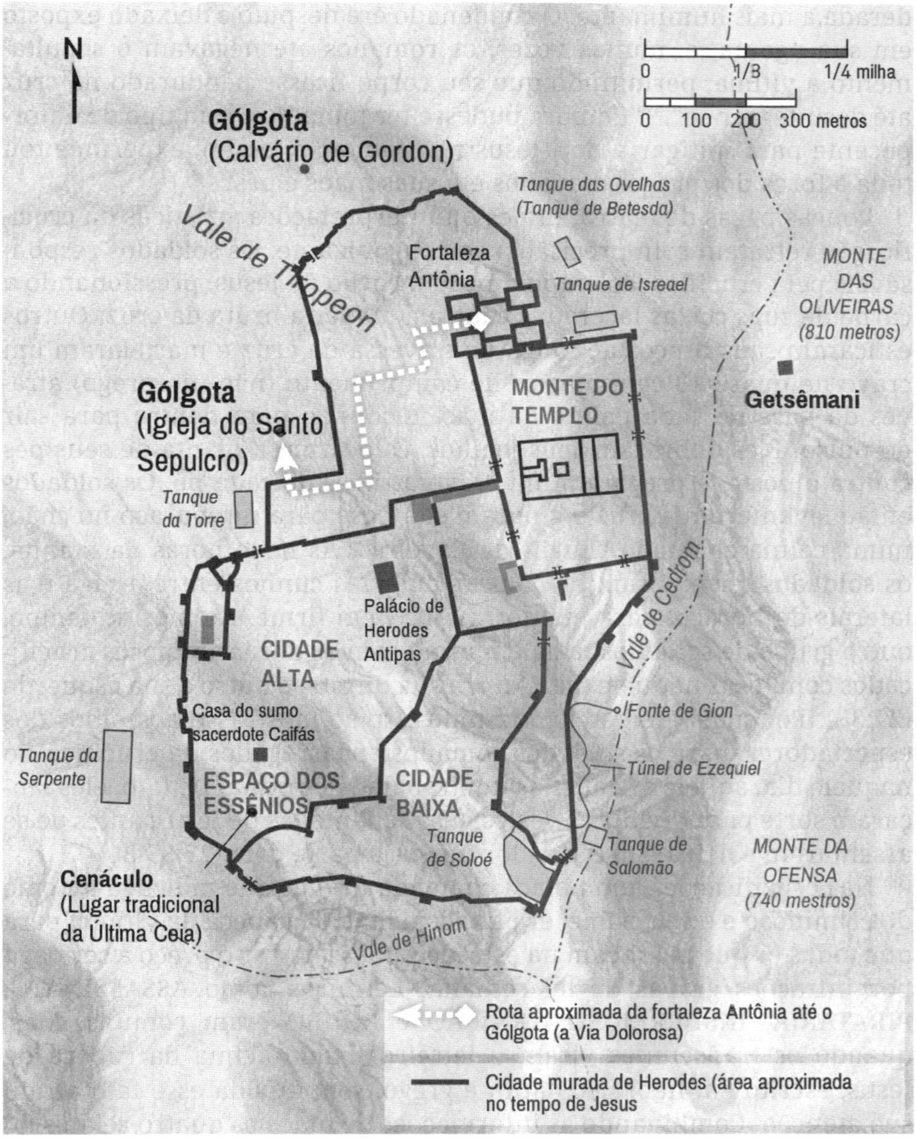

A verdadeira rota da fortaleza Antônia até o Gólgota é incerta, portanto o caminho indicado no mapa é apenas uma possibilidade. Tradicionalmente, acredita-se que a rota atravessasse uma parte movimentada da cidade, com subidas e descidas. Essa rota é atualmente lembrada como a Via Do orosa.

27:35-49

Quão simples essas palavras parecem ser em Mateus 27:35: "Em seguida os soldados o crucificaram (NTLH)". Mas como escreve William Wilson: "A cruz não só era a mais terrível das mortes, como também era considerada a mais humilhante. O condenado era despido e deixado exposto em sua agonia, e, muitas vezes, os romanos até negavam o sepultamento à vítima, permitindo que seu corpo ficasse pendurado na cruz até desintegrar-se".[339] Embora pudesse ter tomado algum tipo de entorpecente para mitigar a dor, Jesus não tomou, e, assim, experimentou toda a força dos pregos cravados em suas mãos e pés.

Poucas peças de teatro, filmes ou interpretações artísticas da crucificação retratam com precisão a cena agonizante. Os soldados responsáveis pela crucificação empurraram o corpo de Jesus, pressionando a carne de suas costas laceradas contra a madeira bruta da cruz. Outros esticaram seus braços ao longo da travessa da cruz e martelaram um cravo de quase 13 centímetros de comprimento (não um prego) através da base de cada palma da mão, inclinado para dentro para sair do pulso. Eles dobraram seus joelhos, colocaram a planta de seus pés contra o poste, e pregaram um cravo através de cada pé. Os soldados então levantaram a cruz e guiaram sua base para um buraco no chão, numa colina chamada "Lugar da Caveira". Às nove horas da manhã, os soldados terminaram de colocar diversas cunhas entre a viga e as laterais do buraco, para manter a cruz bem firme. Ao mesmo tempo, outro grupo de soldados fazia o mesmo com os dois criminosos crucificados com Jesus naquele dia — um à sua direita, o outro à sua esquerda (27:38). Por mais aterrador que tudo isso se mostrasse aos olhos dos espectadores, para os soldados romanos encarregados da crucificação naquele dia, aquele era apenas um trabalho de rotina. De fato, eles lançaram sorte para dividir as vestes ensanguentadas de Jesus, antes de se assentarem e deixarem que a dor fizesse a parte dela (27:35-36).

Nas crucificações, uma placa chamada *titulus,* que indicava o nome do criminoso e o seu crime, era fixada acima da cabeça da vítima, para que todos os que passavam na estrada pudessem ver o preço a ser pago por infrações graves da lei romana. Letreiros como ASSASSINATO, PIRATARIA, INSURREIÇÃO, TRAIÇÃO e ROUBO eram comuns. Mas, quando os transeuntes viram o letreiro fixado acima da cabeça de Jesus, escrito em hebraico, latim e grego, sem dúvida esse fato atraiu sua atenção. Combinando as informações de todos os quatro relatos do evangelho, o letreiro acima de Jesus assim estava escrito: ESTE É JESUS, O REI DOS JUDEUS (27:37; Mc 15:26; Lc 23:38; Jo 19:19). Os principais sacerdotes ficaram tão perturbados com essa declaração pública que qualificava Jesus como Rei dos Judeus, que foram pedir a Pilatos para esclarecer que Jesus *havia afirmado* ser o Rei dos Judeus. A esse pedido, Pilatos simplesmente respondeu: "O que escrevi, escrevi" (Jo 19:21-22).

EXCURSO: CRUCIFIXÃO

MATEUS 27:35

Várias formas de crucificação foram comuns no Antigo Oriente Próximo, durante muitos séculos, antes da adoção dessa prática pelos romanos, os quais aproveitavam essa forma de execução pública para dissuadir os residentes das províncias romanas de se insurgirem contra Roma. A ideia era que qualquer pessoa que olhasse para uma pessoa sendo crucificada pensaria duas vezes antes de participar de qualquer tipo de revolta contra o imperador ou seus soldados. Assim, a crucifixão foi transformada em uma espetaculosa e horrível demonstração de sofrimento, muitas vezes podendo durar vários dias.

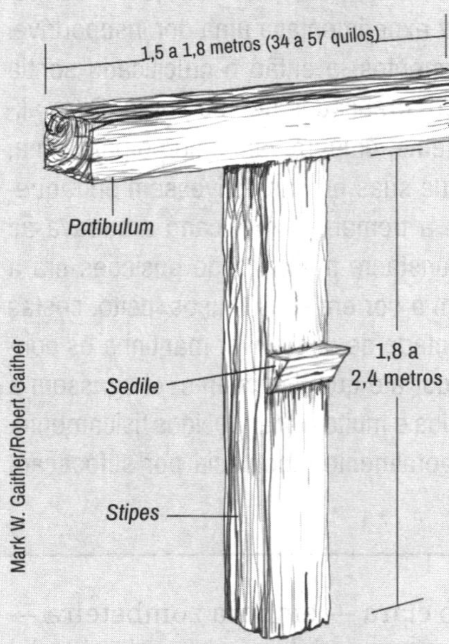

Ilustração de uma Cruz. O *patibulum* (travessa) era fixado na parte superior do *stipes* (poste) por uma junta de encaixe, o que permitia que uma cruz fosse desmontada e usada repetidamente para vítimas posteriores. Às vezes, para retardar a morte e prolongar o sofrimento, o carrasco prendia um *sedile* (assento) entre as pernas da vítima.

Após uma pessoa condenada ser entregue ao carrasco e aos outros soldados responsáveis pela execução da sentença, eles colocavam a travessa, conhecida como *patibulum*, sobre os ombros do condenado. Ao contrário de muitos retratos da marcha de Jesus para o Calvário, o condenado não carregava o o poste com a travessa. Tal peso teria sido impossível para alguém suportar. A travessa, talvez presa à vítima por meio de cordas, já seria suficientemente pesada para ser carregada até o ponto de execução.

Quando o prisioneiro chegava ao local onde ocorriam as crucificação públicas, o *patibulum* era afixado na parte superior de um poste (chamado de *stipes*), por meio de uma junta de encaixe — um orifício numa das peças, no qual se encaixava um pino. Desta forma, os elementos usados na crucifixão podiam ser utilizados novamente para as vítimas posteriores. A intersecção do poste e da travessa frequentemente resultava numa forma que parecia ser um T maiúsculo, no qual a pessoa crucificada era então amarrada ou pregada, dependendo de quanto tempo os soldados queriam que o sofrimento durasse. Na maioria dos casos, o prisioneiro era desnudado e exposto à vergonha pública. O crime específico do condenado seria inscrito sobre a cruz para que todos os que passassem soubessem quais ofensas haviam levado a pessoa até lá. Tendo prendido a vítima à cruz, os soldados a levantavam e depois a baixavam em um buraco profundo para mantê-la na posição vertical, enquanto ela sofria uma dor excruciante.

Mesmo sem a dor dos cravos que prendiam o corpo ao poste e à travessa, uma pessoa pendurada em uma cruz experimentava uma dor insuportável enquanto seus antebraços ficavam dormentes, e então o crucificado sentia seus ombros como se estivessem sendo arrancados de seu corpo. Para aliviar o sofrimento, as vítimas, instintivamente, empurravam o corpo para cima, usando suas pernas. A seguir, depois que suas pernas estivessem enfraquecidas, tivessem cãibras e começassem a tremer, o crucificado arqueava as costas para sentir algum alívio. Essa constante mudança de posições era a única maneira de lidar remotamente com a dor em seus braços, peito, costas e pernas.[340] Durante todo o tempo, a vontade de sobreviver mantinha os condenados contorcendo-se e gritando de dor até que, finalmente, chegassem à extrema exaustão, totalmente desidratados e muito enfraquecidos fisicamente, para respirar uma vez mais. A morte, geralmente, acontecia por sufocação, não por perda de sangue.

Talvez para contrariar a confissão clara — embora zombeteira — da inscrição que estava acima da cruz expressando sua messianidade, os principais sacerdotes, escribas, anciãos e outros adversários e críticos de Jesus fizeram questão de gritar, da estrada, zombarias e escárnios (Mt 27:39-43). Mateus indica que uma zombaria envolveu a meia verdade usada contra Jesus em seu julgamento — quando Jesus alegou que derrubaria o templo e o reconstruiria em três dias (27:40; cf. 26:61; Jo 2:18-19). Isso demonstra que aqueles que blasfemavam e atiravam insultos não eram as pessoas comuns que passavam por ali. As afrontas e as provocações vieram das elites religiosas, que haviam conspirado contra Jesus e mandaram crucificá-lo. Eles estiveram ao pé da cruz até o fim, numa tentativa de dar à crucificação uma conotação que os fizesse parecer justos e Jesus, o criminoso.

Esses zombadores também desafiaram Jesus a se salvar, a descer da cruz e, assim, convencer todos a crerem nele (Mt 27:41-42). Aqueles hipócritas cheios de justiça própria até chegaram a citar uma passagem das Escrituras que diz que o Senhor livra aqueles a quem Ele quer bem (Sl 22:8), insinuando que os que não são livrados estão claramente sendo rejeitados por Deus (Mt 27:43). Mesmo os dois ladrões, sofrendo de forma justa por seus crimes, se uniram à zombaria, até que um deles teve uma milagrosa mudança de coração e percebeu que Jesus era inocente e não merecia o castigo que estava sofrendo (27:44; Lc 23:39-43).

Muito além do torturante sofrimento físico e do abuso verbal que Jesus experimentou na cruz, Ele, também, enfrentou um sofrimento mais profundo, pois carregava o peso dos pecados do mundo. Esse foi o momento mais sombrio de sua vida, quando Deus, o Pai, virou suas costas, por assim dizer, para seu Filho, abandonando-o ao desespero total, ao tormento físico, à angústia emocional e ao abismo da morte. Pense sobre esse momento. O único ser, na história do mundo que, por sua própria natureza e obra, merecia libertação, companheirismo e infinito favor de Deus, trocou tudo isso pelo fardo de nosso pecado, culpa e castigo. Em vez de ter comunhão com Deus, Ele viveu a experiência do isolamento; em vez de apoio, Ele experimentou o sofrimento; em vez de livramento, Ele sofreu a morte. No meio daquela profunda e escura aflição, Jesus gritou em sua língua nativa: "Eloí, Eloí, lamá sabactâni?", ou seja, "Meu Deus! Meu Deus! Por que me abandonaste?" (Mt 27:46).

Se aqueles que estavam ao pé da cruz tivessem prestado atenção, em vez de considerar tudo apressadamente, não teriam confundido suas palavras com um grito delirante pedindo socorro a Elias (27:47). Ao contrário, eles teriam reconhecido as palavras como o verso de abertura do salmo 22. E, se eles tivessem lembrado o contexto mais amplo desse salmo, teriam percebido que tudo o que aconteceu com Jesus — da zombaria à crucificação — havia sido profetizado sobre o Messias. O salmo 22 diz:

> Meu Deus! Meu Deus!
> Por que me abandonaste?
> Por que estás tão longe de salvar-me,
> tão longe dos meus gritos de angústia?
> Meu Deus! Eu clamo de dia, mas não respondes;
> de noite, e não recebo alívio!...

> Caçoam de mim todos os que me veem;
> balançando a cabeça, lançam insultos contra mim, dizendo:
> "Recorra ao Senhor!
> Que o Senhor o liberte!
> Que ele o livre, já que lhe quer bem!"...
> Como água me derramei,
> e todos os meus ossos estão desconjuntados.
> Meu coração se tornou como cera;
> derreteu-se no meu íntimo.
> Meu vigor secou-se como um caco de barro,
> e a minha língua gruda no céu da boca;
> deixaste-me no pó, à beira da morte.
> Cães me rodearam!
> Um bando de homens maus me cercou!
> Perfuraram minhas mãos e meus pés.
> Posso contar todos os meus ossos,
> mas eles me encaram com desprezo.
> Dividiram as minhas roupas entre si,
> e lançaram sortes pelas minhas vestes (Sl 22:1-2, 7-8, 14-18).

Nesse momento crucial de toda a história, os intérpretes mais habilidosos das Escrituras, os estudiosos mais bem treinados da teologia, os líderes religiosos mais respeitados em Israel, eram cegos. Em vez de reconhecer o Servo sofredor de Isaías 53, e o Messias traspassado do salmo 22, eles tentaram dar a Jesus outro gole de vinagre, numa esponja presa na ponta de uma vara — uma forma de proporcionar alívio a um homem que estava, na mente deles, sofrendo delírios (Mt 27:48). Alguns cruzaram os braços e continuaram zombando: "Vamos ver se Elias virá para salvá-lo" (27:49). Outros, no meio da multidão acreditavam que Jesus era um charlatão malicioso, recebendo exatamente o que Ele merecia. Ainda havia aqueles que achavam ser Ele um lunático iludido, merecedor de piedade. Ninguém o reconheceu por quem Ele realmente era e é: Senhor e Rei, o tão esperado Messias de Israel.

27:50

Por volta das três horas da tarde, após três horas de escuridão (veja 27:45), Jesus clamou em alta voz e morreu (27:50). Mateus e Marcos não relatam o que Jesus disse em seu último suspiro. No entanto, Lucas e João preenchem aqui um pequeno detalhe. Depois de citar Salmos 31:5: "Pai, em tuas mãos entrego meu Espírito" (Lc 23:46), Ele suspirou fundo e clamou: "Está consumado!" (Jo 19:30). Com isso, Jesus deu seu último suspiro. Naquele momento, a expiação pela humanidade caída, pecaminosa e depravada estava realizada.

Jesus não morreu em consequência de seus próprios pecados. Embora Ele tenha nascido em um mundo caído, com um corpo mortal capaz de sofrer, Ele não carregava nenhuma das manchas do pecado e da culpa originais de Adão. E, mesmo com as tentações de Satanás e o bombardeio de ataques demoníacos durante todo o seu ministério, Ele jamais pecou em pensamento ou em ação. Ele foi o Cordeiro perfeito e imaculado que morreu, não por seus próprios pecados, mas pelos pecados da humanidade (Jo 1:29; 1Co 15:3).

Sem negar ou diminuir a brutalidade do sofrimento, crucificação e morte de Cristo, a Igreja comemora há séculos esse dia como "Sexta-feira Santa". O que parecia ser uma derrota foi, na verdade, uma vitória ilimitada sobre o pecado, a morte e o próprio Diabo. Aquela cruz horrível e rude teve seu impacto sobre o próprio Deus-homem, mas não conseguiu dar a palavra final. Na mais profunda escuridão que as forças visíveis e invisíveis deste mundo tinham para oferecer, a vítima se tornou o Vitorioso. E o instrumento de punição se tornou o símbolo de salvação para inúmeros crentes, desde então.

APLICAÇÃO

Mateus 27:27-50

JESUS PAGOU TUDO

O sofrimento, a crucificação e a morte de Jesus de Nazaré são fatos históricos. No meio da tarde daquele dia, Jesus morreu. Esse acontecimento é amplamente reconhecido. Mas reconhecer por detrás dessa morte a profunda verdade teológica que ela consumou requer os olhos da fé. A morte de Jesus na cruz satisfez as justas exigências do Pai: "Pois também Cristo sofreu pelos pecados uma vez por todas, o justo pelos injustos, para conduzir-nos a Deus" (1Pe 3:18). Este é o evangelho (a boa-nova). Se não fosse pelo que Ele fez por nós, naquela cruz, todos nós pereceríamos em nossos inúmeros pecados. Nosso futuro seria em absoluta e completa desesperança. Morreríamos em nossos pecados, e nunca conheceríamos a alegria do perdão ou da vida eterna.

Ao considerarmos a morte de Cristo, que Ele sofreu não por seus próprios pecados, mas pelos pecados do mundo, pensemos sobre a parte que desempenhamos ao enviá-lo para a cruz. Nem um de nós é inocente. Não conseguimos ir muito longe sem cometer algum pecado na mente, no coração, ou na vontade. Como disse Isaías: "Todos nós, como ovelhas, nos desviamos, cada um de nós se voltou para o seu próprio caminho; e o Senhor fez cair sobre ele a iniquidade de todos nós" (Is 53:6). Reflita por um momento sobre seus próprios pecados — as atitudes e ações que compeliram Deus, o Filho, a vir do céu para a terra, na Encarnação, e, depois, levaram o Deus-homem encarnado da terra à cruz, na crucificação: abuso, adultério, espírito argumentativo, arrogância, agressão, retaliação, amargura, blasfêmia, ostentação, suborno, gracejos grosseiros, reclamação, contenda, cobiça, engano, fraude, negação e desprezo pelos pobres, desonra aos idosos, desrespeito para com os pais, inveja, motivações maldosas, falsificação de documentos fiscais, fornicação, fraude, dar dinheiro de má vontade, avareza, gula, fofoca, ganância, palavras duras, ódio, rancor, hipocrisia, idolatria, falta de modéstia, indiferença espiritual, ingratidão, ciúme, intriga, falta de paciência, luxúria, mentira, malícia, manipulação, maus-tratos para com crianças e indefesos, pensamentos assassinos, parcialidade, falta de oração, preconceito, orgulho, racismo, raiva, estupro, rebelião contra a autoridade, recusar-se a perdoar, resistir ao Espírito Santo, retribuir insulto com insulto, egoísmo, imoralidade sexual, calúnia, preguiça, roubo, pornografia, violência, agir em conformidade com o mundo, falta de amor ao próximo, falta de amor ao cônjuge, estar em jugo desigual com os descrentes, e assim por diante.

Sobre essa lista, que a maioria de nós considera muito familiar, podemos escrever em letras maiúsculas e em negrito: JESUS PAGOU TUDO. Há apenas uma resposta apropriada para essa verdade: gratidão. Agradeça-lhe por suportar os açoites. Agradeça-lhe por ter tomado seu lugar na cruz. Agradeça-lhe por pagar o preço completo por seus pecados — passados, presentes e futuros. Agradeça-lhe por ter morrido naquele dia, para que você possa viver para sempre. Jesus pagou tudo.

O que aconteceu depois?

MATEUS 27:51-66

Um casal pode se lembrar dos detalhes sofisticados do dia de seu casamento e das recordações carinhosas de sua lua de mel. Mas não é provável que eles se lembrem de muitos detalhes que aconteceram nos dias que vieram a seguir. Aniversários marcantes como a chegada aos 40, bem como comemorações de bodas de prata e de ouro ficam muitas vezes gravadas na mente das pessoas. Fotos e vídeos comemoram os eventos inesquecíveis. Porém, e os dias que se seguem a essas comemorações? Provavelmente não há nenhuma foto e nenhuma lembrança do que aconteceu. Ninguém esquece sua formatura do ensino médio, da faculdade ou da pós-graduação — essas recordações são preciosas, nunca devem ser esquecidas. Entretanto, será que alguém se lembra do dia seguinte? Provavelmente, não.

Nossa caminhada através do Evangelho de Mateus nos conduziu ao momento fundamental da Cruz — a paixão de Jesus Cristo. Desde sua inesquecível prisão no jardim do Getsêmani, passando pelos seis julgamentos ilegais que levaram à declaração de sua culpa, até o brutal açoitamento, a crucificação e morte — essas cenas que inspiram a fé e redimem a alma são impossíveis de se esquecer. Por volta das 15 horas daquela sexta-feira, Jesus gritou: “Está consumado!” Ele curvou a cabeça e rendeu o espírito. Ele se rendeu à morte. Todos os cristãos — e talvez muitos não cristãos — seriam capazes de narrar esses eventos. Mas o que aconteceu às 15h30? Ou às 16h? A maioria das pessoas, incluindo boa parte dos cristãos, teria dificuldade em recordar os detalhes sobre o que ocorreu entre a morte e a ressurreição de Cristo. Alguns podem se perguntar: *será mesmo que isso tem importância?*

Mateus registra um punhado de cenas importantes — e até mesmo peculiares — entre a morte de Cristo e sua ressurreição. Ao compararmos os relatos de Mateus, Marcos, Lucas e João, relacionados com o sepultamento de Jesus, o cenário está pronto para que possamos vislumbrar um quadro completo da dramática e milagrosa ressurreição que ocorreu na manhã de domingo. Portanto, em vez de pularmos da cruz para o túmulo vazio, vamos fazer uma pausa para ver mais de perto o que aconteceu a seguir.

27:51-53

Após registrar o último suspiro de Jesus, todos os quatro escritores evangélicos imediatamente dirigiram sua atenção para os eventos sobrenaturais que marcaram a morte do Messias. Quando um terremoto atingiu Jerusalém com poder suficiente para fender as rochas, o véu no santuário interior do templo rasgou-se de alto a baixo. A. T. Robertson descreve a composição dessa cortina sagrada: “Esse véu era um tecido muito elaborado, feito com setenta e duas tranças de vinte e quatro fios cada uma, e o véu tinha dezoito metros de comprimento e nove de largura”.[341] Como uma enorme cortina de teatro que separa o público do palco, esse véu azul, roxo e vermelho separava os adoradores do lugar santíssimo, o espaço sagrado designado como o local da presença de Deus entre o seu povo. No tabernáculo e no primeiro templo, o santíssimo, também separado por uma cortina (ou véu) azul, roxa e vermelha, era o lugar onde ficava a arca da Aliança (Êx 26:31-33). Apenas o sumo sacerdote podia entrar além do véu — e somente uma vez por ano, no Dia da Expiação (Lv 16; Hb 9:6-7).

Com a morte de Cristo, aquele véu de separação foi rasgado. Como se fosse cortada por uma enorme espada invisível, a cortina se dividiu em duas partes (Mt 27:51). Era como se Deus estivesse anunciando, através de uma poderosa lição objetiva: "Agora há acesso imediato e total à minha santa presença *para todos*. Venham!" Como diz Hebreus 4:16: "Assim, aproximemo-nos do trono da graça com toda a confiança, a fim de recebermos misericórdia e encontrarmos graça que nos ajude no momento da necessidade". Ao mesmo tempo, o rompimento do véu foi um sinal marcante para os sumos sacerdotes e a elite religiosa que haviam conspirado para crucificar seu Messias. O tempo deles havia acabado. Os rituais e cerimônias da antiga aliança, que eram meramente "uma sombra dos benefícios que hão de vir", nunca poderiam "aperfeiçoar os que se aproximam para adorar" (Hb 10:1).

O grupo de homens e mulheres que permaneceu ao redor do Gólgota não saberia que o véu do templo havia se rasgado. Mas experimentaram a escuridão espessa e arrepiante que cobriu o céu por várias horas e o súbito terremoto que abalou a terra como se marcasse o momento exato em que Jesus morreu. Todos esses eventos anunciaram, como uma espécie de sermão sem palavras, que aquele que foi crucificado como Rei dos Judeus não era nenhum charlatão, muito menos um louco. Qualquer pessoa que tivesse olhos para ver e ouvidos para ouvir teria reconhecido que algo extremamente significativo havia acabado de acontecer.

Outro grande sinal — ao mesmo tempo peculiar e enigmático — acompanhou a morte de Cristo. Com o terremoto e a ruptura das rochas, foram abertos diversos túmulos ao redor de Jerusalém (Mt 27:51-52). É preciso lembrar que, no primeiro século, os túmulos eram, muitas vezes, cavados em forma de cavernas em encostas, nas quais os corpos de pessoas falecidas eram colocados em pranchas de pedra até que se decompusessem o suficiente para serem transferidos para um ossuário (caixa de ossos) ou colocados em um poço de ossos com os restos mortais de seus familiares e ancestrais. Somente Mateus relata que, quando o terremoto atingiu Jerusalém, as grandes pedras que fechavam muitas das tumbas na área foram abertas à luz do dia, expondo os corpos que haviam sido colocados naqueles sepulcros.

Até esse momento, não havia nada de particularmente estranho nisto. Os terremotos provocam o rompimento das rochas. Mas, além de os túmulos terem se aberto de repente, algo milagroso ocorreu. Os corpos de muitos "santos", que haviam morrido, foram ressuscitados daqueles mesmos sepulcros que haviam sido abertos! Após a ressurreição de Jesus, eles saíram dos túmulos e apareceram para muitos em Jerusalém (27:53). Quem eram essas pessoas? Por que elas foram ressuscitadas? O que fizeram depois?

Minha resposta simples a essas perguntas é: *eu não sei*. Caso você tenha chegado a esta página deste comentário procurando uma resposta definitiva para esse mistério bíblico, vai ficar desapontado. E eu o advertiria a não acreditar em qualquer erudito bíblico que pense ter, finalmente, conseguido resolver esse mistério. Mateus nos oferece apenas uma frase sobre este assunto. Marcos, Lucas e João sequer mencionam o terremoto, muito menos as ressurreições. Portanto, não temos muito que esperar para nos ajudar a encontrar uma solução para essa passagem enigmática.

Gostaria de apresentar-lhes algumas das respostas típicas e uma conclusão cautelosa e provisória. Descarto completamente aqueles que dizem que se trata apenas de um mito, algum tipo de fábula metafórica destinada a apresentar uma verdade teológica, e não deve ser tomada como um fato histórico. Não se trata de uma mera ilustração ou de uma parábola. Mateus pretende relatar eventos reais, não alegorias imaginárias. Como é tentador, para algumas pessoas, ignorar o mistério desses santos sendo ressuscitados, descrevendo o fato como algo totalmente fictício. O maior problema que tenho com essa abordagem desdenhosa é que a ressurreição *deles* é mencionada na mesma frase da ressurreição *de Cristo*. Se a ressurreição deles for um mito, por que insistiríamos que a ressurreição de Jesus é um fato? E se a dele é um fato, por que a dos santos seria um mito? Eu não caminho por aí.

Uma interpretação plausível referente a quem ressuscitou sugere que não foram *todos* os santos mortos ressuscitados, mas apenas alguns que haviam morrido recentemente. O texto implica que esses "santos" foram reconhecidos por muitos em Jerusalém, o que sugere que não eram ancestrais antigos cuja identidade já havia sido esquecida há muito tempo. De acordo com esse entendimento, eles podem ter sido seguidores de Jesus que haviam morrido durante seu ministério terrestre. Presumivelmente, eles teriam sido ressuscitados em corpos mortais restaurados, como Lázaro (Jo 11:43-44). E, como tal, eles teriam, eventualmente, morrido outra vez, com a esperança de uma futura e gloriosa ressurreição.[342]

Outro conceito possível é o de que, com a ressurreição de Jesus, alguns (ou todos) dentre os santos do Antigo Testamento (talvez junto com aquelas pessoas que morreram recentemente durante o ministério de Jesus) foram ressuscitados em corpos ressurretos gloriosos, assim como Jesus o foi. De fato, Cristo foi as "primícias" (1Co 15:23), o que significa ter sido Ele o primeiro a ser ressuscitado nesse corpo inteiramente glorificado — imortal, incorruptível e preparado para a existência eterna e celestial. Se esse for ocaso, então Cristo levou consigo para o céu um seleto grupo de santos, em seus corpos gloriosos, para serem os primeiros a participar da colheita da ressurreição que ocorrerá, para outros, na Segunda Vinda.[343] A alguns deles foi permitido aparecer a algumas pessoas, em Jerusalém, como um sinal do poder de ressurreição de Jesus.

Esses são dois conceitos comuns sobre quem foi ressuscitado e o que aconteceu com eles. Tenho a tendência de achar o primeiro conceito um pouco mais plausível, mas ainda não aterrissei. Talvez, eu continue simplesmente voando em círculos com o avião, em padrão de espera, até o retorno do Senhor. Eu estaria em boa companhia. Meu respeitado professor de Bíblia, Dwight Pentecost, uma vez admitiu em nossa classe sobre a Vida de Cristo: "Estou perplexo com tudo isso". Se fosse crucial ter uma visão dogmática sobre esse assunto, Mateus o teria deixado mais claro, e Marcos, Lucas e João nos teriam fornecido mais detalhes.

27:54-56

Mateus se une a Marcos e Lucas para fornecer informações complementares sobre as reações das pessoas que estavam junto à cruz, a respeito dos fenômenos observáveis associados à morte de Cristo: as trevas, no céu, e o tremor, na terra. Primeiro, o centurião que estava no comando dos soldados responsáveis pela execução de Jesus ficou "muito assustado" com os acontecimentos. Ele disse: "Verdadeiramente este era o Filho de Deus" (27:54). Aquele homem tinha supervisionado atentamente os açoites, as zombarias, as surras, a colocação dos pregos, o sofrimento e a morte de Jesus. Ele havia observado de perto as palavras de Jesus, suas ações justas e sua santa atitude durante todo o tratamento injusto. E, em contraste com a elite religiosa de Israel, o centurião concluiu que havia acabado de crucificar um homem justo (Lc 23:47).

Enquanto isso, várias mulheres da Galileia que tinham sido seguidoras de Jesus também estavam presentes no meio da multidão de espectadores (Mt 27:55-56). Mateus menciona, especificamente, Maria Madalena, Maria, a mãe de Tiago e José, e a mãe dos filhos de Zebedeu (Salomé; cf. Mc 15:40). João indica que Maria, a mãe de Jesus, também estava presente, junto com Maria, a esposa de Clopas (que pode ser a mesma Maria identificada como a "mãe de Tiago e José" [ou Joses]; veja João 19:25; cf. Mateus 27:56; Marcos 15:40).[344] Além destas, Marcos menciona "muitas outras mulheres" que haviam seguido Jesus a Jerusalém (Mc 15:41).

Em resposta ao sofrimento e à morte de Jesus, bem como aos sinais surpreendentes no céu e na terra, a multidão de seguidores estava batendo no peito e lamentando muito a perda de seu Guia e Mestre (veja Lc 23:48).

27:57-61

Neste ponto da sequência de eventos, o Evangelho de João acrescenta um detalhe não mencionado em Mateus, Marcos e Lucas. Como era véspera do sábado, que se aproximava (ao entardecer), alguns judeus praticantes pediram que os três homens crucificados no Gólgota tivessem as pernas quebradas para apressar sua morte, a fim de que o corpo deles pudesse ser enterrado antes de o sábado começar. Pilatos consentiu, mas, quando os soldados viram que Jesus já estava morto, deixaram suas pernas intactas e, em vez disso, perfuraram seu lado com a ponta de uma lança, liberando sangue e fluidos corporais. Se houvesse alguma dúvida sobre se Jesus tinha realmente morrido na cruz, essas suspeitas, agora, haviam sido removidas (Jo 19:31-37).

Com a morte certa de Jesus, e com o início do sábado chegando rapidamente, a questão de o que fazer com seu corpo certamente teria surgido entre o grupo de mulheres ao redor da cruz. Jesus estava longe de sua cidade natal, Nazaré, o local natural para o túmulo da família e o lugar onde José, provavelmente, foi enterrado. Eles, definitivamente, não teriam sido capazes de fazer a longa viagem, com duração de vários dias, até a Galileia antes do pôr do sol. E deixar um corpo, tão mutilado e brutalizado como o de Jesus, permanecer na residência de algum dos discípulos em Jerusalém era impensável. Mas se o corpo não fosse reivindicado por alguém, teria sido jogado em uma vala comum com outros criminosos renegados — uma disposição indigna para qualquer um, mas, especialmente, para o reverenciado Jesus de Nazaré.

Enquanto as mulheres ponderavam sobre o que fazer, dois homens se apartaram de sua antiga posição de anonimato e assumiram o comando. Mateus menciona apenas José de Arimateia, um membro rico do Sinédrio e discípulo secreto de Jesus. Ele pediu permissão a Pôncio Pilatos para assumir a custódia do corpo de Jesus (Mt 27:57-58; Jo 19:38). Talvez animado pela vontade de José em revelar sua devoção a Jesus perante as outras pessoas de prestígio de Jerusalém, Nicodemos — um fariseu e, também, membro do Sinédrio — que já havia se encontrado com Jesus anteriormente, durante seu ministério (Jo 3:1-21), também saiu das sombras e ajudou no que tinha que ser um sepultamento muito apressado e incompleto, antes do pôr do sol (Jo 19:39-40).

Um processo de sepultamento normal teria envolvido uma longa preparação, que consistia em embeber tiras de linho em uma mistura de resina aromatizada e, depois, envolvê-las cuidadosamente ao redor do corpo para neutralizar o mau cheiro da decomposição.[345] O processo completo, que geralmente exigia o trabalho de muitos membros da família por várias horas, teria, no caso de Jesus, de ser feito por um punhado de servos trabalhando contra o relógio. Depois do pôr do sol, quando o sábado começava, nenhum trabalho desse tipo seria permitido.

Assim, o sepultamento de Jesus naquela sexta-feira à tarde foi, certamente, provisório. Foi feito apenas o suficiente para passar o sábado. Muito provavelmente, os homens e mulheres que estavam reunidos junto à cruz fizeram planos para retornar à atividade no domingo de manhã cedo, a fim de completar o trabalho de envolver e aromatizar o corpo a fim de prepará-lo com o objetivo de transportá-lo para o norte, até Nazaré. Na verdade, ninguém parecia recordar (ou levar a sério) as repetidas predições de Jesus sobre sua própria ressurreição.

Devido ao adiantado da hora, depois de aromatizar apressadamente o corpo com uma mistura de mirra e aloés generosamente fornecida por Nicodemos (Jo 19:39-40), José de Arimateia permitiu que o corpo de Jesus fosse temporariamente colocado em "seu próprio túmulo novo", que havia sido escavado na lateral de um rochedo (Mt 27:60). João nos diz que esse túmulo novo, no qual ainda ninguém tinha sido colocado, estava em um jardim (Jo 19:41). A palavra grega traduzida por "jardim" é *kēpos* [2779], que também pode se referir a um pomar ou plantação.[346] É o mesmo termo usado para se referir ao "jardim" do Getsêmani (Jo 18:1). No mundo antigo, tal jardim — especialmente aquele onde houvesse um túmulo — teria, sem dúvida, sido cercado por um muro perimetral para marcá-lo não somente como propriedade privada, mas, também, como um local sagrado para sepultamento:

> A ideia do jardim-pomar estava tão intimamente ligada, na antiguidade, com seu perímetro fechado que não se podia falar do primeiro sem pensar no segundo. As associações linguísticas comuns entre o latim, o grego e o antigo iraniano, nesse caso, refletem um modelo conceitual comum: no antigo mundo mediterrâneo, um jardim ou pomar cultivado era inimaginável sem o muro de proteção que o cercava.[347]

O jardim de José de Arimateia, embora novo, era totalmente funcional; mais tarde, João comenta que Maria Madalena confundiu Jesus com "o jardineiro" (Jo 20:15), ou seja, um serviçal contratado que trabalhava no jardim murado de José. Esse jardim ficava logo fora das muralhas da cidade, que sabemos terem sido construídas na década de 30 d.C. A área ao norte da cidade murada de Jerusalém, na qual o jardim e a tumba haviam sido construídos, estava sendo ocupada por novos jardins e casas. Nos quarenta anos seguintes, um muro adicional seria construído para circundar essa "Nova Cidade" (veja o mapa a seguir).

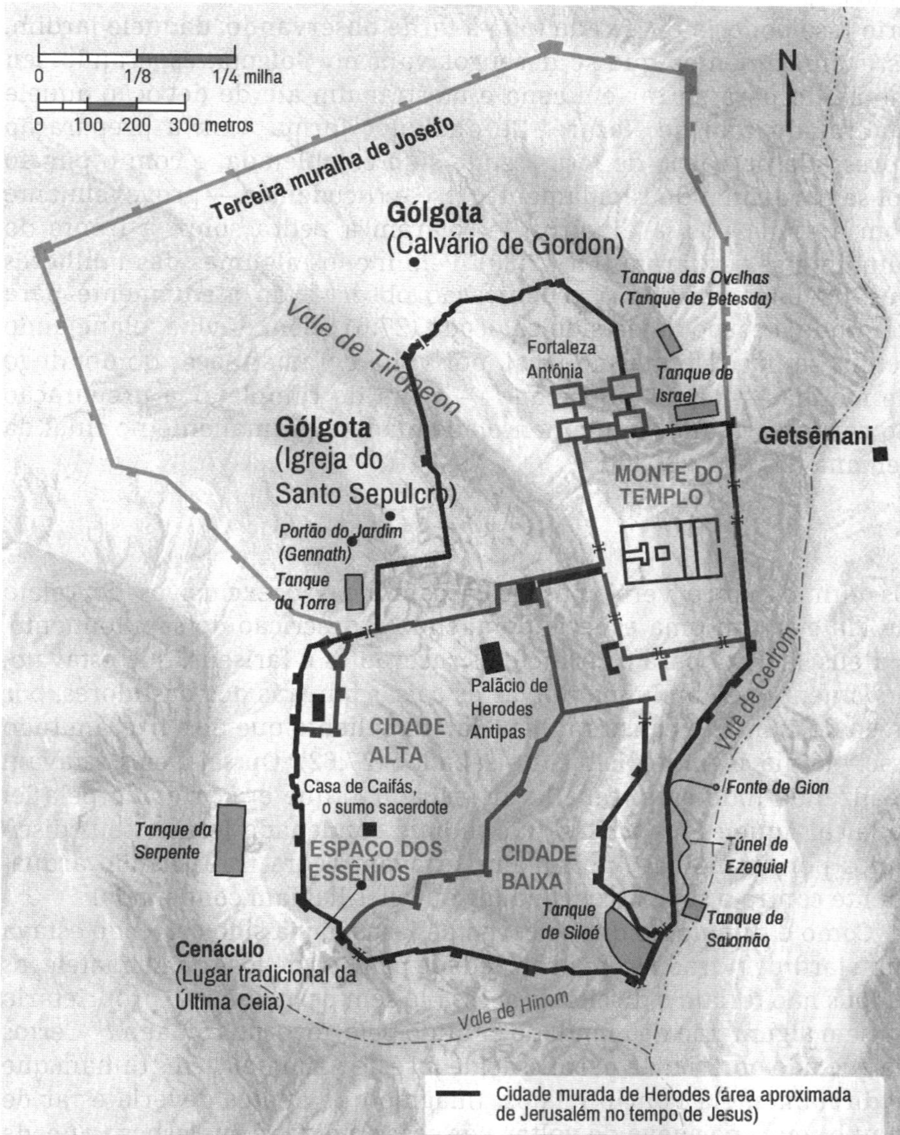

Embora o Gólgota e o túmulo do jardim de José estivessem localizados fora da cidade murada, na época de Jesus, um terceiro muro, o "muro norte", mencionado por Josefo, foi posteriormente construído em torno da "cidade nova", para proteger os desenvolvimentos expansivos do primeiro século.

Muitas vezes, imaginamos o túmulo de Jesus no meio do nada, cercado por uma área arborizada, longe de um caminho trilhado. Em vez disso, deveríamos imaginar um jardim murado que podia ser avistado do Gólgota, talvez do outro lado da estrada, com uma porta ou portão e uma equipe de jardineiros trabalhando no seu interior. De fato, o próprio José poderia ter estado toda a tarde observando, daquele jardim, os acontecimentos que se desenrolavam no Gólgota, esperando seu momento para entrar em cena e mostrar um ato de devoção àquele maltratado rabi de Nazaré. De qualquer forma, com a preparação apressada do corpo de Jesus tendo sido completada, e com o pôr do sol se aproximando rapidamente, José e Nicodemos — provavelmente com a ajuda dos jardineiros — rolaram a pedra sobre a frente do túmulo e se retiraram (Mt 27:60). Pelo menos algumas das mulheres que haviam assistido à crucificação observaram atentamente para ver onde o corpo havia sido colocado (27:61), sem dúvida, planejando reunir-se naquele mesmo local, por volta do amanhecer do domingo de manhã — depois do sábado — a fim de completar a preparação do corpo para um sepultamento adequado e permanente no final da semana (cf. Lc 23:55-56).

27:62-66

Os últimos cinco versículos deste capítulo são exclusivos do relato de Mateus. Em uma espécie de adendo à descrição do sepultamento, Mateus se volta para os principais sacerdotes e fariseus, que estavam, novamente, tentando manipular as coisas por trás dos bastidores, por meio de tramas e conspirações. Mateus salienta que eles fizeram tudo isso “no dia seguinte, isto é, no sábado” (27:62). Ou seja, eles estavam realizando todo esse trabalho no sábado, o que era proibido pela lei judaica. Aqueles hipócritas, que tinham condenado Jesus e seus discípulos por “trabalhar” no sábado, estavam agora trabalhando arduamente contra o suposto enganador que eles haviam condenado!

Como o túmulo no qual o corpo de Jesus havia sido colocado estava num jardim murado e era propriedade privada de José de Arimateia, os judeus não teriam o direito de acessá-lo sem permissão do proprietário ou sem algum tipo de mandado emitido pelo governo romano.[348] Certos de que não obteriam a permissão de José de Arimateia, eles tinham que ir diretamente a Pôncio Pilatos. Imagino que Pilatos deveria estar de mau humor, pois teve de voltar para casa e dizer à sua esposa que, de fato, ele havia mandado crucificar o homem com o qual ela tivera um pesadelo. Agora, os mesmos líderes judeus que haviam trazido Jesus até ele, estavam exigindo que fossem enviados soldados para guardar a propriedade privada de outro judeu que, apenas no dia anterior, havia pedido a Pilatos permissão para ter o corpo. A essa altura, Pilatos deve ter se sentido como uma corda num cabo de guerra frenético entre facções de judeus com os quais ele realmente não se importava.

EXCURSO: HARMONIZAÇÃO DOS RELATOS DA RESSURREIÇÃO, PARTE 1 — DE QUINTA ATÉ SÁBADO

Através desta digressão em três partes, vamos fazer um rastreamento dos passos de Jesus e de seus seguidores, desde a prisão no jardim do Getsêmani até o dia da Ressurreição... e além. Desta forma, poderemos ver uma harmonização plausível dos vários relatos dos quatro evangelhos, bem como de algumas outras passagens do Novo Testamento que mencionam os eventos da morte, sepultamento e ressurreição de Cristo. Na tentativa de conciliar os fatos bíblicos, torna-se importante manter um registro do provável paradeiro dos vários grupos e indivíduos envolvidos, porque cada autor do Novo Testamento dá seu relato de um ponto de vista específico. Às vezes isso exigirá que façamos algumas especulações com base nos fatos e que nos sirvamos do que sabemos sobre a geografia de Jerusalém e de seu ambiente, bem como das primitivas fontes e tradições históricas. Com os fatos bíblicos, um mapa, um pouco de arqueologia e história, e algum senso comum, podemos procurar mostrar como as várias vertentes da narrativa podem ser tecidas em um relato coerente e convincente. (Consultar o mapa de Jerusalém na parte 2 desta digressão para ver os locais tradicionais mencionados nesta reconstrução dos eventos).

MATEUS 26—27

Antes de pularmos para os vários relatos da miraculosa ressurreição corporal de Jesus (o que faremos na próxima seção de comentários), é importante darmos um passo atrás e examinarmos a cena. A noite da prisão de Cristo, a manhã de seus julgamentos e o dia de sua crucificação dispersaram muitas pessoas, que foram em várias direções. Se quisermos dar sentido ao relato de Mateus sobre a ressurreição, em comparação com os dos outros escritores do Novo Testamento, precisamos ter certeza de que estamos começando na mesma página. Para fazer isso, precisamos lembrar quem estava onde... e quando.[349]

FINAL DE QUINTA-FEIRA/PRINCÍPIO DE SEXTA-FEIRA — GETSÊMANI

Durante a prisão de Jesus no jardim do Getsêmani, os onze discípulos e vários outros que estavam ali presentes conseguiram sair do jardim enquanto Ele estava sendo levado sob custódia (26:56; Mc 14:50-52). Para onde foram? A Escritura não nos revela, mas podemos fazer algumas suposições com base em um bom raciocínio. Inicialmente, no momento de sua fuga do Getsêmani, teria sido "cada um por si". O reagrupamento deles poderia ter atraído demasiada atenção. E podemos estar razoavelmente certos de que a maioria deles teria evitado voltar para Jerusalém pelo vale de Cedrom. Devemos lembrar que de lá tinha vindo a turba carregando tochas, paus e espadas, e era também por lá que eles voltariam. Em vez de seguir nessa direção, os discípulos provavelmente teriam tomado o caminho mais lógico para passar longe de Jerusalém e voltar para Betânia, onde tinham ficado durante toda a semana (veja Mt 21:17; 26:6).[350] Provavelmente, vários deles tiveram essa mesma ideia e acabaram indo para lá, talvez para a casa de Lázaro, Maria e Marta.

Sabemos que dois dos discípulos, Pedro e João, voltaram atrás depois de, inicialmente, fugirem da cena. Ambos começaram a seguir Jesus a distância, tentando se misturar discretamente na multidão de soldados, servos e transeuntes (Jo 18:15-16). Não temos certeza — ou mesmo se — se João se retirou daquela série de julgamentos quando já estava perto do amanhecer, mas ele pode ter eventualmente voltado para sua casa, que ficava em Jerusalém ou nas proximidades, ou pode ter ido de madrugada em busca da mãe de Jesus, Maria.[351] Pedro, por outro lado, negou Jesus no pátio de Caifás e saiu correndo em meio às trevas da noite (Mt 26:74-75). Podemos supor que ele saiu furtivamente para o lugar onde havia estado hospedado em Jerusalém (cf. Lc 24:12; Jo 20:10) — talvez a casa dos pais de João Marcos, onde a Última Ceia tinha sido realizada.

Assim, enquanto Ele suportava as provações sozinho, nove dos discípulos estavam provavelmente escondidos em Betânia ou perto dali, sem ter conhecimento do que estava acontecendo depois da prisão de Jesus. Pedro fugiu durante o julgamento do Mestre por Caifás, presumivelmente para algum lugar em Jerusalém, também sem saber quase nada acerca do destino final de Jesus. João foi, provavelmente, o mais bem informado, por ter acesso ao tribunal em razão de ser conhecido pela família do sumo sacerdote (Jo 18:15).

SEXTA — GÓLGOTA

Na crucifixão de Jesus, João parece ter sido o único dos onze discípulos a estar presente, juntamente com várias mulheres que haviam seguido Jesus — Maria (a mãe de Jesus); Salomé (irmã de Maria, tia de Jesus, esposa de Zebedeu, e mãe de Tiago e João); Maria Madalena; a outra Maria (esposa de Clopas, também provavelmente mãe de Tiago e José [Joses]) — e vários outros amigos e seguidores (27:56; Mc 15:40-41; Lc 23:49; Jo 19:25). Talvez Joana (esposa de Cuza, administrador da casa de Herodes) e Susana (uma rica apoiadora de Jesus) estivessem entre as mulheres anônimas diante da cruz (cf. Lc 8:1-3; 24:10). Além de todos esses indivíduos, Simão de Cirene também esteve presente pelo menos no início da crucificação (Lc 23:26-27). No término da crucificação, em algum lugar nas proximidades estavam José de Arimateia (um membro do Sinédrio cujo jardim murado provavelmente estava próximo ao lugar da crucificação) e Nicodemos (outro membro do Sinédrio).

Jesus morreu por volta da nona hora do dia (cerca de 15 horas). Para evitar que seu corpo fosse atirado em uma sepultura comum, José de Arimateia e Nicodemos obtiveram a custódia do corpo com a permissão de Pôncio Pilatos (Mc 15:42-46; Jo 19:38-42). Nicodemos forneceu uma grande quantidade de especiarias para um processo de sepultamento que teve de ser concluído de modo apressado antes do pôr do sol, o início do sábado (Lc 23:54). Sem dúvida, os trabalhadores assalariados do jardim de José ajudaram com o transporte e a preparação do corpo. Durante todo o tempo, Maria Madalena, Maria, a esposa de Clopas, e talvez algumas outras também estiveram presentes e provavelmente ajudaram na preparação parcial do corpo (Mt 27:61; Mc 15:47; Lc 23:55-56). Embora o processo de sepultamento não estivesse concluído, rapidamente colocaram o corpo de Jesus, envolto em lençóis, no túmulo de José e rolaram a pedra à sua entrada, visto que o sábado se aproximava (Mt 27:59-60; Mc 15:46; Lc 23:53; Jo 19:41-42).

SEXTA-FEIRA À NOITE — INÍCIO DO SÁBADO

Embora a Escritura seja silente sobre o assunto, é possível supor que as mulheres tenham discutido entre si como, após o sábado, iriam dar continuidade ao trabalho que haviam iniciado na preparação para o sepultamento. Maria Madalena e Maria, esposa de Clopas, teriam consultado Salomé, e, provavelmente, também Joana e Susana. Como viviam em diferentes partes da cidade, elas teriam concordado em encontrar-se na entrada do jardim de José de

Arimateia, no início da manhã de domingo, para terminar de preparar o corpo de Jesus para um sepultamento adequado e permanente.

Depois desses arranjos verbais, todos voltaram aos lugares onde estavam hospedados para o sábado. Maria Madalena e Maria, esposa de Clopas, podem ter se juntado novamente a Maria, a mãe de Jesus, na casa de Salomé, a mãe de João, em algum lugar da parte sul da cidade. Joana e Susana provavelmente retornaram aos seus aposentos no palácio asmoneu ou nas proximidades dele, na parte central da cidade. João teria permanecido em sua casa com Salomé, cuidando de Maria, a mãe de Jesus. E Pedro pode ter ficado na casa de João Marcos, possivelmente no mesmo local onde fora realizada a Última Ceia, na parte sul da cidade, nos arredores da casa de João.[352]

Parece que, naquele momento, apenas João e as mulheres conheciam toda a história do que havia sucedido com Jesus. É possível que alguém tenha informado Pedro sobre os acontecimentos ocorridos no decorrer do dia. Mas o restante dos nove discípulos, provavelmente escondidos em Betânia durante o sábado, certamente não tinham ideia do que havia se passado depois da prisão de Jesus. Durante o sábado, ninguém podia percorrer uma distância que fosse suficiente para se obter qualquer notícia, e nenhum deles poderia visitar o túmulo. Os líderes judeus conseguiram a permissão de Pilatos para colocar um guarda no túmulo e selar a pedra no sábado, portanto, nenhum dos seguidores de Jesus teria recebido a informação de que soldados haviam sido colocados no jardim de José, provavelmente com sentinelas na entrada, e, também, com guardas no próprio túmulo (27:62-66).

Quando conseguiram uma audiência com Pilatos, os líderes judeus expuseram suas preocupações: Jesus havia dito que ressuscitaria após três dias (27:63). Com medo de que os discípulos de Jesus pudessem fugir com o corpo dele na calada da noite, para declarar que Ele havia ressuscitado dos mortos, eles pediram permissão a Pilatos para guardar o túmulo (27:64). Cansado de ter sua autoridade diminuída durante os últimos dois dias pelos líderes judeus, a resposta de Pilatos foi sem rodeios: "'Peguem uma guarda', respondeu Pilatos. 'Vão e guardem o túmulo da melhor maneira que conseguirem'" (27:65, *New International Version*, tradução livre). Todavia, a melhor interpretação das palavras de Pilatos não seria: "vocês têm seus próprios guardas do templo — usem-nos", mas como uma autorização: "levem um destacamento" (cf. 28:14).[353] Entretanto, a noção de que esses guardas foram, pelo menos inicialmente, assistidos pela polícia do templo judeu está dentro do âmbito da plausibilidade (cf. 28:11); certamente isso se encaixaria dentro do desejo obsessivo dos líderes judeus de controlar as coisas de forma a esmagar o movimento do nazareno antes que ele começasse.

Talvez a pedido dos líderes judeus, os soldados designados para vigiar o túmulo lacraram a pedra maciça com um selo romano. Craig Blomberg explica esse processo: "A selagem do túmulo teria envolvido a aplicação de algum tipo de substância à pedra, talvez um pouco de argila macia, gravada com o selo imperial romano. O selo seria então preso à pedra com uma grande corda ou cordão."[354] Que gesto inútil! Como se a ressurreição de Jesus pudesse ser frustrada por um decreto oficial do império romano!

APLICAÇÃO

Mateus 27:51-66

LEMBRANDO O QUE É FACILMENTE ESQUECIDO

É fácil esquecer ou ignorar os detalhes entre o último suspiro de Jesus, antes de sua morte, e o primeiro suspiro de sua nova vida ressuscitada. Falamos constantemente acerca de sua morte e ressurreição como as obras salvadoras de Jesus Cristo — e com razão! Mas há lições a serem aprendidas e percepções que podem ser obtidas a partir dos acontecimentos daqueles apressados momentos antes do pôr do sol e do frenesi dos líderes judeus nas primeiras horas do sábado, pois eles estavam tentando garantir que sua trama para derrotar Jesus não fosse frustrada. Desejo chamar sua atenção para três reflexões baseadas nessas cenas.

Primeiro, *quando você chegar ao ponto de não ter qualquer esperança, lembre-se do que aconteceu logo após a morte de Jesus.* A maioria das pessoas que se afastaram do corpo pendurado na cruz saiu dali sem esperança. Não leio sobre ninguém que deixou a cena da morte dizendo: "Ele vai ressuscitar! É apenas uma questão de tempo. Ele estará de volta!" Todos os discípulos, exceto João, estavam dispersos e escondidos, com medo. As mulheres junto à cruz estavam lamentando, em desespero. Os governantes perversos que haviam assassinado seu próprio Messias apenas se preocupavam com a possibilidade de que o corpo fosse roubado. Ninguém esperava a ressurreição.

Em sua experiência de vida, quando parece que Deus decepcionou você, observe o que Ele fez imediatamente após a morte de Jesus, mesmo antes da ressurreição. Ele providenciou José de Arimateia e Nicodemos para garantir que Ele não fosse deixado em uma sepultura comum. Ele disponibilizou mulheres curiosas que se lembrariam onde Jesus foi sepultado para que pudessem ser testemunhas oculares do túmulo vazio. Deus estava trabalhando nos bastidores para realizar seus propósitos, mesmo quando nenhum dos seus fiéis podiam ver isso. Quando você perde um ente querido precioso e se sente sem esperança e incapaz de continuar, lembre-se de que quando uma pessoa de Deus morre, nada que pertence a Deus morre. O Deus que foi poderoso durante a vida de seu ente querido ainda é o Deus poderoso de sua vida. Ele ainda está lá para que você possa ter confiança, segurança e esperança nele.

Em segundo lugar, *quando você achar que conhece alguém que está longe demais para acreditar em Cristo, lembre-se do centurião*. Se aquele soldado romano de coração endurecido conseguiu tomar consciência da verdade, o mesmo poderia acontecer com seu ente querido que se encontra perdido. E lembre-se de José de Arimateia e Nicodemos — ambos membros ricos da elite judaica e membros do próprio conselho responsável por provocar a morte de Jesus. Deus estava trabalhando em seus corações nos bastidores. E, quando chegou o momento de confessar Cristo com palavras e ações, eles se manifestaram. Pense na pessoa que você foi tentado a colocar em sua lista de "perdidos para sempre". Talvez um colega de quarto na faculdade, um de seus filhos ou filhas, um pai, um amigo próximo, ou mesmo um cônjuge (ou ex-cônjuge). Eles parecem estar muito distantes do Senhor e frios para o evangelho. Gaste tempo para se lembrar dele ou dela perante o Senhor. Se Deus pôde falar ao centurião — e através dele — e se pôde alcançar José e Nicodemos, Ele também pode alcançar seus entes queridos. Não desista deles.

Terceiro, *quando as pessoas inventarem um esquema para frustrar o plano de Deus, lembre-se novamente da ressurreição*. Como os soldados que selaram o túmulo para manter Jesus preso para sempre, muitos tentam trabalhar contra os planos de Deus através de todo tipo de maquinações humanas. Que bobagem pensar que nossa lógica tola, fatos científicos ou movimentos bem financiados poderiam alguma vez resistir à mão de Deus. Quando Ele se dispõe e age, supera todas as ações humanas. Ele ultrapassa todas as barreiras. Deus pode dividir o véu do templo em dois, de cima para baixo. Ele pode trazer um terremoto ou escuridão sobre a terra. Ele pode retirar as pessoas do túmulo ressurretas. Em sua própria vida, quando você pensar que tudo está contra você e contra sua fé em Cristo, jamais se renda. Os seguidores de

Jesus, evidentemente, não levaram a sério suas previsões de que Ele ressuscitaria dos mortos. Se tivessem dado atenção às palavras do Mestre, teriam se comportado de maneira diferente no intervalo entre aquela sexta-feira e o domingo. Quando estamos passando por algo difícil, devemos ter em mente a realidade da ressurreição. O aparente caráter irreversível da sexta-feira pode parecer inevitável por certo tempo, mas o domingo da ressurreição está chegando.

A ressurreição: O que aconteceu e o que não aconteceu?

MATEUS 28:1-15

Os cemitérios são lugares silenciosos e sombrios, com fileira após fileira de lápides e mausoléus que representam memórias desbotadas de vidas outrora vibrantes. Normalmente, quando as pessoas visitam cemitérios, elas falam em voz baixa, quase sussurrando. Ocasionalmente, podemos ouvir crianças rindo, mas essa atitude é muitas vezes reprimida por adultos que buscam ser reverentes naquele local. Os nomes, datas de nascimento e datas de morte são gravados em pedra, não esculpidos em madeira, porque devem ser de caráter permanente. Para quem morre, a passagem para o cemitério é uma viagem só de ida.

Exceto para Jesus de Nazaré.

Embora envolto firmemente em tiras de pano de linho para a perenidade do sepultamento, Ele logo se desvencilharia dessas amarras e nunca mais usaria aqueles panos. Como resultado de sua milagrosa ressurreição corporal, Jesus emergiu da tumba selada plenamente vivo, elevado a um novo tipo de vida, com um novo corpo glorioso.

Todavia, do mesmo modo como seus adversários e críticos o queriam ver morto, quando Ele estava vivo, agora queriam que Jesus permanecesse morto após sua ressurreição. Eles inventaram *falsas notícias* na tentativa de contrariar a *grande notícia* da ressurreição. Então, pagaram uma grande soma de dinheiro como suborno para promover a narrativa deles. Hoje em dia, os motivos e métodos de muitas pessoas são os mesmos. Para escapar da verdade milagrosa da completa divindade de Cristo, demonstrada por sua gloriosa ressurreição, os críticos continuam a fazer tudo o que podem para criar explicações alternativas, e mantêm suas máquinas de propaganda a pleno vapor para promover suas ficções. Como resultado, sempre haverá um grupo de pessoas que acredita no que aconteceu *e* outro que acredita naquilo que não aconteceu.

28:1-4

Embora já tivessem transcorrido duas noites, teria sido impossível para Maria Madalena e Maria, a mãe de Tiago, tirar da mente a imagem do corpo inanimado, sem vida e ensanguentado. Não importava quantas tiras de linho tivessem sido usadas ou quantos quilos de mirra e aloés, o mau odor da morte ainda permaneceria no ambiente do túmulo. Posso imaginar que esses pensamentos tivessem atravessado a mente delas mais de uma vez, quando acordaram cedo e partiram em direção ao túmulo, em companhia de Salomé, a mãe de Tiago e João (Mc 16:1).

Durante a caminhada das mulheres pela cidade, no sentido norte, já próximo do amanhecer, a terra tremeu. Talvez tenha sido um tremor secundário, resultante do grande terremoto ocorrido alguns dias antes — aquele quando Jesus morreu. Será que o terremoto tinha atingido o jardim e o túmulo? E se outro terremoto ocorresse enquanto elas estivessem dentro do túmulo? Será que elas ficariam presas sob a rocha? Certamente essas coisas eram motivo de preocupação para elas.

Posso imaginar que, pouco mais adiante, um punhado de soldados romanos tenham vindo correndo na direção oposta, em grande confusão, e passado por elas — com a face pálida, com o medo da morte estampado nos olhos. Para onde os soldados estavam indo? Talvez, ao invés de correrem *para o perigo*, eles estivessem fugindo *do perigo*. Soldados romanos fugindo de perigo?

Quando as mulheres passaram pelo portão de Gennath, no muro da cidade, elas se aproximaram do próprio monte do Gólgota, onde Jesus havia sido crucificado. Então, tiveram de atravessar por esse local para chegar ao túmulo de José de Arimateia. Não havia como contorná-lo. Ao se aproximarem do jardim, foram subitamente tomadas por uma preocupação prática: quem rolaria a pedra para elas (Mc 16:3)? Talvez pudessem convencer alguns dos jardineiros de José a conseguir uma abertura suficiente na entrada do túmulo, para que elas pudessem entrar.

Enquanto tais pensamentos percorriam a mente das mulheres e chegavam a seus lábios, ao se dirigirem para a sepultura de Jesus na manhã seguinte ao sábado, elas não tinham a menor ideia das coisas milagrosas que haviam acontecido no próprio túmulo do jardim. Durante sua caminhada, que presumivelmente começou na casa de Salomé, na parte sul de Jerusalém, indo até o jardim de José, fora da muralha norte da cidade, haviam acontecido várias coisas no túmulo, que estavam prestes a abalar o mundo delas. Um terremoto havia ocorrido, quando um anjo brilhante desceu do céu e rolou a pedra do túmulo (Mt 28:2-3). O selo romano colocado na tumba foi quebrado, não por um discípulo, nem por um ladrão de sepulturas, mas por um ser sobrenatural que aterrorizou os guardas. Então, era como se o anjo tivesse dito aos soldados armados: "Desafio vocês a fechá-lo", e ele se assentou em cima da pedra. O céu havia reclamado aquele lugar como solo sagrado.

Os guardas ficaram cheios de terror. Caíram no chão como se estivessem mortos (28:4). Então, aparentemente, assim que tiveram a oportunidade, eles se levantaram, saíram pelo portão do jardim e voltaram correndo para a cidade. É possível que, ao fugirem, tenham passado por um grupo de mulheres comuns da Galileia que estavam vindo na direção oposta — as duas Marias e Salomé.

Enquanto isso, em algum momento antes que as mulheres se aproximassem cautelosamente para olhar para dentro do túmulo, já havia ocorrido o milagre mais surpreendente, que nenhum ser humano havia testemunhado. Jesus de Nazaré havia saído do túmulo, tendo sido milagrosamente ressuscitado. Seu corpo, outrora combalido e sem vida, havia sido transformado em um corpo imortal, pleno de poder divino, incorruptível e brilhante em sua gloriosa perfeição.

EXCURSO: HARMONIZAÇÃO DOS RELATOS DA RESSURREIÇÃO, PARTE 2 — DE SÁBADO À NOITE ATÉ DOMINGO DE MANHÃ

MATEUS 28

SÁBADO À NOITE — FINAL DO SÁBADO

Os judeus consideravam que o fim de um dia, e o início do seguinte, ocorria no pôr do sol. Assim, o sábado começava no pôr do sol de sexta-feira. Estando os diversos grupos de discípulos em vários lugares de Jerusalém e arredores, eles não podiam se comunicar uns com os outros. Presumivelmente, nenhum desses discípulos dispersos sabia que os soldados romanos haviam sido colocados para guardar o túmulo do jardim de José de Arimateia. Todos estavam descansando, observando o sábado, e esperando que a crise acabasse.

As mulheres, que eram discípulas de Jesus, talvez tivessem ajudado na preparação apressada e incompleta do corpo para o sepultamento, no final da tarde de sexta-feira. Elas podiam escapar do radar das autoridades judaicas, e tinham combinado de voltar ao jardim de José, onde o corpo de Jesus estava sendo mantido temporariamente. Duas das mulheres, Joana e Susana, sendo bastante ricas, tinham acesso a unguentos usados em sepultamentos, no Palácio de Herodes, onde o marido de Joana, Cuza, servia como mordomo do tetrarca (Lc 8:1-3).[355] Maria Madalena, Maria, esposa de Clopas, e Salomé,

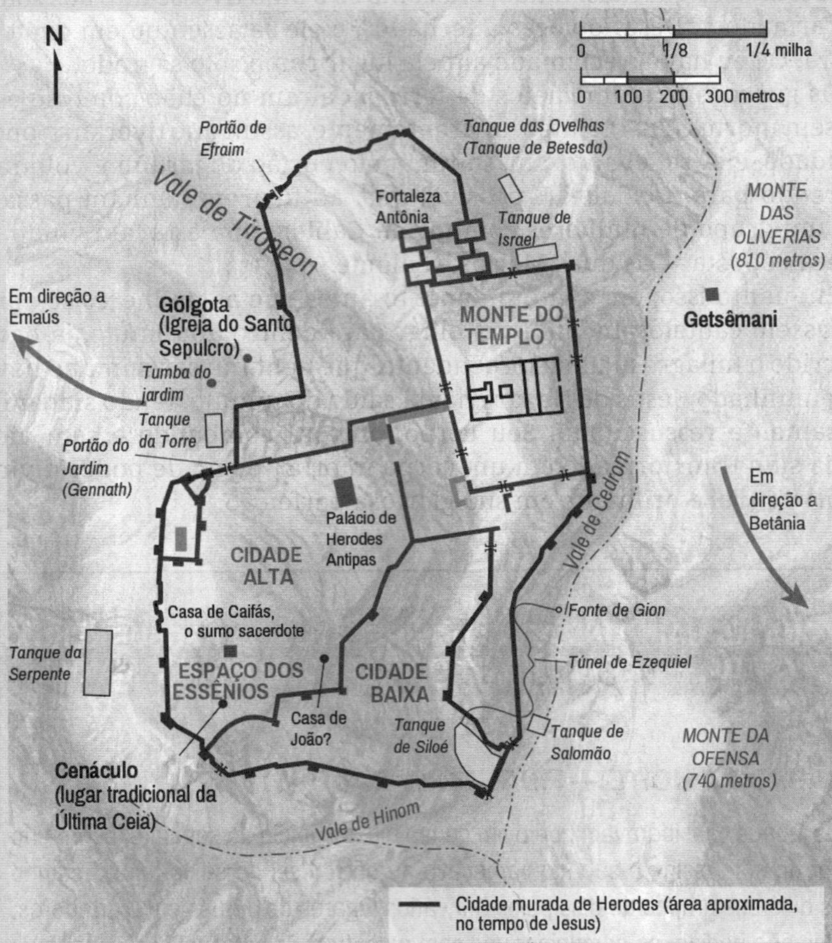

Jerusalém no tempo da crucifixão e ressurreição de Jesus, com as posições tradicionais das locações indicadas.

cujas casas principais estavam na Galileia, não teriam tais suprimentos prontos em mãos. Quando o comércio reabriu em Jerusalém, ao pôr do sol, na noite de sábado — o fim do sábado —, aquelas mulheres poderiam comprar as especiarias necessárias para preparar o corpo na manhã seguinte.

Embora se trate de uma especulação, era bem possível que Maria Madalena, Maria, a esposa de Clopas, e o próprio Clopas — agindo ele como um guardião masculino — tenham partido de Jerusalém ao pôr do sol, no sábado, e viajado para Betânia para se encontrar com Maria, Marta e Lázaro. Seria razoável supor que os outros nove discípulos estivessem lá após a prisão de

Jesus. Se essa reconstrução dos acontecimentos estiver correta, então temos uma boa descrição do local onde os seguidores de Jesus estavam reunidos naquela noite de sábado. Maria Madalena, Maria, esposa de Clopas, o próprio Clopas, e cerca de nove dos discípulos provavelmente estavam em Betânia. João, Salomé, possivelmente Zebedeu, e Maria, a mãe de Jesus, estavam, provavelmente, na casa de João. Pedro parece também ter se juntado a eles naquele momento, mesmo que não tivesse passado o sábado lá (cf. Jo 20:2). Joana e Susana teriam ficado no Palácio de Herodes ou perto dele.

Quando todos se retiraram, à noite, Maria Madalena e Maria, a esposa de Clopas, teriam planejado se levantar muito cedo. Presumivelmente Clopas as estaria escoltando até a casa de Salomé (onde João morava), para que todas as mulheres pudessem ir juntas, na direção norte, até o jardim, encontrando-se lá com Joana e Susana. É provável que, naquele momento, aqueles discípulos ainda não soubessem que os guardas estavam no jardim.

DOMINGO DE MANHÃ — RESSURREIÇÃO

Muito cedo, no domingo de manhã, enquanto ainda era escuro (Jo 20:1), Maria Madalena, Maria, esposa de Clopas, e Salomé se encontraram em Jerusalém e seguiram na direção norte, através do centro da cidade, por uma das portas de Jerusalém (provavelmente a Porta de Gennath), até o jardim de José de Arimateia (Mc 16:1). É possível que elas tenham planejado encontrar Joana e Susana, que vinham de uma parte diferente da cidade — o Palácio de Herodes.

Enquanto as mulheres ainda caminhavam — por volta das 6h da manhã —, um terremoto ocorreu, e Jesus ressuscitou dos mortos milagrosamente (Mt 28:2-3). Os guardas que estavam guardando a tumba desde o dia anterior, fugiram, aterrorizados, pelo portão do jardim, correndo de volta para a cidade, a fim de encontrar os chefes dos sacerdotes para relatar o que havia acontecido (28:11-15). Como a casa de Caifás, o sumo sacerdote, estava localizada na parte sul da cidade, é bem provável que os soldados tenham corrido para lá e passado pelas mulheres que se dirigiam para o norte, em direção ao túmulo do jardim. Mas as mulheres não faziam a menor ideia do motivo pelo qual os soldados estavam fugindo com tanta pressa.

Quando o sol estava nascendo, Maria Madalena, Salomé e Maria, esposa de Clopas, passaram pela muralha da cidade e se dirigiram para o jardim de José de Arimateia (28:1; Mc 16:2; Lc 24:1). Enquanto caminhavam, elas discutiam como poderiam remover a grande pedra para acessar o túmulo, onde estava o corpo de Jesus (Mc 16:3). Ao se aproximarem do jardim, provavelmente encontraram o portão aberto, devido à fuga dos soldados, e talvez tenham visto, de longe, que a pedra em frente ao túmulo havia sido removida (Mc 16:4; Lucas 24:2; João 20:1).

Nesse ponto, uma reconciliação dos vários relatos do Evangelho nos obriga a considerar que o grupo de mulheres se dividiu. Maria Madalena, talvez ligando a comoção dos soldados com o portão do jardim e o túmulo abertos, assumiu que alguém havia levado o corpo de Jesus. Ela correu de volta para a casa de João a fim de informar o fato aos homens que estavam lá — João, Pedro e provavelmente Clopas (Jo 20:2). Enquanto isso, Maria, esposa de Clopas, e Salomé, aparentemente permaneceram do lado de fora do portão do jardim, esperando cautelosamente a chegada dos demais discípulos.

Joana e Susana chegaram ao portão do jardim com unguentos para fazer os preparativos para o sepultamento (veja Lc 24:10). Estando entre a classe rica de Jerusalém e, assim, provavelmente tendo um grupo de servos a seu lado, Joana saiu com Susana, Maria, esposa de Clopas, e Salomé para investigar o túmulo aberto, em vez de esperar a chegada dos discípulos. Quando entraram na tumba, não encontraram o corpo (Lc 24:3). Em vez disso, dois brilhantes homens — anjos — apareceram e anunciaram a boa notícia:

> Não tenham medo! Sei que vocês estão procurando Jesus, que foi crucificado (Mt 28:5; Mc 16:6). Por que vocês estão procurando entre os mortos aquele que vive? (Lc 24:5). Ele não está aqui; ressuscitou, como tinha dito. Venham ver o lugar onde ele jazia (Mt 28:6; Mc 16:6; Lc 24:6). Lembrem-se do que ele disse, quando ainda estava com vocês na Galileia: "É necessário que o Filho do homem seja entregue nas mãos de homens pecadores, seja crucificado e ressuscite no terceiro dia" (Lc 24:6-7). Vão depressa e digam aos discípulos dele: "Ele ressuscitou dentre os mortos e está indo adiante de vocês para a Galileia. Lá vocês o verão. Notem que eu já os avisei" (Mt 28:7; Mc 16:7).[356]

As quatro mulheres correram de volta para Jerusalém, cheias de espanto e alegria (Mt 28:8). Enquanto atravessavam as ruas da cidade — onde, naquele momento, começava a agitação do comércio matinal — não disseram nada a ninguém (Mc 16:8). Se haviam visto os guardas antes, talvez agora tenham compreendido porque eles estavam correndo na direção oposta, e tenham receado que eles estivessem voltando para o túmulo. Neste caso, as mulheres teriam tido grande motivação para tomar o caminho longo até a casa de João, através de um dos portões mais ao leste (como o Portão de Efraim), em vez de voltar para a parte sul da cidade pelo Portão de Gennath.

Mal sabiam as mulheres que, ao mesmo tempo, os soldados que haviam guardado o túmulo estavam informando os chefes dos sacerdotes sobre os eventos que haviam ocorrido (Mt 28:11). Após consultar outros líderes judeus, os sacerdotes subornaram os soldados para espalhar falsas notícias — uma história mentirosa sobre os discípulos terem roubado o corpo de Jesus, enquanto os guardas dormiam (28:12-13). Eles também prometeram defender os soldados perante o governador e mantê-los isentos de problemas (28:14).

Enquanto isso, Madalena chegou à casa de João, na parte sul da cidade, para dar a notícia a ele, a Pedro e a qualquer outro que estivesse lá (Jo 20:2). Entre respirações ofegantes, ela lhes disse que alguém havia tirado o Senhor do túmulo, e talvez lhes tenha informado que os soldados romanos também haviam estado presentes na área, que o portão do jardim estava aberto e que a pedra havia sido removida.

Ao ouvir isso, Pedro e João correram para o túmulo (Jo 20:3-4), presumivelmente indo direto no sentido norte através do portão de Gennath. Enquanto isso, as outras mulheres, que haviam ficado no portão do jardim, evidentemente já deveriam ter partido por outro caminho. Ao chegar ao túmulo, Pedro e João encontraram apenas os envoltórios de linho do corpo de Jesus; o próprio corpo tinha desaparecido. Confusos, Pedro e João voltaram para suas próprias casas (Jo 20:5-10).

Maria Madalena, sem dúvida, já exausta de todo o movimento de ida e volta daquela manhã, voltou ao túmulo depois que Pedro e João saíram. Quando estava sozinha, chorando, no exterior do túmulo, ela espreitou para dentro do sepulcro e viu os mesmos dois anjos que as outras mulheres haviam visto (Jo 20:11-12). Um dos anjos perguntou: "Mulher, por que está chorando?" Maria respondeu: "Levaram embora meu Senhor, e eu não sei onde o puseram" (Jo 20:13). Então, quando ela se virou para partir, Jesus estava diante dela; no entanto, ela o confundiu com um dos jardineiros que chegavam naquela manhã para trabalhar (Jo 20:14-15). Pensando que talvez o pessoal do jardim tivesse mudado o corpo para outro local, ela perguntou se o "jardineiro" poderia dizer-lhe onde estava o corpo, para que ela pudesse cuidar dele. Em resposta, Jesus respondeu: "Maria!" Nesse momento, seus olhos e ouvidos foram abertos. Ela replicou: "Rabôni!" ("Mestre") e agarrou-se a Ele (Jo 20:16). Então Jesus disse: "Não me segure, pois ainda não voltei para o Pai. Vá, porém, a meus irmãos e diga-lhes: Estou voltando para meu Pai e Pai de vocês, para meu Deus e Deus de vocês" (Jo 20:17). Maria correu de volta para a casa de João e relatou o que tinha visto (Jo 20:18; cf. Mc 16:9-11).

28:5-10

Quando as mulheres se aproximaram do túmulo aberto e vazio, em choque e com grande assombro, encontraram dois anjos brilhantes em vigilância (cf. Lucas 24:4). Aquele que havia aberto o túmulo acalmou imediatamente os temores das mulheres (Mt 28:5), informando-lhes que, embora Jesus tivesse sido crucificado, havia ressuscitado dos mortos, assim como Ele mesmo havia prometido.

Então, como o primeiro guia turístico do "Santo Sepulcro" — séculos antes de o local se transformar numa verdadeira atração turística para os peregrinos —, o anjo mostrou-lhes que a tumba estava, de fato, vazia. Ele apontou para o lugar onde o corpo de Jesus havia sido colocado (28:6). Posso imaginar as mulheres, com as mãos sobre a boca e com os olhos arregalados, em assombro, acenando com a cabeça, em concordância. Elas, pessoalmente, tinham visto seu corpo envolto ali, deitado, apenas duas noites antes (27:61; Mc 15:47; Lc 23:55). O corpo não estava ali. *Ele* não estava ali. Sem dúvida, a mente delas se agitava como um ciclone, cheia de perguntas despertadas pelo medo e pela excitação:

O anjo tinha dito que Jesus não estava ali?
Que tinha ressuscitado?
O que isso significava?
Ele fora simplesmente levado, ou realmente havia ressuscitado dos mortos?
Espere — aquelas eram as tiras de linho em que Ele estava envolto?
Alguém as havia desenrolado?

Enquanto a mente delas rodopiava, as palavras do anjo lhes chamaram a atenção. Ele as instruiu a se apressarem para ir contar aos discípulos que Jesus havia ressuscitado dos mortos. Sim, Ele *havia* ressuscitado! Isto não era uma pegadinha, uma brincadeira ou uma metáfora religiosa. Ele estava vivo, fora do túmulo, e em movimento! O anjo continuou: "Ele ressuscitou dentre os mortos e está indo adiante de vocês para a Galileia. Lá vocês o verão!" (Mt 27:7) *Ele, de fato, ressuscitou!*

Ao ouvirem a ordem: "vão", as mulheres rapidamente saíram do túmulo, com uma mistura de medo e alegria, para relatar aos discípulos tudo o que elas tinham visto e ouvido (28:8). Os Evangelhos de Marcos, Lucas e João relatam histórias semelhantes sobre as mulheres no túmulo, na manhã da ressurreição. Alguns detalhes são acrescentados, outros omitidos, mas os relatos se ajustam para retransmitir a mesma narrativa unificada da ressurreição milagrosa e corporal de Jesus (veja a digressão em três partes, "Harmonização dos relatos da ressurreição", para uma possível reconciliação das narrativas sobre a ressurreição).

O relato de Mateus traz, após a narrativa do contato com os anjos no túmulo, um outro encontro ainda mais inesperado — desta vez, com o próprio Jesus ressuscitado! Embora a ordem dos acontecimentos no Evangelho de Mateus permaneça alinhada com os outros Evangelhos, uma comparação com os demais relatos sugere que tal encontro ocorreu, na realidade, um pouco mais tarde, naquele dia. Quando Jesus cumprimentou as mulheres com uma saudação especial, elas imediatamente caíram a seus pés e o adoraram (28:9). Elas não tiveram nenhuma dúvida sobre quem Ele era ou o que significava sua ressurreição. Aquele não era um mero homem.

Aquele não era apenas seu Rei, o tão esperado Messias de Israel. Ele era tudo isso, mas muito mais. Ele era (e é) o Deus-homem, digno de honra e glória, louvor e adoração. O fato de que foram capazes de "se curvar aos seus pés" provou que Ele não era um fantasma, um espectro ou uma alucinação coletiva. Ele havia ressuscitado da sepultura *corporalmente*!

28:11-15

Mateus faz uma pausa em seu relato sobre a milagrosa ressurreição corporal de Jesus, a fim de chamar a atenção para a mentira que deu origem a uma contranarrativa. Depois de ter nos guiado através dos relatos do testemunho ocular das mulheres, no túmulo, e de seu encontro com os anjos, assim como com o próprio Jesus, o relato dá uma guinada repentina e passa a falar de seus adversários, enquanto eles tentavam transformar a boa notícia em uma informação falsa. Para os críticos e inimigos de Jesus, o que realmente havia acontecido com os soldados, no túmulo, era irrelevante. Os próprios soldados relataram aos chefes dos sacerdotes os fatos como eles os haviam testemunhado: o terremoto, o anjo descendo do céu e a abertura do túmulo (28:11; cf. 28:2-4).

Essa surpreendente reviravolta dos acontecimentos motivou mais uma reunião de emergência dos anciãos. Provavelmente não foi uma assembleia que reuniu todos os membros do Sinédrio, o que teria incluído tanto José de Arimateia como Nicodemos. Em vez disso, os chefes dos sacerdotes provavelmente convocaram um "conselho dentro do conselho". Essa reunião conspiratória tinha uma dupla finalidade: (1) dar a aparência de uma deliberação e de uma tomada de decisão legítima, e (2) reunir suficientes recursos dos membros da elite de Jerusalém, a fim de que eles tivessem em mãos um suborno suficientemente grande para silenciar os soldados (28:12).

Uma nova versão da "verdade" substituiu os fatos como eles eram: "Os discípulos dele vieram durante a noite e furtaram o corpo, enquanto estávamos dormindo" (28:13). Junto com incontáveis moedas que enchiam seus bolsos, os guardas também receberam garantias do conselho de que os protegeriam do governador se a notícia de seu descumprimento do dever fosse divulgada (28:14). Os soldados pegaram o dinheiro e contaram a história combinada, considerando-a, talvez, menos improvável do que a verdade. R. T. France explica:

> A história sugerida pelos chefes dos sacerdotes não só trazia descrédito para os soldados, mas também lhes oferecia perigo, levando em consideração que dormir em serviço durante uma guarda era uma ofensa grave, quase certamente punível com a morte. [...] Porém, eles podem ter sido mais facilmente persuadidos pela consideração de que, mesmo sem a história de terem adormecido, sua vigilância tinha sido um fracasso. De qualquer forma, eles podiam esperar pouca misericórdia de Pilatos.[357]

De tomo modo, a eficácia da história como propaganda é comprovada pelo fato de que, quando Mateus publicou seu Evangelho, por volta do ano 65 d.C., a história ainda estava sendo disseminada entre os judeus incrédulos (28:15).

A inclusão dos detalhes da experiência dos guardas no próprio túmulo junto com a reunião a portas fechadas dos sumos sacerdotes e anciãos levou muitos estudiosos críticos a concluir que o relato de Mateus foi inventado. O problema é apresentado, com frequência, desta maneira: como Mateus teria tomado conhecimento da experiência dos guardas e da reunião secreta? No entanto, há várias respostas, todas elas plausíveis. A explicação mais simples é que o Espírito Santo revelou diretamente esse fato a Mateus, ou o próprio Jesus lhe disse o que aconteceu. Certamente, o Deus-homem ressuscitado sabia de tudo. Entretanto, à parte desses meios sobrenaturais, é razoável que fontes humanas podem ter transmitido essa informação. Ainda pode ser possível que um ou mais membros do conselho judaico, presentes nessas reuniões, acabaram se arrependendo e crendo em Jesus, assim como José de Arimateia e Nicodemos haviam feito antes. Bastava apenas um único convertido dentre suas fileiras para revelar toda a conspiração. Outra possibilidade é que um dos soldados que estiveram no túmulo tenha-se convertido a Cristo em algum momento, nos trinta anos seguintes aos eventos da ressurreição, e contado a Mateus os fatos ocorridos, tanto no túmulo quanto na reunião de planejamento secreto do conselho.

APLICAÇÃO

Mateus 28:1-15

BOAS NOTÍCIAS *VERSUS* NOTÍCIAS FALSAS

Talvez lhe tenha sido contada uma narrativa contrária ao testemunho do Novo Testamento a respeito da ressurreição milagrosa e corporal de Jesus. Talvez algum professor bem instruído, que você admirava, tenha feito o máximo para convencê-lo de que os relatos da ressurreição são irreconciliavelmente contraditórios. Talvez alguém tenha argumentado que todos os Evangelhos teriam sido datados tardiamente, e essa pessoa tenha classificado as narrativas dos Evangelhos como mito ou lenda, ou mesmo propaganda religiosa. Talvez você tenha até se deparado com a velha narrativa desgastada e esfarrapada, originalmente tecida pelos sumos sacerdotes —, de que os discípulos roubaram o corpo de Jesus para persuadir as pessoas de que Ele havia ressuscitado dos mortos. Estou convencido de que todos esses "fatos" alternativos são apenas tentativas desesperadas de achar explicações, mas essas explicações carecem da simplicidade convincente da apresentação dos Evangelhos acerca da ressurreição de Cristo. Com relação às falsas notícias propagadas pelos líderes judeus, uma análise mais detalhada mostra que lhes falta credibilidade. Considere os problemas apresentados pela contranarrativa dada pelos soldados aos governantes judeus:

> Todos os discípulos haviam abandonado Jesus no jardim do Getsêmani e fugido. É difícil imaginar que, em seu estado de medo e confusão, eles tivessem tomado a ousada iniciativa de roubar o corpo.
>
> Por que os discípulos teriam sequer tentado formular um plano que exigia que eles passassem furtivamente pelos guardas que vigiavam o portão de um jardim murado, entrassem em um túmulo selado, que tinha que ser aberto ruidosamente, e depois voltassem a passar furtivamente por aqueles mesmos guardas? Quem, em seu perfeito juízo, consideraria que um plano assim teria sequer uma remota chance de sucesso?
>
> Partindo do princípio de que os discípulos tivessem conseguido realizar a missão furtiva de passar despercebidos pelos

guardas e abrir o túmulo, por que eles teriam perdido tempo para desembrulhar os panos de sepultamento? Para onde eles teriam ido com um cadáver despido e ensanguentado?

Como os discípulos teriam conseguido manter em segredo a conspiração do corpo roubado, por décadas? Se a maioria deles (ou todos) estivesse na trama, fato que teria incluído inventar histórias de ter visto Jesus ressurreto dos mortos, pode-se imaginar que pelo menos um deles teria cedido à pressão e contado a verdade diante da prisão, interrogatório, tortura ou execução. No entanto, todos eles mantiveram seu testemunho de uma ressurreição milagrosa e corporal até o fim.

Apesar do fato de que crer desse modo exige que deixemos de lado nossa tendência natural de não acreditar no sobrenatural, a explicação mais simples é a melhor. Isto é, contrariamente às expectativas dos próprios discípulos e às expectativas da maioria das pessoas ao longo da história — inclusive nos dias de hoje — ,Jesus de Nazaré ressuscitou ao terceiro dia, tal como Ele havia prometido e da forma como as próprias Escrituras prediziam (por exemplo, Is 53:10-12). O túmulo vazio é um fato registrado pela história. A afirmação dos líderes judeus de que o corpo foi roubado é uma admissão implícita de que Jesus não estava lá. Os primitivos, muito difundidos e numerosos relatos independentes de testemunhas oculares sobre encontros com o Jesus ressuscitado são impossíveis de serem ignorados (veja 1Co 15:1-8).

Porém, em última análise, aceitar a verdade do milagre da ressurreição de Jesus é um ato de fé. E muitas pessoas acreditam nisso, assim como os próprios discípulos o fizeram, no primeiro século. E assim como os cristãos têm feito, em todas as gerações, desde então.

E agora?

MATEUS 28:16-20

Após sua ressurreição milagrosa e corporal, Jesus passou quarenta dias na terra, principalmente com seus discípulos (At 1:3). Deve ter sido um período de transição incrível para aqueles homens e mulheres que puderam passar um tempo com seu Mestre ressuscitado, o qual eles pensavam que jamais voltariam a ver. Depois que Ele morreu, com certeza eles devem ter se perguntado: *E agora? O que fazer? Será que acabamos de desperdiçar três anos de nossa vida com uma fraude? Somos assim tão cegos? E somos tão estúpidos?*

Mas, com a ressurreição de Cristo, toda a esperança, a confiança, a devoção e a dedicação foram novamente restabelecidas. Eles não acreditavam mais que Jesus poderia ser seu Rei, o tão esperado Messias de Israel. Agora sua gloriosa ressurreição os fez ter certeza disso! Mas, enquanto Jesus se apresentava diante deles vivo, com "muitas provas indiscutíveis" e continuava a falar com eles por um período de quarenta dias "acerca do Reino de Deus" (At 1:3), os discípulos ainda estavam fazendo perguntas semelhantes:

E agora? Será que Ele vai estabelecer seu reino na terra?

Vamos reinar com Ele? O Mestre vai depor os líderes corruptos de Israel e libertar a nação dos romanos?

Irá inaugurar a era messiânica, como profetizado pelos profetas do Antigo Testamento?

Jesus não os deixou sem uma resposta. Durante aquele período de quarenta dias após sua ressurreição, Ele tornou claro para eles que, embora sua própria missão na terra estivesse chegando ao fim, a mensagem de salvação e da vinda do reino deveria ser comunicada em toda parte. Na verdade, essa missão haveria de ser o compromisso prioritário de seus seguidores durante o restante de seus anos na terra. Ele proclamou essa missão no que veio a ser conhecido como a Grande Comissão, que se encontra nas palavras finais de Mateus. Depois de ouvir tais palavras de seu Senhor, eles nunca mais perguntariam: *E agora?* Eles tinham ordens para continuar marchando perpetuamente — e nós também.

EXCURSO: HARMONIZAÇÃO DOS RELATOS DA RESSURREIÇÃO,PARTE 3 — DOMINGO DE MANHÃ E DALI EM DIANTE

MATEUS 28

MAIS TARDE, NAQUELE DOMINGO

Em algum momento, durante a manhã da ressurreição, enquanto Pedro vagueava sozinho, talvez voltando para onde estava hospedado (Jo 20:10), Jesus lhe apareceu (Lc 24:33-34; 1Co 15:3-5). Nenhum detalhe nos é dado sobre esse encontro.

No meio da manhã, um grupo de mulheres provavelmente viajou para Betânia com o propósito de compartilhar a notícia com os discípulos que, aparentemente, estavam reunidos lá desde o sábado. No caminho, Jesus apareceu a elas, saudou-as e as instruiu a dizer aos irmãos que partissem para a Galileia, onde se encontrariam com Ele (Mt 28:8-10). Elas foram procurar os outros nove discípulos (Pedro e João já estavam em Jerusalém), e todos eles se reuniram, presumivelmente, em Jerusalém. Nessa reunião, várias mulheres, incluindo Maria Madalena, Joana e Maria, a esposa de Clopas, relataram tudo o que tinham visto, mas os discípulos não acreditaram nelas (Lc 24:8-11).

Pouco depois, Cléofas (provavelmente uma variação do nome Clopas) e outro discípulo se dirigiram para Emaús, talvez a fim de informar aos demais seguidores de Jesus sobre o que estava acontecendo em Jerusalém (Lc 24:13). Após sua partida, o próprio Pedro voltou a se encontrar com o restante dos discípulos, possivelmente, agora, reunidos na casa de João, para transmitir sua experiência pessoal com Jesus (veja Lc 24:33-34).

Os dois homens a caminho de Emaús encontraram o Mestre, porém, de modo misterioso, foram incapazes de reconhecê-lo. Jesus explicou-lhes pacientemente as profecias do Antigo Testamento que se referiam a Ele, e, depois, se revelou aos dois homens enquanto se sentavam para partir o pão. Imediatamente, os dois discípulos correram de volta a Jerusalém para contar a seus amigos o que havia acontecido (Lc 24:13-35; cf. Mc 16:12-13).

Quando Cléofas e o outro discípulo chegaram, todos estavam empolgados, mas ainda se sentiam confusos com os acontecimentos. Todavia, alguns ainda não acreditavam, e, por alguma razão, Tomé não estava presente. Durante a refeição da noite, o próprio Jesus apareceu para os discípulos ali reunidos. Ele repreendeu os incrédulos, comeu com eles para assegurar-lhes que não era um fantasma e os comissionou como seus representantes (Lc 24:36-49; Jo 20:19-25; cf. Mc 16:14-18).

UMA SEMANA APÓS A RESSURREIÇÃO

Oito dias após Jesus ter aparecido a várias mulheres e à maioria dos discípulos, o grupo principal estava novamente reunido dentro de casa. Desta vez, Tomé estava com eles (Jo 20:26). Jesus apareceu-lhes mais uma vez e se dirigiu especificamente a Tomé, repreendendo-o por sua teimosa descrença (Jo 20:27; cf. Jo 20:25). Tomé respondeu: "Senhor meu e Deus meu!" (Jo 20:28). Assim, todos os onze discípulos, bem como numerosos outros homens e mulheres, se tornaram testemunhas oculares do Senhor ressuscitado dentro de uma semana de sua ressurreição (1Co 15:3-7).

28:16-17

Após sua ressurreição, Jesus apareceu a pessoas como Maria Madalena (Jo 20:11-18), Pedro (Lc 24:33-34; 1Co 15:5), e seu irmão Tiago (1Co 15:7). Em alguns casos, Ele se apresentou a dois ou três de seus discípulos de cada vez: às mulheres que haviam encontrado o túmulo vazio (Mt 28:9-10) e a Cléofas (presumivelmente a mesma pessoa referida em outro lugar como Clopas), juntamente com outro discípulo anônimo, no caminho de Emaús (Lc 24:13-35; cf. Mc 16:12-13). Em algumas ocasiões, Ele apareceu ao grupo maior ou a todos os onze discípulos, geralmente atrás de portas fechadas (Lc 24:36-43; Jo 20:19-31; 21:1-25; 1Co 15:5; cf. Mc 16:14). Entretanto, até aquele momento, Jesus certamente não se havia revelado vivo ao círculo maior de discípulos na Galileia, onde seus seguidores provavelmente eram centenas, quem sabe até milhares.

Logo após a ressurreição, os discípulos foram instruídos a ir para a Galileia, onde Jesus os encontraria (Mt 28:7, 10; Mc 16:7). Parece que, para aquele encontro, Jesus tinha em mente um círculo mais amplo de discípulos e não apenas os onze. Se assim for, então, durante suas breves aparições aos onze para persuadi-los de que Ele estava, de fato, vivo, Ele por certo os instruiu a reunir o maior número possível de discípulos dispersos e a se dirigirem para uma determinada montanha na Galileia. Lá, Ele lhes apareceria para uma mensagem especial (Mt 28:16).

Não sabemos ao certo em que montanha eles se encontraram. O texto não nos dá nenhuma pista, mas alguns têm conjeturado que Jesus escolheu o monte Arbel, no lado ocidental do mar da Galileia, como o local para a solene Grande Comissão. Wayne Stiles coloca cautelosamente desta maneira:

> Eu me pergunto, em pura conjectura, se "a montanha" para a qual Jesus conduziu seus discípulos para a Grande Comissão teria sido o monte Arbel (Mt 28:16). Realmente poderia ser esse local. Dali eles podiam ver o mar da Galileia, onde Jesus havia dado ordens ao vento e às ondas, e Cafarnaum, onde Ele havia demonstrado sua autoridade celestial ao ensinar e realizar milagres. Eles podiam ver o lugar onde Jesus os havia chamado como discípulos. E podiam observar a estrada que se dirigia para as nações.[358]

É bem possível que, nessa reunião, o grupo tenha contado com mais de quinhentas pessoas presentes. Devemos lembrar que o apóstolo Paulo mencionou que, em algum momento, "Ele apareceu a mais de quinhentos irmãos de uma só vez" (1Co 15:6). A reunião na montanha da Galileia — marcada com antecedência de várias semanas — é um cenário bastante plausível para tal aparição. Sendo assim, isso significaria, também, que a Grande Comissão não se destinava apenas ao pequeno círculo de onze discípulos, mas, também, àquele grupo maior de seus seguidores — e, por extensão, a vocês e a mim.

Quando todos se reuniram na montanha, Jesus apareceu a eles. Se presumirmos que um grupo maior de seguidores esteve presente naquela reunião, para muitos, provavelmente, essa teria sido a primeira vez em que eles viram o Senhor ressuscitado. Mateus nos diz que os discípulos "o adoraram", mas que "alguns duvidaram" (Mt 28:17). Que comportamento típico! Eles estavam divididos entre a adoração a seu Senhor ressuscitado e a luta com sentimentos de incerteza. Qual era o significado de Ele estar ali? E qual é o significado agora? Eles haviam acreditado que Jesus estava morto, mas ali estava Ele... vivo, diante deles! E provavelmente tudo se tornou ainda mais confuso quando descobriram que Jesus ainda não estava pronto para assumir sua posição final como Juiz e Rei. Embora as promessas de restaurar o reino a Israel não tivessem sido abolidas, elas estavam sendo adiadas (At 1:6-7). Enquanto isso, Ele tinha um trabalho para eles fazerem.

©Bukvoed/Wikimedia Commons

Um local plausível na Galileia para o estabelecimento da Grande Comissão é o majestoso monte Arbel, que tem vista tanto para o mar da Galileia como para uma rodovia internacional. Esse local teria sido bastante apropriado para o comissionamento dos discípulos para ir pregar a "todas as nações" (28:19).

28:18-20

A Grande Comissão é clara. Por causa da autoridade absoluta conferida a Cristo, tanto no céu como na terra — isto é, sobre toda a criação — seus seguidores poderiam avançar com confiança para fazer "discípulos de todas as nações (28:18-19). E, junto com a comissão, veio uma promessa reconfortante: "E eu estarei sempre com vocês, até o fim dos tempos" (28:20). Sabemos, por meio de outras passagens das Escrituras, que o poder e a presença de Cristo viriam a eles através do batismo do Espírito Santo, que eles receberiam no Pentecostes, em Jerusalém. Jesus lhes disse: "Mas receberão poder quando o Espírito Santo descer sobre vocês, e serão minhas testemunhas em Jerusalém, em toda a Judeia e Samaria, e até os confins da terra" (At 1:8).

Ao observarmos a breve e clara comissão que Jesus lhes atribuiu, vemos que o plano incluía vários aspectos que fariam parte do seu cumprimento. O verbo principal da comissão, um imperativo (comando), é *mathēteuō* [3100], que significa "fazer discípulos" (Mt 28:19). Pela expressão "discípulo", o autor sugere, não simplesmente alguém que aprendeu algo, mas uma pessoa que está constantemente aprendendo.[359] Não é apenas alguém que se tornou membro de um grupo, mas se trata de um participante ativo do grupo. Então, o que é preciso para fazer discípulos, nesse sentido, e assim cumprir a Grande Comissão de Cristo? Três tempos verbais que dependem de um verbo principal descrevem os meios pelos quais os discípulos serão conquistados: ir, batizar e ensinar.

Em primeiro lugar, fazer discípulos implica em *ir*. É preciso alcançar os corações e comunicar a boa-nova de que Jesus morreu por nossos pecados e ressuscitou vitorioso dentre os mortos. As pessoas precisam saber que não há nada que possam fazer para ganhar a salvação. Ela é recebida pela graça, através da fé somente em Cristo. Essa é a proclamação que devemos fazer, como aqueles que foram investidos da Grande Comissão. E não devemos fazer essa proclamação somente aos membros da família, aos vizinhos ou às pessoas de nosso próprio país. Nós devemos fazê-la ao mundo — a todas as nações, como ordenou Jesus. Não há exceções, não há fronteiras e não há limites para nossa missão como discípulos.

Segundo, fazer discípulos é uma ação que conduz ao *batismo* — isto é, iniciar as pessoas em um compromisso consciente com o Deus triúno: o Pai, o Filho, e o Espírito Santo. Essa primeira etapa do discipulado envolve conduzir novos crentes a Deus, o Pai, que criou todas as coisas a partir do nada e nos ama incondicionalmente. Envolve ensiná-los sobre Deus, o Filho, o Deus-homem encarnado, que nasceu de uma virgem, que morreu por nossos pecados e ressuscitou, que ascendeu aos céus, e que virá novamente como Juiz e Rei. Envolve também os instruir sobre o Deus, o Espírito Santo, que nos dá nova vida, que habita em nós para a santificação, que nos capacita para o serviço, que nos une a Cristo e nos fornece dons para o ministério em sua Igreja. Isso é batizar em nome do Pai, do Filho e do Espírito Santo.

Finalmente, fazer discípulos é uma ação que conduz ao *ensino*— isto é, construir sobre o fundamento da fé com instruções sobre como viver a vida cristã. Ensinamos que o discípulo deve ter uma vida cheia de boas obras, feitas não para ganhar a salvação, e sim porque foram salvos. Ensinamos que se trata de passar de uma vida de iniquidade, de egoísmo, de pecado para uma vida comprometida com o fortalecimento do Espírito, marcada pelo fruto do Espírito, que se manifesta cada vez mais em nossa vida (Gl 5:22-23).

Embora o Evangelho de Mateus se encerre com a Grande Comissão, os outros Evangelhos nos informam que Jesus não subiu imediatamente ao céu a partir daquela montanha na Galileia. Jesus continuou com os discípulos e voltou com eles para Betânia (Lc 24:44-53). Foi nessa vizinhança que Jesus disse seu adeus, depois de instruí-los a permanecer em Jerusalém e esperar pelo Espírito Santo, que viria sobre eles em breve (At 1:4-5). Lucas completa sua narrativa sobre Jesus com um relato impressionante de sua ascensão e da promessa de que um dia, conhecido apenas por Deus, Ele retornará para assumir seu trono e começar seu reinado terrestre como o Rei, o Messias há muito esperado de Israel:

> Tendo dito isso, foi elevado às alturas enquanto eles olhavam, e uma nuvem o encobriu da vista deles. E eles ficaram com os olhos fixos no céu enquanto ele subia. De repente surgiram diante deles dois homens vestidos de branco, que lhes disseram: "Galileus, por que vocês estão olhando para o céu? Este mesmo Jesus, que dentre vocês foi elevado aos céus, voltará da mesma forma como o viram subir" (At 1:9-11).

APLICAÇÃO

Mateus 28:16-20

A GRANDE COMISSÃO, NOSSA MISSÃO

Embora tenhamos concluído nossa discussão sobre a vida de Cristo neste volume com um relato da Ascensão descrita no livro de Atos, Mateus terminou sua narrativa evangélica com a

Grande Comissão, apresentada no cenário da Galileia por uma razão específica. Ele queria que a Grande Comissão fosse a última coisa que pulsasse no coração de seus leitores. Ele esperava que aqueles que se convenceram de que Jesus é o Rei, o tão esperado Messias de Israel, ficassem comovidos e motivados pela ordem de Jesus de fazer discípulos de todas as nações. Ao ler o relato de Mateus sobre a Grande Comissão, quatro observações significativas e práticas afloram.

Primeiro, *Jesus estava falando com pessoas muito comuns que o conheciam pessoalmente.* Aqueles que se reuniram com Ele naquela montanha eram pessoas completamente normais, não celebridades altamente espirituais. Tinham perguntas e lutavam com suas dúvidas. Não entendiam como poderiam continuar sem Ele ou o que fariam quando Ele deixasse a terra. Eles não haviam recebido "kits de milagres". Sobre nenhum deles apareceram halos pairando sobre suas cabeças. Eles não usavam uniformes especiais e provavelmente não tinham sequer frequentado um colégio ou seminário bíblico de prestígio no primeiro século. Eles não dispunham de uma força incrível por sua própria iniciativa. Em resumo, eles eram como a maioria dos cristãos.

Em segundo lugar, *Jesus apresentou um plano que era breve, simples e claro.* Ele falou com calma e de maneira deliberada. Suas palavras foram autoexplicativas. Depois de deixar claro que Ele tinha autoridade sobre tudo aquilo que qualquer ser humano pudesse imaginar, Jesus apresentou seu plano para eles na forma de uma ordem. Essas seriam suas instruções de marcha a partir daquele momento. Eles jamais teriam algum motivo para se perguntarem: *E agora?* O verbo principal da comissão diz claramente: "Façam discípulos" (28:19). Também não havia espaço para dúvidas a respeito do intento do comando: Era para estender-se a "todas as nações".

Terceiro, *Jesus foi intenso ao falar sobre a missão, mas sereno com relação ao método.* Seu uso repetido de "todos" revela uma intensidade sobre o escopo do envolvimento de todos. Ele esperava que seus discípulos estivessem envolvidos nesse trabalho como participantes ativos, animados e cheios de entusiasmo. E aguardava que seus seguidores fizessem o mesmo. Bem como a próxima geração. E a geração seguinte... até o fim. Nosso mundo é sombrio, frustrante, perigoso, hostil e perdido sem Cristo. Isso é verdade, não importa onde estivermos ou para onde formos.

À medida que buscamos e alcançamos nações com suas culturas peculiares, no entanto, o trabalho dessa comissão requer o uso de métodos diferentes. Vejamos que, além de ir, batizar e ensinar, Jesus não deu qualquer outra explicação detalhada — como uma metodologia tipo passo um, passo dois, passo três — que se aplicasse a todas as situações. Utilizamos inúmeros métodos para alcançar os perdidos e treinar discípulos. Basta pensar nos diferentes tipos de pessoas que devem ser alcançadas por distintos meios: os intelectuais sofisticados não podem ser alcançados da mesma forma que alcançamos as crianças da escola de primeiro grau; os métodos que usamos para fazer discípulos entre prisioneiros no corredor da morte serão diferentes daqueles que usamos para alcançar membros de uma pequena tribo nas Filipinas.

Em quarto lugar, *Jesus esperava uma ação obediente de todos os seus seguidores*. A Grande Comissão não foi dada para que as crianças da escola dominical tivessem mais um versículo para decorar. Jesus não disse essas palavras para que tivéssemos um pequeno lema para nossos programas de missões. Não se destinava apenas a ser uma passagem para estudiosos e teólogos bíblicos analisarem, dissecarem, discutirem e debaterem. Francamente, Jesus espera que cumpramos a Grande Comissão! À luz de tudo isso, devemos confiar em Cristo, seguir seus ensinos e compartilhar a mensagem de sua salvação com todos, próximos e distantes. As pessoas de cada nação precisam ouvir o evangelho e acreditar nele para que sua vida possa ser transformada por Jesus Cristo, através do poder do Espírito Santo.

NOTAS

1 Veja comentário[s] em Charles R. Swindoll, Mark, Swindoll's Living Insights New Testament Commentary (Carol Stream, IL. Tyndale House Publishers, 2016), p. 362-63.

2 Veja Mt 5:46; 9:10-11; 11:19; 18:17; 21:31-32; Mc 2:15-16; Lc 3:12; 5:29-30; 7:29, 34; 15:1; 18:9-14.

3 Veja R. T. France, *Matthew, Tyndale New Testament Commentaries*, ed. Leon Morris (Grand Rapids. Eerdmans, 1985), p. 167.

4 Michael Green, *The Message of Matthew. The Kingdom of Heaven, The Bible Speaks Today* (Downers Grove, IL. InterVarsity Press, 2000), p. 25.

5 William Barclay, *The Gospel of Matthew, The New Daily Study Bible*, aperfeiçoado e atualizado (Louisville. Westminster John Knox Press, 2001), 1:6.

6 Papias, como citado por Eusébio, *Church History* 3:39, in Philip Schaff, ed., *A Select Library of Nicene and Post-Nicene Fathers of the Christian Church*, série 2, vol. 1, *Eusebius. Church History, Life of Constantine the Great, e Oration in Praise of Constantine* (Nova York. The Christian Literature Publishing Company, 1890), p. 173.

7 Ireneu, *Against Heresies* 3:1:1, in Alexander Roberts, James Donaldson, e A. Cleveland Coxe, eds., *The Ante-Nicene Fathers*, vol. 1, *The Apostolic Fathers with Justin Martyr and Irenaeus*, American ed. (Nova York. The Christian Literature Publishing Company, 1885), p. 414.

8 Veja John Peter Lange, *Commentary on the Holy Scriptures. Critical, Doctrinal and Homiletical*, vol. 8, *Matthew-Luke*, trad. Phillip Schaff, nova edição. (Grand Rapids. Zondervan, 1976), p. 41-42.

9 Walter Bauer, et al., *A Greek-English Lexicon of the New Testament and Other Early Christian Literature*, revisado e editado por Frederick William Danker (Chicago. University of Chicago Press, 2000), p. 543.

10 N. T. Wright, *Matthew for Everyone*, Parte 1. Capítulos 1—15 (Louisville. Westminster John Knox Press, 2004), p. 2.

11 Veja France, *Matthew*, p. 74.

[12] Myron S. Augsburger, *The Communicator's Commentary*, vol. 1, *Matthew*, ed., 4. Lloyd J. Ogilvie (Waco, TX. Word, 1982), p. 26.

[13] Stanley D. Toussaint, *Behold the King. A Study of Matthew* (Grand Rapids. Kregel, 1980), p. 40. Veja algumas explicações possíveis em Lange, *Matthew-Luke*, p. 48-49.

[14] Toussaint, *Behold the King*, p. 40.

[15] Bauer, et al., *Greek-English Lexicon*, p. 191-92.

[16] Veja Alexander Balmain Bruce, "The Synoptic Gospels" in *The Expositor's Greek Testament*, ed. W. Robertson Nicoll (Grand Rapids. Eerdmans, 1951), 1.65.

[17] Toussaint, *Behold the King*, p. 41.

[18] Mesmo nos séculos II e III, os pais da Igreja continuaram a lidar com esta questão. Veja Orígenes, *Contra Celso* 1:32-35, no qual Orígenes de Alexandria responde a um boato inventado por um severo crítico do cristianismo chamado Celso, o qual disse que Jesus havia nascido de uma relação ilícita entre Maria e um soldado romano chamado Panthera.

[19] Veja Douglas Sean O'Donnell, *Matthew. All Authority in Heaven and on Earth*, Preaching the Word, ed. R. Kent Hughes (Wheaton. Crossway, 2013), p. 40-41.

[20] "Marriage, Marriage Customs", in *Baker Encyclopedia of the Bible*, ed. Walter A. Elwell (Grand Rapids, MI. Baker, 1988), p. 1408-9.

[21] Bauer, et al., *Greek-English Lexicon*, p. 336.

[22] Gerard Van Groningen, *Messianic Revelation in the Old Testament* (Grand Rapids. Baker, 1990), p. 1.536.

[23] Toussaint, *Behold the King*, 45-46.

[24] Bauer, et al., Greek-English Lexicon, p; 608-9.

[25] Veja Lange, Matthew-Luke, p. 56.

[26] William Hendriksen, *New Testament Commentary. Exposition of the Gospel According to Matthew* (Grand Rapids. Baker, 1973), 150-51.

[27] Josefo, *The Jewish War* i:6:2 [123]; cf. *Antiquities of the Jews* xiv:1.3 [9].

[28] F. F. Bruce, *New Testament History* (Nova York. Doubleday, 1969), p. 13-14.

[29] Macrobius, *The Saturnalia*, trad. Percival Vaughan Davies (Nova York. Columbia University Press, 1969), p. 171.

[30] F. F. Bruce, *New Testament History*, p. 20-21.

[31] John MacArthur, *Matthew 1—7, The MacArthur New Testament Commentary* (Chicago. Moody, 1985), p. 26.

[32] Bauer, et al., *Greek-English Lexicon*, p. 882.

[33] Lange, *Matthew–Luke*, p. 59.

[34] Green, *The Message of Matthew*, p. 71.

[35] Mt 1:22; 2:15, 17, 23; 4:14; 8:17; 12:17; 13:14, 35; 21:4; 27:9.

[36] Bauer, et al., *Greek-English Lexicon*, p. 827-29.

[37] F. F. Bruce, *New Testament History*, p. 24.

[38] Ibid., p. 27.

[39] France, *Matthew*, p. 89.

[40] Bauer, et al., *Greek-English Lexicon*, p. 640.

[41] Louis A. Barbieri, Jr., "Matthew," in *The Bible Knowledge Commentary. New Testament Edition*, ed. John F. Walvoord e Roy B. Zuck (Wheaton. Victor, 1983), p. 24.

[42] France, *Matthew*, p. 91.

[43] Há certo debate entre os historiadores sobre se as fontes rabínicas que descrevem o "batismo de um prosélito" refletem um desenvolvimento pós-cristão posterior ou uma prática que era atual na época de Cristo e da fundação da Igreja. Para uma discussão desse tema, veja Everett Ferguson, *Baptism in the Early Church. History, Theology, and Liturgy in the First Five Centuries* (Grand Rapids. Eerdmans, 2009), p. 76–82.

[44] Clarence B. Bass, "Baptism", in *The New International Dictionary of the Bible*, ed. Ilustrada. J. D. Douglas e Merrill C. Tenney, eds. (Grand Rapids. Zondervan, 1987), p. 123.

[45] Augsburger, *Matthew*, p. 42.

[46] A. T. Robertson, *Word Pictures in the New Testament*, vol. 1, *The Gospel according to Matthew; The Gospel according to Mark* (Nashville. Broadman, 1930), p. 26.

[47] Bauer, et al., *Greek-English Lexicon*, p. 1049.

[48] F. F. Bruce, *New Testament History*, p. 72.

[49] Ibid., p. 73.

[50] Josefo, *Antiquities* 13:5:9.

[51] Veja Merrill C. Tenney, *New Testament Times* (Grand Rapids. Eerdmans, 1965), p. 94-95.

[52] Pode-se notar que Marcos identifica esta citação de Malaquias como parte de uma profecia de Isaías. Ao invés de simplesmente

assumir que Marcos estava citando mal as Escrituras, a passagem de Malaquias pode ser vista como uma espécie de preâmbulo à profecia de Isaías que se segue imediatamente.

[53] Esta lista é retirada de J. Scott Horrell, Nathan D. Holsteen, e Michael J. Svigel, "God in Three Persons. Father, Son and Holy Spirit," in *Exploring Christian Theology*, vol. 1, *Revelation, Scripture, and the Triune God*, ed. Nathan D. Holsteen e Michael J. Svigel (Minneapolis, MN. Bethany House, 2014), p. 130-31.

[54] Benjamin B. Warfield, "Trinity," in *The International Standard Bible Encyclopedia*, ed. James Orr (Grand Rapids. Eerdmans, 1930), 5:3012.

[55] Horrell, Holsteen, e Svigel, "God in Three Persons", p. 176, citando a linguagem clássica do Concílio de Calcedônia (451 d.C.).

[56] Veja F. F. Bruce, *New Testament History*, p. 28.

[57] LaMoine F. DeVries, *Cities of the Biblical World. An Introduction to the Archaeology, Geography, and History of Biblical Sites* (Peabody, MA; Hendrickson, 1997), p. 269.

[58] Veja Steven Barabas, "Capernaum," in *New International Dictionary of the Bible*, p. 192.

[59] MacArthur, *Matthew 1—7*, p. 108.

[60] John A. Martin, "Luke," in *The Bible Knowledge Commentary*, p. 220.

[61] Robertson, *Word Pictures*, p. 101.

[62] George A. Buttrick, "Exposition of the Gospel According to St. Matthew", in *The Interpreter's Bible. A Commentary in Twelve Volumes*, vol. 7, *New Testament Articles, Matthew, Mark* (Nashville. Abingdon, 1951), p. 279.

[63] Augustus M. Toplady, "Rock of Ages", in *The Hymnal for Worship and Celebration* (Waco, TX. Word Music, 1986), n. 204: J. Ogilvie (Waco, TX: Word, 1982), p. 26. [Nota do tradutor: Em versão na língua portuguesa o hino é conhecido como "Rocha Eterna", incluído no hinário Cantor Cristão sob o nº 371.]

[64] Bauer, et al., *Greek-English Lexicon*, p. 795.

[65] Ibid, p. 861.

[66] Robertson, *Word Pictures*, p. 43.

[67] John R. W. Stott, *The Message of the Sermon on the Mount (Matthew 5—7), The Bible Speaks Today* (Downers Grove, IL. InterVarsity Press, 1978), p. 75.

[68] France, *Matthew*, 122.

[69] Josephus, *Antiquities of the Jews* 4:8, in William Whiston, ed., *The Works of Josephus. Complete and Unabridged* (Peabody. Hendrickson, 1987), p. 120.

[70] Veja Charles R. Swindoll, *Matthew 16-28, Swindoll's Living Insights New Testament Commentary* (Carol Stream, IL. Tyndale House Publishers, no prelo); veja também Charles R. Swindoll, *1 & 2 Corinthians, Swindoll's Living Insights New Testament Commentary* (Carol Stream, IL. Tyndale House Publishers, 2017), p. 104-14.

[71] Toussaint, *Behold the King*, p. 103.

[72] Stott, *The Message of the Sermon on the Mount*, p. 108.

[73] Augsburger, *Matthew*, p. 82.

[74] Robert Robinson, "Fonte és tu de toda bênção", do hinário Cantor Cristão, nº 17.

[75] Toussaint, *Behold the King*, p. 111.

[76] Bauer, et al., *Greek-English Lexicon*, p. 104.

[77] R. V. G. Tasker, *The Gospel According to St. Matthew. An Introduction and Commentary, Tyndale New Testament Commentaries* (Grand Rapids. Eerdmans, 1961), p. 75.

[78] Robertson, *Word Pictures*, p. 60.

[79] Ibid.

[80] France, *Matthew*, p. 144.

[81] H. P. V. Nunn, *The Elements of New Testament Greek* (Cambridge. Cambridge University Press, 1923), p. 32.

[82] "Dog", in *Holman Illustrated Bible Dictionary*, ed. Chad Brand, et al. (Nashville, TN. Holman Bible Publishers, 2003), p. 438.

[83] Henry Chichester Hart, *The Animals Mentioned in the Bible* (London. The Religious Tract Society, 1888), p. 45.

[84] Barclay, *Gospel of Matthew*, 1:314-15.

[85] France, *Matthew*, p. 145.

[86] Tradução extraída da *Holy Bible, New Living Translation, Catholic Reader's Edition* (Carol Stream, IL. Tyndale House Publishers, 2017).

[87] Nathan D. Holsteen e Michael J. Svigel, eds., *Exploring Christian Theology*, vol. 2, *Creation, Fall, and Salvation* (Minneapolis, MN. Bethany House, 2015), p. 255.

[88] C. S. Lewis, *Surprised by Joy. The Shape of My Early Life*, republicado ed. (São Francisco. HarperOne, 1955; reimpresso, 2017), p. 72.

[89] Huub van de Sandt e David Flusser, *The Didache: Its Jewish Sources and its Place in Early Judaism and Christianity* (Minneapolis: Fortress, 2002), p. 147-55.

[90] A. B. Bruce, "The Synoptic Gospels", p. 137.

[91] Henry George Liddell, et al., *A Greek-English Lexicon* (Oxford. Clarendon Press, 1996), p. 1039.

[92] Paul E. Adolph, "Diseases," in *New International Dictionary of the Bible*, p. 273.

[93] Veja Lange, *Matthew-Luke*, p. 150.

[94] France, *Matthew*, p. 152.

[95] Barclay, *Gospel of Matthew*, p. 1.347.

[96] F. F. Bruce, *New Testament History*, p. 70.

[97] Buttrick, "Exposition of the Gospel According to St. Matthew", in *The Interpreter's Bible*, p. 343-44.

[98] Bauer, et al., *Greek-English Lexicon*, p. 609-10.

[99] Arthur M. Ross, "Gadara, Gadarenes," in *New International Dictionary of the Bible*, p. 365.

[100] Robert Lightner, *Angels, Satan, and Demons,* Swindoll Leadership Library, ed. Charles R. Swindoll (Nashville. Thomas Nelson, 1998), p. 130-31.

[101] Holsteen and Svigel, *Exploring Christian Theology*, 2:41.

[102] Robertson, *Word Pictures*, p. 296.

[103] Martinho Lutero, "Castelo Forte é nosso Deus", Cantor Cristão nº 323.

[104] Paul P. Levertoff, *St. Matthew,* ed. (London. Thomas Murby, 1940), 26, como citado por France, *Matthew*, p. 164.

[105] H. Paul Holdridge, "Occupations and Professions", in *New International Dictionary of the Bible*, p. 726.

[106] Tenney, *New Testament Times*, p. 160.

[107] Green, *The Message of Matthew*, p. 25.

[108] Veja Arthur B. Fowler, "Bottle," in *New International Dictionary of the Bible*, p. 171.

[109] France, *Matthew*, p. 169.

[110] Toussaint, *Behold the King*, p. 131-32.

[111] Robertson, *Word Pictures*, p. 74.

[112] Eric Metaxas, *Miracles. What They Are, Why They Happen, and How They Can Change Your Life* (Nova York. Dutton, 2014), p. 115.

[113] Green, *The Message of Matthew*, p. 24.

[114] Robert E. Coleman, *The Master Plan of Evangelism* (Old Tappan, NJ: Revell, 1964), p. 22-23.

[115] France, *Matthew*, p. 180-81.

[116] Barbieri, "Matthew", in *The Bible Knowledge Commentary*, p. 42.

[117] Bauer, et al., *Greek-English Lexicon*, p. 1066.

[118] Robertson, *Word Pictures*, p. 80.

[119] Lange, *Matthew—Luke*, p. 188.

[120] Barclay, *Gospel of Matthew*, p. 1.434.

[121] Isaac Watts, "Am I a Soldier of the Cross?" in *The Hymnal for Worship and Celebration*, nº. 482.

[122] Bauer, et al., *Greek-English Lexicon*, p. 708-9.

[123] A. B. Bruce, "The Synoptic Gospels", p. 168.

[124] Sherman E. Johnson, "Exegesis of the Gospel According to St. Matthew", in *The Interpreter's Bible*, p. 375.

[125] John F. Gates, "Cross", in *New International Dictionary of the Bible*, p. 242.

[126] France, *Matthew*, p. 189.

[127] Lange, *Matthew—Luke*, p. 199.

[128] A. B. Bruce, "The Synoptic Gospels", p. 168.

[129] O'Donnell, *Matthew*, p. 289.

[130] Tasker, *The Gospel According to St. Matthew*, p. 114.

[131] Veja Barbieri, "Matthew", in *The Bible Knowledge Commentary*, p. 44.

[132] Para explanação posterior da expectativa da vinda de Elias, veja os comentários de Mateus 17:9-13 in Swindoll, *Matthew 16—28*.

[133] Toussaint, *Behold the King*, p. 153.

[134] Veja DeVries, *Cities of the Biblical World*, p. 73-82.

[135] France, *Matthew*, p. 199.

[136] "Yoke [jugo]", in *New International Dictionary of the Bible*, p. 1078.

[137] Johnson, "Exegesis of the Gospel According to St. Matthew", in *The Interpreter's Bible*, p. 390.

[138] Tradução do Eclesiástico extraída de *Holy Bible, New Revised Standard Version* (Nashville. Thomas Nelson, 1989).

[139] Barclay, *Gospel of Matthew*, 2.20.

[140] Bauer, et al., *Greek-English Lexicon*, p. 861.

[141] Ibid. p. 69.

[142] Ibid.

[143] William D. Longstaff, "Take Time to Be Holy", in *The Hymnal for Worship and Celebration*, nº. 441: N. do Trad. Uma versão desse hino em português pode ser encontrada no hinário Cantor Cristão, nº 176.

[144] Charles C. Ryrie, *Balancing the Christian Life* (Chicago. Moody, 1969), p. 159.

[145] Steven Barabas, "Sabbath", in *New International Dictionary of the Bible*, p. 877.

[146] Veja Robertson, *Word Pictures*, p. 93.

[147] Toussaint, *Behold the King*, p. 159.

[148] Thomas Jefferson, carta ao Colonel William S. Smith, 13 de novembro de 1787, in *Letters and Addresses of Thomas Jefferson*, ed. William B. Parker and Jonas Viles (Buffalo, NY. National Jefferson Society, 1903), p. 65.

[149] Veja France, *Matthew*, p. 206-7.

[150] Veja D. A. Carson, "Matthew", in *The Expositor's Bible Commentary*, vol. 9, *Matthew–Mark*, Ap ed., ed. Tremper Longman III e David E. Garland (Grand Rapids, MI. Zondervan, 2010), p. 332.

[151] Veja "Baal-Zebub", in *New International Dictionary of the Bible*, p. 115.

[152] Josephus, *Antiquities* 8:2:5, in Whiston, *The Works of Josephus*, p. 176.

[153] Eric Eve, *The Jewish Context of Jesus' Miracles, Journal for the Study of the New Testament Supplement Series*, vol. 231 (Londres; Nova York. Sheffield Academic Press, 2002), p. 378.

[154] Edwin M. Yamauchi, "Religions of the Biblical World. Persia", in *The International Standard Bible Encyclopedia*, ed. Geoffrey W. Bromiley, et al. (Grand Rapids. Eerdmans, 1988), 4:123-29.

[155] Veja Robert P. Lightner, "Angels, Satan, and Demons. Invisible Beings that Inhabit the Spiritual World", in *Understanding Christian Theology*, ed. Charles R. Swindoll e Roy B. Zuck (Nashville. Thomas Nelson, 2003), p. 572-73.

[156] Robertson, *Word Pictures*, p. 96.

[157] Ibid.

[158] Paul Babiak e Robert D. Hare, *Snakes in Suits: When Psychopaths Go to Work* (Nova York: HarperCollins, 2006), p. x.

[159] A. B. Bruce, "The Synoptic Gospels". p. 191.

[160] Veja R. T. France, *Jesus and the Old Testament* (Londres: Tyndale Press, 1971; reimpresso, Grand Rapids: Baker, 1982), p. 81.

[161] Robertson, *Word Pictures*, p. 98.

[162] Lange, *Matthew–Luke*, p. 232.

[163] B. C. Crisler, "The Acoustics and Crowd Capacity of Natural Theaters in Palestine". *Biblical Archaeologist* 39, nº 4 (1976): 128–41.

[164] Robert R. Stein, *An Introduction to the Parables of Jesus* (Philadelphia: Westminster Press, 1981), p. 15.

[165] Robertson, *Word Pictures*, p. 101.

[166] Ibid., p. 102.

[167] A. B. Bruce, "The Synoptic Gospels", p. 194.

[168] Bauer, et al., *Greek-English Lexicon*, p. 661-62.

[169] John L. Leedy, "Plants", in *New International Dictionary of the Bible*, p. 805.

[170] France, *Matthew*, p. 225.

[171] Toussaint, *Behold the King*, p. 181.

[172] France, *Matthew*, p. 227.

[173] Veja A. B. Bruce, "The Synoptic Gospels", p. 201.

[174] Toussaint, *Behold the King*, p. 182.

[175] Ibid. p. 170.

[176] Thomas Guthrie, *The Parables Read in the Light of the Present Day* (Londres: Alexander Strahan, 1867), p. 212–13.

[177] Jerry W. Batson, "Nazareth, Nazarene", in *Holman Illustrated Bible Dictionary*, p. 1177.

[178] "Nazareth", in *Baker Encyclopedia of the Bible*, p. 1531.

[179] Tasker, *The Gospel According to St. Matthew*, p. 140.

[180] Robertson, *Word Pictures*, p. 111.

[181] John MacArthur, *Matthew 8–15, The MacArthur New Testament Commentary* (Chicago: Moody, 1987), p. 416.

[182] O nome da filha de Herodias, Salomé, não é mencionado no Novo Testamento, mas o historiador judeu Josefo, do primeiro século, nos apresenta seu nome. Veja "Salome", in New International Dictionary of the Bible, p. 886.

[183] Robertson, *Word Pictures*, p. 115.

[184] Lorman M. Petersen, "Money", in *New International Dictionary of the Bible*, p. 669-70.

[185] Johnson, "Exegesis of the Gospel According to St. Matthew", in *The Interpreter's Bible*, p. 431.

[186] Bauer, et al., *Greek-English Lexicon*, p. 168.

[187] Veja France, *Matthew*, 238.

[188] Bauer, et al., *Greek-English Lexicon*, p. 990-91.

[189] Ibid. p. 444.

[190] Lange, *Matthew–Luke*, p. 277.

[191] France, *Matthew*, p. 243.

[192] Bauer, et al., *Greek-English Lexicon*, p. 575.

[193] France, *Matthew*, p. 247.

[194] John R. W. Stott, *God's New Society. The Message of Ephesians*, The Bible Speaks Today (Downers Grove, IL. InterVarsity Press, 1979), p. 116.

[195] Josefo, *Antiquities of the Jews* 13:5:9.

[196] Walter Bauer, William Arndt, et al., *A Greek-English Lexicon of the New Testament and Other Early Christian Literature*, rev. e ed. Frederick William Danker (Chicago: University of Chicago Press, 2000), p. 926.

[197] Bauer, et al., *Greek-English Lexicon*, 1049.

[198] F. F. Bruce, *New Testament History* (Nova York: Doubleday, 1969), p. 73.

[199] Josephus, *Antiquities* 13:5:9.

[200] Veja Merrill C. Tenney, *New Testament Times* (Grand Rapids: Eerdmans, 1965), p. 94-95.

[201] Elizabeth Barrett Browning, *Aurora Leigh*, 3ª ed. (Londres: Chapman and Hall, 1857), p. 275–76.

[202] Veja Josefo, *Antiquities* 15:10:3; 17:8:1.

[203] Stanley D. Toussaint, *Behold the King: A Study of Matthew* (Grand Rapids: Kregel, 1980), p. 200.

[204] R. T. France, *Matthew, Tyndale New Testament Commentaries*, ed. Leon Morris (Grand Rapids: Eerdmans, 1985), p. 253.

[205] A. T. Robertson, *Word Pictures in the New Testament*, vol. 1, *The Gospel according to Matthew; The Gospel according to Mark* (Nashville: Broadman, 1930), p. 133.

[206] Rienk B. Kuiper, *The Glorious Body of Christ* (Grand Rapids: Eerdmans, 1966), p. 21–22.

[207] D. Douglas Bannerman, *The Scripture Doctrine of the Church* (Edimburgo: T&T Clark, 1887), p. 5.

[208] Bauer, et al., *Greek-English Lexicon*, p. 384.

[209] John Peter Lange, *Commentary on the Holy Scriptures: Critical, Doctrinal and Homiletical*, vol. 8, *Matthew–Luke*, trad. Philip Schaff, nova ed. (Grand Rapids: Zondervan, 1976), p. 199.

[210] R. Kent Hughes, *Mark: Jesus, Servant and Savior, Preaching the Word* (Wheaton, IL: Crossway, 1989), 1:202.

[211] Jim Elliot, *The Journals of Jim Elliot*, ed. Elisabeth Elliot (Nova York: Fleming H. Revell, 1989), p. 174.

[212] Leon Morris, *The Gospel according to Matthew*, The Pillar New Testament Commentary (Grand Rapids: Eerdmans, 1992), p. 438.

[213] Veja comentários sobre Mateus 1:22-23 e cumprimentos próximos e distantes de Isaías 7:14 in Charles R. Swindoll, *Matthew* 1–15, *Swindoll's Living Insights New Testament Commentary* (Carol Stream, IL: Tyndale House Publishers, 2020), p. 26–29.

[214] France, *Matthew*, 2p. 63.

[215] Bauer, et al., *Greek-English Lexicon*, 639.

[216] Para exemplos de outros pontos de vista, veja France, *Matthew*, p. 263.

[217] A. T. Robertson, *Commentary on the gospel according to Matthew* (Nova York. Macmillan, 1911), p. 196.

[218] Richard B. Gardner, *Matthew, Believers Church Bible Commentary* (Scottdale, PA. Herald Press, 1991), p. 263.

[219] France, *Matthew*, p. 264.

[220] Toussaint, *Behold the King*, p. 211.

[221] Bauer, et al., *Greek-English Lexicon*, p. 919.

[222] Mateus 17:21 não aparece nos manuscritos gregos mais antigos de Mateus, e muitos estudiosos acreditam que foi acrescentado aos manuscritos posteriores, com base em Marcos 9:29. Veja D. A. Carson "Mateus", in *The Expositor's Bible Commentary*, vol. 9, *Matthew–Mark*, Apocalipse ed., ed. Tremper Longman III e David E. Garland (Grand Rapids. Zondervan, 2010), p. 444.

[223] Bauer, et al., *Greek-English Lexicon*, p. 762.

[224] William Barclay, *The Gospel of Matthew*, The New Daily Study Bible, revisto e atualizado (Louisville. Westminster João Knox Press, 2001), p. 2:197.

[225] Carson, "Matthew", 446.

[226] Veja Toussaint, *Behold the King*, p. 214.

[227] Robertson, *Word Pictures*, p. 142.

[228] France, *Matthew*, p. 267.

[229] Josephus, *Jewish War* 7:218, in *The Works of Josephus. Complete and Unabridged*, ed. William Whiston (Peabody, MA. Hendrickson, 1987), p. 761.

[230] John G. Gammie, "Tax, Toll", in *The HarperCollins Bible Dictionary*, revisto e atualizado, ed. Marcos Allan Powell (Nova York. HarperCollins, 2011), p. 1013.

[231] Morris, *Matthew*, p. 454.

[232] "Drachma", in Powell, *HarperCollins Bible Dictionary*, p. 203.

[233] Mesmo que muitas dessas tradições tenham sido desenvolvidas em torno da representação mais favorável dos discípulos em Atos (pós-Pentecostes) e na história da Igreja Primitiva, pode facilmente haver uma tendência dentro dessas tradições de minimizar retratos menos favoráveis dos discípulos nas narrativas do Evangelho e vê-los apenas como figuras veneráveis.

[234] Bauer, et al., *Greek-English Lexicon*, p. 749.

[235] France, *Matthew*, p. 270.

[236] Veja comentários sobre Mateus 5:27-30 nas páginas 106-107.

[237] Craig Blomberg, *Matthew, The New American Commentary* (Nashville. Broadman & Holman, 1992), 22:275.

[238] Alguns manuscritos antigos de Mateus não contêm 18:11, então muitos estudiosos acreditam que foi adicionado mais tarde e não fazia parte originalmente do Evangelho de Mateus. De qualquer forma, o versículo espelha Lucas 19:10, então sua veracidade e autenticidade como uma menção de Jesus não está em questão.

[239] Barclay, *Gospel of Matthew*, p. 219.

[240] Veja a discussão sobre o propósito e processo da disciplina e desligamento formal da Igreja em 1Coríntios 5:1-3 em Charles R. Swindoll, *1 & 2 Corinthians, Swindoll's Living Insights New Testament Commentary* (Carol Stream, IL. Tyndale House Publishers, 2017), p. 75–86.

[241] John MacArthur, *Matthew 16–23, The MacArthur New Testament Commentary* (Chicago. Moody, 1988), p. 137.

[242] Veja comentários sobre Mateus 16:17-20.

[243] O mesmo pode ser dito em relação à linha de autoridade supostamente atribuída a Pedro (ou seja, o papado da Igreja Católica Romana). Veja a nota explicativa "Pedro foi o primeiro papa?" na p. 352.

[244] Alexander Balmain Bruce, "The Synoptic gospels" in *The Expositor's Greek Testament*, ed. W. Robertson Nicoll (Grand Rapids. Eerdmans, 1951), p. 1:241.

[245] Blomberg, *Matthew*, p. 283.

[246] Anselmo de Cantuária, *Cur Deus Homo* 2:7, in Sidney Norton Deane, trad., *St. Anselm. Proslogium; Monologium; An Appendix in Behalf of the Fool by Gaunilon; and Cur Deus Homo,* ed. reimpressa (Chicago. Open Court Publishing, 1926), p. 245–46.

[247] Ray C. Stedman, "Breaking the Resentment Barrier", sermão pregado na Peninsula Bible Church, Palo Alto, CA, July 13, 1969; transcrito, disponível em http.//server.firefighters.org/stedman/stedmandvd/parables/pdf/0381:pdf.

[248] Josefo, *Antiquities of the Jews* 4:8:23, in William Whiston, *The Works of Josephus*, p. 120.

[249] *Gittin* 9:10, in Herbert Danby, trad.., *The Mishnah* (Peabody, MA. Hendrickson, 2011), p. 321: (Itálico no original.)

[250] *Gittin*, 9:3 (319).

[251] Bauer, et al., *Greek-English Lexicon*, p. 555.

[252] N. T. Wright, *Matthew for Everyone, Part 2: Chapters 16–28* (Louisville. Westminster, João Knox Press, 2004), p. 42.

[253] Francis Brown, Samuel Rolles Driver e Charles Augustus Briggs, *Enhanced Brown-Driver-Briggs Hebrew and English Lexicon* (Oxford. Clarendon Press, 1977), p. 788–89.

[254] Alguns tomaram essa declaração em Mateus 19:11 como referindo--se ao dom de permanecer solteiro; no entanto, é mais provável que se refira ao dom para o casamento. Veja os comentários em France, *Matthew*, 282–83.

[255] Bauer et al., *Greek-English Lexicon*, p. 409.

[256] Barclay, *Gospel of Matthew*, p. 247.

[257] R. V. G. Tasker, *The gospel According to St. Matthew. An Introduction and Commentary*, Tyndale New Testament Commentaries (Grand Rapids. Eerdmans, 1961), p. 188.

[258] James Morier, *A Second Journey through Persia, Armenia, and Asia Minor, to Constantinople, between the Years 1810 and 1816* (Londres: Longman, Hurst, Rees, Orme, e Brown, 1818), p. 265.

[259] Bauer, et al., *Greek-English Lexicon*, p. 247.

[260] John Oxenham, "God's Handwriting", *All's Well!* (Nova York: George H. Doran, 1916), p. 85.

[261] Robertson, *Word Pictures*, p. 161.

[262] Lange, *Matthew–Luke*, p. 362.

[263] Tasker, *The Gospel According to St. Matthew*, p. 193.

[264] Veja Tertullian, *Prescription Against Heretics*, p. 36.

[265] Tasker, *The Gospel According to St. Matthew*, p. 195.

[266] Ibid., p. 198.

[267] Lange, *Matthew–Luke*, 372.

[268] Sherman E. Johnson, "Exegesis of the Gospel According to St. Matthew", in *The Interpreter's Bible: A Commentary in Twelve Volumes*, vol. 7, *New Testament Articles, Matthew, Mark* (Nashville: Abingdon, 1951), p. 501.

[269] Veja France, *Matthew*, p. 297.

[270] William Barclay, *The Gospel of Luke, The New Daily Study Bible*, rev. e atualizado (Louisville: Westminster John Knox Press, 2001), p. 284.

[271] Toussaint, *Behold the King*, p. 240.

[272] Hughes, *Mark*, p. 273.

[273] A. B. Bruce, "The Synoptic Gospels", p. 263.

[274] France, *Matthew*, p. 305.

[275] Myron S. Augsburger, *The Communicator's Commentary*, vol. 1, *Matthew*, ed. Lloyd J. Ogilvie (Waco, TX: Word Books, 1982), p. 252.

[276] Nathan D. Holsteen e Michael J. Svigel, eds., *Exploring Christian Theology*, vol. 2, *Creation, Fall, and Salvation* (Minneapolis, MN: Bethany House, 2015), p. 253.

[277] *To Diognetus* 9.2–5, in Rick Brannan, trad., *The Apostolic Fathers in English* (Bellingham, WA: Lexham Press, p. 2012).

[278] Johannes P. Louw and Eugene A. Nida, eds., *Greek-English Lexicon of the New Testament: Based on Semantic Domains*, vol. 1, *Introduction and Domains*, 2 ed. (Nova York: United Bible Societies, 1988), p. 693.

[279] Randy Alcorn, *Heaven* (Carol Stream, IL: Tyndale House Publishers, 2004), p. 337.

[280] Bauer, et al., *Greek-English Lexicon*, p. 1060.

[281] Robertson, *Word Pictures*, p. 177.

[282] France, *Matthew*, p. 319.

[283] Carson, "Matthew", p. 522.

[284] John Chrysostom, "Homily on Matthew 71", in Philip Schaff, ed., *A Select Library of Nicene and Post-Nicene Fathers of the Christian*

Church, series 1, vol. 10, *Saint Chrysostom: Homilies on the Gospel of Saint Matthew* (Nova York: Christian Literature Publishing Company, 1888), p. 414.

[285] Veja citações rabínicas em: Alfred Edersheim, *The Life and Times of Jesus the Messiah* (Londres: Longmans, Green, and Co., 1883), 2:717.

[286] Warren W. Wiersbe, *The Bible Exposition Commentary* (Wheaton, IL: Victor Books, 1996), 1:82.

[287] Barclay, *Gospel of Matthew*, p. 326-27.

[288] Tasker, *The Gospel According to St. Matthew*, p. 216.

[289] G. Frederick Owen e Steven Barabas, "Dress," in *The New International Dictionary of the Bible, pictorial.*, ed. J. D. Douglas e Merrill C. Tenney (Grand Rapids: Zondervan, 1987), p. 286.

[290] Louis A. Barbieri, Jr., "Matthew", in *The Bible Knowledge Commentary: NewTestament Edition*, ed. John F. Walvoord e Roy B. Zuck (Wheaton, IL: VictorBooks, 1983), p. 74.

[291] Barclay, *Gospel of Matthew*, p. 336.

[292] Gerhard Kittel e Gerhard Friedrich, eds., *Theological Dictionary of the New Testament*: Abridged in One Volume, trans. and ed. Geoffrey W. Bromiley (Grand Rapids: Eerdmans, 1995), 1236.

[293] Algumas traduções fazem referência a oito lamentos em vez de sete. Entretanto 23:14 não está incluído nos mais recentes e confiáveis manuscritos gregos do Evangelho de Mateus. Parece realmente ter vindo de Marcos 12:40 e pode ter sido incorporado nessa passagem por escribas por causa da similaridade com a série de lamentos relatados por Mateus. Veja France, *Matthew*, p. 327, em algumas traduções, esse versículo inserido é numerado como 23:13; veja A. B. Bruce, "The Synoptic Gospels", p. 280.

[294] John. B. Graybill, "Temple" in *New International Dictionary of the Bible*, p. 995.

[295] F. F. Bruce, *1 and 2 Thessalonians, Word Biblical Commentary* (Waco, TX: WordBooks, 1982), p. 171.

[296] Tasker, *The Gospel According to St. Matthew*, p. 229.

[297] Robertson, *Word Pictures*, p. 190.

[298] Para quatro diferentes interpretações desse versículo, veja Lange, *Matthew–Luke*, p. 426–27.

[299] Charles R. Swindoll, *Revelation, Swindoll's Living Insights New Testament Commentary* (Carol Stream, IL: Tyndale House Publishers, 2014).

300 Veja France, *Matthew*, p. 348.

301 Veja Toussaint, *Behold the King*, 281.

302 Barbieri, "Matthew" p. 78.

303 John F. Walvoord, "Revelation", in *The Bible Knowledge Commentary*, p. 975.

304 Renald E. Showers, *Maranatha: Our Lord, Come! A Definitive Study of the Rapture of the Church* (Bellmawr, NJ: The Friends of Israel Gospel Ministry, 1995), p. 164–69.

305 Tenney, *New Testament Times*, p. 94.

306 Barclay, *Gospel of Matthew*, 2:382.

307 John L. Leedy, "Plants", in *New International Dictionary of the Bible*, p. 80.

308 Trezentos denários era o valor aproximado de um ano de trabalho (cf. Mateus 20:2).

309 Robert L. Thomas e Stanley N. Gundry, *A Harmony of the Gospels with Explanations and Essays* (São Francisco: HarperSanFrancisco, 1978), p. 206.

310 F. F. Bruce, *New Testament History*, p. 139-40, 336.

311 Detalhes do *seder* da antiga Páscoa, como era observada no primeiro século, descritos por Joseph Tabory, *JPS Commentary on the Haggadah: Historical Introduction, Translation, and commentary* (Filadélfia: The Jewish Publication Society,2008), p. 6-10.

312 Veja Thomas C. Oden, *The African Memory of Mark: Reassessing Early Church Tradition* (Downers Grove, IL: InterVarsity Press, 2011), p. 91–98.

313 Lange, *Matthew–Luke*, p. 468.

314 William Barclay, *The Gospel of John, The New Daily Study Bible* (Louisville: Westminster John Knox Press, 1975), 2:145.

315 D. A. Carson, *The Gospel according to John, The Pillar New Testament Commentary* (Grand Rapids: Eerdmans, 1991), p. 474.

316 France, *Matthew*, p. 367-68.

317 Veja M. C. de Boer, *Johannine Perspectives on the Death of Jesus*, Contributionsto Biblical Exegesis and Theology (Kampen, Netherlands: Kok Pharos, 1996),17:288.

318 Veja Oden, *African Memory of Mark*, p. 83, 104–5.

[319] Veja Charles R. Swindoll, *Mark, Swindoll's Living Insights New Testament Commentary* (Carol Stream, IL: Tyndale House Publishers, 2016), p. 362.

[320] Lange, *Matthew–Luke*, p. 478.

[321] Robertson, *Word Pictures*, p. 212–13.

[322] A. Lukyn Williams, "The Gospel according to St. Matthew: Exposition," in H. D. M. Spence-Jones, ed., *St. Matthew, The Pulpit Commentary*, nova ed. (Nova York: Funk & Wagnalls, 1909), p. 171.

[323] Veja Thomas e Gundry, *Harmony of the Gospels*, 2:223.

[324] Barbieri, "Matthew" p. 84-85.

[325] Para encontrar mais ilegalidades envolvendo o julgamento de Jesus, veja Laurna L. Berg, "The Illegalities of Jesus' Religious and Civil Trials". *Bibliotheca Sacra* 161.643 (jul.—set. de 2004): 330–42; veja também Darrell L. Bock, "Jesus v. Sanhedrin: Why Jesus 'Lost' His Trial", *Christianity Today* 42.4 (6 de abril de 1998): p. 49.

[326] Robertson, *Word Pictures*, p. 221.

[327] Filo de Alexandria, *A Treatise on the Virtues and on the Office of Ambassadors 38, in The Works of Philo Judaeus, the Contemporary of Josephus*, trad. Charles Duke Yonge (London: Henry G. Bohn, 1855), 4:165.

[328] Ibid.

[329] Josefo, *Antiquities of the Jews* 18.3.1, in *The Genuine Works of Flavius Josephus, the Jewish Historian* (Londres: S. Walker, 1821), 2:73.

[330] John MacArthur, *Matthew 24–28*, The MacArthur New Testament Commentary (Chicago: Moody, 1989), p. 225.

[331] Wilhelm Bacher e Jacob Zellel Lauterback, "Rules of Hillel, the Seven", in *The Jewish Encyclopedia*, vol. 10, Philipson—Samosz (Nova York: Funk & Wagnalls, 1909), p. 511.

[332] France, *Matthew*, p. 387.

[333] Idem, p. 387–88.

[334] Cicero, *Pro Rabirio* 5.16, como citado em Walter Kasper, *Jesus the Christ*, nova ed. (Londres: T & T Clark, 2011), p. 101.

[335] Veja Josefo, *Jewish War* 5.5.8.

[336] France, *Matthew*, p. 393-94.

[337] Robertson, *WordPictures*, p. 231.

[338] Tasker, *The Gospel According to St. Matthew*, p. 264.

[339] William Riley Wilson, *The Execution of Jesus: A Judicial, Literary, and Historical Investigation* (Nova York: Scribner, 1970), p. 152.

[340] Para um estudo mais detalhado dos efeitos da crucificação, veja Frederick T. Zugibe, *The Crucifixion of Jesus: A Forensic Inquiry*, 2ª ed. (Nova York: Evans, 2005).

[341] Robertson, *Word Pictures*, p. 235-36.

[342] Barbieri, "Matthew", p. 90.

[343] Veja John F. Walvoord, *Matthew: Thy Kingdom Come* (Chicago: Moody, 1974), p. 236.

[344] John D. Freeman, "Mary", in *New International Dictionary of the Bible*, p. 628.

[345] Veja uma descrição mais detalhada sobre esse aspecto em Charles Swindoll, *John, Swindoll's Living Insights New Testament Commentary* (Carol Stream, IL: Tyndale House Publishers, 2014), p. 377.

[346] Henry George Liddell, et al., *A Greek-English Lexicon* (Oxford: Clarendon Press, 1996), p. 947.

[347] John Bodel, "Roman Tomb Gardens", in *Gardens of the Roman Empire*, ed. Wilhelmina F. Jashemski, et al. (Cambridge: Cambridge University Press, 2018), p. 204.

[348] W. W. Buckland e Arnold D. McNair, *Roman Law and Common Law: A Comparison in Outline*, 2 ed. rev. (Cambridge: Cambridge University Press, 1952), p. 102.

[349] Para maiores explicações dos detalhes discutidos nessa harmonização, mas não tratados diretamente nas Escrituras, veja John Wenham, *The Easter Enigma: Are the Resurrection Accounts in Conflict?* (Grand Rapids: Zondervan, 1984).

[350] Veja Ibid., p, 57-61.

[351] A passagem de João 19:27 sugere que João tinha uma casa nas proximidades de Jerusalém, quando há o relato de que após Jesus ter instruído o discípulo a tomar sua mãe, Maria, sob seus cuidados, "daquela hora em diante, o discípulo a recebeu em sua família". (No texto grego, o termo "família" é apresentado aqui em forma explicita enquanto algumas versões trazem "casa", mas compare com João 16:32, onde uma frase semelhante é usada "cada um para a sua casa".) Além disso, João 20:10 diz que Pedro e João voltaram "para casa" depois de inspecionar o túmulo vazio. Isso sugere que cada um deles tinha seus próprios lares para ficar em Jerusalém.

[352] Para saber a respeito da tradicional localização da casa de Marcos (nas proximidades da casa de João), veja *African Memory of Mark*, p. 91–98.

[353] France, *Matthew*, p. 404-5; Lange, *Matthew—Luke*, p. 537.

[354] Blomberg, *Matthew*, p. 425.

[355] Podemos observar que Nicodemos também tinha à sua disposição os artigos necessários para a preparação do corpo, indicando sua condição abastada (Jo 19:39).

[356] O texto aqui não é tirado de nenhuma tradução específica do português, mas reflete minha tentativa de reunir as várias passagens paralelas de maneira bem simples.

[357] France, *Matthew*, p. 410.

[358] Wayne Stiles, *Walking in the Footsteps of Jesus: A Journey through the Lands and Lessons of Christ* (Ventura, CA: Regal, 2008), p. 164.

[359] Tasker, *The Gospel According to St. Matthew*, p. 277.